金融学译丛

公司金融

(第十版)

阿瑟·J. 基翁（Arthur J. Keown）
约翰·D. 马丁（John D. Martin） 著
J. 威廉·佩蒂（J. William Petty）

路蒙佳 译

FOUNDATIONS OF FINANCE:
THE LOGIC AND PRACTICE OF
FINANCIAL MANAGEMENT
(TENTH EDITION)

中国人民大学出版社
·北京·

译者序
Translator's Preface

公司金融的研究重点是以现代公司为代表的微观金融主体对资金的规划、筹集、分配和控制。它与公司的生产、销售等决策息息相关，主要目标是使公司整体财富最大化，因此涉及管理学的内容，许多公司金融课程亦以"财务管理"命名。现代意义上的财务学是随着19世纪末20世纪初股份公司的兴起而发展起来的。资本需求的扩大和筹资方式的变化使其独立出来成为一门学科，并随着资本市场的发展和各种金融工具的诞生变得更为复杂。1952年，美国著名财务学家哈里·马科维茨在《财务杂志》上发表的《资产组合的选择》一文奠定了财务理论发展的基石。该文连同其后陆续产生的资本资产定价理论、有效市场假说以及套利定价理论等共同构成了当代财务理论的基本框架。如今，全球经济一体化、信息和网络技术的迅猛发展、全球金融危机等新兴挑战使公司面临的投融资环境不确定性提高，因此牢固把握财务学基本原则，熟练运用财务分析工具变得愈加重要。

无论是希望了解财务学基础知识的学生，刚开启职业之路的财务分析人员，对公司财务状况感兴趣的投资者，还是需要借助财务工具做出重大商业决策的企业高管，本书都可以帮助您掌握公司金融原理并应用它解决实际问题。很多人在学习财务学时有一种错误观念，即认为财务学不过是一套纷繁复杂的财务指标和财务报表，越复杂高深的财务工具就越有效，但事实并非如此。所以，本书开篇便介绍了财务的五条基本原则，它们贯穿全书，出现在不同主题和案例中，以反复强调遵守财务学基本原则的重要性和它们在财务实践中的主导地位。这不仅有助于读者从具体的财务数字中找到规律，明确财务管理的根本目标，而且有助于培养起读者主动运用这些原则来指导财务决策的良好财务素养。要知道，许多错误的财务决策并非源于财务分析能力不足，而恰恰是因为违背了这些最基本的财务原则。

作为一本经典的公司金融教科书，本书历经多年的修订打磨，第十版吸收了之前各版的经验以及审稿人意见，反映了财务思想和经济形势的最新变化，并形成了一套独特而富有成效的教学体系。它以财务学基本原则作为纲领，串联起本书各个主题。首先，本书介绍了财务管理的范围和环境，使读者从宏观上了解财务管理的作用和必要性，并初步认识财务报表。其次，引入货币的时间价值这个基本概念，分析如何对各类金融工具估值。再次，分别讨论如何从投资角度和融资角度做出财务决策。最后，将财务管理与公司日常运营结合起来，阐述了如何管理对公司来说至关重要的流动性，以及在商业国际化背景下如何应对公司面临的独有风险、如何管理营运资本和如何做出资本结构决策。

为了使读者熟练掌握公司金融知识并运用财务学原则，本书非常注重案例分析。每章开篇都介绍了一个与本章主题相关的真实公司案例，并随着学习内容的推进，阶段性地设置了案例分析专栏，供读者进行思考和解答。同时，在大部分章节结尾都有一个综合迷你案例，涵盖了本章所有重要问题，读者可以将其作为复习和检验学习成果的工具。最后，每章末尾还配有复习题和课后习题，为读者提供了更多练习运用财务工具的机会。本书的一个特色还在于，在正文涉及计算的案例中，均介绍了财务计算器和 Excel 电子表格的用法和解题过程。掌握这些电子计算工具将大大提高读者解答财务问题的效率，在信息化时代，这些实务技能是必不可少的。

在本书的翻译过程中，我的家人始终是我最温暖可靠的后盾，我衷心感谢他们的爱与支持。同时也要感谢中国人民大学出版社的编辑们认真细致的工作，他们为本书的质量提供了有力保障。囿于本人能力水平，译稿中的错漏在所难免，希望各位读者不吝赐教。

路蒙佳

序
Preface

公司金融的学习重点是如何做出增加公司价值的决策。要实现这个目标，就要以经济高效的方式为客户提供最好的产品和服务。从某种意义上说，我们身为《公司金融》的作者有相同的目标。我们努力创造一种为客户（使用本书的学生和教师）提供价值的产品。正是这种目标促使我们写出《公司金融》。它最初问世时，是首本关于公司金融的精简教材。这本教材掀起了一股潮流，后来市面上所有主要的同类教材都纷纷效仿它。它开创的新方法不仅缩减了所涉内容的广度，而且采用更直观的方法来展示新的内容。从第一版到第九版，本书的每一版都取得了我们预料之外的成功。我们要深深感谢选择在课堂上使用本书的众多公司金融教师，他们对此功不可没。

第十版更新的内容

第十版中的许多变化源于本书使用者的意见和建议，我们感谢他们为改进本版所做的一切。其他变化则是受《2017年减税和就业法案》(Tax Cuts and Jobs Act of 2017) 通过的影响。这项新法案对公司税进行了彻底改革。其中，影响公司财务决策的税收变化包括公司税率大幅降低、准许公司在资本性投资投入使用的年份对其全部购买价格提取折旧、对公司可在税前扣除的利息费用做出了限制以及关于外国利润的税收发生了变化。毋庸置疑，这些税收变化的影响将贯穿全书。例如，当公司决策涉及对新项目的投资以及这些项目的融资方式时，这些决策将受到新税法的影响。

除了在全书中考虑新税法的影响之外，我们还根据金融理论和审稿人意见的不断发展逐章做了更新。各章的部分变化包括：

第1章 公司金融基础介绍
◆修订并更新了本章引言。
◆修订并更新了关于组织形式和税收的一节，加入了新税法导致的变化以及关于传递实体的变化。

第2章 金融市场与利率
◆修订并更新了本章引言。
◆修订了内容范围，加入了金融市场的近期变化。
◆更新了关于利率期限结构的内容，以解释当今市场上的低利率特征。

第3章 了解财务报表与现金流
◆简化了要点介绍，以便读者查阅并快速掌握新概念。
◆更新了用来说明财务报表原理的案例，新案例使用了学生感兴趣的公司——沃尔玛。
◆案例中不仅提供了沃尔玛的财务报表，而且提供了沃尔玛的背景资料，作为分析该公司财务状况的参考。

第4章 评估公司的财务业绩
◆简化了本章引言，使读者可以更方便地复习财务分析过程。
◆用零售业巨头沃尔玛和塔吉特进行财务业绩比较分析。

第5章 货币的时间价值
◆对本章进行了修订，使具有不同数学能力的学生都可以更轻松地掌握本章内容。
◆扩充了习题集。

第6章 风险和收益的含义与衡量
◆更新了本章内容，举例说明了2007—2009年、2009—2018年和2007—2018年这几个时期的巨大收益率差异。
◆分析了1926—2016年的90年时间里，不同类型证券（例如政府债券、公司债券和股票）的平均收益率和收益率波动性。
◆更新了内容，用耐克和eBay等公司的案例清楚说明了本章中的概念。
◆增加了一个新的迷你案例，重点分析了沃尔玛和塔吉特。

第7章 债券的估值与特征
◆提供了更多真实案例。
◆新的"财务实践"专栏介绍了苹果公司发行的绿色债券。

第8章 股票的估值与特征
◆对本章进行了修订，介绍了使网飞（Netflix）成为市场上价值最高的股票之一的事件。
◆根据《华尔街日报》上的股票报价对"财务实践"专栏进行了修订。
◆更新了本章案例。

第9章 资本成本
◆更新了所有案例，以反映财务状况的变化。
◆更新了关于税收考虑因素的最新讨论，以反映2017年美国修订税法后最高公司税税率变为21%的情况。
◆新的"财务实践"专栏讨论了新税法以及对可在税前扣除的利息费用的限制，即可在税前扣除的利息费用最多为公司息税前利润加上折旧及摊销（EBITDA）的30%。
◆对图表进行了修订，以说明不同类型行业的公司在资本结构上的巨大差异，并以零售商贝德贝斯 & 贝昂（Bed, Bath and Beyond，股票代码为BBBY）和石油天然气生产公司野马资源（Wildhorse Resources，股票代码为WRD）的当前资本结构为例。

第 10 章　资本预算的技巧与应用
◆对本章引言进行了大幅修订,介绍了迪士尼建造上海迪士尼公园的决策。
◆对内部收益率和修正内部收益率进行了简化而直观的讨论。
◆对互斥项目的排序进行了简化而直观的讨论。
◆扩充了习题集。

第 11 章　资本预算中的现金流与其他问题
◆修订了经营现金流的计算,以反映《2017 年减税和就业法案》通过后导致的变化,尤其是奖励性折旧。
◆加入了修订后的案例和习题,反映了折旧计算方法的变化。
◆扩充了习题集。

第 12 章　确定融资结构
◆修订了本章引言,比较了社交媒体公司色拉布(Snap Inc.)和计算机芯片制造商博通(Broadcom,股票代码为 AVGO)。
◆修订了案例和课后习题,反映了 2017 年的税法修订。
◆增加了一个新的迷你案例,分析了野马资源(股票代码为 WRD)的资本结构,并着重探讨了银行考虑该公司当前的资本结构和经营状况后是否应该同意向该公司提供贷款。

第 13 章　股利政策与内部融资
◆根据美国税法的修订,更新了关于股利政策的讨论。
◆简化了关于股利政策的税务影响的讨论,重点分析了股利和资本利得适用的税率。
◆修订了课后习题,以反映税法的变化。

第 14 章　短期财务计划
◆修订了课后习题和本章案例,以反映美国税法的变化。

第 15 章　营运资本管理
◆新的"财务实践"专栏使用与评估商业信贷成本相同的方法来评估发薪日贷款的成本。学生将惊讶地发现这些贷款成本非常高,却是合法的。

第 16 章　国际商业金融
◆进行了大幅修订,反映了汇率和全球金融市场的变化。
◆新增了关于利润汇回和国外利润纳税的一节,分析了《2017 年减税和就业法案》通过后导致的变化。

第 17 章　现金、应收账款与存货管理
◆简化了关于现金管理的讨论,并缩减了内容范围,使学生可以更轻松地掌握现金管理的重要概念。

《公司金融》(第十版)的教学计划

《公司金融》(第十版)继续帮助学生直观理解公司金融,同时为他们提供成功管理者所需的概念和技能。如果学生重点理解了公司金融的运行逻辑和基本原理,将能在瞬息万变的金融环境中高效处理财务问题。

为了提高学生的学习成绩，我们建议教师在授课时搭配使用"我的财务实验室"（MyLab Finance），它是使您能接触到每个学生的教学平台。通过结合可信的书本内容、数字工具和灵活的平台，"我的财务实验室"可以打造个性化的学习体验，并帮助学生学习和记住重要的课程概念，同时掌握未来求职时需要掌握的技能。现在，"我的财务实验室"精选本书的部分章末习题做成了自动打分 Excel 项目。自动打分 Excel 项目使用可靠且经过实际测试的技术，使教师可以将 Microsoft Excel 的内容无缝集成到课程中，而无须手动给电子表格打分。学生将有机会在 Excel 中练习重要的财务技能，从而掌握关键概念并精通该程序。

本课程提供的另一种学习方法是讲座视频。我们录制了简短的（10～15 分钟）讲座视频，这些视频对应着书中带编号的案例，学生可以根据需要重放视频，以更充分地理解每个案例。这些主要案例的视频将为学生提供辅导，使他们受益。在多媒体库以及"我的财务实验室"的电子课文（eText）中可以找到这些视频。

解决教学挑战

我们认为，本书的成功源于我们注重坚持有效的教学方法。我们努力帮助学生从概念上了解财务决策过程，包括了解财务工具和财务技能。学生很容易忽视财务的运行逻辑，而只专注于记忆公式和程序。结果是，学生很难理解书中不同主题之间的相互关系。此外，学生如果在日后的生活中遇到的问题与书中介绍的内容不符，可能会发现自己没有做好用所学知识举一反三的准备。我们努力做到"打好基础"。为了实现这个目标，我们在过去的各个版本中不断对本书精心打磨，使之具备以下特色。

立足于基本财务原则

第 1 章介绍了五条基本财务原则，它们串起了本书的所有主题。我们将在本书的"牢记原则"专栏中提醒您注意这些基本原则。

有了财务的五条基本原则，我们将能介绍基于当前的财务理论和当前世界经济状况做出的财务决策。它是对一门学科的介绍，而不是对管理者遇到的一系列孤立财务问题的处理。

使用综合学习体系

本书围绕每章开头的学习目标组织内容，为教师和学生提供易于使用的综合学习体系。在本书各章小结中，都会重现每个学习目标，以加深读者对与每个目标相关的内容的掌握。

关注估值

尽管许多教授和讲师都将估值作为课程的核心主题，但学生在读书时常常会忽略这个重点。我们通过一些非常具体的方式，在本书的内容和编排上强化了这个重点：

◆我们围绕五条基本财务原则展开讨论，这些原则为所有投资的估值奠定了基础。

◆我们在"价值主张是什么？"以及"企业的价值会受到什么影响？"的背景下介绍新主题。

现实世界中的小故事

每章开篇都介绍了当前一家真实公司的故事，这家公司面临与本章内容相关的财务决策。这些小故事经过精心编写，可以激发学生对即将学习的主题的兴趣，并可以用作激发课堂讨论的教学工具。

逐步解决问题和分析的方法

任何教过大学本科核心财务课程的人都知道，学生的数学理解程度和能力参差不齐。没有掌握该学科所需数学技能的学生有时会死记硬背公式，而不是专注于用数学作为工具来分析商业决策。我们通过课文内容和教学方法来解决这个问题。

◆首先，我们仅在必要时才将数学作为帮助我们分析问题的工具。我们不会为了数学而使用数学。

◆其次，财务是一门分析性学科，要求学生能够解决问题。为了帮助学生解决问题，书中各章都有带编号的案例。所有这些案例都遵循非常详细有序的三步解题法，它可以帮助学生培养解题技能：

第一步：确定解题方法。例如，使用什么公式合适？如何使用计算器或电子表格"计算数字"？

第二步：计算数值。这里，我们提供了一套完整详细的分步解决方案。我们首先用文字介绍解决方案，然后提供相应的数学解法。

第三步：分析结果。在每个答案结尾，我们将分析答案的含义。这一步强调了解决问题需要进行分析和决策。此外，在这一步中，我们还强调决策通常是基于不完整的信息，需要管理者进行判断，因为这是决策者在工作中经常会面临的问题。

"您会做吗？"和"您做出来了吗？"

本书各章主要部分的结尾处都设置了名为"您会做吗？"和"您做出来了吗？"的例题。该工具有助于读者形成活学活用的逻辑思维。

概念回顾

在主要章节的结尾，我们简要列出了一些问题，旨在突出本章介绍的关键思想。

财务决策工具

事实证明，本书深受学生欢迎的一个特色是在讨论后马上概括重要公式。学生将在"财务决策工具"专栏中看到相关公式。

财务计算器和 Excel 电子表格

本书各章均介绍了财务计算器和 Excel 电子表格的用法，尤其是在涉及货币时间价值和估值时。正文中适时给出了实际使用计算器和电子表格解答问题的过程。

结合了概念、术语和应用的本章小结

本章小结将本章各节的内容和学习目标联系起来。学生可以在每个学习目标下面看到该目标提出的概念、新术语和关键公式。

修订习题

在每一版中，我们都提供了新的和经过修订的章末习题，以保持其适用于公司金融的教学。而且，习题会根据学习目标动态调整，以便教师和学生都可以轻松地对照正文和习题资料。

综合迷你案例

几乎每章结尾都有一个综合迷你案例，它涵盖了该章中包含的所有主要问题。教师可以将迷你案例作为教学工具或复习工具。迷你案例为学生提供了在现实环境中应用本章中介绍的主要概念的机会，从而加深了他们对内容的理解。

目录 CONTENTS

第1章 公司金融基础介绍	1
公司的目标	2
构成公司金融基础的五条原则	3
公司金融在商业中的角色	9
商业组织的法律形式	11
财务与跨国公司：新角色	14
培养职业技能	15
本章小结	16
复习题	18
迷你案例	18

第2章 金融市场与利率	20
企业融资：经济中的资金流动	21
向公众销售证券	26
金融市场上的收益率	31
利率决定因素概述	35
本章小结	44
复习题	47
课后习题	47
迷你案例	49

第3章 了解财务报表与现金流	51
利润表	52
资产负债表	57
衡量现金流	66
财务报表的局限性与会计造假	78
本章小结	79

复习题	82
课后习题	82
迷你案例	92
附录3A 自由现金流	95
课后习题3A	99

第4章 评估公司的财务业绩	102
财务分析的目的	102
衡量关键财务关系	107
财务比率分析的局限性	135
本章小结	136
复习题	139
课后习题	139
迷你案例	148

第5章 货币的时间价值	150
复利、终值与现值	151
年　金	166
使不同利率具有可比性	174
不规则现金流的现值和永续年金	182
本章小结	184
复习题	186
课后习题	187
迷你案例	195

第6章 风险和收益的含义与衡量	196
预期收益率的定义与衡量	197

I

风险的定义与衡量 …………… 200
　　收益率：投资者的经验 ………… 207
　　风险与分散化投资 ……………… 209
　　投资者的必要收益率 …………… 222
　　本章小结 ………………………… 225
　　复习题 …………………………… 228
　　课后习题 ………………………… 228
　　迷你案例 ………………………… 235
第 7 章　债券的估值与特征 …… **238**
　　债券的种类 ……………………… 239
　　债券相关术语与特征 …………… 241
　　定义价值 ………………………… 245
　　什么决定了价值？ ……………… 246
　　估值：基本方法 ………………… 247
　　债券估值 ………………………… 248
　　债券收益率 ……………………… 255
　　债券估值：三个重要关系 ……… 259
　　本章小结 ………………………… 263
　　复习题 …………………………… 265
　　课后习题 ………………………… 266
　　迷你案例 ………………………… 268
第 8 章　股票的估值与特征 …… **270**
　　优先股 …………………………… 271
　　优先股估值 ……………………… 273
　　普通股 …………………………… 277
　　普通股估值 ……………………… 279
　　股东的预期收益率 ……………… 285
　　本章小结 ………………………… 290
　　复习题 …………………………… 293
　　课后习题 ………………………… 293
　　迷你案例 ………………………… 296
第 9 章　资本成本 ……………… **297**
　　资本成本：关键定义与概念 …… 298
　　确定单个资本来源的成本 ……… 300
　　加权平均资本成本 ……………… 312

　　计算部门的资本成本 …………… 315
　　本章小结 ………………………… 322
　　复习题 …………………………… 324
　　课后习题 ………………………… 325
　　迷你案例 ………………………… 330
第 10 章　资本预算的技巧与应用 …… **332**
　　寻找盈利项目 …………………… 333
　　资本预算决策标准 ……………… 334
　　资本配额 ………………………… 356
　　互斥项目的排序 ………………… 358
　　本章小结 ………………………… 364
　　复习题 …………………………… 366
　　课后习题 ………………………… 367
　　迷你案例 ………………………… 375
第 11 章　资本预算中的现金流与其他
　　　　　问题 ………………………… **377**
　　编制资本预算的指导原则 ……… 378
　　计算项目的自由现金流 ………… 382
　　资本预算选择 …………………… 394
　　风险与投资决策 ………………… 397
　　本章小结 ………………………… 406
　　复习题 …………………………… 407
　　课后习题 ………………………… 407
　　迷你案例 ………………………… 414
　　附录11A　修正加速成本回收法
　　　　　　　………………………… 415
　　课后习题 11A …………………… 417
第 12 章　确定融资结构 ………… **418**
　　了解商业风险与财务风险的区别
　　　　………………………………… 420
　　盈亏平衡分析 …………………… 421
　　经营杠杆的来源 ………………… 426
　　资本结构理论 …………………… 433
　　资本结构管理的基本工具 ……… 441
　　本章小结 ………………………… 449

复习题 ··················· 451
　　课后习题 ················· 452
　　迷你案例 ················· 455
第13章　股利政策与内部融资 ········ **459**
　　公司如何向股东分配公司利润?
　　　　··················· 460
　　股利政策对股东重要吗? ······· 461
　　实践中的股利决策 ··········· 466
　　送股与股票分拆 ············ 468
　　股票回购 ················· 469
　　本章小结 ················· 473
　　复习题 ··················· 475
　　课后习题 ················· 475
　　迷你案例 ················· 478
第14章　短期财务计划 ············ **479**
　　财务预测 ················· 480
　　销售收入百分比预测法的局限性
　　　　··················· 486
　　编制与使用现金预算 ········· 488
　　本章小结 ················· 491
　　复习题 ··················· 492
　　课后习题 ················· 492
第15章　营运资本管理 ············ **500**
　　管理流动资产与流动负债 ······ 501
　　确定合适的营运资本水平 ······ 502
　　使用现金转换周期 ··········· 505
　　使用近似信贷成本公式估计短期
　　信贷成本 ················· 508

　　评估短期信贷来源 ··········· 510
　　本章小结 ················· 522
　　复习题 ··················· 524
　　课后习题 ················· 525
第16章　国际商业金融 ············ **530**
　　产品市场与金融市场的全球化 ··· 531
　　外汇市场与货币汇率 ········· 532
　　利率平价理论 ·············· 542
　　购买力平价理论与一价定律 ···· 543
　　外国直接投资的资本预算 ······ 544
　　本章小结 ················· 546
　　复习题 ··················· 548
　　课后习题 ················· 548
　　迷你案例 ················· 550
第17章　现金、应收账款与存货管理
　　　　··················· **552**
　　管理公司对现金与有价证券的投资
　　　　··················· 553
　　管理公司的应收账款投资 ······ 560
　　管理公司的存货投资 ········· 564
　　本章小结 ················· 570
　　复习题 ··················· 572
　　课后习题 ················· 572
　　迷你案例 ················· 576
术语表 ······················ **577**

第1章
公司金融基础介绍

学习目标

1	明确公司的目标。	公司的目标
2	了解公司金融的基本原则及其重要性,以及道德与信任的重要性。	构成公司金融基础的五条原则
3	描述公司金融在商业中的角色。	公司金融在商业中的角色
4	区分商业组织的不同法律形式。	商业组织的法律形式
5	解释导致跨国公司时代到来的原因。	财务与跨国公司:新角色
6	说明这门课程以及它所培养的技能将如何为您的事业和生活提供帮助。	培养职业技能

伴随着苹果 II 的诞生,苹果公司(股票代码为 AAPL)在 20 世纪 70 年代开启了个人电脑革命,并在 20 世纪 80 年代用麦金塔(Macintosh)电脑重新定义了个人电脑。然而,在 1997 年,苹果公司的股票售价仅为每股 50 美分,看起来已经快走到尽头了。苹果电脑的用户逐步减少,苹果公司似乎不知道该走向何处。正是在这个时候,史蒂夫·乔布斯(Steve Jobs)复出,在自己曾参与创建的苹果公司重掌旧职,担任首席执行官。事情就此出现了转机,实际上,22 年后的 2018 年,苹果公司的普通股股价高达每股 180 美元,是当年的 360 倍!

苹果公司是如何做到这些的?它的方法是回到自己所擅长的领域,即让产品在使用的便捷性、复杂性和功能特色上做出最优取舍。苹果公司采用了特殊技术,并将这些技术应用到电脑之外,推出了诸如 iPod、iTunes、机身线条流畅的 iMac、MacBook Air、iPod Touch 和 iPhone 等新产品以及无数应用程序。所有这些产品都做得非常好,iPod 的成功尤为惊人。从 2001 年 10 月 iPod 推出到 2005 年年初,苹果公司售出了 600 多万台 iPod。在 2004 年,苹果公司推出了长度和宽度都与一张商务名片相近的 iPod Mini,它同样取得了巨大成功,特别受到女性欢迎。这款新产品成功到什么地步?截至 2004 年,苹果公司售出的 iPod 数量已经超过其标志性产品麦金塔台式电脑和笔记本电脑。

在 iPod 取得成功之后,苹果公司应该如何跟进呢?它应当持续改进产品,并不断研发和推出消费者想要的新产品——iPhone。带着这种理念，苹果公司在2017年9月推出了iPhone 8和iPhone X，它们立即雄踞智能手机销量榜首，占2017年第四季度智能手机销量的61%。

实际上，苹果公司似乎在源源不断地推出令我们所有人趋之若鹜的酷炫新产品。2014年，苹果以30亿美元的价格收购了Beats；2015年4月，苹果公司推出了苹果手表；尽管有传言称其将在21世纪20年代推出苹果汽车，但现在看来苹果正忙着在不久的将来推出增强现实头戴式设备。通过所有这些工作，苹果公司开发并扩展了苹果支付、苹果音乐、iTunes商店和iCloud等服务。2018年，这些新服务约占其总收入的16%。

苹果公司是如何决定推出初版iPod和之后的iPad的？答案是找出消费者需求，并结合稳健的财务管理。财务管理以财富创造为目标，关注决策过程，以维持和创造经济价值或财富。本书所讨论的主题正是财务决策，例如何时推出新产品、何时投资新资产、何时重置现有资产、何时向银行借款、何时卖出股票或债券、何时向客户赊销、保留多少现金和存货等。财务管理的所有这些方面都是苹果公司决定推出并持续改进iPod、iPhone和iPad的影响因素，而最终结果也对苹果公司产生了巨大的财务影响。

在本章中，我们通过说明指导财务决策的主要目标——最大化股东财富——为本书奠定了基础。从这一点出发，我们将介绍把所有内容串联起来的线索：财务的五条基本原则。最后，我们将讨论企业的法律形式。在本章结尾，我们将简要探讨导致跨国公司崛起的原因。

公司的目标

公司的基本目标是为公司的所有者（股东）创造价值。这个目标常常表述为"最大化股东财富"。因此，财务经理的目标是做出最大化现有普通股价格的决策，从而为股东创造财富。这个目标不仅使公司的股东直接受益，还为社会造福，因为公司将为了创造价值而进行竞争，这使稀缺资源被引导到生产率最高的用途上。

我们选择股东财富最大化作为公司的目标，也就是说，最大化现有股东所持普通股的市场价值，因为所有财务决策最终都会影响公司的股票价格。投资者会对糟糕的投资决策或股利决策做出反应，使公司股票的总体价值下降；他们也会对优秀的投资决策或股利决策做出反应，推高股票价格。实际上，在这个目标下，优秀决策正是可以为股东创造财富的决策。

显然，当我们使用公司股票价格变化评估财务决策时，将产生一些重大的实际问题。许多因素都能影响股票价格。我们不可能确定对某项具体财务决策的反应，但好在我们不必这样做。为了达到这个目标，我们不需要将每个股票价格变化都理解为市场对我们的决策价值的解释。其他因素，例如经济状况的变化，也会影响股票价格。我们关注的是当其他因素保持不变时，我们的决策将对股票价格产生的影响。公司股票的市场价格反映出公司所有者眼中的公司价值，并且包含了现实世界中的各种复杂性。在以此为目标进行讨论时，我们还必须记住一个问题：谁是真正的股东？答案是：股东是公司的法定所有者。

> **概念回顾**
> 1. 公司的目标是什么？
> 2. 如何将该目标应用到实践中？

构成公司金融基础的五条原则

对于第一次学习公司金融的学生来说，这个学科可能看起来是一系列不相关决策规则的集合。这个印象与事实相去甚远。实际上，我们的决策规则和这些规则背后的逻辑都源于五条简单原则，它们并不需要公司金融知识就能理解。这五条原则指导财务经理为公司的所有者（股东）创造价值。

正如您将看到的，尽管不需要了解公司金融才能理解这五条原则，但必须理解这五条原则才能了解公司金融。这些原则初看起来可能十分简单甚至琐碎，但它们将推动我们了解之后的所有内容，并将本书介绍的所有概念和技巧串联起来。因此，这使我们能将注意力集中在财务管理实务背后的逻辑上。现在，让我们来介绍这五条基本财务原则。

基本原则 1：现金流是最重要的

您可能记得，会计学课程中曾讲到，一家公司的利润可能与它的现金流存在很大差异，我们将在第 3 章中复习这个知识。但是，现在您需要了解，现金流——而非利润——代表了能支出的资金。所以，现金流——而非利润——决定了企业的价值。因此，当我们分析管理者决策的结果时，我们将重点关注决策导致的现金流，而非利润。

在电影业中，会计利润与现金流之间就存在巨大差异。很多电影取得了成功，并给电影公司带来了大量现金流，但并没有产生利润。即使一些最为成功的高票房电影——例如《阿甘正传》《美国之旅》《蝙蝠侠》《我盛大的希腊婚礼》——在考虑电影公司的成本之后也没有实现会计利润。这是因为"好莱坞会计法"允许考虑与电影无关的间接成本，并将其计入电影的真实成本。事实上，电影《哈利·波特与凤凰社》在全球获得了近 10 亿美元收入，但会计师称它实际上亏损了 1.67 亿美元。《哈利·波特与凤凰社》是一部成功的电影吗？无疑是。事实上，它是史上总票房收入排名第 42 位的电影。毫无疑问，这部电影产生了现金流，却没有产生利润。

我们还需要注意一个关于现金流的要点。您在经济学课程中学过，我们在做出财务决策时，应该始终关注边际现金流，即**增量现金流**（incremental cash flows）。对公司整体而言，增量现金流是指公司接受投资项目所产生的现金流和拒绝投资项目所产生的现金流之差。要理解这个概念，让我们来考虑电影《冰雪奇缘》的增量现金流。迪士尼不仅从这部电影中赚了钱，还从这部电影的周边商品中赚了一大笔钱。尽管安娜（Anna）和爱尔莎（Elsa）吸引了 13 亿美元票房收入，但《冰雪奇缘》的玩具、服装、游戏和音乐的销售收入也大致相当。现在，随着《冰雪奇缘》的百老汇舞台剧和 2019 年年底的续集上演，迪士尼将唱着"Let It Go"迎接滚滚财源。

基本原则 2：货币具有时间价值

最基础的财务原则恐怕就是货币具有时间价值。很简单，由于我们可以将今天拥有的 1 美元进行投资并赚取利息，因此在一年之后，我们拥有的钱将超过 1 美元。所以，今天收到的 1 美元要比一年之后收到的 1 美元更有价值。

举例来说，假设您可以选择在今天收到1 000美元，或者在一年之后收到1 000美元。如果您决定在一年之后收到这笔钱，您就放弃了用这笔钱获得一年期利息的机会。经济学家会说您遭受了机会亏损或付出了机会成本。机会成本是如果您将1 000美元投资一年本应获得的利息。在学习财务学和经济学时，机会成本是一个基础概念。很简单，您所做的任何决策的**机会成本**（opportunity cost）都是您在做出该决策时不得不放弃的价值最高的选择。所以，如果您以零利率借钱给您的弟弟，而您本可以将这笔钱以8%的利率借给一位朋友（他一样也会将钱还给您），那么借钱给您弟弟的机会成本就是8%。

在学习财务学时，我们关注价值的创造与衡量。为了衡量价值，我们使用货币时间价值的概念，将一个项目的未来收益和成本（以现金流衡量）贴现回现在。然后，如果收益或现金流入大于成本，那么该项目将创造财富，应该被接受；如果成本或现金流出超过收益或现金流入，那么该项目将造成财富损失，应该被拒绝。如果不承认货币存在时间价值，就不可能用有意义的方式评估项目的未来收益和成本。

基本原则3：风险要求回报

尽管连新手投资者也知道有无限多个投资方案可供考虑，但如果投资者预期投资不能获得收益，那么他们绝无可能进行投资。他们希望获得满足以下两个要求的投资收益率：

● 延迟消费的收益率。如果投资收益连延迟消费都无法补偿，那么为什么还要进行投资呢？投资者是不会这么做的，即使这些投资没有风险。事实上，投资者希望获得至少与无风险投资相同的收益率，例如美国国债的收益率。

● 承担风险的额外收益率。投资者通常不喜欢风险。因此，高风险投资的吸引力相对较弱，除非它们预期能提供更高的收益率。也就是说，人们对一笔投资未来的表现越不确定，他们对该项投资所要求的收益率就越高。所以，如果您试图说服投资者将钱投资到您的风险项目中，您就必须向他们提供更高的预期收益率。

图1-1描述了一个基本概念：投资者的预期收益率应该等于用于补偿延迟消费的收益率加上承担风险的额外收益率。举例来说，如果您有5 000美元可以用来投资，并且正在考虑是用这笔钱购买苹果公司的股票，还是用它投资一家尚未取得成功的生物技术初创企业，那么您将希望投资这家初创企业能提供比投资成熟公司（比如苹果公司）更高的预期收益率。

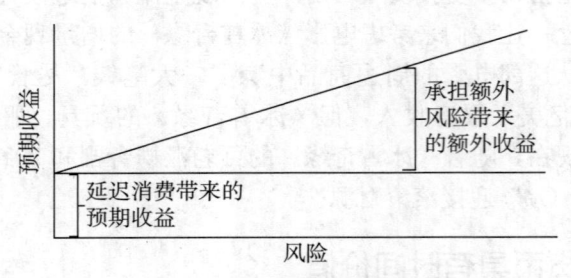

图1-1 风险-收益权衡

请注意，我们不断提到预期收益率这个概念，而不是实际收益率。作为投资者，我们对投资能获得的收益率有预期。然而，我们无法确切地知道它将是多少。举例来说，如果投资者可以预见未来，那么没有人会在2018年2月13日购买泰特拉菲斯制药公司（Tetraphase

Pharmaceuticals，TTPH)的股票。为什么？因为在这一天，该公司宣布其新型抗生素IGNITE3的临床实验未能取得成功。结果是，在公告发布之后的几分钟内，该公司的股票价格就大跌60%。

风险和收益的关系将成为我们在本书中为股票、债券和新投资项目估值时的重要概念。我们也将花一些时间来确定如何衡量风险。有意思的是，荣获1990年诺贝尔经济学奖的研究工作的大部分重心就是图1-1阐释的关系以及如何衡量风险。在我们学习公司金融的过程中，图1-1和它所描述的风险和收益的关系也将经常重现。

基本原则4：市场价格通常是正确的

要理解在金融市场上如何为债券、股票等证券估值或定价，就必须了解有效市场的概念。在**有效市场**（efficient market）中，资产的交易价格能充分、及时地反映所有可得信息。

证券市场，例如股票市场和债券市场，对于我们学习公司金融来说尤为重要，因为在这些市场上，公司可以为它们的投资项目募集资金。证券市场——例如纽约证券交易所（NYSE）——是否有效，取决于在这个市场上，新公布的信息反映在证券价格中的速度。具体而言，有效的股票市场通常有大量以利益为驱动力的投资个体，他们对新公布的消息做出极其迅速的反应：买进或卖出股票。

如果您好奇股票市场上机警的投资者是如何密切跟踪好消息和坏消息的，不妨考虑以下几种情形。当耐克公司的首席执行官威廉·佩雷斯（William Perez）在2005年11月的一天登上该公司的湾流飞机时，交易员们卖掉了大量耐克股票。为什么？因为这架飞机的起落架出现了故障，而他们在电视上看到了关于这一事件的报道！在佩雷斯安全着陆之前，耐克公司的股票下跌了1.4%。佩雷斯所乘的飞机刚一着陆，耐克公司的股票价格立即反弹。这个例子说明在金融市场上存在很多十分机警的投资者，他们甚至在新信息公布之前，就会根据预期采取行动。

另一个说明股票价格对新信息反应速度的例子是迪士尼公司。从1995年的《玩具总动员》开始，迪士尼公司就不断推出一部又一部热门电影，包括《怪物公司》《海底总动员》《加勒比海盗》《超人总动员》《钢铁侠》《冰雪奇缘》《银河护卫队》。尽管这些电影都取得了成功，但2018年，迪士尼豪赌一把，推出了《黑豹》。《黑豹》改编自一部相对不太知名的漫威漫画，它讲述了特查拉（T'Challa，又名"黑豹"）的父亲在《美国队长：内战》中被杀后，他返回虚构的非洲国家瓦坎达继承王位的故事。这部电影与以前的超级英雄电影有很大不同，因为它的主演是黑人，编剧是黑人，导演也是黑人。谁都没把握它能否被观众接受。然而，这部电影在首映当周周末就创造了惊人的票房收入——1.92亿美元。一个月之内，它的票房收入就达到了10亿美元。这部电影首映当周的周末，股市如何应对意外的票房反应？在首映日之后的星期二（这部电影在总统日当周的周末上映），迪士尼股价开盘涨幅超过1.3%，而当天股市几乎没有变动。显然，迪士尼的股票开盘价甚至在交易前就反映出票房收入异常强劲的消息！2017年4月，市场对新信息的快速反应也同样反映在美联航的股价上。在网上疯传的视频中，两名安保人员强行将一名69岁的医生从超额预定的航班上拖走。当他被拽过走道时，他的头撞到了座位扶手上。结果，在第二天股市开盘前，美联航的股票市值就下跌了14亿美元。

学习要点如下：股市价格是有用的公司价值晴雨表。具体而言，管理者可以预料到其公司的股票价格将根据投资者对其决策的评价做出迅速反应。一方面，如果投资者整体认为这是个可以创造价值的好决策，他们就会推高该公司的股票价格，以反映增加的价值。另一方面，如果投资者认为这个决策对股票价格不利，就会压低该公司的股票价格。

遗憾的是，这条原则在现实世界中并非总能奏效。只需看看在2008—2009年导致经济衰退的房地产价格泡沫，就可以知道价格和价值并不总是同步变化。不管人们喜欢与否，投资个体的心理偏差都会影响决策，因此我们的决策过程并不总是理性的。行为金融学考虑了这类行为，在我们已经了解的财务决策过程中加入了明显非理性的人类行为因素。

我们将尽量在学习过程中指出人类行为对决策的影响。但是我们要了解，行为金融学是一个正在发展的领域——我们只了解其发展过程中的很小一部分。但是，我们可以说，行为偏差会对我们的财务决策产生影响。例如，有些人倾向于过分自信，并且在很多时候将运气误认为是能力。正如耶鲁大学的著名经济学教授罗伯特·希勒（Robert Shiller）所言："人们认为自己知道的比他们实际知道的要多。"这种过分自信反映在他们的能力、知识和理解以及对未来的预测上。由于他们对估值十分自信，因此可能承担比他们应该承担的更多的风险。这些行为偏差影响了公司金融的各个方面，从投资分析到新项目分析，再到对未来的预测，等等。

基本原则5：利益冲突导致代理问题

在本书中，我们将介绍如何做出可以增加公司股票价值的财务决策。然而，管理者并不总是遵循这些决策。他们常常会做出实际上可能导致公司股票价值降低的决策。发生这种情况时，通常是因为他们忽视了股东利益但实现了管理者利益最大化。换言之，对管理者而言的最优决策和对股东而言的最优决策之间存在利益冲突。例如，关闭一家不盈利的工厂可能符合公司股东的最佳利益，但是如果这样做，公司的管理者可能会失业或被调职。这个非常明显的利益冲突可能会导致工厂管理层在亏损状态下继续运营工厂。

利益冲突会导致经济学家所说的代理成本或**代理问题**（agency problem）。也就是说，管理者是公司股东（所有者）的代理人。如果代理人不能按照委托人的最佳利益行动，就将产生代理成本。尽管公司的目标是最大化股东价值，但在现实世界中，代理问题可能会妨碍这个目标的实现。代理问题来源于公司管理权与所有权的分离。例如，一家大公司可能由职业经理人或代理人经营，而这些人只拥有很少的公司所有权或不拥有公司所有权。由于决策制定者和公司所有者的这种分离，管理者可能会做出与最大化股东财富目标不一致的决策。他们可能会怠工，或者试图以牺牲股东利益为代价，通过发放工资和津贴等形式使自己受益。

管理者也可能避免接受对自己有风险的项目——即使这些项目很好，可能带来巨大收益，失败概率也很小。为什么会出现这种情况？因为如果项目没有成功，这些股东的代理人就可能失去工作。

代理问题也助长了美国最近的金融危机，一些抵押贷款经纪商受雇寻找借款人。然后，这些经纪商将创建贷款并将抵押贷款出售给其他人。因为它们不持有抵押贷款，只创建抵押贷款，所以它们不在乎抵押贷款的质量。实际上，当借款人能偿还抵押贷款的概率很低时，它们仍会卖出抵押贷款，因为它们每做一笔抵押贷款都会收取一笔费用，然后几乎立即将抵押贷款卖给其他人。它们没有任何动机来筛选借款人的质量，结果，误认为自己可以负担抵押贷款的借款人和抵押贷款持有者都受到了损害。

与代理问题相关的成本很难衡量，但我们时常可以在市场上看到这个问题的影响。如果市场感到管理层正在损害股东的财富，那么替换管理层可能使股票价格产生积极反应。例如，当咖啡相关产品销售商法默兄弟（Farmer Brothers，FARM）公司的首席执行官罗伊·法默（Roy Farmer）去世的消息公布时，法默兄弟公司的股票价格上涨了约 28%。通常，公司高管的去世会引起人们对公司管理层空缺的担忧，并导致股票价格下降，但在法默兄弟公司的例子中，投资者认为管理层变更将对该公司产生积极影响。

如果公司的管理者是为公司的所有者（股东）工作，那么当管理者的行为不符合股东的最佳利益时，他们为什么不会被开除呢？理论上，股东选举产生公司的董事会，公司董事会再推选出管理者。但遗憾的是，在现实中，这套系统的运行方式常常恰好相反。管理层挑选出董事会成员的提名人选，然后投票选出董事会成员。实际上，股东通常面对的是由管理层选出的提名者。最终结果是，实际上是由管理层选择董事会成员，而这些人更效忠的可能是管理层而非股东。进而，这可能会增大出现代理问题的概率，因为董事会成员不会代表股东监督管理者，而他们本应这么做。

代理问题的根本原因在于利益冲突。只要在商业领域中存在这种利益冲突，就可能有人做出符合自己的最佳利益，而非组织的最佳利益的举动。例如，2000 年，橄榄球运动员艾杰林·詹姆斯（Edgerrin James）回到了印第安纳波利斯小马队效力，他被教练告知要在比赛中展开首攻然后故意摔倒。如果这样做，小马队就不会因为在已经锁定胜局的情况下扩大比分而受到苛责。但是，由于詹姆斯的合同中包含了与冲球码数和触地得分相关的激励性工资，因此，他为了自己的利益行事，并且在紧接下来的一场比赛中触地得分。

我们将花很长时间来讨论如何监督管理者以及使管理者的利益与股东的利益保持一致的方法。例如，可以通过评级机构和审计财务报表来监督管理者，还可以用薪酬包使管理者与股东的利益保持一致。除此之外，公司还可以提供管理层股票期权、奖金和津贴，并使其与管理层决策符合股东利益的程度直接挂钩，从而确保管理者和股东的利益一致。换言之，对股东有利的事必须对管理者也有利。如果不是这样，管理者就将根据自己的最佳利益来做出决策，而不是最大化股东财富。正是这个道理促使特斯拉（Tesla）的埃隆·马斯克（Elon Musk）在 2018 年实施了大胆的薪酬计划。只有当该公司在长期取得成功并获得可观的价值增长时，也就是说，只有在股东最终获得的回报大幅增长时，马斯克才能获得报酬，否则他什么也得不到。

道德与信任的基本要素

尽管道德与信任不是财务的五条基本原则之一，但它们仍然是商业世界中的基本要素。事实上，如果没有道德与信任，什么事都无法正常运行。这个说法几乎适用于生活中的一切。我们所做的每一件事几乎都在某种程度上依赖于其他人。尽管公司经常试图用合同来描述其交易的权利和义务，但要撰写一份完美的合同却是不可能的。因此，人与人、公司与公司之间的商业交易最终依赖于交易双方信任对方的程度。

在金融业中，遵守道德或道德沦丧都是新闻中反复出现的主题。安然（Enron）、世通（WorldCom）、安达信（Arthur Andersen）、伯纳德·麦道夫投资证券（Bernard L. Madoff Investment Securities）的金融丑闻都证明道德沦丧在商业世界中是不可原谅的。遵守道德不仅从道义上讲是正确的，而且是取得长期商业成功和个人成功的必要因素。

2017年，艾可飞（Equifax）发现其被黑客入侵，在这次有史以来最大的数据泄露事件之一中，1.45亿人的社会保障号码、出生日期、地址和其他信息被盗。艾可飞在2017年7月发现了该黑客入侵行为，但直到9月才进行披露，尽管根据法律要求，美国公司必须迅速报告可能对其财务前景产生重大影响的任何新信息。艾可飞怎样了？其股票暴跌了20%以上——市值蒸发超过40亿美元。这件事对艾可飞的影响可能需要数年才能确定，但是显然，没有人愿意与他们不信任的人做生意。2018年，永利度假村（Wynn Resorts）首席执行官史蒂夫·温（Steve Wynn）被指控性行为不端，但他矢口否认。尽管如此，永利度假村的股票市值仍然几乎立即蒸发了35亿美元。仅仅一周后，服装公司盖斯（Guess Inc.）的股票下跌了18%，此前模特兼女演员凯特·厄普顿（Kate Upton）指控该公司的联合创始人利用其在行业中的影响力骚扰女性。为什么会发生这种情况？如果消费者对某家公司感到不满，他们花钱购买其产品的可能性就会降低，这会影响股价。

合乎道德的行为很容易定义，即"做正确的事"。但什么是正确的事呢？例如，百时美施贵宝（Bristol-Myers Squibb，BMY）公司向无力支付药品费用的患者赠送治疗心脏病的药品。很明显，该公司的管理层认为这是有社会责任感的表现，他们做得对。但真是如此吗？公司应该捐赠金钱和产品，还是应该将这些慈善行为留给公司的股东去做呢？也许应该让公司的股东来决定他们是否愿意仗义疏财。

和大多数道德问题一样，上述两难问题没有确切答案。我们承认，人们有权对什么是"做得对"提出异议，每个人都拥有自己的一套价值观。这些价值观构成了我们判断对错的基础。而且每个社会都采用一套规则或法律来规定它认为哪些做法是"做得对"。在某种意义上，我们可以将法律视为反映社会整体价值观的一套规则。

您可能会问自己："既然我没有违反社会的法律，为什么我还要考虑道德呢？"这个问题的答案在于行为后果。在不确定的世界中可以预料到，每个人都可能做出错误的商业判断。但是道德错误却是不同的。即使这些错误不会导致任何人入狱，它们往往也会葬送个人的职业生涯和未来的机会。为什么？因为不道德的行为会破坏信任，而商业世界离开一定程度的信任就无法运作。

概念回顾
1. 根据基本原则3，投资者如何决定应该将资金投向何处？
2. 什么是有效市场？
3. 什么是代理问题？为什么会发生这个问题？
4. 为什么道德与信任在商业中十分重要？

公司金融在商业中的角色

公司金融研究的是人们和企业如何评估投资项目并为这些项目筹集资金。我们对投资的解释相当宽泛。当苹果公司设计苹果手表时，它明显做出了一项长期投资。该公司必须投入大量财力来设计、生产和营销这款产品，并希望它最终成为每个人的必需品。与之类似，苹果公司每雇用一名应届毕业生，就是在做出一项投资决策，因为它知道在这名员工给公司贡献价值之前，它必须至少向这名员工支付六个月的工资。

因此，学习公司金融解决了三类基本问题：

(1) 公司应该进行什么长期投资？该领域的财务问题通常被称为**资本预算**（capital budgeting）。

(2) 公司应该如何为这些投资筹集资金？公司的筹资决策通常被称为**资本结构决策**（capital structure decisions）。

(3) 公司如何才能在日常运营中最好地管理其现金流？该领域的财务问题通常被称为**营运资本管理**（working capital management）。

我们将在接下来的章节中考察公司金融中的这三个领域——资本预算、资本结构决策和营运资本管理。

为什么要学习公司金融？

即使您并不打算从事公司金融领域的工作，公司金融方面的实用知识仍将帮助您在个人生活以及职业生涯中走得更远。

对管理感兴趣的人需要学习诸如战略规划、人事安排、组织行为、人际关系等问题，而所有这些问题都涉及在今天支出资金以期在未来创造更多资金。例如，2017年年底，梅赛德斯-奔驰（Mercedes-Benz）公司的母公司戴姆勒公司（Daimler AG）宣布将至少投资100亿美元开发下一代电动汽车，并投资超过10亿美元生产电池，然而这项投资并不能确保成功。毕竟，通用汽车（GM）公司曾经投资7.4亿美元生产雪佛兰-伏特汽车，却发现每辆40 000美元的价格就令汽车买家望而却步，这说明电动汽车的前景并不总是如人们所愿。同理，市场营销主管需要了解和决定产品定价多高才合适，应该花多少钱打广告，以及在什么媒体上做广告。由于积极的市场营销如今很费钱，但又使公司能在未来获得回报，因此这也应该被视为公司需要融资的一项投资。生产和运营管理部门的主管需要了解如何才能最好地管理公司的生产并控制存货和供应链。这些问题都涉及有风险的选择，与资金管理这个公司金融的核心重点相关。虽然公司金融主要是关于资金管理的，但公司金融的一个重要组成部分是对信息的管理和解读。事实上，如果您想从事与管理信息系统或会计相关的职业，财务经理很可能是您最重要的客户。对于拥有创业激情的学生来说，了解公司金融也是必需的——毕竟，如果您不能管理好自己的财务，也不会在职业道路上走得很远。

最后，了解公司金融对于个人发展来说十分重要。您正在阅读本书，这本身就说明您明白自我投资的重要性。通过获得更高的学历，您显然做出了牺牲，以期提高自己的求职能力，使自己更有可能获得一份收入可观、具有挑战性的工作。你们中有些人依靠自己的收入或是父母的收入来交学费，而另一些人则从**金融市场**（financial markets）——促进金融交易的机构和程序——中筹资或借款。

尽管本书的重点是介绍商业中使用的公司金融工具，但我们介绍的许多逻辑和工具也可以运用在个人理财的决策中。财务决策在您的个人生活和您就职的公司中随处可见。将来，您的职业生涯与个人生活都将在与财务息息相关的世界中度过。既然您将生活在这个世界中，那么也是时候来学习一些公司金融基础知识了。

财务经理的角色

一家公司可以采用很多不同的组织结构。图1-2是一个典型案例，说明了如何在公司中妥当安排财务部门。分管财务的副总裁，也被称为首席财务官（CFO），服从公司的首席执行官（CEO）的管理，负责监管财务计划、战略规划以及控制公司的现金流。通常，资金主管和财务总监服从首席财务官的管理。在一家小公司里，这两个职位可能由同一人担任，并只设一个办公室来处理所有事务。资金主管通常负责处理公司的财务活动，包括管理现金和信贷、做出资本支出决策、筹集资金、制订财务计划以及管理公司收到的所有外币。财务总监则负责管理公司的会计事务，包括出具财务报表、进行成本核算、缴纳税款，以及搜集和监控监督公司财务健康状况所必需的数据。在本书中，我们将重点考察资金主管的通常职责，即如何做出投资决策。

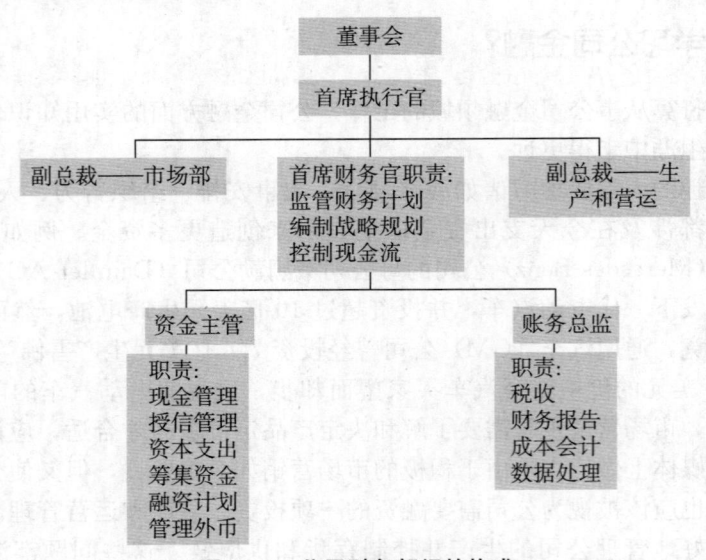

```
                    董事会
                      |
                   首席执行官
                      |
    ┌─────────────────┼─────────────────┐
 副总裁——市场部   首席财务官职责：    副总裁——生
                  监管财务计划        产和营运
                  编制战略规划
                  控制现金流
                      |
            ┌─────────┴─────────┐
         资金主管              账务总监
         职责：                职责：
         现金管理              税收
         授信管理              财务报告
         资本支出              成本会计
         筹集资金              数据处理
         融资计划
         管理外币
```

图1-2 公司财务部门的构成

概念回顾
1. 学习财务学时涉及哪几类基本问题？
2. 资金主管的职责是什么？财务总监的职责是什么？

商业组织的法律形式

在前面的章节中，我们重点关注的是公司的财务决策，因为尽管股份公司并不是唯一可采用的商业组织法律形式，但是对于大型公司或成长型公司来说，股份公司是最合理的选择。在美国，从销售收入来看，股份公司也是主要的商业组织形式。在本节中，我们将解释其原因。

尽管商业组织的法律形式繁多，但是可以归纳为以下三类：个人独资企业、合伙企业和股份公司。为了理解不同形式之间的基本区别，我们需要给出每种形式的定义，并了解每种形式的优点和缺点。随着公司的成长，股份公司的优点开始凸显。因此，大多数大型企业都采用股份公司的组织形式。

个人独资企业

个人独资企业（sole proprietorship）是由单个自然人拥有的企业。所有者拥有对企业资产的所有权，并且通常对企业产生的债务承担无限责任。个人独资企业的所有者有权获得企业利润，但必须承担所有亏损。只要开始经营活动，就可以创立这种商业组织形式。通常，创办个人独资企业不必满足法律要求，尤其是当所有者以自己的名义经营企业时。如果企业使用了某个特定名称，就需要缴纳一小笔注册费用，获得以该名称注册的证书。当所有者去世或所有者决定解散企业时，个人独资企业将解散。简单来讲，个人独资企业完全是出于实际目的而建立，没有正式的法律组织结构。

合伙企业

合伙企业和个人独资企业的主要区别是合伙企业有多个所有者。**合伙企业**（partnership）是两个或两个以上的个人联合起来作为共同所有者，以营利为目的开展经营的组织。合伙企业主要有两种类型：(1) 普通合伙企业；(2) 有限合伙企业。

普通合伙企业 在普通合伙企业（general partnership）中，每个合伙人对合伙企业的负债负有完全责任。因此，无论哪个合伙人的错误行为与合伙企业的业务有关，其余合伙人都负有相应的连带责任。合伙人之间的关系完全由合伙协议决定，该协议可以是口头承诺，也可以是正式的书面文件。

有限合伙企业 在普通合伙企业中，所有合伙人对企业负债共同负有无限责任，除此之外，美国的许多州还允许成立**有限合伙企业**（limited partnership）。州法规允许一个或多个合伙人负有有限责任，其责任以其在合伙企业中的出资额为限。成为有限合伙人必须满足若干条件。首先，至少有一名普通合伙人必须对企业负债负有无限责任。其次，有限合伙人的名字不能出现在公司的名称中。最后，有限合伙人不能参与公司的管理。因此，在有限合伙企业中，仅作为投资人的合伙人承担有限责任。

股份公司

股份公司（corporations）在美国的经济发展中起到了十分重要的作用。早在1819

年,美国最高法院首席法官约翰·马歇尔(John Marshall)就将股份公司的法律定义规定为"无形、抽象、仅在法律意义上存在的人为建立的实体"。[1] 该实体在法律上与其所有者是独立且分离的,因此,股份公司可以单独起诉和应诉、购买、出售或持有财产,且其员工会因犯罪而受到刑事处罚。然而,尽管存在法律上的这种分离,但股份公司仍是由所有者构成的,他们向公司下达指令和制定政策。公司的所有者选举出董事会,再由董事会成员选出担任公司具体管理者的人,包括公司的总裁、副总裁、秘书和资金主管。普通股股权证反映对公司的所有权,每张股权证代表其持有者拥有的股份数量。所有者持有的股份数量占流通股总数的比例决定了该股东在公司所有权中所占的比例。由于股份是可转让的,因此公司的所有权可能因为股东将股份转让给他人而发生变化。股东对公司的责任仅限于其对公司的出资额,从而防止了债权人剥夺股东的个人资产用于偿还公司的未清偿债务。这是股份公司极为重要的优点。毕竟,如果一旦美联航的飞机失事,您就要承担相应的责任,那么您还会投资美联航的股票吗?最后,一家股份公司的存续期与其投资者的状况无关。投资者的去世或撤资并不会影响股份公司的持续性。当股份公司的股票被出售或者通过继承进行转移时,公司的管理者仍将照常经营公司。

组织形式与税收:对股利的双重征税和传递实体

从历史上看,股份公司形式的缺点之一是对股利的双重征税。双重征税发生在公司获得利润后,公司首先要为这些利润缴纳税款(对利润的首次征税);然后将部分利润以股利的形式派发给股东,而股东又要为这些股利缴纳个人所得税(对利润的二次征税)。这种对利润的双重征税不会发生在个人独资企业和合伙企业中。毫无疑问,这是股份公司的主要缺点。

根据美国现行法律,国内公司和符合资格的外国公司发放的合格股利现在最高税率为20%。此外,如果您属于最低的两个所得税税级,则无须为股利收入缴税;如果您处于中间税级,则需对合格股利缴纳15%的税率;如果您属于最高税级,则需对合格股利缴纳20%的税率。但是,由于新税法将最高公司税率从35%降低到21%,因此大大降低了公司税水平。

新税法也将影响传递实体。什么是传递实体?它是指这样一种实体,企业产生的利润流经它并到达企业所有者的个人纳税申报表,然后以普通所得税税率纳税。这种实体包括个人独资企业和合伙企业,以及我们接下来将要讨论的S公司和有限责任公司。由于公司税税率下降,因此只有降低未采用股份公司形式的企业的税率才是公平的。为此,美国国会修改了法律,以便某些传递实体有资格获得20%的传递扣除额,仅对其传递收入的80%纳税。对于高利润纳税人,这项税收优惠将逐步下降乃至消失,但它确实使小型传递实体和雇用大量工人的大型传递实体可以享受税收优惠。

S公司与有限责任公司

企业家和小企业所有者面临的问题之一,就是他们需要股份公司形式便于扩张的好

---

[1] *The Trustees of Dartmouth College v. Woodard*, 4 Wheaton 636 (1819).

处,但是股份公司形式带来的对利润的双重征税问题令其难以积累扩张所必需的财富。幸运的是,美国政府意识到了这个问题,并提供了两种实际上介于合伙企业和股份公司之间的企业组织形式,它们既有合伙企业的税收好处(不产生对利润的双重征税,且享受传递实体的税收优惠),又保留了股份公司有限责任的优点(投资者的责任以其出资额为限)。

第一种组织形式是 **S 公司**(S-corporation)。S 公司的所有者承担有限责任,同时允许企业所有者按照合伙企业的方式纳税,即与普通公司发放股利时的纳税方式不同,对发放给 S 公司所有者的股利不进行双重征税。遗憾的是,S 公司附带的一些限制条件使这种组织形式的吸引力减弱。比如,S 公司形式不能适用于由两家公司组成的合资企业。因此,最近几年 S 公司不如有限责任公司受青睐。

有限责任公司(limited liability company,LLC)也是一种介于合伙企业和股份公司之间的企业组织形式。与 S 公司类似,有限责任公司仍然要求所有者承担有限责任,但像合伙企业一样经营和纳税。一般而言,有限责任公司比 S 公司更灵活。例如,在有限责任公司中,所有者也可以是公司。然而,由于有限责任公司是根据州法律经营的,因此各州和国税局都有关于有限责任公司资格的规定,并且不同州的具体规定有所不同。但是,这些不同规定有共同的基本要求,即有限责任公司看上去不能太像股份公司,否则应作为股份公司纳税。

应该选择哪种企业组织形式?

新企业的所有者在选择组织形式时需要做出许多重要决策。然而每种企业组织形式相对于其他组织形式似乎都有一些优点,随着企业的成长,企业日益需要通过资本市场融资,股份公司的优点开始凸显出来。表 1-1 区分了主要的几种企业组织形式。

由于股东拥有有限责任,很容易通过出售普通股转移所有权,同时在分割股份时也很灵活,因此股份公司成为吸引新资本的理想企业组织形式。相比之下,个人独资企业和普通合伙企业的无限责任阻碍了企业筹集股权资本。在这两个极端之间,有限合伙企业允许有限合伙人承担有限责任,这一特点有利于企业吸引富有的投资者。然而,同时拥有大量合伙人是不现实的,而合伙权益的交易市场也很有限,这使有限合伙制无法与股份公司制有效竞争。因此,当建立决策模型时,我们假设我们讨论的是按照公司税法要求纳税的股份公司。

表 1-1 不同的企业组织形式

组织类型	所有者数量	对企业债务的责任	所有权变更是否将使企业消亡	纳税主体
个人独资企业	一人	有	是	个人/传递实体
合伙企业类型				
● 普通合伙企业	无限制	每位合伙人都对全部债务负有责任	是	个人/传递实体
● 有限合伙企业	至少有一名普通合伙人,有限合伙人的数量不限	普通合伙人——有 有限合伙人——无	普通合伙人——是 有限合伙人——否	个人/传递实体

续表

组织类型	所有者数量	对企业债务的责任	所有权变更是否将使企业消亡	纳税主体
股份公司类型				
● 股份公司	无限制	无	否	公司和个人均需纳税
● S公司	最多100人	无	否	个人/传递实体
● 有限责任公司（LLC）	无限制	无	否	个人/传递实体

> **概念回顾**
> 1. 个人独资企业、合伙企业和股份公司之间的主要区别是什么？
> 2. 请解释为什么大型公司和成长型公司倾向于选择股份公司形式。
> 3. 什么是有限责任公司？

财务与跨国公司：新角色

在追逐利润的过程中，美国公司不得不将目光投向国外市场。所有这一切都发生在个人计算机和互联网带来信息技术革命的同时。在同一时期，美国经历了史无前例的行业管制放松时期。这些变化打开了新的国际市场，之前美国公司在国内经历的价格战也迫使这些公司在海外寻求投资机会。最终结果是，许多美国公司，包括 IBM、迪士尼和美国运通（American Express），都重新调整其业务结构以进行国际扩张。最重要的是，一家美国公司的国际化程度可能远超过您的预期。例如，可口可乐约60%的利润来自海外销售，这在许多美国公司中并不罕见。

一方面，美国公司向国外市场扩张；另一方面，外国公司也打入了美国市场。只需看一下美国的汽车业，就能发现丰田（Toyota）、本田（Honda）、现代（Hyundai）、宝马（BMW）和其他外国汽车制造商的进入对这个行业产生了什么影响。此外，外国公司也会收购美国公司，现在它们拥有如下公司：胡椒博士（Dr. Pepper）、斯奈普（Snapple）、布克兄弟（Brooks Brothers）、百威啤酒（Budweiser）、班杰利（Ben & Jerrys）、汉堡王（Burger King）、乔氏百货（Trader Joe's）、7—11（7-Eleven）和太阳镜小屋（Sunglasses Hut）。因此，即使我们希望将所有注意力都集中在美国本土市场，也无法这样做。更重要的是，我们不想忽视国际市场上的投资机会。

> **概念回顾**
> 1. 是什么导致了跨国公司的时代？
> 2. 在国外寻求机会给美国公司带来了利润吗？

培养职业技能

无论您的专业是什么,您都将在"财务世界"中度过余生。在商业世界中,决定建立新产品线,设立新工厂,开设新商店,或者研究如何为所有这些项目筹集资金,都让您面临财务问题。实际上,大多数决策都归结为一个财务问题:它的价值是什么?如果您可以确定推出的新产品的价值,或者建造新度假酒店的决策的价值,那么您就可以做出更好的决策。如果它在今天的价值超过它的成本,那就应该继续去做,否则就不要做。另外,如果您可以对股票或债券进行估值,就可以决定是否购买它——如果其价值超过成本,就应该购买它;否则就不要购买它。估值就是我们在这门课上要做的——我们为实体资产估值,例如迪士尼建造上海迪士尼公园的决策。我们还将学习如何为股票和债券等金融资产估值。

假设您最终决定不做生意并开始教高中,您也会发现自己身处财务世界之中。那是因为您可能想买房子或度假别墅,或为孩子的教育储蓄(或偿还您自己的学生贷款)。即使您不做这些事,您当然也想为退休后的生活储蓄——如果不了解财务学基础,您的日子将很难过。毕竟,如果您不了解财务世界的运作方式,那么您将很难在身处的财务世界中获得成功。

除了获得在"财务世界"中取得成功所必需的技能之外,您还将获得可以帮助您在职业生涯中取得成功的技能。下面将重点介绍您将获取的一些技能。

批判性思维技能。本书首先介绍了财务的五条基本原则,这些原则将本书的所有主题串联在一起。然后,本书的"牢记原则"专栏回顾了这五条基本原则。这五条财务原则使我们能将内容材料联系在一起,从而证明了财务理论和财务实践的共同根源。最终,它提供的是对一门学科的介绍,而不是对管理者遇到的一系列孤立财务问题的处理方法。这些原理将使您学到更多知识,而不仅仅是如何计算问题的正确答案。它们将使您了解为何要以不同方式解决问题,以及如何批判性地解释问题、设计解决方案以及分析和评估解决方案。实际上,您不仅将学习分析工具,而且更重要的是,您将直观地了解为何要这样解决问题以及分析中实际要做的工作。正如您将看到的,大部分工作都与估值有关。为了给资产估值,预测未来并贴现这些现金流,必须对具体变量做出许多假设。这种研究财务领域的运作逻辑和基本原理的方法使学生能在不断变化的商业和金融环境中形成批判性思维能力,并有效地处理财务问题和其他商业问题。

Excel 技能。如今,Excel 是商业中使用的主要电子表格分析和建模工具,而基本掌握 Excel 将为您的事业成功提供长久帮助。从各种文件和文档导入数据的功能使 Excel 成为进行商业分析的理想工具。尽管不是每个商业人士都必须创建 Excel 模型,但每个商业人士都必须了解它们并了解如何使用数据做出决策。您需要了解如何与程序员沟通以及如何解释他们的结果。您会发现,流利地使用"Excel 语言"不仅会让您看起来更有才学,而且实际上会帮助您在工作中做出决策。

数据分析技能。财务涉及的是公司内部决策——何时推出新产品,何时进行投资或如何对金融资产(例如债券或普通股)估值。了解决策过程并获得做出这些决策所必需的分析工具是财务学和本书的核心。有了这些技能和理解，您就能在做出决策之前预测到这些决策。

协作和沟通技能。了解财务中使用的工具和方法，并了解 Excel 以及财务模型的建立方式，将使您可以谈论财务话题。能与财务领域和其他领域的人进行交流将有力地帮助您培养协作技能，从而取得事业成功。大多数决策都需要征求企业中多个部门的意见，如果您无法进行沟通，将无法有效地完成工作。

概念回顾
1. 公司金融这门课程将能培养您的哪方面能力？
2. 学习本书将如何为您的事业和生活提供帮助？

本章小结

➡ **学习目标 1. 明确公司的目标。**

　　小结：本章概述了维持和创造股东价值的方法框架，这应该成为公司和管理者的目标。公司选择最大化股东财富作为目标，是因为这个目标能很好地解决现实环境中的不确定性和时间问题。因此，最大化股东财富被认为是合适的公司目标。

➡ **学习目标 2. 了解公司金融的基本原则及其重要性，以及道德与信任的重要性。**

　　小结：财务的五条基本原则如下：

　　(1) 现金流是最重要的——推动价值增长的是收到的增量现金而非会计利润。

　　(2) 货币具有时间价值——对于收款人而言，今天收到的 1 美元比未来收到的 1 美元更有价值。

　　(3) 风险要求回报——投资的风险越高，投资者的必要收益率就越高，而且在其他条件相同的情况下，投资的价值就越低。

　　(4) 市场价格通常是正确的——例如，产品市场价格对重要新闻的反应速度通常慢于金融市场价格，后者对新信息的反应往往非常高效和快速。

　　(5) 利益冲突导致代理问题——大型公司通常由持有公司一小部分股权的职业经理人经营。这些职业经理人的个人行为常常受个人利益驱动，从而导致管理者的行为并不符合公司所有者的最佳利益。当发生这种情况时，公司的股票价值就会受损。

　　尽管不是上述五条财务原则之一，但道德和信任也是商业世界的基本要素；如果没有这两项要素，任何事都无法进行。

关键术语

增量现金流：公司接受投资项目所产生的现金流和拒绝投资项目所产生的现金流之差。

机会成本：用放弃的次优机会定义的某种选择的成本。

有效市场：任何时点上的证券价格都能充分反映证券的所有公开可得信息和实际公开市场价值的市场。

代理问题：由于公司的管理权和所有权分离而导致的问题和冲突。

➡ **学习目标 3.** 描述公司金融在商业中的角色。

小结： 公司金融研究的是人们和企业如何为投资估值和融资。公司金融研究解决了以下三个基本问题：(1) 公司应该进行何种长期投资？该财务领域通常被称为资本预算。(2) 公司应该如何为这些投资筹集资金？公司的融资决策通常被称为资本结构决策。(3) 公司如何才能最好地管理日常经营中的现金流？该财务领域通常被称为营运资本管理。

关键术语

资本预算： 关于固定资产投资的决策过程。

资本结构决策： 关于融资选择和长期资金来源组合的决策过程。

营运资本管理： 对公司流动资产和短期融资的管理。

金融市场： 促进各种金融资产的交易的机构和程序。

➡ **学习目标 4.** 区分商业组织的不同法律形式。

小结： 本节分析了不同商业组织形式。个人独资企业是由单个自然人拥有和管理的商业经营实体。创立个人独资企业很简单，并且通常不需要付出大量组织成本。个人独资企业拥有者对公司有完全的控制权，但是必须愿意对其经营结果承担全部责任。

普通合伙企业是两个或两个以上的个人联合起来作为共同所有者的企业组织形式，它类似于个人独资企业。有限合伙企业是由美国州政府裁定的另一种合伙企业形式，在所有合伙人都同意的情况下，它允许合伙人承担有限责任，但至少有一个合伙人承担无限责任。

股份公司增加了从公众投资者流向商业社会的资本。尽管这种法律实体会产生更多组织成本并受到更多管制，但是股份公司更有利于筹集大量资金。有限责任、无限存续期和所有权转让的方便性增强了投资的市场流动性，并且非常有助于吸引大量投资者对股份公司进行投资。股份公司的正式控制权掌握在拥有最多股份的股东手中。然而，其日常经营由股份公司的管理人员负责，他们在理论上代表公司股东。

关键术语

个人独资企业： 由单个自然人拥有的企业。

合伙企业： 两个或两个以上的个人联合起来作为共同所有者，以营利为目的开展经营的组织。

普通合伙企业： 在普通合伙企业中，所有合伙人对合伙企业产生的债务承担完全责任。

有限合伙企业： 在有限合伙企业中，一个或多个合伙人负有有限责任，其责任以其在合伙企业中的出资额为限。

股份公司： 法律上与其所有者独立且分离的法律实体。

S 公司： 由于符合具体资格要求而比照合伙企业纳税的股份公司。

有限责任公司（LLC）： 介于合伙企业和股份公司之间的商业组织形式，这种公司的所有者承担有限责任，但像合伙企业一样经营和纳税。

➡ **学习目标 5.** 解释导致跨国公司时代到来的原因。

小结： 世界经贸形势的变化促使美国公司将目光投向国外市场，寻找新的商业机会。最终结果是，很多美国大公司一半以上的收入都来自国外市场上的销售。外国公司同样也增加了在美国的投资。

➡ **学习目标 6.** 说明这门课程以及它所培养的技能将如何为您的事业和生活提供帮助。

小结： 不管您的专业是什么，您的余生都将在"财务世界"中度过。在本课程中，您不仅将学习到许多关于"财务世界"的知识,还将获得重要的批判性思维技能、Excel 技能、数据分析技能以及协作和沟通技能。所有这些都将帮您更高效地完成工作。

复习题

1—1 在实施最大化股东财富的目标时,会遇到哪些问题?

1—2 公司经常会实施不会直接带来利润的项目。例如,我们在本章引言中提到的苹果公司曾向斯坦福大学医院捐赠了 5 000 万美元,并向非洲援助组织 RED 捐赠了 5 000 万美元,后者是一个抗击艾滋病、肺结核和疟疾的慈善组织。这些项目与最大化股东财富的目标矛盾吗?为什么?

1—3 财务决策与风险及收益之间是什么关系?所有财务经理都会对风险-收益权衡持类似看法吗?

1—4 什么是代理问题?代理问题会对最大化股东财富的目标产生什么影响?

1—5 请定义以下术语:(a) 个人独资企业,(b) 合伙企业,(c) 股份公司。

1—6 请列出每种商业组织法律形式的基本特征。

1—7 请具体说明基于以下每种评估标准的最优商业组织法律形式:(a) 组织要求和成本,(b) 所有者责任,(c) 企业的存续性,(d) 所有权的可转换性,(e) 管理层控制和监管,(f) 融资能力,(g) 所得税。

1—8 有许多很有用的大型商业公司。登录商业求职网站 www. careers-in-business. com,该网站不仅涉及金融,也涉及营销、会计和管理。找出关于投资银行业务和财务规划方面的工作机会,并撰写一份详细报告。

1—9 无论喜欢与否,道德问题似乎一直与财务共存。一些财务丑闻可参见 http:// projects. exeter. ac. uk/RDavies/arian/scandals/classic. html。查看关于如下主题的文章:"信用紧缩""互联网泡沫和投资银行""伯纳德·麦道夫投资证券"。撰写一份关于这些事件的简短书面报告。

1—10 我们知道,如果公司想要最大化股东财富,管理者和股东的利益必须一致。使两者利益一致的最简单方法是恰当构造管理者薪酬计划以激励管理者通过股票和期权回报朝着股东利益最大化的方式行事。然而,如果管理薪酬失控了怎么办?浏览管理者薪酬观察网站 www. aflcio. org/corporatewatch/paywatch,查看是谁获得了最高的薪酬(滚动到页底,点击"100Highest")。甲骨文、CBS 和查特传播公司(Charter Communications)最近的总薪酬计划是怎样的?

迷你案例

在喀里多尼亚产品(Caledonia Products)公司助理财务分析师面试的最后一轮中,将检验您对基本财务概念的理解。您获得了以下参考信息,并需要回答一些问题。您是否能得到喀里多尼亚产品公司的职位,将取决于您给出的答案的准确性。

收件人:财务分析师职位应聘者

发件人:喀里多尼亚产品公司首席执行官 V. 莫里森(V. Morrison)先生

回复:检验您对基本财务概念和公司税法的理解

请回答如下问题:

a. 公司的适当经营目标是什么？为什么？
b. 什么是风险-收益权衡？
c. 在确定资产价值时，为什么我们更关注现金流而非会计利润？
d. 什么是有效市场？有效市场对我们来说意味着什么？
e. 导致代理问题的原因是什么？我们如何解决这个问题？
f. 道德及道德行为与财务有什么关系？
g. 请定义以下术语：(a) 个人独资企业，(b) 合伙企业，(c) 股份公司。

第2章
金融市场与利率

学习目标

1	描述美国金融市场体系的主要组成部分和企业融资过程。	企业融资：经济中的资金流动
2	了解如何在资本市场上筹集资金。	向公众销售证券
3	了解近期的收益率。	金融市场上的收益率
4	解释利率决定基础和利率期限结构的流行理论。	利率决定因素概述

1995年，拉里·佩奇（Larry Page）在某个周末造访斯坦福大学时，谢尔盖·布林（Sergey Brin）恰好是负责带他参观学校的学生之一。这是他们的第一次见面，当时他们彼此还不是知己。然而，不久之后两人就开始合作，他们甚至在拉里·佩奇的宿舍建立了他们自己的计算机机房，这个机房在后来成了谷歌的首个数据中心。然而，事情并不如预想的那样顺利，因为当时搜索引擎运营商对他们的项目并没有兴趣，所以拉里·佩奇和谢尔盖·布林决定自己干。他们成天宅在宿舍里，信用卡已经完全透支，面临着资金问题——他们的资金已经所剩无几。于是，两人共同起草了一份商业计划书，并开始寻找投资。对于我们这些谷歌用户来说幸运的是，他们找到了太阳微系统公司（Sun Microsystems）的一位创始人，在两人进行了简短的演示之后，他有事要离开，留下这样一句话："与其我们在这里讨论所有细节，不如我直接给你们开张支票吧？"这张支票的抬头便是谷歌公司，金额为100 000美元。

就这样，谷歌公司（Google Inc.，股票代码为GOOGL）成立了，2015年它重组并更名为字母表（Alphabet，股票代码为GOOGL），并在接下来的十年里成为一家以"不作恶"为官方座右铭的创新型公司。他们怀着让世界更美好的目标，享用着由前"感恩至死"乐队（Grateful Dead）厨师精心准备的工作餐。公司里装点着炫目的熔岩灯，在谷歌园区里用赛格威（Segway）代步车运送员工，在停车场举办早冰曲棍球比赛，还开展了其他娱乐活动。不出所料，当2004年谷歌公司需要筹集更多资金时，他们采用了一种不同寻常的方式——通过"荷兰式拍卖"出售股票。在荷兰式拍卖中，投资者提交投标，阐明他们愿意以什么价格购买多少股票；然后，谷歌通过这些投标计算出合理的发行价格，这个价格低到刚好使所有股票售出，只要投资者的报价至少等于该价格，就可以按照发行价格购买股票。

最终，谷歌的发行价格确定为每股85美元，2004年8月19日，该公司筹集到了17.6亿美元。这些初始投资者的投资成绩如何？在首个交易日，谷歌的股价上涨了18%。截至2005年3月中旬，谷歌的股价已上升到约每股340美元！2005年9月，谷歌重返金融市场，并以每股295美元的价格出售了1 418万股股票。截至2018年10月，谷歌的股价约为每股1 120美元。

除了发行普通股以外，许多公司还发行债务。实际上，谷歌的母公司字母表在2011年卖出30亿美元债券之后，在2016年又卖出了20亿美元债券。发行债券并不罕见。实际上，微软（股票代码为MSFT）和苹果（股票代码为AAPL）都曾通过出售公司债券来筹集资金——苹果在2013年出售了价值170亿美元的债券，微软在2017年出售了价值170亿美元的债券。

当您阅读本章时，您将了解到如何在金融市场上筹集资金。无论您是擅长会计、财务、市场营销还是战略的新晋企业管理人员，这都有助于您了解在资本市场上获取金融资本的基本知识。

债券、普通股等长期融资工具都是在资本市场上发行的。**资本市场**（capital markets）是指所有帮助企业筹集长期资本的金融机构，其中，"长期"是指证券距到期的时间在一年以上。毕竟，大多数公司都专注于向客户出售产品和服务，并不擅长自己为业务融资。这里列举一些您可能听说过的金融机构：美国银行（Bank of America，股票代码为BAC）、高盛集团（Goldman Sachs，股票代码为GS）、花旗集团（Citigroup，股票代码为C）、摩根士丹利（Morgan Stanley，股票代码为MS）、瑞士银行（UBS AG，股票代码为UBS）和德意志银行（Deutsche Bank，股票代码为DB）。

本章将重点介绍企业在资本市场上的筹资过程，这有助于我们理解资本市场是如何运行的。我们将介绍投资者如何确定其投资的必要收益率。此外，我们还将研究资本市场上的历史收益率，以便对未来做出预期。无论您是财务经理还是投资者，对金融市场历史的了解都将使您意识到，对于普通股投资而言，40%的年收益率并不常见。

当您通读本章的时候，请注意对第1章提到的构成公司金融基础的几条原则的直接应用。具体来说，您应该注意基本原则3（风险要求回报）和基本原则4（市场价格通常是正确的）。

企业融资：经济中的资金流动

金融市场在资本主义经济中发挥着至关重要的作用。事实上，在2008年资金快速流出金融市场的时候，美国经济陷于停滞。当经济健康时，资金由储蓄盈余单位（即支出小于收入的单位）流向储蓄赤字单位（即需要额外资金的单位）。储蓄赤字单位有哪些例子？比如美国联邦政府就有巨额赤字，它收的税远远小于支出；线上视频服务网站Hulu可能需要修建新设施,但需要 5 000 万美元为扩张融资;手工编织咖啡店 Sip and Stitch 的个人独资所有者丽贝卡·斯旺克(Rebecca Swank)想开第二家商店,但需要 10 万美元为其融资;艾米丽·迪米克(Emily Dimmick)和迈克尔·迪米克(Michael Dimmick)想购买价值 24 万美元的一幢房屋,却只有 5 万美元存款。在上述每个例子中,不管是美国政府,还是大公司、小业主和家庭,都面临相同的情况——他们的支出都可能超过收入。

这些钱从哪里来呢?它来自经济中的储蓄盈余单位,即支出小于收入的单位。储蓄盈余单位可能包括个人、公司和政府。比如,约翰·兰多夫(John Randolph)和桑迪·兰多夫(Sandy Randolph)一直在为退休后的生活储蓄,每年他们的收入比支出多 10 000 美元。此外,约翰工作的公司每年向他的养老金计划账户存入 5 000 美元;类似地,埃克森美孚公司(ExxonMobil,股票代码为 XOM)每年的营业收入约为 500 亿美元,该公司将其中约一半投资于新的石油开采项目——这意味着,剩余的一半收入可以用来进行其他投资。全球范围内也有许多政府的收入大于支出,比如中国、阿拉伯联合酋长国和沙特阿拉伯。

现在让我们来看看这些储蓄如何转移到需要资金的经济单位手中。实际上,储蓄通过金融市场转移到资金需求者手中的途径有三种(见图 2-1)。

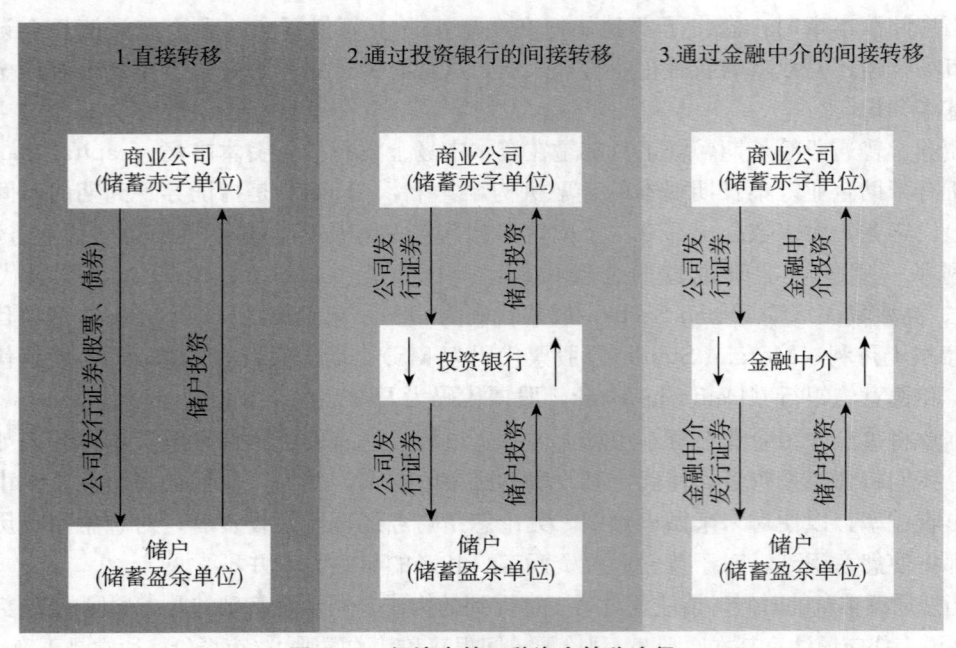

图 2-1 经济中的三种资金转移途径

让我们来仔细分析这三种资金转移方式:

(1)直接转移。在这种情况下,需要资金的公司直接把证券卖给愿意购买证券以获得高额收益的储户(投资者)。初创企业是采用这种方式进行融资的典型例子。新企业可能直接向被称为**天使投资人**(angel investor)的富有私人投资者或企业天使投资人融资,也可能向**风险投资家**(venture capitalist)寻求早期融资。Koofers.com 就是这样建立并运营起来的。该网站的创始人是弗吉尼亚理工大学的学生,他们建立了这个互动网站,为学生们提供了一个分享课堂笔记、课程讲义、教师打分、学习指导和往届试题的平台。这个网站建立以后广受欢迎，并收到了两家风险投资公司的 200 万美元扩张资金，作为回报，风险投资公司也获得了 Koofers 的部分所有权。

（2）通过投资银行的间接转移。投资银行是帮助公司筹集资金、交易证券，并就并购等交易提供建议的金融机构。在帮助公司筹集资金时，投资银行往往会与其他投资银行合作，组成银团。银团会买下公司为融资发行的所有证券，然后以相对更高的价格将证券出售给公共投资者（储户）。摩根士丹利和高盛集团就是履行投行职责的银行的例子。请注意，在第二种储蓄转移方式下，证券的发行只是经过投资银行，而不会变成另一种证券。

（3）通过金融中介的间接转移。这是人寿保险公司、共同基金和养老基金使用的一种资金转移方式。金融中介通过发行自己的证券（间接融资）收集个人的储蓄，然后用这些资金购买企业发行的股票和债券（直接投资）。

在良好的金融系统中，资金将高效地从储蓄者手中转移到能最高效地使用资金的人手中，这也正是美国金融系统所起的作用。这听起来可能像是理所应当，但并不是世界上所有国家都有高效的金融系统。尽管美国的金融系统在 2008 年和 2009 年出现了一些问题，但它依然可以为借款人和储户提供比其他大多数金融系统更多的选择，进而能更好地将资本配置给效率更高的使用者。因此，美国公民都从图 2-1 所示的三种资金转移机制中受益，在这种金融市场体系的协助下，美国的资本构成更加合理，经济实力更加强大。

金融市场有许多分类方式，金融市场可以是纽约华尔街上的一幢大楼，也可以是将全世界的证券交易商联系起来的电子系统。下面让我们来看描述金融市场时常用的五组术语。

公募与私募

公司在决定筹集外部资本时，有公募和私募两种方式可供选择。在**公募**（public offering，也称公开发行上市或公开发售）中，无论是个人投资者还是机构投资者均有机会购买公司发行的证券。证券发行通常由专门帮助公司融资的投资银行负责。这个在证券发行商和公众投资者之间充当中介的过程被称作承销，做这种业务的投行被称为承销商。这是一个不具人格色彩的市场，证券发行公司不会实际接触证券的最终买方。

在**私募**（private placement，也称直接募股）中，证券被直接发行和出售给有限数量的投资者。公司通常会通过与预期买家的面对面交流敲定证券发行的细节。在这种发行方式中，投资银行扮演了撮合者的角色，它将潜在贷款人和借款人撮合到一起。与公募市场相比，私募市场是一个相对私人的市场。

风险投资公司是私募市场上活跃投资者的一个例子。风险投资公司首先向机构投资者和高净值个人投资者筹集资金，然后汇集到资金池中，用于投资有潜在高收益率和高风险的初创企业和处于早期阶段的公司。对于更大的公开市场来说，这些公司缺乏吸引力，因为它们具有以下特点：（1）绝对规模较小，（2）历史经营业绩有限或没有历史经营业绩，（3）成长前景不确定，（4）股票无法简单或快速地变现。多数风险投资公司的投资期为 5~7 年，它们希望到时将公司出售或者公开上市。

因为承担了高风险，所以风险投资公司往往在初创企业的董事会中占有一个或多个席位，并积极监督公司的管理活动。这种情况应该让您想起基本原则 3：风险要求回报。

一级市场与二级市场

一级市场（primary market）是之前尚未发行过的新证券的交易市场。例如，如果谷歌的母公司字母表发行了一批新股票，那么这笔发行将被认为是一级市场交易。在这种情况下，字母表将通过发行新股票从投资者手中获得资金。一级市场类似于新车市场。例如，福特公司只有在首次向公众出售汽车的时候才会收到卖车款。一级市场上的证券也一样。发行公司只有在此时才从证券中获得收入，这类交易将股票和债券等新金融资产引入经济中。公司首次向公众发行股票被称为**首次公开募股**（initial public offering, IPO）。例如，2017年，运营Snapchat的照片共享公司Snap（股票代码为SNAP）首次向公众发行普通股。2004年8月19日，谷歌也首次向公众出售普通股。当谷歌在2005年9月重回一级市场出售更多谷歌股票时，这被称为**增发新股**（seasoned equity offering, SEO）。增发新股是指已经上市交易的公司向市场出售更多股票，这也被称作二级市场股票发行。

二级市场（secondary market）是交易当前流通证券的市场。我们可以把它看作类似于二手车市场。当购买了谷歌公司股票的投资者将其出售时，该行为就是在二级市场上完成的。这些股票会在不同的投资者之间转手，谷歌公司不会从这些交易中获得任何收入。实际上，在一级市场上的首次公开募股之后，所有交易均在二级市场上进行。二级市场上的交易不影响经济中金融资产的总金额。

监管一级市场和二级市场是证券交易委员会（SEC）的职责。例如，某公司在一级市场上发行证券之前，必须首先在证券交易委员会注册，证券交易委员会有责任确保该公司提供给投资者的信息是充分而准确的。证券交易委员会同样需要监管二级市场，确保投资者在二级市场上买卖证券时获得了足够准确的信息，从而能做出明智决策。

> **牢记原则**
>
> 在本章中，我们向财务经理介绍了在美国资本市场上筹集资金的过程，以及如何决定这些市场上的利率水平。
>
> 毫无疑问，美国拥有高度发达、复杂和富有竞争力的金融市场体系，使储蓄能快速从有储蓄盈余的居民和公司向储蓄赤字单位转移。如此高度发达的金融市场体系使伟大的想法（例如个人电脑）得到了资金支持并增加了经济体中的财富总量。例如，您可以比较自己的财富和俄罗斯家庭的平均财富水平。俄罗斯缺少复杂的金融市场体系来促进证券交易，因此，俄罗斯的实际资本形成受到影响。
>
> 因此，我们现在回到"基本原则4：市场价格通常是正确的"。财务经理喜欢美国的资本市场体系，因为他们信任该体系。这种信任来自该市场的有效性，正因为该市场有效，因此价格可以快速准确地反映所有关于证券价值的已知信息。这意味着，相对于会计方法的变化和具体证券的历史价格变化，预期风险和预期现金流对市场参与者更为重要。在证券价格和收益率（例如利率）由竞争决定的情况下，更多（而不是更少）财务经理参与到这个市场中来，帮助它实现基本的市场有效性。

货币市场与资本市场

货币市场与资本市场的关键区别是在市场上交易的证券的期限。**货币市场**（money market）是指短期债务工具进行交易的市场，这里，"短期"指期限在一年或一年以内。短期证券的发行人通常有非常高的信用评级。在货币市场上发行和交易的主要工具有美国国库券、各种联邦政府机构证券、银行承兑汇票、大额可转让定期存单、商业票据等等。对于股票来说，不管是普通股还是优先股，都不在货币市场上进行交易。请记住，货币市场不是实际存在的某个地点，您不会走进石拱门上刻有"货币市场"字样的华尔街大楼。更确切地说，货币市场是主要通过电话和电脑运作的市场。

正如我们说明过的，资本市场是指长期金融工具进行交易的市场。这里，"长期"指期限在一年以上。在广义上，长期金融工具包括中长期贷款、金融租赁、公司股票和债券。

现货市场与期货市场

现货市场是指现在进行即期交易的市场。实际上，现货市场通常被称为**即期市场**（spot market）。**期货市场**（futures market）是指可以选择在未来某个日期购买或出售某件商品的市场——实际上，您将签订一份合约，约定购买的商品、购买金额、购买价格和实际购买时间。在即期市场和期货市场购买同一件商品的区别在于商品交割时间和付款时间。例如，假设现在是 5 月，而您在 12 月需要 250 000 欧元，您可以现在在即期市场上购买 125 000 欧元，并在期货市场上购买在 12 月交割的 125 000 欧元。您会马上得到在即期市场上购买的欧元，并在 7 个月之后得到在期货市场上购买的欧元。

证券交易：场内交易与场外交易，日益模糊的区别

市场常常被分为场内市场和场外市场。在过去的十年间，由于技术进步，加上放松管制和竞争加剧，场内市场和场外市场的区别变得模糊，但它们仍是资本市场的重要组成部分。**有组织的证券交易所**（organized security exchanges）是指有形的实体交易场所（比如一栋建筑或者建筑的一部分），金融工具在这些场所中进行交易。**场外市场**（over-the-counter market）是指除有组织的证券交易所之外的所有证券市场。因为货币市场没有有形交易场所，所以它属于场外市场。财务管理人员在考虑筹集长期资本时，这两种市场都至关重要，所以有必要对它们进行更多讨论。

如今，交易技术已经发生了翻天覆地的变化，80%~90% 的交易都是通过电子方式完成的，这也使场内市场交易和场外市场交易的区别变得模糊。即使您的股票在纽约证券交易所（NYSE）中挂牌交易，它也很可能不在交易所大厅执行交易，而是通过全球交易网络中的大量电脑进行电子交易。实际上，如今场内交易和场外交易已经几乎没有区别。

有组织的证券交易所　纽约证券交易所被认为是一家全国性证券交易所，除此之外，美国还有多家地区性证券交易所。如果某公司的股票在特定证券交易所进行交易，就被认为它在该证券交易所上市。同一证券可以在多家证券交易所上市，所有活跃的证券交易所都需要在证券交易委员会注册。当公司的证券在注册证券交易所中交易时，公司必须遵守

证券交易所和证券交易委员会的相关报告要求。

纽约证券交易所又被称为"Big Board",是最早建立的有组织的证券交易所。毫无疑问,纽约证券交易所是大型证券交易所,2018年在该交易所上市的证券总价值超过22万亿美元。如今,纽约证券交易所已经是一个综合性市场,投资者可以在证券交易所大厅进行面对面交易,也可以进行自动化电子交易。因此,每当市场出现大幅波动时,在开盘或收盘时,或是出现大宗交易时,都需要做出人为判断以确保适当地执行交易。

场外市场 许多上市公司或是不符合在有组织的证券交易所上市的要求,或是更愿意在纳斯达克市场(NASDAQ,一家电子化证券交易所)上市。实际上,纳斯达克是一个为超过5 000只场外交易股票提供报价,并撮合买卖双方交易的电脑系统。最近,脸书(Facebook)决定在纳斯达克市场而非纽约证券交易所上市,原因是纳斯达克的上市费用较低,且其在科技公司上市方面有更丰富的专业经验。

证券交易所的好处 公司和投资者都因为有组织的证券交易所的存在而受益,这些好处包括:

(1) 提供了连续市场。这可能是有组织的证券交易所最重要的功能。连续市场为证券提供了一系列连续价格,当存在有组织的证券交易所时,交易之间的价格变化往往比没有它们时更小,原因是每只证券的交易量相对较大,交易指令的执行很快,同一证券的买方报价和卖方报价差距往往也较小。于是,股价波动性也会降低。

(2) 确定并公布公允证券价格。有组织的证券交易所允许通过竞价方式确定证券价格。证券价格不会在交易所大厅之外通过协商确定,否则一方就可能拥有议价优势。竞价过程在每只证券的供需双方之间进行。这意味着证券的具体价格会以拍卖方式确定。此外,在每家证券交易所确定的证券价格都会被公之于众。

(3) 帮助企业筹集新资本。因为存在连续的二级市场,因此公司更容易以通过竞争确定的价格发行新证券。这意味着在这些市场上发行的证券的相对价值更易观察。

概念回顾
1. 请解释以下二者的差异:(a) 公开上市发行和私募;(b) 一级市场和二级市场;(c) 货币市场和资本市场,(d) 有组织的证券交易所和场外市场。
2. 请指出证券市场存在的好处。

向公众销售证券

大多数公司不会频繁地筹集长期资本。营运资本管理每天都在进行,但相比之下,筹集长期资本是不定期发生的。筹资金额可能很巨大,所以财务经理们非常重视这项活动。因为大多数财务经理都不熟悉筹集长期资金的细节,因此他们需要求助于专家,即投资银行。在一级市场上出售股票和债券时,通常由**投资银行**(investment banker)帮助承销。**承销**(underwriting)过程涉及购买和再出售新证券,这也使投资银行承担了以令人满意的价格出售新证券的风险。公司发行证券获得的价格与投资银行向公众投资者出售证券的价格之间的差价被称为**承销费用**(underwriting's spread)。

实际上，我们用"investment banker"这个词既是指投资银行本身，也是指在这些银行中工作的人。投资银行到底起了哪些作用？最简单的方法就是考察投资银行的基本职能。

投资银行的职能

投资银行有三项基本职能：(1) 承销；(2) 分销；(3) 咨询。

承销　承销这个词借用自保险领域，它的含义是承担风险。投资银行承担了以令人满意的价格出售证券的风险。令人满意的价格是投资银行创造利润的关键。

具体承销过程如下所示。主承销商及其银团向需要资金的公司购买证券。银团（syndicate）是一群受邀帮助购买和再出售证券的其他投资银行；主承销商是因为公司客户决定筹集外部资金而发起这项业务的投资银行。在特定日期，主承销商开出支票，向筹资客户购买要发行的证券。此时，银团将拥有这些证券的所有权，客户则得到了现金，这使客户规避了证券市场价格下跌的风险。也就是说，如果新发行证券的价格跌到银团向该公司支付的价格之下，损失将由银团承担。当然，银团希望发生相反的情况。它的目标就是以高于其成本的每股价格将新发行证券卖给公众投资者。

分销　一旦银团取得新证券的所有权，就必须将其卖给最终投资者，这就是投资银行的分销（销售）职能。投资银行可能在全美都有分支机构，也可能会与多家证券交易商做出非正式安排，每发行一笔新证券，这些证券交易商都会常规性地购买其中一部分，用于最终出售。在每笔分销中涉及三四百名证券交易商是很平常的。银团可以被视为证券批发商，而证券交易商可以被视为证券零售商。

咨询　投资银行是发行和营销证券的专家。一家优秀的投资银行对市场行情了如指掌，并能将市场行情和应该在特定时间出售的证券类型和售价联系起来。例如，商业环境可能显示未来利率水平将会上升，那么投资银行可能建议公司及时发行债券，以规避未来利率升高的风险。投资银行可能会分析公司的资本结构，进而就应发行何种融资工具提出建议。在很多情况下，公司会邀请其投资银行出任董事。这让投资银行可以观察公司活动，并经常性地给出建议。

分销方式

公司将新证券卖给投资银行，然后卖给最终投资者时，可以采取多种方式。在每种方式下投资银行都扮演不同的角色（有时候甚至可能绕开投资银行）。本节将详细介绍这些分销方式。鉴于私募的重要性，在本章后面将专门介绍私募。

协议购买　在协议承销中，需要资金的公司联系某家投资银行并商议新证券发行事宜。如果一切顺利，双方将商定投资银行和银团将为证券支付的价格。例如，协议可能要求银团以比新股发行日前一天该公司普通股收盘价低 2 美元的价格收购新发行股票。协议购买是私募中最流行的证券分销方式，且通常被认为是对于投资银行最有利可图的分销方式。

竞价购买　在确定承销团的方法上，协议购买和竞价购买有所区别。在竞价购买中，多个承销团会对购买筹资公司新发行证券的权利报价。筹资公司并不直接选择投资银行，而是通过拍卖过程选择承销和分销证券的投资银行。愿意支付最高每股价格的投资银行将在竞标中胜出。

受法律规定限制，大多数竞价购买只限于三种情况：(1) 铁路证券，(2) 公共事业证券，(3) 州债券和市政债券。竞价购买的优点在于，它可以减轻投资银行对公司的不当影响，而公司收到的每股价格也会更高，因此，我们在直觉上会认为竞价购买的资本成本应该低于协议购买的资本成本。然而，这个问题的实际情况非常复杂。比如，竞价购买的一个问题在于，筹资公司失去了获得投资银行建议的好处。在竞价过程中，法律将投资银行排除在外，而筹资公司可能必须借助投资银行的建议。

代销　在这种分销方式中，投资银行在分销过程中扮演的角色是代理人而非委托人。证券并非被承销。投资银行将尽力销售证券，并根据实际售出的证券数量获得固定佣金。未售出的证券随后将被退回公司。这种安排在高投机性证券发行中较为常见。证券发行公司的规模或成熟程度往往不能使投资银行满意。一方面，由于投资银行不承担承销风险，因此这种分销方式对发行人而言成本低于协议购买或竞价购买；另一方面，投资银行只"尽力"销售证券，不确保成功售出证券。

优先认购　有时，公司会认为其新证券已经存在特定的市场。新证券被销售给某个明确的投资者群体的过程被称为**优先认购**（privileged subscription）。优先认购通常有三个目标市场：(1) 公司当前股东，(2) 公司员工，(3) 公司客户。其中，对公司当前股东的定向发售最为普遍，这种发行方式被称作配股发行。在优先认购中，投资银行可能只担任销售代理人，也可能与发行公司签订备用协议，规定投资银行有义务承销未被优先认购的证券。

荷兰式拍卖　正如我们在本章开头所说明的，在**荷兰式拍卖**（Dutch auction）中，投资者最初根据其希望认购的股票数量和愿意支付的价格提出报价。在获得所有报价后，价格将附上认购股数按从高到低排序。股票售价将定为恰好卖出所有股票的最高价格。尽管将这种方法带入公众视野的是谷歌公司，但 Overstock.com（股票代码为 OSTK）和沙龙（Salon，股票代码为 SLNM）等许多公司也采用了这种方法。图 2-2 详细说明了荷兰式拍卖的运作方法。

直销　在**直销**（direct sale）中，发行公司绕开投资银行，直接向公众投资者出售证券。然而，即使是老牌巨头公司也很少使用这种方法。直销的一个变形是筹资公司对新发行证券进行私募，而不使用投资银行作为中介。德士古公司（现在的雪佛龙，股票代码为 CVX）、美孚石油公司（现在的埃克森美孚，股票代码为 XOM）和国际收割机公司（现在的纳威司达，股票代码为 NAV）都是采用这种方法的大公司的例子。

最近，流媒体音乐公司 Spotify 尝试了某种新方法——当然不是传统的首次公开募股，但可能比其他任何方式都更接近于直销。Spotify 的做法与传统首次公开募股做法的一个很大区别是，Spotify 没有发行新股来筹集新资金。相反，该公司开放了 Spotify 股票进行交易，这为各种规模的投资者提供了拥有该公司现有股份的机会，而该公司至今仍是私人持股公司。为此，Spotify 直接在证券交易所上市，而没有依赖承销商帮助评估需求和设定价格。Spotify 刚一将其股票直接在纽约证券交易所上市，该股票便开始交易，最终以某个价格结算。Spotify 获得的好处是节省了银行手续费，并允许高管立即出售股票（通常高管被禁止在首次公开募股后的一个时期内出售股票）。它也使小型投资者可以更容易以与大型机构投资者相同的价格和时间购买 Spotify 股票。

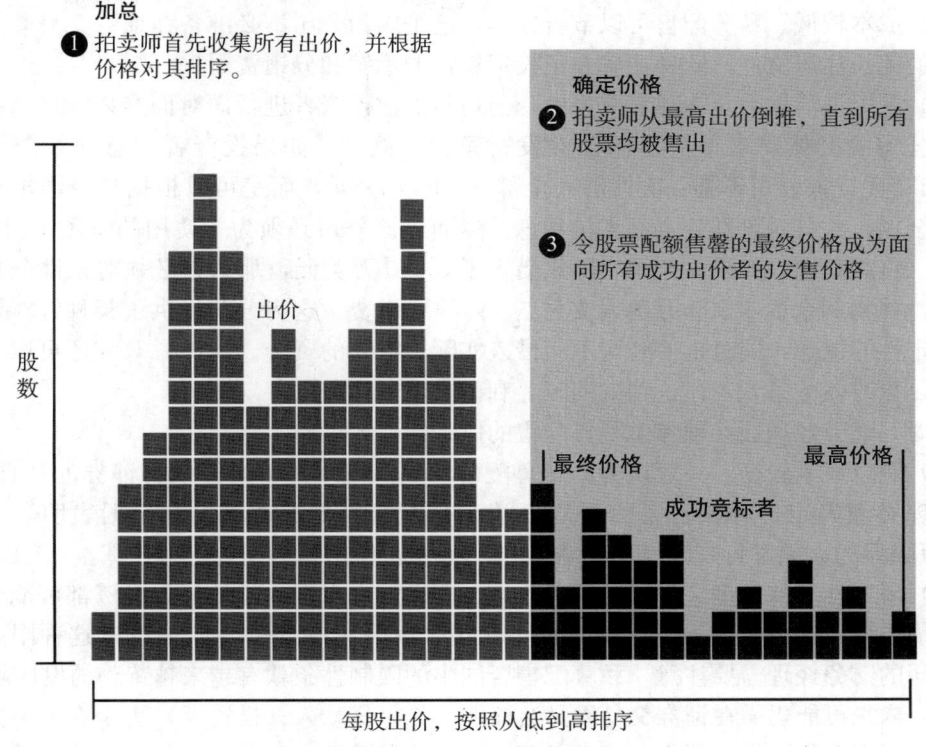

一家公司计划通过荷兰式拍卖来确定其首次公开募股的股票价格。本图显示了拍卖过程如何确定售出全部股票的最高价格。

加总

❶ 拍卖师首先收集所有出价，并根据价格对其排序。

确定价格

❷ 拍卖师从最高出价倒推，直到所有股票均被售出

❸ 令股票配额售罄的最终价格成为面向所有成功出价者的发售价格

图 2-2　荷兰式拍卖

私募债务配售

前面我们讨论了私募市场。这里我们将详细介绍私募市场在债务方面的应用，以及相对于初创企业，成熟公司如何运用该市场进行融资。因此，当我们在本节提及私募配售时，重点将是债务合约而非股票发行。债务私募配售在整个私募市场上占有举足轻重的地位。

私募配售是除了向公众出售证券和有限投资者群体优先认购证券之外的另一种证券发行方式。任何一种证券都可以使用私募配售（直接配售）。在私募配售中，主要投资者是大型金融机构。按照购买证券的数量排序，私募配售的三个最重要的投资者群体为：(1) 人寿保险公司，(2) 国家退休基金和地方退休基金，(3) 私人养老基金。

在安排私募配售时，公司可能避开投资银行，直接与投资机构合作，或者购买投资银行的服务。当然，如果公司不使用投资银行，它可以省去相关费用。但是，投资银行可以在私募配售过程中提供宝贵的建议。因为投资银行通常与多家大型机构投资者保持联系，所以它们知道哪些大买家能投资拟发行证券，并能帮助公司评估新发行证券的条款。

与公开发行相比，私募配售有利也有弊，财务经理必须仔细权衡利弊。私募配售的相关优点如下：

（1）快速融资。比起公开发行，私募配售通常可以使公司更快地获得资金。主要原因是在私募配售中，证券不需要在证券交易委员会进行注册。

（2）成本较低。私募配售可以节省成本，这是因为公司不必准备在证券交易委员会注册所需的冗长注册文件，此外还省去了投资银行的承销和分销费用。

（3）融资灵活性大。在私募配售中，公司与少数投资者进行面对面交易。这意味着可以根据公司的具体需求量身定制证券发行条款。例如，如果投资者同意向某公司贷款5 000万美元，该公司不必一次性借入全部5 000万美元，而是可以根据自身需求选择实际借款金额，并只对该部分金额支付利息。然而，该公司必须为未使用的贷款支付1%的承诺费。也就是说，如果该公司实际只借入了3 500万美元，那么它必须对该部分贷款支付利息，并为剩余的1 500万美元支付约1%的承诺费。这为公司提供了某种针对资本市场不确定性的保险，同时也使公司不用借入实际不需要的资金。此外，双方还可以进行重新协商，更改债务条款，讨论到期期限、利率或限制性条款。

同时，财务经理还必须考虑私募配售的以下缺点：

（1）利息成本较高。一般认为，私募配售的利息成本高于公开发行证券的利息成本。财务经理必须确定这种缺点是否足以抵消私募配售降低的成本。有证据表明，相对于3 000万美元的大额发行，50万美元左右的小额发行使用私募配售更为合算。

（2）限制性条款较多。公司的股利政策、营运资本水平和额外债务融资都可能受到私募配售债务合同条款的限制。当然，这不是说公开发行的债务合同中没有这种限制。但是，公司的财务经理需要注意，私募配售合同中的限制性条款有越来越苛刻的发展趋势。

（3）未来可能仍需在证券交易委员会注册。如果贷款人（投资者）决定在证券到期之前向公众买家出售证券，那么该证券必须在证券交易委员会注册。某些贷款人会要求发行公司同意未来根据其选择在证券交易委员会注册。

发行成本

筹集长期资本的公司承担了两类**发行成本**（flotation costs）：（1）承销费用；（2）发行费用。在这两类成本中，承销费用占了大部分。承销商的承销费率是给定证券的总发行收入和净发行收入之差占总发行收入的百分比。发行费用包括：（1）证券证书的印刷与雕版费用；（2）法律费用；（3）会计费用；（4）托管费用；（5）其他杂费。发行成本的两个最重要的组成部分是印刷与雕版费用以及法律费用。

证券交易委员会披露的数据一致揭示出发行成本的两个关系。第一，普通股的发行成本显著高于优先股的发行成本，而优先股的发行成本高于债券的发行成本。第二，发行费率（表示为发行成本占总发行收入的百分比）随着证券发行规模的扩大而降低。

第一种关系反映出发行成本对成功分销证券所涉及的风险很敏感。普通股的分销风险高于公司债券，因此，普通股的承销风险也高于公司债券。因而，发行成本反映了"基本原则3：风险要求回报"中提到的风险关系。在第二种关系中，一部分证券发行成本是固定的，比如法律费用和会计费用。由于随着证券发行规模的扩大，成本中的固定部分被分摊到更大的总收入基数中，因此，平均发行成本与发行规模负相关。

《萨班斯-奥克斯利法案》：旨在规范公司行为的法规

由于代理问题和道德问题受到越来越多的关注，2002年美国国会通过了《萨班斯-奥克斯利法案》(SOX)。2001年12月安然公司的破产事件是推动这项新法案出台的主要原因之一。在安然公司破产之前，该公司董事会实际上曾两次投票暂时中止执行该公司的"道德守则"，以允许其首席财务官从事高风险金融投资业务。这虽然对首席财务官本人有利，却将该公司暴露在了巨大的风险之下。

《萨班斯-奥克斯利法案》要求能接触或者影响公司决策的公司顾问（例如公司的会计、律师、行政管理人员和董事会成员）为不当行为担负法律责任。这项法案简单直接地表明了其意图，即"根据证券法的相关规定，通过提高公司披露信息的准确性和可靠性保护投资者"。同时，该法案还要求公司高管为公司财务报告的准确性和全面性承担个人责任。[①]

《萨班斯-奥克斯利法案》通过更好地防范会计欺诈和财务不当行为，保护了股东的利益。遗憾的是，这些做法并非没有代价。尽管《萨班斯-奥克斯利法案》受到了美联储前主席艾伦·格林斯潘（Alan Greenspan）等许多人的赞誉，并提升了投资者对财务报告的信心，但它也受到了一些批评。因为该法案规定的报告要求成本相当高，这可能会阻止一些公司在美国上市。

概念回顾
1. 投资银行与商业银行的主要区别是什么？
2. 投资银行的三个主要职能是什么？
3. 向最终投资者分销证券的五种主要方法是什么？
4. 请解释金融市场上"私募配售"的含义，并阐述其优点和缺点。

金融市场上的收益率

在本章中，我们讨论了为新项目筹集资金的过程，正如您所预料到的，公司必须为储户（投资者）提供能与其次优投资方案竞争的收益率，才能筹集到这些资金。

对于投资者来说，次优投资方案的收益率就是投资者的**资金的机会成本**（opportunity cost of funds）。机会成本的概念在财务管理中非常重要，经常会被提到。

接下来，我们将了解到不同的收益率水平及其变化。这部分内容的重点是一系列金融工具的收益率。在第6章中，我们将更全面地解释收益率和风险之间的关系。接下来在第9章中，我们将详细讨论整体资本成本的概念，部分整体资本成本取决于特定时点的利率水平。因此，在简要概述利率水平后，我们将围绕1990—2017年这28年的利率水平展开讨论。

---

① Sarbanes-Okley Act, Pub. L. 107-204, 116 Stat. 745, enacted July 29, 2002.

长期的收益率变化

历史数据可以让我们了解投资者在金融市场上获得的收益率。首先，我们会看到收益率和风险呈现出什么关系呢？根据"基本原则3：风险要求回报"，我们知道更高的收益率意味着更高的风险，事实上也确实如此。与长期公司债券相比，普通股有更高的风险和更高的年均收益率，股票的年均收益率为10.1%。

图2-3形象地总结了相关数据，该图展示了不同类型证券的年平均收益率和年平均通货膨胀率的关系。在这个时期内，年平均通货膨胀率为2.9%，我们将其称为"通货膨胀风险溢价"。只赚到通货膨胀率的投资者没有获得"实际收益率"。也就是说，实际收益率是指赚取的收益率中超过经济体中一般物价增长率（即通货膨胀率）的部分。除了收益率低于通货膨胀率的风险之外，投资者还关心借款人违约或到期时无法偿还贷款的风险。因此，相对于长期政府债券，投资者在投资长期公司债券时预期将获得违约风险溢价，因为公司债券被认为风险更高。如图2-3所示，1926—2017年的违约风险溢价为0.86%，即86个基点（长期公司债券的6.08%减去长期政府债券的5.22%）。我们还预期，相对于长期公司债券，普通股具有更高的风险溢价，因为普通股平均收益率的波动性更大。结果显示，普通股的平均收益率比长期公司债券高4.02%（普通股的平均收益率10.1%减去长期公司债券的平均收益率6.08%）。

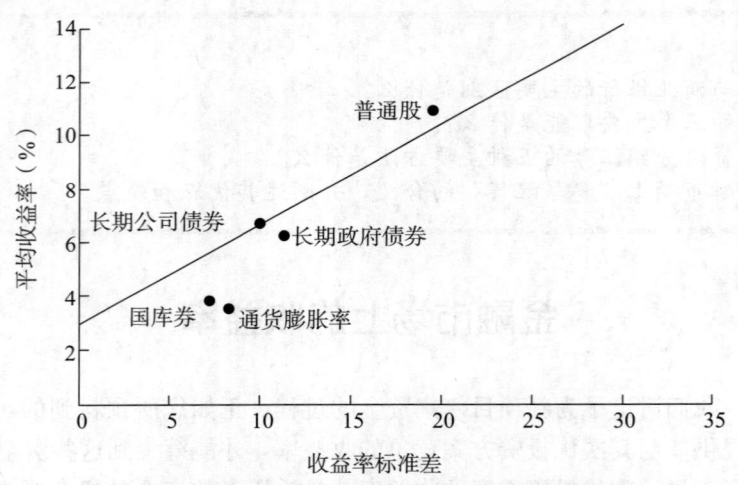

图2-3　1926—2017年不同证券的收益率与收益率标准差

请记住，这些收益率是在相当长时期内许多证券的"平均"收益率。然而，这些平均收益率反映出关于风险溢价的传统观点：风险越高，预期收益率就越高。图2-3清晰地显示出了这种关系，图中标出了证券的平均收益率和标准差。请注意，历史上平均收益率越高，对应的收益率标准差也越高。

近期的利率水平

表2-1和图2-4显示了1990—2017年的部分重要固定收益证券的名义利率。消费者层面的通货膨胀率也同样显示在这两个图表中。这让我们可以更轻松地观察前面提到的几

个概念：(1) 通货膨胀风险溢价，(2) 多种金融工具的违约风险溢价，(3) 每种金融工具的近似实际收益率。请仔细观察表2-1底部每种证券的平均收益率和通货膨胀率，这将有助于我们接下来的讨论。

表2-1 1990—2017年的利率水平与通货膨胀率

年份	3个月期国库券利率（%）	30年期国债利率（%）	30年期Aaa级公司债券利率（%）	通货膨胀率（%）
1990	7.50	8.61	9.32	5.4
1991	5.38	8.14	8.77	4.2
1992	3.43	7.67	8.14	3.0
1993	3.00	6.59	7.22	3.0
1994	4.25	7.37	7.97	2.6
1995	5.49	6.88	7.59	2.8
1996	5.01	6.71	7.37	2.9
1997	5.06	6.61	7.27	2.3
1998	4.78	5.58	6.53	1.6
1999	4.64	5.87	7.05	2.2
2000	5.82	5.94	7.62	3.4
2001	3.40	5.49	7.08	2.8
2002	1.61	5.43	6.49	1.6
2003	1.01	4.93	5.66	2.3
2004	1.37	4.86	5.63	2.7
2005	3.15	4.51	5.23	3.4
2006	4.73	4.91	5.59	3.2
2007	4.36	4.84	5.56	2.9
2008	1.37	4.28	5.63	3.8
2009	0.15	4.08	5.31	−0.4
2010	0.14	4.25	4.94	1.6
2011	0.05	3.91	4.64	3.2
2012	0.09	2.92	3.67	2.1
2013	0.06	3.45	4.23	1.5
2014	0.03	3.34	4.16	1.6
2015	0.23	2.97	4.06	0.1
2016	0.51	3.11	4.04	1.3
2017	1.32	2.77	3.52	2.0
均值	2.78	5.22	6.08	2.48

资料来源：Federal Reserve System, Release H-15, Selected Interest Rates. Office of Inspector General c/o Board of Governors of the Federal Reserve System and Federal Reserve Bank of Minneapolis, https://www.minneapolisfed.org/community/financial-and-economic-education/cpi-calculator-information/consumer-price-index-and-inflation-rates-1913.

尽管通货膨胀率在1990—2014年之间似乎有所下降，但在这个时期之前要高得多。实际上，从1979年到1981年，年平均通货膨胀率超过10%，在1980年达到13.5%的最高点。由于通货膨胀率的下降，利率也有所下降。这只有在金融市场的逻辑下才有意义。**投资者要求名义（或报价）利率**[nominal (or quoted) rate of interest]超过通货膨胀率，否则其实际收益率将为负。

表2-1表明，在1990—2017年这个时期，平均来看，投资者主要是理性的。例如，对3个月期美国国库券要求的平均收益率比2.48%的估计**通货膨胀溢价**(inflation premium)高0.30%或30个**基点**(basis point)，一个基点为1%的百分之一。也就是说，该时期的

国库券平均收益率2.78%减去同期的平均通货膨胀率2.48%,将得到0.30%的溢价或30个基点。这0.30%可以被视为1990—2017年期间的实际无风险短期利率。您将注意到,在2010—2017年期间,该利率为负。这是因为美联储采取了行动,人为地将短期利率维持在较低水平,以刺激经济。

表2-1和图2-4也显示了**违约风险溢价**(default-risk premium)。

证券	平均收益率
30年期国债	5.22%
30年期Aaa级公司债券	6.08%

在这里,金融市场的基本原则再一次彰显。30年期高评级(Aaa)公司债券相对于30年期长期国债的违约风险溢价为0.86%(=6.08%−5.22%),即86个基点。

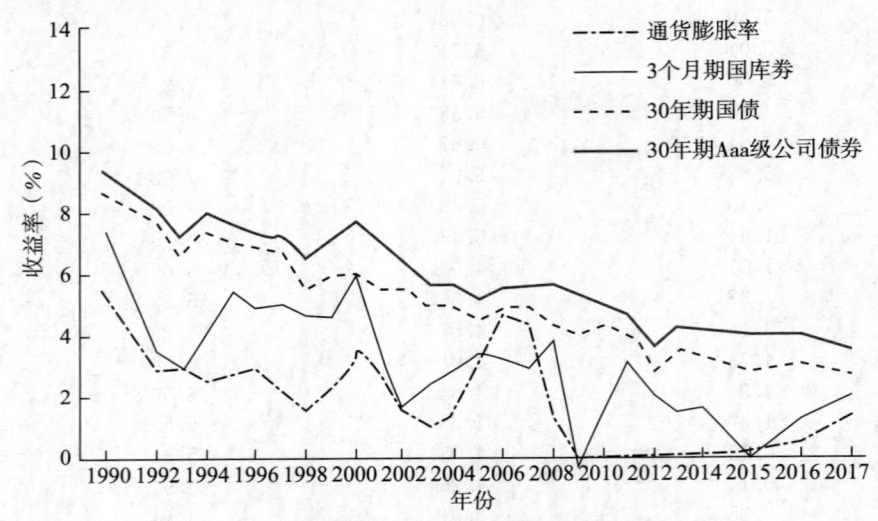

图2-4 利率水平与通货膨胀率,1990—2017年

资料来源:Federal Reserve System, Release H-15, Selected Interest Rates. Office of Inspector General c/o Board of Governors of the Federal Reserve System, and Federal Reserve Bank of Minneapolis, https://www.minneapolisfed.org/community/financial-and-economic-education/cpi-calculator-information/consumer-price-index-and-inflation-rates-1913.

之前提到的一系列数字还可以被用来识别另一个影响利率水平的因素,即**到期风险溢价**(maturity-risk premium)。到期风险溢价可以被定义为,由于利率水平变化导致长期证券的价格波动风险较高,长期证券(本例中为债券)投资者为补偿这种风险而要求的额外收益率。即使是违约概率相同(或近似相同)的债券也可能有到期风险溢价。请注意,30年期国债比3个月期国库券要求的年平均收益率高2.44%,或244个基点(这两种债券都被认为是无风险的,因为它们均由美国政府发行并提供担保)。这也是1990—2017年期间所有投资者要求的到期风险溢价的估计值。

当您学习财务决策中的基础数学时,或者在后面的章节中学习固定收益证券的特征时,您将学习到如何量化这种内含在名义利率中的到期风险溢价。

另一种需要识别和定义、可以帮助确定利率水平的风险溢价被称为"流动性风险溢价"。**流动性风险溢价**(liquidity-risk premium)是指证券投资者无法以合理可预测的价格将证券快速变现而要求的额外收益率。某些小银行(尤其是社区银行)股票的二级市场就是流动性风险溢价的典型例子。比如,对于投资者而言,在纽约证券交易所交易的某家银行控股公司(例如富国银行)的流动性高于佛罗里达州奥兰多世纪国民银行的普通股。这种流动性风险溢价反映在从债券到股票的各种金融资产上。

> **牢记原则**
>
> 我们的"基本原则3:风险要求回报"确定了支配金融市场的基本风险-收益关系。现在,我们将努力帮您理解基本原则3提到的风险-收益关系中涉及的各种风险。

利率决定因素概述

根据"基本原则3:风险要求回报"的逻辑,我们可以把证券支付的利率解构为一个简单公式,即名义利率等于实际无风险利率与承担多种不同风险所要求的补偿或多种风险溢价之和。其中,**实际无风险利率**(real risk-free interest rate)是在零通货膨胀的经济环境中,无风险固定收益证券的必要收益率。实际无风险利率可以被视为无通货膨胀时期投资者对美国国债要求的收益率。名义利率的计算公式如下:

$$名义利率 = 实际无风险利率 + 通货膨胀溢价 + 违约风险溢价 + 到期风险溢价 + 流动性风险溢价 \quad (2-1)$$

其中:

名义利率=报价利率,即债券支付的未经过购买力损失调整的利率。

实际无风险利率=在零通货膨胀经济环境中无风险固定收益证券的利率。在不考虑通货膨胀溢价、违约风险溢价、到期风险溢价和流动性风险溢价的情况下,它也可以被称为名义利率。

通货膨胀溢价=补偿预期通货膨胀率的溢价,预期通货膨胀率等于债券或投资工具在存续期内预期将发生的价格变化。

违约风险溢价=投资者为补偿违约风险而要求的额外收益率。它等于美国国债与相同期限和适销性的公司债券的收益率之差。

到期风险溢价=投资者对长期证券要求的额外收益率,以补偿这些证券在利率变化情形下较高的价格波动风险。

流动性风险溢价=投资者对不能以合理可预测价格迅速变现的证券要求的额外收益率。

> **概念回顾**
> 1. 什么是资金的机会成本?
> 2. 长期来看,30年期国债的实际收益率是否高于30年期Aaa级公司债券的实际收益率?
> 3. 请说明通货膨胀溢价和违约风险溢价的概念区别。
> 4. 请说明到期风险溢价和流动性风险溢价的概念区别。

使用风险溢价估算具体利率

通过运用式（2-1）中包含的各种风险溢价的知识，财务经理可以得到对公司财务规划有用的信息。比如，如果公司即将在投资市场上发行新的公司债券，财务经理或分析师将有可能估计出并更好地理解能满足市场需求的利率（收益率）水平，以确保债券被顺利出售。为了更好地了解不同的利率术语——名义利率、无风险利率、实际利率——接下来让我们仔细了解它们之间的区别。

实际无风险利率与无风险利率

实际无风险利率和无风险利率之间的区别是什么？答案是，无风险利率包括对通货膨胀的补偿，而实际无风险利率是不考虑通货膨胀的无风险利率。如下所示：

$$无风险利率 = 实际无风险利率 + 通货膨胀溢价$$

或者

$$实际无风险利率 = 无风险利率 - 通货膨胀溢价$$

实际上，当您看到利率前面的"实际"一词时，意味着该利率是"经过通货膨胀调整后"的收益率。也就是说，通货膨胀的影响已经从利率中去除。此外，"无风险"一词表明没有补偿违约风险、到期风险和流动性风险。因此，"实际无风险"表明，利率不包括对通货膨胀溢价、违约风险溢价、到期风险溢价和流动性风险溢价的补偿。也就是说，它是假设没有风险和通货膨胀时的收益率。

实际利率与名义利率

利率报价通常是名义利率或者观察到的利率。名义利率说明了您可以获得多少利息。相比之下，正如我们刚学过的，**实际利率**（real rate of interest）是指经过通货膨胀调整之后实际购买力的增长率。实际上，实际利率说明了您将增加多少购买力。请记住，实际利率不是无风险利率，也就是说，实际利率既包含实际无风险利率，也包含违约风险溢价、到期风险溢价和流动性风险溢价。名义利率的计算公式为：

$$名义利率 \approx 实际利率 + 通货膨胀溢价 \qquad (2-2)$$

Q&A 您会做吗？

您需要对大卡车制造公司（Big Truck Producers Inc.）新发行的30年期Aaa级债券（即质量非常高的公司债券）的名义利率进行合理估计。该公司的首席财务官要求的最终格式如式（2-1）所示。

经过一番思考后，您决定估计式（2-1）的不同溢价，如下：
(1) 实际无风险利率为3个月期国库券的平均收益率与通货膨胀率之差。
(2) 通货膨胀溢价为债券存续期内的预期通货膨胀率。

(3) 违约风险溢价的估计值为 30 年期 Aaa 级公司债券与 30 年期国债的平均收益率之差。

(4) 到期风险溢价的估计值为 30 年期国债与 3 个月期国库券的平均收益率之差。

接下来您做了研究并发现：当前的 3 个月期国库券利率为 4.89%，30 年期国债利率为 5.38%，30 年期 Aaa 级公司债券利率为 6.24%，通货膨胀率为 3.60%。最后，您估计大卡车制造公司的债券将有 0.03% 的少许流动性风险溢价，因为它的债券交易频率不高。

现在将您的结果代入式（2-1），这样就可以估计名义利率，而且可以检验每个变量的大小是否合理，并与首席财务官进行讨论。

您做出来了吗？

现在，让我们来看大卡车制造公司新发行债券名义利率预测值的基础构成要素。按照预测，满足市场要求的名义利率为 6.27%。下表说明了我们是如何得到该估计值的。

(1) 3 个月期国库券利率（%）	(2) 30 年期国债利率（%）	(3) 30 年期 Aaa 级公司债券利率（%）	(4) 预期通货膨胀率（%）
4.89	5.38	6.24	3.60

上表各列关系式	式（2-1）	%
(1) － (4)	实际无风险利率	1.29
	＋	＋
(4)	通货膨胀溢价	3.60
	＋	＋
(3) － (2)	违约风险溢价	0.86
	＋	＋
(2) － (1)	到期风险溢价	0.49
	＋	＋
给定	流动性风险溢价	0.03
	＝	＝
	名义利率	6.27

因此，我们看到：

(1) 实际无风险利率为 1.29%，这是 3 个月期国库券的平均收益率与通货膨胀率之差［第(1) 列减去第 (4) 列］。

(2) 3.60% 的通货膨胀率为预期通货膨胀率［第 (4) 列］。

(3) 0.86% 的违约风险溢价是风险最低的（30 年期 Aaa 级）公司债券在 30 年后到期时可为投资者提供的平均收益率与 30 年后到期的美国国债的平均收益率之差［第 (3) 列减去第 (2) 列］。

(4) 0.49%的到期风险溢价是投资者购买的 30 年期国债的利率减去 3 个月期国库券的利率［第（2）列减去第（1）列］。

(5) 根据您之前的假设，流动性风险溢价为 0.03%。

我们将所有这些数值加总，作为大卡车制造公司在金融市场上发行新债券所需满足的名义利率的估计值：

大卡车制造公司债券的名义利率＝1.29%＋3.60%＋0.86%＋0.49%＋0.03%＝6.27%。

了解该分析将帮助您解答本章结尾处的"迷你案例"的问题。现在我们来考察实际利率和名义利率之间的关系。

式（2-2）说明，名义利率约等于实际利率和通货膨胀溢价之和，这给我们提供了一种快速估算实际利率的方法。您会注意到，除了将所有不同的风险溢价与实际无风险利率相加得出实际利率之外，它和式（2-1）很像。式（2-2）中体现的这种基本关系包含对财务决策者来说至关重要的信息，这也是它多年来吸引金融经济学家展开诸多讨论的问题。

正如我们在式（2-2）中所见，我们可以用实际利率加上通货膨胀溢价快速得出名义利率的近似值。接下来让我们仔细考察该关系。假设今天您有 100 美元，并以 11.3% 的名义利率借给某人一年，这意味着一年之后您将得到 111.30 美元。但是，如果在这一年中商品和服务的价格上涨了 5%，那么在一年之后，您将需要 105 美元来购买年初 100 美元就可以买到的商品和服务。在这一年之间，您的购买力增长了多少呢？最简便快捷的方法是用名义利率减去预期通货膨胀率，即 11.3%－5%＝6.3%，但严格来说，这个结果并不完全正确。我们也可以用以下公式表示名义利率、通货膨胀率（即通货膨胀溢价）和实际利率的关系：

$$1＋名义利率＝(1＋实际利率)\times(1＋通货膨胀率) \quad (2-3)$$

解出名义利率为：

$$名义利率＝实际利率＋通货膨胀率＋实际利率\times通货膨胀率$$

因此，名义利率等于实际利率加上通货膨胀率，再加上实际利率和通货膨胀率之积。名义利率、实际利率和通货膨胀率之间的这种关系被称为费雪效应。实际利率和通货膨胀率之积表示什么呢？它表示您的投资收益由于通货膨胀而贬值了。所有这些都表明，名义利率既包含实际利率，又包含通货膨胀溢价。

将名义利率 11.3% 和通货膨胀率 5% 代入式（2-3），我们可以计算出实际利率水平：

$$名义利率或报价利率＝实际利率＋通货膨胀率＋实际利率\times通货膨胀率$$

$$0.113＝实际利率＋0.05＋0.05\times实际利率$$

$$0.063＝1.05\times实际利率$$

$$\frac{0.063}{1.05}＝实际利率$$

解出实际利率：

$$实际利率＝0.06＝6\%$$

因此，在较高的新价格水平下，尽管您拥有的钱比年初多了11.3美元，但您的实际购买力仅仅增长了6%。要知道原因，让我们假设在年初，市场上一单位商品和服务篮子的价格为1美元，因此您可以用100美元购买100单位的商品和服务篮子。在年底，您手里多了11.3美元，但是考虑到5%的通货膨胀率，现在每单位商品和服务篮子的价格为1.05美元，此时您能购买多少单位商品和服务篮子呢？答案是111.30美元÷1.05美元＝106，这代表您的实际购买力增长了6%。①

您会做吗？

计算实际利率

您的银行刚刚打电话给您，说您有一个投资机会，如果用存款投资1年，将获得10%的报价利率。您也看到了通货膨胀率为6%的新闻。如果您进行这笔投资，您的实际利率是多少？

您做出来了吗？

计算实际利率

名义利率或报价利率＝实际利率＋通货膨胀率＋实际利率×通货膨胀率

0.10＝实际利率＋0.06＋0.06×实际利率

0.04＝1.06×实际利率

解出实际利率：

实际利率＝0.037 7＝3.77%

通货膨胀率与实际收益率：财务分析师的方法

尽管上一节介绍的代数方法绝对正确，但分析师或高管很少在实际中使用它，而是采用某种形式的以下关系式［来自式（2-2）］，即一种近似方法来估计某个历史时期的实际利率。

名义利率－通货膨胀率≌实际利率

通过忽略交叉相乘项，我们可以大大简化公式，并且只要实际利率和通货膨胀率相对较小，交叉相乘项也会变小，因此通常被忽略。如今，在通货膨胀率和利率非常低的情况下，忽略交叉相乘项不会造成问题，但是当利率和通货膨胀率较高时，交叉相乘项会变得很重要。

---

① 我们将在第5章学习更多关于货币时间价值的知识。

确定实际利率的过程很简单，但是需要做出一些判断。例如，假设我们希望使用这种关系来确定实际无风险利率，那么应该使用哪组利率和期限？假设我们决定使用某个美国国库券的利率代替名义无风险利率，那么，我们应该使用3个月期美国国库券的收益率还是30年期国债的收益率？这个问题没有绝对答案。

因此，我们可能有实际无风险短期利率、实际无风险长期利率以及两者之间的几种变形。从本质上讲，这只取决于分析师想实现什么目标。当然，我们还可以计算出某个评级的30年期公司债券（例如Aaa级债券）的实际利率，并得出实际风险利率而不是实际无风险利率。

此外，选择合适的通货膨胀指数同样具有挑战性。同样，我们有几种选择。我们可以使用消费者价格指数、产成品的生产者价格指数或国民收入账户中的某个价格指数，例如国内生产总值环比价格指数。同样，使用哪个具体的价格指数也没有确切的科学答案，但请记住，我们希望计算出预期通货膨胀率。

让我们来看一个非常基本（简单）的示例。假设分析师希望估计1990—2017年期间的3个月期国库券、30年期国债和30年期Aaa级公司债券的近似实际利率。此外，消费者价格指数的年变化率（所衡量时期的起始月份和终止月份均为12月）被认为是反映过去通货膨胀率的合理指标。表2-1已经为我们完成了大部分工作。表2-1中的某些数据如下所示。

证券	平均名义收益率（%）	平均通货膨胀率（%）	推算出的实际利率（%）
3个月期国库券	2.78	2.48	0.30
30年期国债	5.22	2.48	2.74
30年期Aaa级公司债券	6.08	2.48	3.60

请注意，我们使用了1990—2017年的28年间所有三类证券的平均收益率。同理，我们也使用了相同时期的平均通货膨胀率作为通货膨胀溢价的估计值。最后一列提供了每类证券的实际利率近似值。

因此，在这25年间，3个月期国库券的实际利率为0.30%；30年期国债的实际利率为2.74%；30年期Aaa级公司债券的实际利率为3.60%。这三个实际利率估计值可以大致反映出与每种证券投资头寸相关的实际购买力增长情况。前面曾经提到，因为公司债券有违约风险溢价，所以公司债券的预期实际利率高于长期政府债券。在下一节中，我们将详细讨论到期风险溢价——具体来说，是利率和距到期年数之间的关系。

利率期限结构

债券收益率和债务距到期时间之间的关系被称为**利率期限结构**（term structure of interest rates）或**收益率曲线**（yield curve）。为了说明这种关系的意义，必须保持期限以外的所有因素（即债券违约概率等因素）不变。因此，利率期限结构反映出（除了距到期时间以外的）类似证券在某个特定时刻的利率或收益率。

图2-5显示了利率期限结构的一个例子。该曲线是向上倾斜的，说明期限越长的证

券要求越高的收益率。在这个假设的利率期限结构中,5年期债券的利率为7.5%,20年期债券的可比利率为9%。

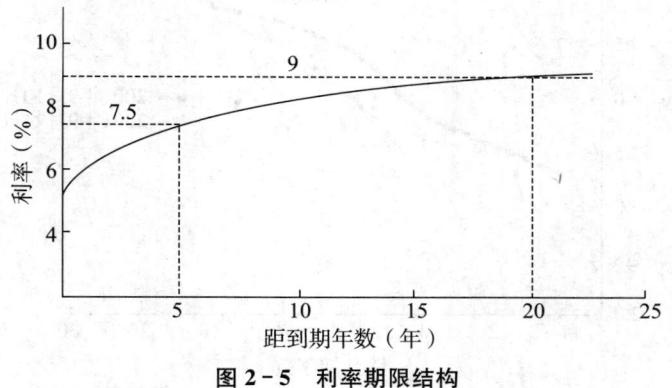

图2-5 利率期限结构

您会做吗?

解名义利率

如果您想在通货膨胀率为4%的情况下获得6%的实际利率,那么您获得的名义利率应该是多少?

您做出来了吗?

解名义利率

名义利率或报价利率＝实际利率＋通货膨胀率＋实际利率×通货膨胀率

$= 0.06 + 0.04 + 0.06 \times 0.04$

$= 0.1024 = 10.24\%$

利率期限结构的变化

利率期限结构(或收益率曲线)会随着预期的变化而变化。因此,现在观察到的收益率曲线可能与1个月之前存在很大差别。例如,请注意2011年9月11日世贸中心和五角大楼遭受恐怖袭击那个时期的收益率曲线变化。图2-6显示了发生恐怖袭击前一天和两周后的收益率曲线。变化十分明显,尤其是短期利率的收益率曲线。投资者对"9·11"恐怖袭击后的未来迅速产生了担忧,并将投资转移至非常短期的国库券上。对短期国库券的需求压低了它们相对于长期证券的收益率。

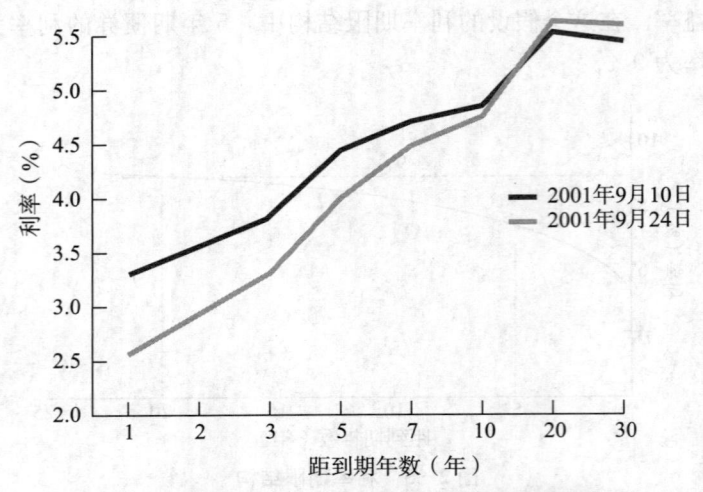

图 2-6　2001 年 9 月 11 日前后的利率期限结构变化

资料来源：Federal Reserve System, Release H-15. Office of Inspector General c/o Board of Governors of the Federal Reserve System.

尽管向上倾斜的收益率曲线是最常见的，但图 2-7 说明，在不同时期，收益率曲线可能呈现出多种形状。例如：2000 年 9 月 7 日，收益率曲线轻微向下倾斜；2001 年 9 月 28 日，收益率曲线大幅向上倾斜；2000 年 12 月 28 日，收益率曲线呈现相对平坦的形状。如您所见，最近收益率曲线有所降低，由于美联储试图刺激经济，短期国库券利率极低。

如图 2-7 所示，2018 年 10 月的收益率曲线位置非常低，不仅短期利率很低，长期利率也达到了 3.3% 的历史低值。为应对金融危机，美国政府采取了降低利率的措施，并自 2008 年以来一直保持低利率，直到最近才开始允许利率上升。此外，随着经济的放缓，利率自然会下降。自 2008 年经济危机爆发以来，美国政府一直致力于保持低利率，以通

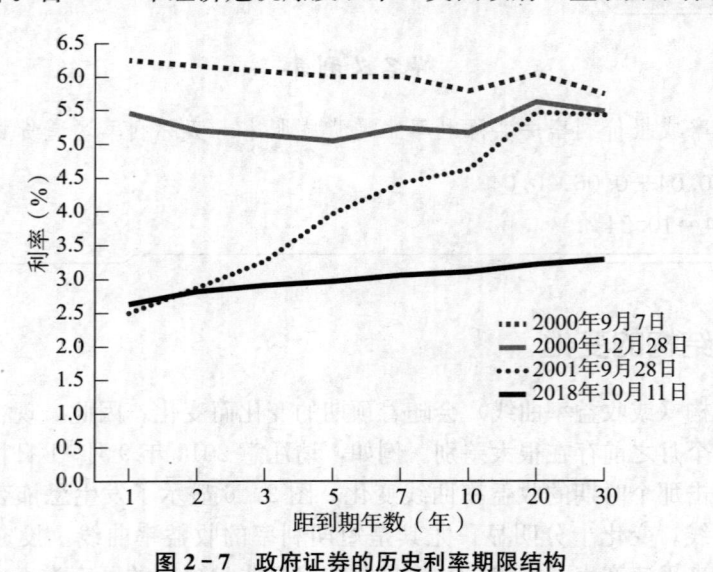

图 2-7　政府证券的历史利率期限结构

资料来源：Federal Reserve System, Release H-15. Office of Inspector General c/o Board of Governors of the Federal Reserve System.

过降低借贷成本来帮助经济复苏，希望以此帮助个人购买新住房或为抵押贷款再融资，并让企业可以按低利率借入资金来投资。

如何解释利率期限结构的形状？

有许多理论可以解释利率期限结构在任何时点的形状，其中有三种解释较为著名：(1) 无偏预期理论，(2) 流动性偏好理论，(3) 市场分割理论。[①] 让我们来逐一了解这些理论。

无偏预期理论 无偏预期理论（unbiased expectations theory）认为，利率期限结构曲线的形状由投资者对未来利率的预期决定。[②] 要了解该理论的原理，让我们来看玛丽·马歇尔（Mary Maxell）面临的下列投资问题。玛丽手中有 10 000 美元，准备用来做一笔 2 年期投资，2 年后她计划用这笔存款支付新房的首付款。为了避免存款损失的风险，她决定投资于美国政府债券。她有两种选择，第一种是购买 2 年后到期的政府债券，这种债券的年利率为 9%。如果这样做，她将在 2 年之后获得 11 881 美元。计算过程如下[③]：

本金	10 000
加第一年的利息（=0.09×10 000 美元）	900
第一年年末的本息之和	10 900
加第二年的利息（=0.09×10 900 美元）	981
第二年年末的本息之和	11 881

另一种选择是，玛丽可以购买 1 年后到期、利率为 8% 的政府债券。然后，她需要在第一年年末购买另一种 1 年期证券。玛丽应该做出何种选择，显然取决于她对 1 年后她将购买的政府债券的利率预期。我们无法告诉玛丽 1 年后的利率将是多少，但我们至少可以计算出在 2 年后能与她的第一种选择获得相同积蓄总额（即 11 881 美元）的投资的利率。该利率的计算过程如下：

2 年后需要的积蓄	11 881
第一年年末的积蓄[=10 000 美元×(1+0.08)]	10 800
第二年需要的利息	1 081

如果玛丽要在第二年收到 1 081 美元，那么她在第二年的投资必须获得大概 10% 的收益率。计算公式如下：

$$\frac{第二年收到的利息}{第二年年初的投资} = \frac{1\ 081\ 美元}{10\ 800\ 美元} = 10.009\ 3\%$$

[①] 参见 Richard Roll, *The Behavior of Interest Rates: An Application of the Efficient Market Model to U.S. Treasury Bills* (New York: Basic Books, 1970).

[②] 欧文·费雪在 1896 年提出了这个观点。后来，多位学者在他们的著作中改进了该理论，参见 J. R. Hicks 的 *Value and Capital* (London: Oxford University Press, 1946) 以及 F. A. Lutz 和 V. C. Lutz 的 *The Theory of Investment in the Firm* (Princeton, NJ: Princeton University Press, 1951)。

[③] 我们也可以使用以下复利公式来计算玛丽的投资本息之和：10 000×(1+0.09)² = 11 881（美元）。我们将在第 5 章学习复利的计算。

因此，在该案例的利率期限结构中，1年期利率为8%，2年期利率为9%，这个案例还为我们提供了1年后进行的投资的1年期预期利率的信息。因此，从某种意义上说，利率期限结构包含了投资者对未来利率的预期，这也解释了利率期限结构中的无偏预期理论。

尽管我们可以观察到当前不同期限的利率与投资者对未来利率的预期之间的关系，但这足以说明全部问题吗？有其他因素的影响吗？可能会有，所以让我们继续思考玛丽面临的两难困境。

流动性偏好理论　在介绍玛丽的选择时，我们提到，如果2年期政府债券的收益率为9%，而两笔连续的1年期投资收益率分别为8%和10%，那么这两种选择对她来说没有任何差异。然而，只有在她不考虑第二个1年期证券利率的不确定性风险时，这么说才是对的。如果玛丽是风险厌恶者（即她不喜欢风险），那么她可能对第二个1年期政府债券的预期收益率（10%）感到不满意。她可能要求更高的预期收益率，才能使这两种选择真正无差异。实际上，玛丽可能只有在她能合理预期第二个1年期投资的收益率将增加0.5%，即达到10.5%时，才愿意承担未来利率的不确定性。这种用于补偿未来利率变化风险的风险溢价（额外必要利率）就是之前介绍过的到期风险溢价，这个概念也是利率期限结构的流动性偏好理论的基础。① 根据**流动性偏好理论**（liquidity preference theory），投资者要求获得到期风险溢价来补偿他们购买的证券在未来发生利率波动的风险。

市场分割理论　利率期限结构的**市场分割理论**（market segmentation theory）建立在以下理念上，即法律限制和个人偏好使投资者只能选择特定期限范围的证券。例如，一方面，商业银行偏好短期债券和中期债券，原因是其存款负债具有短期性。它们不愿投资于长期证券。另一方面，以人寿保险公司为例，它们拥有长期债务，因此偏好期限较长的投资。在极端情况下，市场分割理论认为特定期限证券的利率只由供求决定，与其他期限证券的供求无关。该理论的一个较宽松的版本允许投资者有较强的期限偏好，但也允许投资者在收益率发生显著变化时调整自身的感受和偏好。

概念回顾

1. 什么是名义利率？请说明它与实际利率的不同之处。
2. 请写出包括名义利率基本组成要素的公式。
3. 请列出三种试图解释利率期限结构的著名理论。
4. 哪种形状的收益率曲线被认为是最典型的？

本章小结

➡ **学习目标1. 描述美国金融市场体系的主要组成部分和企业融资过程。**

　　小结：本章的重点是公司筹集长期资金的市场环境，包括美国金融市场结构、投资银行体

---

① 该理论由John R. Hicks在他的著作 *Value and Capital*（London：Oxford University Press，1946），pp. 141-145中首先提出，其中将这种风险溢价称为流动性溢价。在这里，我们用到期风险溢价来称呼这种风险溢价，以保持本章中术语的一致性。

制以及不同的证券分销方法。本章还讨论了利率在将储蓄分配到最终投资的过程中所起的作用。

公司可以通过公募或者私募来筹集资金。公开市场是非人格化的，因为证券发行人不会和金融工具的最终投资者见面。在私募中，证券将被直接卖给有限数量的机构投资者。

一级市场是新发行证券的市场，二级市场是当前流通证券进行交易的市场。货币市场和资本市场都有一级市场和二级市场。货币市场是指短期债务工具进行交易的市场，而资本市场是指长期金融工具进行交易的市场。资本市场上进行的交易可能发生在有组织的证券交易所，也可能发生在场外市场。货币市场是纯粹的场外市场。

关键术语
资本市场：促进长期金融工具交易的所有机构和程序。
天使投资人：为初创企业提供资本的富有私人投资者。
风险投资家：为初创企业提供资金的投资公司（或个人投资者）。
公募：一种证券发行方式，在这种发行方式下，所有投资者都有机会购买发售的一部分证券。
私募：一种证券发行方式，在这种发行方式下，证券只发售给一小部分潜在投资者。
一级市场：首次向潜在投资者发售证券的市场。
首次公开募股：公司首次向公众出售其股票。
增发新股：已经公开交易过股票的公司出售新股票。
二级市场：交易当前流通证券的市场。
货币市场：促进信用评级非常高的借款人发行的短期金融工具进行交易的所有机构和程序。
即期市场：现货市场。
期货市场：可以在未来某个日期买入或卖出某种标的物的市场。
有组织的证券交易所：促进证券交易的正式组织。
场外市场：除有组织的证券交易所之外的所有证券市场。货币市场是场外市场，大多数公司债券也是在场外市场进行交易的。

➡ **学习目标2. 了解如何在资本市场上筹集资金。**

小结：投资银行是在证券销售中担任中介的金融专家。它履行以下职能：（1）承销，（2）分销，（3）咨询。证券的公开分销方式主要有：（1）协议购买，（2）竞价购买，（3）代销，（4）优先认购，（5）直销。直销方式绕开了投资银行。协议购买对投资银行来说是利润最高的分销方式。它也为公司客户提供了最多的投资银行服务。

债务私募为公司债券提供了一种重要的市场销售方式。该市场上主要的投资者有：（1）人寿保险公司，（2）国家退休基金和地方退休基金，（3）私人养老基金。私募既有优点，也有缺点。财务经理必须权衡利弊，并决定选择私募还是公募。

发行成本包括承销费用和发行费用。普通股的发行成本高于优先股，而优先股的发行成本高于债券。此外，发行成本占总销售收入的百分比与证券发行规模负相关。

关键术语
投资银行：承销和分销新证券，并为公司客户提供关于新筹资的咨询服务的金融专家。
承销：购买新发行的证券，然后将其再出售。投资银行承担了以令人满意（可以获利）的价格出售新发行证券的风险。
承销费用：筹资公司获得的价格与证券公开发行价格之差。
银团：在购买和销售新发行证券中以合同形式合作的一群投资银行。

优先认购：某只新证券被销售给特定投资者群体的过程。

荷兰式拍卖：投资者最初根据其希望认购的股票数量和愿意支付的价格提出报价的证券（普通股）发行方法。股票售价将被定为恰好使发行公司能卖出所有股票的最低价格。

直销：公司绕开投资银行，直接向公众投资者出售证券。

发行成本：公司为了筹集资金而发行特定类型证券时产生的交易成本。

➡ 学习目标 3. 了解近期的收益率。

小结：从"基本原则 3：风险要求回报"中我们知道，收益率越高，预期风险也越高，实际情况确实也是如此。近年来，利率大幅下跌，3 个月期国库券利率接近 0，2014 年的 30 年期国债收益率跌破 3.35%，而 25 年前，其收益率接近 8.61%。

关键术语

资金的机会成本：在给定风险水平下投资者可以获得的次优收益率。

名义（或报价）利率：没有经过购买力损失调整的债券利率。

通货膨胀溢价：用于弥补预期通货膨胀的溢价，它等于债券或者投资工具存续期内预期将发生的价格变化。

基点：一个基点等于 1% 的 1/100，即 0.01%。

违约风险溢价：投资者为补偿违约风险而额外要求的收益率。其计算方法是相同期限和适销性的公司债券收益率与美国国债收益率之差。

到期风险溢价：投资者因利率变化导致证券的价格波动风险升高而对长期证券要求的额外收益率。

流动性风险溢价：投资者因证券无法以合理可预测的价格快速变现而要求的额外收益率。

➡ 学习目标 4. 解释利率决定基础和利率期限结构的流行理论。

小结：当贷款人贷出资金时，他们必须考虑在通货膨胀期间导致的预期购买力损失。因此，名义利率或者观察到的利率中包含通货膨胀溢价，它反映出贷款期间的预期通货膨胀率。

利率期限结构（也称收益率曲线）定义了只在距到期时间上存在区别的类似证券的收益率之间的关系。例如，如果长期政府债券的收益率高于美国国库券的收益率，那么收益率曲线就是向上倾斜的。但是，如果国库券的收益率高于长期政府债券的收益率，那么收益率曲线就是向下倾斜的。

关键术语

实际无风险利率：在零通货膨胀经济环境下，无风险固定收益证券的必要收益率。

实际利率：名义（报价）利率减去投资期内的购买力损失。

利率期限结构或收益率曲线：违约风险保持不变时，利率与距到期时间之间的关系。

无偏预期理论：该理论认为，利率期限结构曲线的形状由投资者对未来利率的预期决定。

流动性偏好理论：该理论认为，利率期限结构曲线的形状由投资者对额外风险要求的额外利率决定。

市场分割理论：该理论认为，利率期限结构曲线的形状表示特定期限证券的利率仅由市场上对该期限证券的供求决定。该利率独立于不同期限的证券的供求。

关键公式

名义利率＝实际无风险利率＋通货膨胀溢价＋违约风险溢价＋到期风险溢价
　　　　＋流动性风险溢价

名义利率≌实际利率＋通货膨胀溢价
1＋名义利率＝(1＋实际利率)×(1＋通货膨胀率)

或者

名义利率或报价利率＝实际利率＋通货膨胀率＋实际利率×通货膨胀率

复习题

2—1　请说明货币市场和资本市场的区别。
2—2　由于有组织的证券交易所的存在，公司和投资者获得的主要好处是什么？
2—3　据称，近年来有组织的交易所与场外市场之间的区别日益模糊。这种说法意味着什么？您认为这种说法是否正确？
2—4　您认为大多数债券二级市场交易发生在场外市场的原因是什么？
2—5　什么是投资银行？投资银行的主要职能有哪些？
2—6　协议购买和竞价购买之间的主要区别是什么？
2—7　为什么投资银行要组成银团？
2—8　为什么一些大公司希望通过私募而不是公募来筹集长期资本？
2—9　假设您刚从一所商学院毕业，并直接向公司的资金主管汇报工作。您的公司即将发行一只新证券，并且很关心发行成本。您会如何向资金主管汇报发行成本的趋势？
2—10　请列举储蓄资金最终转移到需要资金的公司的三种不同方式。
2—11　请从公司资金成本的角度解释"机会成本"一词。
2—12　请比较不同类型证券的历史收益率并做出解释。
2—13　请解释通货膨胀对收益率的影响。
2—14　请定义"利率期限结构"一词。
2—15　请解释流行的利率期限结构理论。

课后习题

2—1（**计算违约风险溢价**）当前，10年期国债的收益率为4%，而10年期公司债券的收益率为6.8%。如果公司债券的流动性风险溢价为0.4%，那么公司债券的违约风险溢价是多少？

2—2（**计算到期风险溢价**）当前，实际无风险利率为2%，未来两年的预期通货膨胀率为2%。如果2年期国债收益率为4.5%，那么2年期国债的到期风险溢价是多少？

2—3（**通货膨胀率和利率**）您正在考虑是否进行一项投资，您预期该投资明年将产生8%的收益率，并预期这笔投资的实际收益率将为6%。您预期明年的通货膨胀率是多少？

2—4（**通货膨胀率和利率**）如果实际利率为4%，预期通货膨胀率为7%，您预期名义利率将是多少？

2—5（**通货膨胀率和利率**）假设预期通货膨胀率为4%，如果当前的实际利率为6%，那么名义利率是多少？

2—6（**实际利率的估算方法**）您所在公司的首席财务官要求您对以下问题给出大致答案：

与 3 个月期国库券和 30 年期国债相关的实际购买力增长是多少？假设当前 3 个月期国库券的利率为 4.34%，30 年期国债的利率为 7.33%，通货膨胀率为 2.78%。此外，首席财务官还希望您简要解释 3 个月期国库券的实际利率是否低于 30 年期国债的实际利率。

2—7（实际利率的估算方法） 您正在考虑投资于国库券，但是不确定其实际无风险利率是多少。现在，国库券的年收益率为 4.5%，未来预期年通货膨胀率为 2.1%。如果忽略实际利率与通货膨胀率的乘积，实际无风险利率是多少？

2—8（实际利率的估算方法） 如果实际无风险利率为 4.8%，预期通货膨胀率恒为 3.1%，那么在忽略实际利率与通货膨胀率的乘积时，预期 1 年期国库券的利率是多少？

2—9（违约风险溢价） 假设 20 年期国债的收益率为 5.1%，您感兴趣的某只 20 年期公司债券的收益率为 9.1%。如果两种债券的到期风险溢价相同，而公司债券的流动性风险溢价为 0.25%，国债的流动性风险溢价为 0，该公司债券的违约风险溢价是多少？

2—10（利率的决定因素） 假设 10 年期国债的利率为 4.9%，通货膨胀溢价为 2.1%，10 年期国债的到期风险溢价为 0.3%，并假设这些债券没有流动性风险溢价，实际无风险利率是多少？

2—11（利率的决定因素） 假设您最近刚在某家投资银行找到了工作，并得到了一项任务——计算不同到期日的不同国债的适当名义利率。您被告知，实际无风险利率为 2.5%，且该利率预期在未来不会发生任何变化。未来的预期年通货膨胀率恒为 2.0%。由于这些债券均由美国财政部发行，因此它们不存在违约风险或流动性风险（也就是说，没有流动性风险溢价）。到期风险溢价取决于债券距到期的年数，到期风险溢价的具体数据如下所示：

距到期时间	到期风险溢价
0～1 年	0.05%
1～2 年	0.30%
2～3 年	0.60%
3～4 年	0.90%

给定以上信息，请问即将在 0～1 年、1～2 年、2～3 年和 3～4 年后到期的国债名义利率分别应是多少？

2—12（利率的决定因素） 您在关注福特公司发行的一些公司债券，并尝试计算其名义利率。您已经确定，实际无风险利率为 3.0%，且预期该利率在未来不会发生变化。此外，未来的预期通货膨胀率恒为 3.0%。违约风险溢价预期也将保持在 1.5% 不变，流动性风险溢价对于福特公司的公司债券来说非常小，仅约为 0.02%。该公司债券的到期风险溢价取决于债券距到期的年数。到期风险溢价如下所示：

距到期时间	到期风险溢价
0～1 年	0.07%
1～2 年	0.35%
2～3 年	0.70%
3～4 年	1.00%

给定以上信息，请问在0~1年、1~2年、2~3年和3~4年后到期的福特公司债券的名义利率分别应该是多少？

2—13（利率期限结构） 您希望在接下来两年将您的20 000美元存款投资于政府证券。目前，您既可以选择在未来两年投资于年利率为8%的债券，也可以选择投资于一年后到期但利率仅为6%的债券。如果您选择投资于后者，那么您将在一年之后对收回的资金进行重新投资。

可能是什么原因使您选择投资于年利率仅为6%的1年期债券，而不是年利率为8%的2年期债券？请用数字说明您的答案。在您的答案中，您支持哪种利率期限结构理论？

2—14（收益率曲线） 如果目前的国债收益率如下所示：

期限	收益率
6个月	1.0%
1年	1.7%
2年	2.1%
3年	2.4%
4年	2.7%
5年	2.9%
10年	3.5%
15年	3.9%
20年	4.0%
30年	4.1%

a. 请画出收益率曲线。
b. 请运用无偏预期理论和流动性偏好理论解释这条收益率曲线。

2—15（无偏预期理论） 目前您有50 000美元，并希望用这笔钱进行2年期投资。您考虑购买在1年后到期、年收益率为3%的政府债券。如果这样做，那么您在第一年年末必须再购买另一只1年期证券。另一种选择是投资于在2年后到期的政府债券。目前，2年期政府债券的年收益率为3.5%。如果您先进行1年期投资，在1年后再进行1年期投资，那么为了使这两种选择有相同结果，您必须获得的收益率是多少？

迷你案例

在您暑期实习的第一天，您被安排协助圣布拉斯珠宝公司（SanBlas Jewels Inc.）的首席财务官工作。由于不知道您的能力水平如何，首席财务官决定测试一下您对利率的理解。她要求您合理地估计圣布拉斯珠宝公司新发行的Aaa级债券的名义利率。圣布拉斯珠宝公司的首席财务官要求最终结果的格式与本章的式（2-1）相同。此外，您还需要参考表2-1中的数据。

以下是与估计式（2-1）中关键变量相关的部分参考数据。

a. 现在的3个月期国库券利率为2.96%，30年期国债利率为5.43%，30年期Aaa级公司债券利率为6.71%，通货膨胀率为2.33%。
b. 实际无风险利率水平为计算出的3个月期国库券平均收益率与通货膨胀率之差。
c. 违约风险溢价是通过计算30年期Aaa级公司债券与30年期国债的平均收益率之差估计

出来的。

d. 到期风险溢价是通过计算30年期国债与3个月期国库券的平均收益率之差估计出来的。

e. 圣布拉斯珠宝公司的债券将在纽约证券交易所中进行交易,因此其流动性风险溢价将非常小。然而,它的流动性风险溢价将大于0,因为相对于其他一些珠宝销售商来说,该公司债券的二级市场不确定性更大。该流动性风险溢价的估计值为4个基点,1个基点为1%的1%。

现在将您的计算结果代入式(2-1),这样就可以估计出名义利率,同时也可以将每个变量的数值提供给首席财务官,首席财务官将检查这些数值是否合理,并与您讨论。

第3章
了解财务报表与现金流

学习目标

1	根据利润表计算公司的利润。	利润表
2	根据资产负债表确定公司在某个时点的财务状况。	资产负债表
3	衡量公司的现金流。	衡量现金流
4	描述财务报表的局限性。	财务报表的局限性与会计造假
5	计算公司的自由现金流和融资现金流。	自由现金流

假设您将于2019年5月大学毕业,在过去的几个月中,您一直在进行面试。在了解了零售业的最新趋势——从亚马逊收购全食超市(Whole Foods)到美元剃须俱乐部(Dollar Shave Club)等电子商务初创公司的崛起——之后,您开始希望为一家在零售领域堪称全能的公司工作,这家公司就是沃尔玛。

作为一家零售商,沃尔玛每周通过其零售店和电子商务网站为近2.7亿名客户提供服务。由于采用EDLP(每天低价)定价策略,沃尔玛依靠大量顾客到店购物来实现其财务目标。您对于吸引顾客很感兴趣。您在大学学习过市场营销,并得到了沃尔玛数字营销小组的面试机会。为了准备这次面试,您需要对这家公司进行一些研究。浏览沃尔玛的投资者关系页面时,您注意到许多关于近期收购的新闻。

您看到沃尔玛收购了Jet.com、Bonobos和Parcel等公司,以提高在电子商务中的竞争能力。但是,看到这些收购案例后,您对沃尔玛的财务状况产生了好奇。您向下滚动页面,找到该公司的年报,也称为10-K报告。您很快发现,10-K报告是所有上市公司都必须在美国证券交易委员会(SEC)备案的年报。此外,该报告在题为"管理层讨论与分析"的部分中介绍了该公司的财务业绩以及关于该公司财务业绩的评论。

接下来,您开始查看沃尔玛的财务报表,看到了该公司的利润表、资产负债表和现金流量表。但您不记得应该如何阅读这些报表了。本章和下一章将为您提供理解沃尔玛公司以及其他任何公司的财务报表时所需的知识,这在某种程度上可以看作商业"语言"。首先,我们将分析在了解公司财务状况时用到的三种基本财务报表:

- 利润表，又称损益表。
- 资产负债表，它呈现了公司在某个特定日期的财务状况。
- 现金流量表，它列出了公司现金的来源和用途。在本章结尾的附录中，我们介绍了另一种重要的现金流指标，即自由现金流。

我们的目标是为您提供了解公司财务状况的工具。了解了这些知识之后，您将能理解公司的决策和行为对公司财务状况的影响。

对于公司的管理层、员工、投资者等许多群体来说，公司的财务业绩至关重要。假设您是一名员工，那么公司的财务业绩对您来说很重要，因为它可能会决定您的年终奖、工作稳定性和职业晋升的机会。不管您在公司的市场营销部门、财务部门还是人力资源部门工作，情况都是如此。此外，一名了解决策如何影响公司财务状况的员工将具有竞争优势。因此，不管您在公司里是什么职位，了解财务报表的基本内容都符合您自身的最佳利益——即使会计不是您最挚爱的专业。

首先，让我们从了解利润表的格式和内容开始认识财务报表。

> **牢记原则**
>
> 在本章中有两条原则尤为重要。基本原则 1 告诉我们，现金流是最重要的。有时，现金比利润更重要。因此，本章将花大量时间来衡量现金流。基本原则 5 警告我们，如果管理者和所有者的动机不同，将可能发生冲突。也就是说，利益冲突会导致代理问题。由于管理者的动机有时不同于所有者——公司的普通股股东和其他资本提供者（例如银行）——的动机，因此我们需要可用来监督管理者行为的信息。由于大公司的所有者无法获得关于公司运营的内部信息，因此他们必须依赖从各种来源获得的公开信息。此类信息的主要来源之一是公司会计师提供的公司财务报表。尽管这些信息绝不是完美的，但它是外部人士用来评估公司活动的重要信息来源。在本章中，我们将学习如何使用公司公开财务报表中的数据来监测管理层的行为。

利润表

利润表（income statement），或者说**损益表**（profit and loss statement），显示了公司在某个给定时期（例如 1 年）内创造的利润。利润表最基本的形式可以表示为如下公式：

$$销售收入 - 费用 = 利润 \tag{3-1}$$

利润表的构成

利润表的格式如图 3-1 所示。

- 利润表从销售收入开始，在这个基础上减去**销货成本**（cost of goods sold，即生产或者获得所销售的产品或服务的成本），即可得到**毛利润**（gross profit）。
- 接下来，再减去**营业费用**（operating expenses），得到**营业利润**〔operating income，又称**息税前利润**（earnings before interest and taxes，EBIT）〕。其中，营业费用包括：

(1) 销售费用和营销费用——向顾客推销公司的商品或服务的成本。
(2) 一般费用和管理费用——公司的日常开支,例如行政管理人员工资和租金等。
(3) 折旧费用——将可折旧资产(例如厂房和设备)的成本在资产寿命期内进行分摊而产生的非现金费用。

```
                         销售收入
                           −
                    销货成本(生产或者获取
                    待售商品或服务的成本)
                           =
营业活动的            毛利润
  结果                 −
                  营业费用(销售费用和营销费用、
                  一般费用和管理费用、折旧费用)。
                           =
                         营业利润
                       (息税前利润)
                           −
借款结果 →           利息费用
                       (借款成本)
                           =
                         税前利润
                           −
                          所得税
                           =
                          净利润
```

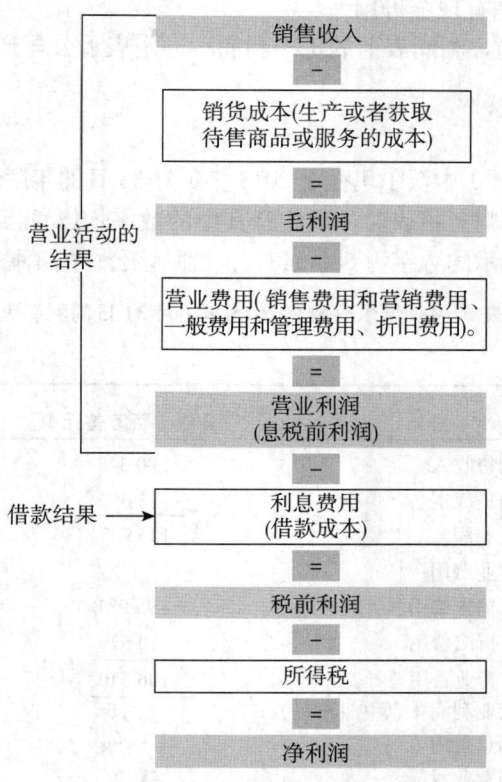

图3-1 利润表:概览

重新来看图3-1,我们会注意到一件重要的事:在图中左侧,我们可以看到营业利润是管理层决策的结果,它只与公司业务有关,完全不受公司负债金额的影响。换言之,公司的融资费用,即借款产生的利息费用,对公司的营业利润没有任何影响。具体而言,公司的营业利润是以下重要活动的结果:

(1) 销售收入,产品或服务的售价与销量的乘积(售价×销量=总销售收入)。
(2) 销货成本,生产或获取待售商品或服务的成本。
(3) 营业费用,其中包括:
a. 销售费用和营销费用(与产品和服务的市场营销、销售和分销有关的成本)。
b. 公司的日常费用(一般费用和管理费用、折旧费用)。

● 计算**税前利润**(earnings before taxes)或**应税所得**(taxable income)时需要从营业利润中扣除为公司债务支付的利息费用。[①]
● 公司的所得税是根据其税前利润和税率计算的。2017年税法修改后,所有C公司(包

---

① 如果一家公司发行了优先股,那么它将支付优先股股利,这将在利润表中和支付的债务利息一起显示为费用。在本书中,我们假设不用优先股为公司资产融资。

括大多数上市公司）都必须缴纳 21% 的固定税率。因此，如果一家公司的税前利润为 100 000 美元，且适用的税率为 21%，那么它需要缴纳 21 000（=0.21×100 000）美元的税款。

- 利润表中的下一项，也是最后一项为**净利润**（net income），即**普通股股东可得利润**（earnings available to common stockholders），它表示可以再投资于公司或分配给所有者的利润——当然，前提是有现金可用。
- 正如您将了解到的，利润表上的正净利润不一定表示公司产生了正现金流。

沃尔玛的利润表[①]

让我们通过观察表 3-1 中沃尔玛截至 2018 年 1 月 31 日的年度利润表来应用我们所学到的知识。在阅读沃尔玛的财务报表时，请注意其中的数字均以百万美元为单位表示。比如，沃尔玛的利润表第一行显示的数字为 500 543，也就是该公司的销售收入为 5 003.43 亿美元。

表 3-1　沃尔玛截至 2018 年 1 月 31 日的利润表

	金额（百万美元）	占销售收入的百分比（%）	
销售收入	500 343	100.0	
销货成本	-373 396	-74.6	
毛利润	126 947	25.4	← 毛利润率
营业费用：			
销售费用和管理费用	-95 981	-19.2	
折旧费用	-10 529	-2.1	
营业费用总计	-106 510	-21.3	
营业利润（息税前利润）	20 437	4.1	← 营业利润率
利息费用	-2 178	-0.4	
非营业亏损	-3 136	-0.6	
税前利润（应税所得）	15 123	3.0	
应纳所得税	-5 261	-1.1	
净利润（普通股股东可得利润）	**9 862**	**2.0**	← 净利润率
附加信息：			
流通股股数[a]	3 007		
每股利润（净利润÷股数）[b]	3.28		
支付给股东的股利	6 124		
每股股利[b]	2.04		

a. 单位为百万股。
b. 单位为美元。

- 让我们开始分析。在表 3-1 的第一列数字中，我们看到沃尔玛该年度的销售收入为 5 003.43 亿美元。销货成本为 3 733.96 亿美元，因此毛利润为 1 269.47 亿美元。

---

① 上市公司会在网上公布它们的财务报表。您可以访问雅虎金融网站，获得大多数上市公司的最新财务报表。您还可以在 www.annualreports.com 上找到上市公司的年度报告（包括财务报表），或者访问某家公司的网站查看其财务报表。

- 扣除 1 065.1 亿美元的营业费用，该公司的营业利润（息税前利润）为 204.37 亿美元。
- 至此，我们已经计算出不考虑支付的借款利息时的营业利润。
- 接下来，我们减去利息费用（为借款支付的利息）21.78 亿美元和非营业亏损 31.36 亿美元[①]，得到该公司的税前利润（应税所得）151.23 亿美元。
- 然后，我们减去应纳所得税 52.61 亿美元，得到该公司的净利润（普通股股东可得利润）98.62 亿美元。
- 至此，我们已经完成了利润表。然而，该公司的所有者（普通股股东）想知道该公司为每股流通股创造了多少利润，即**每股利润**（earnings per share）。在计算每股利润时，我们用净利润除以流通的普通股股数。因为该年度沃尔玛有 30.07 亿股流通股（见表 3-1），因此其每股利润为 3.28 美元（＝98.62 亿美元净利润÷30.07 亿股）。
- 投资者还希望知道，公司为每股流通股支付了多少股利，即**每股股利**（dividends per share）。在表 3-1 中，我们看到沃尔玛在该年度发放了 61.24 亿美元股利。由此，我们可以计算出该公司对每股股票支付了 2.04 美元（＝61.24 亿美元总股利÷30.07 亿股流通股）股利。

沃尔玛的一般形式利润表

从沃尔玛的利润表中，我们能得出什么结论呢？为了帮助回答这个问题，我们可以观察利润表中用占销售收入的百分比表示的每个科目。利润表的这种修订版本被称为**一般形式利润表**（common-sized income statement），如表 3-1 的最右一列所示。

一般形式利润表使我们能以相对形式表示公司的成本和利润，以便更容易地比较一个时期内公司与竞争者的利润状况。利润占销售收入之比被定义为**利润率**（profit margins），在沃尔玛公司利润表（表 3-1）的右边注中我们可以看到：

（1）该公司的**毛利润率**（gross profit margin）为 25.4%（＝ 1 269.47 亿美元毛利润÷5 003.43 亿美元销售收入）。

（2）该公司的**营业利润率**（operating profit margin）为 4.1%（＝ 204.37 亿美元营业利润÷5 003.43 亿美元销售收入）。

（3）该公司的**净利润率**（net profit margin）为 2.0%（＝ 98.62 亿美元净利润÷5 003.43 亿美元销售收入）。

在实践中，管理者会密切关注公司的利润率。利润率被认为是公司财务表现的重要指标。管理者会认真观察利润率的涨跌变化。他们还会将公司的利润率与竞争者的利润率进行比较——第 4 章将讨论这些内容。目前，我们只需记住利润与销售收入之比（即利润率）对于评估公司业绩非常重要。

最后，在沃尔玛的利润表中，没有提及哪些成本是固定成本，哪些成本是可变成本。但这种区别对于希望知道产量变化将对利润产生何种影响的管理者来说极为重要。

- **固定成本**（fixed cost），即不随产量变化而变化的成本。例如财产税、租金等，尤其是在短期内（例如一年内），不管公司的产量是多少，都必须支付这些成本。
- **可变成本**（variable costs），即随产量变化而变化的成本，例如生产中用到的原材料

---

① 公司有时会出现与公司正常运营无关的非正常损益。与沃尔玛的例子一样，该金额将与营业利润分开报告。

成本、销售佣金等。

● **半可变成本**（semivariable costs），即部分随产量变化而变化，而另一部分变化与产量变化没有直接比例关系的成本。

第12章将详细介绍在销售收入变化时，固定成本和可变成本以及费用对公司利润的影响。

例 3.1

编制利润表

梅尼拉公司（Menielle, Inc.）是一家电子产品批发分销商。它出售笔记本电脑、相机和其他电子产品。请使用以下零散信息编制利润表和一般形式利润表，并计算出该公司的每股利润和每股股利。

利息费用	35 000 美元	销售收入	400 000 美元
销货成本	150 000 美元	普通股股利	15 000 美元
销售费用和营销费用	40 000 美元	应纳所得税	40 000 美元
管理费用	30 000 美元	折旧费用	20 000 美元
流通股股数	20 000 股		

第1步：确定解题方法

以下模板提供了利润表的格式：

	销售收入
减：	销货成本
等于：	毛利润
减：	营业费用（销售费用和营销费用＋折旧费用＋管理费用）
等于：	营业利润
减：	利息费用
等于：	税前利润
减：	应纳所得税
等于：	净利润

第2步：计算数值

您的结果应该如下所示：

	美元	占销售收入的百分比（%）
销售收入	400 000	100.0
销货成本	－150 000	－37.5
毛利润	250 000	62.5
营业费用		

续表

销售费用和营销费用	−400 00	−10.0
管理费用	−300 00	−7.5
折旧费用	−200 00	−5.0
营业费用总计	−900 00	−22.5
营业利润	160 000	40.0
利息费用	−35 000	−8.8
税前利润	125 000	31.3
应纳所得税	−40 000	−10.0
净利润	85 000	21.3
每股利润（85 000美元净利润÷20 000股）	4.25	
每股股利（15 000美元股利÷20 000股）	0.75	

第3步：分析结果

根据梅尼拉公司的利润表可以获得一些重要信息。首先，该公司是盈利的，净利润为85 000美元，即每股4.25美元。然后，该公司向股东支付了15 000美元股利，即每股0.75美元。而且，对于每100美元销售收入，梅尼拉公司赚取了毛利润62.5美元，营业利润为40美元，净利润为21.3美元。最后，股利与留存收益之比为15 000美元÷85 000美元＝17.6%，表明该公司留存了大部分利润用于公司成长。

概念回顾
1. 我们可以在公司的利润表中了解到什么？
2. 我们可以从利润表中看出什么基本关系？
3. 毛利润、营业利润及净利润与利润表中报告的业务活动领域存在什么关系？
4. 什么是每股利润和每股股利？
5. 什么是利润率？有哪些不同类型的利润率？

资产负债表

我们已经看到，公司的利润表反映的是特定时期内（例如一年）公司的经营成果。

公司的**资产负债表**（balance sheet）反映了公司在特定时点上的财务状况，包括所持资产、负债和所有者权益（股东权益）。

形式最简单的资产负债表可以用如下资产负债表"公式"表示：

$$总资产＝总负债(总债务)＋总所有者权益 \tag{3-2}$$

其中，总资产代表公司拥有的资源，总负债和总所有者权益表明这些资源是如何融资的。

传统做法是在资产负债表中用购买资产时支付的实际成本反映公司不同资产的金额。因此，资产负债表不能反映公司资产的当前市场价值，因而也不能反映公司本身的价值。更确切地说，它反映的是它们的历史交易成本。因此，资产负债表反映的是公司的**账面价值**（book value），它等于资产负债表中列出的公司总资产价值。

图3-2显示了一张资产负债表的基本组成部分。图3-2左侧按照类别列出了公司的资产，右侧列出了公司用于购买资产的不同资金来源。

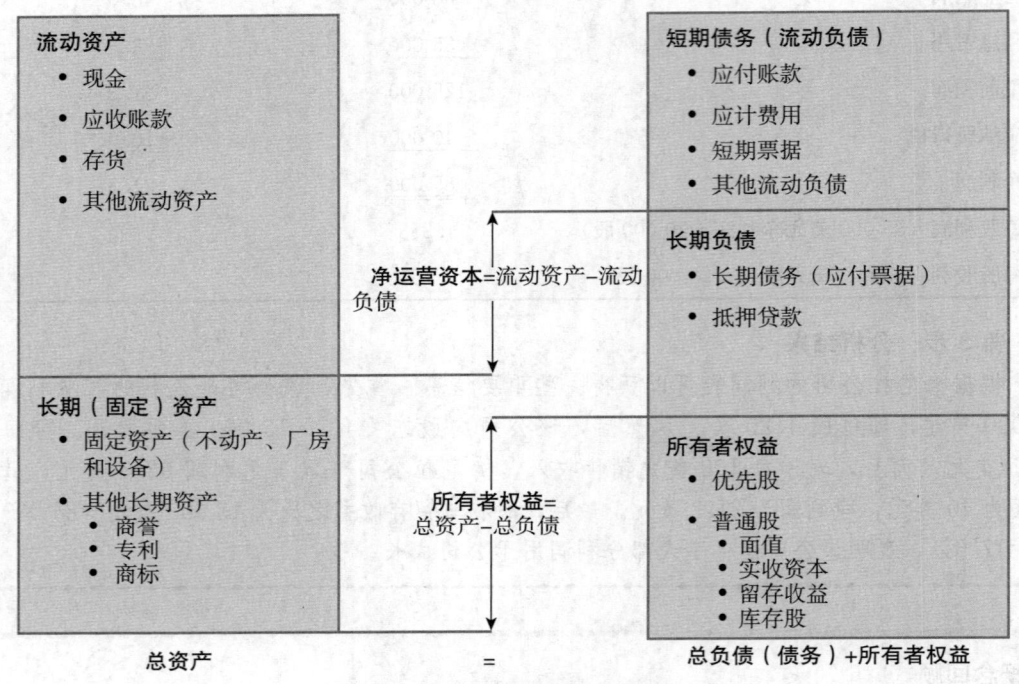

流动资产 • 现金 • 应收账款 • 存货 • 其他流动资产		短期债务（流动负债） • 应付账款 • 应计费用 • 短期票据 • 其他流动负债
	净运营资本=流动资产−流动负债	长期负债 • 长期债务（应付票据） • 抵押贷款
长期（固定）资产 • 固定资产（不动产、厂房和设备） • 其他长期资产 　　• 商誉 　　• 专利 　　• 商标	所有者权益=总资产−总负债	所有者权益 • 优先股 • 普通股 　　• 面值 　　• 实收资本 　　• 留存收益 　　• 库存股
总资产	=	总负债（债务）+所有者权益

图3-2 资产负债表：概览

资产类型

在资产负债表中，资产按照流动性从高到低排序，即按照流动性递减的顺序排列。**流动性**（liquidity）是指资产快速变现而不产生明显价值损失的能力。高流动性资产能在不发生资产减值的情况下快速售出；而低流动性资产要么无法轻易变现，要么只能以较大的折扣快速售出。比如，政府证券的流动性就比建筑物高得多。

流动性很重要，因为持有流动性资产会降低公司遭遇财务困境的概率。然而，流动性资产的收益率通常低于非流动性资产。例如，持有现金不会获得任何收益。因此，财务经理必须选择合理的流动性资产比例，以使公司在享有流动性的好处的同时不显著损害其盈利能力。

正如图3-2所示，公司的资产可以分为两个基本类别：（1）流动资产；（2）长期资产，其中包括固定资产（厂房和设备）和其他长期资产。

流动资产　公司的**流动资产**（current assets），即**总营运资本**（gross working capital），是指预期将在12个月之内变现的资产。流动资产包括公司持有的现金、应收账款、存货和其他流动资产。

- **现金**。每家公司都必须持有**现金**（cash）才能经营业务。公司之所以需要现金储备，是因为公司的现金流入（现金收入）和现金流出（现金支出）是不相等的。
- **应收账款**。公司的**应收账款**（accounts receivable）是指公司应向赊购其商品或服务的客户收取的款项。
- **存货**。公司的**存货**（inventories）包括原材料、半成品和用于最终销售的产成品。
- **其他流动资产**。**其他流动资产**（other current assets）包括预付费用等科目。比如，某家公司可能在实际保险期开始之前就需要缴纳保费。再比如，某家公司可能需要预付租金。这些预付费用之所以被认为是资产，是因为它们代表公司进行的某种投资。例如，只有当保险期结束后被用完的保费才被认为是费用。

长期资产 公司的长期资产可以分为两类：（1）固定资产（不动产、厂房和设备），（2）其他长期资产。

固定资产（土地、厂房和设备）。公司的**固定资产**（fixed assets）也被称为不动产、厂房和设备，包括机器和设备、建筑物和土地等资产。这些资产的使用期可长达多年。

- 当公司购买一项固定资产时，并不会立即在利润表中将该资产的成本计为费用，而是将其计为资产负债表中的资产。对于某些资产，例如机器和设备，公司会因其逐渐老旧或产生日常损耗而对其提取折旧；而对于另一些资产，例如土地，公司不会对其提取折旧。
- 对于应提取折旧的资产，资产的初始成本将按照该资产的预期使用寿命在利润表中作为费用进行分摊，每年摊得的成本金额在利润表中显示为**折旧费用**（depreciation expense）。在资产整个寿命期内计提的所有折旧在资产负债表中显示为**累计折旧**（accumulated depreciation）。

示例

为了详细说明，假设某家公司以 20 000 美元的价格购置了一辆卡车，并将按照直线折旧法在卡车的 4 年寿命期内对其计提折旧。①

- 在利润表中，每年的折旧费用应为 5 000 美元（＝20 000 美元资产成本÷4 年）。
- 当公司购买卡车的时候，该资产的 20 000 美元初始成本将被计入资产负债表中的**固定资产总计**（又称总固定资产，gross fixed assets）科目。
- 在资产寿命期内计提的累计折旧将显示在累计折旧科目中。我们每年从总固定资产中减去累计折旧，得到**固定资产净值**（net fixed assets）。

在本例中，每年的利润表和资产负债表如下所示：

利润表中的折旧费用　　　　　　　　　　　　　　　　　　　　　单位：美元

	截止年份			
	1	2	3	4
折旧费用	5 000	5 000	5 000	5 000

---

① 在本例中，我们使用了直线折旧法。另一些方法允许公司在资产寿命期的早期加速计提折旧，而在后面的年份减速提取折旧。实际上，在计算应纳税款时，公司可以在第一年将应折旧资产的全部成本计提折旧，这也被称为"奖励性折旧"。

资产负债表中的累计折旧 单位：美元

	年末			
	1	2	3	4
固定资产总计	20 000	20 000	20 000	20 000
累计折旧	−5 000	−10 000	−15 000	−20 000
固定资产净值	15 000	10 000	5 000	0

了解总固定资产和固定资产净值的区别很重要。此外，还有必要了解利润表中的折旧费用和资产负债表中的累计折旧的关系。

其他长期资产。 其他长期资产是除去流动资产和固定资产之外的所有公司资产。例如，其他长期资产包括长期投资和无形资产（例如公司的专利、商标和商誉）。当一家公司购买另一家公司，而后者的经济价值大于各笔资产的价值之和时，就会产生商誉。该价值差额将被计为商誉。

融资类型

现在，我们开始关注图3-2所示资产负债表的右侧，即"总负债（债务）＋所有者权益"，它表示公司如何为其资产融资。**债务**（debt）是指公司借入的、必须在某个事先确定的日期偿还的资金。另一方面，所有者**权益**（equity）是指股东（所有者）对公司的投资。

债务（负债） 债务资本是由债权人提供的融资。如图3-2所示，债务可以分为（1）流动负债或短期债务以及（2）长期负债。

短期债务（流动负债）。 公司的**短期债务**（short-term debt）又称**流动负债**（current liabilities），是指公司必须在接下来12个月之内偿还的借款。公司流动负债的来源包括：

● 应付账款。公司的**应付账款**（accounts payable）表示公司购买存货时供应商为公司提供的信贷。购买存货的公司的还款期可能是30天、60天或90天。这种信贷形式又被称为**商业信贷**（trade credit）。

● 应计费用。**应计费用**（accrued expenses）是公司经营中已经发生但尚未偿还的短期债务。比如，公司员工可能已完成工作，但工资可能要等到下周或者下个月才发放，这些工资就会被记录为应计工资。

● 短期票据。**短期票据**（short-term notes）是指从银行或其他贷款来源借入的应在12个月之内偿还的资金。

● 其他流动负债。其他流动负债包括应计费用，例如应计工资、应纳税款或应付利息。

长期债务。 公司的**长期债务**（long-term debt）是指向银行或其他贷款来源借入的为期12个月以上的贷款。

● 公司可能会借入5年期贷款用于购买设备，或者借入25年期或30年期贷款用于购买不动产，例如土地和建筑物。

● 用于购买不动产的贷款被称为**抵押贷款**（mortgage），如果借款人不能偿还贷款，贷款人将拥有该不动产的优先索偿权。

所有者权益 所有者权益是指股东（既包括优先股股东又包括普通股股东）对公司进行的投资。

- **优先股股东**（preferred stockholders）通常只获得固定金额的股利。当公司被清算时，对优先股股东的清偿顺序排在公司债权人之后、普通股股东之前。
- **普通股股东**（common stockholders）是其余的公司所有者，他们得到的是支付所有费用之后的剩余利润。当公司被清算时，普通股股东只能得到债权人和优先股股东得到偿付之后的剩余资产——不论它们是优质资产还是劣质资产。公司的普通股股权金额等于以下两项之和：(1) 公司向投资者出售股票获得的金额。(2) 公司的留存收益。

(1) 公司向投资者出售股票获得的金额。这部分金额可能在资产负债表中整体显示为**普通股**（common stock），也可能分别显示为**面值**（par value）（公司在出售股票时为每股股票主观确定的价值，通常为1美分或1美元）和超过股本的**实收资本**（paid-in capital）（又被称为资本公积）。实收资本是指当公司向投资者发行新股时收到的高于股本的金额。

示例

- 为了说明公司如何记录发行的普通股，假设一家公司以每股100美元的价格发行了1 000股普通股。
- 根据该公司的政策，每股股票的面值被定为1美元。（当然，他们也可以选择将每股面值定为1美分。该面值完全可以任意决定。）
- 剩余的每股99美元将被计入实收资本。因此，资产负债表中普通股的总增加额如下所示：

面值（1美元×1 000股）	1 000美元
实收资本（99美元×1 000股）	99 000美元
普通股增加总额	100 000美元

最后，发行的普通股金额将减去公司向股东回购的股票，即**库存股**（treasury stock）。

(2) 公司的留存收益。**留存收益**（retained earnings）是除去在公司存续期内分配给股东的资金之后公司留存的净利润。换言之，公司存续期内的所有累计净利润之和减去在这些年度支付的普通股股利就是留存收益。某个特定年度的留存收益可以用以下公式计算①：

$$期初留存收益 + 当年净利润 - 当年支付的股利 = 期末留存收益 \qquad (3-3)$$

但要记住，利润和现金不一样，不要把留存收益当作一大笔现金，并不是这样！

总而言之，普通股股权可以表示如下：

$$普通股股权 = 普通股股东的累计投资 + \overbrace{累计利润 - 支付给普通股股东的累计股利}^{\text{公司内的留存收益}} \qquad (3-4)$$

---

① 有时，除了净利润和支付给股东的股利外，留存收益还受到一些不寻常的会计交易的影响。然而，在解释留存收益时，我们忽略了这种可能性。

沃尔玛的资产负债表

让我们重新来看沃尔玛的资产负债表。表3-2为沃尔玛在2017年1月31日和2018年1月31日的资产负债表。正如我们对利润表的处理一样,资产负债表可以按金额显示,也可以按百分比显示,在后一种情况下,每个科目都显示为占总资产(以及总债务和权益)的百分比。如您所料,后者被称为**一般形式资产负债表**(common-sized balance sheet)。

通过分析资产负债表,我们了解到沃尔玛截至2018年1月31日的以下信息:

(1) 该公司的总资产超过2 000亿美元,包括约三分之一的流动资产和约三分之二的长期资产。

(2) 该公司持有超过67亿美元现金,约占该公司所有资产的3%。

(3) 作为零售商,沃尔玛21%的资产为存货,3%的资产为应收账款。

(4) 由于零售商店众多,该公司的不动产、厂房和设备约占其资产的56%。

(5) 最后不可忽视的一点是,该公司15%的资产为无形资产,具体包括:①收购其他公司时支付的商誉,②沃尔玛商标的价值,③其他无形资产。

(6) 2018年,该公司61%的融资来自债务。债务融资百分比被称为**资产负债率**(debt ratio),其计算方法如下:

$$资产负债率 = \frac{总负债}{总资产} = \frac{1\,253.82\text{亿美元}}{2\,045.22\text{亿美元}} = 61.3\% \tag{3-5}$$

表3-2　沃尔玛截至2017年1月31日和2018年1月31日的年度资产负债表

	2017年1月31日 金额(百万美元)	2017年1月31日 占资产的百分比(%)	2018年1月31日 金额(百万美元)	2018年1月31日 占资产的百分比(%)
资产				
现金和现金等价物	6 867	3.5	6 756	3.3
应收账款	5 835	2.9	5 614	2.7
存货	43 046	21.7	43 783	21.4
预付费用和其他流动资产	1 941	1.0	3 511	1.7
流动资产总计	57 689	29.0	59 664	29.2
厂房和设备总计	191 129	96.1	202 298	98.9
减累计折旧	-76 951	-38.7	-87 480	-42.8
厂房和设备净值	114 178	57.4	114 818	56.1
商誉和其他无形资产	26 958	13.6	30 040	14.7
资产总计	198 825	100.0	204 522	100.0

续表

	2017年1月31日		2018年1月31日	
	金额（百万美元）	占资产的百分比（%）	金额（百万美元）	占资产的百分比（%）
负债和所有者权益				
流动负债：				
应付账款	41 433	20.8	46 510	22.7
应计负债	21 575	10.9	24 031	11.7
短期票据	9 320	4.7	9 662	4.7
流动负债总计	72 328	36.4	80 203	39.2
长期债务	51 362	25.8	45 179	22.1
负债总计	123 690	62.2	125 382	61.3
所有者权益：				
普通股（面值）	305	0.2	295	0.1
实收资本	2 371	1.2	2 648	1.3
留存收益	72 459	36.4	76 197	37.3
所有者权益总计	75 135	37.8	79 140	38.7
负债和所有者权益总计	198 825	100.0	204 522	100.0

对于贷款人和投资者而言，资产负债率是一项重要指标，因为它显示了公司承担的财务风险——公司用债务为资产融资的比例越大，其财务风险也越大。在第12章中我们将详细讨论这个问题。

营运资本

之前我们曾指出，流动资产这个词也可以被称为总营运资本。相比之下，**净营运资本**（net working capital）等于公司的流动资产减去流动负债，即：

$$\text{净营运资本} = \text{流动资产} - \text{流动负债} \tag{3-6}$$

因此，净营运资本比较了公司的流动资产（将在未来12个月之内变现的资产）与公司的流动负债（必须在12个月之内偿还的债务）。公司的净营运资本越多，其按期偿债能力也越强。因此，对于始终关注公司偿还贷款能力的贷款人来说，净营运资本的金额很重要。沃尔玛的净营运资本的计算方法如下：

单位：百万美元

	截止年度	
	2017年1月31日	2018年1月30日
流动资产	57 689	59 664
流动负债	−72 328	−80 203
净营运资本	−14 639	−20 539

我们看到，沃尔玛的净营运资本减少了59亿美元（146.39亿美元－205.39亿美元＝－59亿美元），表明该公司的流动性较差。但是，由于沃尔玛拥有大约67.6亿美元现金，因此它仍然保持了一定的流动性。

例 3.2　　　　　　　　　　　　编制资产负债表

请根据梅尼拉公司的以下信息，编制资产负债表和一般形式资产负债表。该公司最大的投资和融资来源占资产的百分比是多少？

单位：美元

固定资产总计	75 000	应收账款	50 000
现金	10 000	长期银行票据	5 000
其他资产	15 000	抵押贷款	20 000
应付账款	40 000	普通股	100 000
留存收益	15 000	存货	70 000
累计折旧	20 000	短期票据	20 000

第 1 步：确定解题方法

资产负债表可以写为以下形式：

流动资产	流动负债
＋长期（固定）资产	＋长期债务
	＋所有者权益
＝总资产	＝总负债＋所有者权益

第 2 步：计算数值

结果应如下表所示：

资产负债表　　　　　　　　　　　　　　　　　　　　　　　　　　　　单位：美元

资产：		负债和权益：	
现金	10 000	应付账款	40 000
应收账款	50 000	短期票据	20 000
存货	70 000	短期债务总计	60 000
流动资产总计	130 000	长期银行票据	5 000
固定资产总计	75 000	抵押贷款	20 000
累计折旧	－20 000	长期债务总计	25 000
固定资产净值	55 000	债务总计	85 000
其他资产	15 000	普通股	100 000
资产总计	200 000	留存收益	15 000
		权益总计	115 000
		负债和权益总计	200 000

一般形式资产负债表（%）

资产：		负债和权益：	
现金	5.0	应付账款	20.0
应收账款	25.0	短期票据	10.0
存货	35.0	短期债务总计	30.0
流动资产总计	65.0	长期银行票据	2.5
固定资产总计	37.5	抵押贷款	10.0
累计折旧	−10.0	长期债务总计	12.5
固定资产净值	27.5	债务总计	42.5
其他资产	7.5	普通股	50.0
资产总计	100	留存收益	7.5
		权益总计	57.5
		负债和权益总计	100.0

第3步：分析结果

第一，我们看到，该公司对资产的总投资为 200 000 美元，包括 130 000 美元的流动资产（占总资产的 65%）、55 000 美元的固定资产（占总资产的 27.5%）和 15 000 美元的其他资产（占总资产的 7.5%）。第二，该公司有 130 000 美元的流动资产和 60 000 美元的流动负债，因此该公司的净营运资本为 130 000 美元 − 60 000 美元 = 70 000 美元。第三，该公司更多地用权益（占总资产的 57.5%）而非负债（占总资产的 42.5%）来为业务融资。

概念回顾
1. 在报告的时间范围内，资产负债表和利润表的区别是什么？
2. 资产负债表的基本公式是什么？它的含义是什么？
3. 什么是公司的"账面价值"？
4. 公司的两大主要融资来源是什么？这些来源包括什么？
5. 什么是总营运资本？什么是净营运资本？什么是资产负债率？

您会做吗？

编制利润表和资产负债表

以下是泰尔公司（Thiel，Inc.）——一家能源公司——的部分会计科目。请完成该公司的利润表和资产负债表，并计算每股利润和每股股利。

单位：百万美元

应付账款	4 400
应收账款	2 500
累计折旧	4 200
现金	3 300
销货成本	17 000
普通股	13 800
折旧费用	1 500
股利	40
固定资产总计	24 500
应纳所得税	15
利息费用	1 000
长期债务	10 000
流通股股数	800
其他资产	15 600
存货	1 500
留存收益	8 000
销售收入	30 000
销售费用、营销费用和管理费用	10 000
短期票据	7 000

衡量现金流

尽管现金是企业的生命线——好比维持发动机运转的燃料——但一些管理者并不完全了解公司现金流的驱动因素。糟糕的现金流管理可能会导致企业破产，小公司尤其容易出现这种情况。管理者必须明白，利润和现金流并不是同一样东西。

利润与现金流

您需要意识到，公司利润表中显示的利润与现金流是不同的！也就是说，即便是利润丰厚的公司也可能会破产。许多账面利润丰厚的公司最后被迫破产，就是因为现金流入比不上现金流出。没有充足的现金流，即便是小问题也可能升级为重大问题！

利润表不是衡量现金流的指标，因为它是按照权责发生制而不是收付实现制计算的。让我们重新强调一遍：利润表不是衡量现金流的指标，因为它是按照权责发生制而不是收付实现制计算的。理解这一点非常重要。

● 在**权责发生制**（accrual basis accounting）的会计核算中，不管利润是否以现金形式收取，都在获得利润时进行记录。不管是否实际支付了费用，都在发生费用时进行记录。

● 在**收付实现制**（cash basis accounting）的会计核算中，只有当收到现金时才记录利润，只有在支付费用时才记录费用。

因为某些原因，基于权责发生制计算的利润与公司的现金流有所不同。具体原因如下：

（1）在利润表中记录的销售收入既包括现金销售收入也包括赊销。因此，总销售收入与实际收到的现金不一致。一家公司可能在当年的销售收入为 100 万美元，但是没有收到全部销售款。如果从年初到年末，公司的应收账款增加了 80 000 美元，那么我们知道该公司只收到了 920 000 美元销售款（＝1 000 000 美元销售收入－80 000 美元应收账款增加额）。

（2）某些存货是由信用融资的，因此存货购买金额并不恰好等于公司为购进存货花费的现金。假设一家企业在某年购进了价值 500 000 美元的存货，但是其中 100 000 美元为赊购，则该公司为购买存货实际支付的现金为 400 000 美元（＝500 000 美元购入总存货－100 000 美元赊购）。

（3）利润表中显示的折旧费用是非现金费用。它反映了公司在多年的经营中使用某项资产（例如使用期为 5 年以上的某台设备）的成本。因此，如果一家公司的利润为 250 000 美元，其中包括 40 000 美元的折旧费用，那么其现金流应该为 290 000 美元（＝250 000 美元利润＋40 000 美元折旧费用）。

我们还可以举出更多例子来说明为什么公司的利润不同于其现金流，但是这一点应该很清楚：利润和现金流并不是同一样东西。因此，对于管理者来说，了解公司的现金流是非常重要的。

在公司申请贷款时，现金流也同样重要。如果公司不能证明自己将有足够现金流来偿还所申请的贷款，银行就不会发放贷款。即使公司的收入成长性和利润都不错，但只有历史现金流才能证明公司收取应收账款的能力，以及正确管理存货和应付账款的能力。因此，您必须了解自己公司的现金流入与现金流出。

您做出来了吗？

编制利润表和资产负债表

前面，我们提供了泰尔公司的数据，并请您编制该公司的利润表和资产负债表，以根据该信息计算出每股利润和每股股利。您的结果应该如下所示：

利润表

销售收入（百万美元）	30 000
销货成本（百万美元）	17 000
毛利润（百万美元）	13 000
营业费用（百万美元）	
销售费用、营销费用和管理费用	10 000
折旧费用	1 500
营业费用总计（百万美元）	11 500

续表

营业利润（百万美元）	1 500
利息费用（百万美元）	1 000
税前利润（百万美元）	500
应纳所得税（百万美元）	15
净收入（百万美元）	485
每股利润（485 美元净收入÷800 股）（美元）	0.61
每股股利（40 美元股利÷800 股）（美元）	0.05

资产负债表　　　　　　　　　　　　　　　　　　　　　　单位：百万美元

现金	3 300	应收账款	4 400
应收账款	2 500	短期票据	7 000
存货	1 500	短期债务总计	11 400
流动资产总计	7 300	长期债务	10 000
固定资产总计	24 500	债务总计	21 400
累计折旧	−4 200	普通股	13 800
固定资产净值	20 300	留存收益	8 000
其他资产	15 600	权益总计	21 800
资产总计	43 200	债务和权益总计	43 200

起点：资产负债表与现金流的变化

首先，我们需要了解公司资产负债表的变化会影响其现金流。为了确认资产负债表的某项变化是现金来源还是现金用途，您需要理解以下关系：

现金来源	现金用途
资产减少	资产增加
示例：卖出存货或者收回应收账款可以提供现金	示例：将现金投资于固定资产或者用于购买更多存货
负债或权益增加	负债或权益减少
示例：借出资金或者出售股票可以提供现金	示例：使用现金偿还贷款或者回购股票

了解并记住上述关系将有助于您很好地理解现金流量表。

为了说明上述关系，我们将重新来看如表3-2所示的沃尔玛资产负债表。在表3-3中，我们列出了沃尔玛资产负债表的一些变化，并指出了这些变化是现金来源还是现金用途。这些信息将在下一部分中被用于编制该公司的现金流量表。因此，请记住表3-3中的资产负债表变化和该公司现金流之间的关系。

表3-3　2017年和2018年沃尔玛资产负债表变化以及现金来源和现金用途

单位：百万美元

	12月31日 2017年	12月31日 2018年	变化	来源	用途
资产变化					
应收账款	5 835	5 614	−221	−221	
存货	43 046	43 783	737		737
预付费用和其他流动资产	1 941	3 511	1 570		1 570
厂房和设备总计	191 129	202 298	11 169		11 169
商誉和其他无形资产	26 958	30 040	3 082		3 082
负债和权益变化					
应付账款	41 433	46 510	5 077	5 077	
应计负债	21 575	24 031	2 456	2 456	
短期票据	9 320	9 662	342	342	
长期债务	51 362	45 179	−6 183		−6 183
面值	305	295	−10		−10
实收资本	2 371	2 648	277	277	

现金流量表

衡量公司的现金流通常有两种方法。首先，我们可以使用会计师呈报现金流的传统方法，即**现金流量表**（statement of cash flows），它总是位于公司年报的财务部分中。

● 这种呈报现金流的方法着重于识别现金来源和现金用途，它们解释了资产负债表中的公司现金余额变化。

● 另一种方法是，我们可以计算出公司的**自由现金流**（free cash flows）和**融资现金流**（financing cash flows），这都是管理者和投资者认为至关重要的指标。一旦公司支付了所有营业费用、缴纳了税款并完成了所有投资，剩余现金就可以自由分配给债权人或者股东。或者，如果自由现金流为负值，管理层将不得不向债权人或者股东融资。本章附录将说明如何理解和计算公司的自由现金流。但是现在，我们将关注所有上市公司必须为其贷款人和投资者提供的现金流量表。

如图3-3所示，有三项重要活动决定着公司的现金流入和现金流出。

```
现金流入                                      现金流出
日常经营产生的现  →  经营活动产生的现金流  ←  日常经营产生的现
金流入                                         金流出
                            ↓
加上出售厂房和                                减去购买厂房和设
设备以及其他长  →  投资活动产生的现金流  ←  备以及其他长期投
期投资的收入                                   资的支出
                            ↓
加上增加的债务、发                             减去偿债金额、回购
行的优先股和普通股  →  融资活动产生的现金流  ←  优先股和普通股的支
                                              出以及支付的现金股利
                            ↓
                            =
                       净现金变化
```

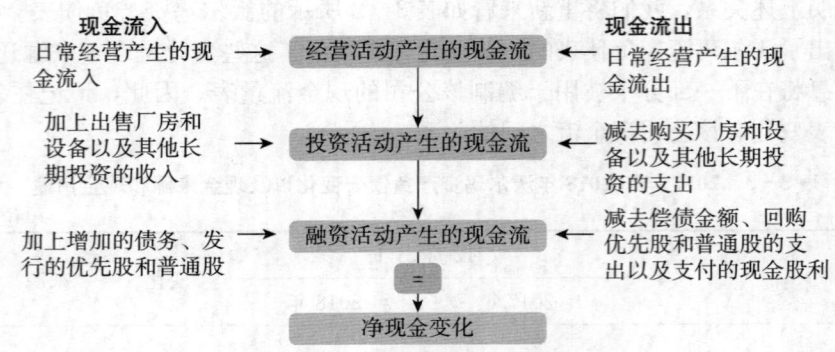

图 3-3 现金流量表：概览

（1）日常经营产生的现金流。从赊购存货、赊销商品、支付存货价款到最终收回赊销账款，了解在公司的日常经营过程中会产生多少现金将有助于我们做出明智的决策。

（2）长期资产投资，包括固定资产投资和其他长期投资。当公司购买固定资产（例如设备和建筑物）时，会有大量现金流出；当公司出售固定资产时，会有大量现金流入。

（3）为业务融资。现金流入发生在借款、发行股票时，现金流出发生在偿还债务、支付股利或向股东回购股票时。

财务实践

如果您希望改善业务，请查看您最近的财务报表。您可以考虑以下建议：
- 使用多余存货占用的资金来发展业务。
- 考虑缩小昂贵的办公空间。如果您不需要黄金地段，就不要为它花过多的钱。
- 不要让未付发票在途过久。及时收取应收款项。
- 打包购买以获得最优惠的价格，但不要超额订货。您可以要求供应商延长信贷期限。它们可能会为您延长 15 天或 30 天的付款期限。
- 监测您的现金流。这可以帮您避免借款，并给您更多资金来发展业务。

资料来源：改编自 Edward Marram, "6 Weeks to a Better Bottom Line," *Entrepreneur Magazine*, January 2010, http://www.entrepreneur.com/magazine/entrepreneur/2010/january/204390.html, accessed April 1, 2018.

如果我们了解以上这些活动产生的现金流，就能将它们结合起来，计算出公司的现金流变化，并编制现金流量表。为了解如何做到这一点，我们将再次回顾沃尔玛的利润表（表 3-1）和资产负债表（表 3-2）以说明这个过程。

现金流活动 1：日常经营产生的现金流

这里，我们希望将该公司的利润表从权责发生制转换为收付实现制。转换可以分为六步完成，我们从该公司的净利润开始，步骤如下：

（1）加回折旧费用，因为它不是现金费用。

（2）减去（加上）应收账款的增加额（减少额）。

（3）减去（加上）存货的增加额（减少额）。

（4）减去（加上）其他流动资产的增加额（减少额）。

（5）加上（减去）应付账款的增加额（减少额）。

(6) 加上（减去）其他应计费用。

我们加回折旧费用的原因很明显：它并不是现金支出。应收账款、存货、其他流动资产和应付账款的变化可能没有这么直观，以下四点将帮助您理解这个问题：

(1) 公司的销售收入要么是现金销售，要么是赊销。如果应收账款增加，意味着顾客并未付清本年度购买的所有产品的价款。因此，需要从销售收入中减去应收账款增加额，以确定已从客户那里收到的现金。另外，如果应收账款减少，那么公司收到的现金将多于销售收入，表明有现金流入。我们可以用以下公式计算销售商品收到的现金：

$$\text{销售商品收到的现金} = \text{销售收入} - \text{应收账款的变化} \quad (3-7)$$

(2) 存货增加表示我们买入的存货多于卖出的存货（现金用途），存货减少表示我们卖出的存货多于买入的存货（现金来源）。

(3) 其他流动资产包括预付费用，例如预付保险费和预付租金。如果其他流动资产增加（减少），就表明有现金流出（流入）。

(4) 尽管存货增加表示发生了现金流出，但如果应付账款（由供应商提供的信贷）也增加，那么我们就知道公司的供应商向公司提供了信贷，即现金来源。该公司并未付清所有存货的价款。因此，用于购买存货的净支付额等于存货变化减去应付账款变化。另外，如果应付账款减少，就表明有现金流出。

图3-4用图示说明了计算公司日常经营产生的现金流的过程。

沃尔玛的经营活动产生的现金流是多少？ 使用图3-4所示的基本框架，我们可以计算出沃尔玛的经营活动产生的现金流，如下所示：

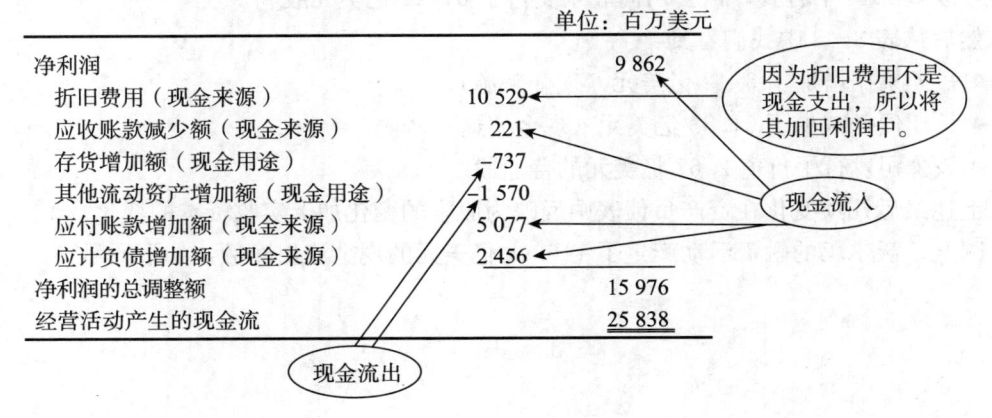

单位：百万美元

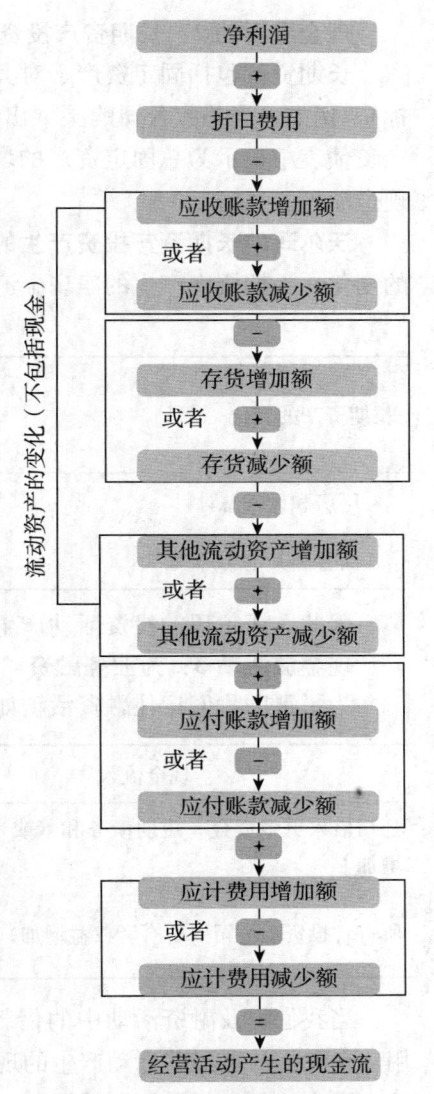

净利润	9 862
折旧费用（现金来源）	10 529
应收账款减少额（现金来源）	221
存货增加额（现金用途）	−737
其他流动资产增加额（现金用途）	−1 570
应付账款增加额（现金来源）	5 077
应计负债增加额（现金来源）	2 456
净利润的总调整额	15 976
经营活动产生的现金流	25 838

图 3-4 经营活动产生的现金流

现金流活动 2：长期资产投资

长期资产包括固定资产、对其他公司的长期投资和无形资产（例如商誉、专利和商标）。例如，当一家公司购买（出售）固定资产（例如设备或建筑物）时，这些活动在资产负债表中显示为总固定资产的增加（减少），并在现金流量表中分别显示为现金流出和现金流入。

沃尔玛的长期资产投资产生的现金流是多少？ 根据表 3-3 列出的沃尔玛资产负债表的变化，长期资产产生的净现金流出为 80.87 亿美元，如下所示：

单位：百万美元

长期资产的变化	1月31日 2017 年	1月31日 2018 年	变化	流入	流出
厂房和设备总计	191 129	202 298	11 169		−11 169
商誉和其他无形资产	26 958	30 040	3 082		−3 082

因此，沃尔玛的投资活动产生的现金流为 −142.51[=−111.69+(−30.82)]亿美元。

现金流活动 3：为业务融资

为了帮助我们记住融资活动如何影响现金流，请考虑以下关系：

现金流入	现金流出
公司借入更多资金[短期债务和（或）长期债务增加]	公司偿还债务[短期债务和（或）长期债务减少]
所有者投资于公司（所有者权益增加）	公司向所有者支付股利或回购所有者的股票（所有者权益减少）

当我们提及融资活动中的借款或者偿还债务时，并不包含应付账款或者应计营业费用。在我们计算经营活动产生的现金流时，这些科目都包括在现金流活动 1 中。在现金流活动 3 中，只包括以短期票据和长期债务的形式向银行等来源借入的债务。

沃尔玛的融资活动产生的现金流是多少？ 继续分析沃尔玛的财务信息，我们可以从利润表（表 3-1）中看到，该公司向股东支付了 61.24 亿美元股利。

然后从表 3-3 中我们看到：
- 短期票据增加了 3.42 亿美元（现金来源）；
- 长期债务减少了 61.83 亿美元（现金用途）；
- 该公司发行了价值 2.67 亿美元的普通股。

上述最后几项变化在资产负债表中反映为股本的变化加上实收资本的变化。

因此，沃尔玛的融资活动产生了 116.98 亿美元的现金流出净额，如下所示：

单位：百万美元

支付给股东的股利	−6 124
应付短期票据增加额	342
长期债务减少额	−6 183
发行的新普通股（面值和实收资本增加额）	267
融资活动产生的现金流出净额	−11 698

至此，我们可以通过计算完成沃尔玛的现金流量表，如表3-4所示。从该表中我们可以看到：

- 该公司的经营活动产生了258.38亿美元现金流。
- 对长期资产投资了142.51亿美元。
- 在融资活动中支付了116.98亿美元，现金净减少额为1.11亿美元。该数据可以在资产负债表（表3-2）中得到核实。该表显示，从2017年1月31日到2018年1月31日，沃尔玛的现金减少了1.11亿美元（从68.67亿美元减少到67.56亿美元）。因此，现在我们可以清楚地了解到从2017年1月31日至2018年1月31日沃尔玛的现金流来自何处、用于何处。

表3-4 沃尔玛公司截至2018年1月31日年度的现金流量表　　　单位：百万美元

经营活动：	
a. 净利润	9 862
b. 调整净利润以计算经营活动产生的现金流	
1. 折旧费用增加额（现金来源）	10 529
2. 应收账款减少额（现金来源）	221
3. 存货增加额（现金用途）	−737
4. 其他流动资产增加额（现金用途）	−1 570
5. 应付账款增加额（现金来源）	5 077
6. 应计负债增加额	2 456
经营活动产生的现金流	25 838
投资活动：	
c. 总固定资产增加额（现金用途）	−11 169
d. 其他资产增加额（现金用途）	−3 082
投资活动产生的现金流	−14 251
融资活动：	

续表

e. 支付给股东的股利（现金用途）	－6 124
f. 应付短期票据增加额（现金来源）	342
g. 长期债务减少额（现金用途）	－6 183
h. 发行的新普通股（面值和实收资本增加额）（现金来源）	267
融资活动产生的现金流	－11 698
小结	
i. 现金和现金等价物的变化	－111
j. 期初现金（2017年1月31日）	6 867
k. 期末现金（2018年1月31日）	6 756

说明：

经营活动

a. 沃尔玛有98.62亿美元净利润。

b. 调整净利润以计算经营活动产生的现金流：

  1. 折旧。由于折旧费用是非现金支出，所以当我们计算该公司的现金流时，将105.29亿美元折旧加回净利润。

  2. 应收账款减少额。应收账款减少了2.21亿美元，这是现金流入。

  3. 存货增加额。存货增加了7.37亿美元，这是现金流出。

  4. 其他流动资产增加额。其他流动资产增加了15.7亿美元，这是现金流出。

  5. 应付账款增加额。应付账款增加了50.77亿美元，这是现金流入。

  6. 应计负债增加额。应计负债增加了24.56亿美元，这是现金流入。

经营活动产生的现金流　增加至258.38亿美元——净现金流入。

投资活动

c. 总固定资产增加额。2018年沃尔玛对固定资产的投资为111.69亿美元，这是现金流出。

d. 其他资产增加额。该公司对其他资产（包括无形资产）的投资增加了30.82亿美元，这是现金流出。

投资活动产生的现金流　这项的总计金额为上述投资之和，等于142.51亿美元现金流出。

融资活动

e. 支付给股东的股利。该公司向股东支付了61.24亿美元股利，这是现金流出。

f. 应付短期票据增加额。沃尔玛向银行借入了3.42亿美元净短期债务，这是现金流入。

g. 长期债务减少额。该公司偿还了61.83亿美元长期债务，这是现金流出。

h. 普通股增加额。沃尔玛向股票期权持有者发行了2.67亿美元普通股。这是现金流入。

融资活动产生的现金流　四项融资活动产生的现金流合计为－116.98亿美元。

小结

续表

i. 现金变化。经营活动、投资活动和融资活动合计导致2018年沃尔玛的现金减少了1.11亿美元。

j. 期初现金。2017年初沃尔玛的现金为68.67亿美元。

k. 期末现金。沃尔玛在2018年初的现金为67.56亿美元,由于2017年初该公司的现金为68.76亿美元,因此2017年该公司的现金减少了1.11亿美元。

例3.3 衡量现金流

请根据梅尼拉公司的以下信息,编制现金流量表。

单位:美元

应收账款增加额	13	股利	5
存货增加额	25	普通股变化	0
净利润	33	总固定资产增加额	55
期初现金	15	折旧费用	7
应付账款增加额	20		
应计费用增加额	5		
长期应付票据增加额	28		

第1步:确定解题方法

现金流量表使用公司资产负债表和利润表的信息来确定特定时期内现金的来源和用途。现金的来源和用途又可以划分为经营活动产生的现金流、投资活动产生的现金流和融资活动产生的现金流。

	经营活动产生的现金流
加/减:	投资活动产生的现金流
加/减:	融资活动产生的现金流
等于:	现金变化
加:	期初现金余额
等于:	期末现金余额

第2步:计算数值

您的结果应该如下所示:

单位:美元

净利润	33
调整:	
折旧费用	7
减应收账款增加额	−13

续表

减存货增加额	−25
加应付账款增加额	20
加计费用增加额	5
总调整额	−6
经营活动产生的现金流	27
投资活动：	
总固定资产增加额	−55
融资活动：	
长期应付票据增加额	28
普通股变化	0
普通股股利	−5
融资活动总计	23
现金变化	−5
期初现金	15
期末现金	10

第3步：分析结果

梅尼拉公司的现金从15美元减至10美元，减少了5美元，这是由于：(1) 经营活动产生了27美元现金流入；(2) 减去投资活动产生的55美元现金流出；(3) 加上融资活动产生的23美元现金流入。现金流量表反映出这家公司的固定资产投资大致是该公司经营现金流的两倍，这需要该公司为差额进行融资。

计算现金流的结论性建议

在计算现金流时，要记住一些小知识点，它们虽然小，但是如果不理解它们就可能感到困扰。这些小知识点是：

(1) 不要将现金流量表视为一个整体，这样容易让人望而生畏。我们应该将现金流量表分解为三个部分进行单独分析，然后将它们汇总得到整张现金流量表。这有助于您专注于需要解决的问题，而不会觉得过于繁难。一段时间之后，这个过程就会显得更加简单直观，尤其是当它反映的是您自己的资金时！

(2) 您只需要从利润表中获得折旧费用和净利润这两项数据。

(3) 您需要确定除了以下两点之外，您用到了公司资产负债表中的每项数据变化：

a. 忽略累计折旧和固定资产净值，因为它们包含非现金折旧科目。我们只需要使用总固定资产的变化。

b. 忽略留存收益的变化，因为它等于净利润减去支付的股利，而这两项数据都已经在别处得到了体现。

您会做吗？

衡量现金流

请使用一家电子公司的以下信息编制现金流量表。

单位：美元

应收账款增加额	300	股利	40
存货增加额	80	普通股增加额	10
长期债务增加额	80	总固定资产增加额	50
期初现金	1 785	折旧费用	1 500
应付账款增加额	60	净利润	485
其他流动资产增加额	150		

我们了解到沃尔玛的哪些信息？

在结束对财务报表的讨论时，我们可以从对沃尔玛的分析中得出一些结论。该公司：
- 拥有约 2 040 亿美元总资产，其中流动资产占 30%，固定资产和长期投资占 55%，无形资产占 15%。
- 沃尔玛每获得 1 美元销售收入，就会获得 25 美分毛利润、4 美分营业利润和 2 美分净利润。
- 沃尔玛更多地通过债务而非权益为资产融资。它的资产负债率为 61%。
- 沃尔玛的经营活动产生的现金流为 258.4 亿美元。
- 沃尔玛的长期资产投资为 142.5 亿美元。
- 沃尔玛支付给贷款人和股东的现金为 116.9 亿美元，主要为（1）偿还 61.83 亿美元长期债务，（2）向股东支付 61.24 亿美元股利。

您做出来了吗？

衡量现金流

我们刚才请您计算了一家电子公司的现金流。您的结果应该如下：

单位：美元

净利润	485
加上折旧费用	1 500
减去应收账款增加额	−300

续表

减去存货增加额	−80
减去其他流动资产增加额	−150
加上应付账款增加额	60
经营活动产生的现金流	1 515
投资活动	
固定资产增加额	−50
融资活动	
长期债务增加额	80
普通股增加额	10
普通股股利	−40
融资活动总计	50
现金变化	1 515
期初现金	1 785
期末现金	3 300

概念回顾
1. 为什么利润表不能提供公司的现金流衡量指标？
2. 现金流量表的三个主要部分是什么？
3. 现金流量表的每个部分说明了公司的哪些信息？

财务报表的局限性与会计造假

　　财务报表是按照财务会计准则委员会制定的公认会计原则（GAAP）编制的。在分析会计报表时，请记住会计规则授予管理者自由裁量权。因此，他们可能会利用这种自由空间，在不违背公认会计原则的情况下呈现投资者希望看到的高利润或者稳定的利润。因此，我们看到的财务报表不一定准确反映公司的财务状况。换言之，即使两家公司的财务状况完全相同，它们的财务报表也可能不同，这取决于管理者选择在何时以何种方式报告特定交易。例如，我们可以参考上文中的"财务实践"专栏。

　　有时，管理者甚至会违反规则，进行会计造假或会计欺诈。历史上发生过多起会计欺诈案，相关管理者都因其不法行为而遭受刑事指控。2010年，破产法庭调查员的一份报告显示，雷曼兄弟公司曾经三次使用"回购105"操作，却没有向投资者进行披露。"回购105"操作是一种回购协议，它使用的是将短期贷款分类为销售收入的"会计花招"。通过这种"销售收入"获得的现金随后被用来偿还债务，使公司看起来正在偿还负债——其时间长度恰好足以反映在公司的公开资产负债表上。在公司公布财务报表之后，公司将借入现金并回购其初始资产。①

> **概念回顾**
> 1. 财务报表的局限性是什么？
> 2. 我们将在第 4 章中使用本章的信息深入分析沃尔玛的案例并对其进行财务分析。请继续阅读。

本章小结

➡ **学习目标 1. 根据利润表计算公司的利润。**

小结：
1. 一家公司的利润如下所示：
   毛利润＝销售收入－销货成本
   息税前利润（营业利润）＝毛利润－营业费用
   净利润＝息税前利润（营业利润）－利息费用－应纳税款
2. 以下五项活动决定了一家公司的净利润：
a. 公司销售产品和服务得到的收入。
b. 生产或者获取用来销售的产品和服务的成本。
c. 与以下活动相关的营业费用：(1) 营销产品和服务并将其分销给顾客；(2) 管理公司。
d. 经营公司的融资成本——顾名思义，这里指的是向公司债权人支付的利息。
e. 缴纳的税款。

关键术语

利润表（损益表）：衡量公司在特定时期内（通常为 1 年）的经营成果的基础会计报表。利润表中的最后一行——净利润——显示了公司所有者（股东）可以获得的该时期内的损益。

销货成本：在企业的日常经营过程中生产或者获取待售商品或服务的成本。

毛利润：销售收入减去销货成本。

营业费用：销售费用和营销费用、一般费用和管理费用以及折旧费用。

营业利润（息税前利润）：销售收入减去销货成本再减去营业费用。

税前利润（应税所得）：营业利润减去利息费用。

净利润（普通股股东可得利润）：公司的普通股股东和优先股股东可以获得的利润。

每股利润：每股净利润。

每股股利：公司向每股流通股支付的股利金额。

一般形式利润表：在这种利润表中，公司的费用和利润都以占销售收入的百分比来表示。

利润率：反映公司的利润与销售收入之比的财务比率。利润率的例子包括毛利润率（毛利润与销售收入之比）、营业利润率（营业利润与销售收入之比）和净利润率（净利润与销售收入之比）。

---

① 资料来源：Wikipedia, article "Repo 105" (http://en.wikipedia.org/wiki/Repo_105), accessed July 10, 2011.

毛利润率：毛利润除以销售收入，该比率表示公司的毛利润占销售收入的百分比。
营业利润率：营业利润除以销售收入，该比率是公司营业效率的总体衡量指标。
净利润率：净利润除以销售收入，该比率衡量了公司的净利润占销售收入的百分比。
固定成本：不管公司活动如何变化均保持不变的成本。
可变成本：随着公司活动的变化而成比例变化的成本。
半可变成本：由固定成本和可变成本混合组成的成本。
关键公式

销售收入－费用＝利润

➡ **学习目标 2. 根据资产负债表确定公司在某个时点的财务状况。**

小结：资产负债表显示了公司在特定日期的资产、负债和所有者权益。公司的总资产表示公司对业务进行的全部投资。总资产必然等于公司的总债务与权益之和，因为每一美元资产都是由公司的贷款人或股东融资的。公司的资产包括流动资产、固定资产和其他资产。公司的债务包括短期债务和长期债务。公司的权益包括：（1）普通股，可以表示为面值加实收资本；（2）留存收益。资产负债表中所有的数值都是基于历史成本而非当前市场价值。

关键术语

资产负债表：显示公司在特定时点的资产、负债和所有者权益的财务报表。该报表反映了公司在某个特定日期的基本财务状况。

账面价值：公司资产负债表中显示的资产价值。该价值表示资产的历史成本，而非当前市场价值或重置成本。

流动性：资产快速变现而不产生重大价值损失的能力。

流动资产（总营运资本）：流动资产主要包括现金、有价证券、应收账款、存货和预付费用。

现金：库存现金、活期存款和能快速变现的短期有价证券。

应收账款：从公司赊购商品或服务的顾客所欠的款项。

存货：公司持有待售的原材料、半成品和产成品。

其他流动资产：将在未来时期获得收益的其他短期资产，例如预付费用。

固定资产：设备、厂房和土地等资产。

折旧费用：用来在资产寿命期内分摊可折旧资产（例如厂房和设备）成本的非现金费用。

累计折旧：在可折旧资产整个寿命期内所有折旧的累计金额。

固定资产总计（总固定资产）：公司固定资产的初始成本。

固定资产净值：固定资产总计减去在资产寿命期内提取的累计折旧。

债务：由供应商提供的信贷或者银行贷款等资金来源组成的负债。

权益：截至资产负债表日的优先股股东和普通股股东对公司的投资和公司的累计留存利润。

短期债务（流动负债）：需要在 12 个月内偿还的债务。

应付账款（商业信贷）：公司赊购存货时供应商提供的信贷。

应计费用：已经发生但尚未支付现金的费用。

短期票据（短期债务）：向贷款人（主要是金融机构，例如银行）借入的必须在 12 个月之内偿还的贷款。

长期债务：向银行或其他资金来源借入的期限长于 12 个月的贷款。

抵押贷款：为购买不动产而借入的贷款。若借款人无法偿还贷款，贷款人拥有对不动产的优先索偿权。

优先股股东：对公司的收入和资产拥有的索偿权在债权人之后，但在普通股股东之前的股东。
普通股股东：拥有公司普通股的投资者。普通股股东是公司的剩余价值所有者。
普通股：代表公司所有权的股份。
面值：在股票上市交易之前，公司对每股股票人为赋予的价值。
实收资本：公司将股票出售给投资者时收到的超过股票面值的那部分金额。
库存股：公司发行之后又回购的股票。
留存收益：截至资产负债表日公司的累计留存利润。
一般形式资产负债表：公司的资产、负债和所有者权益均表示为占总资产的百分比的资产负债表。
资产负债率：公司的总负债除以总资产。该比率衡量了公司使用债务融资的程度。
净营运资本：公司的流动资产与流动负债之差。使用营运资本的概念时，通常是指净营运资本。

关键公式

总资产＝总负债（总债务）＋总所有者权益

期初留存收益＋当年净利润－当年支付的股利＝期末留存收益

普通股股权＝普通股股东的累计投资＋累计利润－支付给普通股股东的累计股利

$$资产负债率 = \frac{总负债}{总资产}$$

净营运资本＝流动资产－流动负债

➡ **学习目标 3. 衡量公司的现金流。**

小结：公司的利润并不是衡量公司现金流的适当指标。为了衡量公司的现金流，我们既需要考察公司的利润表，又需要考察资产负债表的变化。现金流量表有三个主要组成部分：经营活动产生的现金流、投资活动产生的现金流和融资活动产生的现金流。分析现金流量表的这三个部分有助于我们理解现金的来源和用途。

关键术语

权责发生制：一种会计核算方法，根据该方法，不管是否以现金形式收到收入，都在获得收入时记录收入。同样，即使没有实际支付现金，也在发生支出时记录支出。

收付实现制：一种会计核算方法，根据该方法，只有在实际收到现金时才记录收入。同样，只有在实际支付现金时才记录支出。

现金流量表：显示资产负债表和利润表的变化如何影响现金和现金等价物的财务报表，该报表细化为经营活动、投资活动和融资活动以进行分析。

自由现金流：公司对营运资本和固定资产进行投资后可用于经营的现金。这笔现金可被分配给公司的债权人和所有者。

融资现金流：来自公司投资者或者分配给公司投资者的现金，其形式通常为利息、股利、发行债务、偿还债务、发行和回购股票。

关键公式

销售商品收到的现金＝销售收入－应收账款的变化

➡ **学习目标 4. 描述财务报表的局限性。**

小结：会计规则赋予管理者自由裁量权。因此，我们从财务报表中看到的内容可能无法准确反映公司的财务状况。有时，管理者甚至可能违反规则，导致会计造假或会计欺诈。

复习题

3—1 公司的财务报表包括资产负债表、利润表和现金流量表。请说明每种报表提供了什么信息。

3—2 毛利润、营业利润和净利润的区别是什么？

3—3 股利和利息费用的区别是什么？

3—4 为什么只有当出售或回购新股时，资产负债表中的优先股股东权益部分才会发生变化，而不管是否购买或出售新股，普通股股东权益部分每年都会发生变化？

3—5 什么是净营运资本？

3—6 为什么有的公司现金流为正依然会陷入财务危机，而有的公司现金流为负但实际财务状况良好？

3—7 为什么仅仅分析资产负债表和利润表不足以对一家公司进行评估？

3—8 为什么支付给公司所有者的股利不是可在税前扣除的费用？

3—9 财务报表的局限性都有哪些？

3—10 通过访问网站 www.dell.com 来获取戴尔公司的年度财务报告。用鼠标滑动到页面最后，依次点击"关于戴尔""投资者""年度报告"。浏览所得到的清单并决定你想看哪一年的报告。或者，你也可以选择其他链接（如"财务历史"）来了解戴尔公司的其他财务信息。

3—11 找到沃尔玛的财务报告，并在其利润表中搜索本章出现的关键词，例如销售收入、毛利润和净利润。从该公司的财务报告中，您了解到哪些您感兴趣的信息？

3—12 浏览《华尔街日报》主页 www.wsj.com。搜索巴诺书店（股票代号 BKS），找到该公司的收益报告。从该报告中您获悉了关于该公司的什么信息？此外，登录 www.barnesandnoble.com 查找同样的信息。

课后习题

3—1（理解利润表）如果里德公司（Reid Company）获得了 500 000 美元净利润，支出了 100 000 美元销货成本，有 55 000 美元一般费用和管理费用，有 45 000 美元利息费用，有 30 000 美元折旧费用和 50 000 美元应纳税款，那么该公司的销售收入是多少？

3—2（计算每股利润）如果雷恩斯公司（Raines Company）获得了 280 000 美元净利润，并支付了 40 000 美元现金股利，那么如果雷恩斯公司有 80 000 股流通股，该公司的每股利润是多少？

3—3（编制利润表）请根据以下信息编制利润表和一般形式利润表。

单位：美元

销售收入	525 000
销货成本	200 000
一般费用和管理费用	62 000
折旧费用	8 000
利息费用	12 000
应纳所得税	97 200

3—4（编制资产负债表） 请根据以下信息编制资产负债表。净营运资本和资产负债率是多少？

	单位：美元
现金	50 000
应收账款	42 700
应付账款	23 000
短期应付票据	10 500
存货	40 000
固定资产总计	1 280 000
其他流动资产	5 000
长期债务	200 000
普通股	490 000
其他资产	15 000
累计折旧	312 000
留存收益	?

3—5（编制资产负债表） 请根据以下信息编制资产负债表和一般形式资产负债表。

	单位：美元
现金	30 000
应收账款	63 800
应付账款	52 500
短期应付票据	11 000
存货	66 000
固定资产总计	1 061 000
累计折旧	86 000
长期债务	210 000
普通股	480 000
其他资产	25 000
留存收益	?

3—6（编制利润表和资产负债表） 请根据以下信息编制利伯曼公司（Lieberman Inc.）的资产负债表和利润表。

	单位：美元
存货	6 500
普通股	45 000
现金	16 550

续表

营业费用	1 350
短期应付票据	600
利息费用	900
折旧费用	500
净销售收入	12 800
应收账款	9 600
应付账款	4 800
长期债务	55 000
销货成本	5 750
建筑物和设备	122 000
累计折旧	34 000
应纳税款	1 440
一般费用和管理费用	850
留存收益	?

3—7（编制利润表和资产负债表） 请根据科隆洛肯公司（Kronlokken Company）的以下科目编制资产负债表和利润表。

a. 请编制一般形式利润表和一般形式资产负债表，并解释您从中得出的结论。

单位：美元

折旧费用	66 000
现金	225 000
长期债务	334 000
销售收入	573 000
应付账款	102 000
一般费用和管理费用	79 000
建筑物和设备	895 000
应付票据	75 000
应收账款	153 000
利息费用	4 750
应计费用	7 900
普通股	289 000
销货成本	297 000
存货	99 300
税款	50 500

续表

累计折旧	263 000
预付费用	14 500
应纳税款	53 000
留存收益	262 900

3—8（编制利润表和资产负债表） 请根据以下科目编制利润表和资产负债表。该公司的净营运资本和资产负债率是多少？

单位：美元

销售收入	550 000
累计折旧	190 000
现金	?
销货成本	320 000
应收账款	73 000
折旧费用	38 000
应付账款	65 000
利息费用	26 000
短期应付票据	29 000
所得税	59 850
存货	47 000
销售费用、一般费用和管理费用	45 000
总固定资产	648 000
长期债务	360 000
普通股	120 000
其他资产	15 000
留存收益	138 500

此外，该公司还有10 000股流通股，本年度支付了15 000美元普通股股利。

3—9（编制现金流量表） 请根据以下信息，编制现金流量表。

单位：美元

应收账款增加额	25
存货增加额	30
营业利润	75
利息费用	25
应付账款增加额	25
股利	15

续表

普通股增加额	20
固定资产净值增加额	23
折旧费用	12
所得税	17
期初现金	20

3—10（分析现金流量表）请根据韦斯特莱克公司（Westlake Corporation）的现金流解释以下信息。

单位：美元

净利润	680
折旧费用	125
折旧前利润	805
应收账款增加额	－200
存货增加额	－240
应付账款增加额	120
应计费用增加额	81
经营活动产生的现金流	566
投资活动	
固定资产的变化	－1 064
融资活动	
长期债务增加额	640
普通股股利	－120
融资活动总计	520
现金变化	22
期初现金	500
期末现金	522

3—11（编制现金流量表）请根据以下信息编制现金流量表。

单位：美元

期初现金	20
股利	25
普通股增加额	27
应收账款增加额	65
存货增加额	5

续表

营业利润	215
应付账款增加额	40
利息费用	50
折旧费用	20
银行债务增加额	48
应计费用增加额	15
总固定资产增加额	55
所得税	45

3—12（**分析现金流量表**）请根据马内斯公司（Maness Corporation）的现金流量表解释以下信息。

经营现金流	单位：美元
净利润	370
折旧费用	60
折旧前利润	430
应收账款增加额	−300
存货增加额	−400
应付账款增加额	200
应计费用增加额	40
经营活动产生的现金流	−30
投资活动	
固定资产变化	−1 500
融资活动	
短期票据增加额	100
偿还长期债务	−250
回购普通股	−125
普通股股利	−75
融资活动总计	−350
现金变化	−1 880
期初现金	3 750
期末现金	1 870

3—13（**编制现金流量表**）请编制亚伯拉罕制造公司（Abrahams Manufacturing Company)

截至2018年12月31日年度的现金流量表。

亚伯拉罕制造公司2017年12月31日和2018年12月31日的资产负债表		单位：美元
	2017年	2018年
现金	89 000	100 000
应收账款	64 000	70 000
存货	112 000	100 000
预付费用	10 000	10 000
流动资产总计	275 000	280 000
厂房和设备总计	238 000	311 000
累计折旧	−40 000	−66 000
资产总计	473 000	525 000
应付账款	85 000	90 000
应计负债	68 000	63 000
流动负债总计	153 000	153 000
应偿还抵押贷款	70 000	0
优先股	0	120 000
普通股	205 000	205 000
留存收益	45 000	47 000
负债和权益总计	473 000	525 000

亚伯拉罕制造公司截至2018年12月31日的年度利润表	单位：美元
	2018年
销售收入	184 000
销货成本	60 000
毛利润	124 000
销售费用、一般费用和管理费用	44 000
折旧费用	26 000
营业利润	54 000
利息费用	4 000
税前利润	50 000
应纳税款	16 000
优先股股利	10 000
普通股股东可得利润	24 000

附加信息：
  1. 累计折旧账户的唯一科目是2018年的折旧。

2. 该公司在2018年支付了22 000美元普通股股利。

3—14（编制现金流量表）请根据以下信息编制现金流量表。

单位：美元

存货增加额	7 000
营业利润	219 000
股利	29 000
应付账款增加额	43 000
利息费用	45 000
普通股增加额（股本）	5 000
折旧费用	17 000
应收账款增加额	69 000
长期债务增加额	53 000
短期应付票据增加额	15 000
总固定资产增加额	54 000
实收资本增加额	20 000
所得税	45 000
期初现金	250 000

3—15（编制财务报表）根据奈普公司（Knapp Inc.）的以下信息：

a. 该公司的净营运资本和资产负债率是多少？

b. 请完成2018年的一般形式利润表、一般形式资产负债表和现金流量表，并解释您的结果。

奈普公司截至2017年12月31日年度和2018年12月31日的年度资产负债表　　单位：美元

资产	2017年	2018年
现金	200	150
应收账款	450	425
存货	550	625
流动资产	1 200	1 200
厂房和设备	2 200	2 600
减累计折旧	−1 000	−1 200
厂房和设备净值	1 200	1 400
资产总计	2 400	2 600

续表

负债和所有者权益	2017 年	2018 年
应付账款	200	150
应付票据——当期（9%）	0	150
流动负债	200	300
债券	600	600
所有者权益		
普通股	900	900
留存收益	700	800
所有者权益总计	1 600	1 700
负债和所有者权益总计	2 400	2 600

奈普公司截至 2017 年 12 月 31 日和 2018 年 12 月 31 日的年度利润表　　单位：美元

	2017 年	2018 年
销售收入	1 200	1 450
销货成本	700	850
毛利润	500	600
销售费用、一般费用和管理费用	30	40
折旧	220	200
营业费用总计	250	240
营业利润	250	360
利息费用	50	64
税前净利润	200	296
应纳税款（40%）	80	118
净利润	120	178

3—16（**分析财务报表**）根据 T. P. 贾蒙公司（T. P. Jarmon Company）截至 2018 年 12 月 31 日的年度信息：

a. 该公司的净营运资本和资产负债率是多少？

b. 请完成这个时期的现金流量表，并解释您的结果。

c. 请计算从 2017 年到 2018 年资产负债表的变化。通过这些计算，您了解到 T. P. 贾蒙公司的哪些信息？这些数字和现金流量表的联系是什么？

T. P. 贾蒙公司截至 2017 年 12 月 31 日和 2018 年 12 月 31 日的年度资产负债表

单位：美元

资产

	2017 年	2018 年
现金	15 000	14 000
有价证券	6 000	6 200
应收账款	42 000	33 000
存货	51 000	84 000
预付租金	1 200	1 100
流动资产总计	115 200	138 300
厂房和设备净值	286 000	270 000
总资产	401 200	408 300

负债和权益

	2017 年	2018 年
应付账款	48 000	57 000
应计费用	6 000	5 000
应付票据	15 000	13 000
流动负债总计	69 000	75 000
长期债务	160 000	150 000
普通股股东权益	172 200	183 300
负债和权益总计	401 200	408 300

T. P. 贾蒙公司截至 2018 年 12 月 31 日的年度利润表

单位：美元

销售收入		600 000
减销货成本		460 000
毛利润		140 000
营业费用和利息费用		
一般费用和管理费用	30 000	
利息	10 000	
折旧	30 000	
营业费用和利息费用总计		70 000
税前利润		70 000

续表

应纳税款	27 100
普通股股东可获得的净利润	42 900
现金股利	31 800
留存收益变化	11 100

迷你案例

以下是两家娱乐公司——克罗斯比公司（Crosby Co.）和普雷公司（Prairie Inc.）2017年和2018年的财务报表。

a. 克罗斯比公司的利润率从2017年到2018年有何变化？您认为产生差异的原因是什么？普雷公司的利润率从2017年到2018年有何变化？您认为产生差异的原因是什么？

b. 请比较克罗斯比公司和普雷公司的利润率。它们有何不同？您如何解释这些差异？

c. 您注意到一般形式资产负债表有哪些差异可能表明其中一家公司的表现优于另一家？

克罗斯比公司截至2017年12月31日和2018年12月31日的年度利润表和一般形式利润表

	2017年 金额（百万美元）	2017年 占销售收入的百分比（%）	2018年 金额（百万美元）	2018年 占销售收入的百分比（%）
销售收入	28 729	100.0	29 795	100.0
销货成本	15 934	55.5	16 230	54.5
毛利润	12 795	44.5	13 565	45.5
销售费用、一般费用和管理费用	6 333	22.0	6 465	21.7
折旧和摊销	248	0.9	251	0.8
其他营业费用	296	1.0	244	0.8
营业利润	5 918	20.6	6 605	22.2
利息费用	1 253	4.4	1 190	4.0
净营业利润（费用）	217	−0.8	112	−0.4
税前利润	4 448	15.5	5 303	17.8
所得税	1 526	5.3	1 612	5.4
净利润	2 922	10.2	3 691	12.4
流通普通股股数[a]	932.00		942.00	
每股利润[b]	3.14		3.92	

a. 单位为百万股。
b. 单位为美元。

克罗斯比公司截至 2017 年 12 月 31 日和 2018 年 12 月 31 日的年度资产负债表和一般形式资产负债表

	2017 年 12 月 31 日		2018 年 12 月 31 日	
	金额（百万美元）	占资产的百分比（%）	金额（百万美元）	占资产的百分比（%）
资本				
现金和短期投资	2 841	4.2	1 862	2.7
应收账款	7 385	10.8	7 868	11.6
存货	2 036	3.0	2 028	3.0
其他流动资产	1 002	1.5	1 086	1.6
流动资产总计	13 264	19.5	12 844	18.9
固定资产总计	57 607	84.6	57 849	85.1
累计折旧和摊销	−4 828	−7.1	−5 189	−7.6
固定资产净值	52 779	77.5	52 660	77.4
其他资产	2 046	3.0	2 490	3.7
资产总计	68 089	100.0	67 994	100.0
负债				
应付账款和应计费用	8 039	11.8	7 322	10.8
应付短期票据	749	1.1	66	0.1
其他流动负债	1 011	1.5	995	1.5
流动负债总计	9 799	14.4	8 383	12.3
长期债务	19 122	28.1	20 099	29.6
递延税项	2 127	3.1	2 642	3.9
其他负债	7 244	10.6	6 966	10.2
负债总计	38 292	56.2	38 090	56.0
权益				
普通股：				
面值	17	0.0	17	0.0
资本公积	154 577	227.0	153 410	225.6
出售的普通股总计	154 594	227.0	153 427	225.6
减：库存股——总金额	−35 077	−51.5	−37 630	−55.3
普通股总计	119 517	175.5	115 797	170.3
留存收益	−89 721	−131.8	−85 893	−126.3
普通股股权总计	29 796	43.8	29 904	44.0
负债和权益总计	68 089	100	67 994	100.0

公司金融（第十版）

普雷公司截至 2017 年 12 月 31 日和 2018 年 12 月 31 日的年度利润表

	2017 年 金额（百万美元）	2017 年 占销售收入的百分比（%）	2018 年 金额（百万美元）	2018 年 占销售收入的百分比（%）
销售收入	42 278	100.0	45 041	100.0
销货成本	−33 415	−79.0	−35 591	−79.0
毛利润	8 863	21.0	9 450	21.0
销售费用、一般费用和管理费用	−139	−0.3	−283	−0.6
营业利润	8 724	20.6	9 167	20.4
利息费用	−369	0.9	−235	−0.5
非营业利润（费用）	905	2.1	688	1.5
税前利润	9 260	21.9	9 620	21.4
所得税	−3 087	−7.3	−2 984	−6.6
净利润（亏损）	6 173	14.6	6 636	14.7

普雷公司截至 2017 年 12 月 31 日和 2018 年 12 月 31 日的年度资产负债表

	2017 年 12 月 31 日 金额（百万美元）	2017 年 12 月 31 日 占销售收入的百分比（%）	2018 年 12 月 31 日 金额（百万美元）	2018 年 12 月 31 日 占销售收入的百分比（%）
资产				
现金和现金等价物	3 387	5	3 931	5
应收账款	6 540	9	6 967	9
存货	1 537	2	1 487	2
其他流动资产	2 245	3	1 724	2
流动资产总计	13 709	18	14 109	17
固定资产总计	38 582	52	41 192	51
累计折旧	−20 687	−28	−22 459	−28
固定资产净值	17 895	24	18 733	23
其他资产	43 294	58	48 399	60
资产总计	74 898	100	81 241	100
负债				
应付账款和应计费用	4 619	6	4 899	6
短期应付票据	3 614	5	1 512	2

续表

	2017年12月31日		2018年12月31日	
	金额（百万美元）	占销售收入的百分比（%）	金额（百万美元）	占销售收入的百分比（%）
其他流动负债	4 580	6	5 293	7
流动负债总计	12 813	17	11 704	14
长期债务	10 981	15	13 050	16
递延税项	2 251	3	4 050	5
其他负债	9 094	12	7 008	9
负债总计	35 139	47	35 812	44
权益				
普通股：				
出售的普通股总计	31 731	42	33 440	41
减：库存股	−31 671	−42	−34 582	−43
普通股总计	60	0	−1 142	−1
留存收益	42 965	57	47 758	59
其他权益	3 266	−4	1 187	−1
普通股股权总计	39 759	53	45 429	56
负债和权益总计	74 898	100	81 241	100

附录3A 自由现金流

我们可以将公司视为产生现金流的一组资产。一旦公司支付了所有营业费用并进行了所有投资，剩余的现金流就可以自由分配给公司的债权人和股东，即**自由现金流**（free cash flows）。具体而言，公司的自由现金流来自以下两项活动：

（1）**经营活动产生的税后现金流**（after-tax cash flows from operations），即公司从日常经营活动中产生的现金流在缴纳税款之后但在进行营运资本投资或长期资产投资之前剩余的部分。如果公司规模没有变大或变小，就可以将其视为公司的现金流。（您应该注意，在计算自由现金流时，经营活动产生的税后现金流不同于本章前面介绍的现金流量表中的"经营活动产生的现金流"。）

（2）**资产投资**，包括对以下项目的投资：①公司的净经营营运资本；②公司的长期资产。

注意：在本章前面，我们用流动资产总计减去流动负债总计来计算净营运资本。现在，我们将该术语改为"净经营营运资本"，插入的"经营"一词改变了我们的衡量指标。

因此，在衡量自由现金流时，请注意这种细微差异。我们将在稍后详细解释。

计算自由现金流

简单地说，自由现金流的计算方法如下：

$$\text{自由现金流} = \text{经营活动产生的税后现金流} - \text{净经营营运资本}\left(\text{或} + \text{净经营营运资本减少额}\right) - \text{长期资产增加额}\left(\text{或} + \text{长期资产减少额}\right) \tag{3-1A}$$

因此，计算公司自由现金流的过程可以分为三步：

(1) 通过将利润表从权责发生制转换为收付实现制来计算经营活动产生的税后现金流。(您应该注意，在计算自由现金流时，经营活动产生的税后现金流不同于现金流量表中的"经营活动产生的现金流"。)

(2) 计算公司对**净经营营运资本**（net operating working capital）的投资增减额。如前所述，净营运资本现在被称为净经营营运资本。

(3) 计算包括固定资产和其他长期资产（例如无形资产）在内的长期资产投资增减额。

接下来，让我们分析自由现金流的各个计算步骤。

第1步：确定经营活动产生的税后现金流。计算方法为：

$$\text{营业利润(息税前利润，即 EBIT)} + \text{折旧费用} - \text{所得税费用}^{①} = \text{经营活动产生的税后现金流}$$

因此，我们通过将折旧费用加回营业利润来计算经营活动产生的税后现金流，因为折旧费用不是现金费用，然后减去税款即可得出税后现金流。

为了说明如何计算公司经营活动产生的税后现金流，请回顾表3-1中的沃尔玛公司利润表，在其中找到以下信息：

	单位：百万美元
营业利润（EBIT）	20 437
折旧费用	10 529
所得税费用	5 261

根据该信息，我们可以计算出沃尔玛经营活动产生的税后现金流为257.05亿美元，计算方法如下：

	单位：百万美元
营业利润（EBIT）	20 437
加上折旧费用	10 529
减去所得税费用	−5 261
经营活动产生的税后现金流	25 705

---

① 我们应该减去已缴纳的实际税款，它通常不同于利润表中显示的所得税费用。但是，为了简化起见，假设对于沃尔玛而言，这两项是相同的。

第 2 步：计算净经营营运资本的变化。 在第 2 步中，

净经营营运资本的变化＝流动资产的变化－不计息流动负债的变化

其中，不计息流动负债是不需要公司支付贷款利息的短期债务。这通常包括应付账款（由供应商提供的信贷）以及应计营业费用，例如应计工资。

查看沃尔玛 2017 年 1 月 31 日和 2018 年 1 月 31 日的资产负债表（见表 3-2），可以计算出净经营营运资本的增加额或减少额：

单位：百万美元

	1月31日		
	2017年	2018年	变化
流动资产	57 689	59 664	1 975
不计息流动负债	63 008	70 541	7 533
净经营营运资本	－14 639	－20 539	5 558

因此，沃尔玛对流动资产的投资增加了 19.75 亿美元，且不计息流动负债增加了 75.33 亿美元。切记，资产增加是现金流出，而负债增加是现金流入。因此，净经营营运资本增加产生了 55.58 亿美元现金流入（＝75.33 亿美元借款和应付账款增加产生的现金流入－19.75 亿美元流动资产增加产生的现金流出）。

第 3 步：计算长期资产的变化。 最后一步是计算固定资产总计（而非固定资产净值）和其他长期资产的变化。回顾沃尔玛的资产负债表，我们可以看到，长期资产总投资为 142.51 亿美元：

单位：百万美元

固定资产总计增加额	－11 169
商誉、商标和其他无形资产增加额	－3 082
投资活动产生的现金流出	－14 251

加总。现在，我们有了计算沃尔玛的自由现金流所需的三个数据：(1) 经营产生的税后现金流；(2) 净经营营运资本的变化（对净经营营运资本的投资）；(3) 长期资产的变化（投资）。如下所示，该公司的自由现金流为 138.76 亿美元。

单位：百万美元

经营活动产生的税后现金流	25 705
非营业利润[a]	－3 136
加上净经营营运资本减少额	5 558
减去长期资产增加额	－14 251
自由现金流	13 876

a. 这里的非营业利润为亏损，它不是日常经营的一部分，但必须被确认为现金流出。

因此，沃尔玛截至 2018 年 1 月 31 日年度的自由现金流为正，为 138.76 亿美元。

换言之，沃尔玛的经营产生了足够资金来支持其增长。因此，问题变成："沃尔玛用多余现金做了什么？"答案是，正自由现金流被分配给该公司的投资者。负自由现金流要求投资者向该公司注入资金。

正如我们在下一节将说明的，来自投资者或支付给投资者的现金被称为融资现金流。

计算融资现金流

公司既可能从投资者那里获得现金，也可能向投资者分配现金，或者两者都有。通常，投资者与公司之间的现金流〔我们称为**融资现金流**（financing cash flows）〕表现为以下四种方式之一。公司可能：

（1）向贷款人支付利息。
（2）向股东支付股利。
（3）计息债务增加或减少。
（4）向新股东发行股票或向现有投资者回购股票。

接下来，让我们回到沃尔玛的例子上，说明计算公司融资现金流的过程，这也将使我们确定沃尔玛的138.76*亿美元自由现金流将如何分配。

当我们在这个背景下谈论投资者时，我们所指的投资者既包括贷款人，也包括股东。但是，这里不包括不计息流动负债（例如应付账款）提供的融资，这些融资之前已被确认为公司净经营营运资本的一部分。

让我们计算沃尔玛的融资现金流。我们首先确定支付给贷款人的利息费用和支付给股东的股利，公司的利润表提供了这些信息（见表3-1）。然后，我们参考资产负债表（见表3-2）以了解计息（短期和长期）债务和普通股的变化。结果如下：

单位：百万美元

支付给贷款人的利息	−2 178	现金用途
普通股股利	−6 124	现金用途
计息债务的变化：		
短期票据增加额	342	现金来源
长期债务减少额	−6 183	现金用途
权益的变化：		
面值	−10	现金用途
实收资本	277	现金来源
融资现金流	**−13 876**	

因此，该公司：

● 支付了21.78亿美元利息和61.24亿美元股利。

● 借入（增加）了3.42亿美元短期计息债务，并偿还（减少）了61.83亿美元长期计息债务。

---

* 英文原书为137.86，疑有误。——译者注

- 通过发行新普通股获得 2.77* 亿美元。

加起来，沃尔玛向债权人和股东分配的现金净额为 138.76 亿美元。

沃尔玛的自由现金流恰好等于融资现金流并非巧合。它们永远相等。该公司的自由现金流（如果为正）将是分配给投资者的金额；该公司的自由现金流（如果为负）将是投资者提供给该公司用来弥补自由现金流短缺的金额。

根据我们对沃尔玛的自由现金流和融资现金流的评论，我们知道该公司的经营产生了可观的正现金流，足以收回投资并向投资者分配大量现金。

课后习题3A

3A-1（计算自由现金流） 请根据以下信息，计算该公司的自由现金流和融资现金流。

单位：美元

股利	25
普通股变化	27
存货变化	32
应收账款变化	78
其他流动资产变化	25
营业利润	215
利息费用	50
折旧费用	20
应付账款增加额	48
总固定资产增加额	55
所得税	45

3A-2（自由现金流分析） 解释关于马内斯公司（Maness Corporation）的自由现金流和融资现金流的以下信息。

马内斯公司的自由现金流和融资现金流　　　　单位：美元

自由现金流	
营业利润（EBIT）	954
折旧费用	60
税费	−320
经营活动产生的税后现金流	694
净营运资本增加额：	
流动资产增加额	−899
应付账款增加额	175

---

* 英文原书为 2.67，疑有误。——译者注

续表

净营运资本增加额	−724
长期资产变化：	
固定资产减少额	2 161
自由现金流	3 579
融资现金流	
支付给贷款人的利息	−364
偿还长期债务	−850
回购普通股	−1 024
普通股股利	−1 341
融资现金流	−3 579

3A-3 在课后习题 3-13 中，您需要为亚伯拉罕制造公司编制现金流量表。请使用该题中提供的信息计算该公司的自由现金流和融资现金流，并解释您的结果。

3A-4（计算自由现金流和融资现金流） 在课后习题 3-15 中，您需要为奈普公司编制现金流量表。下文再次提供了奈普公司的财务报表。请利用这些信息，计算该公司的自由现金流和融资现金流，并解释您的结果。

奈普公司截至 2017 年 12 月 31 日和 2018 年 12 月 31 日的年度资产负债表　　单位：美元

资产		
	2017 年	2018 年
现金	200	150
应收账款	450	425
存货	550	625
流动资产	1 200	1 200
厂房和设备	2 200	2 600
减累计折旧	−1 000	−1 200
厂房和设备净值	1 200	1 400
资产总计	2 400	2 600

负债和所有者权益		
	2017 年	2018 年
应付账款	200	150
应付票据——当期（9%）	0	150
流动负债	200	300
债券	600	600
所有者权益		

续表

普通股	900	900
留存收益	700	800
所有者权益总计	1 600	1 700
负债和所有者权益总计	2 400	2 600

奈普公司截至 2017 年 12 月 31 日和 2018 年 12 月 31 日的年度利润表　　单位：美元

	2017 年	2018 年
销售收入	1 200	1 450
销货成本	700	850
毛利润	500	600
销售费用、一般费用和管理费用	30	40
折旧	220	200
营业费用总计	250	240
营业利润	250	360
利息费用	50	64
税前净利润	200	296
应纳税款（40%）	80	118
净利润	120	178

第 4 章
评估公司的财务业绩

学习目标

1	解释财务分析的目的和重要性。	财务分析的目的
2	计算出一套全面的衡量指标并用其评估公司的业绩。	衡量关键财务关系
3	描述财务比率分析的局限性。	财务比率分析的局限性

正如第 3 章所介绍的,您计划在大学毕业后进入沃尔玛工作。沃尔玛为您提供了一个数字化营销职位。为了做好工作准备,您研究了该公司在证券交易委员会备案的"10-K"报表。作为研究的一部分,您还研究了沃尔玛提供的三种财务报表,但是现在您想深入解释财务报表中的信息。您尤其希望评估沃尔玛的财务优势和财务劣势。此外,您还计划比较沃尔玛与其主要竞争对手塔吉特(Target)公司的财务业绩。

本章是第 3 章内容的自然延伸。本章将帮助您像管理者、员工、贷款人或股东一样评估公司的财务业绩。具体而言,本章将帮助您考察关键财务指标,以更好地了解公司的财务业绩——这被称为财务分析。在了解财务分析的具体方法之前,让我们先来考察财务分析的目的。

财务分析的目的

正如第 1 章所说明的,财务管理的基本目标不是关注利润等会计数字,而是为股东创造价值。在完美世界中,我们将完全依赖公司资产的市场价值而非会计数据。然而,我们很少掌握公司资产的市场价值来指导决策。作为一种替代指标,会计信息可能在这方面非常有用。

首先,我们要意识到,财务分析不只是财务报表分析,它既能用于评估公司的历史业绩,又能作为预测和提升未来财务业绩的基础。财务分析有助于我们看清原本可能难以辨识的重要关系。财务比率是财务信息的标准化指标,它能帮助我们做出比较,否则,我们很难比较不同规模的两家公司或者同一家公司在不同时期的财务报表。

财务比率（financial ratios）为我们提供了有效比较公司财务数据的两种方式：（1）我们可以分析不同时间（比如过去 5 年）的财务比率，以比较公司当前和过去的财务业绩；（2）我们可以比较某家公司的财务比率与其他公司的财务比率。在比较不同公司的财务比率时，我们可以选择同行业公司比较，或者使用邓白氏（Dun & Bradstreet）、风险管理协会（RMA）、**标准普尔**（Standard & Poor's）、**价值线**（Value Line）和普伦蒂斯·霍尔（Prentice Hall）等机构发布的行业标准数据。以邓白氏为例，该公司每年都会发布 125 个行业的 14 项关键财务比率，而风险管理协会（由银行信贷管理人员组成的协会）发布超过 350 个行业的 16 项关键财务比率。它们按照北美工业分类系统（NAICS）的准则对公司分类。为了更有效地进行比较，它们还会按照公司规模对公司做出划分。

牢记原则

在第 3 章中，我们谈到了财务报表，评估公司财务业绩的基本原理涉及"基本原则 5：利益冲突导致代理问题"。因此，公司的普通股股东需要信息用以监督管理者行为。使用财务比率来解释公司的财务报表是重要的监督工具。当然，公司的管理者也需要财务指标来监测公司业绩，以便在有必要时采取纠正措施。

当我们评估一家公司的财务业绩时，也可以参考"基本原则 4：市场价格通常是正确的"。格外有利可图的市场是指投资收益率超过投资机会成本的市场。因此，收益率是判断管理者是否创造了股东价值的关键指标。此外，某些财务比率还可以帮助我们更好地了解管理者进行的投资是好还是差。

最后，本章还体现了"基本原则 3：风险要求回报"。正如我们将看到的，管理者如何选择为公司融资影响公司的风险，进而影响股东的投资收益率。

表 4–1 显示了风险管理协会发布的软件出版商的财务报表信息。该报告显示了两种资产规模和销售收入规模的软件出版商的信息。在整个报告（此处未提供）中，还显示了其他规模类别的软件出版商的信息。

- 这份报告提供的资产负债表数据形式为占总资产的百分比，即我们在第 3 章中提到的一般形式资产负债表。
- 同样，这份报告中的利润表数据形式也与一般形式利润表一样，为占销售收入的百分比。[①]
- 在报告最后一部分的财务数据中，风险管理协会对每个财务比率给出了三个结果——位于第 75 个百分位、第 50 个百分位和第 25 个百分位的公司的财务比率。

财务分析不仅是财务经理的工具，而且可以被投资者、贷款人、供应商、员工和顾客有效运用。在公司内部，财务经理可运用财务比率完成以下工作：

- 找出公司财务业绩的不足，并采取纠正措施。
- 评估员工的表现，并确定激励性薪酬。
- 比较公司内不同部门的财务业绩。
- 编制公司财务预测和部门财务预测，例如与推出新产品有关的财务预测。

---

① 在第 3 章中，我们给出了沃尔玛的一般形式利润表和一般形式资产负债表。

- 了解公司竞争对手的财务业绩。
- 评估主供应商的财务状况。

表 4-1 软件出版商的财务报表数据行业标准

软件出版商 NAICS 4411（SIC 5511）

按资产分类的当期数据			按销售收入分类的当期数据	
5 000万美元~ 1亿美元	1亿美元~ 2.5亿美元		1 000万美元~ 2 500万美元	2 500万 美元及以上
		资产（%）		
29.7	21.8	现金与现金等价物	28.2	25.2
11.2	16.0	（净）应收账款	26.6	22.5
0.9	0.4	存货	0.5	1.9
7.2	4.1	其他所有流动资产	6.8	5.8
49.0	42.3	流动资产总计	62.1	55.3
13.1	6.1	（净）固定资产	12.9	8.7
30.8	46.6	（净）无形资产	13.2	29.3
7.2	5.0	其他所有非流动资产	11.9	6.7
100.0	100.0	总计	100.0	100.0
		负债（%）		
0.4	0.4	应付短期票据	6.7	1.8
1.8	1.4	本年到期的长期债务	4.4	2.1
2.9	5.0	应付账款	5.1	7.4
0.2	1.2	应纳所得税	0.2	0.8
30.4	22.9	其他所有流动负债	32.0	32.2
35.6	30.9	流动负债总计	48.4	44.2
19.2	29.7	长期债务	11.4	26.2
1.0	2.2	递延税项	0.6	1.2
14.3	9.2	其他所有非流动负债	9.7	11.1
29.9	28.1	净值	29.8	17.3
100.0	100.0	负债和净值总计	100.0	100.0
		收入数据（%）		
100.0	100.0	净销售收入毛利润	100.0	100.0
94.3	92.3	营业费用	93.4	93.7
5.7	7.7	营业利润	6.6	6.3
3.4	6.4	其他所有费用（净值）	1.9	4.0
2.3	1.3	税前利润	4.8	2.2

续表

按资产分类的当期数据			按销售收入分类的当期数据	
5 000 万美元~ 1 亿美元	1 亿美元~ 2.5 亿美元		1 000 万美元~ 2 500 万美元	2 500 万美元及以上
		比率		
2.8	2.3	流动比率	2.6	2.3
1.2	1.2		1.4	1.2
0.8	0.8		0.8	0.8
2.4	1.9	速动比率	2.1	1.9
1.0	1.0		1.1	0.9
0.6	0.6		0.7	0.6
20 18.2	50 7.3	销售收入/应收账款	32 11.5	40 9.1
47 7.7	65 5.6		57 6.4	61 6.0
62 5.9	85 4.3		79 4.6	81 4.5
4.0	3.3	销售收入/营运资本	3.5	4.0
9.4	16.0		8.0	27.2
−12.1	−8.5		−18.5	−11.4
12.4	8.8	EBIT/利息	34.1	14.3
(19) 0.9	(45) 1.7		(48) 8.4	(104) 2.0
−5.3	0.1		−1.6	−0.2
		净利润＋折旧、折耗、摊销/本年到期的长期债务	(28)	12.4 3.3 −5.6
0.3	0.4	固定资产/净值	0.0	0.2
2.5	−0.2		0.3	−23.5
−0.1	0.0		1.8	−0.1
2.0	1.3	债务/净值	0.8	1.8
9.7	−2.7		1.7	−24.9
−2.1	−1.5		−5.6	−1.9
104.4	25.1	税前利润/有形资产净值（%）	65.0	86.7
(14) 24.6	(21) 11.5		(50) 29.7	(64) 19.3
−0.7	−10.0		13.1	−8.5

续表

按资产分类的当期数据			按销售收入分类的当期数据	
5 000万美元~1亿美元	1亿美元~2.5亿美元		1 000万美元~2 500万美元	2 500万美元及以上
14.8	6.2		23.0	12.8
4.5	2.1	税前利润/总资产（%）	8.6	3.4
−11.3	−4.7		−2.8	−5.6
35.4	34.7		87.3	41.8
12.2	20.2	销售收入/固定资产净值	22.5	22.9
5.2	8.2		8.0	9.3
1.2	0.9		2.2	1.8
1.0	0.6	销售收入/总资产	1.5	1.1
0.7	0.5		1.1	0.6
3.1	2.9		0.9	1.1
(14) 5.3	(22) 4.9	折旧、折耗、摊销/销售收入（%）(38)	2.3	(75) 2.5
7.4	6.9		5.5	5.0
1 676 876	6 912 132	净销售收入（千美元）	1 129 256	11 301 056
1 745 074	9 440 373	总资产（千美元）	930 237	12 415 127

除了公司以外，以下各方也可以使用财务比率：
- 贷款人决定是否向公司提供贷款时。
- 评级机构确定公司的信用水平时。
- 投资者决定是否对公司进行投资时。
- 主供应商决定是否对公司授信时。

结论：财务分析工具能帮助各种人群实现不同目的。然而，在本章我们将专注于公司本身如何使用财务比率来评估其财务业绩。但是请记住，在公司内部，市场营销、人力资源、信息系统等部门的员工都可以出于不同理由使用财务比率。

> **概念回顾**
> 1. 财务分析的基本目的是什么？
> 2. 公司如何使用财务比率？还有什么人可能使用财务比率？为什么他们要使用财务比率？
> 3. 我们在哪里能找到不同公司或行业的财务比率？

> **财务实践**

零售业变化一瞥

行业背景对于财务分析很重要。没有适当的背景，我们就无法解释财务比率及其变化和趋势。在分析沃尔玛的财务状况之前，我们希望了解零售业发生了什么。

近年来，零售业发生了翻天覆地的变化，推出了网络配送、杂货店取货、手机订货和付款等服务。为了跟上客户的需求和技术进步，零售商做出了调整。许多零售商收购了其他公司，以进入新领域并利用新资源（例如：亚马逊收购了全食超市，沃尔玛收购了Jet.com）。这使零售业更具竞争力。

让我们看几则最近的头条新闻[①]：
- "塔吉特将快递费削减了近一半，给沃尔玛和亚马逊带来了压力"
- "沃尔玛网站改版，呈现新面貌"
- "克罗格（Kroger）大胆投资于日用百货配送"
- "零售商能跟上购物者的步调吗？"
- "沃尔玛押注150亿美元进军印度电子商务领域"

如您所见，零售商正在对这些变化做出反应——制定新战略并进行大量投资。

因此，当我们考察沃尔玛的财务状况时，请留意在零售业的这些变化下，沃尔玛的未来将如何发展。

衡量关键财务关系

教师们通常使用以下两种方法之一来教授财务比率。第一种方法是考察不同类型或不同种类的财务比率，第二种方法是运用财务比率来回答公司经营中的重要问题。我们更愿意采用第二种教学方法，并选出了以下五个问题来帮助您规划运用财务比率的过程：

（1）公司的流动性如何？
（2）公司管理者为公司资产创造了足够多的营业利润吗？
（3）公司如何为资产融资？
（4）公司管理者是否为股东提供的资本创造了良好的收益率？

---

① https://www.wsj.com/articles/can-retailers-keep-paces-with-shoppers-1521288000?mod=searchresults&page=1&pos=9；
https://www.wsj.com/articles/krogers-big-risky-bet-on-grocery-delivery-1526567404?mod=searchresults&page=1&pos=2；
https://www.wsj.com/articles/walmart-is-making-its-website-a-little-less-like-walmart-1523937660?mod=searchresults&page=5&pos=17；
https://www.retaildive.com/news/walmart-set-to-overtake-apple-in-mobile-payments/510509/；
https://www.usatoday.com/story/money/2018/05/15/target-cuts-next-day-delivery-fee-thousands-household-products-paper-towels-soap/599891002/；
https://www.wsj.com/articles/walmart-bets-15-billion-on-an-e-commerce-passage-to-india-1525690804?mod=searchresults&page=1&pos=1.

(5) 公司管理者是否创造了股东价值?

下面让我们依次来看这五个问题。在这个过程中,我们将以沃尔玛截至2018年1月31日的数据为例,说明财务比率的运用。第3章曾给出该公司截至2018年1月31日年度的财务报表,表4-2和表4-3再次给出了该财务报表。除了计算沃尔玛的财务比率外,我们还计算了塔吉特的相同财务比率并将给出答案。通过比较这两个竞争者,我们可以从新的视角来理解沃尔玛的财务业绩。

我们的分析从解决上述第一个问题"公司的流动性如何?"开始,然后将按顺序分析其余问题。

表4-2 沃尔玛截至2018年1月31日的年度利润表　　　　　单位:百万美元

销售收入	500 343
销货成本	−373 396
毛利润	126 947
营业费用:	
销售费用和管理费用	−95 981
折旧费用	−10 529
营业费用总计	−106 510
营业利润(息税前利润)	20 437
利息费用	−2 178
非营业亏损	−3 136
税前利润(应税所得)	15 123
应纳所得税	−5 261
净利润(普通股股东可得利润)	**9 862**
附加信息:	
流通股股数[a]	3 007
每股利润(净利润÷股数)[b]	3.28
支付给股东的股利[b]	6 124
每股股利[b]	2.04

a. 单位为百万股。
b. 单位为美元。

表4-3 沃尔玛截至2018年1月31日的年度资产负债表　　　　　单位:百万美元

资产	
现金和现金等价物	6 756
应收账款	5 614
存货	43 783
预付费用和其他流动资产	3 511

续表

流动资产总计	59 664
厂房和设备总计	202 298
减累计折旧	−87 480
厂房和设备净值	114 818
商誉和其他无形资产	30 040
资产总计	204 522
负债和所有者权益	
流动负债：	
应付账款	46 510
应计负债	24 031
短期票据	9 662
流动负债总计	80 203
长期债务	45 179
债务总计	125 382
所有者权益：	
普通股（面值）	295
实收资本	2 648
留存收益	76 197
所有者权益总计	79 140
负债和所有者权益总计	204 522

问题 1：公司的流动性如何：它能偿还债务吗？

流动资产是能按照当前市场价格迅速照常变现的资产。因此，公司的**流动性**（liquidity）是需要偿还债务时公司获得可用现金能力的边际定义函数。简单地讲，即我们能否认为该公司能及时向债权人偿还债务？

我们通过比较公司的流动资产（即可快速轻松变现的资产）与流动负债来回答这个问题。在我们的分析中，我们既对流动资产与流动负债之比感兴趣，又对用来偿还当期债务的流动资产质量感兴趣。

资产负债表视角　在分析流动资产与流动负债的相对规模时，最常用到的公司短期清偿能力指标是**流动比率**（current ratio）。

$$\text{流动比率} = \frac{\text{流动资产}}{\text{流动负债}} \tag{4-1}$$

对于沃尔玛而言，

$$流动比率 = \frac{流动资产}{流动负债} = \frac{596.64 亿美元}{802.03 亿美元} = 0.74$$

塔吉特的流动比率为 0.95。

根据该流动比率，沃尔玛的流动性稍逊于塔吉特。沃尔玛每 1 美元短期债务仅对应 0.74 美元流动资产，相比之下，塔吉特每 1 美元短期债务对应 0.95 美元流动资产。显然，这两家公司都认为没有必要针对即将到期的债务保留大量流动资产。

继续我们的分析。当我们使用流动比率时，我们假设公司的应收账款会及时收回，公司的存货会及时售出。

根据公司存货的性质，它的流动性比应收账款差——在收到现金之前，必须先卖出存货。因此，更严格的流动性指标的分子中应该只包括公司的现金和应收账款（不包括存货和其他流动资产）。这个修改后的比率被称为**酸性测试（速动）比率**［acid-test（quick）ratio］。其计算公式如下：

$$酸性测试比率 = \frac{现金 + 应收账款}{流动负债} \tag{4-2}$$

对于沃尔玛而言，

$$酸性测试比率 = \frac{现金 + 应收账款}{流动负债} = \frac{123.70 亿美元}{802.03 亿美元} = 0.15$$

塔吉特的酸性测试比率为 0.20。

根据酸性测试比率，沃尔玛的流动性仍然稍差。该公司每 1 美元流动负债对应 0.15 美元的现金和应收账款，而相比之下，塔吉特每 1 美元流动负债对应 0.20 美元的现金和应收账款。但事实上，沃尔玛的流动资产中有超过 60 亿美元现金（见该公司的资产负债表），这表明管理层不太可能担心其流动性较差的问题。

在分析流动性时，我们可以从另一个方向得出结论，即确定公司需要花多长时间将应收账款和存货转换为现金。公司将资产转换为现金所花的时间越长（越短），资产流动性越差（越强）。

应收账款变现 应收账款的变现速度可以用公司的平均应收账款回收时间来衡量。我们可以通过计算出公司的**应收账款周转天数**（days in receivables）［或**平均回收期**（average collection period）］来回答该问题[①]：

$$应收账款周转天数 = \frac{应收账款}{日赊销收入} = \frac{应收账款}{年赊销收入 \div 365} \tag{4-3}$$

请注意，该式只包括赊销收入，即顾客的赊购金额，而不是现金销售收入。例如，一家公司可能允许客户在 30 天后再支付货款。在本例中，我们假设沃尔玛 40% 的销售收入为赊销收入，塔吉特 70% 的销售收入为赊销收入。如果情况果真如此，那么沃尔玛的应收

---

① 当使用利润表和资产负债表的信息来计算给定的财务比率时，我们应该记住，利润表数据对应的是某个时期（例如 2018 年），而资产负债表数据对应的是某个时点（例如 2018 年 1 月 31 日）。如果某项资产从期初到期末发生了重大变化，那么最好使用当年的平均余额。例如，如果某家公司的应收账款从年初的 1 000 美元增长到年末的 2 000 美元，这时在计算中使用平均应收账款 1 500 美元就更为合适。不过为了简化，我们将在计算中使用资产负债表的年末金额。

账款周转天数为 10.24 天，计算方法如下：

$$应收账款周转天数 = \frac{应收账款}{年赊销收入 \div 365} = \frac{56.14 亿美元}{5\,003.43 亿美元 \times 0.40 \div 365}$$

$$= \frac{56.14 亿美元}{5.48 亿美元}$$

$$= 10.24 天$$

塔吉特的应收账款周转天数为 9.61 天*。①

因此，平均来看，沃尔玛的应收账款周转天数约为 10.24 天，相比之下，塔吉特的应收账款周转天数为 9.61 天。塔吉特收回应收账款的速度稍快于沃尔玛，这表明沃尔玛的应收账款的流动性稍逊于塔吉特。

我们还可以用**应收账款周转率**（accounts receivable turnover ratio）衡量应收账款在一年中的周转次数，从而了解沃尔玛的应收账款周转速度。如果沃尔玛每 10.24 天收回一次应收账款，那么它每年可以收回 35.65 次（= 365 天 ÷ 10.24 天）应收账款。应收账款周转率还可以用以下方法计算：

$$应收账款周转率 = \frac{年赊销收入}{应收账款} \tag{4-4}$$

对于沃尔玛而言，

$$应收账款周转率 = \frac{年赊销收入}{应收账款} = \frac{5\,003.43 亿美元 \times 0.40}{56.14 亿美元} = 35.65 次$$

塔吉特的应收账款周转率为 38 次。

无论我们使用应收账款周转天数还是应收账款周转率，结论都是相同的。沃尔玛的应收账款回收速度稍慢于塔吉特。换言之，塔吉特的应收账款管理水平优于沃尔玛。

存货变现 我们现在希望了解沃尔玛在出售存货前持有存货的时间，即**存货周转天数**（days in inventory），其计算方法如下：

$$存货周转天数 = \frac{存货}{日销货成本} = \frac{存货}{年销货成本 \div 365} \tag{4-5}$$

对于沃尔玛而言，

$$存货周转天数 = \frac{存货}{年销货成本 \div 365} = \frac{437.83 亿美元}{3\,733.96 亿美元 \div 365} = \frac{437.83 亿美元}{10.23 亿美元}$$

$$= 42.80 天$$

塔吉特的存货周转天数为 61.81 天。

注意：当我们计算应收账款周转率或应收账款周转天数时，使用的是赊销收入；而在

---

* 英文原书为 9.56 天，疑有误。——译者注

① 塔吉特 2018 年的资产负债表中没有报告其应收账款，因此我们对应收账款进行了估计。我们用 2018 年第一季度的应收账款周转天数 1.67 天倒算出销售收入为 227 亿美元时，应收账款余额为 4.16 亿美元。然后，我们假设塔吉特 70% 的销售收入为赊销收入，从而计算出各项财务比率。因此，应收账款周转率为 38（= 158.90 亿美元赊销收入 ÷ 4.16 亿美元应收账款）。然后，我们计算出应收账款周转天数为 9.61（= 365/38）天。

计算存货周转天数或者存货周转率时，用销货成本代替了赊销收入。因为存货（分子）是用成本衡量的，所以我们在分母中使用的是销货成本。①

正如我们对应收账款周转天数和应收账款周转率的做法，我们还可以将存货周转天数换算为**存货周转率**（inventory turnover），后者的计算方法如下：

$$存货周转率 = \frac{销货成本}{存货} \tag{4-6}$$

对于沃尔玛而言，

$$存货周转率 = \frac{3\ 733.96\ 亿美元}{437.83\ 亿美元} = 8.53\ 次$$

塔吉特的存货周转率为 5.91 次。

这里，我们看到沃尔玛的存货周转速度快于塔吉特——沃尔玛的平均存货周转天数为 42.80 天（每年周转 8.53 次），而塔吉特的平均存货周转天数为 61.81 天（每年周转 5.91 次），这清楚地说明沃尔玛的存货流动性强于塔吉特。

最后，流动比率和速动比率说明沃尔玛的流动性稍逊于塔吉特，但是该结果假设沃尔玛和塔吉特的应收账款和存货以相同速度变现，这对于应收账款来说近似正确，但对于存货来说并非如此。塔吉特出售存货所需的天数平均比沃尔玛多 19.01 天（= 塔吉特的 61.81 天 - 沃尔玛的 42.80 天）。

因此，用流动比率和速动比率以及应收账款周转天数衡量流动性时，我们不能看出这两家公司的流动性有明显不同，但这两家公司管理存货的方式有明显不同。

例 4.1　　评估迪士尼的流动性

以下信息摘自迪士尼公司 2017 年的财务报表。

单位：百万美元

流动资产	15 889
应收账款	8 633
现金	4 017
存货	1 373
赊销收入	39 000
现金销售收入	16 137
销售收入总计	55 137
销货成本	30 306
流动负债总计	19 595

---

① 然而，金融服务机构提供的部分行业标准是用销售收入作为分母计算的。在这些情况下，我们希望在计算存货周转率时使用销售收入。

根据广播娱乐业的以下标准评估迪士尼公司的流动性：

流动比率	1.17
酸性测试比率	0.92
应收账款周转率	5.80次
存货周转率	18.30次

第1步：确定解题方法

我们根据选定的财务比率来分析公司的流动性。这些比率包括流动比率、酸性测试比率、应收账款周转率（或应收账款周转天数）、存货周转率（或存货周转天数）。公式如下：

$$流动比率 = \frac{流动资产}{流动负债}$$

$$酸性测试比率 = \frac{现金 + 应收账款}{流动负债}$$

$$应收账款周转率 = \frac{年赊销收入}{应收账款}$$

$$存货周转率 = \frac{销货成本}{存货}$$

第2步：计算数值

	迪士尼	行业
流动比率	0.81	1.17
酸性测试比率	0.65	0.92
应收账款周转率	4.52次	5.80次
存货周转率	22.07次	18.30次

第3步：分析结果

根据这些结果，迪士尼公司的流动性不如该行业公司的平均流动性水平！迪士尼的流动资产与流动负债之比也低于竞争者的平均水平。迪士尼的应收账款变现速度也不如竞争者快。但是，迪士尼的存货周转率快于竞争者。

概念回顾

1. 流动性指标提供了关于公司的哪些信息？
2. 请描述衡量流动性的两个角度。
3. 为什么非常高的流动比率表明公司的存货管理或应收账款管理存在问题？还有什么原因会造成高流动比率？
4. 为什么成功（流动性强）的公司的酸性测试比率可能小于1？

▶ **财务决策工具**

指标名称	公式	提供的信息
流动比率	$\dfrac{\text{流动资产}}{\text{流动负债}}$	公司的流动性指标。该比率越高，表示流动性越强。
酸性测试比率	$\dfrac{\text{现金}+\text{应收账款}}{\text{流动负债}}$	比流动比率更严格的流动性指标，因为它从流动资产中剔除了存货和其他流动资产。该比率越高，表示流动性越强。
应收账款周转天数 或使用	$\dfrac{\text{应收账款}}{\text{年赊销收入}\div 365}$	表示公司收回应收账款的速度。该时期越长（越短），表示应收账款的收回速度越慢（越快），应收账款的质量越差（越好）。
应收账款周转率	$\dfrac{\text{年赊销收入}}{\text{应收账款}}$	表示公司一年中收回应收账款的次数或应收账款的周转次数。它和应收账款周转天数提供了相同信息，只是表示方法不同。
使用两个指标之一，但不能同时使用。		
存货周转天数 或使用	$\dfrac{\text{存货}}{\text{年销货成本}\div 365}$	衡量了公司售出存货前的平均存货持有天数；需要的天数越多，存货质量越低。
存货周转率	$\dfrac{\text{销货成本}}{\text{存货}}$	当年公司的存货被售出和重置的次数；和存货周转天数一样，它是反映存货质量的指标。
使用两个指标之一，但不能同时使用。		

Q&A 您会做吗？

衡量公司的流动性

给定多克帕克斯公司（Doak Parks Corporation）的以下信息，请评估该公司的流动性。

现金（百万美元）	800
应收账款（百万美元）	1 500
存货（百万美元）	1 400
流动资产总计（百万美元）	3 700
流动负债总计（百万美元）	7 400
销售收入（百万美元）	6 500
销货成本（百万美元）	4 250

续表

行业标准	
流动比率	2.50
酸性测试比率	1.35
应收账款周转天数（天）	62.90
存货周转天数（天）	101.39

问题 2：公司管理者为公司资产创造了足够多的营业利润吗？

我们现在转向另一个业绩衡量角度——公司的盈利能力。这里提出的问题是："公司的管理者为公司资产创造了足够多的营业利润吗？"从公司股东的角度看，没有比这更重要的问题了。公司管理者创造股东价值的最重要的方式之一就是为其投资的资产创造丰厚的利润。

为了回答这个至关重要的问题，让我们来考虑公司的融资过程。最简单的融资形式是公司股东对公司进行投资，此外，公司还可能从其他来源（银行等）借入更多资金。投资者进行投资是为了创造利润。图 4-1 用图形说明了沃尔玛的融资过程，我们从中可以看到，股东对该公司投资了 1 253.82 亿美元，该公司还借入了 802.03 亿美元，总共为资产筹集到 2 045.22 亿美元。然后，沃尔玛用这些资产创造出 204.37 亿美元营业利润。

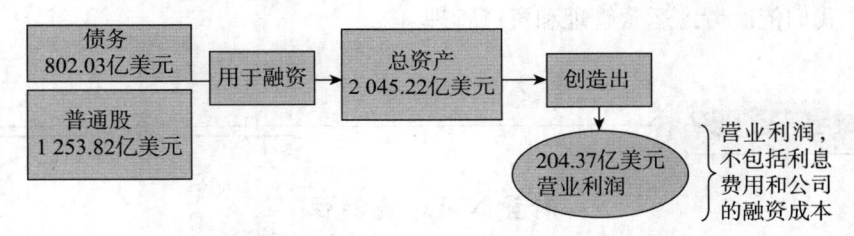

图 4-1 沃尔玛的资产投资获得的营业利润

请注意，我们使用的是营业利润（与息税前利润含义相同）而非净利润。营业利润是公司资产创造的与融资方式无关的利润。融资的影响将在之后两个问题中阐明，但在目前，我们希望只单独考虑公司利润中的营业利润。

尽管了解公司的营业利润金额很重要，但我们还希望了解营业利润与总资产投资之间的关系。换言之，我们希望了解每 1 美元资产投资创造了多少营业利润，也就是说，我们对公司的资产投资收益率感兴趣。我们可以通过计算**营业资产收益率**（operating return on assets，OROA）来计算该收益率，公式如下：

$$营业资产收益率 = \frac{营业利润}{总资产} \tag{4-7}$$

对于沃尔玛而言，

$$营业资产收益率 = \frac{营业利润}{总资产} = \frac{204.37 \text{ 亿美元}}{2\,045.22 \text{ 亿美元}} = 0.10 = 10\%$$

塔吉特的营业资产收益率为11.1％。

因此，沃尔玛的营业资产收益率稍低于塔吉特——沃尔玛每1美元资产创造了10美分营业利润，而塔吉特每1美元资产创造了11美分营业利润。

显然，塔吉特的营业资产收益率高于沃尔玛。但是，原因是什么呢？答案在于两个方面：

（1）公司对利润表的管理效率，这种管理也可以被称为**运营管理**（operations management），它涉及反映在利润表中的公司商品或服务的日常买卖。

（2）公司对创造销售收入的资产的管理效率，这种管理也可以被称为**资产管理**（asset management）。以上两项与营业资产收益率的关系可以通过其他两个比率——用来计算营业资产收益率的营业利润率和总资产周转率来观察。

也就是说，我们可以使用以下修正公式来计算营业资产收益率，并得到与式（4-7）相同的答案：

$$营业资产收益率 = 营业利润率 \times 总资产周转率 \tag{4-8a}$$

计算方法如下：

$$营业资产收益率 = \frac{营业利润}{销售收入} \times \frac{销售收入}{总资产} \tag{4-8b}$$

营业利润率是公司对日常运营（或我们所称的运营管理）的管理结果，而总资产周转率是公司资产管理的管理效率。

下面让我们依次考虑运营管理和资产管理。

您做出来了吗？

衡量公司的流动性

前面，我们提供了多克帕克斯公司的数据，并请您评估该公司的流动性。您的答案应该如下：

流动比率	2.63	2.50
酸性测试比率	1.64	1.35
应收账款周转天数（天）	84.23	62.90
存货周转天数（天）	120.24	101.39

根据以上发现，我们将得出以下结论：根据流动比率和酸性测试比率，多克帕克斯公司的流动性似乎比该行业中的一般公司更强。但是，由于多克帕克斯公司出售存货和收取应收账款所花的时间更久，因此这些结果有水分，表明该公司的应收账款和存货的质量可能不如该行业的一般公司。因此，结论是复杂的。我们需要关于该公司应收账款和存货管理的更多信息，以便做出最终判断。

运营管理

营业资产收益率（OROA）的第一个组成部分，**营业利润率**（operating profit margin），是反映公司运营管理水平的指标，也就是说，它反映了收入创造和成本费用控制的水平。

营业利润率用销货成本和营业费用（销售费用、一般费用和管理费用、折旧费用）与公司销售收入之比来衡量公司管理营业成本的水平。

在其他条件相同的情况下，运营管理的目标是使公司成本及费用与销售收入之比保持在较低水平上。因此，我们使用营业利润率来衡量公司对利润表的管理水平，其中：

$$营业利润率 = \frac{营业利润}{销售收入} \tag{4-9}$$

对于沃尔玛而言，

$$营业利润率 = \frac{营业利润}{销售收入} = \frac{204.37 亿美元}{5\,003.43 亿美元} = 0.041 = 4.1\%$$

塔吉特的营业利润率为6.0%。

这清楚地表明，塔吉特的管理者在销货成本和营业费用管理上比沃尔玛更出色。塔吉特每1美元销售收入对应的成本更低，因此其营业利润率更高。换言之，塔吉特对利润表的管理优于沃尔玛。

意识到较高（较低）的营业利润率将导致较高（较低）的营业资产收益率后，我们预期塔吉特的营业资产收益率将较高，情况正是如此——塔吉特的营业资产收益率为11.1%，而相比之下，沃尔玛的营业资产收益率为10%。但是要充分理解沃尔玛的营业资产收益率的影响因素，我们需要分析沃尔玛如何管理其资产。因此，让我们来看公司营业资产收益率的第二个影响因素——资产管理效率。

资产管理

式（4-7）的第二个部分是**总资产周转率**（total asset turnover）。该比率告诉我们，公司运用其资产创造销售收入的效率如何。举例来说，假设A公司每投资1美元资产将创造3美元销售收入，而B公司每投资2美元资产才能创造3美元销售收入。换言之，A公司运用资产创造销售收入的效率更高，因此该公司的资产投资收益率也更高。该效率可以通过总资产周转率体现出来，如下所示：

$$总资产周转率 = \frac{销售收入}{总资产} \tag{4-10}$$

对于沃尔玛而言，

$$总资产周转率 = \frac{销售收入}{总资产} = \frac{5\,003.43 亿美元}{2\,045.22 亿美元} = 2.45$$

塔吉特的总资产周转率为 1.84。

我们确定，沃尔玛的营业资产收益率低于塔吉特，因为它的营业利润率更低。但是，现在我们可以说，沃尔玛的资产管理效率高于塔吉特，沃尔玛每 1 美元资产创造了 2.45 美元销售收入，而相比之下，塔吉特每 1 美元资产仅创造了 1.84 美元销售收入。然而，假设沃尔玛的营业资产收益率保持在较低水平上，尽管该公司的总资产周转率较高，但我们必然得出结论：沃尔玛的低营业利润率远远抵消掉了高总资产周转率。

我们对沃尔玛资产管理的分析不应到此为止。我们已经了解到，总体而言，沃尔玛的管理者对公司资产的利用效率稍逊于塔吉特。接下来，我们希望了解沃尔玛对哪些资产的管理效率较低。

为了回答这个问题，我们可以计算该公司主要营业资产的周转率：应收账款、存货和固定资产。当然，我们已经计算出该公司的应收账款周转率和存货周转率，并由此推断，沃尔玛的管理者对应收账款的管理效率不及塔吉特，但是其存货周转速度要快得多。然而，我们仍然需要计算**固定资产周转率**（fixed asset turnover），如下所示：

$$\text{固定资产周转率} = \frac{\text{销售收入}}{\text{固定资产净值}} \tag{4-11}$$

对于沃尔玛而言，

$$\text{固定资产周转率} = \frac{\text{销售收入}}{\text{固定资产净值}} = \frac{5\,003.43 \text{ 亿美元}}{1\,148.18 \text{ 亿美元}} = 4.36 \text{ 次}$$

塔吉特的固定资产周转率为 2.87 次。

因此，沃尔玛的固定资产投资与销售收入之比低于塔吉特，这导致该公司的总资产周转率较高，但营业资产利润率仍然较低，因为该公司的营业利润率较低。

现在，我们可以观察以下所有资产效率比率，并对沃尔玛的资产管理进行总结。

	沃尔玛	塔吉特
总资产周转率	2.45 次	1.84 次
应收账款周转率	35.65 次	38.00 次
存货周转率	8.53 次	5.91 次
固定资产周转率	4.36 次	2.87 次

沃尔玛在资产管理方面的情况现在很清晰了。总体而言，沃尔玛的管理者通过出色地管理存货和固定资产，更有效地利用了公司的资产（正如该公司的总资产周转率所示）。唯一的例外是沃尔玛的应收账款收款速度稍慢。

图 4-2 总结了我们对沃尔玛的运营管理和资产管理表现的评估。我们首先计算了营业资产收益率，以确定管理者是否创造了良好的资产收益率。然后，我们将营业资产收益率分成运营管理（营业利润率）和资产管理（资产周转率）两部分，以解释为什么沃尔玛的营业资产收益率低于塔吉特。

第4章 评估公司的财务业绩

```
营业资产       营业利润
收益率    =    ────
              总资产

         沃尔玛10.0%
         塔吉特11.1%
```

```
营业资产
收益率    =    营业利润率    ×    总资产周转率

              沃尔玛4.1%         沃尔玛2.45次
              塔吉特6.0%         塔吉特1.84次
```

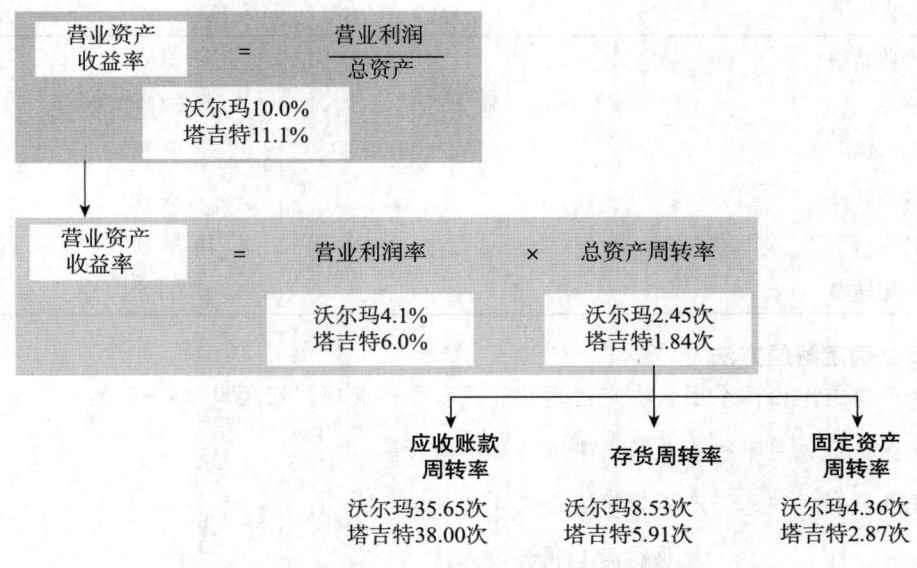

应收账款周转率	存货周转率	固定资产周转率
沃尔玛35.65次	沃尔玛8.53次	沃尔玛4.36次
塔吉特38.00次	塔吉特5.91次	塔吉特2.87次

图 4-2 沃尔玛的营业资产收益率

概念回顾

1. 应该使用公司利润表中的哪项数据来衡量其相对于总资产的盈利能力？为什么？
2. 公司管理的哪两大方面会影响营业资产收益率？
3. 哪些因素会影响营业利润率？
4. 较低的总资产周转率表明公司的总资产并没有得到有效管理，如果发生这种情况，您还希望了解什么信息？

例 4.2

评估迪士尼公司的营业资产收益率

请根据迪士尼公司 2017 年的以下财务信息评估该公司的营业资产收益率。

单位：百万美元

应收账款	8 633
存货	1 373
销售收入	55 137
赊销收入	39 000
销货成本	30 306
营业利润	14 173
固定资产净值	28 406
总资产	95 789

行业标准如下：

营业资产收益率	9.24%
营业利润率	20.54%
总资产周转率	0.45次
应收账款周转率	5.80次
存货周转率	18.30次
固定资产周转率	1.05次

第1步：确定解题方法

营业资产收益率由两个因素决定：运营管理和资产管理。回顾式（4-8a）：

$$营业资产收益率 = 营业利润率 \times 总资产周转率$$

代入营业利润率和总资产周转率的公式 [式（4-8b）]：

$$营业资产收益率 = \frac{营业利润}{销售收入} \times \frac{销售收入}{总资产}$$

我们可以通过考察总资产不同组成部分的效率来进一步分析总资产周转率，这些组成部分包括应收账款周转率、存货周转率和固定资产周转率。

第2步：计算数值

	迪士尼	行业
营业资产收益率 = $\frac{141.73亿美元}{957.89亿美元}$	14.79%	9.24%
营业利润率 = $\frac{141.73亿美元}{551.37亿美元}$	25.71%	20.54%
总资产周转率 = $\frac{551.37亿美元}{957.89亿美元}$	0.58次	0.45次
应收账款周转率 = $\frac{390.00亿美元}{86.33亿美元}$	4.52次	5.80次
存货周转率 = $\frac{303.06亿美元}{13.73亿美元}$	22.07次	18.30次
固定资产周转率 = $\frac{551.37亿美元}{284.06亿美元}$	1.94次	1.05次

第3步：分析结果

迪士尼的资产收益率高于该行业公司的平均水平，迪士尼的资产收益率为14.79%，该行业公司的平均资产收益率为9.24%。迪士尼的营业资产收益率更高是由于：

(1) 更优的运营管理获得了更高的营业利润率（25.71%相对于20.54%）。

(2) 更好地利用资产，表现为更优的存货管理（22.07次相对于18.30次）导致了更高的总资产周转率（0.58次相对于0.45次），同时，尽管应收账款周转率较低（4.52次相对于

5.80 次*），但固定资产周转率较高（1.94 次相对于 1.05 次）。

您会做吗？

估计公司的营业资产利润率

给定以下财务信息，请评估多克帕克斯公司用该公司资产创造营业利润的能力。

多克帕克斯公司的财务数据：	
销售收入（百万美元）	6 500
应收账款（百万美元）	1 500
总资产（百万美元）	9 000
营业利润（百万美元）	1 350
存货（百万美元）	1 400
净利润（百万美元）	725
固定资产净值（百万美元）	4 800
销货成本（百万美元）	4 256
行业标准：	
净利润率	15.0%
总资产周转率	0.80 次
营业利润率	24.0%
固定资产周转率	1.15 次
应收账款周转率	5.80 次
营业资产收益率	19.2%
存货周转率	3.60 次

▶ **财务决策工具**

指标名称	公式	提供的信息
营业资产收益率（OROA）	$\dfrac{营业利润}{总资产}$ 或 营业利润率×总资产周转率	公司资产获得的收益率。收益率越高（越低），表示每 1 美元资产投资的营业利润越高（越低）。
营业利润率	$\dfrac{营业利润}{销售收入}$	日常经营效率的总体指标——创造收入和控制成本费用的效果。该利润率越高（越低），表示公司的日常经营管理越好（越差）。

---

* 英文原书为 5.40 次，疑有误。——译者注

续表

指标名称	公式	提供的信息
总资产周转率	$\dfrac{销售收入}{总资产}$	公司的总资产使用效率指标。该周转率越高，表示公司的资产使用效率越高。
应收账款周转天数 或使用 应收账款周转率	$\dfrac{应收账款}{年赊销收入\div 365}$ $\dfrac{年赊销收入}{应收账款}$	表示公司收回应收账款的速度。该时期越长（越短），表示应收账款的收回速度越慢（越快），应收账款投资越多（越少）。 说明了一年内公司应收账款的收回次数或周转次数。提供了和应收账款周转天数相同的信息，只是表示方法不同。
存货周转天数 或使用 存货周转率	$\dfrac{存货}{年销货成本\div 365}$ $\dfrac{销货成本}{存货}$	衡量了公司存货售出前的平均持有天数；需要的天数越多，表示存货投资越多（越少）。 表示一年中公司存货的出售和重置次数；提供了和存货周转天数相同的信息，只是表示方法不同。
固定资产周转率	$\dfrac{销售收入}{固定资产净值}$	表示公司固定资产使用效率的指标。该周转率越高（越低），表示公司使用固定资产的效率越高（越低）。

问题3：公司如何为资产融资？

现在我们将开始分析公司如何融资（不久之后将重新回到盈利能力的问题上）。关键问题是：管理层在债务融资和股权融资之间如何选择？首先，我们希望了解公司有多少比例的资产来自债务融资（包括短期债务和长期债务），剩下的部分必然来自股权融资。为了回答这个问题，我们用以下公式计算**资产负债率**（debt ratio）[①]：

$$资产负债率 = \frac{总负债}{总资产} \tag{4-12}$$

对于沃尔玛而言，

$$资产负债率 = \frac{总负债}{总资产} = \frac{1\ 253.82\ 亿美元}{2\ 045.22\ 亿美元} = 0.61 = 61\%$$

塔吉特的资产负债率为70%。

沃尔玛61%的资产来自债务融资（数据来自表4-3中的沃尔玛资产负债表），相比之下，塔吉特的资产负债率为70%。换言之，沃尔玛的股权融资比例为39%，而塔吉特的股权融资比例为30%。因此，沃尔玛使用的债务少于塔吉特。我们将在后面的章节中看到，更多的债务融资将导致更高的财务风险。

[①] 我们没有使用资产负债率，而是使用了债务股权比率。债务股权比率是资产负债率的一种变形：债务股权比率 $= \dfrac{总负债}{总股权} = \dfrac{资产负债率}{1-资产负债率}$，资产负债率 $= \dfrac{债务/股权}{1+债务/股权}$。

公司融资决策的第二个角度是观察利润表。当公司借入资金时，公司至少必须支付借款利息。因此，通过比较可用来支付利息的营业利润和必须支付的利息，可以得到很多信息。我们在这里将计算一个财务比率，即利润相对于所需支付利息的倍数。**利息保障倍数**（times interest earned）通常被用来分析公司的债务状况，其计算公式如下：

$$利息保障倍数 = \frac{营业利润}{利息费用} \tag{4-13}$$

对于沃尔玛而言，

$$利息保障倍数 = \frac{营业利润}{利息费用} = \frac{204.37 亿美元}{21.78 亿美元} = 9.38 倍$$

塔吉特的利息保障倍数为 6.47 倍。

因此，沃尔玛的利息保障能力比塔吉特更强，沃尔玛的利息保障倍数为 9.38 倍，而塔吉特的利息保障倍数为 6.47 倍。

在解释该比率时，我们需要理解其影响因素。简单而言，这些因素包括：

（1）由营业资产收益率衡量的企业盈利能力越高（越低），利息保障倍数越高（越低），营业资产收益率越高（越低）。

（2）公司使用的债务越多（越少），利息保障倍数越低（越高）。

因此，沃尔玛较高的利息保障倍数必然是因为使用了较少的债务（沃尔玛的资产负债率为 61%，而塔吉特的资产负债率为 70%），这弥补了沃尔玛较低的盈利能力（沃尔玛的营业资产收益率为 10%，而塔吉特的营业资产收益率为 11%）。

您做出来了吗？

评估公司的营业资产收益率

在上文中，您需要评估多克帕克斯公司的资产获得的营业利润。您的答案和解释应该与以下数据吻合。

	多克帕克斯	行业
营业资产收益率	15.0%	19.2%
营业利润率	20.8%	24.0%
总资产周转率	0.72 次	0.80 次
应收账款周转率	4.33 次	5.80 次
存货周转率	3.04 次	3.60 次
固定资产周转率	1.35 次	1.15 次

多克帕克斯公司的营业资产收益率在该行业内没有竞争力，其营业资产收益率仅为 15%，而该行业公司的平均营业资产收益率为 19.2%。营业资产收益率低的原因有两个。

（1）帕克斯的营业利润率很低（20.8%），相比之下，该行业公司的平均营业利润率为

24%。也就是说，该公司的成本费用与销售收入之比高于行业平均水平。

（2）多克帕克斯的资产管理效率不如其竞争者；多克帕克斯的总资产周转率为0.72次，而该行业公司的平均总资产周转率为0.80次。换言之，多克帕克斯每投资1美元资产仅能产生0.72美元销售收入，而该行业中的公司平均每投资1美元资产可产生0.80美元销售收入。具体而言，应收账款周转率和存货周转率低表明，应收账款和存货没有得到很好的管理。但是，该公司的固定资产管理效率更高（多克帕克斯的固定资产周转率为1.35次，而该行业公司的平均固定资产周转率为1.15次）。

（请注意，我们没有使用净利润率来回答该问题，因为它与资产创造的营业利润无关。）

在关于利息保障倍数的讨论得出结论前，我们应该理解，利息并非由利润支付，而是由现金支付。此外，除了必须支付的利息，公司还必须偿还债务本金。因此，利息保障倍数仅仅是公司偿债能力的粗略指标。尽管如此，它仍然大致说明了公司的财务风险和借款能力。

例4.3　评估迪士尼的融资决策

请根据迪士尼公司2017年的以下信息，计算该公司的资产负债率和利息保障倍数。迪士尼的财务比率与其所在行业的平均水平相比如何？您的结果说明了什么？

总债务（总负债）（百万美元）	53 326
总资产（百万美元）	95 789
营业利润（百万美元）	14 173
利息费用（百万美元）	385
行业标准：	
资产负债率	34.2%
利息保障倍数	8.50倍

第1步：确定解题方法

公司的融资决策可以用两个问题来评估：（1）公司用了多少债务来为公司资产融资？（2）公司是否有能力支付债务利息？这两个问题可以分别使用资产负债率和利息保障倍数来评估，计算公式如下：

$$资产负债率 = \frac{总负债}{总资产}$$

$$利息保障倍数 = \frac{营业利润}{利息费用}$$

第2步：计算数值

比较迪士尼与该行业的资产负债率和利息保障倍数，如下所示：

	迪士尼	行业
资产负债率	56%	34.21%
利息保障倍数	36.81 倍	8.50 倍

第3步：分析结果

相比于该行业中的一般公司，迪士尼使用了更多的债务融资。更高的资产负债率表明该公司有更高的财务风险。即使如此，迪士尼看起来偿还债务并没有困难，它的利息保障倍数为36.81倍，而该行业公司的平均利息保障倍数仅为8.50倍。迪士尼较高的利息保障倍数是由于其显著较高的营业资产收益率（迪士尼的营业资产收益率为14.79%，该行业公司的平均营业资产收益率为9.24%），这足以抵消该公司使用了更多债务的影响。

▶ **财务决策工具**

指标名称	公式	提供的信息
资产负债率	$\dfrac{总负债}{总资产}$	衡量了用债务融资的资产百分比。资产负债率越高（越低），表明公司承担的财务风险越高（越低）。
利息保障倍数	$\dfrac{营业利润}{利息费用}$	衡量了公司利润相对于利息费用的倍数。表明公司支付固定利息的能力。

您会做吗？

评估公司的融资政策

请根据以下数据，解释多克帕克斯公司的融资政策。

多克帕克斯公司的财务数据：	
总资产（百万美元）	9 000
营业利润（百万美元）	1 350
总负债（债务）（百万美元）	2 875
利息费用（百万美元）	125
行业标准：	
营业资产收益率	19.2%
资产负债率	40.0%
利息保障倍数	8.0 倍

概念回顾

1. 资产负债率提供了什么信息？
2. 为什么即使在公司资产负债率很低的情况下，计算利息保障倍数仍然十分重要？
3. 为什么营业利润不能完整反映公司的偿债能力？

问题4：公司管理者是否为股东提供的资本创造了良好的收益率？

现在我们希望确定，公司的所有者（股东）与竞争者相比，其投资是否获得了有吸引力的收益率。为此，我们使用了**股权收益率**（return on equity，ROE），其计算公式如下：

$$股权收益率 = \frac{净利润}{普通股股权总计} \qquad (4-14)$$

对于沃尔玛而言，

$$股权收益率 = \frac{净利润}{普通股股权总计} = \frac{98.62 亿美元}{791.40 亿美元} = 0.125 = 12.5\%$$

塔吉特的股权收益率为25%。

在上述计算中，请记住，**普通股股权总计**［total common equity，也称**股东权益总计**（total stockholders' equity）］包括资产负债表中所有的普通股股权，是面值、实收资本、留存收益之和减去库存股。（毕竟，留在公司中的利润就像普通股股东购买公司股票一样，都可以看作他们对公司的投资。）

您做出来了吗？

评估公司的融资政策

上文为您提供了用于评估多克帕克斯公司的融资政策的数据。您的答案应该如下：

	多克帕克斯	行业
资产负债率	31.9%	40.0%
利息保障倍数	10.8倍	8.0倍
营业资产收益率	15.0%	19.2%

通过以上比率，我们发现多克帕克斯的债务融资与总资产之比低于行业平均值——多克帕克斯的资产负债率为31.9%，而该行业公司的平均资产负债率为40.0%。由于使用了较少的债务，因此多克帕克斯的利息费用少于债务较多的公司，导致了更高的利息保障倍数。另外，多克帕克斯每1美元资产的营业利润（营业资产收益率）较低，这将导致其利息保障倍数降低。但是，对于该公司的利息保障倍数而言，较少的债务显然足以抵消利润率较低的影响。

我们看到，沃尔玛和塔吉特的股权收益率分别为12.5%和25.0%。因此，沃尔玛股东的股权投资收益率低于塔吉特股东的股权投资收益率。这是为什么呢？为了回答这个问题，我们需要利用以下已经学过的知识：

（1）从问题2的分析中我们得知，沃尔玛的营业资产收益率相对较低——沃尔玛的营业资产收益率为10.0%，塔吉特的营业资产收益率为11.1%。较高（较低）的公司资产收益率将导致较高（较低）的股权收益率。

(2) 沃尔玛使用的债务融资少于（股权融资多于）塔吉特——沃尔玛的债务融资比例为61%，塔吉特的债务融资比例为70%。我们很快会看到，如果公司的资产收益率高于债务利率，那么公司使用的债务越多，其股权收益率越高。相反，如果公司的资产收益率高于债务利率，那么公司使用的债务越少，其股权收益率越低。因此，塔吉特通过使用更多债务，提高了股东的收益率，这是个好消息。对于塔吉特的股东而言，坏消息是，公司使用越多债务，其承担的财务风险越高，这将转化为更高的股东风险。

案例：

为了帮助我们理解塔吉特股权收益率较高的上述原因及其意义，让我们来看如下假设案例。

假设有两家公司：A公司和B公司，两家公司规模相同。它们的总资产均为1 000美元，营业资产收益率均为14%。然而，它们在一方面有所区别：A公司全部使用股权融资，无债务融资；B公司60%的融资来自债务，40%的融资来自股权。我们进一步假设，所有债务的利率均为6%，为简化起见，我们假设不存在所得税。两家公司的利润表如下所示：

单位：美元

	A公司	B公司	
资产负债表			
总资产	1 000	1 000	
负债（利率为6%）	0	600	
权益	1 000	400	
负债和权益总计	1 000	1 000	
利润表			
营业利润（OROA=14%）	140	140	← 140美元=0.14（营业资产收益率）×1 000美元（总资产）
利息费用（6%）	−0	−36	← 36美元=0.06（利率）×600美元（债务本金）
净利润	140	104	

通过计算两家公司的股权收益率，我们可以看到B公司的股权收益率为26%，而A公司的股权收益率为14%。计算方法如下：

A公司	B公司
普通股股权收益率 = $\dfrac{\text{净利润}}{\text{普通股股权}} = \dfrac{140\text{ 美元}}{1\,000\text{ 美元}} = 14\%$	$\dfrac{104\text{ 美元}}{400\text{ 美元}} = 26\%$

为什么会存在区别？答案很简单。B公司的1 000美元总资产的股权收益率为14%，但只需要为600美元债务本金向贷款人支付6%的利率。公司所有者拿到的是14%的公司资产收益率（营业资产收益率）与6%的利率之差，因此B公司的股权收益率高于A公司。

这是有利财务杠杆的一个例子。您可能会问，什么算"有利"？公司的资产收益率为

14%，而仅需向银行支付 6% 的利率，因此每 1 美元债务融资能让股东得到 8% 的利差（=14%的资产收益率-6%的利率）。结果是 B 公司股东的股权收益率高于 A 公司。B 公司股东的投资是多么划算啊！因此，如果债务能提高股东的股权收益率，为什么 A 公司不借款，或者为什么 B 公司不借更多款呢？

B 公司股东获得优厚收益的前提是假设该公司实际上能赚取 14% 的资产收益率。但是，如果经济陷入深度衰退，公司业务一落千丈，A 公司和 B 公司都只能赚取 2% 的营业资产收益率，会发生什么呢？让我们按照新的条件重新计算股权收益率：

单位：美元

	A 公司	B 公司
营业利润（OROA=2%）	20	20
减利息费用	0	-36
净利润	20	-16
股权收益率： $\dfrac{净利润}{普通股股权}$	$\dfrac{20}{1\,000}=2\%$	$\dfrac{-16}{400}=-4\%$

现在，使用财务杠杆对股权收益率带来了负面影响，因为 B 公司的股权收益率低于 A 公司。这是因为 B 公司的利润率低于 6% 的利率，因此，股权投资者必须承担两者的差额。

因此，财务杠杆是一把双刃剑：当经济状况好的时候，财务杠杆会起到非常积极的作用；但是当经济状况差的时候，财务杠杆会起到非常糟糕的作用。财务杠杆能提高股权投资者的收益率，但是它也增大了亏损的概率，从而为公司所有者增加了不确定性或风险。在第 12 章中，我们将更详细地介绍财务杠杆。

现在回到沃尔玛的例子上来，图 4-3 总结了我们关于沃尔玛股权收益率的讨论，这有助于我们形象地理解影响公司股权收益率的两个基本因素：

（1）公司的营业资产收益率（OROA）和所导致的股权收益率（ROE）之间存在直接关系。正如我们之前所解释的，营业资产收益率越高，股权收益率越高。更确切地说，公司的营业资产收益率与为公司债务支付的利率之差越大，股权收益率越高。因此，营业资产收益率与借款利率之差越大，股权收益率越高。相反，营业资产收益率与借款利率之差越小，股权收益率越低。

（2）如果营业资产收益率高于支付的利率，那么提高债务融资与股权融资之比（提高资产负债率）将提高股权收益率。如果营业资产收益率低于利率，那么提高债务融资与股权融资之比将降低股权收益率。

简而言之，股权收益率受到以下两个因素的影响：
（1）营业资产收益率与借款利率之差。
（2）由资产负债率衡量的债务使用比例。

第4章 评估公司的财务业绩

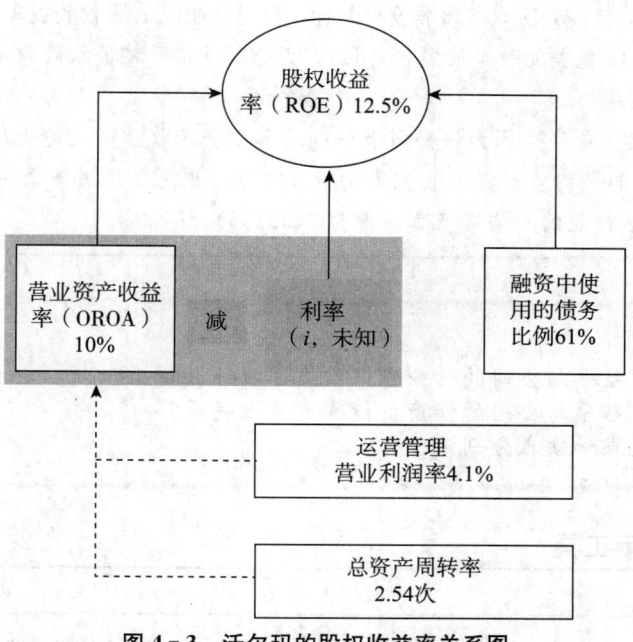

图4-3 沃尔玛的股权收益率关系图

例 4.4　　评估迪士尼的股权收益率

迪士尼股东的净利润、普通股股权投资与该行业的平均股权收益率如下所示。请评估该公司普通股股东的股权投资收益率。此外，请比较迪士尼和该行业的股权收益率，并考虑迪士尼的营业资产收益率和债务融资行为对该公司的股权收益率的影响。

净利润（百万美元）	8 980
普通股股权（百万美元）	
普通股（面值）（百万美元）	36 248
实收资本（百万美元）	0
留存收益（百万美元）	72 606
库存股（百万美元）	−64 011
行业平均股权收益率（％）	12.31

第1步：确定解题方法

为了评估股权收益率，请回顾式（4-14）：

$$股权收益率 = \frac{净利润}{普通股股权总计}$$

第2步：计算数值

首先，我们通过加总上述所有权益科目，计算出迪士尼的普通股股权总计为448.43亿美元。

然后，用净利润 89.80 亿美元除以普通股股权总计，得出迪士尼的股权收益率为 20.03%（=89.80 亿美元净利润÷448.43 亿美元普通股股权总计），而该行业的平均股权收益率为 12.31%。

第 3 步：分析结果

迪士尼的高股权收益率是因为该公司有较高的营业资产收益率（迪士尼的营业资产收益率为 14.79%，该行业的平均营业资产收益率为 9.24%），并使用了更多债务融资（迪士尼的资产负债率为 56%，该行业的平均资产负债率为 34.21%）。

概念回顾

1. 公司的股权收益率与公司的营业资产收益率有什么关系？
2. 公司的股权收益率与公司的资产负债率有什么关系？
3. 债务融资的优点和缺点分别是什么？

▶ **财务决策工具**

指标名称	公式	提供的信息
股权收益率	$\dfrac{净利润}{普通股股权总计}$	衡量了股东投资的会计收益率。

Q&A 您会做吗？

评估公司股东的股权收益率

多克帕克斯公司向您提供了以下信息。使用该数据，您计算出该公司股东的收益率——股权收益率——是多少？请将其与行业标准比较，并说明导致差异的原因。

多克帕克斯的财务数据：	
普通股（面值和实收资本）（百万美元）	4 750
留存收益（百万美元）	1 375
权益总计（百万美元）	6 125
净利润（百万美元）	725
资产负债率	31.9%
营业资产收益率	15.0%
行业标准：	
营业资产收益率	19.2%
资产负债率	40.0%
股权收益率	17.0%

问题 5：公司管理者是否创造了股东价值？

至此，我们仅仅用会计数据来评估公司管理者的业绩。现在，我们希望从创造还是破坏股东价值的角度来评估管理层的业绩。为了回答这个问题，我们将分析市场价值比率。

市场比率

有两种常用的比率可被用于比较公司的股价和利润以及股权的会计账面价值。这两个比率显示了投资者对管理层过往业绩和未来预期业绩的看法。

市盈率　市盈率（price/earnings ratio）表示投资者愿意为 1 美元利润支付的价格。回到沃尔玛的例子上来，该公司在 2018 会计年度的净利润为 98.62 亿美元，流通普通股为 30.07 亿股（见表 4-2）。因此，该公司的每股利润为 3.28 美元（＝98.62 亿美元净利润÷30.07 亿股流通股）。当时，该公司的每股售价为 86 美元。因此，其市盈率为 26.22 倍，计算公式如下：

$$市盈率 = \frac{每股市场价格}{每股利润} \tag{4-15}$$

对于沃尔玛而言，

$$市盈率 = \frac{每股市场价格}{每股利润} = \frac{86.00\ 美元}{3.28\ 美元} = 26.22\ 倍$$

同样计算可得，塔吉特的市盈率为 14.07 倍。

沃尔玛的市盈率告诉我们，投资者愿意为沃尔玛创造的每 1 美元每股利润支付 26.22 美元，相比之下，塔吉特的市盈率为 14.07 倍。因此，对于相同金额的利润，投资者愿意为沃尔玛支付的价格高于愿意为塔吉特支付的价格。这可能是什么原因？如果投资者认为公司有较好的利润增长预期和较低的风险，那么该公司的市盈率就将更高。随着零售业的变化，投资者必然认为沃尔玛的成长潜力强于塔吉特，且（或）沃尔玛的风险低于塔吉特。

您做出来了吗？

评估公司股东的股权收益率

在上文中，您需要确定多克帕克斯公司的股权收益率并将其与行业标准比较。以下是答案：

	多克帕克斯	行业
营业资产收益率	15.0%	19.2%
资产负债率	31.9%	40.0%
股权收益率	11.8%	17.0%

按照上述计算方法，我们知道多克帕克斯的股权收益率低于该行业公司的平均水平，这是因为该公司的营业资产收益率较低，且使用的债务少于该行业公司的平均水平。

市净率 投资者对公司进行评估的第二个常用指标是**市净率**（price/book ratio）。该比率比较了公司的每股市场价值与每股账面价值，其中每股账面价值是根据公司资产负债表中的普通股账面价值计算出来的。我们已经知道，沃尔玛的普通股市场价格为 86 美元，为了确定每股账面价值，我们将该公司的股权账面价值（普通股股权总计）除以流通股股数。

从沃尔玛的资产负债表（表 4-3）中我们看到，该公司的普通股股权（股东权益）账面价值为 791.4 亿美元。假设沃尔玛有 30.07 亿股流通股，则每股账面价值为 26.32 美元（=791.4 亿美元股权账面价值÷30.07 亿股流通股）。有了这些信息，我们就可以确定该公司的市净率：

$$市净率 = \frac{每股市场价值}{每股账面价值} \tag{4-16}$$

对于沃尔玛而言，

$$市净率 = \frac{每股市场价值}{每股账面价值} = \frac{86 \text{ 美元}}{26.3 \text{ 美元}} = 3.27 \text{ 倍}$$

同样计算可得，塔吉特的市净率为 3.53 倍。

鉴于每股账面价值是一项反映历史成本的会计数字，我们可以大致将其视为股东在公司存续期内对公司的投资。因此，大于 1 的市净率表示投资者认为公司的股票价值高于股东对其的投资。相反，低于 1 的市净率表示投资者认为公司的股票价值低于股东对其的投资。

显然，投资者认为沃尔玛和塔吉特的股票价值均高于最初对该公司的投资金额，因为他们愿意分别为这两家公司的每 1 美元股权账面价值（普通股股权总计）支付 3.27 美元和 3.53 美元。因此，现在我们看到，投资者愿意为塔吉特的每 1 美元普通股账面价值支付的金额（3.53 美元）高于他们愿意为沃尔玛的每 1 美元普通股账面价值支付的金额（3.27 美元）。

最后，表 4-4 总结了我们用来分析沃尔玛财务业绩的所有财务比率。

表 4-4 沃尔玛和塔吉特：财务比率分析

财务比率	沃尔玛	塔吉特
1. 公司的流动性		
流动比率 = 流动资产/流动负债	596.64 亿美元/802.03 亿美元 = 0.74	0.95
酸性测试比率 = (现金+应收账款)/流动负债	123.70 亿美元/802.03 亿美元 = 0.15	0.20
应收账款周转天数 = 应收账款/日赊销收入	56.14 亿美元/5.48 亿美元 = 10.24 天	9.56 天
应收账款周转率 = 年赊销收入/应收账款	2 001.37 亿美元/56.14 亿美元 = 35.65 倍	38 倍

续表

财务比率	沃尔玛	塔吉特
存货周转天数 = $\dfrac{存货}{日销货成本}$	$\dfrac{437.83 亿美元}{10.23 亿美元}$ = 42.80 天	61.81 天
存货周转率 = $\dfrac{销货成本}{存货}$	$\dfrac{3\,733.96 亿美元}{437.83 亿美元}$ = 8.53 次	5.91 次

2. 营业利润

财务比率	沃尔玛	塔吉特
营业资产收益率 = $\dfrac{营业利润}{总资产}$	$\dfrac{204.37 亿美元}{2\,045.22 亿美元}$ = 10%	11.1%
营业利润率 = $\dfrac{营业利润}{销售收入}$	$\dfrac{204.37 亿美元}{5\,003.43 亿美元}$ = 4.1%	6.0%
总资产周转率 = $\dfrac{销售收入}{总资产}$	$\dfrac{5\,003.43 亿美元}{2\,045.22 亿美元}$ = 2.45 次	1.84 次
应收账款周转率 = $\dfrac{年赊销收入}{应收账款}$	$\dfrac{5\,003.43 亿美元}{56.14 亿美元}$ = 35.65 次	38 次
存货周转率 = $\dfrac{销货成本}{存货}$	$\dfrac{3\,733.96 亿美元}{437.83 亿美元}$ = 8.53 次	5.91 次
固定资产周转率 = $\dfrac{销售收入}{固定资产净值}$	$\dfrac{5\,003.43 亿美元}{1\,148.18 亿美元}$ = 4.36 次	2.87 次

3. 财务决策

财务比率	沃尔玛	塔吉特
资产负债率 = $\dfrac{总负债}{总资产}$	$\dfrac{1\,253.82 亿美元}{2\,045.22 亿美元}$ = 61%	70%
利息保障倍数 = $\dfrac{营业利润}{利息费用}$	$\dfrac{204.37 亿美元}{21.78 亿美元}$ = 9.38 倍	6.47 倍

4. 股权收益率

财务比率	沃尔玛	塔吉特
股权收益率 = $\dfrac{净利润}{普通股股权总计}$	$\dfrac{98.62 亿美元}{791.40 亿美元}$ = 12.5%	25%

5. 创造股东价值

财务比率	沃尔玛	塔吉特
市盈率 = $\dfrac{每股市场价格}{每股利润}$	$\dfrac{86.00 美元}{3.28 美元}$ = 26.22 倍	14.07 倍
市净率 = $\dfrac{每股市场价格}{每股账面价值}$	$\dfrac{86 美元}{26.3 美元}$ = 3.27 倍	3.53 倍

例 4.5　计算迪士尼的市盈率和市净率

请考虑关于迪士尼的如下问题：
(1) 2017 年底，迪士尼的股票售价约为 105 美元。
(2) 该公司的净利润为 89.80 亿美元，资产负债表中的普通股股权总计（股权账面价值）为 448.43 亿美元。
(3) 流通股股数为 18.57 亿股。

给定以上信息，请计算该公司的每股利润和每股账面价值，并计算市盈率和市净率。该行业公司的平均市盈率为 17 倍，平均市净率为 2.6 倍。股东会如何看待该公司的业绩以及未来发展前景？

第 1 步：确定解题方法

请计算迪士尼的市盈率和市净率。投资者愿意为迪士尼的每 1 美元利润支付多少钱？每 1 美元股权资本投资（股权账面价值）创造了多少价值？使用的公式如下：

$$市盈率 = \frac{每股市场价格}{每股利润}$$

$$市净率 = \frac{每股市场价格}{每股账面价值}$$

第 2 步：计算数值

我们计算出了迪士尼的市盈率和市净率，如下所示：

$$每股利润 = \frac{净利润}{股数} = \frac{89.80\ 亿美元}{18.57\ 亿股} = 4.84\ 美元$$

$$每股账面价值 = \frac{普通股股权总计}{股数} = \frac{448.43\ 亿美元}{18.57\ 亿股} = 24.15\ 美元$$

$$市盈率 = \frac{每股市场价格}{每股利润} = \frac{105\ 美元}{4.83\ 美元} = 21.74\ 倍$$

$$市净率 = \frac{每股市场价格}{每股账面价值} = \frac{105\ 美元}{24.14\ 美元} = 4.35\ 倍$$

第 3 步：分析结果

迪士尼的市盈率为 21.74 倍，市净率为 4.35 倍。同时，该行业的平均市盈率为 17 倍，平均市净率为 2.6 倍。因此，股东认为迪士尼具有较高的成长前景和（或）较低的风险。

您会做吗？

创造股东价值

多克帕克斯公司的股票售价为每股 15 美元，流通股为 100 万股。该公司的净利润为

725 000 美元，普通股股权总计（股权账面价值）为 4 750 000 美元，总资产为 900 万美元。最后，该公司的营业资产收益率为 15%，股东的资金机会成本（资本成本）为 12%。

请根据上述信息，计算该公司的市盈率和市净率。该行业的平均市盈率为 12 倍，平均市净率为 3 倍。股东认为该公司的业绩和未来成长前景如何？

概念回顾
1. 决定公司创造还是破坏股东价值的因素有哪些？
2. 我们可以使用什么指标来确定公司是否创造了股东价值？
3. 市净率大于 1 或者小于 1 显示出什么信息？
4. 公司的市净率和市盈率提供的信息有何不同？
5. 利润表中的利润和经济利润的区别是什么？

▶ **财务决策工具**

指标名称	公式	提供的信息
市盈率	$\dfrac{每股市场价格}{每股利润}$	公司的每 1 美元利润对应的每股市场价格。
市净率	$\dfrac{每股市场价格}{每股账面价值}$	1 美元股东投资（以每股账面价值衡量）对应的每股市场价格。

您做出来了吗？

创造股东价值

多克帕克斯公司的股票市盈率为 20.69 倍（＝每股市场价格 15 美元÷每股利润 0.725 美元），市净率为 3.16 倍（＝每股市场价格 15 美元÷每股账面价值 4.75 美元）。同时，该行业的平均市盈率为 12 倍，市净率为 3 倍。因此，投资者认为多克帕克斯公司有更高的成长前景和（或）更低的风险。

财务比率分析的局限性

在本章最后，我们将提出关于使用财务比率的几个警告。我们已经介绍了如何运用财务比率了解公司的财务状况，但是使用这些财务比率的人需要注意使用它们的局限性。下面列出了您在计算和解释财务指标时可能遇到的一些重要局限性。

（1）当公司涉足多类业务时，确定公司所属行业可能比较困难。在这种情况下，您必须自己选择同行公司，并建立自己的标准。

（2）公开发布的同行公司或者行业平均值仅仅是估计数据。它们为使用者提供了一般性指南，而不是以科学方法计算出的所有公司的财务比率平均值，甚至不能算作行业内公司的代表性样本。

（3）行业平均值不一定是理想的目标比率或标准比率。行业标准其实没有神奇之处。行业标准最多表示该行业公司的平均财务状况。它并不意味着该财务比率的理想值或最优值。由于各种原因，一家管理良好的公司的财务比率可能高于平均值，而另一家同样优秀的公司的财务比率可能低于平均值。

（4）不同公司的会计实务差别很大。例如，不同公司会为其固定资产选择不同的折旧方法，而这些区别可能使不同公司的财务比率计算结果难以互相比较。

（5）财务比率可能过高或者过低。例如，超过行业标准的流动比率可能表明流动性过剩，导致公司的利润与资产投资之比较低。另外，低于行业标准的流动比率可能表明：①公司的流动性不足，未来某个日期可能无法及时清偿债务；②公司的应收账款和存货管理效率高于其他类似公司。

（6）许多公司在经营中会经历季节性变化。因此，其资产负债表科目和相应的财务比率在编制财务报表的年份中会随着时间的推移而变化。为了避免这个问题，我们应该使用平均账户余额（根据当年中多个月份或季度的数据计算），而不是使用年末账户余额。比如，我们可能使用公司的月末存货余额而不是年末存货余额来计算存货周转率。

尽管存在局限性，但财务比率依然是我们评估公司财务状况的有用工具。然而，我们应该意识到它们潜在的缺点。在很多情况下，财务比率的"真正"价值是告诉我们，我们还需要提出关于公司的什么问题。

概念回顾
1. 当比较一家公司与同行公司时，为什么很难确定该公司所属的行业？
2. 为什么不同公司的会计实务差异会限制财务比率的有用性？
3. 当比较一家公司的财务比率与行业标准时，为什么要小心谨慎？

本章小结

➡ **学习目标 1. 解释财务分析的目的和重要性。**

小结：许多群体都发现财务比率很有用。例如，管理者和股东都使用财务比率衡量和跟踪公司的业绩。对公司经济状况有兴趣的外部财务分析师也会使用财务比率。这些群体还包括商业银行的贷款专员，他们希望确定贷款申请人的信用状况和偿还贷款本息的能力。

关键术语

财务比率：帮助人们确认公司的部分财务优势和财务劣势的会计数据。

➡ **学习目标 2. 计算出一套全面的衡量指标并用其评估公司的业绩。**

小结：财务比率是财务分析的基本工具。有时财务比率仅作为基准，由于财务比率对公司的财务信息进行了标准化，所以不同规模的公司之间也可以进行比较。

财务比率也可以被用来回答至少五个问题：（1）公司的流动性如何？（2）公司管理者为公司资产创造了足够多的营业利润吗？（3）公司如何融资？（4）公司管理者是否为股东提供的资

本创造了良好的收益？（5）公司管理者是否创造了股东价值？

有两种方法可以被用来分析公司的财务比率：（1）通过分析公司在不同时间（例如，过去五年）的财务比率来比较公司现在和过去的业绩；（2）比较该公司与其他公司的财务比率。在我们的例子中，我们选择了一个同行公司来分析沃尔玛的财务状况。

财务比率是评估公司财务业绩的常用方法。然而，当评估公司对资产（资本）的使用是否为公司创造了价值时，仅基于公司的利润表进行财务比率分析可能就不够了。如果我们希望了解股东如何评价公司管理者的表现，我们可以用公司股票的市场价格除以每股利润或每股账面价值。

关键术语

流动性：公司按时支付账款的能力。流动性与公司的非现金资产变现的难易程度和速度，以及公司的非现金资产投资与短期债务之比相关。

流动比率：公司的流动资产除以流动负债。该比率通过比较流动资产和流动负债来表示公司的流动性。

酸性测试（速动）比率：公司的现金和应收账款之和除以公司的流动负债。该比率是比流动比率更严格的流动性指标，因为它从流动资产中剔除了存货和其他流动资产（即流动性最差的资产）。

应收账款周转天数（平均回收期）：公司的应收账款除以公司的平均日赊销收入（年赊销收入÷365）。该比率表示公司收回赊销账款的速度。

应收账款周转率：公司的赊销收入除以应收账款。该比率表示应收账款在一年内的周转频率。

存货周转天数：存货除以日销货成本。该比率衡量了公司存货在售出之前的平均持有天数，也显示了存货质量。

存货周转率：公司的销货成本除以存货。该比率衡量了公司存货在当年被出售和重置的次数，即存货的相对流动性。

营业资产收益率（OROA）：该比率等于公司的营业利润除以总资产，表明公司的资产获得的收益率。

运营管理：从管理层创造收入、控制成本费用的角度衡量了管理层的日常运营效率；换言之，即公司对直接影响利润表的活动的管理效率。

资产管理：利用公司资产创造销售收入的效率。

营业利润率：公司的营业利润（息税前利润）除以销售收入。该比率是公司运营效率的总体衡量指标。

总资产周转率：公司的销售收入除以总资产。该比率是基于公司的销售收入和总资产的关系的整体指标。

固定资产周转率：公司的销售收入除以固定资产净值。该比率表明了公司使用固定资产的效率。

资产负债率：公司的总负债除以总资产，该比率衡量了公司使用债务融资的程度。

利息保障倍数：公司的息税前利润（EBIT）除以利息费用。该比率衡量了公司使用年营业利润支付利息的能力。

股权收益率：公司的净利润除以普通股股权（股东权益）。该比率是公司的普通股股东投资获得的会计收益率。

普通股股权总计（股东权益总计）：资产负债表中的普通股股权（股东权益），它是面值、实收资本、留存收益之和减去库存股。

市盈率：公司每1美元利润的市场价格。

市净率：公司的每股市场价格除以公司资产负债表中的每股账面价值。它表示股东的 1 美元投资的市场价格。

关键公式

$$流动比率 = \frac{流动资产}{流动负债}$$

$$酸性测试比率 = \frac{现金 + 应收账款}{流动负债}$$

$$应收账款周转天数 = \frac{应收账款}{日赊销收入} = \frac{应收账款}{年赊销收入 \div 365}$$

$$应收账款周转率 = \frac{年赊销收入}{应收账款}$$

$$存货周转天数 = \frac{存货}{日销货成本} = \frac{存货}{年销货成本 \div 365}$$

$$存货周转率 = \frac{销货成本}{存货}$$

$$营业资产收益率 = \frac{营业利润}{总资产}$$

$$营业资产收益率 = 营业利润率 \times 总资产周转率$$

$$营业资产收益率 = \frac{营业利润}{销售收入} \times \frac{销售收入}{总资产}$$

$$营业利润率 = \frac{营业利润}{销售收入}$$

$$总资产周转率 = \frac{销售收入}{总资产}$$

$$固定资产周转率 = \frac{销售收入}{固定资产净值}$$

$$资产负债率 = \frac{总负债}{总资产}$$

$$利息保障倍数 = \frac{营业利润}{利息费用}$$

$$股权收益率 = \frac{净利润}{普通股股权总计}$$

$$市盈率 = \frac{每股市场价格}{每股利润}$$

$$市净率 = \frac{每股市场价格}{每股账面价值}$$

➡ **学习目标 3. 描述财务比率分析的局限性。**

小结：以下是计算和解释财务比率时您将遇到的部分局限性：

（1）有时难以确定公司所属行业。
（2）公开发布的行业平均值仅仅是估算数据，而不是以科学方法计算出的平均值。
（3）不同公司的会计实务差别很大，可能导致财务比率计算结果的差异。
（4）有些财务比率可能过高或过低，使结果更加难以解释。
（5）行业平均值可能不是理想的目标财务比率或标准。

(6) 许多公司会经历商业环境的季节性变化。因此，财务比率的计算结果在编制报表的年份会随着时间的推移而变化。

尽管有这些局限性，但财务比率仍然为我们提供了评估公司财务状况的有用工具。

复习题

4—1 请描述使用财务比率的"五问式方法"。

4—2 请简要讨论进行财务比率分析时可以采用的两个视角。

4—3 我们可以在哪里获得行业标准？

4—4 行业平均财务比率的局限性是什么？请简要讨论。

4—5 什么是流动性？衡量流动性的原理是什么？

4—6 请区分公司的营业资产收益率和营业利润率。

4—7 为什么公司的营业资产收益率是营业利润率和总资产周转率的函数？

4—8 公司的毛利率、营业利润率和净利润率有何不同？

4—9 市盈率和市净率可以向公司及其投资者提供哪些信息？

4—10 请说明公司的股权收益率的决定因素。

4—11 登录IBM的网站www.ibm.com/investor，先点击"投资者工具"，然后点击"投资之道"，作为指导来阅读财务报表。它和第3章以及本章学习内容存在哪些不同？

课后习题

4—1（**评估流动性**）艾尔沃德公司（Aylward Inc.）目前的流动资产为2 145 000美元，流动负债为858 000美元。该公司的管理者希望增加公司的存货，并通过银行短期票据融资。在流动比率不低于2.0的情况下，请问该公司可以持有多少存货？

4—2（**评估盈利能力**）玛利亚公司（Malia Corporation）在2019年的销售收入为6 500万美元，总资产为4 200万美元，总负债为2 000万美元。该公司的债务利率为6%，税率为21%，营业利润率为12%。该公司的营业利润和净利润是多少？营业资产收益率和股权收益率是多少？假设该公司必须支付所有债务的利息。

4—3（**评估盈利能力**）去年史蒂文斯公司（Stevens Inc.）的销售收入为400 000美元，销货成本为112 000美元。该公司的营业费用为130 000美元，留存收益增加额为58 000美元。该公司现有22 000股流通普通股。该公司支付的每股股利为1.60美元。

a. 假设该公司的所得税税率为21%，请编制该公司的利润表。

b. 请计算该公司的营业利润率。

c. 该公司的利息保障倍数是多少？

4—4（**市净率**）张氏公司（Chang, Inc.）的资产负债表表明股东权益账面价值（普通股股权总计）为750 500美元。该公司的每股利润为3美元，市盈率为12.25倍。该公司的流通普通股为50 000股。该公司的市净率是多少？这表明股东对张氏公司的看法如何？

4—5（**评估流动性**）艾伦·马布尔公司（Allen Marble Company）的目标流动比率为2.0，但是在过去几个月扩大销售时出现了融资困难。现在，该公司的流动资产为250万美元，流动比率为2.5。如果艾伦·马布尔公司使用短期信贷额度扩大其应收账款和存货，那么它在流动比率跌破标准之前还可以借入多少短期资金？

4—6（比率分析） 泰尔制造公司（Thiel Mfg. Company）的资产负债表和利润表如下所示：

资产负债表 单位：千美元

现金	500
应收账款	2 000
存货	1 000
流动资产	3 500
固定资产净值	4 500
总资产	8 000
应付账款	1 100
应计费用	600
短期应付票据	300
流动负债	2 000
长期债务	2 000
所有者权益	4 000
负债和所有者权益总计	8 000

利润表 单位：千美元

销售收入（均为赊销收入）	8 000
销货成本	−3 300
毛利润	4 700
营业费用（包括50万美元折旧费用）	−3 000
营业利润	1 700
利息费用	−367
税前利润	1 333
所得税（21%）	−280
净利润	1 053

请计算下列比率：

流动比率　　　营业资产收益率
利息保障倍数　资产负债率
存货周转率　　应收账款周转天数
总资产周转率　固定资产周转率
营业利润率　　股权收益率

4—7（分析营业资产收益率） 去年，温斯顿公司（Winston Corporation）的营业利润率为10%，销售收入为1 000万美元，总资产为500万美元。

a. 温斯顿公司的总资产周转率是多少？

b. 该公司总裁将下一年的目标定为实现3.5次的总资产周转率。如果其他指标均不变，该公司的销售收入必须增加多少？（请分别用销售收入的增加金额和增加百分比回答本题。）

c. 温斯顿公司去年的营业资产收益率是多少？假设该公司的营业利润率保持不变，如果达到了总资产周转率目标，那么下一年的营业资产收益率是多少？

4—8（评估流动性） 去年，塔博尔销售公司（Tabor Sales Company）的毛利率（=毛利润÷销售收入）为30%，销售收入为900万美元。该公司75%的销售收入为赊销收入，其余部分为现金销售收入。塔博尔的流动资产为150万美元，流动负债为30万美元，现金与有价证券之和为10万美元。

a. 如果塔博尔的应收账款为562 500美元，它的应收账款周转天数是多少？

b. 如果塔博尔的应收账款周转天数（平均收款期）缩短到20天，那么新的应收账款应该是多少？

c. 塔博尔的存货周转率为9次。塔博尔的存货是多少？

4—9（比率分析） 潘普林公司（Pamplin, Inc.）的财务报表和行业标准如下所示：

a. 请计算潘普林公司在2017年和2018年的财务比率，并与行业标准进行比较。

b. 该公司的流动性如何？

c. 管理者是否为公司资产创造了充足的营业利润？

d. 该公司如何为资产融资？

e. 该公司的管理者是否创造了不错的股权收益率？

	行业标准
流动比率	5.00
酸性测试（速动）比率	3.00
存货周转率	2.20次
应收账款周转天数	90.00天
资产负债率	0.33
利息保障倍数	7.00倍
总资产周转率	0.75次
固定资产周转率	1.00次
营业利润率	20%
股权收益率	9%

潘普林公司2017年12月31日和2018年12月31日的资产负债表　　　　单位：美元

	2017年	2018年
资产		
现金	200	150
应收账款	450	425
存货	550	625
流动资产	1 200	1 200
厂房和设备	2 200	2 600
减累计折旧	-1 000	-1 200

续表

厂房和设备净值	1 200	1 400
总资产	2 400	2 600
负债和所有者权益		
应收账款	200	150
应付票据——当期（9%）	0	150
流动负债	200	300
债券（利率为8.33%）	600	600
总负债	800	900
所有者权益：普通股	300	300
实收资本	600	600
留存收益	700	800
所有者权益总计	1 600	1 700
负债和所有者权益总计	2 400	2 600

潘普林公司截至 2017 年 12 月 31 日和 2018 年 12 月 31 日的年度利润表　　单位：百万美元

	2017 年	2018 年
销售收入[a]	1 200	1 450
销货成本	700	850
毛利润	500	600
营业费用	30	40
折旧费用	220	200
营业利润	250	360
利息费用	50	64
税前利润	200	296
应纳税款（21%）	42	62
净利润	158	1 234

a. 15% 的销售收入为现金销售收入，其余 85% 为赊销收入。

4—10（评估当期盈利能力和未来盈利能力）（财务比率——投资分析）塞科公司（Salco Inc.）去年的年销售收入为 450 万美元，所有的销售收入均为赊销收入。该公司年末的资产负债表如下所示：

单位：美元

流动资产	500 000	负债	1 000 000
固定资产净值	1 500 000	所有者权益	1 000 000
	2 000 000		2 000 000

该公司当年的利润表如下所示:

单位：美元

销售收入	4 500 000
减销货成本	−3 500 000
毛利润	1 000 000
减营业费用	−500 000
营业利润	500 000
减利息费用	−100 000
税前利润	400 000
减应纳税款（21%）	−84 000
净利润	316 000

a. 请计算塞科公司的总资产周转率、营业利润率和营业资产收益率。

b. 塞科公司计划翻修一座厂房，需要对厂房和设备追加100万美元投资。为这笔新投资进行融资时，该公司将保持当前的资产负债率0.5，并预期销售收入将保持不变。如果营业利润率升至13%，那么厂房翻修后塞科公司的新营业资产收益率是多少？

c. 假设发生了第b问中的厂房翻修，且塞科公司的利息费用每年上升50 000美元，那么普通股股东的投资收益率是多少？请比较该收益率与厂房翻修前的普通股股东投资收益率。

4—11（财务分析） T. P. 贾蒙公司（T. P. Jarmon Company）生产并销售一系列独家运动服。该公司上一年的销售收入是600 000美元，总资产超过400 000美元。该公司由贾蒙在十年前创立，并且自创始以来每年都有盈利。该公司的首席财务官布伦特·威尔利（Brent Vehlim）决定向银行申请总计80 000美元的信贷额度。过去，该公司依靠供应商为大部分存货需求融资。然而，最近几个月的银根紧缩导致该公司的供应商为加速支付货款提供了相当大的现金折扣。威尔利希望在今年夏天，也就是该公司的销售高峰季使用信用额度代替大部分应付账款。

该公司向银行提交了最近的两张资产负债表，以支持其贷款申请。此外，该公司还提供了上一年的利润表。这些财务报表如下所示：

T. P. 贾蒙公司 2017年12月31日和2018年12月31日的资产负债表 单位：美元

	2017年	2018年
现金	15 000	14 000
有价证券	6 000	6 200
应收账款	42 000	33 000
存货	51 000	84 000
预付租金	1 200	1 100
流动资产总计	115 200	138 300
厂房和设备净值	286 000	270 000
总资产	401 200	408 300
应付账款	48 000	57 000

续表

应付票据	15 000	13 000
应计费用	6 000	5 000
流动负债总计	69 000	75 000
长期债务	160 000	150 000
普通股股东权益	172 200	183 300
负债和权益总计	401 200	408 300

T. P. 贾蒙公司截至 2018 年 12 月 31 日的年度利润表 　　　　单位：美元

销售收入（均为赊销收入）		600 000
减销货成本		460 000
毛利润		140 000
减营业费用和利息费用		
一般费用和管理费用	30 000	
利息	10 000	
折旧	30 000	
总计		70 000
税前利润		70 000
减应纳税款		14 700
普通股股东可得的净利润		55 300
减现金股利		44 200
留存收益变化		11 100

迈克·阿明（Mike Ameen）是密歇根州米德兰商业国民银行（Merchants National Bank of Midland）的信用分析师，负责分析 T. P. 贾蒙公司的贷款申请。

a. 请计算该公司 2018 年的财务比率，并与以下行业标准进行比较。

比率	行业标准
流动比率	1.8
酸性测试比率	0.9
资产负债率	0.5
利息保障倍数	10.0 倍
应收账款周转天数	20.0 天
存货周转率（基于销货成本）	7.0 次
普通股股权收益率	12.0%
营业资产收益率	16.8%
营业利润率	14.0%

续表

总资产周转率	1.20 次
固定资产周转率	1.80 次

b. 在所有行业标准中,您认为哪些财务比率对于银行确定是否授予信贷额度最重要?

c. 请编制 T. P. 贾蒙公司截至 2018 年 12 月 31 日的年度现金流量表,并解释您的结果。

d. 请使用财务比率和现金流量表提供的信息决定您是否支持发放贷款。

4—12 确定公司所属行业,以便用类似公司作为评价您公司业绩的基准通常并非易事。请选择一个行业,并访问 www.naics.com。该网站让您可以从北美工业分类系统(NAICS)中自由搜索不同类型的企业。请选择关键词,比如"运动鞋"和"汽车经销商"等,查看它们属于哪个行业。

4—13(**市盈率**)加雷特实业(Garret Industries)的市盈率为 16.29 倍。

a. 如果加雷特的每股利润为 1.35 美元,那么加雷特的每股价格是多少?

b. 请用第 a 问的每股价格计算市净率,假设加雷特的每股账面价值为 9.58 美元。

4—14(**融资决策**)埃玛电子有限公司(Emma's Electronics Incorporated)的总资产为 63 000 000 美元,总负债为 42 000 000 美元。该公司的营业利润为 21 000 000 美元,利息费用为 6 000 000 美元。

a. 埃玛公司的资产负债率是多少?

b. 埃玛公司的利息保障倍数是多少?

c. 根据以上信息,您是否会向埃玛公司的管理层建议,该公司财务状况足够稳健,应该承担更多债务,使利息费用增至 9 000 000 美元?

4—15(**财务比率分析**)阿茨公司(Artz, Inc.)2018 年的财务报表如下所示:

单位:百万美元

销售收入	4 500
销货成本	−2 800
毛利润	1 700
营业费用:	
销售费用、一般费用和管理费用	−1 000
折旧费用	−200
营业费用总计	−1 200
营业利润	500
利息费用	−60
税前利润(应税所得)	440
所得税	−92
净利润	348
现金	500
应收账款	600

续表

存货	900
流动资产总计	2 000
固定资产总计	2 100
累计折旧	－800
固定资产净值	1 300
资产总计	3 300
负债（债务）和权益	
应付账款	500
短期应付票据	300
流动负债总计	800
长期债务	400
负债总计	1 200
普通股股权：	
普通股（面值和实收资本）	500
留存收益	1 600
普通股股权总计	2 100
负债和权益总计	3 300

阿茨公司的首席财务官获得了以下财务比率的行业平均值：

流动比率	3.0
酸性测试比率	1.50
应收账款周转天数	40.0 天
存货周转天数	70.2 天
营业资产收益率	12.5%
营业利润率	8.0%
总资产周转率	1.6 次
固定资产周转率	3.1 次
资产负债率	33.0%
利息保障倍数	6.0 倍
股权收益率	11.0%

a. 请计算阿茨公司的以上财务比率。
b. 将阿茨公司的财务比率和行业标准进行比较：
 i. 该公司的流动性如何？
 ii. 该公司的管理者是否用公司资产创造了有吸引力的营业利润？

ⅲ. 该公司如何为资产融资?

ⅳ. 该公司的管理者是否获得了不错的股权收益率?

4—16（计算财务比率） 请使用资产负债表和利润表的以下信息计算下列指标:

流动比率	应收账款周转天数
酸性测试比率	营业资产收益率
利息保障倍数	资产负债率
存货周转率	股权收益率
总资产周转率	固定资产周转率
营业利润率	

单位：美元

现金	100 000
应收账款	30 000
存货	50 000
预付费用	10 000
流动资产总计	190 000
厂房和设备总计	401 000
累计折旧	−66 000
资产总计	525 000
应付账款	90 000
应计负债	63 000
流动负债总计	153 000
长期债务	120 000
普通股	205 000
留存收益	47 000
负债和权益总计	525 000
销售收入[a]	210 000
销货成本	−90 000
毛利润	120 000
销售费用、一般费用和管理费用	−29 000
折旧费用	−26 000
营业利润	65 000
利息费用	−8 000
税前利润	57 000
应纳税款	−16 000
净利润	41 000

a. 12%的销售收入为现金销售收入。

迷你案例

2018 年 5 月大学毕业后，瑞安·克鲁斯（Ryan Crews）在 W&T 公司（W&T Corporation，田纳西州纳什维尔的一家中小型仓库分销商）开始了他的财务职业生涯。该公司由戴维·温斯顿（David Winston）和科林·泰伯（Colin Tabor）于 2005 年创立，此后他们在沃尔玛共同担任管理层。尽管克鲁斯得到了山姆俱乐部（Sam's Club）的工作机会，但他对 W&T 的工作机会更感兴趣。

2017 年是该公司财务状况良好的一年。但在 2018 年，该公司的销售收入下降了 5.3%，销售收入从 570 万美元降到 540 万美元。销售收入下降也导致了其他财务问题，包括该公司股价下跌了 50%，股价从 2017 年底的每股 36 美元跌至 2018 年底的每股 18 美元！

戴维·温斯顿和科林·泰伯希望了解发生了什么。

W&T 这两年的财务信息如下所示。

a. 请利用您在本章和第 3 章学到的知识，对 W&T 进行财务分析，并比较这两年该公司的财务业绩。

b. 您能从分析中得出什么结论？

c. 您对管理层有什么建议？

W&T 公司的利润表		单位：千美元
	2017 年	2018 年
销售收入	5 700	5 400
销货成本	−3 700	−3 600
毛利润	2 000	1 800
营业费用：		
销售费用、一般费用和管理费用	−820	−780
折旧费用	−340	−500
营业费用总计	−1 160	−1 280
营业利润	840	520
利息费用	−200	−275
税前利润（应税所得）	640	245
所得税	−230	−65
净利润	410	180
其他信息：		
流通普通股股数[a]	150	150
支付给股东的股利	120	120
每股市场价格[b]	36	18

a. 单位为千股。
b. 单位为美元。

W&T公司的资产负债表　　　　　　　　　　　　　　　　单位：千美元

	2017年	2018年
资产		
现金	300	495
应收账款	700	915
存货	600	780
其他流动资产	125	160
流动资产总计	1 725	2 350
固定资产总计	4 650	4 950
累计折旧	−1 700	−2 200
固定资产净值	2 950	2 750
资产总计	4 675	5 100
负债（债务）和所有者权益		
应付账款	400	640
短期应付票据	250	300
流动负债总计	650	940
长期债务	1 250	1 325
负债总计	1 900	2 265
普通股股权：		
普通股	1 100	1 100
留存收益	1 675	1 735
普通股股权总计	2 775	2 835
负债和权益总计	4 675	5 100

第5章
货币的时间价值

学习目标

1	解释复利的原理以及如何计算货币的现值。	复利、终值与现值
2	理解年金。	年金
3	计算非按年计算复利的现金流的终值和现值。	使不同利率具有可比性
4	计算不规则现金流的现值,并理解永续年金。	不规则现金流的现值和永续年金

在商业中,最重要且应用最广泛的概念可能就是货币的时间价值。悉尼·霍默(Sidney Homer)曾在其代表作《利率的历史》(*A History of Interest Rates*)中指出,如果将1 000美元按照8%的年利率连续投资400年,最终将会得到23 000万亿美元——相当于地球上每个人将得到约500万美元。当然,他并不是提出一项让这个世界变得富有的计划,而是指出货币时间价值的重要性。

货币的时间价值当然不是一个新概念。本杰明·富兰克林(Benjamin Franklin)在捐给波士顿市政府和费城市政府各1 000英镑(在当时约合2 200美元)的时候,可谓充分理解了它的原理。作为提供这笔捐款的条件,富兰克林要求两个市政府以当时的通行利率将这些资金贷给有前途的学徒。当这些资金以这种方式投资100年以后,市政府可以运用这些投资的一部分兴建城市公益设施,并且保留一部分资金用于未来投资。225年后,富兰克林对波士顿的捐款建成了富兰克林联盟(Franklin Union),通过提供贷款帮助了无数医学生,而账户中仍有300万美元。类似地,费城也获得了可观的回报,其获得的捐款增长到200万美元以上。请注意,所有这些回报仅来自初始的1 000英镑捐款,它们发挥的巨大作用正来自货币的时间价值。

安德鲁·托拜厄斯(Andrew Tobias)在他的《金钱角度》(*Money Angles*)一书中讲了一个故事,这个故事同样可以说明货币时间价值的力量。故事中,一名农夫在一场由国王举办的象棋锦标赛中赢得了冠军。国王问这名农夫他想要什么奖赏。农夫答道，他想为他的村子要一些粮食，粮食的数量要这样计算：在棋盘的第一个方格中放一粒小麦，在第二个方格中放两粒小麦，在第三个方格中放四粒小麦，在第四个方格中放八粒小麦，依此类推。国王认为这很容易办到，于是承诺将满足农夫的愿望。然而尴尬的是，国王发现当填满棋盘上所有 64 个方格时，一共要用 1 850 万万亿粒小麦——这些小麦的数量以 100％的复利率在棋盘上连续增长了 64 次。毫无疑问，村庄中不会再有人挨饿。事实上，如果每粒小麦有四分之一英寸长（坦白地讲，笔者也不知道一粒小麦有多长，但是安德鲁·托拜厄斯认为它是四分之一英寸长），那么将这些麦粒首尾相接，其长度将是地日距离的 391 320 倍。

充分理解复利使货币价值随着时间的推移而增长的原理，对于几乎每项商业决策都至关重要。它将帮助您理解各种问题，例如如何对股票和债券进行估值，如何确定新项目的价值，应该为子女的教育存多少钱，以及应该为抵押贷款交多少月供。

在接下来的六章中，我们将重点关注如何确定公司的价值以及公司的投资方案的可取性。这些内容的一个关键基础概念就是货币的时间价值；也就是说，今天的一美元比一年后得到的一美元更有价值。直观上，这个想法很容易理解。我们都很熟悉利息的概念。这个概念阐述了经济学家所称的机会成本，即放弃今天的一美元的潜在盈利能力的成本。这种机会成本就是货币的时间价值。

为了评估和比较投资方案，我们需要分析，如果接受这些投资方案，投资价值将如何增长。为了实现这个目的，所有投资价值首先必须是可以比较的。换言之，我们必须计算所有现金流在当前或者未来某个日期的价值。因此，对于理解财务管理——不管是基础财务管理还是高级财务管理——理解货币的时间价值都至关重要。

复利、终值与现值

在我们开始学习货币的时间价值时，首先将用一些基本工具来形象地说明现金流的时间模式。尽管这些时间轴初看上去很简单，但它们对于处理更复杂的问题大有帮助。

用时间轴说明现金流模式

作为形象说明现金流的第一步，我们先画一条时间轴，它以线性模式显示了现金流的发生时点。时间轴标出了现金流发生的时间和大小——包括现金流入和现金流出——以及现金流赚取的利率。时间轴是财务分析师在解决财务问题时采用的关键第一步。我们将在本书中经常用到它。

下面我们来说明如何绘制现金流的时间轴。在下面的例子中，我们假设在 4 年中，每年均收到一笔现金流。以下时间轴显示了从第 0 期（现在）到第 4 年年末的现金流入和现金流出。

为了方便说明，期数标在时间轴上方，在本例中，期数单位为年，如时间轴最左侧所

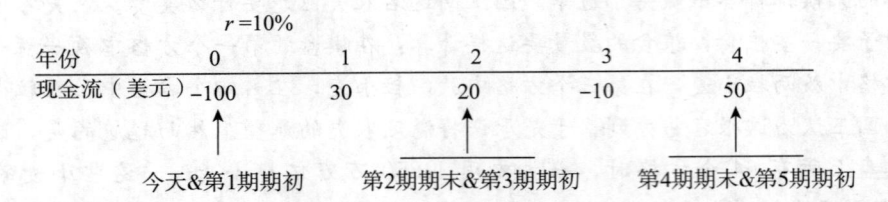

```
              r =10%
年份       0        1        2        3        4
现金流（美元） -100      30       20      -10       50
             ↑                 ↑                 ↑
          今天&第1期期初    第2期期末&第3期期初   第4期期末&第5期期初
```

示。因此，第 0 年既表示今天，也表示第 1 年年初。每期的现金流入或现金流出标在时间轴下方。正值表示现金流入，负值表示现金流出。例如，在所示时间轴上，今天（或时点 0）有 100 美元现金流出，在第 1 年年末和第 2 年年末分别有 30 美元和 20 美元现金流入，在第 3 年年末有 10 美元负现金流（现金流出），最后在第 4 年年末有 50 美元现金流入。

时间轴的单位为期数，通常以年表示，也可以用月、日或其他时间单位表示。不过，现在我们假设每年产生一笔现金流。因此，0 和 1 之间的距离就表示今天和第 1 年年末之间的时间长度。因此，第 0 期表示今天，而第 1 期表示第 1 年年末，也即第 2 年年初（您可以将其想象为第 1 年的最后 1 秒和第 2 年的第 1 秒）。在本例中，利率为 10%，标在时间轴上方。

在本章以及全书其他章节中，我们经常会计算货币在不同时间的价值。因为不一定每位读者都熟悉这个概念，因此我们将花一些时间进行解释。大多数企业投资都是在当前进行的，并在接下来的年份中产生现金流入。因此，要评估一项投资，您需要比较当前的投资金额和未来的投资回报，并运用货币时间价值的原理来调整这些数字。时间轴可以让解答货币时间价值问题变得简单，并且不只适用于初学者，很多有经验的财务分析师同样使用这种方法。实际上，您要解决的问题越复杂，时间轴方法越有价值，因为它能帮您形象准确地说明需要做什么。

> **牢记原则**
>
> 在本章中，我们将创建工具，将"基本原则 2：货币具有时间价值"融入我们的计算中。在接下来的章节中，我们将使用这个概念衡量价值，方法是计算项目的收益和成本的现值。

我们中的大多数人很早就接触过复利这个概念。任何有过储蓄账户或者购买过政府储蓄债券的人都收到过复利。**复利**（compound interest）是将第 1 期支付的投资利息加在本金上，并以此为新的本金计算第 2 期的利息。

例如，假设我们在储蓄账户中存入 100 美元，该账户支付 6% 的年利率，按年计算复利。我们的储蓄将如何增长呢？第 1 年年末我们将获得 6% 的利率，因为初始存款为 100 美元，因此将获得 6 美元利息，最终我们的储蓄账户中共有 106 美元，因此

$$
\begin{aligned}
第 1 年年末的价值 &= 现值 \times (1+利率) \\
&= 100 \times (1+0.06) \\
&= 100 \times 1.06 \\
&= 106(美元)
\end{aligned}
$$

继续向后推算 1 期，我们会发现，我们现在以 106 美元的本金赚取了 6% 的利率，也就是说，我们在第 2 年将得到 6.36 美元利息。为什么我们在第 2 年获得的利息比第 1 年多？这是因为现在我们用初始本金和第 1 年利息之和赚取利息。实际上，我们现在赚取的是利息的利息，这就是复利的概念。通过分析第 2 年利息的数学公式，我们得出：

第 2 年年末的价值 = 第 1 年年末的价值 × (1+r)

其中，r = 年利率（贴现率），代入本例，得到：

第 2 年年末的价值 = 106 × (1+0.06)
= 112.36（美元）

回顾计算过程，我们可以看到第 1 年年末的**终值**（future value）为 106 美元，实际上等于现值乘以 (1+r)，即 100 美元 × (1+0.06)。推算到第 2 年，我们得到：

第 2 年年末的价值 = 现值 × (1+r) × (1+r)
= 现值 × (1+r)²

推算到第 3 年，我们得出，年初的本金为 112.36 美元，利率为 6%，即利息为 6.74 美元，最终我们的储蓄账户中总共将有 119.10 美元。计算过程可以表示为：

第 3 年年末的价值 = 现值 × (1+r) × (1+r) × (1+r)
= 现值 × (1+r)³

现在，我们可以看出明显的模式了。如果我们的投资以年利率 r 计算 n 年复利，那么我们可以归纳出投资终值的以下公式：

终值 = 现值 × (1+r)ⁿ

令 FV_n 表示第 n 年年末的终值，PV 表示现值，我们可以将上述公式重新表示为：

$$FV_n = PV \times (1+r)^n \tag{5-1}$$

我们还将 $(1+r)^n$ 称为**终值系数**（future value factor）。因此，为了计算 1 美元的终值，我们只需用 1 美元乘以相应的终值系数，即

终值 = 现值 × 终值系数

其中，终值系数 = $(1+r)^n$。

图 5-1 说明了按照 6% 的复利利率进行投资时，100 美元投资在前 20 年将如何增长。请注意每年赚取的利息金额如何逐年增长。原因依然在于，每年收到的利息是基于初始投资加上过去获得的所有利息计算出来的。这种往期利息派生利息的情况便被称为复利。如果仅有初始投资获得利息，就被称为**单利**（simple interest）。

当我们分析初始投资计算复利的年数和终值的关系时，我们发现可以通过增加复利年数或提高复利利率来增加投资的终值，如图 5-2 所示。我们还可以从式（5-1）中得到这个结论，因为当现值保持不变时，增加 r 或 n 都会使终值增加。

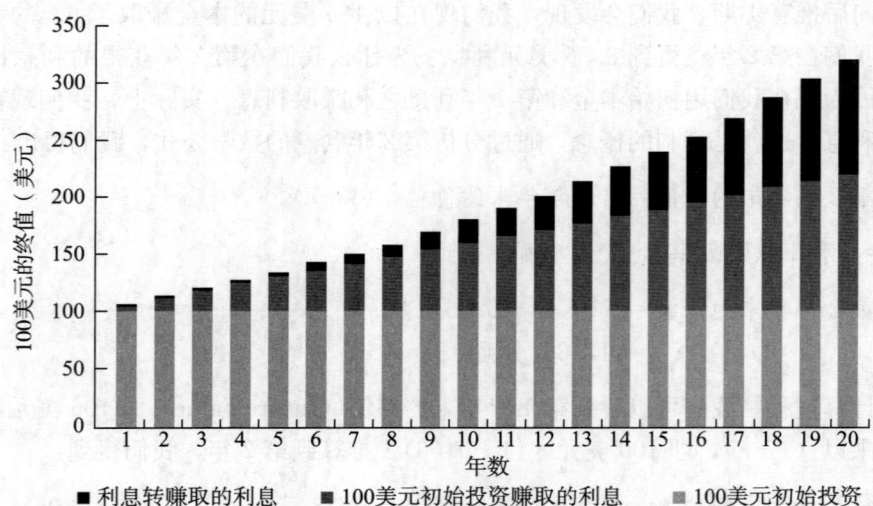

图 5-1 100 美元以 6% 的复利利率投资 20 年

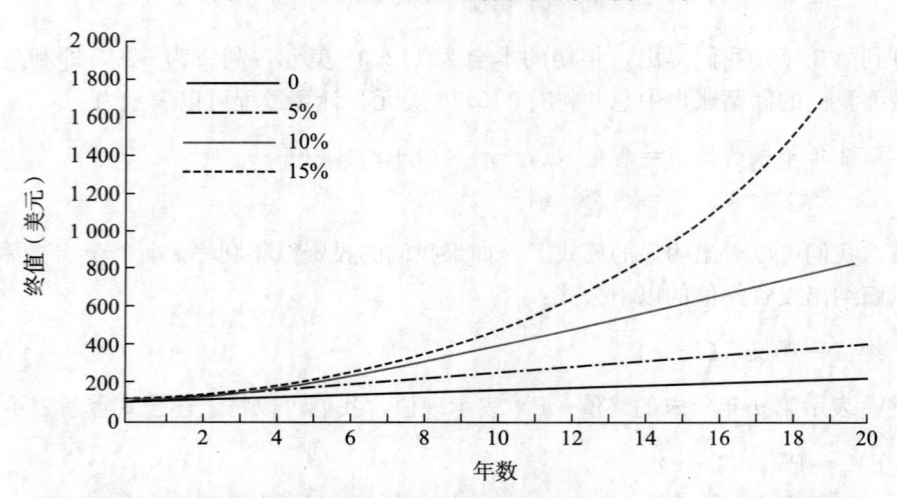

图 5-2 初始存款 100 美元在复利利率分别为 0、5%、10%、15%时的终值

例 5.1

计算投资的终值

如果我们将 1 000 美元存入储蓄账户，且该账户支付 5% 的年复利利率，那么 10 年后账户中的余额将是多少？

第 1 步：确定解题方法

计算储蓄账户的终值要考虑账户现值，并用其乘以各年的年利率，即

$$终值 = 现值 \times (1+r)^n \tag{5-1}$$

其中，$r=$ 年利率，$n=$ 年数。

第 2 步：计算数值

将现值、利率和年数（10 年）代入式（5-1），可以得到如下结果：

$$FV_{10} = 1\,000 \times (1+0.05)^{10}$$
$$= 1\,000 \times 1.628\,89$$
$$= 1\,628.89(美元)$$

第 3 步：分析结果

在第 10 年年末，我们的储蓄账户余额将为 1 628.89 美元。

不同时间的现金流价值计算方法

有三种方法可以用来解决货币时间价值问题。第一种方法是直接进行数学计算。第二种方法是借助财务计算器，有许多类型的计算器都可以很好地解决货币时间价值问题。基于多年经验，得州仪器 BAⅡ Plus（Texas Instruments BAⅡ Plus）或惠普 10BⅡ（Hewlett-Packard 10BⅡ）计算器都是很好的选择。第三种方法是使用电子表格。在现实中，它无疑是首选工具。现在，让我们来了解这三种方法。

直接进行数学计算　如果我们想计算货币的终值，手动进行数学计算可以说是最直接的方法。然而，正如我们即将看到的，计算货币的时间价值时，使用财务计算器和电子表格更为简便，这两种方法也是现实中的首选方法。

例 5.2　　计算投资的终值

如果我们在银行存入 500 美元，年复利利率为 8%，那么在第 7 年年末这笔存款的价值将是多少？

第 1 步：确定解题方法

计算储蓄账户终值的方法与例 5.1 中的方法相同，使用式（5-1），如下所示：

$$终值 = 现值 \times (1+r)^n \tag{5-1}$$

第 2 步：计算数值

将相关数值代入式（5-1），可以计算出账户终值，如下所示：

$$FV = 500 \times (1+0.08)^7 = 856.91(美元)$$

第 3 步：分析结果

在第 7 年年末，我们的储蓄账户中将有 856.91 美元。未来，我们将发现式（5-1）的多种用途，我们不仅将计算投资终值，而且会计算现值、r 或 n。

使用财务计算器　在介绍财务计算器的使用之前，我们先来认识一下财务计算器上计算货币时间价值时会用到的五个按键。尽管使用不同厂家生产的财务计算器时，用来计算货币时间价值的按键会有少许不同，但使用的按键符号是基本相同的。下表是得州仪器 BA Ⅱ Plus 计算器上的相关按键。

菜单按键	描述
本章我们将用到的菜单按键包括：	
N	储存（或计算）总支付次数或复利期数；
I/Y	储存（或计算）每期的利率（或者贴现率或增长率）；
PV	储存（或计算）一笔（或一系列）现金流的现值；
FV	储存（或计算）终值，即最终现金流的金额（或者一笔现金流或一系列现金流的复利价值）；
PMT	储存（或计算）存入或收到的每笔年金（或等额支付）的金额。

  此处显示的是得州仪器 BA Ⅱ Plus 计算器的按键。其他财务计算器的按键也基本相同，只是具体标示稍有不同。这里我们需要指出，不同财务计算器上的按键符号与我们在数学公式中使用的符号稍有不同。例如，我们在数学公式中用小写的 n 表示复利期数，而在得州仪器 BA Ⅱ Plus 财务计算器上则用大写的 N 表示复利期数。类似地，I/Y 键表示每期的利率，而我们在公式中使用的是 r。有些财务计算器上还有 CPT 键，代表"计算"功能。按下 CPT 键，计算器就会开始解题。最后，PMT 键表示每期收到或支付的一系列固定金额。

  现在您也许会困惑：为什么我们在本书中要使用和计算器不同的符号？原因是不同厂家设计生产的财务计算器使用的符号并不一致。微软 Excel 使用的符号也有所不同。

  使用财务计算器时，我们需要记住重要的一点：现金流出（您投资而非收到的金额）通常必须输入为负值。实际上，财务计算器认为现金流出意味着现金"离开您手中"，因此当您进行投资时要在前面加上负号。当您收到利息时，账务计算器认为现金"回到您手中"，因此要将相应现金流取正值。此外，每种财务计算器在输入变量时的操作也稍有不同。毫无疑问，熟悉计算器的使用方法是有必要的。

  当您输入所有已知变量，包括对值为 0 的变量输入 0 后，您就可以让计算器进行数学运算了。如果您使用的是得州仪器 BA Ⅱ Plus 计算器，请按下计算键（CPT），然后按下与需要计算的未知变量对应的按键。如果您使用的是惠普计算器，输入已知变量后，您只需按下与最终变量对应的按键，以计算其价值。

  解答问题时，最好先写下所有已知变量。然后，将问题中不包括的变量的值设为 0。您仍然需要确保不同变量的符号反映了现金流的方向。

  计算器使用技巧——用对方法 计算器很容易使用，但是人们在使用计算器时也常会犯一些常见错误。因此，在您真正开始使用财务计算器解题之前，请确保您采取了以下步骤：

  （1）将计算器设为按年支付。一些财务计算器默认为按月支付。请将其调整为按年支付，然后用 n 表示期数，用 r 表示每期的利率。

  （2）将计算器的计算结果设为至少保留四位小数，或者调整为浮点十进制（保留九位小数）。大多数计算器默认只显示小数点后两位。因为利率可能很小，因此需要设为至少保留四位小数。

  （3）将计算器设为"end"模式。在"end"模式下，计算器假设现金流发生在每期期末。

当您准备进行计算时，请记住：

(1) 每道题的现金流中至少有一个正值和一个负值。计算器内置程序假设您分析的问题中会有现金流出和现金流入，因此您必须确保输入正确的符号。如果您正在使用 BA Ⅱ Plus 计算器，并看到"Error 5"信息，那么这说明您在求解 r 或 n 时误将现值和终值都输入为正值——您应该纠正错误并重新解题。

(2) 对于题中没有使用的变量，必须将其值输入为 0，或者在开始计算新题之前将计算器清零。如果您没有将计算器清零，也没有输入变量值，那么计算器不会默认该变量值为 0。相反，计算器将假定该变量的值等于上一题中使用的值。因此，您务必清除计算器的内存（CLR 键和 TVM 键），或者将该题中不包括的变量的值输入为 0。

(3) 当输入利率时，要输入百分数而非小数。这意味着当利率为 10% 时，必须输入 10，而非 0.10。

两种广为使用的财务计算器是**得州仪器 BA Ⅱ Plus**（TI BA Ⅱ Plus）和**惠普 10BII**（HP 10BⅡ）计算器。如果您在使用其中一种计算器时遇到问题，请查阅互联网上有关这些计算器的使用教程。

电子表格　从实际角度讲，目前大多数货币时间价值的计算都借助了计算机中的电子表格软件。尽管电子表格程序多种多样，但应用最广泛的是微软公司的 Excel®。与财务计算器类似，Excel 的"内置"函数使计算终值变得非常简便。

Excel 使用技巧——用对方法

(1) 利用 Excel 提供的公式。所有 Excel 公式的输入方法都是相同的：首先输入"="号，然后输入函数名称（例如 FV、PV），最后在括号中输入函数变量。下例给出了终值函数的输入方法：

=FV(rate, nper, pmt, pv)

当您开始在电子表格的单元格（即您输入单项数据的方框）中输入 Excel 函数时，所有输入变量都会按相应顺序显示在电子表格上方，因此您将知道接下来必须输入哪些变量。例如，如果显示"=FV(**rate**, nper, pmt, pv, type)"，其中"rate"加粗显示，那么表示贴现率是下一个待输入变量。这意味着您不必背下这些公式，因为当您开始输入时，它们便会显示出来。

(2) 如果在使用中遇到问题，请点击"帮助"键。在 Excel 电子表格最上一行，您将看到"帮助"选项；另一种访问帮助链接的方法是按 F1 键。当您在使用中遇到问题时，"帮助"链接将为您解答困惑。点击"帮助"，然后在搜索栏中输入"PV"或"FV"，程序将解释如何计算每个变量。您想知道的其他所有财务计算公式都可以用这种方法找到。

(3) 对变量 r 四舍五入时请小心。例如，假设年利率为 6.99%，因此您每月支付的利率为 6.99% 的 1/12。这意味着您需要输入月利率，即 = 6.99%/12。由于您是在单元格中进行计算，因此需要在做除法前输入"="。不要将 0.069 9÷12 的结果四舍五入为 0.58，然后输入 0.58 作为 r，而是应该输入"=6.99/12"或者小数格式"=0.069 9/12"，将其结果作为 r。

此外，您还会注意到，虽然使用 Excel 电子表格的输入值与财务计算器上的输入值几乎相同，但 Excel 中的利率以小数形式（0.06）或整数后跟百分号（6%）的形式输入，而不是以整数（6）形式输入（使用财务计算器时的输入方法）。

（4）不要被 Excel 的符号误导。Excel 不使用 r 或 I/Y 表示利率，而是用"rate"。不要对此感到困扰。所有这些符号都是指同一个变量——利率。同理，Excel 也不用 n 表示期数，而是用 nper。同样，您也不要对此感到困扰，n 和 nper 都表示期数。

（5）不要被输入变量中的"type"所困扰。您会注意到，Excel 要求我们输入一个我们之前没有提到过的新变量"type"。如果您在单元格中输入"＝FV"，"＝FV（rate, nper, pmt, pv, type）"，将立即在单元格下方显示出来。不要对这个新变量"type"感到困扰。变量"type"是指支付金额 pmt 发生在每期期末（type＝0）还是每期期初（type＝1）。但是您完全不必担心它，因为"type"的默认值为 0。因此，如果您不输入"type"的值，它将假设支付发生在每期期末。我们接下来将假设每期的现金流发生在期末，如果不是这样，我们会在本章后面介绍另一种处理方法。您还会注意到，由于我们假设所有支付都发生在每期期末，因此除非另有说明，否则我们将忽略"type"变量。

我们将在本书中用到某些更重要的 Excel 函数，如下所示（这里我们同样忽略了"type"变量，因为我们假设现金流发生在每期期末）：

待求解的变量	公式
现值	＝PV（rate, nper, pmt, fv）
终值	＝FV（rate, nper, pmt, pv）
支付金额	＝PMT（rate, nper, pv, fv）
期数	＝NPER（rate, pmt, pv, fv）
利率	＝RATE（nper, pmt, pv, fv）

请注意：第一，与使用财务计算器时相同，现金流出必须输入为负值。通常，每道题中都有两种现金流，一种是正现金流，另一种是负现金流。第二，电子表格和财务计算器之间有一个微小但重要的区别：使用财务计算器时，是以百分数形式输入利率。例如，6.5% 应输入为 6.5。然而，在电子表格中，利率是以小数形式输入，因此 6.5% 的利率应输入为 0.065 或者 6.5%。

例 5.3　　　计算投资的终值

如果您投资 1 000 美元，年复利利率为 20%，那么 10 年后您的账户里将有多少钱？

第 1 步：确定解题方法

我们首先用时间轴来帮助您形象地理解本题：

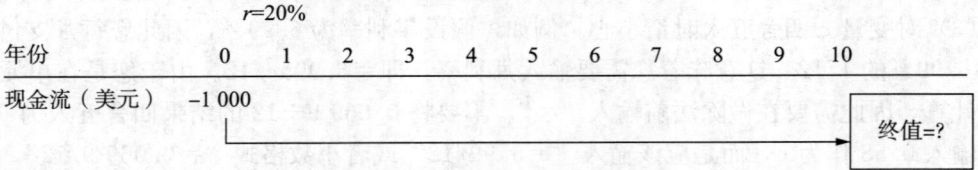

$r=20\%$

年份　　　　　0　1　2　3　4　5　6　7　8　9　10

现金流（美元）　−1 000　　　　　　　　　　　　　　　　终值=?

利用式（5-1）我们可以计算出储蓄账户的终值，如下所示：

$$\text{终值} = \text{现值} \times (1+r)^n \tag{5-1}$$

第2步：计算数值

使用数学公式

将现值＝1 000 美元、r＝20%、n＝10 代入式（5-1），我们得到：

$$终值 = 现值 \times (1+r)^n \tag{5-1}$$
$$= 1\,000 \times (1+0.20)^{10}$$
$$= 1\,000 \times 6.191\,74$$
$$= 6\,191.74（美元）$$

这样，在第10年年末，初始投资将变为6 191.74美元。大部分增值都是利息获得利息的结果。也就是说，在第1年之后，初始投资1 000美元增长为1 200美元，然后在第2年，获得240美元利息。利息金额的增长是初始投资和第一年获得的利息都获得了利息的结果。

使用财务计算器

使用财务计算器会简化这个过程。如果您不熟悉如何使用财务计算器，或者您在计算中遇到问题，请查看互联网上有关如何使用这些财务计算器的教程。这些教程提供了财务计算器的简介、货币的时间价值原理以及相应的计算器使用技巧，以帮助您得出正确结果。

输入	10	20	−1 000	0	
	N	I/N	PV	PMT	FV
解出					6 192

请注意，您要将现值输入为负值。实际上，财务计算器认为您进行投资时，现金是"离开您手中"，因此需要在现金流前面加上负号。在本例中，您投资了1 000美元，因此在前面输入负号，于是答案显示为正值。

使用Excel电子表格

您将注意到，Excel电子表格和财务计算器的许多变量输入方法都相同。唯一的区别是，在Excel中是以小数（0.20）或者百分数（20%）形式输入利率，而不是输入20（在财务计算器中要输入20）。现值仍应输入为负值，这样结果才能显示为正值。

	A	B
1	利率(rate)＝	20.00%
2	期数(nper)＝	10
3	支付金额(pmt)＝	0 美元
4	现值(pv)＝	−1 000 美元
5		
6	终值(fv)＝	6 192 美元
7		
8	Excel 公式＝FV(rate, nper, pmt, pv)	
9	B6 的输入值＝FV(B1, B2, B3, B4)	

第3步：分析结果

这样，在第10年年末，您的投资终值将为6 192美元。在本题中，我们以20%的利率投资 1 000 美元，10 年后这笔投资增至 6 192 美元。这实际上等于假设复利利率为 20% 时，各期收到的金额之和。

另外两类货币时间价值问题

有时，货币时间价值不需要计算现值或终值，而需要计算未来的期数 n 或利率 r。例如，要解答以下问题，就需要计算 n 的值。

- 我需要多少年才能存够买第二套房子的钱？

同理，必须求解利率 r 才能回答以下问题：

- 我的投资需要获得多少收益率，才能凑够我刚出生的孩子的大学学费（$n=18$ 年）？
- 我的投资收益率如何？

幸运的是，在财务计算器或 Excel 表格的帮助下，您可以轻松地解出上述问题中的 r 或 n。使用数学公式也可以得到结果，但是用财务计算器或电子表格要容易得多，因此我们主要介绍这两种方法。

求解期数

假设您希望知道 9 330 美元的投资要经过多少年才能增至 20 000 美元，已知年复利利率为 10%。让我们来看如何用财务计算器和 Excel 电子表格解答这个问题。

使用财务计算器 使用财务计算器时，您只需代入 I/Y、PV 和 FV 的值，并解出 N：

输入　　　　　　　　　　10　　　－9 330　　　0　　　20 000
　　　　　[N]　　[I/Y]　　[PV]　　[PMT]　　[FV]

解出　　　　8

您将注意到，输入 PV 时要加上负号。实际上，财务计算器的程序认为 9 330 美元是一笔现金流出，而 20 000 美元是获得的现金流入。如果您不将其中一个值加上负号，您就无法解出本题。

使用 Excel 电子表格 在 Excel 中，求解 n 的过程简单明了。您只需使用 "=NPER" 函数，输入 rate、pmt、pv 和 fv 的值。

	A	B
1	利率(rate)=	10.00%
2	支付金额(pmt)=	0
3	现值(pv)=	－9 330 美元
4	终值(fv)=	20 000 美元
5		
6	期数(nper)=	8
7		
8	Excel 公式=nper(rate, pmt, pv, fv)	
9	B6 的输入值=nper(B1, B2, B3, B4)	

求解利率

假设您刚继承了 34 946 美元，并且希望将这笔钱用作 30 年后的退休金。如果您估计退休后将需要 800 000 美元,那么这笔 34 946 美元的投资必须获得多高的利率?让我们来看如何用财务计算器和 Excel 电子表格计算利率,从而解出这道题。

使用财务计算器　使用财务计算器,您所要做的只是代入 N、PV 和 FV 的值,并解出 I/Y。

输入	30		−34 946	0	800 000
	N	I/Y	PV	PMT	FV
解出		11			

使用 Excel 电子表格　在 Excel 中解答本题同样很简单。您只需使用"＝RATE"函数并输入 nper、pmt、pv 和 fv 的值。

	A	B
1	期数(nper)＝	30
2	支付金额(pmt)＝	0
3	现值(pv)＝	−34 946 美元
4	终值(fv)＝	800 000 美元
5		
6	利率(rate)＝	11.00%
7		
8	Excel 公式＝rate(nper, pmt, pv, fv)	
9	B6 的输入值＝rate(B1, B2, B3, B4)	

复利在其他领域的应用

尽管本章的重点是计算给定利率下不同时间的货币价值,但是复利的概念几乎适用于任何产生增长的事物。例如,假设您现在想知道 5 年后 3D 打印机的市场将有多大,并假设在接下来的 5 年中,对 3D 打印机的需求预计将以每年 25% 的速度增长。利用计算货币终值的公式,我们可以计算出 3D 打印机市场的"终值"。如果目前的市场需求是每年 25 000 台 3D 打印机,那么 25 000 就是现值,n 为 5,r 为 25%。将这些数值代入式(5-1),您将解出 FV:

$$终值 = 现值 \times (1+r)^n \tag{5-1}$$
$$= 25\,000 \times (1+0.20)^5$$
$$= 76\,293\,(台)$$

实际上,您可以将利率 r 视为复合增长率,并解出在未来增长到某个特定水平所需的期数。或者,您也可以求解 r,即在一定时间内增长到目标水平所必须达到的增长率。

现　值

迄今为止，我们计算出了货币的终值，也就是说，我们知道初始拥有的金额，并试图确定这笔钱以特定利率计算复利，经过特定年数后将增至多少金额。现在，我们将分析相反的问题：未来得到的一笔钱的当前价值是多少？这个问题的答案将帮我们确定第 10 章和第 11 章中的投资项目是否可取。在这种情况下，我们将把未来得到的钱贴现。我们将确定一笔金额的**现值**（present value，PV），简单来说，就是未来支付的一笔金额的当前价值。实际上，我们不过是进行了反方向的复利计算。这些方法的区别仅仅在于投资者的观察角度不同。在复利计算中，我们讨论的是复利利率和初始投资；在计算现值时，我们将讨论贴现率和未来现金流的现值。确定适当的贴现率是第 9 章的内容，适当的贴现率可以被定义为与待贴现现金流风险相当的投资所能获得的收益率。除此以外，使用的方法和术语与之前相同，只不过数学计算的方向相反。在式（5-1）中，我们试图确定初始投资的终值。现在，我们希望确定初始投资或现值。将式（5-1）两边都除以 $(1+r)^n$，我们得到：

$$\text{现值} = \text{第 } n \text{ 年年末的终值} \times \frac{1}{(1+r)^n}$$

或者

$$PV = FV_n \left[\frac{1}{(1+r)^n} \right] \tag{5-2}$$

式（5-2）方括号中的项被称为**现值系数**（present value factor）。因此，要计算一笔未来金额的现值，您只需将终值乘以适当的现值系数：

$$\text{现值} = \text{终值} \times \text{现值系数}$$

其中

$$\text{现值系数} = \frac{1}{(1+r)^n}$$

因为计算现值的过程与计算终值的过程完全相反，所以我们也会发现 n、r 和现值之间的关系与我们在计算终值时观察到的关系相反。一笔未来现金流的现值与收到现金流所需年数和贴现率负相关。图 5-3 显示了这种关系。尽管在评估新投资方案时广泛使用现值公式 [式（5-2）]，但是需要强调的是，该式实际上与终值计算公式，即复利公式 [式（5-1）] 是相同的，只不过它计算的是现值而非终值。

例 5.4　计算将在 10 年后收到的现金流的现值

如果贴现率为 6%，那么将在 10 年后收到的 500 美元的现值是多少？

第 1 步：确定解题方法

用式（5-2）可以计算出将在未来收到的现金流的现值，如下所示：

$$PV = FV_n \left[\frac{1}{(1+r)^n} \right] \tag{5-2}$$

第 2 步：计算数值

将 FV=500 美元、$n=10$、$r=6\%$ 代入式（5-2），我们可以得到：

$$现值 = 500 \times \frac{1}{(1+0.06)^{10}}$$
$$= 500 \times 0.5584$$
$$= 279.20（美元）$$

第 3 步：分析结果

因此，将在 10 年后收到的 500 美元的现值为 279.20 美元。

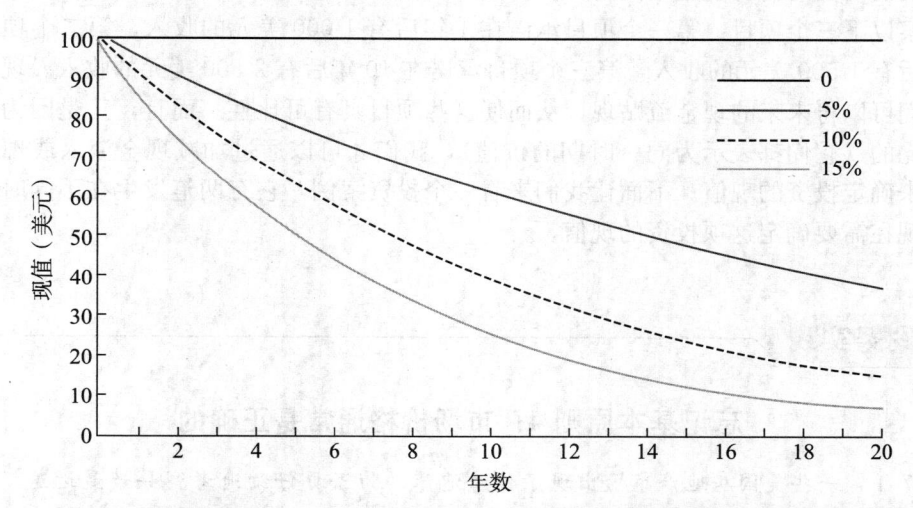

图 5-3　贴现率分别为 0、5%、10% 和 15% 时将在未来某日收到的 100 美元的现值

例 5.5　　计算储蓄债券的现值

假设您正在佛罗里达州一处偏远地方度假，有一天您看到一则广告称，只要您参加一场共管式公寓的促销参观活动，"您就会获得 100 美元"。然而，这 100 美元是以储蓄债券的形式发放的，10 年以后才会向您支付 100 美元。如果贴现率为 6%，那么 10 年后您收到的这 100 美元的现值是多少？

第 1 步：确定解题方法

用式（5-2）可以计算出储蓄债券的现值，如下所示：

$$现值 = FV_n \left[\frac{1}{(1+r)^n} \right] \tag{5-2}$$

第 2 步：计算数值

将 FV=100 美元、$n=10$、$r=6\%$ 代入式（5-2），我们可以计算出现值，如下所示：

$$现值 = 100 \times \frac{1}{(1+0.06)^{10}}$$
$$= 100 \times 0.558\ 4$$
$$= 55.84(美元)$$

第3步：分析结果

因此，价值100美元的储蓄债券的现值只有55.84美元。

我们仍然只有一个现值-终值关系公式，也就是说，式（5-1）和式（5-2）只是同一个公式的不同形式而已。为了简化计算，我们分别用两个公式来介绍它们：在一种情况下，我们希望确定终值；而在另一种情况下，我们希望确定现值。不论在哪一种情况下，目的都是相同的：我们希望比较不同投资的价值，并意识到今天收到的一美元与未来某个日期收到的一美元的价值是不同的。换言之，我们必须衡量相同时期的价值。例如，假设我们考察以下三个项目：第一个项目承诺在1年后有1 000美元的收入，第二个项目承诺在5年后有1 500美元的收入，第三个项目承诺在10年后有2 500美元的收入。现值的概念让我们可以将未来的现金流贴现，从而使这些项目具有可比性。而且，正是因为这些现值是可比的（它们都表示为同一时期的价值），我们才可以通过加减现金流入或现金流出的现值来确定投资的现值。下面让我们来看一个投资案例，它有两笔发生在不同时期的现金流，现在需要确定这项投资的现值。

财务实践

忘记基本原则4：市场价格通常是正确的

2007年，一些美国房地产市场出现了住房泡沫。为了更仔细地考察导致最近这场房地产泡沫产生（和破灭）的根本原因，让我们先来回顾历史。

从20世纪90年代中期开始，美国联邦政府实施了放松普通贷款标准的举措。其举措之一就是美国政府要求联邦国民抵押贷款协会（即通常我们所知的房利美）和联邦住房抵押贷款公司（即房地美）提高向中低收入借款人的贷款。然后在1999年，美国住房和城市发展部（HUD）颁布规定，要求房利美和房地美发放更多贷款并收取较少首付款或不收取首付款。结果，美国政府的这种宽松政策导致本来不应发放的极高风险贷款数量开始增加。

2001年恐怖分子袭击世界贸易中心大楼后，美国政府又实施了另一项与我们所熟知的竞争市场相抵触的举措。美联储降低了短期利率以确保经济不会停滞。在短期利率较低的环境下，低首付的浮动利率贷款对住房购买者非常有吸引力。低利率的结果就是，借款人在申请浮动利率抵押贷款时，能得到的贷款额度往往超过在正常利率时期他们能负担的贷款。但是在2005年和2006年，为了控制通货膨胀，美联储重新提高短期利率，浮动利率相应变动，导致这些住房抵押贷款的月供上升。房屋价格开始下跌，违约率急剧上升。

这些做法阻止了自然的供求互动。结果，房屋价格不自然地虚高，而房屋抵押贷款被打包为证券后的市值很难显示出其实际价值。当房屋所有者纷纷发生贷款违约时，持有劣质抵押贷款的投资者倒了霉。这些违约抵押贷款还导致市场上出现了大量银行无法出售的房产，这使得市场枯竭，因为任何人都极难获得新贷款。

我们现在已经知道，这些事件催生了房地产泡沫，进而导致了最近的经济衰退。竞争市场在自然的供求力量下运行，当供求双方的力量试图消除超高收益率时，竞争市场还可以阻止短暂产生错误价值——例如新的房屋购买者暂时只需支付很低的月利息的情况——从而防止市场最终崩溃。如果说我们能从这种情况中吸取一个教训，那就是：不要干预有效市场。如果市场力量使利率上升，那么一定有其原因。

例 5.6 计算投资的现值

如果贴现率为 6%，分别将于 7 年和 10 年后收到 1 000 美元的投资的现值是多少？

第 1 步：确定解题方法

我们可以利用式（5-2）分别计算投资中两笔现金流的现值，并将两者加总，如下所示：

$$现值 = FV_n \left[\frac{1}{(1+r)^n} \right] + FV_n \left[\frac{1}{(1+r)^n} \right]$$

第 2 步：计算数值

将相应数值代入式（5-2），我们可以计算出现值，如下所示：

$$现值 = 1\,000 \times \frac{1}{(1+0.06)^7} + 1\,000 \times \frac{1}{(1+0.06)^{10}}$$

$$= 665.06 + 558.39$$

$$= 1\,223.45（美元）$$

第 3 步：分析结果

这些现值是可比的，因为它们衡量的是同一时期的价值。

使用财务计算器，解题过程可以分为三步，如下所示。首先，您要计算出第 7 年年末收到的 1 000 美元的现值，然后计算第 10 年年末收到的 1 000 美元的现值，最后将这两个现值加总。请记住，一旦您计算出这些未来现金流的现值，您就可以将它们加总，因为它们衡量的是同一时期的价值。

您会做吗？

计算不同年份的现金流的现值

如果贴现率为 4%，那么在 5 年后收到 500 美元、在 10 年后收到 1 000 美元的投资的现值是多少？

> **概念回顾**
> 1. 原则2提到"货币具有时间价值"。请解释这个说法。
> 2. 复利与单利有什么不同?
> 3. 请解释公式 $FV_n = PV(1+r)^n$。
> 4. 为什么一笔未来现金流的现值总是小于终值?

年　金

年金(annuity)是指在特定年数内发生的一系列等额现金支付。当我们提到年金时,除非特别说明,否则我们指的是**普通年金**(ordinary annuity)。普通年金的支付发生在每期期末。因为年金的概念在公司金融中频繁出现——例如债券的利息支付——所以我们会专门讨论它。尽管用我们之前介绍过的方法也可以计算出年金的现值,但这个过程可能非常耗时,尤其是对于期数较多的年金来说。因此,我们对单笔现金流公式进行调整,用来直接计算年金。

复利年金

复利年金(compound annuity)是指在特定年数内,每年年末存入等额现金,并让其按照复利增长。我们存钱也许是为了交学费、买车或者买度假别墅。不论是哪种情况,我们都想知道在未来的某个时点,我们的储蓄会增长到多少。

实际上,我们可以通过式(5-1),即复利公式找到答案。我们可以计算每笔存款的复利,再加总得到其终值。例如,如果为了提供大学学费,我们将在接下来5年的每年年末在银行中存入500美元,利率为6%,那么我们在第5年年末将得到多少钱?利用式(5-1)计算每笔存款的复利,我们得出我们将在第5年年末获得2 818.50美元。

$$FV_5 = 500 \times (1+0.6)^4 + 500 \times (1+0.6)^3 + 500 \times (1+0.6)^2 + 500 \times (1+0.6) + 500$$
$$= 500 \times 1.262 + 500 \times 1.191 + 500 \times 1.124 + 500 \times 1.060 + 500$$
$$= 631.00 + 595.50 + 562.00 + 530.00 + 500.00$$
$$= 2\ 818.50(美元)$$

通过分析数学计算过程和表5-1中货币价值随时间变化的图形,我们可以看到,我们所做的其实就是加总在不同时期发生的不同现金流的终值。幸运的是,有一个公式可以帮助我们计算年金的终值:

$$年金终值 = PMT\left[\frac{终值系数-1}{r}\right]$$
$$= PMT\left[\frac{(1+r)^n-1}{r}\right] \tag{5-3}$$

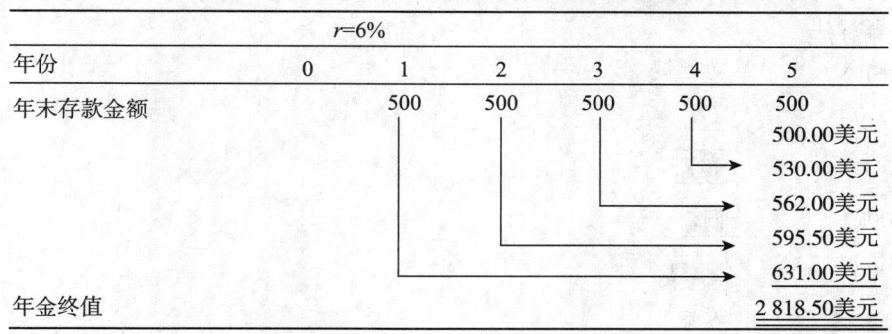

表 5-1　期限为 5 年、利率为 6%的 500 美元年金按复利增长的情况

	r=6%					
年份	0	1	2	3	4	5
年末存款金额		500	500	500	500	500
						500.00美元
						530.00美元
						562.00美元
						595.50美元
						631.00美元
年金终值						2 818.50美元

您做出来了吗?

计算不同年份的现金流的现值

您可以用多种方法解答这个问题——使用数学公式、财务计算器或者 Excel 电子表格——每种方法都可以得到相同的答案。

1. 使用数学公式

将 $n=5$、$r=4\%$、$FV_5=500$ 美元以及 $n=10$、$r=4\%$、$FV_{10}=1\,000$ 美元两组数据分别代入式（5-2），并加总得到的数值，我们可以得到：

$$\begin{aligned}现值&=500\times\frac{1}{(1+0.04)^5}+1\,000\times\frac{1}{(1+0.04)^{10}}\\&=500\times0.822+1\,000\times0.676\\&=411+676\\&=1\,087(美元)\end{aligned}$$

2. 使用财务计算器

这同样需要三个步骤。首先单独计算每笔现金流的现值，然后将这些现值加总。

第 1 步

计算器解法

数据输入	功能键
5	N
4	I/Y
−500	FV
0	PMT

功能键	答案
CPT	
PV	410.96

167

第 2 步
计算器解法

数据输入	功能键
10	N
4	I/Y
−1 000	FV
0	PMT

功能键	答案
CPT	
PV	675.56

第 3 步
将计算出的两个现值相加：
　410.96 美元
　675.56 美元
1 086.52 美元

3. 使用 Excel 电子表格

使用 Excel，可以用 =PV 函数将现金流贴现。如果终值输入为正值，那么我们的答案将为负值。

为了简化讨论，我们将式（5-3）方括号中的值称为**年金终值系数**（annuity future value factor）。它的定义式为 $\frac{(1+r)^n - 1}{r}$。

使用这一新的定义，我们可以将式（5-3）改写为：

$$FV_n = PMT \left[\frac{(1+r)^n - 1}{r} \right] = PMT \times 年金终值系数$$

年金终值问的是：每年在储蓄账户中存入相同金额将使存款增长到多少？与此相比，一个更常见的问题是：为了使存款在将来增长到特定金额，我们每年必须存入多少钱？这是当我们为大额开支储蓄时经常碰到的问题。

例如，如果我们预计 8 年后我们需要 10 000 美元来支付大学学费，那么在利率为 6% 的情况下，我们每年必须在银行中存入多少钱才能攒够这笔学费？在本例中，我们已知式（5-3）中变量 n、r 和 FV_n 的值，我们未知的是 PMT 的值。将本例中的这些数值代入式（5-3）中，我们得到：

$$10\ 000 = PMT \left[\frac{(1+0.06)^8 - 1}{0.06} \right]$$

$$10\ 000 = PMT \times 9.897\ 5$$

$$\frac{10\ 000}{9.897\ 5} = PMT$$

$$PMT = 1\,010.36(美元)$$

因此，当利率为 6% 时，为了在第 8 年年末攒够 10 000 美元，我们必须在接下来 8 年的每年年末存入银行 1 010.36 美元。

例 5.7　　　　计算攒够 5 000 美元所需的存款金额

当利率为 8% 时，为了在第 10 年年末攒够 5 000 美元，我们必须每年在存款账户中存入多少钱？

第 1 步：确定解题方法

为了计算每期必须存入的金额，我们要用到式 (5-3)：

$$FV = PMT\left[\frac{(1+r)^n - 1}{r}\right] \tag{5-3}$$

第 2 步：计算数值

将相应数值代入式 (5-3)，我们可以计算出每年的存款金额，如下所示：

$$5\,000 = PMT\left[\frac{(1+0.08)^{10} - 1}{0.08}\right]$$

$$5\,000 = PMT \times 14.486\,6$$

$$\frac{5\,000}{14.486\,6} = PMT = 345.15(美元)$$

第 3 步：分析结果

因此，当利率为 8% 时，我们必须在接下来 10 年中每年存入 345.15 美元，才能在第 10 年年末攒够 5 000 美元。

年金的现值

养老金、保险费和债券的利息都涉及年金。为了比较这三种投资，我们需要知道每种投资的现值。例如，假设贴现率为 6%，如果我们想知道接下来 5 年中每年年末收到的 500 美元的现值，那么我们只需将相应数值代入式 (5-2)，即：

$$PV = 500 \times \frac{1}{(1+0.06)^1} + 500 \times \frac{1}{(1+0.06)^2} + 500 \times \frac{1}{(1+0.06)^3}$$

$$+ 500 \times \frac{1}{(1+0.06)^4} + 500 \times \frac{1}{(1+0.06)^5}$$

$$= 500 \times 0.943 + 500 \times 0.890 + 500 \times 0.840 + 500 \times 0.792 + 500 \times 0.747$$

$$= 2\,106(美元)$$

因此，这笔年金的现值为 2 106.00 美元。通过分析上述计算过程和表 5-2 中货币价值随时间变化的图形，可以看到我们实际上所做的是加总不同时期产生的不同现金流的现值。好在也有一个公式可以帮助我们计算年金现值：

$$年金现值 = \text{PMT} \left[\frac{1-现值系数}{r}\right]$$

$$= \text{PMT} \left[\frac{1-(1+r)^{-n}}{r}\right] \tag{5-4}$$

表 5-2 期限为 5 年、贴现率为 6% 的 500 美元年金的贴现示意图

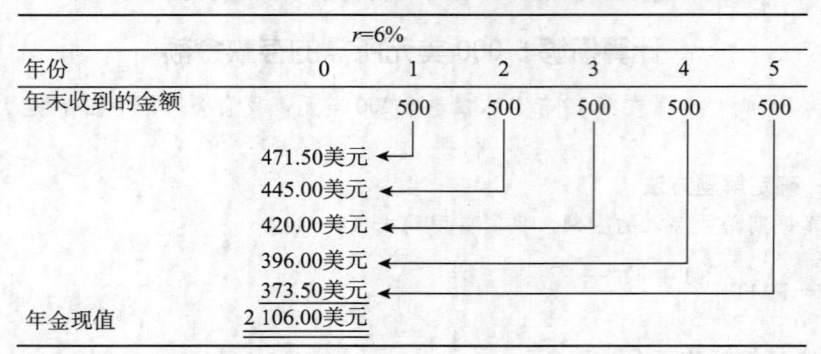

			r=6%			
年份	0	1	2	3	4	5
年末收到的金额		500	500	500	500	500
	471.50美元					
	445.00美元					
	420.00美元					
	396.00美元					
	373.50美元					
年金现值	2 106.00美元					

为了简化讨论，我们将式（5-4）方括号中的部分称为**年金现值系数**（annuity present value factor）。它的定义式为 $\frac{1-(1+r)^{-n}}{r}$。

例 5.8 计算年金现值

当利率为 5% 时，10 年期 1 000 美元年金的现值是多少？

第 1 步：确定解题方法

这笔年金的现值可以用式（5-4）计算出来：

$$\text{PV} = \text{PMT} \left[\frac{1-(1+r)^{-n}}{r}\right] \tag{5-4}$$

第 2 步：计算数值

将相关数值代入式（5-4），可以计算出以下现值：

$$\text{PV} = 1\,000 \times \frac{1-(1+0.05)^{-10}}{0.05}$$

$$= 1\,000 \times 7.722$$

$$= 7\,722 \text{（美元）}$$

第 3 步：分析结果

因此，这笔年金的现值为 7 722 美元。

当我们计算 PMT 时，这个过程从财务角度可以这样解释：假设我们有一个账户，可以从中提取养老金或者用其分期偿还贷款，该账户的年复利利率为 $r\%$。如果我们希望在第 n 年年末该账户余额为零，那么在接下来的 n 年中，我们每年可以从账户中提取多少钱？例如，如果我们的账户中有 5 000 美元，并按照 8% 的利率计息，而我们希望第 5 年

年末的账户余额为零,那么我们每年可以从账户中提取多少年金?在这个例子中,年金的现值 PV 为 5 000 美元,$n=5$,$r=8\%$,PMT 是未知的。将这些数值代入式(5-4),我们将得到:

$$5\,000 = \text{PMT}\left[\frac{1-(1+0.08)^{-5}}{0.08}\right] = \text{PMT} \times 3.993$$

$$\text{PMT} = 1\,252(\text{美元})$$

因此,如果我们每年年末取出 1 252 美元,那么在第 5 年年末该账户中的余额将为零。

期初年金

期初年金(annuity due)实际上就是将普通年金的所有年金支付提前一年。计算这些年金的终值和现值实际上很简单。在期初年金中,每笔年金支付都发生在每期期初而非期末。首先,让我们来看这会对复利计算产生什么影响。

因为期初年金仅仅是将年末的支付移到了年初,所以我们现在要对现金流多计算一年复利。因此,期初年金的复利终值计算结果为:

期初年金终值 = 普通年金终值 × (1+r)

$$\text{FV}_n(\text{期初年金}) = \text{PMT}\left[\frac{(1+r)^n - 1}{r}\right](1+r) \tag{5-5}$$

在前面为大学学费存钱的例子中,我们计算出利率为 6% 时,每年存款 500 美元的 5 年期普通年金的终值为 2 818.55 美元。如果现在我们假设这是一笔 5 年期期初年金,那么它的终值将由 2 818.55 美元增至 2 987.66 美元。

$$\begin{aligned}\text{FV}_5 &= 500 \times \frac{(1+0.06)^5 - 1}{0.06} \times (1+0.06)\\ &= 500 \times 5.637\,093 \times 1.06\\ &= 2\,987.66(\text{美元})\end{aligned}$$

同理,在计算期初年金的现值时,我们只是提前 1 年收到每笔现金流,也就是说,我们在每年年初而非年末收到现金流。因此,由于每笔现金流都将提前一年收到,因此贴现时将少贴现一期。在计算期初年金的现值时,我们只需计算普通年金的现值并将其乘以 $(1+r)$,相当于减少了一年贴现。

期初年金现值 = 普通年金现值 × (1+r)

$$\text{PV}(\text{期初年金}) = \text{PMT}\left[\frac{1-(1+r)^{-n}}{r}\right](1+r) \tag{5-6}$$

再来看之前为大学学费存钱的例子。在这个例子中,我们计算出贴现率为 6% 时,5 年期 500 美元普通年金的现值。现在我们计算出,如果它不是普通年金而是期初年金,那么其现值将由 2 106.18 美元增至 2 232.55 美元。

$$\text{PV} = 500 \times \frac{1-(1+0.06)^{-5}}{0.06} \times (1+0.06)$$

$$=500\times 4.212\ 36\times 1.06$$
$$=2\ 232.55(美元)$$

在使用财务计算器计算时，首先将其当作普通年金计算终值或现值。然后将现值乘以 $(1+r)$，本例中为乘以 1.06。

计算结果说明，期初年金的终值和现值均大于普通年金，因为在两种情况下，投资者都会提前收到现金流。因此，在计算复利时，期初年金会多计算一年复利；而在贴现时，期初年金会少贴现一年。尽管期初年金在会计中比较常见，但它在金融学中的应用相当有限。因此，在后文中，当我们使用"年金"这个词时，均默认为普通年金。

例 5.9　计算 200 万美元乐透彩票的支付金额

美国有 43 个州经营乐透彩票，且多数乐透彩票都是类似的：为了赢得头奖，您必须从 44 个数字中正确选出 6 个数字。如果您的结果只是接近，得到的奖金会少很多，我们暂且忽略这种情况。您获得的每 100 万美元头奖将每年发放 50 000 美元，持续 20 年，而您中奖的概率是 710 万分之一。最近某州的乐透彩票发布的广告称：生活中有两种人。一种人每天都买乐透彩票，而另一种人偶尔才买乐透彩票。例如，他们只会在某个周六在去街角商店买花生酱杯和低糖苏打水且奖池正巧很高的时候，才会买上一张。就像我的朋友内德（Ned），他总说，这周的奖池不过 200 万美元。不过我要说，尽管我不了解您，我倒是不介意有 200 万美元到我怀里来……

这些奖金的现值是多少？

第 1 步：确定解题方法

这个问题的答案取决于您对货币时间价值做出的假设。在本例中，假设您认为这种风险程度的投资的必要收益率为 10%。请记住，乐透奖金是期初年金，也就是说，中了 200 万美元乐透彩票后，您会立刻得到 100 000 美元，并在接下来 19 年的每年年末得到 100 000 美元。这样，当贴现率为 10% 时，这个 20 年期期初年金的现值为：

$$PV(期初年金)=PMT\left[\frac{1-(1+r)^{-n}}{r}\right](1+r)$$

第 2 步：计算数值

解决这个问题需要两步。首先，您把所中的头奖当作普通年金，并计算出它的现值。然后，用这个现值乘以 $(1+r)$，在本例中为 1.10。

将对应数值代入式 (5-6)，我们可以计算出现值，如下所示：

$$PV=100\ 000\times\frac{1-(1+0.10)^{-20}}{0.10}\times(1+0.10)$$
$$=100\ 000\times 8.513\ 56\times 1.10$$
$$=936\ 492(美元)$$

第 3 步：分析结果

因此，如果贴现率为 10%，那么 200 万美元乐透头奖的现值不到 100 万美元。此外，因为中奖概率只有 710 万分之一，因此"投资"1 美元乐透彩票的预期价值只有 (1/7 100 000)×

936 492美元＝13.19美分。也就是说，每花1美元购买乐透彩票，您预期平均将得到13美分，这并不是一笔划算的买卖。尽管该计算过程忽略了中小奖的情况，但它同样也忽略了要缴纳的税款。在这个例子中，"我的朋友内德"没有购买彩票看来是正确的决定。显然，乐透彩票的主要价值是娱乐。遗憾的是，如果不了解货币的时间价值，它看起来可能像一笔划算的投资。

分期偿还贷款

已知 r、n 和 PV 时求解 PMT 的过程同样也可以用来确定一个时期内贷款的等额分期还款金额。以这种方式分期偿付，每期还款金额相同的贷款被称为**分期偿还贷款**（amortized loan）。实际上，"分期"一词来源于拉丁文，意思是"即将死亡"。当您以定期支付固定金额的方式偿还贷款时，这笔贷款就是分期贷款。虽然每期的还款金额固定不变，但每笔还款的本金和利息金额是不同的。每进行一次还款，所欠本金就会减少。结果，每笔还款的利息部分就会减少，而相应地增加偿还本金的部分。图5-4描述了整个分期还款过程。

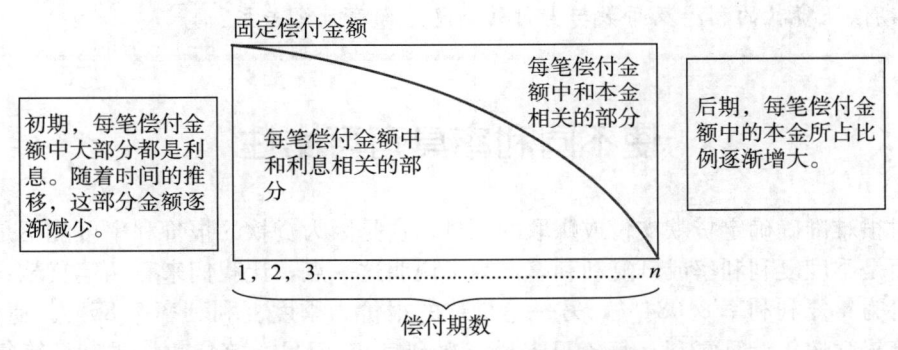

图5-4 分期偿还贷款的偿还过程

例如，假设一家公司想买一台机器。为此，这家公司借入了6 000美元贷款，将在未来4年的每年年末偿还相同金额，向贷款人支付的利息为未清偿贷款的15％。为了确定还清这笔贷款每年需要偿付的金额，我们用式（5-4）解出 PMT，即年金的值。在本例中，已知 PV、r 和 n。其中，年金的现值 PV 为6 000美元；年利率 r 为15％；年数 n，即年金持续的时间为4年。每年年末的年金支付金额 PMT（贷款人收到的金额或公司支付的金额）是未知的。将相关数值代入式（5-4），我们得到：

$$6\,000 = \text{PMT} \times \frac{1-(1+0.15)^{-4}}{0.15}$$

$$6\,000 = \text{PMT} \times 2.854\,98$$

$$\text{PMT} = 2\,101.59（美元）$$

要在4年中还清贷款的本金和利息，每年的还款金额应为2 101.59美元。每笔还款中利息和本金所占的金额如表5-3的贷款分期偿还计划表所示（其中有微小的四舍五入误差）。您将看到，随着未清偿贷款余额的减少，每年还款金额中利息的部分也相应减少。

表 5-3 金额为 6 000 美元、利率为 15% 的 4 年期贷款的分期偿还计划表

年份	年金（美元）	年金的利息部分[a]（美元）	年金的本金偿还部分[b]（美元）	支付年金后的贷款余额（美元）
0	0	0	0	6 000.00
1	2 101.59	900.00	1 201.59	4 798.41
2	2 101.59	719.76	1 381.83	3 416.58
3	2 101.59	512.49	1 589.10	1 827.48
4	2 101.59	274.12	1 827.48	0

a. 年金利息部分的计算方法是用年初贷款余额乘以 15% 的利率。所以第 1 年的利息为：6 000 美元×0.15＝900.00 美元，第 2 年的利息为：4 798.41 美元×0.15＝719.76 美元，依此类推。
b. 年金本金偿还部分的计算方法是从年金（第 1 列）中减去年金的利息部分（第 2 列）。

概念回顾
1. 什么是分期偿还贷款？
2. 分期偿还贷款的利率及年数与支付的利息总额有什么关系？

使不同利率具有可比性

有时很难准确确定贷款支付或赚取的利息。这是因为贷款的报价利率可能不是年复利利率，而是季度复利利率或日复利利率。为了说明这一点，让我们来看两笔贷款：一笔贷款的报价为年复利利率 8.084%，另一笔贷款的报价为季度复利利率 7.85%。遗憾的是，由于一笔贷款按年计算复利（每年只支付一次利息），而另一笔贷款按季度计算复利（每年支付四次利息），所以它们很难比较。为了使借款人能比较不同贷款人报出的利率，美国《诚实贷款法》要求在所有消费贷款文件中均显示**年化百分比利率**（annual percentage rate，APR）。年化百分比利率表示无复利情况下一年中支付或赚取的利息金额。年化百分比利率的计算方法为每期（例如，每月或每周）利率乘以一年中计算复利的次数（m）：

$$年化百分比利率(APR)=期利率(例如，月利率或周利率)×年复利期数(m)$$

(5-7)

因此，如果您每月支付 2% 的利率，即 m，则年复利期数将为 12，年化百分比利率为：

$$年化百分比利率=(2\%/月)×(12 个月/年)=24\%$$

反过来说，如果您知道贷款的年化百分比利率，并想得出每期的利率，那么您要做的就是用年化百分比利率除以年复利期数。

遗憾的是，当所比较的利率在每年计算复利的期数不同时，年化百分比利率没有太大帮助。实际上，年化百分比利率通常被称为**名义利率或票面利率**（nominal or stated interest rate），因为它是贷款人或信用卡公司规定您要支付的利率。在我们的例子中，8.084%

和7.85%都是年化百分比利率，但它们不可比，因为贷款的复利期数不同。

为了使它们具有可比性，我们将计算使用年复利期数计算复利时，它们的等价利率是多少。为此，我们要计算**实际年利率**（effective annual rate，EAR）（也称年化百分比收益率或APY），它是与名义利率或票面利率产生相同收益率的年复利利率。实际年利率可以使用以下公式计算：

$$实际年利率(EAR) = \left[1 + \frac{年化百分比利率或报价年利率}{年复利期数(m)}\right]^m - 1 \tag{5-8}$$

我们使用式（5-8）计算报价年利率为7.85%、按季度计算复利（即，$m=4$ 次/年）的贷款的实际年利率，如下所示：

$$EAR = \left(1 + \frac{0.0785}{4}\right)^4 - 1 = 0.08084 \text{ 或 } 8.084\%$$

因此，如果您的银行为您提供了一笔按季度计算复利、年利率为7.85%的贷款或一笔按年计算复利、年利率为8.084%的贷款，您应该选择哪一种？如果您不知道复利如何影响货币的时间价值，您会选择年利率为7.85%的贷款，因为从表面上看，它似乎是成本较低的贷款。但是，这两笔贷款对您来说应该无差异，因为它们对您而言具有相同的成本，也就是说，它们的实际年利率相同。这里的关键点是，为了比较这两笔贷款的条件，您需要将它们转换为相同的复利期数（在本例中为按年计算复利）。鉴于企业和银行使用的复利期数多种多样，因此，重要的是知道如何使这些利率具有可比性，以便您可以做出合理的决定。

例5.10 计算信用卡的实际年利率

您刚得到了您的第一张信用卡，问题在于利率。对您来说，利率看起来很高。报价利率（年化百分比利率）为21.7%。当您仔细分析时，您注意到该利率为按天计算复利的利率。那么，您的信用卡的实际年利率是多少？

第1步：确定解题方法

我们可以用式（5-8）计算实际年利率，如下所示：

$$实际年利率(EAR) = \left[1 + \frac{年化百分比利率或报价年利率}{年复利期数(m)}\right]^m - 1 \tag{5-8}$$

第2步：计算数值

将相应数值代入式（5-8），我们可以计算出实际年利率，如下所示：

$$EAR = \left(1 + \frac{0.217}{365}\right)^{365} - 1$$

$$EAR = 1.242264 - 1 = 0.242264 = 24.2264\%$$

第3步：分析结果

因此，当年利率为21.7%时，实际年利率为24.2264%。

现在让我们来看发薪日贷款。发薪日贷款是用于支付下一个发薪日之前的费用的短期贷款。随着一些借款人在金融危机期间转而申请这些贷款，贷款人可以向他们收取极高的利率。例如，最近有一家发薪日贷款机构在广告中声称，您可以借入 100 美元，并在 14 天后偿还 120 美元。从表面上看，这似乎不是一笔糟糕的交易，但是如果我们应用一些基本的财务规则来分析这笔贷款，就会看到完全不同的情况。它的年化百分比利率和实际年利率是多少？从表面上看，您支付的利率为 20%（\$120/\$100＝1.20），但这实际上是您每 14 天要支付的利率。要计算年化百分比利率或报价年利率，我们要用 14 天期利率 20% 乘以一年中的期数（每 14 天为一期）。实际上，您每 14 天支付 20% 的利率，即 20%×(365/14)＝521.43%。在本例中，m 为 26.071 4，因为一年（365 天）中有 26.071 4 个 14 天期，年化百分比利率为 0.20×26.071 4＝5.214 3 或 521.43%（14 天期利率乘以 1 年中的 14 天期期数）。代入式（5-8），我们得到

$$EAR = \left(1 + \frac{5.214\ 3}{(365/14)}\right)^{(365/14)} - 1 = (1 + 0.20)^{(365/14)} - 1$$

$$EAR = 115.976 - 1 = 114.976 = 11\ 497.6\%$$

不用说，您会希望远离发薪日贷款。

计算利率并将其换算为实际年利率

当您计算非整年复利并使用财务计算器或 Excel 计算 i 的值时，您计算的是每个非整年复利期的利率，这被称为期间利率，

$$期间利率 = \frac{年化百分比利率或报价年利率}{年复利期数(m)}$$

用期间利率乘以年复利期数（m），可以轻松地将期间利率换算为年化百分比利率。但是，您如果对实际年利率感兴趣，就必须将刚刚计算出的值换算为实际年利率。让我们来看一个例子。

假设您刚刚获得了一笔 100 000 美元的 2 年期贷款，按月计算复利，两年后您将支付 126 973 美元以还清贷款。我们如何计算这笔贷款的年化百分比利率或报价利率并将其换算为实际年利率？您可以使用财务计算器或 Excel 来解决这个问题。[①] 因为这个问题是按月计算复利，所以 m，即年复利期数为 12；因此，n，即期数为 24（年数乘以 m，即 2 乘以 12）；所求的 i 将表示为月利率。

使用财务计算器　将上述值代入财务计算器，我们得到

数据输入	24		−100 000	0	126 973
	N	I/Y	PV	PMT	FV
解出		1.0			

要确定您为这笔贷款支付的年化百分比利率，您需要将刚刚计算出的 i 值乘以 12。因

[①] 使用得州仪器 BA Ⅱ Plus 或惠普 10B Ⅱ 计算器时，您会发现一个快捷键，您可以使用该快捷键输入复利期数和名义利率来计算实际年利率。

此，这笔贷款的年化百分比利率为12%，但这不是贷款的实际年利率，而只是年化百分比利率。要将年化百分比利率转换为实际年利率，我们可以使用式（5-8）：

$$\text{实际年利率（EAR）} = \left(1 + \frac{\text{年化百分比利率或报价年利率}}{\text{年复利期数}(m)}\right)^m - 1 \tag{5-8}$$

其中，报价年利率为0.12，m 为12。将这些值代入上式，我们得到

$$\text{EAR} = \left(1 + \frac{0.12}{12}\right)^{12} - 1$$

$$\text{EAR} = 1.1268 - 1 = 0.126825 = 12.6825\%$$

实际上，实际年利率为12.6825%。也就是说，如果您以12.6825%的年复利利率借入100 000美元的2年期贷款，则2年后的还款金额将为126 973美元，与您以12%的月复利利率借入100 000美元时的还款金额相同。

计算非整年期现金流的现值与终值

计算实际年利率的逻辑同样适用于计息期为半年、季度或其他非整年期现金流的现值和终值的计算。之前我们在计算不同时间的货币价值时，我们假设现金流按年发生，同时计算复利期数和贴现期数时也一直以年为单位。然而，现实中并不一定如此。例如，债券通常每半年支付一次利息，而大多数抵押贷款则要求按月还款。

例如，如果我们以8%的年化百分比利率将一笔钱投资5年，每半年计算一次复利，这实际上相当于我们以6个月为一期，投资10期，每期获得4%的利率。如果利率为8%，按季度计算复利，投资期为5年，那么我们相当于以3个月为一期，每期获得2%的利率，投资20期。将这个过程一般化，当不按年计算复利时，我们可以用以下公式计算投资的终值：

$$FV_n = PV\left[1 + \frac{\text{APR}}{m}\right]^{m \cdot n} \tag{5-9}$$

其中，

FV_n = 投资在第 n 年年末的终值；

n = 复利发生的年数；

APR = 年化百分比利率；

PV = 现值或第一年年初的初始投资金额；

m = 每年计算复利的次数。

实际上，所有计算货币时间价值的公式都可以通过简单变形，用来计算非整年期现金流。在本章的每个例子中，我们首先都列出了本章介绍的公式，并在此基础上进行了两处调整——第一处是年数 n，第二处是年化百分比利率 APR。因此，调整包括两个步骤：

- n 变为期数或 n（年数）乘以 m（年复利期数）。因此，如果一笔投资按月计算复利，投资期为10年，那么原来公式中的 n 就变为 $10 \times 12 = 120$，即10年中的120个月；如果按日计算复利，投资期为10年，那么 n 就变为 $10 \times 365 = 3650$，即10年中的3 650天。
- r 变为每期的利率，或原来的 r（年化百分比利率）除以 m（年复利期数）。因此，如果年化百分比利率为6%、按月计算复利，那么月利率 r 就为 $6\% \div 12 = 0.5\%$；如果年

化百分比利率为6%，按日计算复利，那么日利率就为6%÷365。

您会做吗？

您能买得起多贵的房子？
按月分期偿还贷款的例子

假设您一直在考虑买房，但不确定您买得起多大的房子。您认为您可以负担得起1 250美元的抵押贷款月供，并且您能获得年化百分比利率为6.5%、按月计算复利的30年期贷款。那么您能负担得起多少金额的抵押贷款？在本题中，您需要解出PV，即现在您可以借入的金额。

通过分析表5-4，我们可以看到年内多次计算复利的价值。因为当复利期缩短时，"利息的利息"积累得更为频繁，所以在复利期长度和实际年利率之间存在负相关关系。复利期越短，实际年利率越高。反之，复利期越长，实际年利率越低。

表5-4 100美元按不同时期长度计算复利时的价值　　　　单位：美元

	1年期，利率为r				10年期，利率为r			
r=	2%	5%	10%	15%	2%	5%	10%	15%
按年计算复利	102.00	105.00	110.00	115.00	121.90	162.89	259.37	404.56
按半年计算复利	102.01	105.06	110.25	115.56	122.02	163.86	265.33	424.79
按季度计算复利	102.02	105.09	110.38	115.87	122.08	164.36	268.51	436.04
按月计算复利	102.02	105.12	110.47	116.08	122.10	164.70	270.70	444.02
按周计算复利（52）	102.02	105.12	110.51	116.16	122.14	164.83	271.57	447.20
按日计算复利（365）	102.02	105.13	110.52	116.18	122.14	164.87	271.79	448.03

例5.11　计算投资的增长

如果我们将100美元存入储蓄账户，年化百分比利率为12%，按季度计算复利，那么5年后这笔投资将增长到多少？

第1步：确定解题方法

我们可以利用式（5-9）计算出储蓄账户的终值，如下所示：

$$\text{终值} = \text{现值} \times \left(1 + \frac{\text{APR}}{m}\right)^{m \cdot n}$$

第2步：计算数值

将相应数值代入式（5-9），我们可以计算出终值，如下所示：

$$FV = 100 \times \left(1 + \frac{0.12}{4}\right)^{4 \times 5}$$

$$=100×1.806\ 1$$
$$=180.61(美元)$$

第3步：分析结果

因此，我们在第5年年末将有180.61美元。在本题中，原来公式中的n变为5年中的季度数，而$\dfrac{APR}{m}$变为每期的利率，也就是每季利率为3%，共20个季度。

您做出来了吗？

您能买得起多贵的房子？
按月分期偿还贷款的例子

您可以用多种方法解决这个问题——使用数学公式、财务计算器或者Excel电子表格——无论您使用哪种方法，都会得到相同的结果。

1. 使用数学公式

同样，您需要用n乘以m，并用APR除以m，其中m为年复利期数。于是，我们得到：

$$PV = 1\ 250 \times \dfrac{1-\dfrac{1}{\left(1+\dfrac{0.065}{12}\right)^{30\times12}}}{\dfrac{0.065}{12}}$$

$$=1\ 250 \times \dfrac{1-\dfrac{1}{(1+0.005\ 416\ 67)^{360}}}{0.005\ 416\ 67}$$

$$=1\ 250 \times \dfrac{1-\dfrac{1}{6.991\ 797\ 97}}{0.005\ 416\ 67}$$

$$=1\ 250 \times 158.210\ 816$$
$$=197\ 763.52(美元)$$

2. 使用财务计算器

首先，您必须将每个数据换算为月数据。首先，用n乘以m（30乘以12），将n换算为月，然后将得到的值输入 N 。接下来，您需要用APR除以m，得到月利率，将其输入 I/Y 。最后，确保输入 PMT 的值为月还款金额。

计算器解法

数据输入	功能键
360	N
6.5/12	I/Y
−1 250	PMT

	0	FV
功能键		答案
CPT		
PV		197 763.52

3. 使用 Excel 电子表格

	A	B
1	利率（rate）=	0.541 7%
2	期数（nper）=	360
3	支付金额（pmt）=	1 250美元
4	终值（pv）=	0美元
5		
6	现值（pv）=	−197 763.52美元
7	单元格B6的输入值	
8	=PV（（6.5/12）%, B2, B3, B4）	

例 5.12　计算投资终值

2018 年，平均每个美国家庭有约 10 000 美元信用卡贷款，信用卡贷款的平均年化百分比利率约为 13.0%，按月计算复利。许多信用卡公司规定，每月最低还款金额为贷款余额的 4%。如果一般家庭不增加信用卡债务，每月偿还初始贷款金额的 4%，即每月偿还 400 美元，那么需要多久才能还清信用卡贷款？请使用财务计算器解答这个问题。

第 1 步：确定解题方法

解决这个问题最简单的方法是使用财务计算器或者 Excel 解出期数 N。在 Excel 中，您只需使用"=NPER"公式，输入利率、PMT、PV 和 FV 的值。如果使用财务计算器，您只需解出 N；然而您需要确保输入的 I/Y 为月利率，因为您求解的是还清信用卡贷款所需的月数。

第 2 步：计算数值

使用财务计算器的解题过程如下所示。您将注意到输入的 PMT 值为负值。

计算器解法

数据输入	功能键
13.0/12	I/Y
10 000	PV
−400	PMT
0	FV

功能键	答案
CPT	

29.3

第3步：分析结果

答案是，如果您的月还款金额为400美元，那么还清信用卡贷款需要29个月有余。显然，如果您一直使用该信用卡，将需要更长时间来还清贷款。

按月计算复利的分期偿还贷款

现在，让我们使用电子表格考察贷款分期偿还问题并计算抵押贷款的月还款金额，然后确定支付的利息和偿还的本金各是多少。

要购买新房，您需要借入100 000美元的25年期抵押贷款。如果该抵押贷款的年化百分比利率为8%（按月计算复利），那么您的月还款金额是多少？要解答这个问题，您必须首先用8%的年利率除以12，换算为月利率。其次，您必须用25年乘以每年12个月，将期数换算为月数，总计300个月。

	A	B
1	利率（rate）=	0.666 7%
2	期数（nper）=	300
3	现值（pv）=	100 000美元
4	终值（fv）=	0美元
5		
6	支付金额（pmt）=	−771.82美元
7		
8	Excel公式=pmt（rate, nper, pv, fv）	
9	单元格B6的输入值：=pmt((8/12)%, B2, B3, B4)	

您也可以使用Excel计算任何一笔贷款分期偿还金额中的利息和本金。您可以用以下Excel函数来计算：

计算	公式
偿付金额中的利息部分	=IPMT（rate, per, nper, pv, fv）
偿付金额中的本金部分	=PPMT（rate, per, nper, pv, fv）

在本例中，您可以计算第48笔月还款金额中有多少是支付的利息、有多少是偿还的本金，如下所示：

	A	B
1	利率（rate）=	0.666 7%
2	支付次数（per）=	48
3	期数（nper）=	300
4	现值（pv）=	100 000美元
5	终值（fv）=	0美元
6		
7	第48笔贷款偿付金额的利息部分=	−628.12美元
8	第48笔贷款偿付金额的本金部分=	−143.69美元
9		
10	单元格B7的输入值：=IPMT((8/12)%,B2,B3,B4,B5)	
11	单元格B8的输入值：=PPMT((8/12)%,B2,B3,B4,B5)	

> **概念回顾**
> 1. 为什么与按年计算复利相比，在一年计算多次复利的情况下，给定金额的终值更高？
> 2. 当按季度计算复利时，您如何调整现值公式和终值公式？

不规则现金流的现值和永续年金

尽管有些项目只有一笔现金流，有些项目是年金，但是许多项目都会在多年中产生不规则现金流。第10章分析固定资产投资时将再次介绍这种情况。届时我们不仅会比较不同项目产生的现金流的现值，也会比较某个特定项目的现金流出和现金流入，以确定整个项目的现值。然而，做出比较并不困难，因为任何一笔现金流的现值都是通过加上现金流入和减去现金流出，用现在的货币价值来衡量，该现值和其他任何现金流的现值都是可比的。例如，如果我们想计算以下现金流的现值：

单位：美元

年份	现金流	年份	现金流
1	0	6	500
2	200	7	500
3	−400	8	500
4	500	9	500
5	500	10	500

假设贴现率为6%，我们只需要分别计算每笔现金流的现值，并加上正的现金流，减去负的现金流，就可以得到总现值了。然而，如果我们要计算从第4年到第10年的500美元年金的现值，问题就会变得复杂。在计算时，我们首先要将年金贴现到第4年年初（或第3年年末），计算出该时点的现值。然后，我们再计算这笔单独现金流的现值（也就是7年年金的现值）。实际上，我们贴现了两次，第一次贴现回到第3年年末，然后再贴现回现在。表5-5用图形显示了这个过程，表5-6给出了具体的数学计算过程。因此，这笔不规则现金流的现值为2 185.69美元。

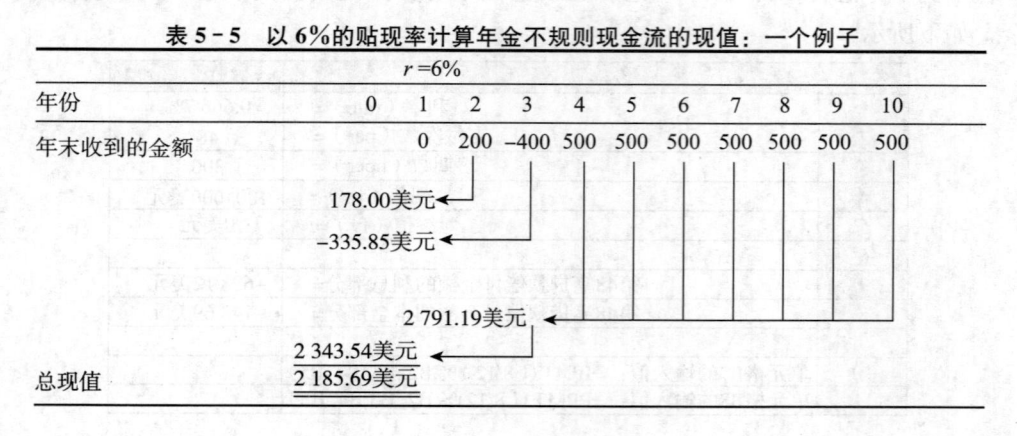

表5-5 以6%的贴现率计算年金不规则现金流的现值：一个例子

					$r=6\%$						
年份		0	1	2	3	4	5	6	7	8	9	10
年末收到的金额			0	200	−400	500	500	500	500	500	500	500
				178.00美元 ←								
				−335.85美元 ←								
						2 791.19美元 ←						
				2 343.54美元 ←								
总现值				2 185.69美元								

表 5-6 以 6% 的贴现率计算年金不规则现金流的现值：一个例子

1. 当贴现率为 6% 时，第 2 年年末收到的 200 美元的现值＝	178.00 美元
2. 当贴现率为 6% 时，第 3 年年末流出的 400 美元的现值＝	−335.85 美元
3. (a) 当贴现率为 6% 时，500 美元年金的第 4～10 年现金流在第 3 年年末的价值＝	2 791.19 美元
(b) 当贴现率为 6% 时，第 3 年年末收到的 2 791.19 美元的现值＝	2 343.54 美元
4. 总现值＝	2 185.69 美元

记住，一旦计算出一项投资产生的现金流的现值，就可以通过加减它们来合并现金流，从而得到项目的总现值。

永续年金

永续年金（perpetuity）是一种永远持续下去的年金。也就是说，进行投资后，每年它都会支付相同现金流。永续年金的一个例子是无限期支付固定股利的优先股。计算永续年金的现值很容易，我们只需用每年的固定现金流除以贴现率。例如，当贴现率为 5% 时，每年支付 100 美元的永续年金的现值就是 100 美元÷0.05＝2 000 美元。因此，永续年金的现值可以表示为：

$$PV = \frac{PP}{r} \tag{5-10}$$

其中，

PV＝永续年金的现值；

PP＝永续年金每期支付的固定金额；

r＝年利率（贴现率）。

例 5.13 计算永续年金的现值

当贴现率为 8% 时，每年支付 500 美元的永续年金的现值是多少？

第 1 步：确定解题方法

用式（5-10）可以计算出永续年金的现值，由表 5-7 可知：

$$PV = \frac{PP}{r}$$

第 2 步：计算数值

将 PP＝500 美元、r＝0.08 代入式（5-10），我们可以得到：

$$PV = \frac{500}{0.08} = 6\ 250(美元)$$

第 3 步：分析结果

因此，该永续年金的现值为 6 250 美元。

表 5-7 货币时间价值公式小结

计算	公式
单笔支付的终值	$FV_n = PV(1+r)^n$
单笔支付的现值	$PV = FV_n \left[\dfrac{1}{(1+r)^n} \right]$
年金终值	年金的 $FV_n = PMT \left[\dfrac{(1+r)^n - 1}{r} \right]$
年金现值	年金的 $PV = PMT \left[\dfrac{1 - (1+r)^{-n}}{r} \right]$
期初年金终值	FV_n（期初年金）= 年金终值 $\times (1+r)$
期初年金现值	PV（期初年金）= 年金现值 $\times (1+r)$
实际年利率	$EAR = \left(1 + \dfrac{\text{年化百分比利率或报价年利率}}{\text{年复利期数}(m)} \right)^m - 1$
非按年计算复利的单笔现金流的终值	$FV_n = PV \left(1 + \dfrac{APR}{m} \right)^{m \cdot n}$
永续年金现值	$PV = \dfrac{PP}{r}$

符号含义：
$FV_n = n$ 年末投资的终值；
$n =$ 收到支付金额所需年数或计算复利的年数；
$r =$ 年利率或贴现率；
$PV =$ 未来总现金流的现值；
$m = 1$ 年内计算复利的次数；
$PMT =$ 每年年末存入或收到的年金金额；
$PP =$ 永续年金每期支付的固定金额。

概念回顾

1. 如果一项投资在第 1 年年末产生 100 美元现金流，在第 2 年年末产生 700 美元现金流，您将如何计算这项投资的现值？
2. 什么是永续年金？
3. 当年利率（贴现率）r 提高时，永续年金的现值将如何变化？为什么？

本章小结

➡ **学习目标 1. 解释复利的原理以及如何计算货币的现值。**

小结： 复利是指将第一期对投资支付的利息计入本金，然后在第二期用新的本金作为计息基础。

尽管计算不同时间的货币价值有多种方法，但结果都是相同的。在实际商业环境中，主要方法是利用财务电子表格进行计算，Excel 是最受欢迎的工具。如果您会使用财务计算器，那么您也可以轻松将该技巧用于电子表格。

实际上，我们计算现值和终值时使用的是同一个公式，只不过我们求解的是不同的变量——FV 或 PV。这个复利计算公式就是表 5-7 中的 $FV_n = PV(1+r)^n$。

关键术语

复利：将第一期获得的投资利息计入本金，并依此类推。在第二期中，计息基础为初始本金与第一期获得的利息之和。

终值：投资在未来将增长到的金额，即投资在未来的价值。

终值系数：计算终值时使用的乘数，它等于 $(1+r)^n$。

单利：如果计息基础只是初始投资，那么就将获得的利息称为单利。

现值：将未来支付金额以必要收益率贴现的价值。

现值系数：计算现值时使用的乘数，它等于 $\dfrac{1}{(1+r)^n}$。

关键公式

$$第 n 年年末的终值 = 现值 \times (1+r)^n$$

$$现值 = 第 n 年年末的终值 \times \dfrac{1}{(1+r)^n}$$

➡ **学习目标 2. 理解年金。**

小结：年金是指在特定年数内发生的一系列等额现金流。实际上，它的计算方法是加总年金期限内各笔现金流的现值或终值。期初年金的计算公式如表 5-7 所示。

如果年金的现金流发生在每期期末，那么这种年金就被称为普通年金。如果年金的现金流发生在每期期初，那么这种年金就被称为期初年金。除非另有说明，否则我们假设现金流都发生在每期期末。

当 i、n 和 PV 已知时，计算 PMT 的方法同样可用于计算等额分期偿还贷款的每期还款金额。每期偿还相同金额的贷款被称为分期偿还贷款。尽管每期的还款金额固定，但每笔还款中用于偿还本金和支付利息的金额是不同的。每进行一次还款，所欠本金就会减少一些。因此，随着贷款逐笔被偿还，每笔还款中用于支付利息的部分将减少，而用于偿还本金的部分将增加。

关键术语

年金：在特定年数内发生的一系列等额现金流。

普通年金：现金流发生在每期期末的年金。

复利年金：在特定年数内，每年年末存入等额现金，并让其按照复利增长。

年金终值系数：计算年金终值时使用的乘数，等于 $\dfrac{(1+r)^n - 1}{r}$。

年金现值系数：计算年金现值时使用的乘数，等于 $\dfrac{1-(1+r)^{-n}}{r}$。

期初年金：现金流发生在每期期初的年金。

分期偿还贷款：分期等额偿还的贷款。

关键公式

$$年金终值 = \text{PMT} \left[\dfrac{(1+r)^n - 1}{r} \right]$$

$$年金现值 = \text{PMT} \left[\dfrac{1 - \dfrac{1}{(1+r)^n}}{r} \right]$$

$$期初年金终值 = PMT\left[\frac{(1+r)^n - 1}{r}\right] \times (1+r)$$

$$期初年金现值 = PMT\left[\frac{1-(1+r)^{-n}}{r}\right] \times (1+r)$$

➡ **学习目标3. 计算非按年计算复利的现金流的终值和现值。**

小结：如果不是按年计算复利，利息将更频繁地获得利息，因为复利期将变得更短。因此，在复利期长度和实际年利率之间存在负相关关系。非按年计算复利的单笔现金流的终值公式如表5-7所示。

关键术语

年化百分比利率（APR）：该利率表明不计算复利时，一年内支付或获得的利息金额。

名义利率或票面利率：贷款人或信用卡公司规定您应该支付的利率。

实际年利率（EAR）：当现金流不是按年计算复利时，产生的收益率与名义利率或票面利率相同的年复利利率。

关键公式

$$年化百分比利率(APR) = 期利率(例如，月利率或周利率) \times 年复利期数(m)$$

$$实际年利率(EAR) = \left(1 + \frac{年化百分比利率或报价年利率}{年复利期数(m)}\right)^m - 1$$

$$FV_n = PV\left(1 + \frac{APR}{m}\right)^{m \cdot n}$$

➡ **学习目标4. 计算不规则现金流的现值，并理解永续年金。**

小结：尽管一些项目只有一笔现金流，还有一些项目的现金流属于年金，但是许多项目将在多年中产生不规则现金流。然而，计算这些现金流的现值或终值并不困难，因为任何一笔现金流的现值都是通过加上现金流入和减去现金流出，用现在的货币价值来衡量的，该现值和其他任何现金流的现值都是可比的。

永续年金是永远持续下去的年金。也就是说，进行投资后，每年它都会支付相同现金流。永续年金的一个例子是无限期支付固定股利的优先股。计算永续年金的现值很容易，我们只需用每年的固定现金流除以贴现率。

关键术语

永续年金：无限期的年金。

关键公式

$$永续年金现值 = \frac{永续年金每期支付的固定金额}{贴现率}$$

复习题

5—1 什么是货币的时间价值？为什么它如此重要？

5—2 贴现和复利的过程是相关的。请解释这种关系。

5—3 利率r的增加或持有期n的缩短将如何影响一笔现金流的终值FV_n？请解释原因。

5—4　假设您正在考虑将钱存入三家银行中的一家，它们都支付5%的利率。A银行按年计息，B银行按半年计息，C银行按日计息。您会选择哪家银行？为什么？

5—5　什么是年金？请举出一些年金的例子，并区分年金和永续年金。

5—6　请比较互联网上可找到的不同财务计算器。请访问网站 www.dinkytown.net、www.bankrate.com/calculators.aspx 和 www.interest.com/calculators。您认为哪种计算器最好用？为什么？

课后习题

5—1　**（复利的力量）**如果您希望在45年后退休时拥有5 000 000美元，且预期年收益率为10%，那么过去50年的平均收益率大概是多少？您现在必须投资多少钱？

5—2　**（复利）**以下投资的终值是多少？

a. 以10%的年利率将5 000美元投资10年，按年计算复利。

b. 以8%的年利率将8 000美元投资7年，按年计算复利。

c. 以12%的年利率将775美元投资12年，按年计算复利。

d. 以5%的年利率将21 000美元投资5年，按年计算复利。

5—3　**（复利期数）**实现以下投资结果需要多少年？

a. 以5%的年利率投资500美元，按年计算复利，使其增至1 039.50美元。

b. 以9%的年利率投资35美元，按年计算复利，使其增至53.87美元。

c. 以20%的年利率投资100美元，按年计算复利，使其增至298.60美元。

d. 以2%的年利率投资53美元，按年计算复利，使其增至78.76美元。

5—4　**（复利利率）**实现以下投资结果需要多高的年利率？

a. 将500美元投资12年，使其增至1 948美元。

b. 将300美元投资7年，使其增至422.10美元。

c. 将50美元投资20年，使其增至280.20美元。

d. 将200美元投资5年，使其增至497.60美元。

5—5　**（现值）**以下未来现金流的现值是多少？

a. 将10年后获得的800美元以10%的贴现率贴现。

b. 将5年后获得的300美元以5%的贴现率贴现。

c. 将8年后获得的1 000美元以3%的贴现率贴现。

d. 将8年后获得的1 000美元以20%的贴现率贴现。

5—6　**（复利价值）**斯坦福·西蒙斯（Standford Simmons）最近卖掉了他的保时捷汽车，得到10 000美元并将其存入银行，该账户的年复利利率为6%。

a. 请计算存款期分别为1年、5年和15年时的存款终值。

b. 如果他将这笔钱转存到年利率为8%的账户或者另一个年利率为10%的账户中，请用这些新利率重新计算第a问。

c. 根据本题的计算结果，关于利率、时间和终值的关系，您可以得出什么结论？

5—7　**（终值）**莎拉·威格姆（Sarah Wiggum）想进行一笔投资，并希望在35年后她退休时能拿到200万美元。她找到了一家共同基金公司，该基金公司的年收益率为4%。那么莎拉现在需要投资多少钱？如果莎拉是一名金融专业的学生，并且知道如何获得14%的年收益率，那么她现在需要投资多少钱？

5—8（终值）一本新金融教科书今年的销量是15 000本，我们预期销量将每年增长20%。那么在接下来的三年中，每年的预期销量是多少？请画出销量增长趋势图并进行解释。

5—9（终值）詹卡洛·斯坦顿（Giancarlo Stanton）在2017年打出59个本垒打。如果他的本垒打水平以每年12%的速度增长，那么接下来5年他将打出多少个本垒打？

5—10（解出复利利率 r）如果您现在投资500美元，10年后将得到1 079.50美元，那么您在这笔投资中获得的年利率是多少？

5—11（解出复利利率 r）如果您借给一个朋友10 000美元，在第5年年末您的朋友还给您27 027美元，那么您向朋友收取的利率是多少？

5—12（比较现值）您有三种选择：在今天得到1 000美元，在12年后得到10 000美元，或者在25年后得到25 000美元。假设您的投资收益率为11%，那么您会选择哪一种投资？

5—13（使用财务计算器计算复利利率 r）1963年9月，漫画《X战警》第一版发行。第一版的最初售价为0.12美元。56年后的2019年9月，这本当年价格刚过10美分的漫画的价格已经升至55 000美元。如果您在1963年买下这本漫画，并在2019年卖掉，那么您获得的年利率是多少？

5—14（使用财务计算器计算复利增长）巴特·辛普森（Bart Simpson）今年10岁，他希望在16岁时能买下一辆酷炫的新车。他喜欢的汽车当前的售价为15 000美元，且该售价预计每年增长3%。巴特希望今天在年利率为7.5%的账户中存入一笔钱（他可以卖掉他手中完好无损的原版《核男孩》漫画），这样他就能在6年以后买下这辆车。当巴特16岁时，他希望购买的车的价格将是多少？为了买下这辆车，巴特现在必须存入多少钱？

5—15（使用计算器计算复利）丽莎·辛普森（Lisa Simpson）希望在45年后拥有100万美元存款。为此，她在每年年末向年利率为8.75%的递延纳税账户中存入等额存款。丽莎每年必须存入多少钱？

5—16（终值）鲍勃·特维利哥尔（Bob Terwilliger）在老家斯普林菲尔德的市长办公室做金融顾问，他收到的咨询费为12 345美元。鲍勃认为这项顾问工作是他作为市民的义务，因此自己不应该收取任何报酬。所以，他将这笔钱存入年利率为3.98%的账户，并在遗嘱中写明将该账户余额捐给斯普林菲尔德市，条件是此后200年斯普林菲尔德市不得从该账户中提取资金。200年后，斯普林菲尔德市将从鲍勃的账户中得到多少钱？

5—17（解出利率 r）柯克·范·霍滕（Kirk Van Houten）已经结婚23年，他希望在结婚30周年纪念日时，为妻子买一枚昂贵的镶钻白金戒指。假设7年后戒指的价格为12 000美元，柯克目前有4 510美元可用来投资。为了攒够买戒指的钱，柯克的投资年收益率至少应该是多少？

5—18（计算期数 n）杰克（Jack）向吉尔（Jill）求婚，吉尔答应了他，但是有一个条件：杰克必须为她买一辆价值330 000美元的劳斯莱斯幻影新车。杰克目前有45 530美元可用于投资。他找到一家年收益率为4.5%的共同基金公司，并打算投资于这家基金公司。杰克要娶到吉尔还需要多长时间？

5—19（现值）罗农咨询（Ronen Consulting）公司刚刚发现一个会计错误，它导致28年后将有一笔总计398 930美元的无融资支持债务。该公司的首席执行官托妮·弗兰德斯（Toni Flanders）正在努力计算这笔债务的现值，以便估计该公司的股票价值。如果适当的贴现率为

7%，那么这笔债务的现值是多少？

5—20（终值） 塞尔玛·布维尔（Selma Bouvier）和帕蒂·布维尔（Patty Bouvier）是一对双胞胎，她们都在斯普林菲尔德DMV公司（Springfield DMV）工作。塞尔玛和帕蒂决定为35年后的退休生活储蓄。她们在接下来的35年中每年能得到8%的投资收益率。塞尔玛只在35年期的前10年每年年末投资2 000美元，一共存入20 000美元。而帕蒂在前10年并不进行储蓄，而是在之后25年的每年年末存入2 000美元，一共存入50 000美元。当她们退休时，两人各自的存款是多少？

5—21（复利年金） 以下现金流的终值是多少？
a. 以5%的年利率将500美元投资10年，按年计算复利。
b. 以10%的年利率将100美元投资5年，按年计算复利。
c. 以7%的年利率将35美元投资7年，按年计算复利。
d. 以2%的年利率将25美元投资3年，按年计算复利。

5—22（年金现值） 以下年金的现值分别是多少？
a. 每年支付2 500美元，贴现率为7%的10年期年金。
b. 每年支付70美元，贴现率为3%的3年期年金。
c. 每年支付280美元，贴现率为6%的7年期年金。
d. 每年支付500美元，贴现率为10%的10年期年金。

5—23（解出年金现值） 妮琪·约翰逊（Nicki Johnson）是机械工程专业的大二学生，她接到了一名保险代理人的电话，这名保险代理人误认为妮琪是一名即将退休的女教师。他告诉妮琪，她可以购买如下几种年金，这些年金可以保证她在退休后每年得到一笔固定收入。相关年金的信息如下：

年金	年金首期付款（$t=0$）（美元）	每年收到的金额（美元）	年金久期（年）
A	50 000	8 500	12
B	60 000	7 000	25
C	70 000	8 000	20

如果妮琪将钱存入银行储蓄账户，将获得11%的年利率，她应该将这笔钱用于购买以上任何一种年金吗？如果应该购买，那么她应该购买哪种年金？为什么？

5—24（分期偿还贷款） 比尔·S. 普雷斯顿（Bill S. Preston）先生花80 000美元购买了一栋新房子。他支付了20 000美元首付，并同意在接下来的25年还清剩余贷款，每年年末偿还相同金额，且未清偿贷款余额的复利利率为9%。请计算他每年的等额还款额。

5—25（解出年金的PMT） 为了支付子女的学费，您希望在15年后攒够15 000美元。为了达到这个目标，您计划接下来每年年末在银行账户中存入相等金额。如果银行提供的年复利利率为6%，那么为了达到您的目标，您每年必须存入多少钱？

5—26（年金终值） 假设您计划于10年后退休，并在佛罗里达州的奥维耶多购买一栋房子。您看中的房子目前价格为100 000美元，预计该房子的价格将每年上涨5%。假设您现在的年投资收益率为10%，那么为了能在您退休时攒够买房子的钱，您必须在接下来10年的每年年末投资多少钱？

5—27（复利价值） 阿加沃尔公司（Aggarwal Corporation）需要积攒1 000万美元，以偿

还10年后到期的1 000万美元抵押贷款。为了偿还这笔抵押贷款,该公司计划在接下来的10年中每年在账户中存入一笔固定金额,第一笔钱将在第一年年末存入。阿加沃尔公司预期该账户的年利率为9%。为了让10年后该账户中的钱攒到1 000万美元,该公司每年必须存入多少钱?

5—28 (分期偿还贷款) 12月31日,贝丝·克莱姆科斯基 (Beth Klemkosky) 以50 000美元的价格购买了一艘游艇。他支付了10 000美元的首付,并同意在接下来10年的每年年末偿还相等金额,未偿还贷款部分的利率为10%。他每年需要偿还多少金额?

5—29 (解出年金的利率 r) 假设您借给一个朋友30 000美元,您的朋友将分5年在每年年末还给您10 000美元,第一笔还款将在一年后支付。您这笔贷款的利率是多少?

5—30 (分期偿还贷款) 一家公司以12%的年复利利率向银行借入25 000美元用来购买新设备。该公司将在接下来的5年还清这笔贷款,每年年末偿付相等金额。这家公司每年需偿付多少钱?

5—31 (复利年金) 您计划在5年后购买佛罗里达州的某处房产。估计到时购买该房产将需要20 000美元。为了攒够这笔钱,您计划每年在年利率为12%的账户中存入等额资金。如果您今年年末存入第一笔钱,并且希望存入最后一笔钱后您的账户余额达到20 000美元,那么您每年的存款金额应该是多少?

5—32 (分期偿还贷款) 12月31日,陈松南 (Son-Nan Chen) 借入100 000美元,并同意花20年还清贷款,每年年末偿付相同金额,未偿还贷款部分的利率为15%。他每年的还款金额是多少?

5—33 (分期偿还贷款) 为了购买一栋新房,您必须借入150 000美元。为此,您申请了利率为10%、金额为150 000美元的30年期抵押贷款。您在每年年末偿付抵押贷款,每次还款包括本金和利息,利率为未偿还贷款部分的10%。您每年的还款金额是多少?

5—34 (电子表格问题) 如果您在银行中存入900美元,年复利利率为8%,那么第7年年末您的投资价值将是多少?请利用电子表格进行计算。

5—35 (电子表格问题) 您希望20年后能花250 000美元购买一栋度假别墅,但是您现在只有30 000美元。为了让您的30 000美元在20年后增至250 000美元,您的年投资收益率必须是多少?请利用电子表格计算答案。

5—36 (利用财务计算器和期初年金的概念计算复利) 斯普林菲尔德的富豪蒙哥马利·伯恩斯 (Montgomery Burns) 今年已80岁高龄,他希望能在100岁时退休,以享受天伦之乐。一旦伯恩斯先生退休,在接下来的10年中,他希望每年年初从一个年利率为20%的特殊离岸账户中取出10亿美元。为了给退休后的生活提供资金保障,伯恩斯先生将在接下来20年的每年年末在年利率为20%的相同账户中存入等额资金。当伯恩斯先生100岁时,该账户中将有多少钱?伯恩斯先生每年必须在该退休账户中存入多少钱?

5—37 (使用财务计算器和期初年金的概念计算复利) 假设荷马·辛普森 (Homer Simpson) 5年前以7.5%的年利率投资了100 000美元。如果他在接下来的20年中,每年年初追加投资1 500美元,年利率同样为7.5%,那么从现在起20年后荷马将有多少钱?

5—38 (解出年金的贴现率 r) 您的朋友刚刚给您打来电话,希望从您那里获得一些建议。一个保险代理人刚刚给他们打了电话,推荐他们花21 074.25美元购买一份年金,该年金将在未来20年每年支付3 000美元,但是他们不清楚这笔21 074.25美元的投资的收益率是多少。他们这笔年金的投资收益率将是多少?

5—39（非整年现金流的复利利率）
  a. 假设将 5 000 美元存入银行 5 年，年利率为 6％，请计算存款的终值。
  b. 假设年化百分比利率为 6％，每半年计算一次复利或每两个月计算一次复利，其他条件不变，请重新计算第 a 问。
  c. 如果年化百分比利率为 12％，其他条件不变，请重新计算第 a 问。
  d. 如果存款期为 12 年，其他条件不变（年化百分比利率仍为 6％），请重新计算第 a 问。
  e. 考虑第 c 问和第 d 问中票面利率和持有期的变化对存款终值的影响，当您将第 c 问和第 d 问的结果与第 a 问和第 b 问的结果进行比较时，您将得到什么结论？

5—40（非整年期的复利）分析了您可以获得的各种个人贷款利率后，您发现您可以向一家财务公司借入年化百分比利率为 12％、按月计息的资金，或者向一家银行借入年化百分比利率为 13％、按年计息的贷款。哪种方式更划算？

5—41（解出非整年期的期数 n）如果您以 16％的年化百分比利率进行投资，每半年计息一次，大约经过多少年您的投资才会增长为原来的 4 倍？

5—42（电子表格问题）为了买一栋新房子，您借入了金额为 300 000 美元的 25 年期抵押贷款。如果抵押贷款的年化百分比利率为 8％，按月计算复利，那么您每月的还款金额是多少？请使用电子表格计算答案。现在，请计算第 48 个月的还款金额中分别有多少被用来偿还贷款本金和支付利息。

5—43（用计算器计算非按年计算复利的情况）杰西·平克曼（Jesse Pinkman）正在考虑转卖旧车。他估计他还需要借入 25 000 美元来支付新车价款。如果杰西能从大学信用社借到年化百分比利率为 6.2％、按月计算复利的 5 年期汽车贷款（总计 60 笔等额月供），他每月需要偿还多少汽车贷款？

5—44（用计算器计算非按年计算复利的情况）宝福力（Bowflex）的电视广告声称，您可以通过分期付款的方式购买一台售价为 999 美元的健身器材，只需每月支付 33 美元，分 36 个月付清。您为宝福力的这笔贷款支付的年化百分比利率是多少？

5—45（用计算器计算非按年计算复利的情况）福特汽车公司目前为希望购买野马汽车的客户提供激励措施，他们可以申请年化百分比利率为 4.9％、按月计算复利的 60 个月期贷款，也可以选择 1 000 美元的现金折扣。我们假设学生苏西（Suzie）希望购买一辆福特野马敞篷车，售价为 25 000 美元，但除了福特公司提供的现金折扣外，她没有付首付的钱。如果她选择 1 000 美元的现金折扣，她可以从 VTech 信用社（VTech Credit Union）获得年化百分比利率为 6.9％、按月计算复利的贷款。在这两种情况下，苏西每月的还款金额分别是多少？她应该选择哪种购买方式？

5—46（用计算器计算非按年计算复利的情况）汉克·施拉德尔（Hank Schrader）计划在未来 4 年中每季度末向某个账户中存入 1 000 美元，该账户的年化百分比利率为 6.4％，按季度计算复利。他将在 4 年后用这笔钱作为购买新房的首付款。4 年后他的首付款金额是多少？

5—47（用计算器计算非按年计算复利的情况）丹尼斯·罗德曼（Dennis Rodman）的信用卡上有 5 000 美元的债务，年化百分比利率为 12.9％，按月计算复利。丹尼斯目前每月最少要偿还债务余额的 3％，即 150 美元。如果丹尼斯在每月月末偿还 150 美元，那么他需要多少个月才能还清信用卡欠款（结果四舍五入）？

5—48（用计算器计算非按年计算复利的情况）我们应该通过"赌狗"来筹措子女的大学学费吗？让我们来看一名有两个孩子的大学教授的例子（我们称他为梅教授）。两年前，梅教授投资了 160 000 美元,希望在 12 年后他的第一个孩子上大学时这笔钱能增至 420 000 美元。然而,目前的账户余额只有 140 000 美元。让我们来计算一下,如果想让梅教授的学费储蓄计划重回正轨,需要怎么做。

a. 两年前梅教授开始进行投资时,为了实现他的目标,需要的初始年收益率是多少?

b. 目前梅教授只有 140 000 美元,并且距离他的第一个孩子上大学还有 10 年。如果梅教授想达成最终攒够 420 000 美元的目标,并且不向该账户追加投资,那么该账户必须获得多高的年收益率?

c. 过去两年的投资经历让梅教授大吃一惊,他认为大学共同基金对股票的投资过高。他希望投资一家低风险基金公司,以确保 10 年后能拿到必需的 420 000 美元,并且他愿意在每月月末对基金公司追加投资。后来他找到了一家基金公司,该基金公司承诺支付 6% 的年化百分比利率,按月计算复利。梅教授决定将现有的 140 000 美元转入这家新基金公司,并每月追加必要的投资。如果想达到 420 000 美元的投资目标,梅教授每月必须向该新基金公司追加多少投资?

d. 现在,梅教授认为上一问中计算出的每月需向新基金公司追加的投资金额过高。他决定现在将 140 000 美元投资于一家股票投资和债券投资各占一半的基金公司,并在接下来的 10 年中每月月末追加投资 500 美元,并希望得到满意的结果。为了实现梅教授 420 000 美元的投资目标,该基金的年化百分比利率必须达到多少?

5—49(计算实际年利率) 您刚从银行收到开通信用卡的邀请,该信用卡的报价年利率(APR)为 18%,按月计算复利。该信用卡的实际年利率(EAR)是多少?

5—50(计算年化百分比利率和实际年利率) 您需要快速拿到一笔钱,并决定申请发薪日贷款,而不是向朋友寻求帮助。您在您学校附近的发薪日贷款商店看到,您可以借入 100 美元,并在 10 天后偿还 115 美元。该发薪日贷款的年化百分比利率和实际年利率是多少?

5—51(不规则现金流的现值) 您需要分析以下三种投资方式。三种投资方式的现金流如下:

年末	投资(美元)		
	A	B	C
1	10 000		10 000
2	10 000		
3	10 000		
4	10 000		
5	10 000	10 000	
6		10 000	50 000
7		10 000	
8		10 000	
9		10 000	
10		10 000	10 000

假设贴现率为 20%,请计算每种投资的现值。

5—52(现值) 库玛公司(Kumar Corporation)正在计划发行无息债券,该债券 7 年后到期,届时可以凭其兑换 1 000 美元。为了给该债券制定一个与其他同等风险债券相比具有竞争力的价格,最终确定的收益率为 10%,按年计算复利。库玛公司债券的售价应该是多少?

5—53（永续年金） 以下年金的现值是多少？

a. 每期支付 300 美元的永续年金，贴现率为 8%。

b. 每期支付 1 000 美元的永续年金，贴现率为 12%。

c. 每期支付 100 美元的永续年金，贴现率为 9%。

d. 每期支付 95 美元的永续年金，贴现率为 5%。

5—54（复杂现值） 为了从现在起第 11 年开始，您能连续 5 年每年（从第 11 年到第 15 年）取出 10 000 美元，并在最后一年（第 15 年）额外取出 20 000 美元，您今天必须存入多少钱？假设利率为 6%。

5—55（复杂现值） 您希望在 15 年后拥有 50 000 美元。为了实现这个目标，您计划每年在银行中存入等额存款，银行支付 7% 的利率，按年计算复利。您的第一次存款发生在今年年末。

a. 为了在 15 年后攒到目标金额，您每年必须存入多少钱？

b. 如果您决定只在今天一次性存入一大笔钱，而不是每年进行存款，您现在需要一次性存入多少钱？（假设存款利率仍为 7%。）

c. 在第 5 年年末，您将得到 10 000 美元，并把这笔钱存入银行，以实现在第 15 年年末攒到 50 000 美元的目标。除了这笔存款外，为了达到目标，您每年还必须向账户中存入多少等额资金？（假设存款利率仍为 7%。）

5—56（综合现值） 您正在规划 10 年后的退休生活。目前您拥有 100 000 美元的存款和价值 300 000 美元的股票。除此之外，您还计划在接下来 5 年的每年年末增加 10 000 美元存款，并在退休前最后 5 年的每年年末增加 20 000 美元的存款。

a. 假设储蓄账户的利率为 7%，按年计算复利，您的股票投资的年复利收益率为 12%，那么在第 10 年年末您将拥有多少钱？（忽略税款。）

b. 如果您预期在退休后还能存活 20 年，并在退休时将所有储蓄都存入利率为 10% 的银行账户。假设您去世时该账户中的余额为 0，那么您退休后每年可以从该账户中取出多少钱？（您从退休一年后开始取款，总计 20 笔等额取款。）

5—57（现值） 本州的乐透百万美元大奖将分 19 年支付，共计 20 笔付款，每笔支付金额为 50 000 美元。第一笔 50 000 美元将立即支付，其余 19 笔 50 000 美元将在接下来 19 年的每年年末支付。如果适当的贴现率为 10%，那么这些现金流的现值是多少？如果适当的贴现率为 20%，那么这些现金流的现值是多少？

5—58（复杂年金） 35 年前刚从大学毕业时，尼克·里维埃拉（Nick Riviera）博士就开始为退休生活做打算。从那时开始，他每季度向他的退休基金中存入 300 美元。尼克刚刚支付完最后一笔钱并准备退休。他的退休基金的年化百分比利率为 9%，按季度计算复利。

a. 到退休时为止，尼克的账户中积累了多少钱？

b. 除了上述存款，15 年前，尼克还从他挚爱的叔叔那里继承了 20 000 美元遗产。他决定将这笔钱存入他的退休基金。他目前退休基金的余额是多少？

5—59（复杂年金和终值） 米尔豪斯（Milhouse）今年 22 岁，即将开始在美国国家航空航天局的一家承包商担任火箭科学家。作为一名火箭科学家，米尔豪斯知道他应该立即开始为退休生活进行储蓄。他产生这个想法的原因之一是他在《每周新闻》（*Newsweek*）中读到的一篇关于社会保障的文章。这篇文章称，未来社会中的纳税劳动者与拿退休金的退休人员之比将急剧下降。实际上，在 1955 年，该比率为 8.6，即每 8.6 名在职员工纳税供养一名退休员工；现在该比率已经下降到了3.0；而当2035年米尔豪斯退休时，该比率将下降到2。米尔豪斯的退休计划支付9%的年利率，并且允许他每年存入等额资金。米尔豪斯打算在退休时买一艘新游艇，估计这将在43年后花费300 000美元（他计划在65岁时退休）。他还估计，为了保证退休后享有舒适的生活，他退休后需要有80 000美元的年收入。根据家族史，米尔豪斯预期能活到80岁（也就是说，他希望在退休后的每年年末得到80 000美元，共计15笔）。当米尔豪斯退休时，他将一次性付全款买下那艘游艇，并将余款存入年利率为6%的账户，他将每年从这个账户中取出80 000美元。如果米尔豪斯在从今天起一年后存入第一笔钱，并在退休那天存入最后一笔钱，那么他退休前每年需要向退休基金中存入多少钱？

5—60 （复杂现金流的现值）唐·德雷柏（Don Draper）刚刚签署了一份合同，合同规定在接下来的6年中，每年年末将向他支付80 000美元，并在第6年年末额外支付100 000美元。如果适当的贴现率为8%，那么这份合同的现值是多少？

5—61 （复杂现金流的现值）唐·德雷柏刚刚签署了一份合同，合同规定在接下来的6年中，每年年初将向他支付80 000美元，并在第6年年末额外支付100 000美元。如果适当的贴现率为8%，那么这份合同的现值是多少？

5—62 （复杂现金流的计算）罗杰·斯特林（Roger Sterling）决定收购一家广告公司，并将通过向卖方融资的方式筹集收购资金。也就是说，向该广告公司现在的所有者贷款。贷款本金为200万美元，年化百分比利率为7%，按月计算复利。这笔贷款将于5年后还清，每月月末还款，并在第5年年末一次性偿付50万美元。也就是说，这笔价值200万美元的贷款将按月偿还，并在最后一个月月末偿付50万美元。这笔贷款每月的还款金额是多少？

5—63 （用计算器计算终值和现值）2016年，比尔·盖茨（Bill Gates）的身价为820亿美元。让我们来看比尔·盖茨在如下情况中可以如何运用他的财富。

a. 假设比尔·盖茨想用这笔钱买下曼哈顿。1626年，曼哈顿的土著部落将曼哈顿岛以24美元的价格卖给了彼得·米努伊特（Peter Minuit）。现在，393年后的2019年，比尔·盖茨希望从"现在的居民"手中买下这座岛。如果"现在的居民"要求在24美元的最初买价基础上获得6%的年收益率，那么比尔·盖茨需要支付多少钱购买曼哈顿岛？

b. （用计算器计算非按年计算复利的情况）如果"现在的居民"要求在24美元的最初买价基础上获得6%的年收益率并按月计算复利，那么比尔·盖茨需要支付多少钱购买曼哈顿岛？

c. 比尔·盖茨决定放弃购买曼哈顿，转而计划购买华盛顿州的西雅图市，他需要在10年后支付1 000亿美元。为了能在10年后购买西雅图，盖茨先生必须在今天投资多少钱？假设年复利收益率为10%。

d. 现在，假设比尔·盖茨希望只投资他财富净值的一半，即410亿美元，在10年后以1 000亿美元的价格购买西雅图。为了能在10年后完成这笔交易，他必须获得的年收益率是多少？

e. 假设比尔·盖茨正在考虑结束辛苦的经商生涯，在退休后从事高尔夫运动，而不是购买和经营上述城市。为了给退休计划筹资，比尔·盖茨将他所拥有的820亿美元财富进行安全的投资，预期年收益率为7%。此外，盖茨先生还希望从今天起的每年年初从该退休基金中提取等额资金，共计提取40笔。在这种情况下，盖茨先生每年可以提取多少钱？

迷你案例

假设您是一家地方报纸的商业记者，您接到任务，需要整理一系列文章，向读者说明货币时间价值的威力。您的编辑希望您除了向读者说明如何应用货币时间价值解题外，还能介绍如何用它们解决一些具体问题。您的编辑发来了如下备忘录，您将如何回复？

收件人：商业记者

发件人：佩瑞·怀特（Perry White），《星球日报》（*Daily Planet*）编辑

回复：货币时间价值的重要性与威力系列文章（即将刊载）

在即将刊载的关于货币时间价值的系列文章中，我希望确保您能谈及一些具体问题。此外，在您开始写作该系列文章之前，我希望确保我们在文章主旨内容上达成一致，因为准确性是《星球日报》一直以来的基石。出于这些考虑，在我们开始进一步工作之前，我希望您能回答以下问题：

a. 贴现和复利的关系是什么？

b. 现值系数和年金现值系数的关系是什么？

c. i. 将5 000美元按8%的年复利利率投资10年后，将得到多少钱？

　　ii. 如果将400美元按10%的年复利利率进行投资，初始投资增至1 671美元需要多少年？

　　iii. 如果要让1 000美元的初始投资在10年后增至4 046美元，投资收益率应是多少？

d. 如果将1 000美元存入银行5年，年化百分比利率为10%，每半年计算一次复利，请计算这笔钱的终值。

e. 什么是期初年金？期初年金与普通年金有何不同？

f. 每年支付1 000美元、贴现率为10%的7年期普通年金的现值是多少？如果该年金为期初年金，其现值是多少？

g. 每年支付1 000美元、贴现率为10%的7年期普通年金的终值是多少？如果该年金为期初年金，其终值是多少？

h. 您刚借到100 000美元，并同意在未来25年内还清，每年年末偿还相同金额，共计25笔还款，利率为未偿还金额的10%。每年的还款金额是多少？

i. 当贴现率为8%时，每年支付1 000美元的永续年金的现值是多少？

j. 假设有一只每年支付1 000美元的10年期年金，第一笔支付发生在第10年年末（即从第10年年末到第19年年末，发生了10笔金额为1 000美元的支付）。假设贴现率为10%，该年金的现值是多少？

k. 假设贴现率为10%，第一笔支付发生在第10年年末，每年支付1 000美元的永续年金的现值是多少？

第6章
风险和收益的含义与衡量

学习目标

1	定义和衡量单笔投资的预期收益率。	预期收益率的定义与衡量
2	定义和衡量单笔投资的风险。	风险的定义与衡量
3	比较资本市场上风险与收益率的历史关系。	收益率:投资者的经验
4	解释分散化投资对资产组合的风险和预期收益率的影响。	风险与分散化投资
5	解释投资者的必要投资收益率与投资风险的关系。	投资者的必要收益率

公司金融中最重要的概念之一就是风险与收益,这也是我们的财务基本原则3的全部重点——风险要求回报。您只需观察最近这场大衰退中在股票市场上发生的事件,就可以了解到这一点。例如,假设您在2007年10月投资了由标准普尔500指数成份股组成的股票组合,那么短短18个月后(2009年3月),您的股票组合价值将仅为4 918美元。实际上,您持有股票的18个月中,有12个月是亏损的。请相信,当我们说有很多担忧焦虑的投资者时,他们之中也包括有退休金账户的大学教授。但是如果您继续持有该股票组合,您将开始感到时来运转。到2018年1月,我们经历了长达9年的股市普涨,您的股票组合价值达到18 120美元。我们可以将发生的情况总结如下:

(1) 从2007年10月到2009年3月(18个月),您的股票组合价值从10 000美元降至4 918美元,价值下降了51%,相当于年亏损率为41%。

(2) 从2009年3月到2018年1月(106个月),您的股票组合的价值从4 918美元增至18 120美元,增加了269%,相当于年化收益率为16%。但是,即使在您的股票组合价值大幅增加的这个旺市时期,总共106个月中也有28个月是亏损的!只不过盈利月份远远超过了亏损月份。

(3) 如果我们将这两个时期——从2007年10月到2018年1月(124个月)——合起

来看，就会看到价值增长了 81%，或者平均年收益率为 6%。

时期	月数（月）	股票组合价值（美元）期初	股票组合价值（美元）期末	价值变化（美元）	变化率（%）	年收益率（%）
第一期：2007年10月—2009年3月	18	10 000	4 918	−5 082	−51	−41
第二期：2009年3月—2018年1月	106	4 918	18 120	13 202	269	16
第一期和第二期总计：2007年10月—2018年1月	124	10 000	18 120	8 120	81	6

> **牢记原则**
> 本章有一个主要目标，即帮助您理解基本原则 3：风险要求回报。

因此，拥有股票有时并不适合胆小者，您的投资一天之内就可能赚到多达 5% 的收益率，也可能亏损更多。纳齐姆·尼古拉斯·塔利布（Nassim Nicholas Taleb）将 2008 年及 2009 年的市场崩溃和极端股价波动称为"黑天鹅"——极不可能发生但影响巨大的事件。[①] 它使许多投资者和企业高管由此更深刻地认识了金融风险。

在本章中，我们将帮助读者理解风险的性质，以及风险与预期投资收益率之间应该有什么关系。我们将回顾往年的历史，以了解风险与收益的长期历史关系。这些问题与当今社会中的所有人息息相关。

之前的章节已经阐明了财务决策中风险意识的必要性。在第 2 章中，我们将贴现率或利率称为资金的机会成本，但是我们当时并没有考察这些利率或高或低的原因。例如，我们并没有解释为什么在 2018 年 1 月，您可以购买陶氏化学公司（Dow Chemical）发行的承诺收益率为 4.15% 的债券，或者为什么您可以按 8.4% 的收益率购买**第一资讯**（First Data）发行的债券（假设这两家公司都能按承诺向投资者支付利率）。

在本章中，我们将了解到风险是决定这些收益率的重要力量。在本章开篇，我们将定义预期收益率和风险，并提供如何量化这些重要的收益与风险概念的建议。我们还会比较风险和收益率的历史关系。然后，我们会解释分散化投资如何影响投资的预期收益率与风险。我们还会讨论投资的风险如何影响投资的必要收益率。

下面让我们通过考察预期收益率及其衡量方法来开始本章的学习。

预期收益率的定义与衡量

投资产生的预期收益通常表现为现金流的形式。现金流，而非会计利润，是财务经理

[①] 纳齐姆·尼古拉斯·塔利布在他的《黑天鹅：极不可能发生之事的影响》(*The Black Swan: The Impact of the Highly Improbable*, New York: Random House, 2007) 中使用黑天鹅做类比，以其代表极不可能发生的事件。在澳大利亚发现黑天鹅之前，每个人都以为所有天鹅都是白色的。因此，对于塔利布来说，黑天鹅象征着人们认为不可能发生的事件。

用来衡量收益的相关变量。这一原则适用于任何类型的证券,不论是债券、优先股、普通股还是这些证券的组合(例如可转换债券)。

在开始讨论资产的预期收益率之前,让我们首先来了解如何计算投资的**历史收益率或已实现收益率**(historical or realized rate of return),它也可以被称为**持有期收益率**(holding-period return)。例如,考虑以下情况中您的收益金额:假设您在 2017 年 4 月 17 日花 837.17 美元购买了谷歌公司的一股股票,并在一周后的 4 月 24 日以 862.76 美元的价格卖出该股票。假设该公司没有支付股利,则这笔投资的收益金额为 25.59(=862.76-837.17)美元。除了收益金额,我们还可以计算出收益率。用百分比来衡量投资收益是很有用的,因为用这种方法,我们可以了解每投资一美元的收益,它与我们的实际投资金额无关。

通过计算收益与本金之比,可以得到对谷歌投资的收益率,即用 25.59 美元的收益除以 837.17 美元的本金,结果为 3.06%(=25.59÷837.17)。

我们可以用式(6-1)和式(6-2)作为更一般的收益率计算公式:

持有期收益为:

$$持有期收益(DG) = 期末价格 + 现金分红(股利) - 期初价格 \tag{6-1}$$

持有期收益率为:

$$持有期收益率(r) = \frac{持有期收益}{期初价格} = \frac{期末价格 + 股利 - 期初价格}{期初价格} \tag{6-2}$$

在对谷歌投资的例子中,我们用来计算持有期收益率的方法给出了在某个历史时期中我们得到的实际收益率。然而,投资者每天面临的风险-收益权衡并不是基于实际收益率,而是基于投资者对于投资的未来收益率的预期。我们可以将风险投资的未来收益率想象为一系列可能的收益率结果,就像期末全班同学的成绩分布一样。为了描述这一系列可能的收益率结果,我们通常会使用这些不同可能收益率的平均值。我们将可能的收益率平均值称为投资的**预期收益率**(expected rate of return)。

在充满不确定性的世界中,准确衡量预期未来现金流并非易事。为了说明这一点,假设您正在考虑一项 10 000 美元的投资。持有该证券所产生的未来现金流取决于经济状况,每种经济状况下的估计如表 6-1 所示。

表 6-1 衡量投资的预期收益率

经济状况	各种状况的发生概率*	投资产生的现金流	收益率(=现金流÷投资成本)
经济衰退	20%	1 000 美元	10%(=1 000 美元÷10 000 美元)
经济温和增长	30%	1 200 美元	12%(=1 200 美元÷10 000 美元)
经济强劲增长	50%	1 400 美元	14%(=1 400 美元÷10 000 美元)

* 三种可能经济状况的发生概率由主观决定,这要求财务经理充分了解投资现金流和宏观经济。

> **牢记原则**
>
> **原则** 请记住,是未来现金流,而不是报表上的利润决定了投资者的收益率。即基本原则 1:现金流是最重要的。

在任何一年中，投资都可能产生三种现金流中的任何一种，具体的现金流状况取决于当时的经济状况。已知这些信息，我们应该如何选择现金流估计，才能最准确地衡量投资的预期收益率？一种方法是计算预期现金流。预期现金流就是这些可能现金流的加权平均值，权重为不同经济状况的发生概率，其公式为：

预期现金流($\overline{CF}$) = 第一种状况的现金流(CF_1) × 第一种状况发生的概率(Pb_1)
　　　　　　+ 第二种状况的现金流(CF_2) × 第二种状况发生的概率(Pb_2)
　　　　　　+ … + 第 n 种状况的现金流(CF_n) × 第 n 种状况发生的概率(Pb_n)
　　　　　　　　　　　　　　　　　　　　　　　　　　　　　　　　　　(6-3)

对于本例，

预期现金流 = 0.2 × 1 000 + 0.3 × 1 200 + 0.5 × 1 400 = 1 260（美元）

除了计算投资的预期收益金额，我们还可以计算这 10 000 美元投资的预期收益率。与预期现金流类似，预期收益率是所有可能的收益率的加权平均值，权重为每种收益率发生的概率。正如表 6-1 最后一行所示，假如经济强劲增长，将有 1 400 美元的现金流入，即收益率为 14%（= 1 400 美元 ÷ 10 000 美元）。同理，1 200 美元和 1 000 美元的现金流的收益率分别为 12% 和 10%。用这些收益率代替之前的收益金额，预期收益率的公式如下所示：

预期收益率($\bar{r}$) = 第一种状况的收益率(r_1) × 第一种状况发生的概率(Pb_1)
　　　　　　+ 第二种状况的收益率(r_2) × 第二种状况发生的概率(Pb_2)
　　　　　　+ … + 第 n 种状况的收益率(r_n) × 第 n 种状况发生的概率(Pb_n)
　　　　　　　　　　　　　　　　　　　　　　　　　　　　　　　　　　(6-4)

在我们的例子中，

预期收益率($\bar{r}$) = 0.2 × 10% + 0.3 × 12% + 0.5 × 14% = 12.6%

您会做吗？

计算预期现金流和预期收益率

您正在考虑进行一项 5 000 美元的投资，该投资每年可能产生的现金流如下所示。这项投资的预期未来现金流价值和预期收益率是多少？

概率	现金流（美元）
0.30	350
0.50	625
0.20	900

迄今为止，我们已经学习了如何计算历史持有期收益，并用金额和百分比表示它。此

外，我们还了解到如何估计预期未来将获得的收益金额和收益率。下表总结了这些财务工具：

▶ **财务决策工具**

工具名称	公式	含义
持有期收益	持有期收益(DG)＝期末价格＋现金分红(股利)－期初价格	衡量了一个时期内的投资收益金额
持有期收益率	持有期收益率$(r)=\dfrac{\text{收益金额}}{\text{期初价格}}=\dfrac{\text{期末价格}+\text{股利}-\text{期初价格}}{\text{期初价格}}$	计算了证券在持有期内的收益率
预期现金流	预期现金流$(\overline{CF})$＝第一种状况的现金流(CF_1)×第一种状况发生的概率(Pb_1)＋第二种状况的现金流(CF_2)×第二种状况发生的概率(Pb_2)＋…＋第n种状况的现金流(CF_n)×第n种状况发生的概率(Pb_n)	估计了投资存在多种可能结果时的预期现金流
预期收益率	预期收益率$(\overline{r})$＝第一种状况的收益率(r_1)×第一种状况发生的概率(Pb_1)＋第二种状况的收益率(r_2)×第二种状况发生的概率(Pb_2)＋…＋第n种状况的收益率(r_n)×第n种状况发生的概率(Pb_n)	估计了投资存在多种可能结果时的预期收益率

在了解预期收益率的概念和衡量方法后，让我们考虑投资这枚"硬币"的另一面：风险。

概念回顾

1. 当我们提到投资一项资产的"收益"时，我们指的是什么？
2. 为什么衡量未来现金流很困难？
3. 请给出预期收益率的定义。

风险的定义与衡量

因为我们生活在一个充满不确定性的世界中，所以我们看待风险的方式几乎对于生活的方方面面都具有重要意义。希腊诗人和政治家梭伦（Solon）曾在公元前 6 世纪这样写道：

> 人们做的每件事都存在风险，当他刚开始做这件事时，没有人会知道结局如何。一个凡事行动谨慎的人，可能仅仅因为没有预料到某件事而陷入严峻的窘境；而另一个人行事大大咧咧，上天却让他事事走运，远离愚钝可能给他带来的不幸。[①]

对于我们这些风险行为的结果，梭伦更多地归因于宙斯。然而，梭伦的看法提醒我

[①] *Iambi et Elegi Graeci ante Alexandrum Cantati*, vol. 2. Edited by M. L. West, translated by Arthur W. H. Adkins (Oxford, UK: Clarendon Press, 1972).

们，世界上几乎没有新鲜事，包括我们必须承认并尽量补偿我们面临的风险。实际上，关于风险的重要性以及理解风险在我们生活中的意义的必要性，彼得·伯恩斯坦（Peter Bernstein）做过如下评述：

> 是什么让我们所认为的现代社会不同于几千年来的社会？答案不仅仅是科学、技术、资本主义和民主的进步。
>
> 很早之前就诞生了许多出色的科学家、数学家、发明家、技术专家和政治哲学家……人们画出星象图，建起亚历山大图书馆，教授欧氏几何……人们开采煤炭、石油、钢铁和铜，为几千年来的人类服务……
>
> 一种革命性观点定义了现代文明和历史文明的界线，那就是人们对风险的理解……直到人类发现穿越这条界线的方式，未来还只是过去的镜像。[1]

您做出来了吗？

计算预期现金流和预期收益率

概率	可能的情况		预期	
	现金流（美元）	收益率（%）	现金流（美元）	收益率（%）
0.30	350	7.0	105.00	2.1
0.50	625	12.5	312.50	6.3
0.20	900	18.0	180.00	3.6
预期现金流和预期收益率			597.50	12.0

可能获得的收益率等于可能产生的现金流除以 5 000 美元投资。预期现金流等于可能产生的现金流乘以概率，预期收益率等于可能获得的收益率乘以概率。

在关于风险的学习中，我们希望考虑以下问题：

（1）什么是风险？

（2）已知一项投资，我们如何知道它的风险有多高？也就是说，我们如何衡量风险？

（3）如果我们通过持有多种资产来实现分散化投资，就像我们大多数人所做的那样，那么这种分散化投资会降低整个投资组合的风险吗？

我们并不想老生常谈，但是风险对于不同的人来说含义是不同的，这取决于人们所处的环境以及他们对于承担风险的感受。对于学生来说，风险意味着在某次考试中不及格，或者没有达到最佳分数的可能性。对于煤矿工人或者油田工人来说，风险意味着矿井或油田爆炸的可能性。对于退休职员来说，风险意味着无法依靠一笔稳定收入过上舒适生活的可能性。对于企业家来说，风险是一项新商业计划失败的可能性。

---

[1] "Introduction" *in Against the Gods*：*The Remarkable Story of Risk* by Peter Bernstein, published by John Wiley & Sons, Inc., New York：1998.

了解了这些不同种类的风险后,我们将注意力集中到投资的内在风险上。在这种语境下,**风险**(risk)是指未来现金流的可能变化。未来可能发生的事件范围越大,风险就越大。① 只要我们稍加思考,就可以从直觉上理解这个概念。

为了帮助我们掌握风险的基本含义,请考虑以下两笔可能的投资:

(1) 第一笔投资是美国国债,它是在 10 年后到期、年收益率为 2% 的政府债券。如果我们买入并持有该债券 10 年,几乎可以肯定,我们能得到不多于也不少于 2% 的年收益率。不论投资目的如何,都不存在损失风险。

(2) 第二笔投资是买入一家本地出版公司的股票。通过观察该公司股票的历史收益率,我们对这笔投资的年收益率做出了以下估计:

发生概率(%)	投资收益率(%)
10	−10
20	5
40	15
20	25
10	30

如果投资于该出版公司的股票,则当经营状况良好时,我们可以获得高达 30% 的收益率;而当经营状况不佳时,将出现 10% 的亏损。然而,在未来的年份里,无论经营状况是好还是坏,我们预期都将得到 14% 的平均收益率。②

$$预期收益率 = 0.10 \times (-10\%) + 0.20 \times 5\% + 0.40 \times 15\% + 0.20 \times 25\% \\ + 0.10 \times 30\% \\ = 14\%$$

比较国债投资和出版公司投资,我们可以看到,国债提供了 2% 的预期年化收益率,而出版公司提供了 14% 的预期年化收益率,比前者高出许多。然而,我们对出版公司的投资明显风险更高,也就是说,最终的投资结果具有更大的不确定性。换言之,可能收益率的变化范围或分布更广,这意味着更大的投资风险。③ 图 6-1 用离散概率分布图形象地展示了这些差异。

尽管在确定性上,投资于出版公司的收益率显然不如投资于国债的收益率,但当两笔投资的差异不明显时,量化风险指标是很有用的。我们可以通过计算可能的投资收益率的方差及其平方根——**标准差**(standard deviation)——来量化投资风险。在有 n 种可能的

---

① 当我们提到可能发生的事件时,我们绝不能忘记,正是我们无法预测的、几乎不可能发生的事件可能对投资结果产生最大的影响。因此,我们根据可获得的最佳信息来评估投资机会,但是仍可能发生我们无法预测的"黑天鹅"事件。

② 我们假设第一年实现的特定的结果或收益率不影响以后各年的收益率。用专业语言来说,就是假设任何一年的收益率分布均独立于之前任何一年的投资结果。

③ 我们为什么可以将高于预期收益率的收益率变化视为风险?我们应该关注高于预期收益率的正离差吗?有些人会说"不应该",他们认为只有低于事先确定的最低可接受收益率的负收益率变化才是风险。然而,只要收益率分布是对称的,就会得出相同结论。

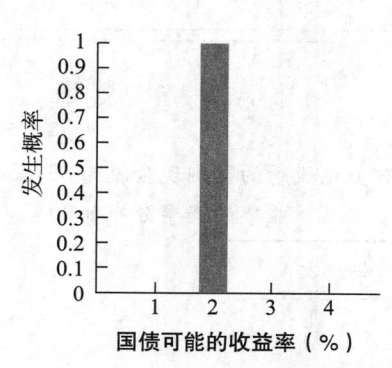

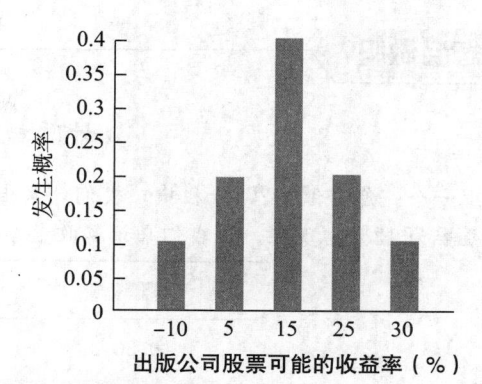

图 6-1 两种投资收益率的概率分布

收益率（即经济状况）的情况下，我们计算方差的公式如下：

$$收益率的方差(\sigma^2) = [第一种状况的收益率(r_1) - 预期收益率(\bar{r})]^2 \times 第一种状况发生的概率(Pb_1) + [第二种状况的收益率(r_2) - 预期收益率(\bar{r})]^2 \times 第二种状况发生的概率(Pb_2) + \cdots + [第n种状况的收益率(r_n) - 预期收益率(\bar{r})]^2 \times 第n种状况发生的概率(Pb_n)$$

(6-5)

对于出版公司的普通股来说，我们可通过以下五步来计算收益率的标准差：

第1步 计算投资的预期收益率，即上文计算出的14%。

第2步 将每种可能的收益率减去预期收益率14%，并取该离差的平方。

第3步 将第2步中计算出的离差平方乘以相应状况发生的概率。

第4步 将第3步的计算结果加总。它们的和就是收益率概率分布的方差。请注意，方差实际上就是可能的收益率与预期收益率之差的平方均值。

第5步 计算第4步中计算出的方差的平方根，得到收益率概率分布的标准差。

表 6-2 说明了如何应用这个计算过程，得到的普通股投资的标准差估计值为 11.14%。作为比较对象的国债投资是无风险的，标准差为 0。投资的风险越高，其标准差越大。

表 6-2 衡量对出版公司投资的方差和标准差

世界经济状况	收益率（%）	概率	第1步（%）	第2步（%）	第3步（%）
A	B	C	D=B×C	E=(B-$\bar{r}$)²	F=E×C
1	−10	0.10	−1	576	57.6
2	5	0.20	1	81	16.2
3	15	0.40	6	1	0.4
4	25	0.20	5	121	24.2
5	30	0.10	3	256	25.6

第1步：预期收益率（$\bar{r}$）=14%。
第4步：方差=124%。
第5步：标准差=11.14%。

您会做吗?

计算标准差

在上一个"您会做吗?"专栏中,我们计算出5 000美元投资的预期现金流为597.50美元,预期收益率为12%。现在,让我们来计算收益率的标准差。收益率的概率分布如下:

概率	收益率(%)
0.30	7.0
0.50	12.5
0.20	18.0

财务实践

对风险的另一种理解

这里显示的第一个汉字的意思是"危险";第二个汉字的意思是"机会"。中国人将风险定义为危险与机会的结合。根据中国人的说法,风险越大,意味着我们有更大的机会取得成功,但同时也有更大的危险遭遇失败。

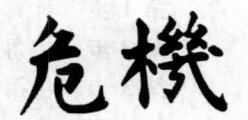

危機

或者,我们也可以利用式(6-5)来计算投资收益率的标准差,如下所示:

$$\sigma = [(-10\% - 14\%)^2 \times 0.10 + (5\% - 14\%)^2 \times 0.20 + (15\% - 14\%)^2 \times 0.40$$
$$+ (25\% - 14\%)^2 \times 0.20 + (30\% - 14\%)^2 \times 0.10]^{1/2}$$
$$= \sqrt{124\%}$$
$$= 11.14\%$$

尽管收益率的标准差为我们提供了一种资产风险的量化指标,但我们应该如何解释这个结果呢?它的含义是什么?11.14%的收益率标准差对于对出版公司的投资来说是高还是低?首先,我们应该记住,统计学家告诉我们,一个事件有三分之二的概率落在预期值上下一个标准差的范围内(假设分布为正态分布,即它的形状为钟形)。因此,假设对出版公司股票的投资的预期收益率为14%,收益率的标准差为11.14%,那么我们可以合理地预测该投资的实际收益率有三分之二的概率位于2.86%和25.14%(14%±11.14%)之间。换言之,这笔投资的不确定性不是太大。

要回答关于标准差含义的问题,还有第二种方法,那就是比较对出版公司的投资与其他投资。显然,一只证券的收益与风险的吸引力不能独立确定。只有通过分析其他投资选择,我们才能对某项投资的风险得出结论。例如,如果还有另一个投资机会,比如投资于一家拥有当地广播站的公司，该项投资的预期收益率与对出版公司的投资相同，均为14%，但是收益率的标准差为7%，那么我们将认为投资于出版公司的风险，即11.14%的标准差过高。用现代投资组合理论的专业术语来说，对广播站的投资"优于"对出版公司的投资。用更通俗的话来说就是，对广播站的投资与对出版公司的投资具有相同的预期收益率，但是前者的风险更低。

假设投资快速换油特许经营权的预期收益率为24%，但标准差的估计值为13%，那么当我们比较对出版公司的投资和对快速换油特许经营权的投资时，结论将是什么呢？现在我们应该怎么做？显然，快速换油特许经营权有更高的预期收益率，但是它也有较大的标准差。在这个例子中，我们看到在选择更优的投资时，真正的挑战来自一项投资有较高预期收益率但也蕴藏更高风险的时候。这时，最终的选择取决于我们对风险的态度，而没有唯一的正确答案。您也许会选择投资于出版公司，然而我可能会选择投资于快速换油特许经营权，但是我们谁都没有错。我们只是表达了我们对风险与收益的不同品味和偏好。

总而言之，投资的风险是投资者关注的主要内容，其中标准差是衡量投资风险的传统指标。这种决策工具如下所示：

财务决策工具

指标名称	公式	提供的信息
收益率的标准差=$\sqrt{方差}$	收益率的方差(σ^2)=[第一种状况的收益率(r_1)−预期收益率($\bar{r}$)]²×第一种状况发生的概率(Pb_1)+[第二种状况的收益率(r_2)−预期收益率($\bar{r}$)]²×第二种状况发生的概率(Pb_2)+…+[第 n 种状况的收益率(r_n)−预期收益率($\bar{r}$)]²×第 n 种状况发生的概率(Pb_n)	一种风险指标，由现金流或收益率方差的平方根决定，衡量了现金流或收益率的波动性。

例 6.1 计算预期收益率和标准差

您正在衡量两项投资，X 和 Y。可能的收益率分布如下所示：

概率	可能的收益率（%）	
	投资 X	投资 Y
0.05	−10	0
0.25	5	5
0.40	20	16
0.25	30	24
0.05	40	32

请计算每项投资的预期收益率和标准差。如果决策权在您手中，您会偏好这两项投资中的某一项吗？

第 1 步：确定解题方法

为了计算每项投资的预期收益率，我们使用式（6-4），在本例中有五种可能的结果或状态：

预期收益率($\bar{r}$)＝第一种状况的收益率(r_1)×第一种状况发生的概率(Pb_1)
$\qquad$＋第二种状况的收益率(r_2)×第二种状况发生的概率(Pb_2)
$\qquad$＋…＋第五种状况的收益率(r_5)×第五种状况发生的概率(Pb_5)

为了计算每项投资的风险，我们用收益率的标准差来衡量它。我们将五种可能结果代入式(6－5)：

收益率的方差(σ^2)＝[第一种状况的收益率(r_1)－预期收益率($\bar{r}$)]²×第一种状况发生的概率(Pb_1)＋[第二种状况的收益率(r_2)
$\qquad$－预期收益率($\bar{r}$)]²×第二种状况发生的概率(Pb_2)＋…
$\qquad$＋[第五种状况的收益率(r_5)－预期收益率($\bar{r}$)]²×第五种状况发生的概率(Pb_5)

标准差(σ)＝$\sqrt{方差}$

第2步：计算数值

投资 X：

预期收益率($\bar{r}$)＝0.05×(－10%)＋0.25×5%＋0.40×20%＋0.25×30%
$\qquad$＋0.05×40%
$\qquad$＝18.25%

收益率的方差(σ^2)＝0.05×(－10%－18.25%)²＋0.25×(5%－18.25%)²
$\qquad$＋0.40×(20%－18.25%)²＋0.25×(30%－18.25%)²
$\qquad$＋0.05×(40%－18.25%)²
$\qquad$＝143.19%

收益率的标准差(σ)＝$\sqrt{\sigma^2}$＝$\sqrt{143.19\%}$＝11.97%

投资 Y：

预期收益率($\bar{r}$)＝0.05×0＋0.25×5%＋0.40×16%＋0.25×24%
$\qquad$＋0.05×32%
$\qquad$＝15.25%

收益率的方差(σ^2)
＝0.05×(0－15.25%)²＋0.25×(5%－15.25%)²＋0.40×(16%－15.25%)²
$\qquad$＋0.25×(24%－15.25%)²＋0.05×(32%－15.25%)²
＝71.29%

收益率的标准差(σ)＝$\sqrt{方差}$＝$\sqrt{71.29\%}$＝8.44%

第3步：分析结果

结果如下所示：

投资	预期收益率（%）	标准差（%）
投资 X	18.25	11.97
投资 Y	15.25	8.44

在本例中，如果您希望获得更高的预期收益率，就要承担更大的风险（世界上没有摇钱树）。因此，最终选择取决于投资者对风险和收益的偏好，没有唯一的正确答案。

您做出来了吗？

计算标准差

离差（可能收益率－12％的预期收益率）(%)	离差的平方(%)	概率	概率×离差的平方(%)
－5.0	25.00	0.30	7.500
0.5	0.25	0.50	0.125
6.0	36.00	0.20	7.200
离差的平方×概率（方差 σ^2）之和			14.825
标准差（σ）			3.85

概念回顾
1. 如何定义风险？
2. 标准差如何帮助我们衡量投资的风险？
3. 风险高就意味着是糟糕的投资吗？

收益率：投资者的经验

迄今为止，我们在多数情况下使用的都是关于预期收益率与风险的假想例子。然而，了解投资者对不同类型证券的投资实际获得的收益率也很有意思。例如，伊博森公司（Ibbotson Associates）发布了自1926年至今以下投资类型的长期历史年收益率：
（1）大公司的普通股；
（2）小公司的普通股；
（3）长期公司债券；
（4）长期美国国债；
（5）中期美国国债；
（6）美国国库券（短期国债）。

在比较这些收益率之前，我们应该思考预期结果是什么。首先，我们直觉上预期美国国库券（短期国债）是上述六种投资组合中风险最低的。因为国库券的期限较短，因此与中期国债及长期国债相比，它的价格波动性较小（风险较低）。其次，因为公司债券的违约概率更高，而国债几乎不存在违约概率，因此长期国债的风险低于长期公司债券的风险。最后，大公司普通股的风险高于公司债券的风险，而小公司股票的风险高于大公司股票的风险。

基于以上分析，我们可以合理地预期持有以上各种证券的不同收益率。如果市场对投资者承担的风险给予补偿，那么平均年收益率将随着风险的增加而提高。

表6-3比较了1926—2016年5种投资组合的年收益率与通胀率。这些收益率包括以下四方面信息：

(1) 名义平均年收益率；
(2) 名义平均年收益率的标准差，它衡量了这些收益率的波动性或风险；
(3) 实际平均年收益率，即名义平均年收益率减去通货膨胀率；
(4) 风险溢价，即在存在风险的情况下，得到的收益率高于无风险利率（国库券利率）的部分。

通过观察表6-3的前两列数据，即名义平均年收益率和收益率的标准差，我们可以清晰一览截至2016年的91年间的风险-收益关系。每种证券的数据都表明，风险与收益之间存在正相关关系，其中国库券的风险最小，而小公司股票的风险最大。

表6-3 历史收益率（%）

证券	名义平均年收益率	收益率的标准差	实际平均年收益率[a]	风险溢价[b]
小公司股票	16.6	31.9	13.7	13.2
大公司股票	12.0	19.9	9.1	8.6
中期国债	5.3	5.6	2.4	1.9
公司债券	6.3	8.4	3.4	2.9
美国国库券	3.4	3.1	0.5	0.0
通货膨胀率	2.9	3.0		

a. 实际平均年收益率=名义平均年收益率－通货膨胀率（2.9%）；
b. 风险溢价=名义平均年收益率－平均无风险利率（国库券利率3.4%）。
资料来源：伊博森公司1926—2016年年鉴，年总收益率统计小结。

表6-3中的收益率信息清楚地说明了，在长期，只有普通股可以对冲通货膨胀并提供较高的风险溢价。然而，同样明显的是，普通股股东也承担了很大的风险，例如大公司股票的标准差为19.9%，而小公司股票的标准差为31.9%。实际上，在1926—2016年的91年中，有22年大公司普通股股东的收益率为负，相比之下，在这91年中只有1年（1938年）的国库券收益率为负。

> **概念回顾**
> 1. 由于承担了更高风险而额外获得的补偿称为什么？
> 2. 在表6-3中，哪个收益率是无风险利率？为什么？

风险与分散化投资

当我们的投资组合包括不止一种资产时,我们就要更深入地分析风险,尤其是风险的性质。现在,让我们来分析库珀·格罗夫斯(Cooper Groves)的案例,并考虑当我们通过持有多种证券进行分散化投资时,风险将受到什么影响。

库珀仍然记得2016年12月从贝勒大学毕业时的情况。他不仅得到了向往的好工作,而且在年底还攒下一点积蓄——虽然不够像他的一些大学朋友那样飞到欧洲避暑,但也不算少了。此外,他怀疑他们是用信用卡支付的度假费用。因此,毕业后,他立即用部分积蓄购买了哈雷-戴维森(Harley-Davidson)的股票。他还购买了星巴克(Starbucks)的股票。(他拥有一辆哈雷软尾*摩托车,从高中时代就酷爱骑摩托车。他也感谢星巴克帮助他度过了漫长的学习生涯。)但是自从进行这些投资以来,他一直专注于自己的职业生涯,很少思考他的投资。他第一次休长假是在2017年5月。在度过一个慵懒的周六早晨之后,他决定上网看看过去几个月来他的投资业绩如何。他以79美元的价格买入了星巴克的股票,现在该股票的交易价格接近51美元,这让他吓了一跳。但随后他注意到该公司已将股票2拆1,因此他的股票数量是原来的两倍。所以,实际上他原来拥有的一股变为两股,价值102美元。他认为这个结果还不错。但随后坏消息来了——哈雷-戴维森的股票售价为56美元,而他买入该股票时的价格为66美元。

显然,我们介绍的哈雷·戴维森和星巴克的股票波动是这两家公司所特有的事件,并且正如我们所预期的,投资者会对此做出反应。也就是说,股票价格根据新信息发生变化。尽管库珀可能希望他当时只持有星巴克的股票,但是我们大多数人更愿意避免这些不确定性,也就是说,我们是风险厌恶者。我们希望在不降低预期收益率的情况下降低投资组合的风险。好消息是:通过分散化投资组合就可能实现这个目标!

分散风险

如果我们通过投资于不同证券分散投资,而不是只投资于一只股票,那么我们的投资组合收益率波动性就会降低。如果我们的投资组合中不同股票的收益率不完全同步变化,那么风险就会降低,也就是说,它们不是完全相关的。图6-2用图形说明了当我们向投资组合中添加新股票时,收益率波动性将如何变化。由于股票收益率的部分波动性是该股票所特有的,因此收益率波动性将下降。单只股票特有的波动性往往会被另一只股票特有的波动性抵消。然而,我们不应期望消除投资组合的所有风险。实际上,要消除投资组合收益率的所有波动性是相当困难的,因为股票价格具有某种程度的同步变化趋势。因此,我们可以将投资组合的总体风险(总波动性)分为两类:(1)**公司特有风险**(company-unique risk)或**非系统性风险**(unsystematic risk);(2)**市场风险**(market risk)或**系统性风险**(systematic risk)。公司特有风险也可以被称为**可分散风险**(diversifiable risk),

---

* 软尾(Softail)是哈雷摩托的系列车型之一,该车型的后减震并不是常见的两侧弹簧减震,而是隐藏在车架下面,这使得这款车既具有硬尾的简洁外观,同时又不失舒适性。——译者注

即该风险可以被分散掉。市场风险是**不可分散风险**（nondiversifiable risk），它不能通过随机分散化被消除。图6-2用图形显示了这两种风险。总体风险随着投资组合中股票数量的增加而下降，直到投资组合中的股票数量增加到大约20只时，之后若继续增加股票数量，总体风险的降低将变得微乎其微。

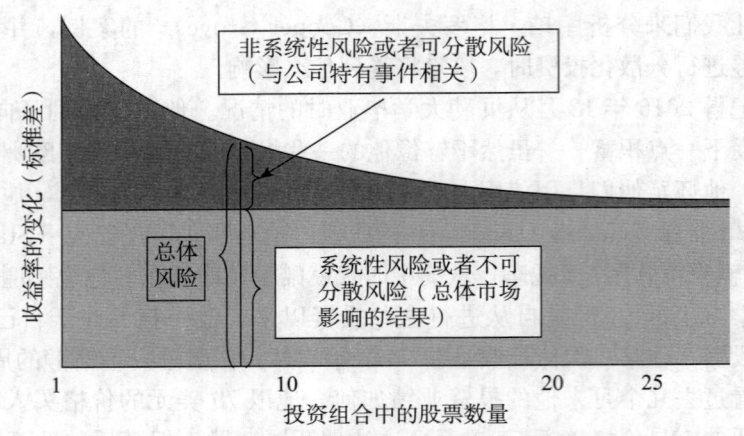

图6-2 不同规模投资组合的收益率变化

剩余风险通常约占总体风险的40%，这就是投资组合的系统性风险，或者说是市场风险。这时，我们的投资组合与市场上所有的证券高度相关。影响我们投资组合的事件将是不那么独特的事件，比如整体经济状况、重大政治事件和社会变化。这类例子还包括利率变化、影响所有公司的税法变化，或者公众更加关注公司商业行为对环境的影响。因此，我们的风险衡量指标应该衡量一只股票或一个投资组合对于市场组合（例如纽约证券交易所指数或标准普尔500指数）变化的反应。[①]

衡量市场风险

为了帮助我们阐明系统性风险的概念，让我们来分析eBay的普通股收益率和标准普尔500指数收益率之间的关系。

表6-4和图6-3显示了截至2018年1月的12个月中eBay和标准普尔500指数的月收益率。这些月收益率或通常所称的持有期收益率的计算公式如下[②]：

$$\text{月持有期收益率} = \frac{\text{月末价格} - \text{月初价格}}{\text{月初价格}}$$

$$= \frac{\text{月末价格}}{\text{月初价格}} - 1 \tag{6-6}$$

[①] 纽约证券交易所指数是反映在纽约证券交易所上市的所有股票表现的指数。类似地，标准普尔500指数是衡量标准普尔挑选出的美国500家最大公司的股票组合表现的指数。

[②] 为了简单起见，我们忽略了投资者获得的股利，它也是总收益的一部分。换言之，如果D_t等于投资者在第t月收到的股利，那么可以更准确地计算出持有期收益率：

$$r_1 = \frac{P_t + D_t}{P_{t-1}} - 1 \tag{6-7}$$

例如，2017年2月eBay和标准普尔500指数的持有期收益率的计算公式如下：

$$eBay的持有期收益率 = \frac{2017年2月末的股票价格}{2017年1月末的股票价格} - 1$$

$$= \frac{33.90 美元}{31.83 美元} - 1$$

$$= 0.065\,0$$

$$= 6.50\%$$

$$标准普尔500指数的持有期收益率 = \frac{2017年2月末的指数价值}{2017年1月末的指数价值} - 1$$

$$= \frac{2\,364 美元}{2\,279 美元} - 1$$

$$= 0.037\,2$$

$$= 3.72\%$$

表6-4　2017年2月到2018年1月eBay与标准普尔500指数的月持有期收益率对比

时间	eBay 价格（美元）	eBay 收益率（%）	标准普尔500指数 价格（美元）	标准普尔500指数 收益率（%）
2017年				
1月	31.83		2 279	
2月	33.90	6.50	2 364	3.72
3月	33.57	−0.97	2 363	−0.04
4月	33.41	−0.48	2 384	0.91
5月	34.30	2.66	2 412	1.16
6月	34.92	1.81	2 423	0.48
7月	35.73	2.32	2 470	1.93
8月	36.13	1.12	2 472	0.05
9月	38.46	6.45	2 519	1.93
10月	37.64	−2.13	2 575	2.22
11月	34.67	−7.89	2 648	2.81
12月	37.74	8.85	2 674	0.98
2018年				
1月	40.58	7.53	2 824	5.62
平均月收益率		2.15		1.81
标准差		4.75		1.64

在表6-4的下方，我们也计算了eBay和标准普尔500指数在12个月中的平均月收益率，以及这些收益率的标准差。因为我们使用的是历史收益率数据，所以我们假设每个观察值有相同的发生概率。因此，通过加总月收益率，然后除以月数，我们就可以得到平均持有期收益率，即：

$$平均持有期收益率 = \frac{第1个月的收益率 + 第2个月的收益率 + \cdots + 最后1个月的收益率}{月数} \quad (6-8)$$

标准差的计算方法如下：

$$标准差=\sqrt{\frac{\left(\begin{array}{c}第1个月\\的收益率\end{array}-\begin{array}{c}平均\\收益率\end{array}\right)^2+\left(\begin{array}{c}第2个月的\\收益率\end{array}-\begin{array}{c}平均\\收益率\end{array}\right)^2+\cdots+\left(\begin{array}{c}最后一个月\\的收益率\end{array}-\begin{array}{c}平均\\收益率\end{array}\right)^2}{月数-1}}$$

(6-9)

通过考察表6-4和图6-3，我们注意到eBay截至2018年1月的12个月的持有期收益率的以下情况：

(1) eBay的股东实现了比整体市场（由标准普尔500指数代表）更高的平均月持有期收益率。在过去的12个月中，eBay股票的平均月收益率为2.15%，相比之下，标准普尔500指数的平均月收益率只有1.81%。

(2) 尽管在截至2018年1月的12个月中，eBay的平均月收益率高于整体市场（标准普尔500指数），但eBay的收益率波动性（标准差）显著高于市场——eBay的收益率标准差为4.75%，而标准普尔500指数的收益率标准差为1.64%。

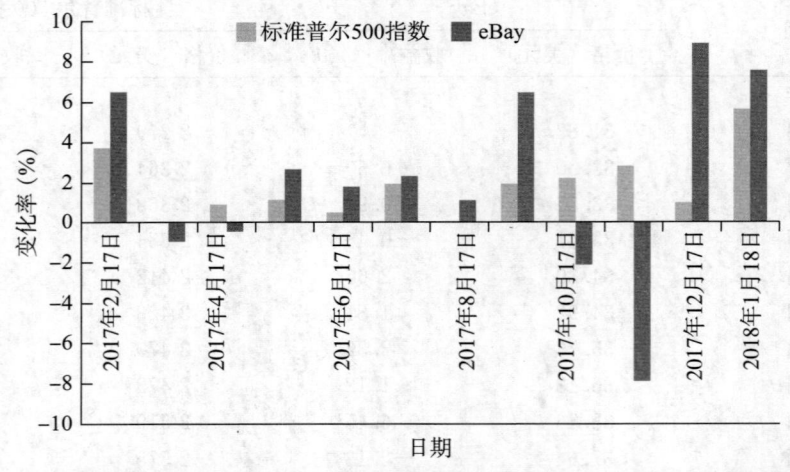

图6-3 月持有期收益率：2017年2月—2018年1月 eBay与标准普尔500指数的对比

资料来源：雅虎财经。

(3) 在12个月中的9个月，当标准普尔500指数上升时，eBay的股票价格也会上升，反之亦然。也就是说，在eBay的股票收益率和标准普尔500指数收益率之间有一定的正相关关系。

关于第三个观察结果——eBay股票和标准普尔500指数的收益率之间存在一定关系——我们可以画出eBay的股票收益率和标准普尔500指数的收益率，以便了解这种关系，如图6-4所示。在该图中，我们在纵轴上标出eBay股票的收益率，在横轴上标出标准普尔500指数的收益率。在图中标出的12个点中，每个点都表示某个月的eBay股票收益率和标准普尔500指数收益率。例如，如该图所示，2017年9月，eBay股票和标准普尔500指数的收益率分别为6.45%和1.93%。

除了在该图中标出各点的位置外，我们还可以画出一条"最优拟合线"，我们称之为**特征线**（characteristic line）。特征线的斜率衡量了某只股票的收益率和标准普尔500指数收益率之间的平均关系。或者说，特征线的斜率表示当标准普尔 500 指数价格变化一个单位时，该股票价格的平均变化。通过拟合一条穿过这些点的中间位置的直线，我们可以直观估计这条线的斜率。然后我们将比较这条线沿纵轴的增加值与沿横轴的增加值。或者，我们可以将收益率数据输入财务计算器或 Excel 电子表格，这两种方法都可以帮助我们根据统计分析计算出斜率。对于 eBay 来说，这条线的斜率为 0.748，这说明在一般情况下，当市场收益率（标准普尔 500 指数收益率）升高或降低 1 个百分点时，eBay 股票的收益率平均将升高或降低 0.748 个百分点。

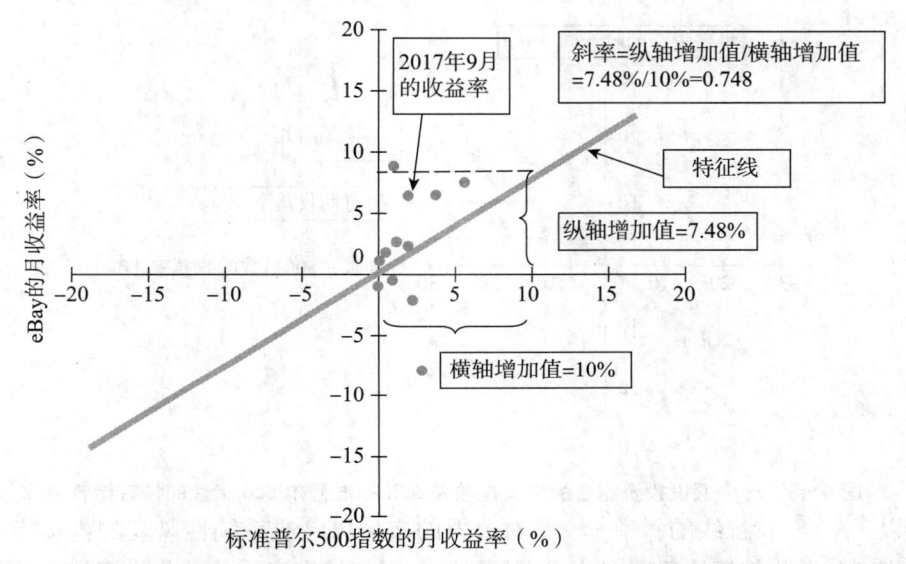

图 6-4　月持有期收益率：2017 年 2 月—2018 年 1 月 eBay 与标准普尔 500 指数的对比

计算 β 值：

图形——直线的斜率可通过画出最好地拟合 eBay 股票收益率和市场指数收益率散点数据的直线来进行直观估计。β 系数就是"纵轴增加值/横轴增加值"。例如，当标准普尔 500 指数的收益率为 10% 时（横轴增加值），eBay 的收益率在纵轴上的数值为 7.48%（纵轴增加值）。因此，β 系数为纵轴增加值除以横轴增加值，即 $\beta = 7.48\% \div 10\%$。

财务计算器——财务计算器内置了计算 β 系数的函数。但是，因为每种财务计算器的计算过程都不一样，我们就不在这里列举了。

Excel——Excel 的斜率函数可以用来计算斜率，即 "=slope(eBay 股票的收益率，标准普尔 500 指数的收益率)"。

资料来源：雅虎财经。

我们也可以将这条特征线的斜率 0.748 理解为 eBay 股票的收益率波动性平均是整个市场（标准普尔 500 指数）收益率波动性的 0.748 倍。该斜率在投资者的行话中被称为**贝塔（β）**，它衡量了某只股票的收益率与市场收益率的平均关系。每当您阅读财务分析师撰写的关于股票风险的文章时，您几乎都可以看到这个词。

再次观察图 6-4，我们可以看到这些点（收益率）散布于特征线周围——大多数收益率并没有正好落在特征线上。也就是说，两者之间的平均相关系数可能为 0.748，但是 eBay 股票收益率和标准普尔 500 指数收益率的平均关系只能部分解释 eBay 股票的收益率变化。还有一些 eBay 特有的影响因素同样影响该公司的股票收益率（之前我们将其称为公司特有风险)。然而,如果我们分散化投资组合,比如持有 β 值为 0.748 的 20 只股票,那么我们可以基本消除相对于特征线的偏离。也就是说,我们将几乎消除所有收益率波动性,只剩下由整体市场导致的波动性,即图 6-4 中直线斜率所表示的波动性。如果我们在图中标出这个由 20 只股票构成的投资组合的收益率与标准普尔 500 指数的收益率,新图形中的各点将很好地拟合斜率为 0.748 的直线,这说明该投资组合的 β 值也为 0.748。新图形将如图 6-5 所示。换言之,通过分散化投资,我们可以基本上消除相对于特征线的波动性,只剩下由整体市场收益率波动性带来的单家公司股票收益率的波动性。

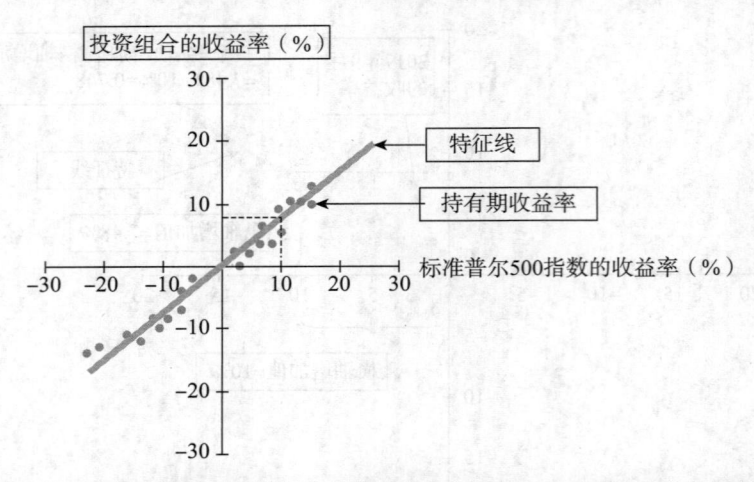

图 6-5　一个假设投资组合的持有期收益率和标准普尔 500 指数的持有期收益率

所以,β——特征线的斜率——是对公司的市场风险或系统性风险的衡量指标,该风险是我们在分散化投资后仍留在公司中的风险。对于持有广泛分散化投资组合的投资者来说,这种风险——也只有这种风险——对他们很重要。

尽管我们说过,β 是对一只股票的系统性风险的衡量指标,但是我们应该如何理解某个特定的 β 呢?例如,何时应该认为 β 值较低,何时又应该认为 β 值较高?一般而言,β 值为 0 的股票没有系统性风险,β 值为 1 的股票具有同市场上"典型"股票相同的系统性风险或市场风险,而 β 值大于 1 的股票具有高于"典型"股票的市场风险。然而,大多数股票的 β 值在 0.60 和 1.60 之间。

我们还应该意识到,计算 β 值不是一门精确的科学。一家公司的 β 的最终估计值主要取决于估计者使用的方法。例如,您是使用 24 个月的数据进行计算,还是像大多数专业投资公司那样使用 60 个月的数据进行计算?让我们来计算 eBay 的 β 值。我们之前说过,eBay 的 β 值为 0.748,但是 Nasdaq.com 估计的 eBay 的 β 值为 0.77。进而,Nasdaq.com 对以下公司 β 值的估计如下:

公司名称	β 值
亚马逊	1.49
苹果	1.06
可口可乐	0.25

续表

百事可乐	0.55
埃克森美孚	0.81
通用电气	0.61
IBM	0.97
劳氏	1.36
默克	0.62
耐克	0.81
沃尔玛	0.70

例6.2　计算月收益率、平均收益率、标准差与 β 估计值

已知格鲁夫公司（GroveCo）股票和标准普尔500指数的以下价格数据，请比较它们的收益率以及收益率的波动性，并估计格鲁夫公司股票收益率和标准普尔500指数收益率的关系。您将得出什么结论？

单位：美元

月份	格鲁夫公司	标准普尔500指数
2017年1月	88.33	1 924
2017年2月	89.34	1 960
2017年3月	88.10	1 931
2017年4月	92.49	2 003
2017年5月	93.09	1 972
2017年6月	96.17	2 018
2017年7月	100.10	2 068
2017年8月	94.56	2 059
2017年9月	93.78	1 995
2017年10月	98.98	2 105
2017年11月	95.62	2 068
2017年12月	95.12	2 086
2018年1月	97.20	2 128

第1步：确定解题方法

解答上述问题需要用到以下公式：

月持有期收益率：

$$月持有期收益率 = \frac{月末价格 - 月初价格}{月初价格}$$

$$= \frac{月末价格}{月初价格} - 1$$

平均月持有期收益率：

$$平均月持有期收益率 = \frac{\genfrac{}{}{0pt}{}{第1个月}{的收益率} + \genfrac{}{}{0pt}{}{第2个月}{的收益率} + \cdots + \genfrac{}{}{0pt}{}{最后1个月}{的收益率}}{月数}$$

收益率的标准差：

$$标准差 = \sqrt{\frac{\left(\genfrac{}{}{0pt}{}{第1个月}{的收益率} - \genfrac{}{}{0pt}{}{平均}{收益率}\right)^2 + \left(\genfrac{}{}{0pt}{}{第2个月}{的收益率} - \genfrac{}{}{0pt}{}{平均}{收益率}\right)^2 + \cdots + \left(\genfrac{}{}{0pt}{}{最后1个月}{的收益率} - \genfrac{}{}{0pt}{}{平均}{收益率}\right)^2}{月数 - 1}}$$

要确定格鲁夫公司股票收益率和标准普尔500指数收益率的历史关系，需要我们估计能最好地拟合平均关系的直线，或者利用财务计算器或电子表格进行计算。

第2步：计算数值

已知价格数据，我们可以计算出以下月收益率、平均收益率、收益率的标准差，以及特征线的斜率（使用电子表格）：

月份	格鲁夫公司 价格（美元）	格鲁夫公司 收益率（%）	标准普尔500指数 价格（美元）	标准普尔500指数 收益率（%）
2017年1月	88.33		1 924	
2017年2月	89.34	1.14	1 960	1.87
2017年3月	88.10	−1.39	1 931	−1.48
2017年4月	92.49	4.98	2 003	3.73
2017年5月	93.09	0.65	1 972	−1.55
2017年6月	96.17	3.31	2 018	2.33
2017年7月	100.10	4.09	2 068	2.48
2017年8月	94.56	−5.53	2 059	−0.44
2017年9月	93.78	−0.82	1 995	−3.11
2017年10月	98.98	5.54	2 105	5.51
2017年11月	95.62	−3.39	2 068	−1.76
2017年12月	95.12	−0.52	2 086	0.87
2018年1月	97.20	2.19	2 128	2.01
平均月收益率		0.85		0.87
标准差		3.38		2.57

格鲁夫公司股票收益率和标准普尔500指数收益率的关系如下图所示：

格鲁夫公司股票的收益率(%)

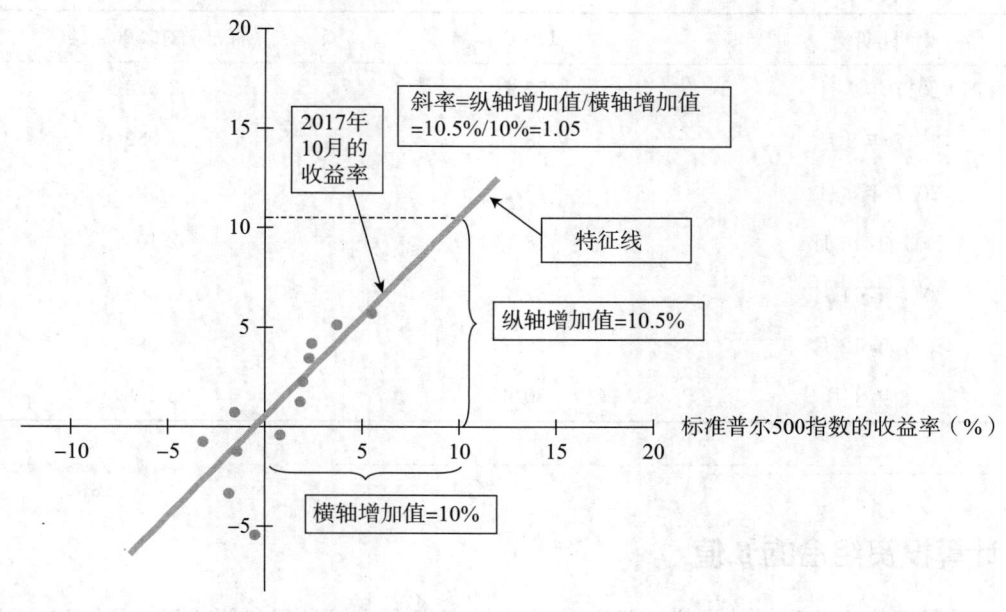

[图:格鲁夫公司股票收益率对标准普尔500指数收益率的散点图及特征线。斜率=纵轴增加值/横轴增加值=10.5%/10%=1.05；2017年10月的收益率；特征线；纵轴增加值=10.5%；横轴增加值=10%；横轴为标准普尔500指数的收益率(%)]

第3步：分析结果

我们可以看到格鲁夫公司股票的平均收益率与标准普尔500指数的收益率大致相同。（请记住，这些只是月收益率。）但是格鲁夫公司股票收益率的波动性高于标准普尔500指数。当我们将格鲁夫公司股票的收益率对市场（标准普尔500指数）收益率进行回归时，我们可以看到平均相关系数为1.05，它是系统性风险的衡量指标。也就是说，市场收益率每升高或降低1个百分点，格鲁夫公司股票的收益率平均将同向变化1.05个百分点。

迄今为止，我们已经讨论了如何计算单只股票的 β 值。下面我们将考虑如何计算股票组合的 β 值。

您会做吗？

估计 β 值

下面，我们提供了 USACo 股票和标准普尔 500 指数从 2017 年 7 月到 2018 年 1 月的月末价格。请根据这些信息，计算 USACo 和标准普尔 500 指数的下列指标：(1) 月持有期收益率，(2) 平均月收益率，(3) 收益率的标准差。接下来，在纵轴上画出 USACo 的持有期收益率，在横轴上画出标准普尔 500 指数的持有期收益率。请在图中画一条直线，像图 6-4 那样估计 USACo 的股票收益率和标准普尔 500 指数代表的整个市场收益率之间的一般关系。这条直线的斜率是多少？它说明了什么？

（如果您使用包括斜率函数的 Excel 电子表格，解题过程将会更加简单。）

单位：美元

日期	USACo	标准普尔 500 指数
2017 年 7 月	77.70	2 068
2017 年 8 月	78.02	2 059
2017 年 9 月	75.91	1 995
2017 年 10 月	78.97	2 105
2017 年 11 月	82.22	2 068
2017 年 12 月	78.77	2 086
2018 年 1 月	80.48	2 128

计算投资组合的 β 值

如果我们像之前假设的那样，想要分散化投资组合，但是我们没有买入与 eBay 具有相同 β 值（0.748）的股票，而是买入了 8 只 β 值为 1.0 和 12 只 β 值为 1.5 的股票，那么投资组合的 β 值会发生什么变化？我们投资组合的 β 值将是多少？正如我们的计算结果所示，**投资组合的 β**（portfolio beta）就是投资组合中的各只股票 β 值的加权平均值，其权重为投资组合中每种证券所占的比例。因此，由 n 只股票组成的投资组合的 β 值的计算公式如下：

$$\text{投资组合的}\beta\text{值} = \text{资产1在投资组合中的百分比} \times \text{资产1的}\beta\text{值}(\beta_1) + \text{资产2在投资组合中的百分比} \times \text{资产2的}\beta\text{值}(\beta_2) + \cdots + \text{资产}n\text{在投资组合中的百分比} \times \text{资产}n\text{的}\beta\text{值}(\beta_n) \quad (6-10)$$

因此，假设我们在由 20 只股票组成的新投资组合中等额买入每只股票，那么我们可以计算出投资组合的 β 值为 1.3，计算过程如下：

$$\text{投资组合的}\beta\text{值} = \frac{8}{20} \times 1.0 + \frac{12}{20} \times 1.50 = 1.3$$

因此，无论整体市场上升还是下降 1 个百分点，新投资组合的平均收益率都会同向变动 1.3 个百分点。这就是说，新投资组合相对于整个市场来说具有更高的系统性风险或者市场风险。

我们可以得出结论：投资组合的 β 值是由投资组合中每只股票的 β 值决定的。如果我们持有由低 β 值股票构成的投资组合，那么我们的投资组合 β 值也会较低；反之亦然。图 6-6 用图形展示了这些情况。在我们结束关于风险和分散化投资的讨论之前，我们希望和大家分享一项研究，它向我们展示了分散化投资的影响，我们不仅可以通过投资不同的股票进行投资分散化，也可以通过持有不同类型的股票达到这一目的。

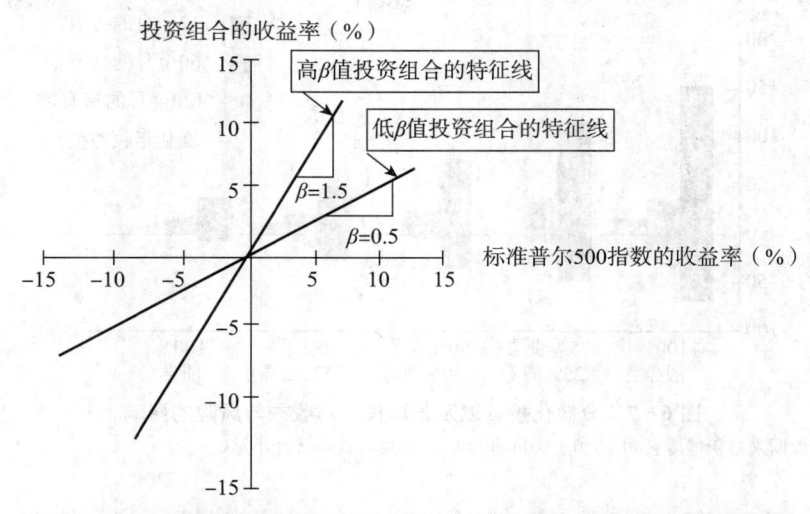

图 6-6 高 β 值和低 β 值投资组合与标准普尔 500 指数的持有期收益率

分散化投资对风险的影响

迄今为止，我们已经介绍了分散化投资对风险与收益的一般影响。而且，当我们提到分散化投资时，我们是指通过在投资组合中持有更多股票来实现分散化。现在，让我们简要分析当我们做出如下变化时，投资组合的风险与收益将产生什么变化：(1) 通过投资股票和债券这两种不同的资产进行分散化投资；(2) 延长我们持有投资组合的时间。

请注意，当我们之前提到分散化投资时，我们指的是通过持有更多股票来实现分散化，但整个投资组合仍全部由股票构成。现在，我们来分析如何通过持有由股票与债券组成的投资组合来实现分散化投资。通过投资不同种类的资产实现的分散化投资被称为**资产配置**（asset allocation），与之形成对比的是在不同资产类别（例如股票、债券、房地产和商品）内部进行分散化投资。根据经验，我们知道分散化投资通过有效资产配置获得的收益远远大于通过将精心挑选的个股纳入某个资产类别获得的收益。

图 6-7 展示了 1926—2011 年期间，对由股票和债券组成的若干投资组合的收益率范围的研究结果，这些投资组合的持有期分别为 12 个月、60 个月和 120 个月。对于持有期为 12 个月的投资组合，我们假设在每年年初买入投资组合并在当年年末卖出，并在 1926—2011 年期间的每一年重复该过程。而对于持有期为 60 个月的投资组合，我们假设在每年年初买入，并持有该投资组合 60 个月。换言之，我们在 1926 年年初进行投资并在 1930 年年末卖出，此后在 1927—1931 年，我们重复这一投资过程，直到 2011 年为止完成所有持有期为 60 个月的投资。最后，对于持有期为 120 个月的投资组合，我们在每年年初进行投资，每项投资持有 120 个月。

正如我们在图 6-7 中所观察到的，当全部为股票的投资组合变为股票与债券组成的投资组合，并最终变为全部为债券的投资组合时，投资组合收益率的波动性（即风险衡量指标）显著下降了，但是平均收益率也降低了。换言之，如果我们希望提高预期收益率，就必须承担更高的风险。也就是说，在风险与收益之间存在清晰的关系，这提醒我们要牢记基本原则 3：风险要求回报。

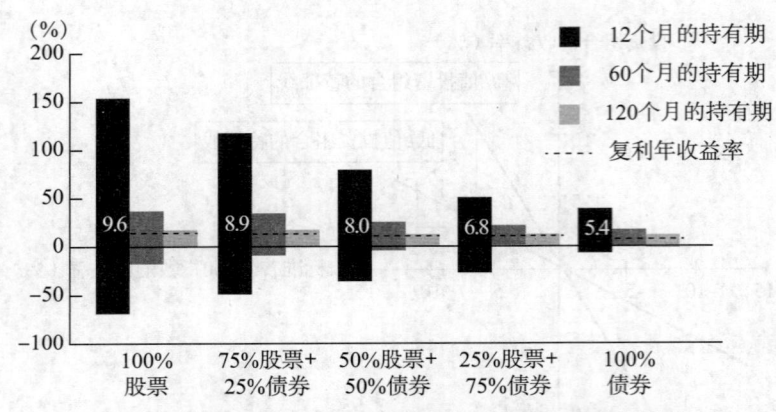

图6-7 分散化投资以及长期投资对收益与风险的影响

资料来源：数据来自伊博森公司1926—2011年年鉴，年总收益率统计小结。

您做出来了吗？

估计 β 值

USACo和标准普尔500指数的持有期收益率、平均月收益率和标准差如下：

日期	USACo 价格（美元）	USACo 收益率（%）	标准普尔500指数 价格（美元）	标准普尔500指数 收益率（%）
2017年7月	77.70		2 068	
2017年8月	78.02	0.41	2 059	−0.44
2017年9月	75.91	−2.70	1 995	−3.11
2017年10月	78.97	4.03	2 105	5.51
2017年11月	82.22	4.12	2 068	−1.76
2017年12月	78.77	−4.20	2 086	0.87
2018年1月	80.48	2.17	2 128	2.01
平均收益率		0.64		0.52
标准差		3.48		3.05
特征线的斜率		0.47		

图形将如下所示：

USACo的股票收益率与标准普尔500指数的收益率之间的平均关系是通过附图中特征线的斜率估算出来的。使用电子表格，我们计算出特征线的斜率为0.47，纵轴增加值约为4.7%，横轴增加值为10%。因此，USACo的股票收益率波动性不如市场收益率的波动性高。当市场上涨（或下跌）1%时，USACo的股票将上涨（或下跌）0.47%。（但是，鉴于收益率观察值数量有限，我们不应急着在这里得出确定结论。）

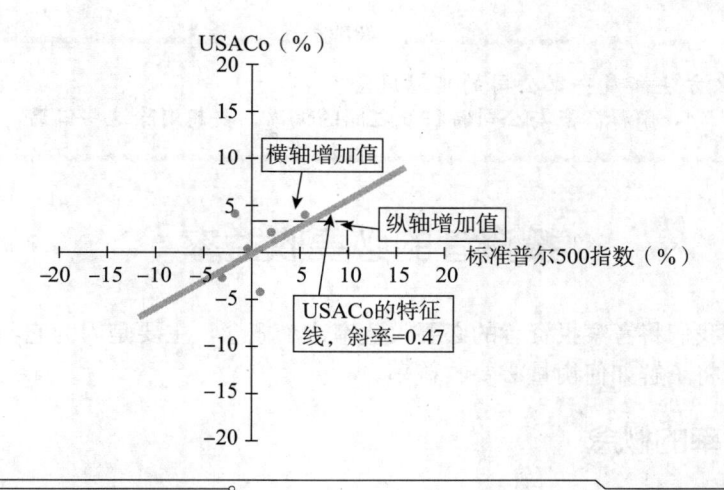

同样重要的是，我们持有投资组合的时间对降低风险也有很大影响。当持有期由12个月增加到60个月，最终增加到120个月时，我们可以看到收益率的波动范围明显缩小，尤其是当持有期由12个月增至60个月时。另外值得注意的是，在1926—2011年期间，如果投资者持有全部由股票构成的投资组合——风险最高的投资组合——10年，那么他从未出现亏损。换言之，市场将回报有耐心的投资者。

在接下来的部分，我们将把风险——市场风险或系统性风险——与投资者的必要收益率联系起来，结束对风险与收益的学习。毕竟，尽管风险本身也是一个重要问题，但它对投资者的必要收益率有最重要的影响。

现在，我们可以总结用于衡量单笔投资和投资组合的市场风险的财务决策工具。这些工具如下表所示：

▶ **财务决策工具**

工具名称	公式	含义
月持有期收益率	月持有期收益率 = $\dfrac{\text{月末价格}-\text{月初价格}}{\text{月初价格}}$ = $\dfrac{\text{月末价格}}{\text{月初价格}}-1$	计算持有某只证券一个月的收益率。
平均月持有期收益率	平均月持有期收益率 = $\dfrac{\text{第1个月的收益率}+\text{第2个月的收益率}+\cdots+\text{最后1个月的收益率}}{\text{月数}}$	计算月持有期收益率的平均值。
月持有期收益率的标准差	标准差 = $\sqrt{\dfrac{\left(\text{第1个月的收益率}-\text{平均收益率}\right)^2+\left(\text{第2个月的收益率}-\text{平均收益率}\right)^2+\cdots+\left(\text{最后1个月的收益率}-\text{平均收益率}\right)^2}{\text{月数}-1}}$	衡量多个月份内的月持有期收益率波动性。
投资组合的β值	投资组合的β值 = 资产1在投资组合中的百分比×资产1的β值（β_1）+ 资产2在投资组合中的百分比×资产2的β值（β_2）+ ⋯ + 资产n在投资组合中的百分比×资产n的β值（β_n）	计算整个股票组合的β值。

概念回顾

1. 请举出几个关于系统性风险和非系统性风险的具体例子。要想基本上分散非系统性风险，至少必须持有多少只不同的证券？

2. 我们用什么方法衡量一家公司的市场风险?
3. 请根据图6-4，解释各点与公司特征线之间的偏离。要想消除这些偏离，必须怎样做?

投资者的必要收益率

在本节中，我们将考察投资者的必要收益率这个概念，主要是因为它与资产的风险相关。然后，我们将了解如何衡量必要收益率。

必要收益率的概念

投资者的**必要收益率**（required rate of return）可以定义为，为了吸引投资者购买或持有某只证券所必需的最低收益率。这个定义考虑了投资者进行次优投资的资金机会成本。投资者放弃的收益率就是进行这项投资的机会成本，因此也就是投资者的必要收益率。换言之，我们投资是为了获得足以保证进行投资的收益率。只有当购买价格相对于预期未来现金流足够低，从而提供的收益率高于或等于必要收益率时，我们才会进行投资。

为了帮助我们更好地理解投资者的必要收益率的性质，我们可以将必要收益率分成两个基本部分：无风险收益率加上风险溢价。具体可表示为以下公式：

$$\text{投资者的必要收益率} = \text{无风险收益率} + \text{风险溢价} \tag{6-11}$$

无风险收益率（risk-free rate of return）是无风险投资的必要收益率或贴现率。通常，我们用美国国库券利率作为无风险收益率。**风险溢价**（risk premium）是我们承担风险时预期得到的额外收益率。当风险水平提高时，我们将要求更高的预期收益率。即使我们可能得到也可能得不到这部分额外收益率，我们也必然有理由预期将得到该收益率。否则，为什么我们要面对损失部分或全部资金的风险?

为了说明这一点，假设您正在考虑买入一只股票，您预计这只股票在下一年中将实现10%的收益率。如果预期无风险收益率（例如90天期国库券的收益率）为2%，那么您由于承担额外风险而要求的风险溢价就是8%（=10%−2%）。

衡量必要收益率

我们已经知道：(1) 系统性风险是唯一重要的风险——其余风险可以通过分散化投资消除；(2) 必要收益率等于无风险收益率加上风险溢价。我们现在将考察如何估计投资者的必要收益率。

金融业在找出计算投资者必要收益率的实用方法时遇到了困难，然而，财务经理经常使用一种叫**资本资产定价模型**（capital asset pricing model，CAPM）的方法。资本资产定价模型是一个公式，即股票的预期收益率等于无风险收益率加上表示该股票系统性风险的风险溢价。尽管这种方法也难免受到批评，但资本资产定价模型的确提供了一种符合直觉的方法，让我们可以在已知资产的系统性风险或市场风险的情况下，考虑投资者应该要求的投资收益率。

式（6-11）提供了衡量投资者必要收益率的自然起点，并为我们以后使用资本资产定价模型打下了基础。整理该式，我们可以解出风险溢价：

$$风险溢价 = 必要收益率(r) - 无风险收益率(r_f) \quad (6-12)$$

该式说明一只证券的风险溢价等于投资者的必要收益率减去市场上的无风险收益率。例如，如果必要收益率为12%，无风险收益率为3%，那么风险溢价就是9%。同样，如果市场组合的必要收益率为10%，无风险收益率为3%，那么市场风险溢价就是7%。这7%的风险溢价适用于任何系统性风险（不可分散风险）等于整体市场风险的证券，即β值为1的证券。

在同一个市场上，β值为2的证券应该提供14%的风险溢价，它两倍于7%的市场整体风险溢价。因此，一般来说，给定证券的必要收益率应该由以下公式决定：

$$\begin{matrix}证券的必要\\收益率(r)\end{matrix} = \begin{matrix}无风险收益率\\(r_f)\end{matrix} + \begin{matrix}证券的\\\beta值\end{matrix} \times \left[\begin{matrix}市场组合的必要\\收益率(r_m)\end{matrix} - \begin{matrix}无风险收益\\率(r_f)\end{matrix}\right] \quad (6-13)$$

式（6-13）就是资本资产定价模型。该式描述了市场上存在的风险-收益权衡关系，其中风险用β衡量。图6-8用**证券市场线**（security market line）表示资本资产定价模型。[①] 证券市场线就是表示资本资产定价模型的图形。正如该图所示，当β值分别等于0、1和2时，证券的必要收益率分别如下所示：

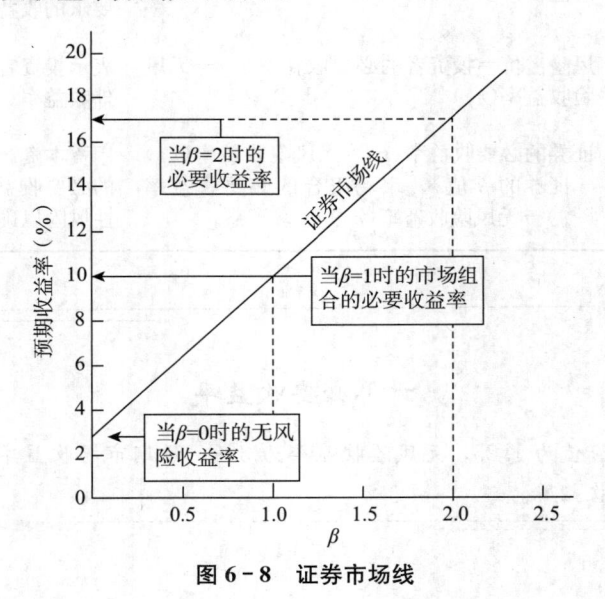

图6-8 证券市场线

[①] 在使用证券市场线时有两个关键假设。第一，我们假设买卖证券的市场非常高效。市场有效表明资产价格对于新信息的反应十分迅速，因此暗示着证券价格反映了全部可得信息。因此，可以认为证券的当前价格代表对其未来价格的最佳估计。第二，该模型假设存在完美市场。在完美市场上，所有投资者随时都可以以某个名义成本获得信息。此外，该模型还假设证券是无限可分的，并且买入或卖出证券的交易成本可以忽略不计。进一步，该模型假设投资者追求单期财富最大化，并对于可得信息的含义和重要性有相同认识。最后，该模型假设在完美市场上，所有投资者都是价格接受者，也就是说，单个投资者的行为不能影响证券价格。这些假设显然无法反映现实。然而，从实证经济学的角度来说，优秀理论的标志是其预测的准确性，而不是该理论所基于的简化假设的有效性。

如果 $\beta=0$：必要收益率 $=3\%+0\times(10\%-3\%)=3\%$；
如果 $\beta=1$：必要收益率 $=3\%+1\times(10\%-3\%)=10\%$；
如果 $\beta=2$：必要收益率 $=3\%+2\times(10\%-3\%)=17\%$。

其中，无风险收益率为 3%，市场组合的必要收益率为 10%。

> **牢记原则**
>
> 这个问题可以总结为，原则 3 依然适用。它告诉我们，风险要求回报，即市场上存在风险-收益权衡关系。

本章中用了很长篇幅来解释和计算投资的预期收益率和相应风险。然而，我们还差一步——提供用来确定是否应该进行投资的财务工具或标准。只需知道投资者对于特定投资的必要收益率，我们就可以回答这个问题。本节提到了用来解答这个问题的公式，它们可以总结如下：

▶ 财务决策工具

工具名称	公式	含义
投资者的必要收益率	投资者的必要收益率＝无风险收益率＋风险溢价	衡量投资者的必要收益率，它等于无风险收益率加上承担风险所要求的收益率溢价。
风险溢价	风险溢价＝投资者的必要收益率(r)－无风险收益率(r_f)	表示投资者承担风险所要求的额外收益。
证券的必要收益率	证券的必要收益率(r)＝无风险收益率(r_f)＋证券的 β 值×[市场组合的必要收益率(r_m)－无风险收益率(r_f)]	用资本资产定价模型计算投资者的必要收益率，这里只考虑系统性风险以确定适当的风险溢价。

您会做吗？

计算必要收益率

已知一只股票的 β 值为 1.25，无风险收益率为 3%，预期市场收益率为 9%，请计算该股票的预期（或必要）收益率。

财务实践

β 值真的有用吗？

尽管这个故事要追溯到几乎 20 年前，但如今它仍像当时那样具有现实意义。在 1988 年年初，苹果公司遇上了大麻烦。因此，它的股票价格剧烈波动——波幅远远大于其他电脑公司，比如 IBM。但是，根据资本资产定价模型（CAPM）及其 β 指标，苹果公司投资者的必要收益率仅为8%,而IBM股东的必要收益率为12%。同样有意思的是,当年春天苹果公司的情况有所改善,它的股价波动性降低了。然而依据资本资产定价模型,股东的必要收益率变为11%——比之前的必要收益率上升了3%。直觉不能告诉我们发生了什么。

那么,我们应该怎么理解呢?当苹果公司的未来仍不明朗,股价波动性最高时,它的β值仅为0.47,这意味着苹果公司的股价波动性仅为整体股市的一半。事实上,β值在这里没有意义。真实情况是,苹果处于非常困难的境况,以致其股价和整体股市表现相分离。所以当IBM的股价随着市场上的其他股票上下波动时,苹果公司的股价仅对关于该公司的新闻产生反应,而不会对市场变化产生反应。因此,股票的β值产生了虚假的印象——苹果公司的股票比股市更稳定。

我们从其中得到的经验是,对于单家公司来说,β值有时候会产生误导。β值被运用在公司组合中时,可靠性要大得多。例如,如果一家公司想在1998年收购苹果公司,并且使用β值来计算收购的必要收益率,那么它无疑将高估苹果公司的价值。

所以,这意味着资本资产定价模型没有价值吗?当然不是,只要公司特有风险不是公司股价变化的主要影响因素,或者只要投资者可以分散公司特有风险,资本资产定价模型就有意义。然后,他们需要竞价抬高这些股票的价格,直到它们仅反映市场风险。比如,一家专门投资"问题股票"的共同基金可能购买了很多类似于苹果公司的股票,每只股票都有自己的问题,但导致问题的原因不同。对于这种投资者来说,β值很有用。因此,这个故事的意义在于运用常识,并判断何时使用β值。

您做出来了吗?

计算必要收益率

必要收益率的计算过程如下:

$$必要收益率 = 无风险收益率 + \beta \times (市场收益率 - 无风险收益率)$$
$$= 3\% + 1.25 \times (9\% - 3\%)$$
$$= 10.5\%$$

概念回顾
1. 机会成本如何影响投资者的必要收益率?
2. 投资者的必要收益率由哪两部分组成?
3. 在资本资产定价模型中,β如何影响风险溢价?
4. 假设市场有效,股票价格和证券市场线之间的关系是什么?

本章小结

在第2章中,我们将贴现率称为利率,或者资金的机会成本。当时,我们考虑了许多影响利率的重要因素,包括时间价值、预期通货膨胀率、期限风险溢价(流动性)和未来收益率的波动性。在本章中,我们回过头来学习收益率,并仔细考察了风险与收益率的关系。

➡ 学习目标 1. 定义和衡量单笔投资的预期收益率。

小结：当我们提到一项投资的"收益率"时，我们要么是指历史收益率，即过去实现的投资收益率，要么是指预期收益率，即我们"预期"未来可能实现的投资收益率。在充满不确定性的世界中，我们不能进行准确预测，因此必须用预期事件来表示。于是，投资的预期收益率可以表示为所有可能收益率的加权平均值，权重为每种结果的发生概率。

关键术语

持有期收益率（历史收益率或已实现收益率）：投资实现的收益率，它等于收益金额除以投资本金。

预期收益率：所有可能结果的算术平均值，其中每种结果的权重等于该结果的发生概率。

关键公式

$$\text{持有期收益}(DG) = \text{期末价格} + \text{现金分红（股利）} - \text{期初价格}$$

$$\text{持有期收益率}(r) = \frac{\text{持有期收益}}{\text{期初价格}} = \frac{\text{期末价格} + \text{股利} - \text{期初价格}}{\text{期初价格}}$$

$$\text{预期现金流}(\overline{CF}) = \text{第一种状况的现金流}(CF_1) \times \text{第一种状况发生的概率}(Pb_1)$$
$$+ \text{第二种状况的现金流}(CF_2) \times \text{第二种状况发生的概率}(Pb_2) +$$
$$\cdots + \text{第}n\text{种状况的现金流}(CF_n) \times \text{第}n\text{种状况发生的概率}(Pb_n)$$

$$\text{预期收益率}(\overline{r}) = \text{第一种状况的收益率}(r_1) \times \text{第一种状况发生的概率}(Pb_1)$$
$$+ \text{第二种状况的收益率}(r_2) \times \text{第二种状况发生的概率}(Pb_2)$$
$$+ \cdots + \text{第}n\text{种状况的收益率}(r_n) \times \text{第}n\text{种状况发生的概率}(Pb_n)$$

➡ 学习目标 2. 定义和衡量单笔投资的风险。

小结：单笔投资的风险就是现金流或收益率的波动性，可以通过计算标准差来衡量。

关键术语

风险：未来现金流的潜在波动性。

标准差：表示概率分布离散度的统计指标，计算方法是取每种结果与其预期值之差的平方，以每个预期值的出现概率为权重加总所有可能的结果，然后取该和的平方根。

关键公式

$$\text{收益率的方差}(\sigma^2) = [\text{第一种状况的收益率}(r_1) - \text{预期收益率}(\overline{r})]^2 \times \text{第一种状况发生的概率}(Pb_1) + [\text{第二种状况的收益率}(r_2) - \text{预期收益率}(\overline{r})]^2 \times \text{第二种状况发生的概率}(Pb_2) + \cdots + [\text{第}n\text{种状况的收益率}(r_n) - \text{预期收益率}(\overline{r})]^2 \times \text{第}n\text{种状况发生的概率}(Pb_n)$$

➡ 学习目标 3. 比较资本市场上风险与收益率的历史关系。

小结：伊博森公司向我们提供了自1926年开始不同种类证券投资实现的年收益率。该公司在此基础上总结了以下六种不同证券构成的投资组合的年收益率：

(1) 大公司的普通股；

(2) 小公司的普通股；

(3) 长期公司债券；

(4) 长期美国国债；

(5) 中期美国国债；

(6) 美国国库券。

通过比较1926—2011年期间这些投资组合的年收益率，我们可以发现风险与收益之间存在正相关关系，其中国库券风险最低，而小公司的普通股风险最高。此外，这些数据还清楚地表明：在长期中只有投资于普通股才能对冲通货膨胀风险。如果投资者有足够耐心等待获得收益，就能降低普通股的风险。

➡ **学习目标 4. 解释分散化投资对资产组合的风险和预期收益率的影响。**

小结： 我们已经对不可分散风险与可分散风险做出了重要区分。我们得出的结论是，在有机会分散化投资组合的情况下，唯一重要的风险是证券的不可分散风险。它还有另外两个名称：系统性风险和市场风险。从这些数据中，我们能看到分散化投资的好处，即改善收益-风险关系。

关键术语

非系统性风险（公司特有风险或可分散风险）： 与投资收益相关且可以通过分散化投资消除的风险。非系统性风险来源于具体公司特有的风险因素，也被称为公司特有风险或可分散风险。

系统性风险（市场风险或不可分散风险）： 与投资收益相关且不能通过分散化投资消除的风险。系统性风险来源于影响所有股票的风险因素，也被称为市场风险或不可分散风险。

特征线： 能"最好地拟合"公司股票收益率与市场收益率之比的直线。特征线的斜率通常被称为 β，它表示公司股票收益率对市场收益率变化做出反应而产生的平均变化。

贝塔（β）： 投资收益率与市场收益率之间的关系。它是投资的不可分散风险的衡量指标。

投资组合的 β 值： 投资组合中持有的个股 β 的平均值。它是各只证券 β 的加权平均值，权重等于投资组合中每只证券所占的比例。

资产配置： 鉴别并选择适合某个特定投资组合的资产类别，并确定该投资组合内每种资产所占的比例。

关键公式

$$月持有期收益率 = \frac{月末价格 - 月初价格}{月初价格}$$

$$= \frac{月末价格}{月初价格} - 1$$

$$平均月持有期收益率 = \frac{第1个月的收益率 + 第2个月的收益率 + \cdots + 最后1个月的收益率}{月数}$$

$$标准差 = \sqrt{\frac{(第1个月的收益率 - 平均收益率)^2 + (第2个月的收益率 - 平均收益率)^2 + \cdots + (最后1个月的收益率 - 平均收益率)^2}{月数 - 1}}$$

投资组合的 β 值 = 资产1在投资组合中的百分比 × 资产1的 β 值（β_1）
　　　　　　　　＋资产2在投资组合中的百分比 × 资产2的 β 值（β_2）＋ $\cdots$
　　　　　　　　＋资产 n 在投资组合中的百分比 × 资产 n 的 β 值（β_n）

➡ **学习目标 5. 解释投资者的必要投资收益率与投资风险的关系。**

小结：资本资产定价模型提供了理解风险-收益关系的直观框架。资本资产定价模型表明，投资者根据证券固有的系统性风险确定适当的必要收益率。这个可接受的最低收益率等于无风险收益率加上由于承担风险而获得的风险溢价。

关键术语

必要收益率：吸引投资者购买或持有某只证券所必需的最低收益率。

无风险收益率：无风险投资的收益率。通常用美国国库券利率作为无风险收益率。

风险溢价：由于承担风险而获得的额外预期收益率。

资本资产定价模型（CAPM）：该模型表示，一项投资的预期收益率是以下三个要素的函数，即（1）无风险收益率，（2）投资的系统性风险，（3）包含所有风险证券的市场组合的预期风险溢价。

证券市场线：反映在给定系统性风险水平上投资者对某只证券的最低可接受收益率的收益率线。

关键公式

投资者的必要收益率 = 无风险收益率 + 风险溢价

风险溢价 = 必要收益率(r) - 无风险收益率(r_f)

$$\text{证券的必要收益率}(r) = \text{无风险收益率}(r_f) + \text{证券的}\beta\text{值} \times \left[\text{市场组合的必要收益率}(r_m) - \text{无风险收益率}(r_f)\right]$$

复习题

6-1 a. 投资者的必要收益率的含义是什么？
b. 我们如何衡量资产的风险？
c. 应该如何解释风险衡量指标？

6-2 请解释以下术语的含义：(a) 非系统性风险（公司特有风险或可分散风险），(b) 系统性风险（市场风险或不可分散风险）。

6-3 什么是 β？如何利用 β 计算投资者的必要收益率 r？

6-4 什么是证券市场线？它的含义是什么？

6-5 如何衡量投资组合的 β？

6-6 如果我们画出一只股票的收益率与标准普尔 500 指数的收益率的对比情况，而坐标点并没有显示出非常规律的模式，那么我们如何描述这只股票？如果股票收益率与标准普尔 500 指数的收益率变化趋势十分相近，那么我们又会怎么描述这只股票？

6-7 在过去的 80 年中，我们有机会观察到不同类型证券的收益率和这些收益率的波动性。请总结这些观察结果。

6-8 进行分散化投资会对您的收益和风险水平产生什么影响？

课后习题

6-1（预期收益率和风险） 环球公司（Universal Corporation）正在计划投资一只证券，该证券有多种可能的收益率。已知收益率的概率分布如下。该投资的预期收益率是多少？此外，请计算这些收益率的标准差。计算结果有何含义?

概率	收益率（%）
0.10	−10
0.20	5
0.30	10
0.40	25

6—2（平均预期收益率和风险） 已知持有期收益率如下表所示，请计算开福公司（Kaifu Corporation）和整个市场的平均收益率和标准差。

月份	开福公司（%）	市场（%）
1	4	2
2	6	3
3	0	1
4	2	−1

6—3（预期收益率和风险） 卡特公司（Carter Inc.）正在评估一只证券。请计算该投资的预期收益率和标准差。

概率	收益率（%）
0.15	6
0.30	9
0.40	10
0.15	15

6—4（预期收益率和风险） 萨默维尔公司（Summerville Inc.）正在考虑投资于两只普通股的其中之一。已知以下信息，根据每只股票的风险（用标准差衡量）和收益率，哪种投资更好?

普通股 A		普通股 B	
概率	收益率（%）	概率	收益率（%）
0.30	11	0.20	−5
0.40	15	0.30	6
0.30	19	0.30	14
		0.20	22

6—5（标准差） 已知米克公司（Mik's Corporation）股票的收益率和发生概率如下，请计算其标准差。

概率	收益率（%）
0.40	7
0.25	4
0.15	18
0.20	10

6—6（预期收益率） 登录网站 http://finance.yahoo.com/education，从术语表中找到"预期收益率"和"预期价值"这两个术语。从这些定义中您学到了什么？

6—7 访问网站 www.investopedia.com/university/beginner，找到名为"Investing 101：Introduction"的文章。阅读这篇文章并解释它是如何阐述风险态度的。

6—8 访问网站 www.moneychimp.com，点击链接"Volatility"。根据自身情况做出适合你的假设，完成退休计划的计算。然后打开蒙特卡罗模拟计算工具。假设你计划在工作期间投资于大公司的普通股，而退休后投资于长期公司债券。利用表 6-3 中名义平均年收益率和其标准差的数据进行计算，你可以得到什么结论？

6—9（持有期收益率） 请利用以下价格数据，计算从第 2 期至第 4 期的持有期收益率。

单位：美元

时期	股票价格
1	10
2	13
3	11
4	15

6—10（计算持有期收益率）

a. 请根据如下价格数据，分别计算贾斯曼（Jazman）和所罗门（Solomon）从第 2 期到第 4 期的持有期收益率。

单位：美元

时期	贾斯曼	所罗门
1	9	27
2	11	28
3	10	32
4	13	29

b. 您如何解释持有期收益率的含义？

6—11（衡量风险和收益率）

a. 已知持有期收益率如下，请计算泽明公司（Zemin Corporation）和整个市场的平均收益率和标准差。

%

月份	泽明公司	市场
1	6	4
2	3	2
3	−1	1
4	−3	−2
5	5	2
6	0	2

b. 如果泽明公司股票的 β 为 1.54，无风险收益率为 4%，那么持有泽明公司股票的投资者的适当必要收益率是多少？注意：由于泽明公司股票的收益率为月数据，因此您需要将其换算为年收益率，以使其可以与无风险收益率进行比较。为了简化起见，您可以用平均月收益率乘以 12，从而将月数据换算为年数据。

c. 给定泽明公司股票的系统性风险，与您认为合适的收益率相比，泽明公司股票的历史平均收益率如何？

6—12（持有期收益金额与收益率） 假设您于 2016 年 5 月 1 日以每股 24.22 美元的价格购买了 16 股戴蒙德公司（Diamond Company）的股票。2016 年 9 月 1 日，您以每股 25.68 美元的价格卖出了其中 12 股股票。假设持股期间没有发放股利，请计算您卖出的股票的持有期收益金额和持有期收益率。

6—13（资产配置） 访问网站 http://cgi.money.cnn.com/tools，然后长到 "Investing" 专栏，点击 "Asset Allocation：Fix Your Mix" 链接。回答问题，并点击 "Calculate" 链接。尝试不同的选项，并观察计算工具是怎样建议你运用不同的资产配置策略的。

6—14（预期收益率、标准差和资本资产定价模型） 下表是标准普尔 500 指数和耐克公司普通股的月末价格数据。

a. 请利用以下数据，计算每月的持有期收益率。

单位：美元

	耐克	标准普尔 500 指数
2017 年		
1 月	52.90	2 279
2 月	57.16	2 364
3 月	55.73	2 363
4 月	55.41	2 384
5 月	52.99	2 412
6 月	59.00	2 423
7 月	59.05	2 470
8 月	52.81	2 472
9 月	51.85	2 519
10 月	54.99	2 575

续表

11月	60.42	2 648
12月	62.55	2 674
2018年		
1月	68.22	2 824

b. 请计算标准普尔500指数和耐克公司股票的平均月收益率和标准差。

c. 请画出耐克公司股票收益率和标准普尔500指数收益率的关系图。（在纵轴上显示耐克公司股票的收益率，在横轴上显示标准普尔500指数的收益率，如图6-4所示。）

d. 请根据您的图形，描述耐克公司股票收益率和标准普尔500指数收益率的关系性质。

6-15（资本资产定价模型） 请利用资本资产定价模型，估计下面列出的三只股票的必要收益率，已知无风险收益率为5%，市场预期收益率为12%。

股票	β值
A	0.75
B	0.90
C	1.40

6-16（预期收益率、标准差和资本资产定价模型） 下表给出了花旗集团（Citigroup）股票和标准普尔500指数的历史价格。

单位：美元

	花旗集团	标准普尔500指数
2014年		
5月	47.57	1 924
6月	47.10	1 960
7月	48.91	1 931
8月	51.65	2 003
9月	51.82	1 972
10月	53.53	2 018
11月	53.97	2 068
12月	54.11	2 059
2015年		
1月	46.95	1 995
2月	52.42	2 105
3月	51.52	2 068
4月	53.32	2 086
5月	54.97	2 128

a. 请计算花旗集团股票和标准普尔500指数的月持有期收益率。
b. 花旗集团股票和标准普尔500指数各自的平均月持有期收益率和标准差是多少？
c. 请画出花旗集团股票收益率和标准普尔500指数收益率的关系。
d. 请使用电子表格计算特征线的斜率。
e. 请解释上述计算结果。

6-17（证券市场线）

a. 请计算以下投资组合的预期收益率和β值。

股票	在投资组合中所占的百分比（%）	β值	预期收益率（%）
1	40	1.00	12
2	25	0.75	11
3	35	1.30	15

b. 已知上述信息，请画出证券市场线并指出上述每种股票和投资组合在图中的位置。假设无风险收益率为2%，市场组合的预期收益率为8%。您将如何解释这些结果？

6-18（使用资本资产定价模型计算必要收益率）

a. 请计算β值为1.2的英特尔（Intel）公司普通股的必要收益率。无风险利率为2%，市场组合（在纽约证券交易所上市的股票组成的投资组合）的预期收益率为11%。

b. 为什么您计算得出的收益率是必要收益率？

6-19（估计β值） 请根据下图中阿拉姆公司（Aram Inc.）股票和标准普尔500指数的持有期收益率关系图，估计该公司的β值。

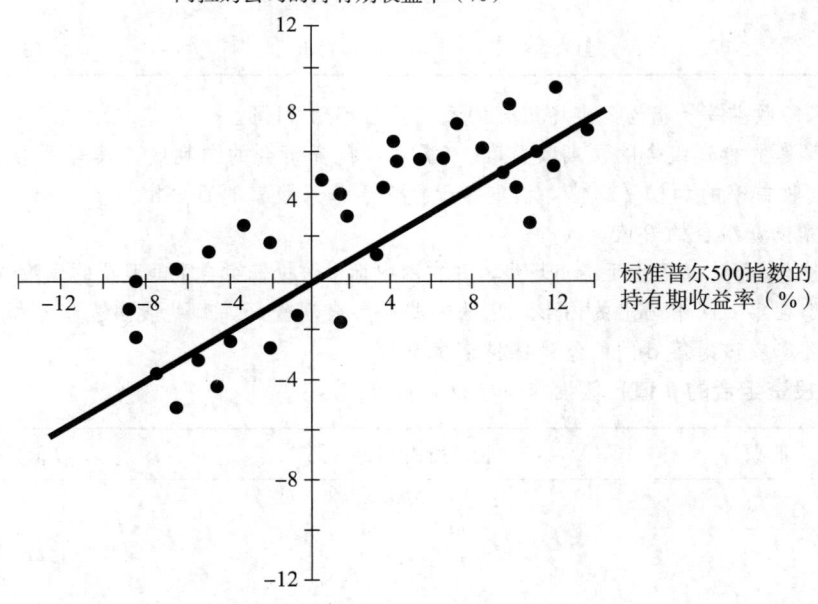

6-20（资本资产定价模型） 莱文制造公司（Levine Manufacturing, Inc.）正在考虑几种投资方案。当前的国库券利率为2.75%，预期市场收益率为12%。请使用资本资产定价模型计

算每种投资的必要收益率。

证券	β值
A	1.50
B	0.90
C	0.70
D	1.15

6—21（资本资产定价模型） MFI公司（MFI, Inc.）的β值为0.86。如果预期市场收益率为11.5%，无风险收益率为3%，那么MFI公司股票的必要收益率是多少？（请使用资本资产定价模型。）

6—22（资本资产定价模型） 整个市场的预期收益率为12.8%，市场风险溢价为9.3%。塔萨科（Tasaco）、LBM和埃克斯（Exxos）的β值分别为0.864、0.693和0.575。这三只股票各自的必要收益率是多少？

6—23（投资组合的β值和证券市场线） 您持有包含如下股票的投资组合：

股票	在投资组合中所占的百分比（%）	β值	预期收益率（%）
1	20	1.00	12
2	30	0.85	8
3	15	1.20	12
4	25	0.60	7
5	10	1.60	16

已知无风险收益率为3%，市场组合的预期收益率为11%。

a. 请计算您的投资组合的预期收益率。（提示：投资组合的预期收益率等于投资组合中每只股票的预期收益率的加权平均值，权重等于投资于每只股票的百分比。）

b. 请计算投资组合的β值。

c. 已知上述信息，请画出证券市场线，并在图中标出该投资组合中的股票的风险-收益率组合。

d. 根据您在第c问中画出的图形，您的哪些股票表现较好，哪些股票表现不好？

e. 为什么您应该对第d问的结论保持谨慎态度？

6—24（投资组合的β值） 假设您持有以下投资组合：

股票	股票所占权重（%）	β值
苹果	38	1.50
绿山咖啡	15	1.44
迪士尼	27	1.15
塔吉特	20	1.20

该投资组合的 β 值是多少？

迷你案例

"我的财务实验室"中包含本迷你案例。

注意：尽管不是绝对必需，但建议您使用计算机电子表格来解答以下问题。

a. 请使用下表中标准普尔 500 指数、沃尔玛和塔吉特的历史股价数据，计算从 2013 年 5 月至 2015 年 5 月这 24 个月间的持有期收益率。

单位：美元

月份	标准普尔 500 指数	沃尔玛	塔吉特
2013 年			
5 月	1 631	74.84	69.50
6 月	1 606	74.49	68.86
7 月	1 686	77.94	71.25
8 月	1 633	72.98	63.31
9 月	1 682	73.96	63.98
10 月	1 757	76.75	64.79
11 月	1 806	81.01	63.93
12 月	1 848	78.69	63.27
2014 年			
1 月	1 783	74.68	56.64
2 月	1 859	74.70	62.54
3 月	1 872	76.43	60.51
4 月	1 884	79.71	61.75
5 月	1 924	76.77	56.76
6 月	1 960	75.07	57.95
7 月	1 931	73.58	59.59
8 月	2 003	75.50	60.07
9 月	1 972	76.47	62.68
10 月	2 018	76.27	61.82
11 月	2 068	87.54	74.00
12 月	2 059	85.88	75.91
2015 年			
1 月	1 995	84.98	73.61
2 月	2 105	83.93	76.83

续表

月份	标准普尔500指数	沃尔玛	塔吉特
3月	2 068	82.25	82.07
4月	2 086	78.05	78.83
5月	2 128	75.86	79.29

b. 请计算标准普尔500指数、沃尔玛和塔吉特的平均月持有期收益率和标准差。

c. 请画出：(1) 沃尔玛和标准普尔500指数的持有期收益率关系图；(2) 塔吉特和标准普尔500指数的持有期收益率关系图。(画图时请参照图6-4的样式。)

d. 请根据您在第c问中画出的图形，描述沃尔玛股票收益率和标准普尔500指数收益率的关系性质，并对塔吉特进行相同的比较。

e. 假设您决定将一半资金投资于沃尔玛，并将剩下的资金投资于塔吉特。请计算您持有的由这两种股票构成的投资组合的月持有期收益率。(提示：投资组合的月持有期收益率是两种股票月持有期收益率的平均值。)

f. 请像在第c问中那样，画出由这两种股票构成的投资组合的收益率和标准普尔500指数收益率的关系图。这次得到的图形与您之前画出的个股图形有什么不同？请解释造成差异的原因。

g. 下表显示了相同时期内，持有长期国债实现的年收益率。请计算平均月持有期收益率和这些收益率的标准差。(提示：您需要将每个年收益率除以12，换算为月收益率。)

时间	年收益率（%）
2013年	
6月	2.30
7月	2.58
8月	2.74
9月	2.81
10月	2.62
11月	2.72
12月	2.90
2014年	
1月	2.86
2月	2.71
3月	2.72
4月	2.71
5月	2.56
6月	2.60
7月	2.54

续表

时间	年收益率（%）
8月	2.42
9月	2.53
10月	2.30
11月	2.33
12月	2.21
2015年	
1月	1.88
2月	1.98
3月	2.04
4月	1.94
5月	1.97

h. 现在，假设您决定对沃尔玛、塔吉特和长期国债进行等额投资，请计算由这三种资产构成的新投资组合的月持有期收益率。其平均收益率和标准差是多少？

i. 请比较上述每种资产以及我们设计的两种投资组合（第 e 问和第 h 问）的平均收益率和标准差。通过比较，您可以得出什么结论？

j. 根据标准普尔 500 指数，我们得到沃尔玛和塔吉特的 β 值分别为 0.28 和 0.75。请比较这些 β 值的含义与前面计算出的标准差的含义。

k. 假设目前国库券的利率为 3%，预期市场收益率为 10%。已知沃尔玛和塔吉特的 β 值如第 j 问所示，请估计这两家公司股票的必要收益率。

第7章
债券的估值与特征

学习目标

1	区别不同种类的债券。	债券的种类
2	说明债券的常见特征。	债券相关术语与特征
3	给出价值一词在几种不同场合下的定义。	定义价值
4	解释决定价值的因素。	什么决定了价值？
5	描述资产估值的基本方法。	估值：基本方法
6	估计债券的价值。	债券估值
7	计算债券的预期收益率和当期收益率。	债券收益率
8	解释债券估值中的三个重要关系。	债券估值：三个重要关系

2017年7月27日，彭博新闻社（Bloomberg News）宣布AT&T公司（AT&T Inc.）已售出225亿美元债券，该债券吸引的下单量几乎是待售债券的3倍。希望购买债券的投资者的下单金额为650亿美元。这不仅是当年最大一笔债券发行，也是历史上发行量排名第三、仅次于威瑞森通信公司（Verizon Communications Inc.）和安海斯-布希（Anheuser-Busch）的债券发行量。这笔钱将用于完成以854亿美元收购时代华纳公司（Time Warner Inc.）的融资。[1]

债券是由于各种原因需要融资的公司发行的长期债务。尽管很少有公司能像AT&T那样一开始就发行上百亿美元债券，但这种形式的债务对于许多上市公司而言是重要的融资来源。

当AT&T的管理层决定发行债券时，必须做出许多决策，例如债券类型（并非所有债券都是相同的）以及向投资者提供的条款。此外，还有债券估值问题。

---

[1] Molly Smith and Claire Boston, "AT&T Sells Year's Biggest Bond Deal and Market Wanted Even More," Bloomberg.com, https://www.bloomberg.com/news/articles/2017-07-27/at-t-plans-likely-last-bondsale-for-time-warner-takeover, July 27, 2017.

如果管理者要实现公司价值最大化的目标，那么了解如何对金融证券进行估值就至关重要。如果要最大化投资者的价值，那么他们必须知道资产价值的影响因素。具体而言，他们需要了解债券和股票在市场上的价值，否则，他们就无法维护公司投资者的最优利益。

在本章中，首先，我们将定义不同种类的债券。其次，我们将介绍大多数债券的性质和特征。最后，我们将分析资产估值的概念和程序，并将这些原理应用到债券估值当中。

债券的种类

债券（bond）是一种由借款人发行，承诺每年向债券持有者支付预先确定的固定利息，并在债券到期时偿还债券面值的债务或者长期票据。然而，债券有许多种类。在这里我们仅列举几种债券：信用债券、次级债券、抵押债券、欧洲债券和可转换债券。

在接下来各节中我们将简要介绍这些债券。

信用债券

信用债券（debenture）是仅由借款人的偿付承诺作为担保，而没有抵押贷款或对特定财产的留置权作为担保的公司债务。因为这些债券没有担保，所以发行公司的盈利能力对于债券持有者来说非常重要。与担保债券相比，信用债券被认为风险更高，因此，信用债券必须为投资者提供高于担保债券的利率。通常，发行信用债券的公司会努力为信用债券持有者提供更多保护，例如，同意不再发行更多进一步占用公司资产的长期担保债务。对于发行公司而言，信用债券的主要优势是无须用任何公司资产作为贷款担保。这使公司可以在发行债务的同时仍保有某种程度的未来借款能力。

次级债券

许多公司拥有不止一种未清偿信用债券。在这种情况下，需要规定债务偿还顺序。其中，一些信用债券在公司破产时处于次级地位。只有当担保债务和非次级债券被偿还后，才会轮到**次级债券**（subordinated debenture）被偿还。

抵押债券

抵押债券（mortgage bond）是以房地产留置权作为担保的债券。通常，房地产价值高于发行的抵押债券的价值。这为抵押债券持有者提供了安全缓冲，以应对作为担保的房地产市场价值下跌的情形。当债券发行人丧失抵押品赎回权时，受托人，即代表债券持有者采取行动的一方，有权出售担保资产并将出售所得支付给债券持有者。债券受托人通常为银行或者信托公司，负责监督债券持有者和债券发行公司的关系，保护债券持有者并确保合同条款得到执行。如果出售资产所得不足以偿还所有债券，那么未偿还部分债务的债券持有者就成为普通债权人，类似于信用债券持有者。

欧洲债券

欧洲债券（Eurobond）与其他种类的证券并没有明显不同。欧洲债券也是证券，在此处是指债券标价货币发行国与债券发行国不同的债券。例如，一家美国公司在欧洲或亚洲发行债券，但是偿还给债券所有者的利息和本金为美元，那么这种债券就被称为欧洲债券。因此，即使债券不是在欧洲发行的，只要债券的发行国与债券标价货币的发行国不同，该债券就可以被称为欧洲债券。

对于借款人来说，欧洲债券的主要吸引力在于，它除了提供优惠利率外，监管也相对宽松［欧洲债券并不在证券交易委员会（SEC）登记］，并且相对于在证券交易委员会登记的债券而言，欧洲债券的披露要求没有那么严格，发行速度也更快。有意思的是，欧洲债券不仅不在证券交易委员会登记，也不面向美国公民和居民发行。

可转换债券

可转换债券（convertible bond）是可以按照事先规定的价格转换为公司股票的债券。例如，假设您拥有面值为1 000美元的可转换债券，该债券每年支付6%的利率，即年利息为60美元。该债券在5年后到期，到时公司必须向债券持有者偿还1 000美元的面值。然而，在债券发行时，公司赋予债券持有者一项选择权，即债券持有者可以选择收回1 000美元本金或者将其按照50美元的价格转换为公司股票。换言之，债券持有者将得到20股（=1 000美元面值÷50美元转换价格）股票。如果您是债券持有者，您会怎样做呢？如果股票售价高于50美元，那么您将希望放弃1 000美元的面值并将其转换为股票。因此，投资者可以选择接受债券发行时承诺的1 000美元本金还是将债券转换为公司的股票。因此，对于可转换债券，如果公司经营状况不佳（例如，公司股价从未升至50美元以上），那么您可以拿回初始投资，或者，如果公司经营状况不错，您可以从股票升值中获利。

让我们来看推特（Twitter）的例子。该公司发行了18亿美元可转换债券，其中一半在5年后到期，一半在7年后到期。该可转换债券的利率非常低——5年期债券的利率仅为0.25%，7年期债券的利率为1%。但是这些债券可以按每股77.64美元的商定转换价格转换为推特的普通股。当时，该股票的价格为50美元。因为每只债券的面值为1 000美元，所以债券持有者可以将一只债券转换为12.88股（=1 000美元÷每股77.64美元的转换价格）。因此，投资者可以选择：

（1）当债券到期时，获得1 000美元面值，或者
（2）在债券到期之前的任何时间以实际价格77.64美元转换为股票。

但是，只有在股票售价高于77.64美元的转换价格时，您才会进行转换。例如，如果发行债券时的股票售价为50美元，那么12.88股股票的价值仅为644美元（=12.88股×50美元）。因此，只有时间才能证明股票最终的价值是否会超过债券面值。

现在，您已经了解了公司可能发行的各种债券，下面让我们来介绍债券的特征和相关术语。

> **概念回顾**
> 1. 信用债券、次级债券和抵押债券的风险有什么不同？投资者如何应对这些不同类型的风险？
> 2. 欧洲债券与在亚洲发行的票面金额为美元的债券有什么不同？
> 3. 为什么可转换债券的价值远高于不可转换债券？

财务实践

公益债券

2016 年，苹果公司通过发行"绿色债券"筹集了 15 亿美元，第二次发行绿色债券筹集了 10 亿美元。这笔钱被用于生产可再生能源，以推进该公司 100% 依靠可再生能源运营的目标。

苹果发行绿色债券的举动发生在纽约大都会运输署发行 5 亿美元绿色债券之后，这是该运输署首次通过发行债券来帮助减缓气候变化。

然后，佐治亚州电力公司（Georgia Power）发行了 3.25 亿美元绿色债券，以支持该州对可再生能源的投资，这是公用事业公司发行的首只绿色债券。

总体而言，绿色债券的发行量正出现惊人的增长，从 2012 年的约 30 亿美元增长到 2017 年的预计 1 100 亿美元。

商业作家马克·科万（Mark Cowan）解释道，绿色债券也改变了投资者的观点。"一旦拥有绿色债券，您也会开始参与其中。"他说："您会开始思考'既然有了解决方案，那么我可以做点什么。'"

资料来源：Alex Webb, "Apple Issues a Second Green Bond to Finance Clean Energy," Bloomberg News, https://www.bloomberg.com/news/articles/2017-06-13/apple-issuing-a-second-green-bond-to-finance-clean-energy, June 13, 2017; and Namrita Kapur, "Green Bonds: An Opportunity, and Challenge, for Sustainable Finance," Environmental Defense Fund, https://www.edf.org/blog/2016/04/12/green-bonds-opportunity-and-challenge-sustainable-finance, April 12, 2016.

债券相关术语与特征

在对债券进行估值之前，我们首先需要理解与债券相关的术语。然后，我们才能更好地确定债券价值。

当一家公司或非营利机构需要融资时，融资途径之一就是发行债券。正如前文所述，这种融资工具其实就是一种由借款人发行，承诺每年向债券持有者支付预先确定的固定金额利息的长期票据。其他一些您可能听说过的关于债券的重要术语和特征如下：对资产和收入的索偿权、面值、票面利率、期限、赎回条款、债券契约和债券评级。

下面让我们来逐一了解这些概念。

对资产与收入的索偿权

当公司丧失清偿能力时，债务（包括债券）的索偿顺序必须先于普通股和优先股。通常，如果债券没有支付利息，那么债券受托人就可将该公司视为丧失清偿能力并强制其破产。因此，与普通股股东对收入的索偿权相比，债券持有者对收入的索偿权更可能得到满足，因为普通股股东的股利收入是由公司管理层人为决定的。然而，不同种类的债务本身对资产的索偿权也存在一定顺序。

面 值

债券的**面值**（par value）就是债券的票面价值，即债券到期时偿还给债券持有者的金额。一般而言，公司债券发行时的面值为 1 000 美元，但也有一些例外情况。此外，当财务经理或金融媒体在引用债券价格时，通常以债券面值的百分比表示。例如，一只摩根士丹利公司债券的最新售价为 103.83。这并不是说您可以花 103.83 美元购买这只债券，而是说该债券售价为其 1 000 美元面值的 103.83%。因此，这只债券的实际市场价格为 1 038.30 美元。当该债券于 2017 年到期时，债券持有者将收到 1 000 美元。

票面利率

债券的**票面利率**（coupon interest rate）表示债券每年支付的利息占债券面值的百分比。因此，无论面值为 1 000 美元、票面利率为 5% 的债券的市场价格如何变化，它每年都需要支付 50（＝0.05×1 000）美元的利息，直至债券到期。摩根士丹利债券的票面利率为 5.95%，因此拥有该债券的投资者每年将得到 1 000 美元面值的 5.95%，即 59.50（＝0.059 5×1 000）美元的利息。投资者每年得到固定金额的利息收入，因此，这些债券被称为**固定利率债券**（fixed-rate bond）。

有时，公司会发行票面利率为 0 或很低的债券，因此，这些债券被称为**零息债券**（zero coupon bond）。公司不对这些债券支付利息，而是以显著低于 1 000 美元面值的价格出售债券。因此，投资者收到的一大部分收益（对于零息债券来说是全部收益）来自债券逐渐到期过程中的债券升值。例如，生物技术公司安进（Amgen）发行了面值为 39.5 亿美元、票面利率仅为 0.125% 的债券。因此，投资者几乎不会获得利息。但是这些面值为 1 000 美元的债券以 500 美元的价格向投资者发行。以 500 美元的价格购买这些债券的投资者可以持有这些债券，直至债券到期时收到 1 000 美元的面值。

期 限

债券的**期限**（maturity）是指债券发行人向债券持有者偿还债券面值并清偿或赎回债券所需的时间长度。

赎回条款

如果一家公司发行了债券，随后市场利率下降，那么该公司或许希望提前偿还债券，并以更低的市场利率发行新债券。为此，债券必须是**可赎回债券**（callable or redeemable bond），否则，该公司就不能强迫债券持有者接受提前偿还。然而，发行人赎回债券时通常必须向债券持有者支付溢价，例如一年的利息。此外，通常还会设定**赎回保护期**（call protection period），即在某个规定期限内，公司不能赎回债券。

债券契约

债券契约（indenture）是发行债券的公司与代表债券持有者的债券受托人之间签订的法律协议。债券契约规定了贷款协议的具体条款，包括对债券的描述、债券持有者的权利、发行公司的权利和受托人的责任。这份法律文件可能长达 100 页甚至更长，其中的主要内容是定义对债券持有者的保护条款。

通常，债券契约中的限制性条款是为了保护债券持有者相对于其他流通证券持有者的财务地位。常见条款包括：（1）禁止出售公司的应收账款；（2）限制发放普通股股利；（3）限制公司固定资产的购买和出售；（4）限制公司举借更多债务。之所以不允许出售应收账款，是因为出售应收账款是以牺牲公司未来的流动性为代价来改善公司的短期流动性。如果公司的流动性下降到规定水平以下，可能禁止发放普通股股利，也可能限制公司发放的最高股利与利润之比，例如将该比例定为 50% 或 60%。对固定资产的限制通常要求在变现固定资产或用其作为新贷款的担保品之前得到允许。对公司新增借款的约束通常包括限制新增长期债务的金额和种类。所有这些限制都有一个共同点：它们都试图禁止以牺牲债券地位为代价来提高其他证券地位的行为，并保护债券地位以防止其被管理层行为削弱。

债券评级

约翰·穆迪（John Moody）于 1909 年率先开始对债券进行评级。从那以后，三家评级机构——穆迪、标准普尔和惠誉投资者服务公司（Fitch Investor Services）都提供公司债券评级服务。这些评级包括对债券未来潜在风险的判断。尽管这些评级与预期有关，然而一些历史因素似乎在评级决定中起到了重要作用。债券评级受到以下因素的有利影响：（1）相对于债务融资来说，公司更依赖于股权融资；（2）盈利的经营活动；（3）较低的过往利润波动性；（4）较大的公司规模；（5）几乎不使用次级债务。进而，债券收到的评级会影响投资者要求的债券利率。债券评级越低，投资者要求的债券利率越高。表 7-1 介绍了这些评级。因此，债券评级对于财务经理来说极为重要。它提供了对债券违约风险的预测指标，进而影响必须支付的借款利率。

> **牢记原则**
>
> 当我们说较低的债券评级意味着投资者（债券持有者）要求较高的利率时，我们观察到的就是对"基本原则 3：风险要求回报"的应用。

表 7-1 标准普尔的公司债券评级

AAA	偿还本金和利息的能力极强，为标准普尔授予债务的最高评级。
AA	AA 级债券也是高质量债务。它们偿还本金和利息的能力很强，在多数情况下，它们与最高评级差别很小。
A	偿还本金和利息的能力较强，但较易受环境及经济状况变动的不利因素的影响。

续表

BBB	具有足以偿还本金和利息的能力。尽管它们通常表现出充足的保护参数，但与 A 级债券相比，不利经济条件或变化的环境更可能削弱其偿付债券本金和利息的能力。
BB B CCC CC	总体来说，BB级、B级、CCC级或CC级债券的发行人支付债务利息和偿还债务本金的能力被认为具有显著投机性。其中 BB 级的投机性最低，CC 级的投机性最高。这类债务也可能有一定质量和保护特征，但不足以抵消它们在不利条件下的重大不确定性或重大风险敞口。
C	C 级是给予不支付利息的收益债券的评级。
D	D 级债券是处于违约状态、未按期偿还本金和（或）支付利息的债券。

注：加号（＋）或减号（－）：为了提供更详细的信用质量标示，从 AA 级到 BB 级的评级可以有加号（＋）或减号（－）来显示债券在主要评级类别内部的相对位置。

资料来源：改编自 https://www.globalcreditportal.com/ratingsdirect/renderArticle.do?articleId=1331219&SctArtId=257653&from=CM&nsl_code=LIME&sourceObjectId=5435305&sourceRevId=7&fee_ind=N&exp_date=20240818-02:07:33, accessed May 20, 2015.

> **牢记原则**
>
> 　　**基本原则 3：风险要求回报**。有些人认为垃圾债券与其他证券存在根本的不同，但事实并非如此。它们都是具有很高风险的债券，因此承诺高预期收益率。

　　在评级表最下方，可以看到"**垃圾债券**"（junk bond），这是穆迪或标准普尔的评级等于或低于 BB 级的高风险债券。债券评级越低，债券的违约概率越高。标准普尔评级系统的最低评级为 CC 级，而穆迪评级系统的最低评级为 Ca 级。最初，垃圾债券一词是用来描述拥有稳健的财务历史，但目前面临严重财务问题，并得到较低信用评级的公司发行的债券。垃圾债券也被称为**高收益债券**（high-yield bond），因为垃圾债券要向投资者支付较高的利率。通常，垃圾债券比 AAA 级长期债务的利率高 3%～5%。

　　例如，2018 年网飞（Netflix）发行了 15 亿美元新债券。标准普尔给予该债券 B＋评级，将其归类为垃圾债券。虽然该公司预计 2018 年将增加 740 万个新订阅用户，但预计也将产生 30 亿美元的负经营现金流，因此，这是它评级较低的原因。

　　在 20 世纪 70 年代之前，信用评级公司的客户都是希望获得关于公司信用水平的公正信息的投资者。但是从 20 世纪 70 年代开始，评级机构的客户开始变为发行债券的公司。这种安排经常使人们担忧评级公司存在利益冲突，因为被评级的公司同时也是它们的客户。这种批评在 2007 年开始的金融危机中尤其强烈。当时评级机构给予某些类型的债券很高的评级，但这些债券却在借款人无力偿还贷款时违约。

　　我们现在已经做好准备来考虑债券的估值问题了。首先，我们必须准确阐明"价值"的含义。其次，我们需要理解估值的基本概念和资产估值过程。然后，我们就可以将这些概念运用到债券估值中，在第 8 章中，我们会对股票进行估值。

> **概念回顾**
> 1. 债券的部分重要特征是什么？哪些特征决定了与债券相关的现金流？
> 2. 为了保护债券持有者，债券契约中通常包括哪些限制条款？
> 3. 债券评级如何影响投资者的必要收益率？为了得到更优的评级，公司可以采取哪些措施？

定义价值

"价值"一词经常用于不同的语境,其含义取决于它的应用场景。**账面价值**(book value)是公司的资产负债表上显示的资产价值。它表示资产的历史成本而非其当前价值。例如,公司普通股的账面价值是投资者最初为股票支付的金额,因此也是公司发行股票时获得的金额。

清算价值(liquidation value)是一项资产被单独出售而非作为持续经营企业(拥有无限期经营所需资源的公司)的组成部分被出售时可以实现的价值。例如,如果一家公司停止经营且资产被分割出售,那么售价就体现了资产的清算价值。

资产的**市场价值**(market value)是在市场上观察到的资产价值。该价值由市场上的供求力量共同决定,其中买方和卖方通过协商确定共同可接受的资产价格。例如,2018年2月7日,微软的普通股市场价格为每股94美元。这个价格是由众多买方和卖方在纽约证券交易所竞价决定的。理论上,所有资产都存在市场价格。然而,我们无法观察到许多资产的现成市场价格,这是因为这些资产很少发生交易。例如,一家私人持股企业的股票市场价格远远比微软普通股的市场价格更难确定。

资产的**内在价值或经济价值**(intrinsic, or economic, value),也被称为**公允价值**(fair value),是资产预期未来现金流的现值。该价值是在给定资产未来现金流的金额、产生时间和风险的情况下,投资者愿意为资产支付的价格。一旦投资者估计出证券的内在价值,就会将该价值与当时可得的市场价值进行比较。如果内在价值高于市场价值,那么该证券在该投资者眼中就是价值被低估了。如果市场价值高于投资者估计的内在价值,那么该证券的价值就被高估了。

我们必须马上补充一点,如果证券市场有效运行,那么证券的市场价值应该等于其内在价值。只要证券的内在价值偏离其当前的市场价值,投资者之间追逐盈利机会的竞争就会迅速使市场价值回归到内在价值。因此,我们可以将**有效市场**(efficient market)定义为任何时刻所有证券的价格都充分反映所有可得公开信息的市场,这将使证券的市场价格等于其内在价值。如果市场是有效的,投资者将极难通过预测价格的能力获得超额利润。

我们应该预期市场是有效的还是无效的呢?对于无效市场来说,其中必须存在允许投资者赚钱而无须承担相应风险的交易机制。但是如此一来,市场上就必须有交易者愿意卖给您价格被低估的股票,并从您那里买入价格被高估的股票。相反,如果您认为某只股票的价格被低估而买入它,那么愿意卖给您股票的投资者一定认为该股票的价格被高估。进一步,如果存在可以让您进行无风险套利的交易策略,那么其他投资者也会采取相同策略,直到市场上获取超额利润的机会消失。

市场可能是无效的,因为投资者会做出非理性行为。由于这个原因,金融经济学家一直对研究投资者是否在投资行为中表现出非理性感兴趣。竞争市场假设投资者在决策中表现出理性行为。因此,**行为金融学**(behavioral finance)研究的就是投资者做出投资决策时的理性。例如,研究认为,一些投资者在做出投资决策时,可能对自己的观点过度自信而忽视了其他不支持其观点的可得信息。

关于市场有效性，这些证据表明了什么？在过去的几十年中，人们进行了成千上万项旨在检验市场有效性的研究。有些研究发现的证据表明，市场有时是无效的。然而，随着时间的推移，大部分异常情况会被寻找这种投资机会的专业投资者消除。因此，我们可以认为市场并不是完全有效的，但是这些无效性提供的收益也仅够弥补执行相应策略的成本。毫无疑问，关于市场有效性的讨论仍会在未来继续。

> **牢记原则**
>
> 投资者很难发现价值被低估的股票，这种情况与"基本原则4：市场价格通常是正确的"有关。在有效市场上，价格反映了关于证券的所有公开可得信息，因此证券的价格是公允的。

> **概念回顾**
> 1. 请解释不同种类的价值。
> 2. 为什么市场价值应该等于内在价值？

什么决定了价值？

在我们的讨论中，资产价值就是它的内在价值或者预期未来现金流的现值，即将所有现金流按照投资者的必要收益率贴现后的现值。这个定义对于所有资产估值都成立，并且可以作为公司金融中几乎所有估值的基础。因此，价值受到以下三个因素的影响：

(1) 资产预期未来现金流的金额和发生时间。
(2) 这些未来现金流的风险。
(3) 投资者进行投资的必要收益率。

> **牢记原则**
>
> 这里的讨论将让我们重温有助于理解公司金融的以下三条原则：
> 基本原则1：现金流是最重要的。
> 基本原则2：货币具有时间价值。
> 基本原则3：风险要求回报。
> 确定资产的经济价值经常需要用到这三条原则。离开这三条原则，我们就失去了解释价值的基础。应用这三条原则，我们就能知道是现金流的金额和发生时间而非利润决定了价值。此外，我们还必须因承担风险而得到回报，否则我们就不会进行投资。

前两个因素是资产的特征。第三个因素，必要收益率，是吸引投资者买入或持有证券所必需的最低收益率。该收益率由类似投资可以获得的收益率或者我们在第2章中学到的资金的机会成本决定。该收益率必须足以补偿投资者承担的资产未来现金流的风险。（第6章解释了必要收益率。）

图 7-1 描述了估值中涉及的基本因素。如该图所示，确定资产价值的步骤如下：

(1) 评估资产的特征，包括预期现金流的金额和发生时间，以及这些现金流的风险。

(2) 确定投资者的必要收益率，它应考虑到投资者对于承担风险的态度，以及投资者对资产风险的感受。

(3) 用投资者的必要收益率作为贴现率计算预期现金流的现值。

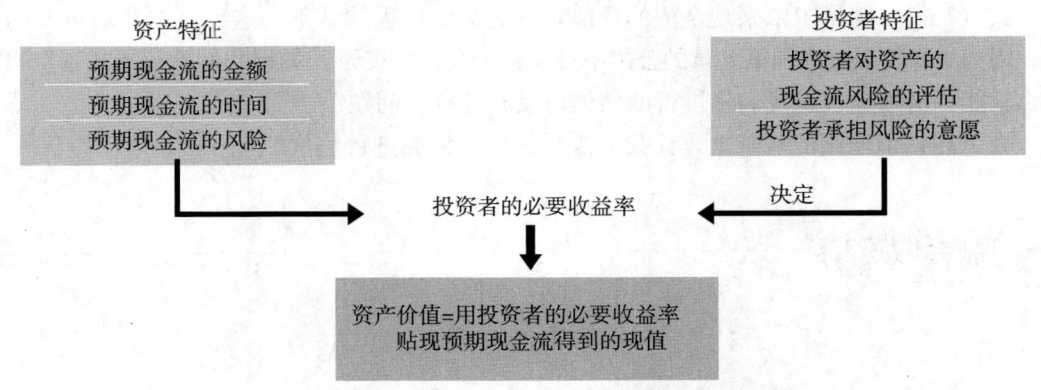

图 7-1　决定资产价值的基本因素

因此，内在价值是未来将收到的现金流、未来现金流风险和投资者必要收益率的函数。

> **概念回顾**
> 资产估值的三个重要因素是什么？

估值：基本方法

估值过程是用投资者的必要收益率作为贴现率，计算资产预期未来现金流的现值，从而确定资产价值的过程。投资者的必要收益率 r 由无风险收益率水平和投资者认为必须获得的风险溢价补偿决定。因此，基本的资产估值模型可以用以下数学公式定义：

$$资产价值 = \frac{第1年的现金流}{(1+必要收益率)^1} + \frac{第2年的现金流}{(1+必要收益率)^2} + \cdots + \frac{第n年的现金流}{(1+必要收益率)^n} \tag{7-1a}$$

或者用符号表示为：

$$V = \frac{C_1}{(1+r)^1} + \frac{C_2}{(1+r)^2} + \cdots + \frac{C_n}{(1+r)^n} \tag{7-1b}$$

其中，

$V=$ 资产从第 1 年到第 n 年产生的预期未来现金流 C_t 的内在价值或现值；

$C_t=$ 第 t 期将收到的现金流；

r＝投资者的必要收益率。

使用式（7-1），我们看到估值过程有三个基本步骤：

第1步 估计式（7-1）中的 C_t，即证券预期将提供的未来现金流的金额和发生时间。

第2步 确定投资者的必要收益率 r。

第3步 计算内在价值 V，即用投资者的必要收益率贴现的预期未来现金流的现值。

式（7-1）衡量了未来现金流的现值，它是估值过程的基础。这也是本章最重要的公式，因为本章其余公式和第8章的公式不过是这个公式的变形。如果我们理解了式（7-1），那么就能更清晰地理解我们将进行的估值以及其他许多问题。

在上述估值原则的基础上，让我们来看如何对债券进行估值。

您会做吗？

计算资产的价值

假设您购买了一项资产，该资产在未来4年中每年预期将产生5 000美元的现金流。如果您的必要收益率为6%，那么这项资产对于您的价值是多少？

债券估值

债券的价值是未来收到的利息和债券面值或到期价值的现值之和。

债券的估值过程，如图7-2所述，需要知道三个重要因素：（1）投资者将收到的现金流的金额；（2）债券的到期期限；（3）投资者的必要收益率。现金流的金额表示为每期收到的利息和在债券到期时偿还的面值。已知这些因素，我们就可以计算债券的价值或现值。

（A）现金流和时间	每期支付的利息，如每年65美元，2019—2023年共计5年
	本金或面值，如1 000美元
（B）到期期限	如12年
（C）投资者的必要收益率	如4%

图7-2 债券估值需要的数据

为了说明债券估值过程，让我们来看丰田公司发行的一只债券。该债券将于2022年到期，年票面利率为 3.4%。① 在 2017 年，该债券还有 5 年到期时，持有该债券的投资者的必要收益率为 2.7%。我们可以使用以下三步估值法计算债券价值。

第 1 步　估计预期未来现金流的金额和发生时间。债券持有者将获得两类现金流：

a. 年利息金额，它等于票面利率乘以债券面值。在本例中，债券的票面利率为 3.4%，因此，年利息金额为 34（＝0.034×1 000）美元。假设 2017 年的利息已经支付，那么在债券到期前的 5 年中，债券持有者每年都将得到这些现金流（2018—2022 年共计 5 年）。

b. 将于 2022 年年末收到的 1 000 美元面值。

总的来说，债券持有者收到的现金流如下表所示：

单位：美元

2018 年	2019 年	2020 年	2021 年	2022 年
34	34	34	34	34
				1 000
				1 034

第 2 步　通过评估债券未来现金流的风险来计算投资者的必要收益率。本例中给定债券持有者的必要收益率为 2.7%。然而，我们应该记得第 6 章中说过，投资者的必要收益率等于证券的无风险收益率加上由于承担风险得到的风险溢价。

在本例中，根据表 7-1 所示的标准普尔的评级体系，丰田的债券被评为 AA 级：

AA 级债券也是高质量债务。它们偿还本金和利息的能力很强，在多数情况下，它们与 AAA 级差别很小。

第 3 步　计算债券的内在价值，即用投资者的必要收益率贴现预期未来利息和本金得到的现值。

通常，债券的现值可以用以下公式计算：

$$债券价值 = V_b = \frac{第1年的利息}{(1+必要收益率)^1} + \frac{第2年的利息}{(1+必要收益率)^2} + \frac{第3年的利息}{(1+必要收益率)^3}$$
$$+ \cdots + \frac{第n年的利息}{(1+必要收益率)^n} + \frac{债券到期价值}{(1+必要收益率)^n} \qquad (7-2a)$$

用 I_t 表示第 t 年支付的利息，用 M 表示债券的到期价值（或面值），用 r_b 表示债券持有者的必要收益率，我们可以将第 n 年到期的债券价值表示如下：

$$V_b = \frac{I_1}{(1+r_b)^1} + \frac{I_2}{(1+r_b)^2} + \frac{I_3}{(1+r_b)^3} + \cdots + \frac{I_n}{(1+r_b)^n} + \frac{M}{(1+r_b)^n} \qquad (7-2b)$$

注意，式（7-2b）只是式（7-1）的另一种写法。在式（7-2b）中，现金流由每期收到的利息和债券到期时收到的面值表示。在这两个公式中，资产价值都是未来现金流的现值。

---

① 丰田公司每半年向债券持有者支付一次利息，付息时间为每年的 6 月 15 日和 12 月 15 日。然而，这里我们暂且假设利息按年支付。每半年付息一次的情况将在后文讨论。

您做出来了吗?

计算资产的价值

某项资产在未来 4 年中每年产生 5 000 美元的现金流,已知必要收益率为 6%,则资产的价值为 17 325.53 美元。使用得州仪器 BA Ⅱ Plus 财务计算器,计算结果如下所示:

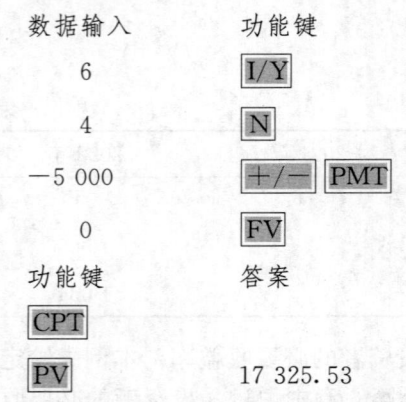

计算器解法

数据输入	功能键
6	I/Y
4	N
−5 000	+/− PMT
0	FV

功能键	答案
CPT	
PV	17 325.53

因此,如果投资者拥有某项在未来 4 年中每年支付 5 000 美元的资产,那么如果他现在支付 17 325.53 美元购买该资产,将恰好获得其必要收益率 6%。

计算丰田公司债券价值的公式如下:

$$V_b = \frac{34\text{ 美元}}{(1+0.027)^1} + \frac{34\text{ 美元}}{(1+0.027)^2} + \frac{34\text{ 美元}}{(1+0.027)^3} + \frac{34\text{ 美元}}{(1+0.027)^4} + \frac{34\text{ 美元}}{(1+0.027)^5} + \frac{1\,000\text{ 美元}}{(1+0.027)^5}$$

计算丰田公司债券价值的过程也可以用图形表示,如下所示:

单位:美元

年份	2017	2018	2019	2020	2021	2022
年末收到的美元		34	34	34	34	34 +1 000 1 034
现值	1 032.33 ←					

使用得州仪器 BA Ⅱ Plus 财务计算器,我们可以计算出债券的价值为 1 032.33 美元,具体计算过程如下所示。① 因此,如果投资者认为,2.7% 对于丰田公司债券的风险水平来

---

① 正如第 5 章所述,我们使用的是得州仪器 BA Ⅱ Plus 财务计算器。您可能希望重温第 5 章中有关借助财务计算器计算货币时间价值的部分,或者参考互联网上有关如何使用财务计算器的教程,以更全面地了解如何使用得州仪器 BA Ⅱ Plus 财务计算器。

说是合适的必要收益率，那么支付 1 032.33 美元的价格将满足他们的收益率要求。

计算器解法

数据输入	功能键
5	N
2.7	I/Y
34	+/− PMT
1 000	+/− FV

功能键	答案
CPT	
PV	1 032.33

我们也可以使用电子表格来计算丰田公司债券的价值。使用 Excel 进行计算的过程如下所示：

	A	B	C	D
1	必要收益率	Rate	2.7%	
2	距到期的年数	Nper	5	
3	每年支付的利息	Pmt	−34美元	
4	终值	FV	−1 000	
5	现值	PV	1 032.33美元	
6				
7		公式：		
8		=PV(Rate,Nper,Pmt.FV)−PV(C1,C2,C3,C4)		
9				
10				
11				

例 7.1 债券估值

加利福尼亚资源公司（California Resource Corporation）有一笔未清偿债券，票面利率为 6%，将于 7 年后到期。购买债券的投资者要求的收益率高达 11.41%！请计算该债券对于当前投资者的价值。能获得 11.41% 的收益率固然好——这个收益率已经远远超过国债收益率。那么，为什么除非这些债券能获得很高的收益率，否则许多投资者就不会选择投资它们？

第 1 步：确定解题方法

债券估值公式如下：

$$债券价值 = V_b = \frac{第1年的利息}{(1+必要收益率)^1} + \frac{第2年的利息}{(1+必要收益率)^2} + \frac{第3年的利息}{(1+必要收益率)^3} + \cdots$$

$$+ \frac{第n年的利息}{(1+必要收益率)} + \frac{债券到期价值}{(1+必要收益率)^n}$$

第2步：计算数值

加利福尼亚资源公司的债券价值可以用财务计算器或电子表格来计算。但是首先，我们必须确定每年支付的利息金额，即 60 美元 [= 0.06（票面利率）×1 000 美元（面值）]。如下所示，债券价值为 748.41 美元。

使用财务计算器，计算结果如下所示：

计算器解法

数据输入	功能键
7	N
11.41	I/Y
60	+/− PMT
1 000	+/− FV

功能键	答案
CPT	
PV	748.41

下面是使用电子表格计算的过程：

	A	B	C	D
1	必要收益率	Rate	11.41%	
2	距到期的年数	Nper	7	
3	每年支付的利息	Pmt	−60美元	
4	终值（面值）	FV	−1 000	
5				
6	解出现值（债券价值）	PV	748.41美元	
7				
8		公式：		
9		=PV(Rate,Nper,Pmt,FV)=PV(C1,C2,C3,C4)		
10				

第3步：分析结果

对于面值为 1 000 美元的债券，投资者只有在以低于面值的价格 748.41 美元购买债券时，才能获得高达 11.41% 的收益率。此外，当债券折价如此之大，从而提供高收益率时，意味着投资者的预期违约概率较高。换言之，11.41% 并不是真正的预期收益率，而是在加利福尼亚资源公司没有违约，能够支付利息和偿还本金的情况下能获得的收益率。投资者当然有可能获得高收益率，但同时也面临着明显很高的公司违约风险。因此，只有准备好接受高风险的投资者才会对购买该债券感兴趣。

迄今为止，我们已经提供了根据预期未来现金流确定资产价值的基本现值公式。这个公式也可以用来为债券估值。这两个公式就是用来给资产估值的财务工具，具体如下：

▶ **财务决策工具**

工具名称	公式	含义
资产价值	资产价值 = $\dfrac{第1年的现金流}{(1+必要收益率)^1} + \dfrac{第2年的现金流}{(1+必要收益率)^2} + \cdots$ $+ \dfrac{第n年的现金流}{(1+必要收益率)^n}$	资产——不论是证券还是对厂房设备的投资——的价值等于该投资预期将获得的未来现金流的现值。
债券价值	债券价值 = $V_b = \dfrac{第1年的利息}{(1+必要收益率)^1} + \dfrac{第2年的利息}{(1+必要收益率)^2}$ $+ \dfrac{第3年的利息}{(1+必要收益率)^3} + \cdots + \dfrac{第n年的利息}{(1+必要收益率)^n}$ $+ \dfrac{债券到期价值}{(1+必要收益率)^n}$ $V_b = \dfrac{I_1}{(1+r_b)^1} + \dfrac{I_2}{(1+r_b)^2} + \dfrac{I_3}{(1+r_b)^3} + \cdots + \dfrac{I_n}{(1+r_b)^n} + \dfrac{M}{(1+r_b)^n}$	债券价值是债券未来支付的利息和到期偿还的面值的现值之和。

您做出来了吗？

计算债券的价值

乐丰轩（La Fiesta）餐厅发行了票面利率为4%的债券。债券按年支付利息，并将于12年后到期。如果您的必要收益率为6%，那么对于您来说，该债券的价值是多少？

在之前丰田公司的例子中，假设债券按年支付利息。然而，公司通常每半年向债券持有者支付一次利息。例如，丰田公司实际上每年向每只债券支付的利息总额为34美元，但是每半年支付一次利息（每年的6月15日和12月15日各支付17美元）。

将式（7-2b）调整为半年付息的公式需要几个步骤。① 首先，考虑期数而非年数，例如期限为 n 年、每半年付息一次的债券，其期数就是 $2n$ 期。换言之，4年期债券（$n=4$）每半年付息一次，实际是支付了8次利息。尽管期数变成了两倍，但投资者每期收到的利息金额和债券持有者的必要收益率都是对应年数据的一半。I_t 变成了 $I_t/2$，r_b 变成了 $r_b/2$，因此，对于每半年计算一次复利的情况，式（7-2b）就变为：

$$V_b = \dfrac{I_1/2}{\left(1+\dfrac{r_b}{2}\right)^1} + \dfrac{I_2/2}{\left(1+\dfrac{r_b}{2}\right)^2} + \dfrac{I_3/2}{\left(1+\dfrac{r_b}{2}\right)^3} + \cdots + \dfrac{I_{2n}/2}{\left(1+\dfrac{r_b}{2}\right)^{2n}} + \dfrac{M}{\left(1+\dfrac{r_b}{2}\right)^{2n}}$$

(7-3)

我们现在可以计算丰田公司债券的价值，注意，该债券是每半年支付一次利息。我们只要将期数由5年变成10个半年期，将必要收益率由2.7%的年收益率变成1.35%的半年期收益率，并将每年的利息支付金额除以2，得到17美元。现在的债券价值将变为1 032.54美

---

① 计算每半年付息一次的债券价值的原理与第5章介绍的非整年期复利的计算方法相似。

元。尽管价值变化不大,但是当每半年付息一次时,这样计算出的价值更加准确。

	A	B	C	D
1	必要收益率	Rate	1.35%	
2	距到期的年数	Nper	10美元	
3	每年支付的利息	Pmt	−17	
4	终值	FV	−1 000美元	
5	现值	PV	−1 032.54美元	
6				
7	公式:			
8	=PV(Rate,Nper,Pmt,FV)=PV(C1,C2,C3,C4)			
9				
10				
11				

这个计算结果可由财务计算器或电子表格得到,如下所示:

计算器解法

数据输入　　　　　功能键

10　　　　　　　　N

1.35　　　　　　　I/Y

17　　　　　　　　+/− PMT

1 000　　　　　　 +/− FV

功能键　　　　　　答案

CPT

PV　　　　　　　 1032.54

总的来说,我们之前对债券估值时假设按年向投资者支付利息。然而,由于债券通常每半年支付一次利息,我们需要微调财务工具,如下所示:

▶ **财务决策工具**

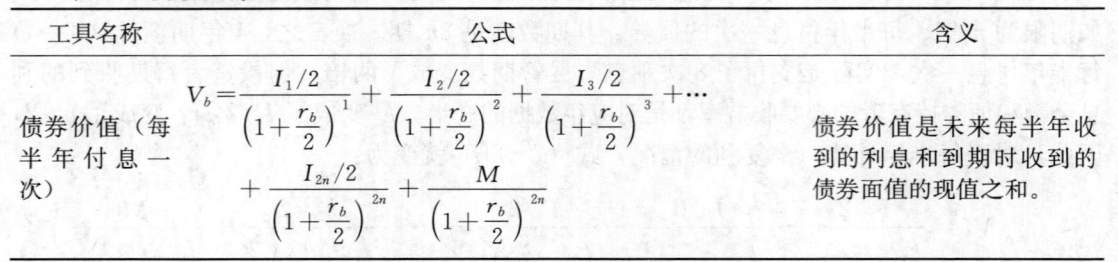

工具名称	公式	含义
债券价值(每半年付息一次)	$V_b = \dfrac{I_1/2}{\left(1+\dfrac{r_b}{2}\right)^1} + \dfrac{I_2/2}{\left(1+\dfrac{r_b}{2}\right)^2} + \dfrac{I_3/2}{\left(1+\dfrac{r_b}{2}\right)^3} + \cdots + \dfrac{I_{2n}/2}{\left(1+\dfrac{r_b}{2}\right)^{2n}} + \dfrac{M}{\left(1+\dfrac{r_b}{2}\right)^{2n}}$	债券价值是未来每半年收到的利息和到期时收到的债券面值的现值之和。

您做出来了吗?

计算债券的价值

乐丰轩公司的债券票面利率为4%,每年支付40美元[= 0.04(票面利率)×1 000美元(面值)]的利息。因此,您将在12年中每年收到40美元的利息,并在第12年收到1 000美元面值。假设必要收益率为6%，那么债券价值为832.32美元。

计算器解法

数据输入	功能键
6	I/Y
12	N
40	+/- PMT
1 000	+/- FV

功能键	答案
CPT	
PV	832.32

如果投资者拥有的债券每年支付40美元利息，期限为12年，那么如果她现在以832.32美元的价格买入债券，则她获得的收益率就是她的必要收益率6%。

概念回顾

1. 每半年付息一次如何影响资产估值公式？
2. 哪两个因素决定了投资者的必要收益率？
3. 必要收益率如何影响债券价值？

现在我们知道了如何对债券进行估值，接下来我们将考察投资者投资债券获得的收益率，或者称为债券收益率。

债券收益率

有两种方法可以被用来计算债券持有者通过持有债券获得的收益率：到期收益率与当期收益率。

到期收益率

理论上，每个债券持有者持有的特定债券都会有不同的必要收益率。然而，财务经理只关心公司债券市场价格暗含的预期收益率，即我们所称的到期收益率。

要衡量债券持有者的**预期收益率**（expected rate of return）$\bar{r}_b$，我们需要找到使债券未来现金流（利息和到期价值）的现值等于其当前市场价格的贴现率。① 该贴现率也是投资者持有债券到期将实现的收益率，即**到期收益率**（yield to maturity）。因此，当我们提到债券时，预期收益率和到期收益率两个词经常可以互换。

---

① 当我们提到计算预期收益率时，我们的描述并不非常准确。预期收益率是事前（事实发生之前）收益率，是基于"无法观察到的预期未来现金流"，因此只能被称为"估计"收益率。

要解出债券的预期收益率，我们可以使用以下公式：

$$\text{市场价格} = P_0 = \frac{\text{第1年的利息}}{(1+\text{预期收益率})^1} + \frac{\text{第2年的利息}}{(1+\text{预期收益率})^2} + \frac{\text{第3年的利息}}{(1+\text{预期收益率})^3}$$

$$+ \cdots + \frac{\text{第} n \text{年的利息}}{(1+\text{预期收益率})^n} + \frac{\text{债券到期价值}}{(1+\text{预期收益率})^n} \tag{7-4}$$

为了阐述这个概念，让我们来看布里斯特公司（Brister Corporation）债券的例子，该债券的售价为 1 100 美元，票面利率为 6%，在 10 年后到期（请记住，票面利率决定了利息支付金额——票面利率×面值）。

要确定当前市场价格中隐含的预期收益率（$\bar{r}_b$），我们需要找出使预期现金流的现值等于 1 100 美元，即该债券当前市场价格 P_0 的贴现率。

布里斯特公司债券持有者的预期收益率为 4.72%，该结果可以通过使用得州仪器 BA II Plus 计算器或者计算机电子表格计算出来，过程如下所示：

	A	B	C	D
1	距到期的年数	Nper	10	
2	每年支付的利息	Pmt	60	
3	现值	PV	−1 100	
4	终值	FV	1 000	
5	必要收益率	Rate	4.72%	
6				
7		公式：		
8		=RATE（Nper,Pmt,PV,FV）=RATE（C1,C2,C3,C4）		
9				
10				
11				

例 7.2

计算到期收益率（预期收益率）

在例 7.1 中，您需要计算加利福尼亚资源公司发行的债券的价值，其票面利率为 6%，即每年支付 60 美元利息，7 年后到期。购买该债券的投资者的必要收益率是 11.41%。根据这些信息，我们计算出债券价值为 748.41 美元。如果您在 2018 年 3 月 30 日登录网站 www.finance.yahoo.com，您会发现该债券的市场价格确实为 748 美元。但是如果投资者改变了他们的必要收益率，使债券售价变为 900 美元，情况又会如何？在这种情况下，如果您以更高的价格购买该债券，那么预期收益率或到期收益率是多少？请解释结果。

第 1 步：确定解题方法

当加利福尼亚资源公司债券的市场价格为 900 美元时，计算其预期收益率（到期收益率）的公式为：

$$\text{市场价格} = P_0 = \frac{\text{第1年的利息}}{(1+\text{预期收益率})^1} + \frac{\text{第2年的利息}}{(1+\text{预期收益率})^2} + \frac{\text{第3年的利息}}{(1+\text{预期收益率})^3} + \cdots$$

$$+\frac{第n年的利息}{(1+预期收益率)^n}+\frac{债券到期价值}{(1+预期收益率)^n}$$

根据该式，我们可以解出预期收益率。

第2步：计算数值

加利福尼亚资源公司债券的预期收益率（到期收益率）可以通过使用财务计算器或电子表格计算出来。

使用得州仪器 BA Ⅱ Plus 财务计算器，可以解出预期收益率为 7.92%：

计算器解法

数据输入	功能键
7	N
900	+/− PMT
60	PMT
1 000	FV

功能键	答案
CPT	
I/Y	7.92

使用电子表格的计算过程如下所示：

	A	B	C	D
1	距到期的年数	Nper	7	
2	每年支付的利息	Pmt	60	
3	现值	PV	−900	
4	终值	FV	1 000	
5	必要收益率	Rate	7.92%	
6				
7		公式：		
8		=RATE(Nper,Pmt,PV,FV)=RATE(C1,C2,C3,C4)		
9				
10				
11				

第3步：分析结果

如果您愿意为加利福尼亚资源公司债券支付 900 美元这个较高的价格，那么这意味着您准备接受较低的到期收益率（预期收益率）。换言之，您愿意承担投资的风险并获得较低的预期收益率。因此，当收益率降低时，证券的价格总会升高。

当期收益率

债券的**当期收益率**（current yield）是指债券每年支付的利息与债券当前市场价格之比。例如，如果现在我们有一只债券，票面利率为 4%，面值为 1 000 美元，市场价格为

920美元，那么该债券的当期收益率为4.35%。

$$当期收益率 = \frac{每年支付的利息}{债券当前市场价格} \tag{7-5}$$

在本例中，

$$当期收益率 = \frac{0.04 \times 1\,000}{920} = \frac{40}{920} = 0.043\,5 = 4.35\%$$

我们应该明白，尽管当期收益率经常被大众媒体引用，但它无法完整描述持有债券的预期收益率。当期收益率衡量了在给定年份中持有债券的现金收入，但是它没有考虑持有债券至到期将发生的资本损益。因此，当期收益率并不能准确衡量债券持有者的预期收益率。

我们现在拥有的财务工具可以确定债券持有者在以下情况中的预期收益率：（1）债券持有者持有债券至到期，在到期时收到债券面值；（2）仅考虑利息收入与债券当前市场价格之比。这两种财务决策工具如下所示：

▶ **财务决策工具**

工具名称	公式	含义
到期收益率或预期收益率	$市场价格 = P_0 = \frac{第1年的利息}{(1+预期收益率)^1} + \frac{第2年的利息}{(1+预期收益率)^2} + \frac{第3年的利息}{(1+预期收益率)^3} + \cdots + \frac{第n年的利息}{(1+预期收益率)^n} + \frac{债券到期价值}{(1+预期收益率)^n}$	给定当前市场价格，当持有债券至到期时债券的预期收益率（到期收益率）。
当期收益率	$当期收益率 = \frac{每年支付的利息}{债券当前市场价格}$	当期收益率等于每年支付的利息除以当前市场价格。

Q&A 您会做吗？

计算到期收益率和当期收益率

阿尔贡公司（Argon Corporation）的债券售价为1 100美元，年票面利率为5%，按年支付利息，8年后到期。如果投资者以1 100美元的市场价格买入该债券，该债券的到期收益率是多少？当期收益率是多少？

概念回顾
1. 计算到期收益率时，关于债券的持有期限做出了什么假设？
2. 当期收益率告诉了我们什么信息？
3. 到期收益率与当期收益率有什么不同？

债券估值：三个重要关系

我们目前已经学习了如何在给定以下条件时计算债券价值（V_b）：（1）利息金额（I_t），（2）到期价值（M），（3）距到期的时间（n期），（4）投资者的必要收益率（r_b）。我们也知道了如何在给定以下条件时计算预期收益率（$\bar{r}_b$），它恰好也是债券的当前利率：（1）当前市场价值（P_0），（2）利息金额（I_t），（3）到期价值（M），（4）距到期的时间（n期）。现在，我们已经知道了基本原理。但是我们将通过学习几个重要关系来进一步理解债券估值。

● **关系 1** 债券价值与投资者当前的必要收益率变化成反比。换言之，当利率升高（降低）时，债券的价值将降低（升高）。

为了说明这一点，假设某只债券的投资者的必要收益率为 5%。该债券的面值为 1 000 美元，每年支付 50 美元利息，即票面利率为 5%（=50 美元÷1 000 美元）。假设该债券将在 5 年后到期，届时该债券的价值将为 1 000 美元，计算公式如下：

$$V_b = \frac{I_1}{(1+r_b)^1} + \cdots + \frac{I_n}{(1+r_b)^n} + \frac{M}{(1+r_b)^n} \tag{7-6}$$

在我们的例子中，

$$V_b = \frac{50 \text{ 美元}}{(1+0.05)^1} + \frac{50 \text{ 美元}}{(1+0.05)^2} + \frac{50 \text{ 美元}}{(1+0.05)^3} + \frac{50 \text{ 美元}}{(1+0.05)^4} + \frac{50 \text{ 美元}}{(1+0.05)^5} + \frac{1\,000 \text{ 美元}}{(1+0.05)^5}$$

利用财务计算器，我们可以计算出该债券的价值为 1 000 美元。

计算器解法

数据输入	功能键
5	I/Y
5	N
50	+/− PMT
1 000	+/− FV

功能键	答案
CPT	
PV	1 000

然而，如果投资者的必要收益率从 5% 升至 8%，那么债券的价值将降至 880.22 美元，计算过程如下：

计算器解法

数据输入	功能键
8	I/Y

5	N	
50	+/−	PMT
1 000	+/−	FV

功能键	答案
CPT	
PV	880.22

另一方面，如果投资者的必要收益率降至2%，那么债券的价值将升至 1 141.40 美元。
计算器解法

数据输入	功能键	
2	I/Y	
5	N	
50	+/−	PMT
1 000	+/−	FV

功能键	答案
CPT	
PV	1 141.40

您做出来了吗？

计算到期收益率和当期收益率

阿尔贡公司的债券在债券存续期间每年支付 50 美元 [= 0.05（票面利率）×1 000 美元（面值）] 利息，期限为 8 年。债券到期时，投资者将收到 1 000 美元。已知市场价格为 1 100 美元，则到期收益率为 3.54%。

计算器解法

数据输入	功能键	
8	N	
1 100	PV	
50	+/−	PMT
1 000	+/−	FV

功能键	答案
CPT	
I/Y	3.54

$$当期收益率 = \frac{每年支付的利息}{债券当前市场价格}$$

$$= \frac{50\text{美元}}{1\,100\text{美元}} = 0.045\,5 = 4.55\%$$

如果某个投资者花 1 100 美元购买了每年支付 50 美元利息、8 年后到期、第 8 年偿还 1 000 美元面值的债券，那么该投资的收益率正好为 3.54%。

投资者的必要收益率和债券价值之间的逆向关系如图 7-3 所示。显然，当投资者要求更高的收益率时，债券的价值将降低。更高的收益率只能通过为债券支付更低的价格来实现。反过来，必要收益率降低也会使债券的市场价值升高。

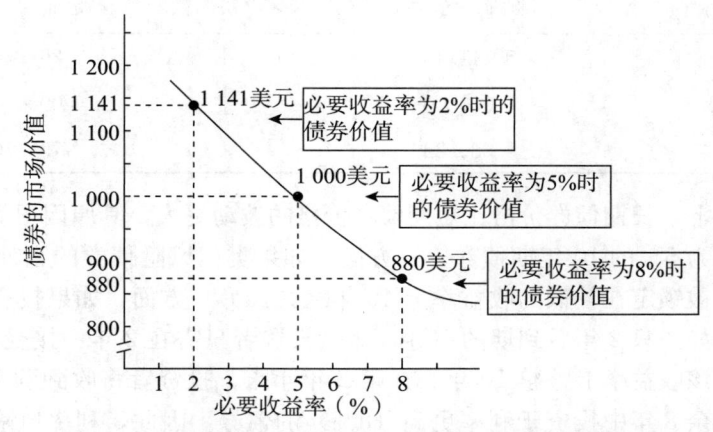

图 7-3 票面利率为 5% 的 5 年期债券的价值和必要收益率

债券价格的变化代表了债券投资者投资收益的不确定性。如果当前利率（必要收益率）发生变化，那么债券的价格也会波动。利率升高使债券持有者遭受市场价值损失。由于无法准确预测未来利率和由此形成的债券价值，因此债券投资者面临着债券价格随利率变化而波动的风险。该风险也被称为**利率风险**（interest rate risk）。

● **关系 2** 如果投资者的必要收益率高于票面利率，那么债券的市场价值将低于其面值；但是如果投资者的必要收益率低于票面利率，那么债券的市场价值将高于其面值。

利用之前的例子，我们可以观察到：

● 当投资者要求的必要收益率等于 5% 的票面利率时，债券的市场价值为 1 000 美元，等于其面值或到期价值。换言之，如果必要收益率（5%）＝票面利率（5%），那么市场价值（1 000 美元）＝面值（1 000 美元）。

● 当必要收益率为 8%，高于 5% 的票面利率时，债券的市场价值为 880.22 美元，低于其面值。也就是说，如果必要收益率（8%）＞票面利率（5%），那么市场价值（880.22 美元）＜面值（1 000 美元）。

在这种情况下，债券以低于面值的折价出售，因此被称为**折价债券**（discount bond）。

● 当必要收益率仅为 2%，低于 5% 的票面利率时，市场价值为 1 141.40 美元，高于债券的面值。在这种情况下，如果必要收益率（2%）＜票面利率（5%），那么市场价值（1 141.40 美元）＞面值（1 000 美元）。

在这种情况下，债券以高于面值的溢价出售，因此被称为**溢价债券**（premium bond）。

● **关系 3** 长期债券的利率风险高于短期债券。

正如前面所提到的，当前利率（必要收益率）的变化会导致债券市场价值反向变化。

然而，利率变化对长期债券价值的影响大于对短期债券价值的影响。

在图7-3中，我们观察到利率变化对一只票面利率为5%的5年期债券的影响。如果该债券不是5年后到期，而是10年后到期，情况又将如何？债券市场价值的变化会相同吗？当然不会。10年期债券的市场价值变化将更显著。例如，如果当前利率由2%升至5%，继而升至8%，情况将如何？在这种情况下，10年期债券的价值下降要比5年期债券更显著。5年期债券和10年期债券的价值如下表所示：

	票面利率为5%的债券的市场价值	
必要收益率（%）	5年期（美元）	10年期（美元）
2	1 141.40	1 269.48
5	1 000.00	1 000.00
8	880.22	798.70

在利率变化下，长期债券价格比短期债券价格的波动更大，其原因很简单。假设投资者买入一只利率为5%的10年期债券。一方面，如果类似风险债券的当前利率升至8%，那么该投资者将被锁定在较低的收益率上10年之久。另一方面，如果投资者购买的是较短期的债券，例如一只2年后到期的债券，那么投资者只需在2年中接受较低的收益率，而不用被锁定在该收益率上整整10年。在第2年年末，投资者将收到到期价值1 000美元，并可以在剩余8年中投资于利率更高（8%）的债券。因此，利率风险至少部分由投资者的承诺投资时间长度决定。

利用这些价值和必要收益率，我们可以画出不同利率下两种债券的价值变化。比较结果如图7-4所示。该图清楚地说明了长期债券（例如10年期债券）价格比短期债券（例如5年期债券）价格对利率变化更敏感。然而，长期债券持有者可以稍感欣慰的是，长期利率的波动性通常低于短期利率的波动性。

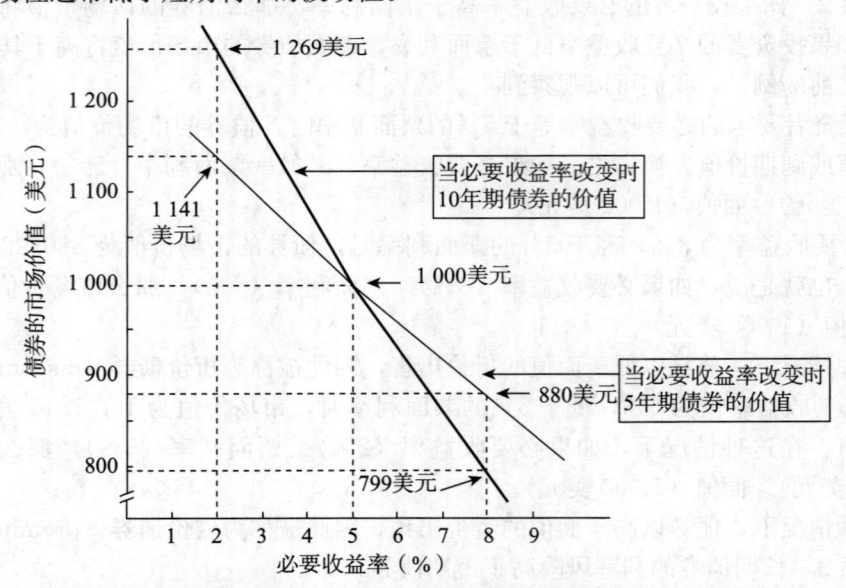

图7-4　在不同必要收益率下，5年期债券和10年期债券的市场价值

概念回顾
1. 为什么当票面利率低于必要收益率时，债券将以折价出售？
2. 当利率升高时，为什么长期债券的价格下降幅度大于短期债券的价格下降幅度？

本章小结

➡ **学习目标 1. 区别不同种类的债券。**

小结：市场上存在不同种类的债券，包括信用债券、次级债券、抵押债券、欧洲债券、可转换债券。

关键术语

债券：一种借款人发行的长期（10 年期或更久）票据，承诺每年向债券持有者支付预先确定的固定金额利息，并在到期时偿还债券面值。

信用债券：一种仅由借款人的偿付承诺作为担保，而没有抵押贷款或对特定财产的留置权作为担保的公司债务。

次级债券：一种信用债券，当公司破产清算时，其偿还顺序次于其他信用债券。

抵押债券：以房地产留置权作为担保的债券。

欧洲债券：债券发行国与债券标价货币发行国不同的债券。例如，一家美国公司在欧洲或亚洲发行债券，但是用美元向债券持有者支付利息和偿还本金，那么这种债券就被称为欧洲债券。

可转换债券：可以按照事先规定的价格转换为公司股票的债券。

➡ **学习目标 2. 说明债券的常见特征。**

小结：用于描述债券的一些常用术语和特征，包括：对资产和收入的索偿权、面值、票面利率、期限、赎回条款、债券契约、债券评级。

关键术语

面值：债券上标明的公司在债券到期时将偿还的金额。

票面利率：债券根据合同应支付的利息占面值的百分比。

固定利率债券：每年向投资者支付固定金额利息的债券。

零息债券：零息债券是以 1 000 美元面值大幅折价发行的，支付很少利息或不支付利息的债券。

期限：债券发行人向债券持有者偿还债券面值并终止债券所需的时间。

可赎回债券：发行人可以选择在债券到期前赎回的债券。赎回通常发生在利率降至低于公司支付的债券利率时。

赎回保护期：事先规定的发行人不能赎回债券的时期。

债券契约：发行债券的公司和代表债券持有者的债券受托人之间签订的法律协议，规定了贷款协议的具体条款。

垃圾债券（高收益债券）：评级为 BB 级或以下的债券。

➡️ **学习目标 3. 给出价值一词在几种不同场合下的定义。**

小结：根据语境的不同，"价值"一词有不同的定义。但是对于我们来说，价值就是一项投资预期将收到的未来现金流以投资者的必要收益率贴现得到的现值。

关键术语

账面价值：公司资产负债表中显示的资产价值。它表示该资产的历史成本，而非当前市场价值或重置成本。

清算价值：资产被出售时可实现的价值。

市场价值：在市场上观察到的价值。

内在价值或经济价值（公允价值）：资产预期未来现金流的现值。该价值是在给定未来现金流的金额、发生时间和风险的情况下，投资者认为的资产公允价值。

有效市场：所有证券的价值都充分反映所有可得公开信息的市场。

行为金融学：考察投资者在做出投资决策时是否表现出理性行为的研究领域。

➡️ **学习目标 4. 解释决定价值的因素。**

小结：三个基本因素决定了资产价值：（1）未来现金流的金额和发生时间，（2）现金流的风险，（3）投资者对风险的态度。

➡️ **学习目标 5. 描述资产估值的基本过程。**

小结：资产估值过程可以描述如下：以投资者的必要收益率为贴现率，计算出的资产预期未来现金流的现值即为资产价值。投资者的必要收益率 r 等于无风险利率加上风险溢价，以补偿投资者承担的风险。

关键公式

$$\text{资产价值} = \frac{\text{第1年的现金流}}{(1+\text{必要收益率})^1} + \frac{\text{第2年的现金流}}{(1+\text{必要收益率})^2} + \cdots + \frac{\text{第}n\text{年的现金流}}{(1+\text{必要收益率})^n}$$

$$V = \frac{C_1}{(1+r)^1} + \frac{C_2}{(1+r)^2} + \cdots + \frac{C_n}{(1+r)^n}$$

➡️ **学习目标 6. 估计债券的价值。**

小结：债券价值是未来利息收入与债券面值或到期价值的现值之和。

关键公式

$$\text{债券价值} = V_b = \frac{\text{第1年的利息}}{(1+\text{必要收益率})^1} + \frac{\text{第2年的利息}}{(1+\text{必要收益率})^2} + \frac{\text{第3年的利息}}{(1+\text{必要收益率})^3}$$

$$+ \cdots + \frac{\text{第}n\text{年的利息}}{(1+\text{必要收益率})^n} + \frac{\text{债券到期价值}}{(1+\text{必要收益率})^n}$$

$$V_b = \frac{I_1}{(1+r_b)^1} + \frac{I_2}{(1+r_b)^2} + \frac{I_3}{(1+r_b)^3} + \cdots + \frac{I_n}{(1+r_b)^n} + \frac{M}{(1+r_b)^n}$$

$$V_b = \frac{I_1/2}{\left(1+\frac{r_b}{2}\right)^1} + \frac{I_2/2}{\left(1+\frac{r_b}{2}\right)^2} + \frac{I_3/2}{\left(1+\frac{r_b}{2}\right)^3} + \cdots + \frac{I_{2n}/2}{\left(1+\frac{r_b}{2}\right)^{2n}} + \frac{M}{\left(1+\frac{r_b}{2}\right)^{2n}}$$

➡️ **学习目标 7. 计算债券的预期收益率和当期收益率。**

小结：为了计算债券持有者的预期收益率，我们需要计算使未来现金流（利息和到期价值）的现值等于债券当前市场价格的贴现率。债券的预期收益率也就是投资者持有债券至到期将获得的收益率，也被称为到期收益率。我们也可以用债券每年支付的利息除以债券的当前市场价格，得到当期收益率，但当期收益率不能准确反映债券持有者的预期收益率。

关键术语

预期收益率：（1）使债券未来现金流（利息和到期价值）的现值等于债券当前市场价值的贴现率。（2）投资者支付证券的当前市场价格所预期获得的收益率。

到期收益率： 债券持有者持有债券至到期将获得的收益率（到期收益率等于预期收益率）。

当期收益率： 债券支付的年利息与债券市场价格之比。

关键公式

$$市场价格 = P_0 = \frac{第1年的利息}{(1+预期收益率)^1} + \frac{第2年的利息}{(1+预期收益率)^2} + \frac{第3年的利息}{(1+预期收益率)^3} + \cdots$$

$$+ \frac{第n年的利息}{(1+预期收益率)^n} + \frac{债券到期价值}{(1+预期收益率)^n}$$

$$当期收益率 = \frac{每年支付的利息}{债券当前市场价格}$$

➡ **学习目标 8. 解释债券估值中的三个重要关系。**

小结： 债券估值中存在某些重要关系，如下所示：

（1）利率（必要收益率）下降将导致债券价值上升；相反，利率上升将导致债券价值下降。由利率变化导致的债券价值变化被称为利率风险。

（2）如果必要收益率（当前利率）

a. 等于债券的票面利率，那么债券将以面值或到期价值出售。

b. 大于债券的票面利率，那么债券将以低于面值的价格折价出售。

c. 小于债券的票面利率，那么债券将以高于面值的价格溢价出售。

（3）长期债券持有者比短期债券持有者面临更大的利率风险。

关键术语

利率风险： 利率变化导致的债券价值波动性。

折价债券： 以折价或低于面值的价格出售的债券。

溢价债券： 以高于面值的价格出售的债券。

关键公式

$$V_b = \frac{I_1}{(1+r_b)^1} + \cdots + \frac{I_n}{(1+r_b)^n} + \frac{M}{(1+r_b)^n}$$

复习题

7—1　请区分信用债券和抵押债券。

7—2　请定义：(a) 欧洲债券，(b) 零息债券，(c) 垃圾债券。

7—3　请描述债券持有者对公司资产和收入的索偿权。

7—4　a. 债券的面值与其市场价值有何不同？

b. 请解释债券的票面利率、当期收益率和必要收益率之间的区别。

7—5 什么因素决定了债券的评级？为什么债券评级对于公司管理者来说很重要？

7—6 账面价值、清算价值、市场价值和内在价值之间的基本区别是什么？

7—7 资产内在价值的一般定义是什么？

7—8 请解释决定资产的内在价值或经济价值的三个因素。

7—9 请解释必要收益率和证券价值之间的关系。

7—10 请定义债券持有者的预期收益率。

课后习题

7—1（债券估值） 贝灵翰姆（Bellingham）债券的年票面利率为 8%，面值为 1 000 美元，将于 20 年后到期。如果您的必要收益率是 7%，那么您愿意为该债券支付的价格是多少？如果您为该债券支付更高的价格，情况会如何？如果您为该债券支付更低的价格，情况会如何？

7—2（债券估值） 弗罗拉公司（Flora Co.）的债券将于 7 年后到期，票面利率为 4%，面值为 1 000 美元。然而，该债券每半年支付一次利息。如果您的必要收益率为 5%，那么该债券的价值是多少？如果每年支付一次利息，您的答案会有什么变化？

7—3（债券估值） 您拥有一只面值为 1 000 美元、年利率为 7%、按年付息的 20 年期债券。该债券的市场价格为 875 美元，您的必要收益率为 10%。

a. 请计算该债券的预期收益率。

b. 已知您的必要收益率，请计算该债券对您的价值。

c. 您应该卖掉该债券还是继续持有它？

7—4（债券估值） 一只债券将于 14 年后到期，面值为 1 000 美元，请计算该债券的价值。已知年票面利率为 5%，投资者的必要收益率为 7%。

7—5（债券估值） 您在年初买入了一只面值为 1 000 美元、票面利率为 6% 的 10 年期债券。当您购买该债券时，该债券的预期到期收益率为 8%。目前该债券的价格为 1 060 美元。

a. 您为该债券支付了多少钱？

b. 如果您在年底卖出该债券，您的 1 年期投资收益率是多少？

7—6（债券估值） 汉密尔顿公司（Hamilton, Inc.）债券的票面利率为 6%。该债券每半年支付一次利息，将于 8 年后到期。该债券的面值为 1 000 美元。如果您的必要收益率为 4%，那么该债券的价值是多少？如果按年支付利息，该债券的价值是多少？

7—7（债券关系） 梅森公司（Mason, Inc.）目前发行了两种未清偿债券，分别为 A 系列债券和 B 系列债券，两种债券的年利息都是 55 美元。A 系列债券的期限为 12 年，B 系列债券的期限为 1 年。

a. 当市场利率分别为 4%、7% 和 10% 时，两种债券的价值分别是多少？假设 B 系列债券只需要再支付一次利息。

b. 当利率变化时，为什么期限较长（12 年）的债券比期限较短（1 年）的债券波动更大？

7—8（债券估值） 埃克森美孚公司的 20 年期债券每年支付 6% 的利率，债券面值为 1 000 美元。如果该债券的售价为 945 美元，那么该债券的预期收益率是多少？

7—9（债券估值） 美国钢铁公司（National Steel）发行了面值为 1 000 美元、年利率为

5.5%的15年期债券。该债券的市场价格为1 085美元，您的必要收益率为7%。

    a. 请计算该债券的预期收益率。

    b. 已知您的必要收益率，请计算该债券对您的价值。

    c. 您应该购买这只债券吗？

7—10（债券估值） 您拥有一只每年支付70美元利息、面值为1 000美元的债券。该债券15年后到期。您的必要收益率为7%。

    a. 请计算该债券的价值。

    b. 如果您的必要收益率升至9%或降至5%，那么债券价值将如何变化？

    c. 请解释您对第b问的答案，以及它与利率风险、溢价债券和折价债券的关系。

    d. 假设该债券将于5年后而不是15年后到期。请重新计算第b问。

    e. 请解释您对第d问的答案，并说明其与利率风险、溢价债券和折价债券的关系。

7—11（债券估值） 凯泽公共设施公司（Kyser Public Utilities）发行了面值为1 000美元、每年支付30美元利息的债券。该债券20年后到期，您的必要收益率为4%。

    a. 请计算该债券的价值。

    b. 如果您的必要收益率升至7%或降至2%，债券价值将如何变化？

    c. 请解释您对第b问的答案，以及它与利率风险、溢价债券和折价债券的联系。

    d. 假设该债券在10年后而不是20年后到期，请重新计算第b问。

    e. 请解释您对第d问的答案，并说明其与利率风险、溢价债券和折价债券的关系。

7—12（债券估值——零息债券） 莱瑟姆公司（Latham Corporation）正在计划发行不支付利息，但是在购买后7年到期时可以兑换1 000美元的债券。为了与其他风险相当的债券相比具有价格竞争力，该公司将该债券的收益率定为6%，按年计算复利。莱瑟姆公司应该以多少价格出售这些债券？

7—13（债券估值） 您正在分析三种面值为1 000美元的债券（到期时可收到1 000美元），并且想知道当利率（或市场贴现率）变化时债券的市场价值将如何变化。这三种债券如下所示：

    债券A：3年后到期，年票面利率为6%，每半年支付一次利息。

    债券B：7年后到期，年票面利率为6%，每半年支付一次利息。

    债券C：20年后到期，年票面利率为6%，每半年支付一次利息。

    当市场贴现率发生如下变化时，上述债券的价值是多少？

    a. 市场利率为6%，每半年计算一次复利。

    b. 市场利率为3%，每半年计算一次复利。

    c. 市场利率为9%，每半年计算一次复利。

    d. 从上述结果中您可以观察到什么？

7—14（债券估值） 美国银行有票面利率为6.5%、5年后到期的债券。如果某位投资者的必要收益率为4.3%，那么她愿意为该债券支付的价格是多少？如果她支付更高或更低的价格，会发生什么？

7—15（债券估值） 施乐（Xerox）发行的债券每年支付67.5美元的利息，并将于5年后到期。您正在考虑购买这些债券，并认为您需要获得5%的投资收益率。那么在每年支付一次利息和每半年支付一次利息的情况下，对于您来说，该债券的价值分别是多少？

7—16（债券持有者的预期收益率） 萨卡拉公司（Sakara Co.）债券的市场价格为 1 045 美元。该债券在 15 年后到期，票面利率为 7%，按年支付利息，面值为 1 000 美元。如果以市场价格买入该债券，那么预期收益率是多少？

7—17（债券持有者的预期收益率） 一只 10 年期债券的市场价格为 900 美元（面值为 1 000 美元），支付 6% 的利率（半年期利率为 3%）。该债券的预期收益率是多少？

7—18（债券持有者的预期收益率） 您拥有一只面值为 1 000 美元、5 年后到期的债券。该债券的年票面利率为 5%，当前售价为 1 100 美元。该债券的预期收益率是多少？

7—19（预期收益率和当期收益率） 时代华纳债券的当前售价为 1 371 美元。该债券的票面利率为 9.15%，将于 21 年后到期。该债券的到期收益率是多少？当期收益率是多少？

7—20（预期收益率和当期收益率） 花旗集团发行了票面利率为 5.5% 的债券。该债券将于 5 年后到期，当前价格为 1 076 美元。如果您购买这些债券，您的预期收益率（到期收益率）是多少？当期收益率是多少？

7—21（债券持有者的预期收益率） 真利时公司（Zenith Co.）的债券将于 12 年后到期，每年支付 7% 的利率。如果您以 1 150 美元的价格购买了这些债券，您的预期收益率是多少？

7—22（到期收益率） 假设玛格丽特公司（Margaret, Inc.）5 年期债券的市场价格为 900 美元，面值为 1 000 美元。该债券的年票面利率为 6%，每半年支付一次利息。该债券的到期收益率是多少？

7—23（当期收益率） 假设您持有一只每半年支付 35 美元利息、面值为 1 000 美元、当前市场价格为 780 美元的债券。该债券的当期收益率是多少？

7—24（到期收益率） 鲁斯克公司（Rusk Corporation）发行的 8 年期债券的市场价格为 700 美元，面值为 1 000 美元。如果该债券的年利率为 6%，但每半年支付一次利息，那么该债券的到期收益率是多少？

7—25（预期收益率） 假设您拥有的债券的市场价值为 820 美元，将于 7 年后到期。该债券的面值为 1 000 美元。每半年支付 30 美元利息。您对该债券的预期收益率是多少？

7—26（到期收益率） 您拥有一只年利率为 6% 的 10 年期债券。该债券的面值为 1 000 美元，市场价格为 900 美元。该债券的到期收益率是多少？

7—27（债券持有者的预期收益率） 您以 1 100 美元的价格买入一只债券。该债券的票面利率为 8%，每半年支付一次利息。该债券 7 年后到期，面值为 1 000 美元。您的预期收益率是多少？

迷你案例

下表给出了微软、通用资本（GE Capital）和摩根士丹利（Morgan Stanley）发行的面值为 1 000 美元的债券数据。假设您正在考虑购买这些债券。请回答以下问题：

a. 假设按年支付利息，您对微软债券的必要收益率为 6%，对通用资本债券的必要收益率为 8%，对摩根士丹利债券的必要收益率为 10%，请分别计算三种债券的价值。具体信息如下表所示：

	微软债券	通用资本债券	摩根士丹利债券
票面利率	5.25%	4.25%	4.75%
距到期年数	30	10	5

b. 假设三种债券的价格如下：
微软债券　　　　　1 100 美元
通用资本债券　　　1 030 美元
摩根士丹利债券　　1 015 美元
每种债券的预期收益率是多少？

c. 请计算在下列情况中，债券价值将如何变化：(1) 必要收益率 r_b 提高2%，(2) 必要收益率降低2%。

d. 请从利率风险、溢价债券和折价债券的角度解释您对第 b 问的答案的含义。

e. 您应该购买这些债券吗？请说明理由。

第8章
股票的估值与特征

学习目标

1	指出优先股的基本特征。	优先股
2	优先股估值。	优先股估值
3	指出普通股的基本特征。	普通股
4	普通股估值。	普通股估值
5	计算股票的预期收益率。	股东的预期收益率

1997年，里德·黑斯廷斯（Reed Hastings）和马克·兰道夫（Marc Randolph）共同创建了**网飞**（Netflix），提供在线电影租赁服务。从那时起，该公司一直是公认的成功典范。

网飞的股票价值也是一个成功典范，但其中有一些起伏。2002年该公司首次公开发行股票时，其股票价格为15美元，但是如果您等了几天，它的股票价格将仅为9美元。到了2010年年初，该股票的价格为60美元，并在当年年底以200美元的价格收盘，当年的涨幅为233%！

接下来的两年对网飞来说并不顺利，它的股价在2012年5月跌回60美元。至少有两个原因导致其股价下跌。首先，网飞的利润低于投资者的预期。其次，管理层改变了向客户收取服务费用的方式。以前，客户可以将视频下载到电视机或计算机上观看，也可以通过邮件订购视频，全部费用约为10美元。该公司的管理层更改了订购计划，因此客户必须分别购买这两项服务，每项服务的费用均为约8美元。因此，如果您想继续订购以前的服务，成本将变为接近16美元——成本增加了60%。价格上涨在该公司的Facebook页面上引发了80 000条评论。由于价格上涨备受争议，网飞失去了订购用户，股票市场价值也大受打击。

从2012年5月开始一直到2015年6月，该公司股票价格大幅上涨，从2012年的60美元涨至2013年5月的260美元、2014年5月的417美元和2015年6月的660美元——3年内增长了10倍！那时，网飞管理层认为，鉴于股票价格很高，小投资者不再买得起该公司的股票。考虑到这一点，管理层宣布了一拆七（7∶1）的股票分拆。因此，如果您拥有100股网飞的股票，您手中的股数将立即变为700股。当然，您可以预料到，每股价值将是之前价格的1/7，因此，价格为660美元的股票的价值将变为94.28美元（=660美元÷7股）。到2018年5月，这些股票的售价为351美元！

您可能会疑惑，"那怎么可能？"毕竟，该公司甚至没有向股东支付股利。是什么导致一家公司的股票价值增长得如此之快？您还可能后悔没有早些购买该公司的股票。在本章中，我们将仔细研究股票的估值方式，这对于管理者和个人投资者理解这个问题至关重要。[①]

在第7章中，我们建立了估值的一般模型，其中经济价值被定义为资产产生的预期未来现金流的现值。然后，我们应用该模型对债券进行估值。

在本章中，我们将继续学习估值问题，但是我们现在将注意力放到股票估值上，包括优先股和普通股的估值。正如我们在学习公司金融之初以及后来偶尔提到的，财务经理的目标应该是最大化公司普通股的价值。因此，我们需要了解是什么决定了股票价值。并且，只有我们理解了股票估值，我们才能计算公司的资本成本。资本成本这个概念对于进行有效的资本投资决策十分重要——我们将在第9章讨论这个问题。

优先股

优先股（preferred stock）经常被认为是混合证券，因为优先股兼具普通股和债券的特征。优先股在某些方面与普通股相似：(1) 优先股没有固定的到期日；(2) 如果公司没有支付股利，那么当公司破产时不用补偿这部分股利；(3) 股利不可在税前抵扣。而在支付固定股利方面，优先股又类似于债券。

优先股股利通常为固定金额，或者为股票面值的一定百分比。例如，佐治亚太平洋（Georgia Pacific）公司的流通优先股每年支付53美元的股利，而AT&T每年支付流通优先股面值6.375%的股利。AT&T公司优先股的面值为25美元，因此，每股每年支付1.59（=6.375%×25）美元的股利。

接下来，我们首先将讨论大多数优先股的一些特征。然后，我们将简单考察优先股的赎回方法。最后，我们将学习如何对优先股进行估值。

优先股的特征

尽管每种优先股都有自身的特点，但是几乎所有优先股都具备一些共同特征。其中一些常见的特征包括：

---

① 资料来源：Ben Fritz, "Netflix Shares Tumble as Subscribers Leave After Price Increase," *Los Angeles Times*, September 11, 2011, http：//latimesblogs.latimes.com/entertainmentnewsbuzz/2011/09/netflix-shares-tumble-as-subscribers-leave-following-price-increase.html, accessed May 20, 2018; "Netflix Revenue and Guidance Disappoints Wall Street," *Los Angeles Times*, July 25, 2011, http：//latimesblogs.latimes.com/entertainmentnewsbuzz/2011/07/netflix-stock-drops-as-wall-street-disappointed-with-revenue-and-guidance.html, accessed May 20, 2018; "Netflix Misses on Revenge, Stock Plunges," BUSINESS INSIDER, July 25, 2011, accessed May 20, 2018; and Michael Napoli, "Netflix, Inc. Commentary," vvalueline.com, May 15, 2015, accessed May 20, 2018.

- 优先股具有多个系列；
- 优先股对公司资产和收入有索偿权；
- 累积股利；
- 保护条款；
- 可转换性；
- 退出条款。

这些特征的具体含义如下：

多个系列 如果一家公司愿意，那么它可以发行多个系列的优先股，每个系列可以有不同的特征。实际上，发行优先股的公司经常发行多个系列的优先股。不同系列的优先股可能有不同的特征。例如，一些优先股可以转换为普通股，而另一些不能，并且它们在公司破产时有不同的保护条款。例如，施乐公司（Xerox Corporation）发行了 B 系列和 C 系列的优先股。

对公司资产和收入的索偿权 当公司破产时，优先股对公司资产的索偿权优先于普通股。优先股的索偿权顺序在债券之后、普通股之前。多个系列的优先股可能被赋予不同优先顺序。优先股对利润的索偿权也先于普通股。这就是说，公司必须在支付普通股的股利之前先支付优先股的股利。因此，在风险上，优先股比普通股更安全，因为优先股对资产和利润的索偿权在普通股之前。然而，优先股又比长期债务的风险高，因为优先股对公司资产和利润的索偿权排在债务（例如债券）之后。

累积股利 大多数优先股都具有**可累积性**（cumulative feature）。可累积性要求在向普通股支付股利之前，先付清所有过去未支付的优先股股利。这条规定的目的是为优先股股东提供一定保护。

保护条款 除了可累积性之外，保护条款在优先股中也很常见。这些**保护条款**（protective provisions）一般允许在未支付股利的情况下赋予优先股股东投票权，或者在对优先股支付的股利未达到目标或公司处于财务困境时，限制支付普通股股利。以田纳科公司（Tenneco Corporation）和雷诺兹金属公司（Reynolds Metals）的股票为例。田纳科公司优先股的保护条款规定：只要有 6 个季度的优先股股利未按期支付，就赋予优先股股东投票权。到那时，优先股持有者将拥有选举大多数董事的权力。雷诺兹金属公司优先股的保护条款规定：当未支付优先股股利时，不得支付普通股股利。这两个保护条款都为优先股股东提供了除可累积性条款之外的保护，并进一步降低了优先股股东的风险。由于这些保护条款的存在，优先股股东要求的收益率低于普通股股东。也就是说，他们将接受较低的股利。

牢记原则

优先股估值依赖于第 1 章中提出的三条原则：

基本原则 1：现金流是最重要的；

基本原则 2：货币具有时间价值；

基本原则 3：风险要求回报。

确定资产的经济价值始终需要应用这三条原则。离开这三条原则，我们就失去了解释价值的基础。应用这三条原则，我们就能知道是现金的金额和发生时间而非利润决定了价值。此外，我们必须因承担风险而获得回报，否则，我们就不会进行投资。

可转换性　当今发行的大多数优先股都是**可转换优先股**（convertible preferred stock）。也就是说，根据优先股股东的意愿，优先股可以按照事前规定的比例转换为一定数量的普通股。实际上，在当今市场上发行的优先股中，大约三分之一是可转换优先股。可转换性无疑是对投资者有利的，因此会降低优先股发行方的成本。

退出条款　尽管优先股没有固定到期日，但发行公司通常会提供一些退出股票的方法，通常是采取赎回条款和赎回基金的形式。**赎回条款**（call provision）规定公司有权在给定时期内以规定价格向优先股股东回购其优先股。在实际操作中，证券交易委员会不鼓励公司在没有赎回条款的条件下发行优先股。

优先股的可赎回特征通常要求购买者支付约高于优先股面值或发行价格10%的初始溢价。这样，随着时间的推移，赎回溢价通常会降低。通过设定高于初始发行价格的初始赎回价格，并允许其逐渐降低，公司可以保护投资者，使其不用担心股票在无溢价的情况下被提前赎回。赎回条款也允许发行公司以提前确定的价格制订优先股退出计划。为了说明赎回条款，让我们以美国银行为例，假设该银行发行了票面股利率为6.2%的累积性优先股。该股票可以从2021年1月29日开始赎回。

赎回基金条款（sinking-fund provision）要求公司定期留存一部分资金用于赎回优先股。这部分资金随后被用于在公开市场上购买优先股或者赎回股票，采用哪种方式取决于哪种方式成本更低。例如，施乐公司发行了两种优先股，其中一种有7年期赎回基金条款，另一种有17年期赎回基金条款。

优先股估值

正如前面所说明的，优先股股东通常每期从投资中获得固定股利。此外，大多数优先股都是永续年金（永不到期）。在这种情况下，可以通过一个例子来解释如何在优先股产生永远持续的现金流水平时确定优先股的价值（现值）V_{ps}。

以摩根士丹利的一只流通优先股为例。与第7章中的债券估值方法类似，我们采用三步估值法。

第1步　估计优先股预期将提供的未来现金流的金额和发生时间。摩根士丹利的优先股每年支付1.25美元的股利。该优先股无到期日，也就是说，它是年金。

第2步　评估优先股未来股利的风险，并确定投资者的必要收益率。假设投资者对该优先股的必要收益率为6.2%。[①]

第3步　计算摩根士丹利优先股的经济价值或内在价值，它是以投资者的必要收益率贴现预期股利得到的现值。因此，优先股的估值模型 V_{ps} 可以定义如下：

$$优先股价值 = \frac{第1年的股利}{(1+必要收益率)^1} + \frac{第2年的股利}{(1+必要收益率)^2} + \cdots + \frac{第无限期的股利}{(1+必要收益率)^\infty}$$

$$= \frac{D_1}{(1+r_{ps})^1} + \frac{D_2}{(1+r_{ps})^2} + \cdots + \frac{D_\infty}{(1+r_{ps})^\infty} \qquad (8-1)$$

[①] 在第6章中，我们学习了如何衡量投资者的必要收益率。

注意，式（8-1）是第 7 章中式（7-1）稍做变形的结果。式（7-1）说明资产价值等于投资者预期将收到的未来现金流的现值。

因为每期的优先股股利相等，所以式（8-1）可以简化为如下关系式[①]：

$$\text{优先股价值} = \frac{\text{年股利}}{\text{必要收益率}} = \frac{D}{r_{ps}} \tag{8-2}$$

式（8-2）表示在每年现金流相同时，无限期现金流的现值。

我们现在可以确定摩根士丹利优先股的价值，如下所示：

$$V_{ps} = \frac{D}{r_{ps}} = \frac{1.72}{0.062} = 27.74(\text{美元})$$

总而言之，优先股价值就是其所有未来股利的现值。但是由于大多数优先股都没有到期日——股利将无限期支付下去——因此我们可以按照式（8-2）所示的简化公式计算其价值。

财务实践

阅读《华尔街日报》中的股票报价

如果您想查找一只股票的数据，您可以在纸质版《华尔街日报》中找到股票代码、昨天的股票收盘价，以及该收盘价相对于前一天的变化率。不过，《华尔街日报》列出的股票仅包括前 1 000 家最大的公司。如果您希望得到所有公开交易股票的更多信息，您需要：

（1）登录《华尔街日报》网络版。
（2）将光标悬停在页面上方中央的"市场"（Markets）链接上。
（3）访问该链接，并点击屏幕右侧的"市场数据"（Market Data）。
（4）观察屏幕左侧，并点击"美国股票"（U. S. Stocks）链接右侧的下箭头。转到"收盘价报价表"（Closing Quote Tables）并点击您感兴趣的交易所，例如"纽交所美国股票（NYSE

[①] 为了证明该结果，首先我们将式（8-1）改写为 n 期形式：

$$V_{ps} = \frac{D_1}{(1+r_{ps})^1} + \frac{D_2}{(1+r_{ps})^2} + \cdots + \frac{D_n}{(1+r_{ps})^n}$$

如果我们将公式两侧同时乘以 $(1+r_{ps})$，可以得到：

$$V_{ps}(1+r_{ps}) = D_1 + \frac{D_2}{(1+r_{ps})^1} + \cdots + \frac{D_n}{(1+r_{ps})^{n-1}} \tag{8-1a}$$

用式（8-1a）减去式（8-1），得到：

$$V_{ps}(1+r_{ps}-1) = D_1 - \frac{D_n}{(1+r_{ps})^n} \tag{8-1b}$$

当 n 趋近于 ∞ 时，$D_n/(1+r_{ps})^n$ 趋近于 0。因此，

$$V_{ps} r_{ps} = D_1, \quad V_{ps} = \frac{D_1}{r_{ps}} \tag{8-1c}$$

因为 $D_1 = D_2 = \cdots = D_n$，所以我们不需要用下标表示年份。因此，

$$V_{ps} = \frac{D}{r_{ps}} \tag{8-2}$$

American stocks)"或"纽交所股票（NYSE stocks）"链接。

然后，您将看到在您选择的证券交易所挂牌交易的所有股票信息。在这里，您可以找到更完整的股票信息，包括：

- 股票的交易代码。
- 股票的当日开盘价、最高价、最低价和收盘价，以及过去52周的最高价和最低价。
- 股票价格相对于前一天的变化金额和变化率。
- 与一年前相比的股价变化率。
- 当天交易的股数。
- 股票的每股股利、股利收益率（＝每股股利÷股价）和市盈率（＝股价÷每股利润）。

举例来说，沃尔玛在2018年5月25日的股票信息如下：

2018年5月25日的沃尔玛股票市场数据

股票代码	开盘价	最高价	最低价	收盘价	净变化	变化率
WMT	82.85美元	83.40美元	82.32美元	82.46美元	−0.39美元	−0.47%

股票交易量	52周最高价	52周最低价	每股股利	股利收益率	市盈率	到期收益率变化率
5 625 065	109.98美元	73.13美元	2.08美元	2.52%	27.58	−16.5%

例8.1

解出优先股的价值

德意志银行（Deutsche Bank）发行了几种优先股。其中一种优先股以25美元的面值出售，股利率为7.35%。该优先股每年支付1.84美元的股利。该公司有权以高于面值10%的价格赎回该优先股。

（1）如果投资者当前的必要收益率为6%，那么为了吸引投资者购买该优先股，优先股的定价应该是多少？

（2）如果投资者的必要收益率只有4%，您的答案将如何变化？如果投资者的必要收益率提高到9%呢？

（3）您希望该股票被赎回吗？

第1步：确定解题方法

式（8-1）提供了优先股估值的基本框架，如下所示：

$$\text{优先股价值} = \frac{\text{第1年的股利}}{(1+\text{必要收益率})^1} + \frac{\text{第2年的股利}}{(1+\text{必要收益率})^2} + \cdots + \frac{\text{第无限期的股利}}{(1+\text{必要收益率})^\infty}$$

$$= \frac{D_1}{(1+r_{ps})^1} + \frac{D_2}{(1+r_{ps})^2} + \cdots + \frac{D_\infty}{(1+r_{ps})^\infty} \quad (8-1)$$

尽管式（8-1）表达了优先股的价值等于所有永续股利的现值这个基本概念，但它并不能帮我们解答这个问题。式（8-2）将式（8-1）简化为可行的解题公式，只要每年的股利固定不变并且优先股不会到期。

$$\text{优先股价值} = \frac{\text{年股利}}{\text{必要收益率}} = \frac{D}{r_{\text{ps}}} \tag{8-2}$$

第 2 步：计算数值

在不同的必要收益率下，德意志银行优先股的价值如下所示：

必要收益率	计算过程	答案
6%	$\dfrac{1.84 \text{ 美元}}{0.06}$	=30.67 美元
4%	$\dfrac{1.84 \text{ 美元}}{0.04}$	=46.00 美元
9%	$\dfrac{1.84 \text{ 美元}}{0.09}$	=20.44 美元

第 3 步：分析结果

当德意志银行的优先股以 25 美元的面值出售时，投资者的必要收益率等于其票面股利率 7.35%。然而，在优先股价值与收益率之间存在逆向关系。当投资者的必要收益率升高（降低）时，优先股价值降低（升高）。

您更希望该优先股不被赎回。公司只有在符合公司最优利益，而不是符合投资者最优利益时才会赎回优先股。例如，如果随着时间的推移，公司可以以更低的股利率发行优先股，那么公司将愿意赎回优先股，但同时您也许无法找到具有相同收益率的可比股票。因此，如果股票是可赎回的，那么投资者应该要求稍高的必要收益率。

总之，我们可以通过运用以下两种财务工具理解优先股估值过程和优先股估值方法。

▶ **财务决策工具**

工具名称	公式	含义
优先股估值	$\text{优先股价值} = \dfrac{\text{第 1 年的股利}}{(1+\text{必要收益率})^1} + \dfrac{\text{第 2 年的股利}}{(1+\text{必要收益率})^2} + \cdots + \dfrac{\text{第无限期的股利}}{(1+\text{必要收益率})^\infty} = \dfrac{D_1}{(1+r_{\text{ps}})^1} + \dfrac{D_2}{(1+r_{\text{ps}})^2} + \cdots + \dfrac{D_\infty}{(1+r_{\text{ps}})^\infty}$	优先股的价值等于其所有未来永续股利的现值。
固定股利优先股估值	$V_{\text{ps}} = \dfrac{\text{年股利}}{\text{必要收益率}} = \dfrac{D}{r_{\text{ps}}}$	支付等额永续股利的优先股的价值。

您会做吗？

优先股估值

如果优先股的面值为 100 美元，年股利率为面值的 4%，您的必要收益率为 7%，那么对您来说，该优先股的价值是多少？

> **概念回顾**
> 1. 优先股与债券相比有哪些不同的特点?
> 2. 可以用来保护优先股股东利益的条款有哪些?
> 3. 估值模型即式(8-1)中包含哪些与优先股相关的现金流?为什么式(8-2)对估值模型进行了简化?

普通股

普通股（common stock）是表示对公司的所有权的凭证（图8-1是一张股票凭证的示例）。实际上，债券持有者和优先股股东可以被视为债权人，而普通股股东才是公司真正的所有者。普通股没有到期日，其存续期就是公司的存续期。普通股支付的股利也没有上限。公司董事会可以每期（通常为每季度）宣布支付股利。当公司破产时，公司的普通股股东作为公司的所有者，只有在公司的债权人（包括债券持有者和优先股股东）得到偿付后，才可以得到偿付。下面我们将介绍普通股的一些特征。然后，我们会集中讨论普通股的估值。

图8-1 股票凭证示例

普通股的特征

我们现在来分析普通股对公司利润和资产的索偿权、有限责任特征以及普通股股东的投票权和优先认购权。

对利润的索偿权　作为公司所有者，普通股股东拥有在债权人和优先股股东得到偿付后对剩余利润的索偿权。该利润可以以股利的形式直接支付给股东，也可以留存在公司中，作为对公司运营的再投资。尽管很明显，股东可以以股利形式直接从利润分配中获益，但是利润再投资同样有利于股东。将利润再投资于公司会增加公司的价值、盈利能力

277

和未来股利,并最终增加股票价值。实际上,剩余利润可以以股利的形式直接分配给股东,也可以通过普通股资本利得(增值)的方式间接分配给股东。

对于普通股股东来说,拥有对剩余利润的索偿权既有优点,也有缺点。优点是潜在收益是无限的。一旦具有更高级索偿权的证券(例如债券和优先股)得到偿付,剩余利润就会以股利或资本利得的方式流向普通股股东。缺点是如果债券和优先股对收入的索偿权已经完全耗尽利润,普通股股东将一无所获。在利润下降的年份,普通股股东将首先承担损失。

对资产的索偿权 正如普通股股东对剩余利润有索偿权一样,当公司破产清算时,普通股股东对剩余资产同样有索偿权。然而遗憾的是,当公司真的破产时,普通股股东的索偿权通常得不到满足,因为债务持有者和优先股股东对公司资产拥有第一顺位索偿权和第二顺位索偿权。对剩余资产的这种索偿权增加了普通股的风险。因此,尽管普通股在历史上表现出高收益率,从20世纪20年代末以来的年均收益率达到10%,但是普通股同样存在较高的风险。

您做出来了吗?

优先股估值

该优先股的价值为57.14美元:

$$优先股价值 = \frac{股利}{必要收益率} = \frac{0.04 \times 100}{0.07} = \frac{4}{0.07} = 57.14(美元)$$

换言之,每年支付4美元直至永远(因为没有到期日)的优先股或其他类似证券可以用每年支付的股利除以投资者的必要收益率来估值。通过这个简单的计算过程,您可以算出未来现金流的现值。

有限责任 尽管普通股股东是公司的实际所有者,但他们在公司破产时的责任以其出资金额为限。其优点是在负有无限责任时可能不愿投资的投资者此时将愿意对公司投资。**有限责任**(limited liability)性质有助于公司筹资。

投票权 普通股股东有权选举董事会成员,一般来说,也是唯一有投票权的公司证券持有者。普通股股东不仅有权选举董事会成员,而且有权批准公司章程的变更。常见的章程变更可能涉及授权发行新股或接受兼并提案。公司股东将在年度股东大会上投票选举董事会成员或审批公司章程变更事宜。尽管股东可以亲自进行投票,但大多数股东通常由他人代理投票。**代理投票制**(proxy)赋予代理方临时代理权,允许其代表股权登记人在公司年度股东大会上投票。公司管理层通常会向股东争取代理票,并且,如果股东对公司的表现满意,一般会赋予其代理权。然而,当公司面临财务困境或者当管理层收购受到威胁时,就会发生**代理投票权之争**(proxy fight)——竞争双方对代理投票权的争夺。

尽管每股普通股有相同数量的投票权，但是每家公司的投票程序不尽相同。两种常用的投票制度是多数投票制和累计投票制。在**多数投票制**（majority voting）下，每股股票赋予股东一票，且每个董事会席位是单独投票选出的。因为每位董事会成员都是由简单多数投票选出的，因此，拥有多数股份的股东有权选出整个董事会。

在**累计投票制**（cumulative voting）下，每股股票赋予股东的票数等于将选出的董事会成员人数。股东可以将其拥有的全部选票投给某个候选人，也可以将其选票分散投给不同的候选人。累计投票制的优点是它赋予了少数股东选举董事的权利。

理论上，通常是由股东通过代理投票制选出公司的董事会，然后由选出的董事会选择管理层。现实中，通常由管理层向股东提供董事候选人名单。最终结果实际上是由管理层选出董事，因此董事可能更忠诚于管理层而非股东。这可能滋生出委托代理问题，即管理者和股东的利益出现分歧，而董事会并没有尽到代表股东监督管理者的职责。

优先认购权 **优先认购权**（preemptive right）赋予普通股股东保持当前拥有的公司所有权份额的权利。当公司发行新股时，普通股股东有优先认购权。如果一名股东拥有公司25％的股份，那么他（她）将有权认购25％的新股票。向股东发行的赋予其在2~10周的期限内以规定价格认购规定数量股票的权利的凭证被称为**认购权**（right）。股东可以选择执行认购权（通常执行价格由管理层规定，该价格低于普通股的当前市场价格），让认购权失效，或者将其在公开市场上出售。

普通股估值

与债券和优先股类似，普通股的价值等于所有未来现金流——在这种情况下为股东预期收到的股利——的现值。然而，与优先股股利不同的是，普通股并不向投资者提供事先确定的固定股利。普通股的股利取决于公司的盈利能力以及公司决定支付股利还是留存利润用于再投资。因此，股利往往随着公司利润的增长而增长，而未来股利的增长是普通股区别于优先股的首要特点。

普通股估值中的增长因素 在普通股估值中，"增长"一词的含义是什么？一家公司可以通过多种方式实现增长。公司可以通过借款投资于新项目来扩大规模。同理，公司也可以通过发行新股进行扩张。管理者还可以收购另一家公司并与现有公司合并，从而增加公司的资产。尽管我们可以准确地说公司实现了增长，但是原始股东可能参与也可能没有参与这个增长过程。增长是通过注入新资本实现的。公司的规模显然增大了，但是除非原始股东增加其对公司的投资，否则他们在扩张后的公司中所占的所有权比例会降低。

增长的另一种含义是**内部增长**（internal growth）。内部增长要求管理者保留部分或全部公司利润用于对公司的再投资，这将增加公司的未来利润，进而有望提高普通股的价值。这个过程是公司当前普通股股东价值潜在增长的本质，同时也是我们对公司普通股估值时的主要相关增长来源。[1]

---

[1] 我们并不是说现有普通股股东永远不能从外部融资中获益；然而，如果资本市场有效，那么这种收益只是名义上的。

为了说明内部增长的性质,我们假设百事公司(PepsiCo)的股权收益率为16%。[①] 一方面,如果百事公司决定将所有利润以股利形式分配给股东,该公司将无法实现内部增长。该公司可以通过借款或发行新股实现规模扩张,但是只有通过留存利润才能实现内部增长。另一方面,如果百事公司保留所有利润,股东对公司投资的价值增长金额就是留存的利润金额,即投资价值增长率为16%。然而,如果百事公司仅保留当期利润的50%用于再投资,那么普通股股东的投资价值增长率将仅为股权收益率(16%)的一半,即8%。我们可以用以下公式表示这个关系:

$$g = ROE \times pr \tag{8-3}$$

其中,

g=增长率,即未来利润的增长率,以及普通股股东对公司投资的增长率;

ROE=股权收益率(=净利润/普通股账面价值);

pr=公司留存的利润比例,称为**留存收益率**(profit-retention rate)。[②]

因此,如果百事公司只保留当期利润的25%用于再投资,那么我们可以预期普通股股东对该公司的投资和股票价格将增长4%,即

$$g = 16\% \times 0.25 = 4\%$$

总而言之,普通股股东通常以股价增长作为其收益来源。如果公司准备留存部分利润用于再投资,那么未来的利润和股利将会增长。该增长将反映为未来时期内普通股市场价格的上升。因此,两种收益形式(股利和股票升值)都必须在普通股估值中得到反映。

Q&A 您会做吗?

计算胡椒博士集团的增长率

如下式所示,胡椒博士集团(Dr. Pepper Snapple)在2017年的股权收益率非常诱人,为43.9%。该公司的每股利润为5.89美元,并支付了每股2.32美元的股利。如果这些关系未来保持不变,那么该公司的内部增长率是多少?

$$股权收益率(ROE) = \frac{净利润}{普通股+留存收益} = \frac{10.76 亿美元}{24.51 亿美元} = 0.439 = 43.9\%$$

股利估值模型 将价值定义为未来股利的现值时,计算普通股价值需要使用我们对优先股估值时使用的基本公式[式(8-1)],除了我们现在使用的是普通股股东的必要收益率 r_{cs},即

[①] 股权收益率是普通股股东对公司投资的会计收益率。计算公式如下:

$$股权收益率 = \frac{净利润}{普通股+留存收益}$$

[②] 留存收益率也等于(1-股利支付占利润的比例)。股利占利润的百分比也常被称为**股利支付率**(dividend-payout ratio)。

$$V_{cs}=\frac{D_1}{(1+r_{cs})^1}+\frac{D_2}{(1+r_{cs})^2}+\cdots+\frac{D_n}{(1+r_{cs})^n}+\cdots+\frac{D_\infty}{(1+r_{cs})^\infty} \qquad (8-4)$$

如果您回顾第 7 章，并比较式（7-1）和式（8-4），您就会注意到式（8-4）只是式（7-1）的变形。回顾我们在证券估值时用到的基本公式（7-1），该式表明资产价值是投资者将收到的未来现金流的现值。式（8-4）只是将式（7-1）应用于普通股估值。

式（8-4）表明，我们将第 1 年年末的股利 D_1 向前贴现 1 年；将第 2 年的股利 D_2 向前贴现 2 年；将第 n 年的股利向前贴现 n 年；而将未来无限期的股利向前贴现无限期。其中，必要收益率为 r_{cs}。使用式（8-4）时，请注意股票价值是在当年年初确定的，比如 2018 年 1 月 1 日。最近一期股利支付 D_0 发生在前一天，即 2017 年 12 月 31 日。因此，如果我们在 2018 年 1 月 1 日买入股票，则将在 12 个月之后，即 2018 年 12 月 31 日收到首笔股利，用 D_1 表示。

幸运的是，如果股利每年以固定增长率 g 增长，那么式（8-4）可以被简化为更易于掌握的形式。在股利增长率固定的情况下，普通股的估值公式可以表示如下[①]：

$$\text{普通股价值}=\frac{\text{第 1 年的股利}}{\text{必要收益率}-\text{增长率}}$$

$$V_{cs}=\frac{D_1}{r_{cs}-g} \qquad (8-5)$$

换言之，我们可以用式（8-5）计算股利以固定年增长率增长的普通股的内在价值（现值）。尽管该式解释起来并没有那么直观明了，但只需记住，它可以被用来计算以增长率 g 无限增长的未来股利现金流的现值，假设 r_{cs} 大于 g。

为了说明普通股的估值过程，假设有一只普通股在去年年末支付了 2 美元股利，并预计从现在开始每年支付现金股利，直至永远。每年的股利预期将以 4% 的增长率增长。根

---

① 当普通股股利每年以固定增长率增长时，我们可以用上一年年末支付的股利 D_0 来表示股利。例如，第 1 年的预期股利为 $D_0(1+g)$。类似地，第 t 年年末的股利为 $D_0(1+g)^t$。用这种表示方法，式（8-4）的普通股估值公式可以改写为以下形式：

$$V_{cs}=\frac{D_0(1+g)^1}{(1+r_{cs})^1}+\frac{D_0(1+g)^2}{(1+r_{cs})^2}+\cdots+\frac{D_0(1+g)^n}{(1+r_{cs})^n}+\cdots+\frac{D_0(1+g)^\infty}{(1+r_{cs})^\infty} \qquad (8-4a)$$

如果式（8-4a）两侧同时乘以 $(1+r_{cs})/(1+g)$，并从乘积中减去式（8-4），则有：

$$\frac{V_{cs}(1+r_{cs})}{1+g}-V_{cs}=D_0-\frac{D_0(1+g)^\infty}{(1+r_{cs})^\infty} \qquad (8-4b)$$

如果像通常情况那样，$r_{cs}>g$，则 $[D_0(1+g)/(1+r_{cs})^\infty]$ 趋近于 0。结果是，

$$\frac{V_{cs}(1+r_{cs})}{1+g}-V_{cs}=D_0$$

$$V_{cs}\left(\frac{1+r_{cs}}{1+g}\right)-V_{cs}\left(\frac{1+g}{1+g}\right)=D_0$$

$$V_{cs}\left[\frac{(1+r_{cs})-(1+g)}{1+g}\right]=D_0$$

$$V_{cs}(r_{cs}-g)=D_0(1+g)$$

$$V_{cs}=\frac{D_1}{r_{cs}-g} \qquad (8-5)$$

据对该普通股风险的评估，投资者的必要收益率为14%。利用该信息，我们可以计算普通股的价值，如下所示：

（1）因为2美元的股利是去年支付的，所以我们必须计算将收到的下一笔股利D_1：

$$D_1 = D_0 \times (1+g)$$
$$= 2 \times (1+0.04)$$
$$= 2.08(美元)$$

（2）现在，使用式（8-5）：

$$V_{cs} = \frac{D_1}{r_{cs} - g}$$
$$= \frac{2.08}{0.14 - 0.04}$$
$$= 20.80(美元)$$

我们已经讨论过，普通股的价值等于所有未来股利的现值，这是公司金融中毋庸置疑的基本前提。然而，实际中，管理者和许多证券分析师经常讨论股票价值和利润的关系，而不是股票价值与股利的关系。我们建议您谨慎使用利润进行股票估值。尽管这种做法很普遍，但大量现有证据表明，投资者在股票估值时考察的是公司产生的现金流而非利润。公司的价值本质上是由其产生的现金流的现值决定的。

例8.2 计算普通股的价值

2017年，耐克的普通股售价在50美元和73美元之间。最近，耐克的股票售价高达73美元。该公司最近的每股利润为2.31美元，且预期该公司将支付0.80美元的股利。该公司的股权收益率（＝净利润÷普通股股权总计）为22%。您正在计划投资购买100股该公司股票，但是您希望获得16%的投资收益率。已知上述信息，您估计耐克股价的增长率是多少？要获得您的必要收益率，该公司的股价至少必须达到多少？

第1步：确定解题方法

要计算耐克股票的价值，您需要估计其未来增长率。之前我们建议您用公司的股权收益率乘以对公司再投资的留存收益率来估计该增长率。前面曾经给出式（8-3），如下所示：

$$g = \text{ROE} \times \text{pr}$$

然后我们可以利用式（8-5）解出股票的价值：

$$普通股价值 = \frac{第1年的股利}{必要收益率 - 增长率}$$

$$V_{cs} = \frac{D_1}{r_{cs} - g}$$

第2步：计算数值

耐克将其利润的34.6%（＝每股股利0.80美元÷每股利润2.31美元）作为股利支付给股

东。因此，其留存收益率为 65.4%（=100%−34.6%）。

已知该公司的股权收益率为 22%，我们预计该公司的增长率为 14.4%。

$$增长率 = 股权收益率 \times 留存收益率 = 22\% \times 65.4\% = 14.4\%$$

然后，解出满足必要收益率（16%）的股票价值：

$$普通股价值 = \frac{股利}{必要收益率 - 增长率}$$

$$= \frac{0.80}{0.16 - 0.144}$$

$$= 50（美元）$$

第 3 步：分析结果

您不会愿意支付高于 50 美元（当前市场价格）的价格；否则，如果我们的假设是合理的，您将无法实现您的必要收益率。

您做出来了吗？

计算胡椒博士集团的增长率

要计算胡椒博士集团的内部增长率，我们必须知道：(1) 该公司的股权收益率，(2) 用于对公司的再投资（即用于公司增长）的留存收益率。

计算得出的股权收益率为 43.9%。然后，我们计算留存收益率，如下所示：

$$留存收益率 = 1 - \frac{每股股利}{每股利润}$$

$$= 1 - \frac{2.32 \text{ 美元}}{5.89 \text{ 美元}}$$

$$= 1 - 0.394$$

$$= 0.606$$

$$= 60.6\%$$

因此，该公司支付的股利为利润的 39.4%，这意味着留存收益率为 60.6%。

然后，我们计算内部增长率，如下所示：

$$内部增长率 = 股权收益率 \times 留存收益率 = 43.9\% \times 60.6\% = 26.6\%$$

公司的成长能力对它的未来至关重要，但前提是公司的投资机会有吸引力。另外，公司必须找到方法来为增长融资，这种方法可以是借款、发行股票或不向所有者分配利润（不支付股利）。最后一种方法被称为内部增长。当胡椒博士集团获得 43.9% 的股权投资收益率并将 60.6% 的利润保留在公司中时，可以实现高达 26.6% 的内部增长率。

您会做吗？

计算普通股价值

去年，亚伯拉罕公司（Abraham Corporation）支付了每股1.32美元的股利。在可预见的未来，该公司的预计增长率为6%。如果对于风险水平与亚伯拉罕相当的公司，投资者的必要收益率为10%，那么亚伯拉罕公司的股票价值是多少？

我们现在可以利用财务决策工具对普通股估值，假设股利按照固定增长率永续增长，如下所示：

▶ **财务决策工具**

工具名称	公式	含义
股利增长率	增长率＝股权收益率×留存收益率	用于股票估值的公司增长率估计值。
普通股价值	$V_{cs} = \dfrac{D_1}{(1+r_{cs})^1} + \dfrac{D_2}{(1+r_{cs})^2} + \cdots + \dfrac{D_n}{(1+r_{cs})^n} + \cdots + \dfrac{D_\infty}{(1+r_{cs})^\infty}$	普通股价值等于所有未来永续股利的现值。
假设股利增长率固定不变时的普通股价值	普通股价值＝$\dfrac{\text{第1年的股利}}{\text{必要收益率}-\text{增长率}}$ $V_{cs} = \dfrac{D_1}{r_{cs} - g}$	假设股利以某个增长率永续增长时的普通股价值。

> **牢记原则**
>
> 普通股估值与优先股估值没有什么不同，只是现金流模式有所变化。因此，普通股估值与优先股估值一样，依赖于第1章中提出的三条原则：
>
> 基本原则1：现金流是最重要的；
> 基本原则2：货币具有时间价值；
> 基本原则3：风险要求回报。
>
> 确定资产的经济价值始终需要应用这三条原则。离开这三条原则，我们就失去了解释价值的基础。应用这三条原则，我们就能知道是现金的金额和发生时间而非利润决定了价值。此外，我们还必须因承担风险而得到补偿；否则，我们就不会进行投资。

您做出来了吗？

计算普通股价值

亚伯拉罕公司的股票价值为35美元：

$$价值 = \frac{第1年的股利}{必要收益率-增长率}$$

$$= \frac{1.32 \times (1+0.06)}{0.10-0.06} = \frac{1.40}{0.04} = 35(美元)$$

因此，与优先股很类似，普通股的价值也是所有未来股利的现值。然而，与优先股不同，普通股股利预期将随着公司利润的增长而增长。因此，普通股的股利将随着时间的推移而增长。而且只要稍加计算——请保持信心——我们就能发现，股票的价值等于来年年末预期将收到的股利除以投资者的必要收益率与假设的固定增长率之差。当我们这样做时，我们就可以得到股利的现值，即股票的价值。

概念回顾
1. 与优先股和债券相比，普通股的哪些特征说明了普通股股东对公司的所有权？
2. 股东通过哪两种途径从所有权中受益？
3. 与投入新资本相比，内部增长如何影响原始股东的利益？
4. 请描述普通股的估值过程。

股东的预期收益率

我们在第7章中曾经提到，债券的预期收益率或到期收益率是债券持有者通过支付债券当前市场价格所预期获得的投资收益率。财务经理关注该收益率，因为它可以让财务经理了解投资者的预期。同理，财务经理也需要了解公司股东的预期收益率，这将是本节我们讨论的主题。

优先股股东的预期收益率

为了计算优先股股东的预期收益率，我们将使用优先股的估值公式。在前文中，式（8-2）具体说明了优先股价值 V_{ps} 的计算公式：

$$优先股价值(V_{ps}) = \frac{年股利}{必要收益率} = \frac{D}{r_{ps}} \tag{8-2}$$

根据式（8-2），我们可以解出 r_{ps}：

$$必要收益率(r_{ps}) = \frac{年股利}{优先股价值} = \frac{D}{V_{ps}} \tag{8-6}$$

因此，优先股股东的必要收益率等于该优先股每年支付的股利除以该优先股的内在价值。我们也可以利用这个公式来解出优先股的预期收益率 $\bar{r}_{ps}$，具体如下所示①：

---

① 我们将用 $\bar{r}$ 表示证券的预期收益率，而 r 为投资者的必要收益率。

$$\text{预期收益率}(\bar{r}_{ps}) = \frac{\text{年股利}}{\text{优先股市场价格}} = \frac{D}{P_{ps}} \qquad (8-7)$$

请注意，我们只是用股票的当前市场价格 P_{ps} 代替了内在价值 V_{ps}。因此，预期收益率 $\bar{r}_{ps}$ 等于年股利除以股票的当前市场价格 P_{ps}。如此一来，**预期收益率**（expected rate of return）$\bar{r}_{ps}$ 就是以当前市场价格购买股票时，投资者预期将从该投资中获得的收益率。

例如，如果优先股的当前市场价格为 50 美元，且每年支付 3.64 美元的股利，那么当前市场价格中隐含的预期收益率为：

$$\bar{r}_{ps} = \frac{D}{P_{ps}} = \frac{3.64\ \text{美元}}{50\ \text{美元}} = 7.28\%$$

因此，当投资者以每股 50 美元的价格购买年股利为 3.64 美元的优先股时，投资者的预期收益率为 7.28%。

例 8.3 求优先股的预期收益率

在例 8.1 中，我们计算了德意志银行的优先股价值，其中优先股的面值为 25 美元，票面股利率为 7.35%，即每年支付 1.84 美元的股利。在例 8.1 中，我们计算了股票在给定不同必要收益率下的价值。当时，股票的市场价格为 26 美元。如果您以当前市场价格购买了这只股票，您的预期收益率是多少？

第 1 步：确定解题方法

为了计算优先股的预期收益率，我们只需用式 (8-7) 来计算该优先股的股利收益率，如下所示：

$$\bar{r}_{ps} = \frac{\text{年股利}}{\text{优先股市场价格}} = \frac{D}{P_{ps}}$$

第 2 步：计算数值

$$\text{预期收益率} = \frac{1.84\ \text{美元}}{26\ \text{美元}} = 0.070\ 8 = 7.08\%$$

第 3 步：分析结果

持有德意志银行股票的投资者预期将获得低于票面股利率 7.35% 的收益率。这个结果是由于投资者愿意支付高于股票面值的价格。

因此，现在我们有了计算股东必要收益率和股票预期收益率的决策工具，如下所示：

▶ **财务决策工具**

工具名称	公式	含义
优先股股东的必要收益率	$r_{ps} = \dfrac{\text{年股利}}{\text{优先股价值}} = \dfrac{D}{V_{ps}}$	给定优先股对于投资者的价值，计算优先股股东的必要收益率。
优先股的预期收益率	$\bar{r}_{ps} = \dfrac{\text{年股利}}{\text{优先股市场价格}} = \dfrac{D}{P_{ps}}$	给定股票的当前市场价格，计算优先股的预期收益率。

普通股股东的预期收益率

之前,式(8-4)定义了普通股的估值公式,如下所示:

$$普通股价值 = \frac{第1年的股利}{(1+必要收益率)^1} + \frac{第2年的股利}{(1+必要收益率)^2} + \cdots + \frac{第无限期的股利}{(1+必要收益率)^\infty}$$

$$V_{cs} = \frac{D_1}{(1+r_{cs})^1} + \frac{D_2}{(1+r_{cs})^2} + \cdots + \frac{D_\infty}{(1+r_{cs})^\infty}$$

因为计算无限期的贴现价值比较困难,所以我们做出了一个关键假设,即股利 D_t 以固定年复利增长率 g 增长。如果这个假设成立,那么式(8-4)就等价于以下公式:

$$普通股价值 = \frac{第1年的股利}{必要收益率 - 增长率}$$

$$V_{cs} = \frac{D_1}{r_{cs} - g}$$

因此,假设某只股票第1年的预期股利为 D_1,并且该股利预计将在未来几年中按增长率 g 增长,那么 V_{cs} 代表必要收益率为 r_{cs} 的投资者愿意为该股票支付的最高价格。从式(8-5)中解出 r_{cs},我们可以计算出普通股股东的必要收益率,如下所示[①]:

$$r_{cs} = \frac{D_1}{V_{cs}} + g \tag{8-8}$$

(股利收益率) (年增长率)

根据该式,必要收益率等于股利收益率加上年增长率。尽管在我们的假设下,增长率 g 为公司的股利增长率,但是可以预期股票价值也将以相同速度增长。因此,g 表示股票价值的年增长率。换言之,投资者的必要收益率将由他们收到的股利和资本收益满足,反映为股价的预期增长率。

与之前的优先股估值类似,我们可以将式(8-8)改写为计算普通股预期收益率 $\bar{r}_{cs}$ 的公式。将式(8-8)中的股票内在价值 V_{cs} 替换为股票的当前市场价格 P_{cs},我们可以将股票的预期收益率表示如下:

$$\bar{r}_{cs} = \frac{第1年的股利}{市场价格} + 增长率 = \frac{D_1}{P_{cs}} + g \tag{8-9}$$

---

① 有时,年末预期股利(D_1)没有给定。我们可能只知道最近(昨天支付)的股利,即 D_0。如果是这样,那么式(8-5)必须改写为以下形式:

$$V_{cs} = \frac{D_1}{r_{cs} - g} = \frac{D_0(1+g)}{r_{cs} - g}$$

为了说明这一点，我们假设培生公司（Pearson, Inc.）今年将支付 2 美元的股利。管理层预计该公司的年增长率约为 6%。您有兴趣购买 100 股该公司的股票，它的当前价格为 45 美元。您的必要收益率为 12%。您应该购买这只股票吗？

$$\bar{r}_{cs} = \frac{2\text{ 美元}}{45\text{ 美元}} + 0.06 = 4.44\% + 6\% = 10.44\%$$

您不会想购买培生公司的股票，因为该股票的预期收益率（10.44%）低于您的必要收益率（12%）。

从历史上看，大多数股票收益都来自股价上升，即资本收益，只有小部分收益来自股利。例如，标准普尔 500 指数从 1926 年起的平均年收益率为 10%，但是股利收益率（＝股利÷股票价格）仅占收益的 2%～3%。其余 7%～8% 的收益均来自股价上升。

> **牢记原则**
>
> 我们刚刚学到，平均来看，预期收益率等于投资者的必要收益率。之所以能实现这个均衡条件，是因为投资者只会为资产支付恰好能满足其必要收益率的价格。因此，根据证券的当前市场价格计算预期收益率是基于我们在第 1 章中给出的以下两条原则：
>
> 基本原则 2：货币具有时间价值；
> 基本原则 3：风险要求回报。

例 8.4 求普通股的预期收益率

在例 8.2 中，已知您的必要收益率为 16%，我们对耐克的股票估值为 73 美元。该答案是基于 14.4% 的预期增长率。

同样，该股票预计将支付 0.80 美元的股利。该股票现在的价格为 73 美元。如果投资者以 73 美元的当前市场价格购买该股票，那么投资者的预期收益率是多少？

第 1 步：确定解题方法

估计普通股的预期收益率时，我们使用式（8-9）：

$$\bar{r}_{cs} = \frac{\text{第 1 年的股利}}{\text{市场价格}} + \text{增长率} = \frac{D_1}{P_{cs}} + g$$

第 2 步：计算数值

耐克股票的预期收益率为 15.5%。

$$\begin{aligned}
\text{预期收益率} &= \frac{\text{股利}}{\text{市场价格}} + \text{增长率} \\
&= \frac{0.80\text{ 美元}}{73\text{ 美元}} + 0.144 \\
&= 0.011 + 0.144 = 0.155 = 15.5\%
\end{aligned}$$

第 3 步：分析结果

在 73 美元的当前市场价格下，投资于耐克无法使您获得必要收益率（16%）。

最后需要指出的一点是，我们应该理解，给定市场价格隐含的预期收益率等于边际投资者的必要收益率。对于这些投资者来说，预期收益率恰好等于其必要收益率，因此，他们愿意为证券支付当前市场价格。这些投资者的必要收益率对于财务经理尤为重要，因为它代表了公司新融资的成本。

总之，我们可以使用以下决策工具来估算普通股股东的必要收益率和股票的预期收益率。

您会做吗？

计算预期收益率

请计算以下两只股票的预期收益率：

优先股：股票售价为 80 美元，面值为 100 美元，年股利率为面值的 5%。

普通股：股票去年支付了 4 美元的股利，并且预计股利年增长率将为 5%。该股票的售价为 75 美元。

▶ **财务决策工具**

工具名称	公式	含义
普通股股东的必要收益率	$r_{cs} = \dfrac{D_1}{V_{cs}} + g$ （股利收益率）（年增长率）	给定股票对于投资者的价值，计算普通股股东的必要收益率。
普通股的预期收益率	$\bar{r}_{cs} = \dfrac{\text{第 1 年的股利}}{\text{市场价格}} + \text{增长率} = \dfrac{D_1}{P_{cs}} + g$	给定股票的当前市场价格和预期未来股利增长率，计算普通股的预期收益率。

您做出来了吗？

计算预期收益率

优先股：

$$\text{预期收益率} = \frac{\text{股利}}{\text{股票价格}} = \frac{5 \text{ 美元}}{80 \text{ 美元}} = 0.0625 = 6.25\%$$

普通股：

$$\text{预期收益率} = \frac{\text{第1年的股利}}{\text{股票价格}} + \text{增长率}$$

$$= \frac{4\text{美元} \times (1+0.05)}{75\text{美元}} + 5\% = \frac{4.20\text{美元}}{75\text{美元}} + 5\%$$

$$= 5.6\% + 5\% = 10.6\%$$

迄今为止，我们没有考虑股票对于我们的价值是多少。相反，我们希望知道如果以当前市场价格购买该普通股，我们预期将得到的收益率是多少。因此给定股票价格，我们可以根据当前市场价格求出相应的预期收益率。我们可以问自己，如果给定我们将承担的风险，是否可以接受该预期收益率。

概念回顾

1. 在计算普通股的必要收益率时，为什么要用股利收益率加上增长率？
2. 请解释股东的必要收益率和预期收益率之间的区别。
3. 有效市场如何影响必要收益率和预期收益率？

本章小结

估值是财务管理中的重要一环。理解估值——既包括估值概念又包括估值过程——将有助于实现为股东创造价值的财务目标。

➡ **学习目标1. 指出优先股的基本特征。**

小结：优先股没有固定的到期日，且股利金额是固定的。优先股更常见的部分特征如下：
- 优先股有多种类别。
- 优先股相对于普通股对公司的资产和收入有优先索偿权。
- 优先股的股利如果没有按承诺支付，则必须在支付普通股股利前优先支付。也就是说，优先股股利是可累积的。
- 与股东签订的合同中包括保护条款，以降低投资者的风险。
- 某些优先股可转换为普通股。
- 此外，还有一些条款常用于赎回优先股，例如公司可以赎回其优先股或者使用赎回基金条款。

关键术语

优先股：一种兼具普通股和债券特征的混合证券。优先股类似于普通股之处在于它没有固定的到期日，未支付股利不会导致公司破产，股利在税前不可扣除。优先股类似于债券之处在于它支付固定股利。

可累积性：可积累性要求在支付普通股股利之前，先支付所有过往未支付的优先股股利。

保护条款：优先股的保护条款保护了投资者的利益。保护条款一般在未支付股利时赋予优先股股东投票权；或者在对优先股支付的股利未达到目标或公司处于财务困境时，限制支付普通股股利。

可转换优先股：根据投资者的选择，可转换为事先确定数量的普通股的优先股。

赎回条款：允许发行公司在规定期限内以规定价格向投资者回购其优先股的条款。

赎回基金条款：一种保护条款，它要求公司定期留存一定资金用于赎回优先股。这部分资金随后被用于在公开市场上购买优先股或者使用赎回条款，采用哪种方式取决于哪种方式的成本更低。

➡ **学习目标 2. 优先股估值。**

小结：价值是用投资者的必要收益率贴现的未来现金流的现值。尽管任何证券的估值都运用了相同的基本原理，但是在每种具体情况下使用的估值过程有所不同。例如，我们在第 7 章中学习过，债券估值需要计算未来利息收入的现值，再加上债券到期时偿还给投资者的债券本金的现值。每年产生固定现金流但没有确定期限的证券（例如优先股）的现值等于年股利金额除以投资者的必要收益率。

关键公式

$$优先股价值 = \frac{第1年的股利}{(1+必要收益率)^1} + \frac{第2年的股利}{(1+必要收益率)^2} + \cdots + \frac{第无限期的股利}{(1+必要收益率)^\infty}$$

$$= \frac{D_1}{(1+r_{ps})^1} + \frac{D_2}{(1+r_{ps})^2} + \cdots + \frac{D_\infty}{(1+r_{ps})^\infty}$$

$$优先股价值 = \frac{年股利}{必要收益率} = \frac{D}{r_{ps}}$$

➡ **学习目标 3. 指出普通股的基本特征。**

小结：普通股涉及公司的所有权。实际上，债券持有者和优先股股东都可以被视为债权人，然而普通股股东是公司的所有者。普通股没有到期日，其存续期就是公司的存续期。普通股的股利也没有上限。股利支付政策必由公司董事会在发行股票前宣布。当公司破产时，普通股股东作为公司的所有者，只有在公司的债权人（包括债券持有者和优先股股东）得到偿付后，才可以行使对资产的索偿权。但是，普通股股东的偿债责任以其投资金额为限。

普通股股东有权选举公司董事会，一般来说也是唯一有投票权的证券持有者。普通股股东还有权批准公司章程的变更。尽管每股股票有相同的投票权，但是每家公司的投票程序不尽相同。

优先认购权赋予普通股股东保持当前占公司所有权比例的权利。

关键术语

普通股：代表公司所有权的股份。

有限责任：规定投资者对超过其投资金额的部分不负偿债责任的保护条款。

代理投票制：赋予代理方临时代理权，允许其代表股权登记人在公司年度股东大会上投票的一种投票制。

代理投票权之争：发生在竞争群体之间的代理投票权竞争，目的是控制在股东大会上做出的决策。

多数投票制：在多数投票制下，每股股票赋予股东一票，且每个董事会席位是单独投票选出的。因此，拥有多数股份的股东有权选出整个董事会。

累计投票制：在累计投票制下，每股股票赋予股东的票数等于将要选举出的董事会成员人数。股东可以将其拥有的全部选票投给某个候选人，也可以将其选票分散投给不同的候选人。

优先认购权： 赋予普通股股东保持当前占公司所有权比例的权利。

认购权： 向普通股股东发行的凭证，赋予其在2~10周的期限内以规定价格认购规定数量新股的选择权。

➡ 学习目标4. 普通股估值。

小结： 与债券和优先股类似，普通股的价值等于未来现金流的现值。

当使用股利增长模型对股票估值时，增长率只和内部增长有关——通过留存部分公司利润并将其再投资于公司所实现的增长——而不是通过发行新股或收购其他公司实现的增长。

公司实现自身增长并不意味着公司为股东创造了价值。只有公司以高于投资者的必要收益率的收益率对利润进行再投资时，才会增加股东价值。

关键术语

内部增长： 通过将公司利润再投资而不是作为股利分配给股东而实现的公司增长率。该增长率是留存收益和留存收益率的函数。

留存收益率： 公司留存的利润百分比。

股利支付率： 股利占利润的百分比。

关键公式

增长率＝股权收益率×留存收益率

$$普通股价值(V_{cs}) = \frac{D_1}{(1+r_{cs})^1} + \frac{D_2}{(1+r_{cs})^2} + \cdots + \frac{D_n}{(1+r_{cs})^n} + \cdots + \frac{D_\infty}{(1+r_{cs})^\infty}$$

$$普通股价值 = \frac{第1年的股利}{必要收益率-增长率}$$

$$V_{cs} = \frac{D_1}{r_{cs} - g}$$

➡ 学习目标5. 计算股票的预期收益率。

小结： 证券的预期收益率是愿意为该证券支付当前市场价格（但不愿支付更高价格）的投资者的必要收益率。预期收益率对于财务经理来说非常重要，因为它等于公司投资者的必要收益率。

关键术语

预期收益率： 预期收益率是投资者以当前市场价格购买证券时预期从该投资中获得的收益率。

关键公式

$$必要收益率(r_{ps}) = \frac{年股利}{优先股价值} = \frac{D}{V_{ps}}$$

$$预期收益率(\bar{r}_{ps}) = \frac{年股利}{优先股市场价格} = \frac{D}{P_{ps}}$$

$$r_{cs} = \frac{D_1}{V_{cs}} + g$$

股利收益率　　年增长率

$$\overline{r}_{cs} = \frac{\text{第 1 年的股利}}{\text{市场价格}} + \text{增长率} = \frac{D_1}{P_{cs}} + g$$

复习题

8—1 为什么优先股被认为是一种混合证券？人们常说优先股结合了普通股和债券的所有缺点。这句话是什么意思？

8—2 如果拖欠的优先股股利必须在普通股股利之前支付，那么它是否应该被视为负债并记录在资产负债表右侧？

8—3 为什么优先股股东希望股票具有股利可累积特征和保护条款？

8—4 为什么优先股通常是可转换的？为什么优先股通常是可赎回的？

8—5 请比较优先股估值与普通股估值。

8—6 请定义投资者的预期收益率。

8—7 请说明如何计算投资者的预期收益率。

8—8 普通股股东可以从投资中获得两种收益。它们是什么？

课后习题

8—1（优先股估值） 如果某只优先股的面值为 100 美元，股利率为面值的 16%，那么该优先股的价值是多少？该风险水平的股票的适当贴现率为 12%。

8—2（优先股估值） 甘特公司（Gandt Corporation）的优先股支付 2.75 美元的股利。如果您的必要收益率为 9%，那么该优先股的价值是多少？

8—3（优先股估值） 面值为 100 美元、股利率为面值的 14% 的优先股的价值是多少？该风险水平的股票的适当贴现率为 12%。

8—4（优先股估值） 哈尼公司（Haney, Inc.）优先股的当前市场价格为每股 33 美元，每年支付 3.6 美元的股利。

a. 该股票的预期收益率是多少？

b. 如果投资者的必要收益率为 10%，那么对于该投资者来说，该股票的价值是多少？

c. 投资者应该购买这只股票吗？

8—5（优先股估值） 如果您的必要收益率为 12%，请计算每股股利为 6 美元的优先股的价值。

8—6（优先股估值） 您正在考虑投资于以下两只优先股中的一只：TCF 资本（TCF Capital）公司或者 TAYC 资本信托（TAYC Capital Trust）公司。TCF 资本公司的优先股每年支付 2.69 美元的股利，而 TAYC 资本信托公司的优先股每年支付 2.44 美元的股利。如果您的必要收益率为 12%，那么这两只股票对您的价值分别是多少？

8—7（优先股估值） 您正在考虑投资于明尼克斯石油（Minnix Petroleum）公司的优先股。该优先股支付 2.31 美元的股利。您的必要收益率为 12%。请计算该优先股的价值。

8—8（普通股估值） 莫瑟公司（Mosser Corporation）的普通股去年支付了 1.32 美元的股利，并且预计股利将以每年 7% 的增长率永续增长。如果您的必要收益率为 11%，那么该股票的价值是多少？

8—9（衡量增长率） 卡玛克公司（Cammack Corporation）希望实现7%的稳定增长率。如果该公司可以实现12%的股权收益率，那么该公司用于投资的留存收益率必须为多少？

8—10（普通股估值） 多尔顿公司（Dalton Inc.）的股权收益率为11.5%，用于再投资的留存收益率为55%。该公司的股票最近支付了3.25美元的股利，且该股票的当前市场价格为40美元。

   a. 多尔顿公司的增长率是多少？
   b. 多尔顿公司股票的预期收益率是多少？
   c. 如果您的必要收益率为13%，那么您应当投资该公司吗？

8—11（普通股估值） 贝茨公司（Bates, Inc.）每年支付1美元股利，其股票的当前价格为32.50美元。如果投资者对贝茨公司股票的必要收益率为12%，那么贝茨公司为达到投资者的必要收益率所必须实现的增长率是多少？

8—12（普通股估值） 您有意以每股50美元的价格购买多切斯特（Dorchester）公司的普通股，持有1年，并在其支付6美元的股利后卖出股票。为了达到您的必要收益率（15%），该股票价格必须上升多少？

8—13（普通股估值） 赫雷拉汽车（Herrera Motor）公司去年支付了3.50美元的股利。如果该公司的固定增长率为5%，投资者的必要收益率为20%，那么该普通股的价值是多少？

8—14（衡量增长率） 已知某家公司的股权收益率为18%，且管理层计划每年留存40%的利润用于投资，那么该公司的增长率是多少？

8—15（普通股估值） 桑福德（Sanford）公司的普通股预计明年将支付1.85美元的股利，并且预计年底该股票的市场价格将达到42.50美元。如果投资者的必要收益率为11%，那么该股票的当前价值是多少？

8—16（普通股估值） NCP公司的普通股去年支付了1.32美元的股利。预计股利将以每年8%的增长率永续增长。

   a. 如果NCP股票的当前市场价格为23.50美元，那么该股票的预期收益率是多少？
   b. 如果您的必要收益率为10.5%，那么对于您来说该股票的价值是多少？
   c. 您应该投资于这只股票吗？

8—17（衡量增长率） 赛普提安公司（Septian, Inc.）的股权收益率为16%，并且管理层计划每年留存60%的利润用于再投资。该公司的增长率是多少？

8—18（普通股估值） 阿伯克龙比与菲奇（Abercrombie & Fitch）公司的普通股每年支付0.7美元的股利。该股票的当前价格为34.14美元。如果投资者对阿伯克龙比与菲奇公司股票的必要收益率为10%，那么该公司必须为投资者实现多高的增长率？

8—19（普通股估值） 施伦贝格尔（Schlumberger）公司股票的当前价格为64.91美元，去年支付了1.10美元的股利。预计未来股利将以4%的增长率永续增长。该股票的预期收益率是多少？

8—20（优先股股东的预期收益率） 您持有多尔顿资源（Dalton Resources）公司的250股优先股。该优先股的当前价格为38.50美元，每年支付3.25美元股利。

   a. 您的预期收益率是多少？
   b. 如果您的必要收益率为8%，已知当前价格，您应该卖出该股票还是买入更多该股票？

8—21（优先股股东的预期收益率） 您计划购买100股优先股，并且必须在A股票和B股票之间进行选择。A股票每年支付4.50美元股利，当前价格为35美元。B股票每年支付4.25

美元股利，当前价格为36美元。如果您的必要收益率为12%，那么您应该选择购买哪只股票？

8—22（优先股股东的预期收益率） 扎斯特（Zust）公司优先股的价格为42.16美元，每年支付1.95美元股利。如果您以当前市场价格买入该股票，那么您的预期收益率是多少？

8—23（优先股股东的预期收益率） 您持有夏帕德资源（Shapard Resources）公司的200股优先股，该股票的当前价格为40美元，每年支付3.40美元股利。

a. 您的预期收益率是多少？

b. 如果您的必要收益率为8%，已知当前市场价格，您应该卖出该股票还是买入更多该股票？

8—24（优先股股东的预期收益率） 您正计划购买100股优先股，并且必须在杰克逊公司（Jackson Corporation）和菲尔茨公司（Fields Corporation）之间选择。您的必要收益率为9%。如果杰克逊公司的股票每年支付2美元股利，当前市场价格为23美元。菲尔茨公司的股票每年支付3.25美元股利，当前市场价格为31美元。您将选择购买哪只股票？

8—25（优先股股东的预期收益率） 您持有巴德公司（Budd Corporation）150股优先股，当前市场价格为每股22美元。巴德公司每年支付1.55美元股利。您的预期收益率是多少？如果您的必要收益率为9%，您应该购买更多该股票吗？

8—26（优先股股东的预期收益率） 您正在考虑购买150股优先股。您的必要收益率为11%。如果股票的当前价格为40美元，每年支付5.25美元股利，您应该购买该股票吗？

8—27（优先股股东的预期收益率） 您正在考虑以每股36.72美元的价格购买克莱恩公司（Kline，Inc.）的股票。假设该股票每年支付2.33美元股利。您的预期收益率是多少？如果您的必要收益率为8%，您应该购买这只股票吗？

8—28（普通股股东的预期收益率） 阿利沃德和布拉姆（Alyward & Bram）公司的普通股当前价格为每股23美元。管理层预计该公司将以10.5%的固定增长率增长，并在每年年末支付2.50美元股利。

a. 您的预期收益率是多少？

b. 如果您的必要收益率为17%，那么您应该购买该只股票吗？

8—29（普通股股东的预期收益率） 班尼特公司（Bennett，Inc.）普通股的当前价格为每股22.50美元。管理层预计该公司利润将以10%的固定增长率增长，并在每年年末支付2美元股利。

a. 如果您以22.5美元的价格购买这只股票，您的预期收益率是多少？

b. 如果您的必要收益率为17%，那么您应该购买这只股票吗？

8—30（普通股股东的预期收益率） 马丁公司（Martin Co.）普通股的当前价格为每股32.84美元。该股票最近支付了每股2.94美元的股利，预计固定增长率为9.5%。如果您以市场价格购买了这只股票，您的预期收益率是多少？

8—31（普通股股东的预期收益率） 欧内斯特公司（Earnest Corporation）普通股的市场价格为每股43美元。第一年年末的价格预计为48美元，第二年的股利预计为2.84美元。该股票的预期收益率是多少？

8—32（普通股股东的预期收益率） 假设您购买了125股普通股，每年年末支付3美元股利。如果您以每股30美元的价格买入该股票，您的预期收益率是多少？假设该股票的预计固定增长率为7%。

8—33（普通股股东的预期收益率） 齐彻（Ziercher）公司管理层预计该公司的普通股增长

率为 12%。该公司股票的当前市场价格为每股 42.65 美元，并在每年年末支付 1.45 美元股利。如果您以当前市场价格 42.65 美元购买该股票，您的预期收益率是多少？

迷你案例

您终于存够了 10 000 美元，并准备用这些钱进行首笔投资。您有以下三种投资选择：

● 面值为 1 000 美元，按面值的 4.2% 支付利息，当前市场价格为 1 115 美元，将于 4 年后到期的微软债券。

● 每年支付 2.63 美元股利，当前市场价格为 26.25 美元的西南合众银行（Southwest Bancorp）的优先股。

● 当前市场价格为 60 美元，面值为 5 美元的艾默生电气（Emerson Electric）公司普通股。该股票最近支付了每股 1.88 美元的股利，并且在过去 5 年中每股利润从 2.27 美元增至 3.78 美元。在可预见的将来，该公司预计将以相同增长率增长。

您对这些投资的必要收益率为：债券为 3%，优先股为 5%，普通股为 12%。请利用这些信息回答以下问题：

a. 请根据您的必要收益率，计算每项投资的价值。

b. 您会选择哪项投资？为什么？

c. 假设艾默生电气公司的管理者预测该公司的利润将以比历史增长率高 1% 的增长率增长。该假设将如何影响您对第 a 问和第 b 问的答案？

d. 当您的必要收益率是多少时，这三种投资选择对于您而言是无差异的？

第9章
资本成本

学习目标

1	理解公司资本成本的基础概念。	资本成本：关键定义与概念
2	计算单个资本来源的成本。	确定单个资本来源的成本
3	计算公司的加权平均资本成本。	加权平均资本成本
4	估计部门资本成本。	计算部门资本成本

2016年，埃克森美孚（XON）的持续运营收入超过120亿美元。尽管听起来令人印象深刻，但从这个数字来看，尚不清楚该公司是否为其股东创造了价值。回答这个问题的关键不仅取决于公司的利润水平，而且取决于为了产生这些利润而投资于公司的资本金额，以及公司的投资风险。要回答这个问题，我们需要知道公司的投资收益率是否超过市场对投资的必要收益率（即该公司的资本成本）。

公司的资本成本提供了公司的投资者群体对公司预期收益率的估计。理论上，估计公司的资本成本是很直观的过程，但在实践中却可能有些乏味。理论上，估计公司的资本成本需要以下条件：（1）确定公司的所有资本来源及其相对重要性（即公司的投资来自每种来源的比例）；（2）估计公司使用的每种资本来源的市场必要收益率；（3）计算每种资本来源的必要收益率的平均值，其中每种资本来源的必要收益率的权重为其对公司总资本投资的贡献。

资本成本不仅在评估公司的整体业绩时很重要，而且可以被用于评估公司的具体投资决策。例如，当埃克森美孚考虑在尼日利亚建设新的石油生产设施时，该公司需要估计需要实现多高的收益率才能进行投资。同样，在考虑在东南亚建立化工厂时，该公司的分析师也需要比较基准收益率与该投资的预期收益率。资本成本提供了这个基准。

在本章中，我们将研究如何估计公司的资金成本。我们将借入资金和公司股东对公司的投资的总成本称为加权平均资本成本，或简称为公司的资本成本。

我们已经学习过风险与投资者必要收益率之间的关系（第6章），在第7章和第8章中，我们具体学习了债券持有者和股东作为投资者的必要收益率。现在，我们已经准备好学习如何计算公司整体的必要收益率。也就是说，正如借钱给公司的个人（债券所有者）和股票投资者都有各自的必要收益率一样，我们也可以考虑公司整体的综合必要收益率。公司的必要收益率是所有投资者的综合必要收益率，我们将用各个收益率的加权平均值来估计它，这被称为公司的**加权平均资本成本**（weighted average cost of capital），或者简称为公司的资本成本。就像经营业务的成本一样，公司如果想为所有者创造价值，就必须至少获得与资本成本相同的收益。

在本章中，我们将讨论公司资本成本的基本决定因素、公司资本成本的计算原理以及应用，包括估计债务、优先股和普通股成本背后的逻辑。第12章将讨论公司的融资结构对资本成本的影响。

资本成本：关键定义与概念

如果您观察公司资产负债表中的负债和所有者权益，您会看到公司如何为其资产投资融资。公司使用的融资来源结构通常被称为公司的**资本结构**（capital structure）。在本章中，我们的目标是估计公司所有此类资本的成本。要估计该资本成本，我们需要两个数据：(1) 公司的资本结构或融资来源结构；(2) 每种资本来源对公司的成本。

资本结构

公司在筹集投资资金时，通过债务形式向贷款人或债权人融资，通过股权形式向所有者融资。图9-1提供了两家公司的资本结构示意图，这两家公司从事两种截然不同的业务，进而影响了每家公司使用的融资来源。贝德贝斯&贝昂（Bed Bath&Beyond，BBBY）经营一家连锁零售店，而野马资源开发公司（Wildhorse，WRD）是一家独立的石油和天然气公司，从事石油和天然气的收购、开采、开发和生产。在第12章，我们将讨论为什么这两家公司具有如此不同的资本结构，但是这里我们希望了解的一点是，资本结构对于各家公司而言是独一无二的，并且不同公司之间的差异可能很大。实际上，像微软、苹果和谷歌这样的高科技公司几乎没有债务融资。

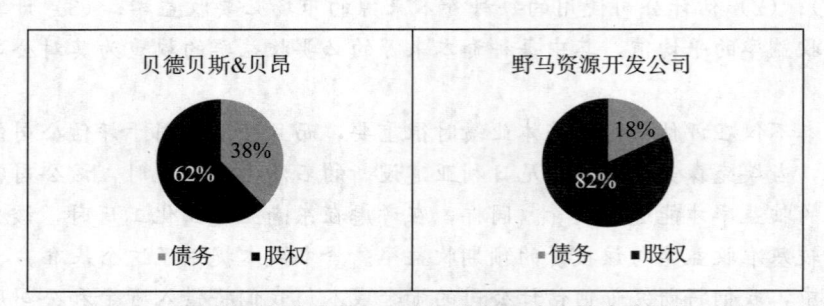

图9-1 连锁零售商店与石油和天然气生产商的资本结构示例

资料来源：作者根据公开可得数据的计算结果。

机会成本、必要收益率与资本成本

公司的资本成本有时被称为公司的资本**机会成本**（opportunity cost）。机会成本这个词来自经济学研究，它被定义为做出某种选择而放弃次优机会的成本。举例来说，在星巴克（SBUX）做兼职的机会成本是失去您本可以在校园里打工得到的工资。同理，当一家公司向投资者筹资并选择用这些资金投资时，它实质上是决定不将这些资金返还给投资者。因此，投资的机会成本就是公司债权人和股东投资于公司的成本。

投资者的必要收益率与资本成本是一回事吗？并不完全是这样。因此，我们将在本章中用符号 k 表示公司的资本成本，而在第 7 章和第 8 章中，我们用 r 表示投资者的必要收益率。对债务和股权的税务处理差异以及筹集资金所产生的交易成本造成了投资者的必要收益率和公司的资本成本之间的差异。

（1）税收。当一家公司通过借款购买资产时，利息费用在计算联邦所得税时是可以扣除的。假设有一家企业，它以 8% 的利率借入资金，税率为 21%，那么在纳税之前，它可以从收入中扣除这部分利息费用。这家公司每支付 1 美元利息，就可以节省 0.21 美元的税款。因此，对该公司来说，实际借款成本只有 6.32% [＝0.08－0.21×0.08＝0.08×(1－0.21)＝0.063 2，即 6.32%][1]。

（2）**发行成本**（flotation cost）。这里，我们将公司通过发行特定类型证券筹资时发生的成本称为发行成本。正如您在第 2 章中所学到的，这些成本有时被称为交易成本。例如，如果一家公司以每股 25 美元的价格出售新股票，每股的交易成本为 5 美元，那么，新普通股的资本成本也随之增加。假设投资者对每股 25 美元的股票的必要收益率为 15%，那么，该公司每年必须获得 3.75（＝0.15×25）美元的利润才能够满足投资者的必要收益率。然而，该公司只有 20 美元可以用来投资，所以该公司的资本成本 k 为这 20 美元净收入获得 3.75 美元收益时的收益率，也就是：

$$20k = 25 \times 0.15 = 3.75$$
$$k = \frac{3.75}{20.00} = 0.187\ 5 = 18.75\%$$

当我们讨论公司各种资本来源的成本时，我们将深入探讨这些因素。

您会做吗？

确定发行成本如何影响资本成本

麦当劳公司（McDonald's Corporation）在 2006 年 1 月以每股 22.00 美元的价格向小辣椒（Chipotle）（一家处于快速成长期的墨西哥快餐店）出售了一部分所有权。如果投资者对这些

---

[1] 2017 年的美国所得税法修订不仅将最高公司税税率降至 21%，而且限制了公司可以从应税所得中扣除的利息金额。具体而言，大型公司的利息费用超过公司 EBITDA（利息、税款、折旧及摊销前利润）的 30% 的部分不可在税前扣除。

股票的必要收益率为18%，且麦当劳的交易成本总计为每股2.00美元，那么麦当劳公司在调整交易成本的影响之后的资本成本是多少？

财务实践

新税法以及对利息费用税前可扣除性的限制

从历史上看，在计算税款时，公司的利息费用可以全部从公司所得中扣除。但是，2017年完成修订的所得税法规定，在给定年度，公司可在税前扣除的利息金额不得超过公司利息、税款、折旧及摊销前利润（通常称为EBITDA）的30%。尽管该限制不包括小公司和必须为店面库存融资的公司（例如汽车经销商），但预计将增加部分杠杆率最高的公司的税负。

戴尔科技（Dell Technologies）等杠杆收购公司和由于各种原因而背负大量债务的公司预计税负将增加，因为它们的部分利息费用将无法在税前扣除。例如，在2013年由创始人迈克尔·戴尔（Michael Dell）主导的杠杆收购中，戴尔科技产生了超过500亿美元的新债务，此外还发行了新债务来为该公司的一系列收购融资，包括在2016年收购EMC公司（EMC Corporation）。戴尔科技每年支付20亿美元利息，如果要在税前扣除全部利息，必须赚取67亿美元的EBITDA。

按照计划，2022年将进一步增加对税前可扣除利息的限制，届时该限额将达到息税前利润的30%。此项变化将使税前可扣除利息的最高金额进一步下降，下降金额等于公司的折旧费用加上摊销费用。

税法的这种变化最终增加了高利息成本的公司的借款成本。公司产生的利息费用为公司借款金额和借款成本的函数。

公司的财务政策与资本成本

公司的**财务政策**（financial policy）（即公司关于计划使用的融资来源和特定资本结构或比例的政策）决定了公司使用的债务融资和股权融资。公司所使用的特定债务与股权结构可以影响公司的资本成本。然而，在本章中，我们假设公司保持固定的财务政策，该政策反映为固定的债务股权比率。确定债务融资与股权融资的目标结构是第12章的内容。

> **概念回顾**
> 1. 投资者的必要收益率与机会成本有什么关系？
> 2. 发行成本如何影响公司的资本成本？

确定单个资本来源的成本

为了吸引新投资者，公司发行或出售各种证券以满足其融资需求。在本章中，我们将关注三种基本类型的融资工具：债务、优先股和普通股。在计算使用这三种证券的相关融资成本时，我们将在适当调整交易成本或者发行成本之后估计投资者的必要收益率。此外，因为我们需要贴现税后现金流，因此我们将针对公司所得税效应调整资本成本。总而言之，特定资本来源的成本等于调整发行成本与公司所得税之后的投资者必要收益率。

最后一点：公司的资本结构仅包括计息债务（即短期银行票据、中期债券和长期债券）、优先股和普通股。其他负债（例如应付账款）是重要的融资来源，但是由于其成本包含在产生应付账款的商品价格中，因此我们将其从资本结构中剔除，进而从公司加权平均资本成本的计算中剔除。

债务成本

在第 7 章中，我们学到，债券价值可以用债券未来支付的本金和利息的现值来表示。例如，如果按年付息的债券还有 3 年到期，那么它的价值可以按以下方式表示：

$$债券市场价格 = \frac{第1年支付的利息}{[1+债券持有者的必要收益率(r_b)]^1} + \frac{第2年支付的利息}{[1+债券持有者的必要收益率(r_b)]^2} + \frac{第3年支付的利息}{[1+债券持有者的必要收益率(r_b)]^3} + \frac{本金}{[1+债券持有者的必要收益率(r_b)]^3}$$

(9-1)

在第 7 章中，我们使用上述债券定价公式来估计债券持有者的必要收益率。该必要收益率通常被称为债券的到期收益率。

由于公司在出售债券的时候必须支付发行成本，因此公司每只债券的净收入小于债券的市场价格。因此，**债务成本**（cost of debt）k_b 高于债券持有者的必要收益率，该成本可以用式（9-2）计算：

$$单位债券净收入 = \frac{第1年支付的利息}{[1+债务资本成本(k_b)]^1} + \frac{第2年支付的利息}{[1+债务资本成本(k_b)]^2} + \frac{第3年支付的利息}{[1+债务资本成本(k_b)]^3} + \frac{本金}{[1+债务资本成本(k_b)]^3}$$

(9-2)

您做出来了吗？

确定发行成本如何影响资本成本

如果某只股票的必要收益率为 18%，该股票以每股 22.00 美元的价格出售，交易成本为每股 2.00 美元，那么计算出的小辣椒墨西哥快餐店的股权资本成本将高于投资者的必要收益率：

$$股权资本成本 = \frac{投资者的必要收益率}{1-发行成本占股价的百分比} = \frac{18\%}{1-\dfrac{2.00\text{ 美元}}{22.00\text{ 美元}}} = 19.80\%$$

顺便提一下，尽管该股票以每股 22.00 美元的价格出售给公众，但这些股票在二级市场上交易一天后的收盘价就翻了一番，涨到了 44.00 美元。

您会做吗？

计算债务融资的成本

通用汽车配件公司（General Auto Parts Corporation）最近发行了一只账面价值为 20 000 000 美元、票面利率为 5.5% 的 2 年期债券（假设按年支付利息）。通用汽车配件公司的后续现金流情况如下所示：

单位：百万美元

	今天	第 1 年	第 2 年
本金	18.00	0	−20.00
利息		−0.99	−0.99
合计	18.00	−0.99	−20.99

通用汽车配件公司该项债务的资本成本是多少？

请注意，针对发行成本进行调整时，只需要将债券的市场价值替换为公司支付这些发行成本之后每只债券得到的净收入。该调整的结果是利用式（9-2）求出的贴现率，现在它是公司在调整公司所得税影响之前的债务融资成本，即税前债务成本 k_b。我们要做的最后一项调整是考虑利息可以在税前扣除的事实。因此，债务的税后成本等于税前债务成本 k_b 乘以 1 与公司税率之差。2017 年《减税与就业法案》不仅将公司税税率降低到 21%，还规定了公司在计算应纳税款时可在税前扣除的利息限额。在本章中，我们假设公司的所有利息费用都是可在税前扣除的。

例 9.1 计算债务融资的税后成本

天气网络公司（Synopticom Inc.）最近计划发行一只债券，并且希望估计当前的债务融资成本。在与该公司的投资银行沟通之后，该公司的首席财务官确定将发行面值为 1 000 美元、票面利率为 8% 的 20 年期债券。向投资者出售该债券时可以获得 908.32 美元的净收入（票面利率 8% × 1 000 美元 = 年利息 80 美元）。如果天气网络公司的税率为 21%，那么该公司的税后债务融资成本是多少？

第 1 步：确定解题方法

债务融资成本可以通过债券持有者的必要收益率来估计，正如我们在第 7 章中所学到的，该必要收益率是用来计算债券价值的贴现率，即利用式（9-2）*：

---

* 英文原书为式（9-1），疑有误。——译者注

$$单位债券净收入 = \frac{第1年支付的利息}{[1+债券持有者的必要收益率(k_b)]^1}$$
$$+ \frac{第2年支付的利息}{[1+债券持有者的必要收益率(k_b)]^2} + \cdots$$
$$+ \frac{第N年支付的利息}{[1+债券持有者的必要收益率(k_b)]^N}$$
$$+ \frac{第N年支付的本金}{[1+债券持有者的必要收益率(k_b)]^N}$$

请注意，我们考虑了 N 年的利息支付，但出于节省空间的考虑，没有写出第3年至第 $N-1$ 年的利息支付。将我们所了解的天气网络公司债券的信息代入式（9-2）*，我们就可以解出债券持有者的必要收益率 k_b。最后，我们可以通过用 k_b 乘以1与税率 T 之差，计算出税后必要收益率：

$$税后债务成本 = 债券持有者的必要收益率(k_b) \times (1-税率)$$

第2步：计算数值

将天气网络公司债券的数据代入式（9-2）* 中，我们可以得到下列结果：

$$908.32 美元 = \frac{0.08 \times 1\,000 美元}{(1+k_b)^1} + \frac{0.08 \times 1\,000 美元}{(1+k_b)^2} + \cdots$$
$$+ \frac{0.08 \times 1\,000 美元}{(1+k_b)^{20}} + \frac{1\,000 美元}{(1+k_b)^{20}}$$

我们可以利用计算器求解 k_b，得出 $k_b=9\%$。现在，我们可以计算出该项债务的税后成本，如下所示：

$$债务的税后成本 = 债券持有者的必要收益率(k_b) \times (1-税率)$$
$$= 0.09 \times (1-0.21) = 0.071\,1 = 7.11\%$$

第3步：分析结果

看起来，天气网络公司的债券持有者以908.32美元的当前市场价格购买该公司的债券时，必要收益率为9%。然而，由于天气网络公司可以从应税所得中扣除它支付的债券利息，因此该公司所支付的每美元利息都可以为该公司节约0.21美元的税款。因此，债券持有者9%的必要收益率实际上只花费了该公司7.11%的资本成本。

如果天气网络公司发行新债券，那么它将产生发行新债券的成本（即发行成本）。如果该公司估计其必须对每只债券支付58.32美元的发行成本，上述每只新债券的净收入为850美元，那么我们可以将850美元作为债券价格代入上述公式，计算出的必要收益率（扣除发行成本之后）为9.73%，新发行债券的相应税后成本为7.69%。

计算器解法

数据输入	功能键
20	N
−850	PV

---

* 英文原书为式（9-1），疑有误。——译者注

80	PMT
1 000	FV
功能键	答案
CPT	
I/Y	9.73

您做出来了吗?

计算债务融资的成本

通用汽车配件公司通过发行债券获得了 18 000 000 美元(支付发行成本之后),该公司需要在接下来 2 年的每年年末偿付债券的本金和利息。该债券的总现金流(包括现金流入和现金流出)如下所示:

单位:百万美元

	今天	第 1 年	第 2 年
本金	18.00	0	−20.00
利息		−0.99	−0.99
合计	18.00	−0.99	−20.99

我们可以通过求解以下债券估值公式的 k_b 来估计债券的税前资本成本。

$$债券净收入_{今天} = \frac{第1年支付的利息}{(1+k_b)^1} + \frac{第2年支付的利息}{(1+k_b)^2} + \frac{第2年支付的本金}{(1+k_b)^2}$$

$$18\,000\,000\,美元 = \frac{990\,000\,美元}{(1+k_b)^1} + \frac{990\,000\,美元}{(1+k_b)^2} + \frac{20\,000\,000\,美元}{(1+k_b)^2}$$

$$k_b = 10.77\%$$

您会做吗?

计算优先股的融资成本

卡森公司(Carson Enterprises)最近以每股 2.50 美元的价格发行了 25 000 000 美元的优先股。该优先股的股利率为 10%,即每股股利为 0.25 美元(假设股利按年支付)。在支付所有与优先股发行相关的费用与成本之后,该公司获得了每股 2.25 美元的净收入。

卡森公司发行该优先股的资本成本是多少?

优先股成本

您可能记得第 8 章曾提到,优先股每股价格,即**优先股成本**(cost of preferred equity),等于优先股固定股利现金流的现值,即:

$$优先股每股价格 = \frac{优先股股利}{优先股股东的必要收益率(r_{ps})} \quad (9-3)$$

如果我们可以观察到优先股每股价格,且知道优先股的股利,我们就可以用下式计算出优先股股东的必要收益率:

$$优先股股东的必要收益率(r_{ps}) = \frac{优先股股利}{优先股每股价格} \quad (9-4)$$

这里再次强调,由于出售新优先股时通常会产生发行成本,因此投资者的必要收益率低于公司的优先股成本。为了计算优先股成本,我们必须调整必要收益率,以反映其中的发行成本。我们将式(9-4)中的优先股每股价格替换为出售新优先股获得的每股净收入。由此得到的公式可以用来计算公司的优先股成本:

$$优先股成本(k_{ps}) = \frac{优先股股利}{优先股每股净收入} \quad (9-5)$$

请注意,每股净收入等于优先股每股价格减去新发行优先股每股发行成本。

这对公司所得税有何影响?对于优先股而言,由于与利息支付不同,优先股股利不能在税前扣除,因而没有必要做出税收调整。

例 9.2　计算优先股的融资成本

圣安东尼奥·爱迪生(San Antonio Edison)公司有一只流通优先股,每股每年支付 4.25 美元股利。2018 年 2 月 20 日,这只股票的价格为每股 58.50 美元。如果该公司将在今天发行一只与上述流通股具有相同特征的新优先股,该公司将产生每股 1.375 美元的发行成本。请根据该优先股最近的收盘价,估计该公司优先股的融资成本。

第 1 步:确定解题方法

就像我们根据债券估值公式估计债务融资成本一样,我们也可以根据优先股的基本估值公式计算出优先股融资成本。具体而言,我们可以用式(9-5)计算出优先股成本,如下所示:

$$优先股成本(k_{ps}) = \frac{优先股股利}{优先股每股净收入}$$

请注意,优先股每股净收入反映了优先股每股价格与新发行优先股每股发行成本之差。

第 2 步:计算数值

将数据代入式(9-5),我们可以计算出新发行优先股的成本,如下所示:

$$优先股成本(k_{ps}) = \frac{4.25 \text{ 美元}}{58.50 \text{ 美元} - 1.375 \text{ 美元}} = 0.0744 = 7.44\%$$

第3步：分析结果

如果圣安东尼奥·爱迪生公司准备在今天发行优先股，股票售价为每股 58.50 美元（假设该优先股支付的股利与流通股相同）。然而，为了出售这些股票，该公司必须向投资银行支付市场营销费，而这会产生每股 1.375 美元的成本。因此，考虑优先股的销售成本之后，该公司的优先股融资成本为 7.44%。

普通股成本

普通股在两个方面有独特之处。第一，**普通股成本**（cost of common equity）比债务成本或优先股成本更难估计，因为普通股股东的必要收益率是无法观察到的。举例来说，普通股股东收到的票面利率或股利不是明确规定的。这是由于普通股股东是公司剩余价值的所有者，这意味着他们的收益等于公司向公司债券所有者支付合约上规定的利息、本金，并向优先股股东支付承诺股利之后剩下的公司利润。第二，普通股股权可以从公司的留存收益或公司利润的再投资中获得（内部股权融资），也可以通过发行新股获得。由于公司在留存收益时不会产生发行成本，而在出售新普通股时会产生发行成本，因而这两种融资来源的资本成本不同。

我们将讨论估计普通股股东必要收益率的两种方法，这是我们估计公司股权资本成本的基础。这两种方法分别以股利增长模型和资本资产定价模型为基础，在第 8 章中我们讨论股票估值时提到过这两个模型。

股利增长模型与隐含股权成本

在第 8 章中我们曾经提到，公司普通股的价值等于所有未来股利的现值之和。当股利预计将以增长率 g 永续增长，而 g 小于投资者的必要收益率 k_{cs} 时，普通股每股价格 P_{cs} 可以写为：

$$P_{cs} = \frac{D_1}{k_{cs} - g} \tag{9-6}$$

其中，D_1 为公司的普通股股东预期将在 1 年后收到的股利。预期股利为当期股利 D_0 乘以 1 与股利年增长率之和，即 $D_1 = D_0(1+g)$。投资者的必要收益率可以通过求解式（9-6）中的 k_{cs} 得出：

$$k_{cs} = \frac{D_1}{P_{cs}} + g \tag{9-7}$$

请注意，k_{cs} 是投资者对公司股票的必要收益率。它也是我们估计的股权资本成本（通常被称为隐含股权成本），其中新股权资本是通过保留部分公司当期利润获得的。普通股融资有两个来源：留存收益或发行新普通股。当公司保留部分利润时，不会产生任何发行成本，因此投资者的必要收益率与公司的新股权资本成本相同。

如果公司通过发行新股来筹集股权资本，那么它将产生发行成本。我们计算投资者的必要收益率时仍需要调整发行成本，即用每股净收入 NP_{cs} 代替式（9-7）中的股票价格 P_{cs}，从而估计出新普通股成本 k_{ncs}。

$$k_{\text{ncs}} = \frac{D_1}{\text{NP}_{\text{cs}}} + g \tag{9-8}$$

您做出来了吗?

计算优先股的融资成本

卡森公司出售优先股的净收入为每股 2.25 美元,股东每年可以获得每股 0.25 美元的现金股利。因为股利支付在未来所有年份里都是固定不变的,所以我们可以按以下方法计算优先股的资本成本 k_{ps}:

$$\text{优先股成本}(k_{\text{ps}}) = \frac{\text{优先股股利}}{\text{优先股每股净收入}} = \frac{0.25\text{ 美元}}{2.25\text{ 美元}} = 11.11\%$$

例 9.3　计算普通股的融资成本

塔尔博特公司(Talbot Corporation)的普通股股东去年获得了每股 2 美元的股利,他们预期股利将在下一年增长 10%,因而他们预期将在下一年获得每股 2.20 美元的股利。此外,分析师还预测该公司的股利将在可预见的未来以 10% 的增长率继续增长。如果塔尔博特公司准备以每股 50.00 美元的价格发行新普通股,那么该公司将因为出售新股票而产生每股 7.50 美元的发行成本。根据该公司普通股最近的收盘价,您估计该公司的普通股成本是多少?新发行的普通股成本是多少?

第 1 步:确定解题方法

普通股的融资成本可以根据普通股的基本估值公式计算出来,就像我们通过债券估值公式估计债务融资成本一样。具体而言,我们可以利用式(9-7)计算普通股成本,如下所示:

$$\text{普通股成本}(k_{\text{cs}}) = \frac{\text{普通股股利}}{\text{普通股每股价格}} + \text{股利增长率}(g)$$

如果塔尔博特公司准备发行新普通股,那么该公司将产生每股 7.50 美元的发行成本,因此可以利用式(9-8)计算出新普通股的成本,如下所示:

$$\text{新普通股成本}(k_{\text{ncs}}) = \frac{\text{普通股股利}}{\text{普通股每股净收入}} + \text{股利增长率}(g)$$

请注意,普通股每股净收入反映出普通股每股价格与发行新股产生的每股发行成本之差。

第 2 步:计算数值

将数值代入式(9-7),我们计算出普通股成本,如下所示:

$$\text{普通股成本}(k_{\text{cs}}) = \frac{2.20\text{ 美元}}{50.00\text{ 美元}} + 0.10 = 0.144 = 14.4\%$$

新普通股成本可以通过将公司股价替换为新普通股每股净收入来计算，即：

$$新普通股成本(k_{ncs}) = \frac{2.20\text{美元}}{50.00\text{美元}-7.50\text{美元}} + 0.10 = 0.1518 = 15.18\%$$

第3步：分析结果

塔尔博特公司的普通股成本等于 14.4%，然而，如果该公司发行新股票，那么将产生 7.50 美元的发行成本，使新普通股成本为 15.18%。

运用股利增长模型时的问题

作为计算公司普通股资本成本的基础，股利增长模型的主要优点在于该模型很简单。为了估计投资者的必要收益率，分析师只需观察当前股利和股票价格，并估计出股利的未来增长率。该估值模型的主要缺点与模型本身的适用性或合理性有关。也就是说，股利增长模型是基于股利预期将按照固定增长率 g 永续增长的基本假设。为了避免做出这个假设，分析师通常使用更复杂的估值模型，比如，预期股利在 5 年内以某个增长率增长，然后从第 6 年起以较低的增长率增长。分析师通常使用双阶段增长模型，它允许股利在跌回最终增长率之前按两个不同增长率增长。这里，我们暂时不考虑更复杂的模型，它们只是我们使用的单增长率模型的简单扩展。

即使固定增长率假设可以接受，我们也必须估计出该增长率。我们可以通过历史股利水平来估计增长率，也可以参考公开信息来源中的股利增长率预测。价值线（Value Line）等投资咨询服务机构提供它们自己的分析师对利润增长率的估计（通常分析期最长为 5 年），而机构经纪商估计系统（Institutional Brokers' Estimate System，I/B/E/S）收集和发布超过 12 个行业的利润预测和 230 多个行业特定业绩指标的估计值。这些估计值十分有帮助，但仍然需要分析师在利用这些估计值之前进行仔细判断，因为这些估计值都与利润（而非股利）有关，且预测时期长度仅为未来 5 年（而不是股利增长模型要求的永远）。尽管如此，这些估计仍可以为初步的股利增长率估计提供有用的指南。

资本资产定价模型

第 6 章曾经提到，资本资产定价模型（CAPM）为确定投资者对投资于公司普通股的必要收益率提供了基础。该模型取决于三个因素：

(1) 无风险利率 r_f；

(2) 普通股收益率相对于整个市场的系统性风险，即股票的 β 系数；

(3) 市场风险溢价，它等于市场整体的预期收益率，即"一般证券"的预期收益率减去无风险利率，以符号表示为 $r_m - r_f$。

运用 CAPM，投资者的必要收益率可以写为以下形式：

$$k_{cs} = r_f + \beta(r_m - r_f) \tag{9-9}$$

例 9.4

利用资本资产定价模型计算普通股成本

塔尔博特公司的 β 系数估计值为 1.40。此外，现在的无风险利率为 2.75%，而包含所有普通股的分散化证券组合的预期收益率为 10%。请利用资本资产定价模型（CAPM）估计塔尔博特公司的股权资本成本。

第 1 步：确定解题方法

在例 9.3 中，我们利用固定增长率和贴现现金流模型估计出了普通股成本。在本例中，我们将利用资本资产定价模型估计普通股成本。具体而言，普通股成本可以用式（9-9）估计出来，如下所示：

$$\text{普通股成本}(k_{cs}) = r_f + \beta(r_m - r_f)$$

第 2 步：计算数值

将数值代入式（9-9）中，我们可以计算出普通股成本，如下所示：

$$\begin{aligned}\text{普通股成本}(k_{cs}) &= r_f + \beta(r_m - r_f) \\ &= 0.0275 + 1.4 \times (0.10 - 0.0275) \\ &= 0.129 = 12.9\%\end{aligned}$$

第 3 步：分析结果

我们使用资本资产定价模型估计出的塔尔博特公司的普通股成本为 12.9%。请注意，我们在使用资本资产定价模型时没有考虑交易成本，因此该估计是对公司内部普通股或者留存收益成本的估计。

Q&A 您会做吗？

使用股利增长模型计算新普通股的成本

2018 年 3 月，梅斯公司（Mayze Corporation）在一次公开募股中发行了普通股。该股票以每股 50 美元的价格出售。梅斯公司在 2017 年发放了每股 2.5 美元的股利，分析师预计该公司的利润和股利在可预见的未来将以 5% 的年增长率增长。该公司普通股投资者的必要收益率是多少？（留存收益的成本是多少？）

尽管股票售价为每股 150 美元，但梅斯公司发行股票获得的净收入仅为每股 45 美元。二者之差表示该公司支付给投资银行的发行成本。

利用股利增长（隐含股权成本）模型，您估计梅斯公司新普通股的成本是多少？

> **您会做吗?**
>
> **使用资本资产定价模型计算普通股的成本**
>
> 梅斯公司在 2018 年 3 月以每股 100 美元的价格发行了普通股。然而，在发行该股票之前，该公司的首席财务官（CFO）让公司的一位财务分析师使用资本资产定价模型估计了普通股的融资成本。该分析师在雅虎财经上查找了相关数据，并估计出该公司的 β 值为 0.90。她还参考了网络资源，查到 10 年期美国国债的当期收益率为 2.5%。要使用资本资产定价模型来计算股权成本，她需要估计的最后一个参数是市场风险溢价，即所有股票的预期收益率与 10 年期美国国债收益率之差。在经过一些研究之后，她确定风险溢价应该基于市场投资组合 10% 的预期收益率和 2.5% 的国债利率。
>
> 使用资本资产定价模型，您估计出的梅斯公司的普通股成本是多少？

使用资本资产定价模型时的问题

在计算公司与普通股相关的资本成本时，资本资产定价模型方法有两个主要优点。第一，该模型很简单且易于理解和运用。除了一些小公司和（或）私人控股公司的 β 系数以外，该模型的变量都可以从公开来源中获得。第二，由于该模型不依赖于股利或任何关于股利增长率的假设，因此它可以适用于当前不支付股利或预期不会有固定股利增长率的公司。

当然，使用资本资产定价模型需要我们获得三个模型变量——r_f、β 和 $(r_m - r_f)$——的估计值。让我们来逐一考察这三个变量。

第一，分析师可以根据各种美国政府证券估计无风险利率 r_f。期限从 30 天到 20 年的美国国债数据都是现成可得的。遗憾的是，资本资产定价模型并没有为如何选择合适的无风险利率给出指导。实际上，资本资产定价模型本身假设只存在一个无风险利率，且它对应着某个单期收益率（但没有规定该期限的长度）。因此，我们只能依靠自己的判断来确定我们应该选择多长期限的证券利率来代表无风险利率。在应用涉及长期资本支出决策的资本成本时，合理的做法似乎是选择类似期限证券的无风险利率。所以，如果我们要计算资本成本，用以估计在接下来的 20 年里提供收益的投资的价值，那么合适的做法似乎是使用类似期限的美国国债的无风险利率。

第二，很多投资咨询服务机构，包括美林（Merrill Lynch）和价值线，都提供证券 β 系数的估计值。或者，我们也可以收集公司在股市中的历史收益率和一般市场指数（例如标准普尔 500 指数）的历史收益率，并通过这两组收益率之间关系的斜率来估计该公司股票的 β 系数——正如我们在第 6 章中的做法。但是，由于我们可以获得大部分上市公司的 β 系数估计值，因此分析师通常依赖于公开来源提供的 β 系数。

第三，我们可以通过观察股票的历史收益率和该收益率相对于无风险利率的溢价来估计市场风险溢价。在第 6 章中，我们总结了无风险证券和普通股的历史收益率，如表 6-3

所示。我们可以看出，在过去的70年里，平均来看，普通股的收益率比长期政府债券高5.5%。因此，在使用资本资产定价模型估计投资者对股权的必要收益率时，我们将利用对市场风险溢价（$r_m - r_f$）的估计值。

除了历史平均市场风险溢价以外，我们还可以利用对专业经济学家关于未来市场风险溢价的观点的调查结果。[1] 例如，耶鲁大学经济学家伊沃·韦尔奇（Ivo Welch）在1998年所做的一项调查中发现，所有受访者对30年期市场风险溢价估计值的中位数为7%。当2000年重复这项调查时，相应的市场风险溢价估计值中位数跌至5%。这个结果说明了两件事：其一，市场风险溢价并不是固定不变的，而是会随着一般经济周期逐渐变化。其二，在使用资本资产定价模型估计资本成本时，使用5%～7%的市场风险溢价是合理的。

您做出来了吗？

使用股利增长模型计算新普通股的成本

我们可以通过代入以下公式，使用股利增长模型估计股权资本成本：

$$新普通股成本(k_{ncs}) = \frac{下一年的预期股利(D_1)}{每股净收入(NP_{cs})} + 股利增长率(g)$$

$$= \frac{2.5 \text{美元} \times 1.05}{45.00 \text{美元}} + 0.05 = 9.67\%$$

您做出来了吗？

使用资本资产定价模型计算普通股的成本

我们可以使用资本资产定价模型估计投资者的必要收益率，如下所示：

$$普通股成本(k_{cs}) = 无风险利率(r_f) + 梅斯公司股票的 \beta 系数 \times [预期市场收益率(r_m) - 无风险利率(r_f)]$$

代入相应数值，我们可以使用资本资产定价模型得到投资者必要收益率的以下估计值：

$$普通股成本(k_{cs}) = 0.025 + 0.90 \times (0.10 - 0.025) = 0.0925 = 9.25\%$$

---

[1] 这里的结果来自 Ivo Welch, "Views of Financial Economists on the Equity Premium and on Professional Controversies," *Journal of Business* 73 - 74 (October 2000), pp. 501 - 537, and Ivo Welch, "The Equity Premium Consensus Forecast Revisited," Cowles Foundation Discussion Paper No. 1325 (September 2001).

> **概念回顾**
> 1. 请定义债务成本、优先股成本和普通股成本。
> 2. 估计普通股融资的成本比估计债务和优先股融资的成本更困难。请解释原因。
> 3. 什么是股利增长模型？如何用它来估计普通股融资的成本？
> 4. 请简要介绍资本资产定价模型，以及如何用它来估计普通股融资的成本。
> 5. 在使用资本资产定价模型估计普通股资本成本时，会遇到什么实际问题？

加权平均资本成本

现在我们已经计算出公司可能采用的每种融资来源的资本成本，接下来我们将把这些资本成本汇总为加权平均资本成本。为了估计加权平均资本成本，我们需要知道公司使用的每种融资来源的资本成本和公司的资本结构。我们用**资本结构**（capital structure）来表述公司使用的每种融资来源的占比。尽管公司的资本结构可能十分复杂，但我们的例子只关注三种基本的资本来源：债券、优先股和普通股。

换言之，我们可以使用如下公式计算只使用了债务和普通股的公司的加权平均资本成本：

$$\text{加权平均资本成本} = \text{税后债务成本} \times \text{债务融资比例} + \text{普通股成本} \times \text{普通股融资比例} \quad (9-10)$$

例如，如果一家公司以6%的税后利率借款，支付10%的股权收益率，且债务融资和股权融资的比例均为50%，那么它的加权平均资本成本为8%，即：

$$\text{加权平均资本成本} = 0.06 \times 0.5 + 0.10 \times 0.5 = 0.08 = 8\%$$

在实际中，加权平均资本成本的计算比这个例子更复杂。首先，公司通常会发行多种具有不同必要收益率的债务，而且公司除了使用普通股融资以外，还会使用优先股融资。此外，当公司筹集普通股资本时，这些资本有时是公司留存收益再投资的结果，有时则是通过发行新股票筹集的。当然，在留存收益再投资的情况下，公司不会产生发行新普通股时的发行成本。这意味着通过留存收益筹集的资本比通过发行新股票筹集的资本成本更低。在接下来的例子中，我们将逐一介绍这些复杂情况。

资本结构的权重

我们计算资本成本的主要原因是，它使我们能评估公司的投资机会。前面曾经提到，资本成本应该反映被评估项目的风险水平，因此，当一家公司在具有截然不同风险特征的多个领域或业务部门进行投资时，公司应该分别计算多个资本成本。所以，要使计算出来的资本成本有意义，该资本成本必须直接反映所分析的特定项目的风险水平。也就是说，在理论上，资本成本应该反映项目的特定筹资方式（使用的资本结构）和风险特征。因此，计算资本结构权重的正确方法是利用公司实际使用的不同资本来源的实际金额。①

在实际中，公司采用的融资来源结构可能在不同年份有所不同。因此，许多公司发现在计算公司的加权平均资本成本时使用目标资本结构较为方便。例如，一家公司采用的目标资本结构可能是40%的债务融资和60%的股权融资，并以此来计算加权平均资本成本，尽管在某个特定年份，该公司是通过借款来满足大部分融资需求的。类似地，该公司将在下一年继续使用该目标资本结构，即使下一年该公司通过留存收益再投资或发行新股票来满足大部分融资需求。

计算加权平均资本成本

加权平均资本成本 k_{wacc} 是公司产生的所有资本成本的加权平均值。表9-1说明了被用来估计在目标资本结构中拥有债务、优先股和普通股的公司的加权平均资本成本 k_{wacc} 的过程。在两个部分中分别介绍了两种可能的情形。首先，在A部分中，公司可以利用留存收益来筹集目标资本结构要求的全部普通股资本。其次，在B部分中，公司必须通过发行新股票来筹集目标资本结构要求的普通股资本。例如，如果该公司将普通股融资的目标比例定为75%，且拥有750 000美元的当期利润，那么它在不得不出售新股票之前，可以筹集到1 000 000（=750 000÷0.75）美元的新资本。对于小于或等于1 000 000美元的资本支出来说，该公司的加权平均资本成本可以用留存收益的资本成本进行计算（如表9-1的A部分所示）。而对于大于1 000 000美元的新资本来说，资本成本将会升高，反映出发行新普通股带来的更高成本的影响（如表9-1的B部分所示）。

表9-1 计算加权平均资本成本

| A部分：通过留存收益筹集的普通股 ||||
| 资本结构 ||||
资本来源	权重	×资本成本	=结果
债券	w_b	$k_b(1-T_c)$	$w_b \times k_b(1-T_c)$
优先股	w_{ps}	k_{ps}	$w_{ps} \times k_{ps}$
普通股			
留存收益	$\underline{w_{cs}}$	k_{cs}	$\underline{w_{cs} \times k_{cs}}$
总计=	100%	总计=	k_{wacc}
B部分：通过发行新股票筹集的普通股			
资本结构			
资本来源	权重	×资本成本	=结果
债券	w_b	$k_b(1-T_c)$	$w_b \times k_b(1-T_c)$

---

① 在某些情况下，我们希望计算公司整体的资本成本。在这种情况下，使用的合理权重应该基于公司使用的不同资本来源的市场价值。市场价值而非账面价值恰当地反映了公司在任何特定时点上使用的融资来源。然而，当一家公司是私人公司时，我们不太可能获得该公司证券的市场价值，因此通常使用账面价值。

续表

优先股	w_{ps}	k_{ps}	$w_{ps} \times k_{ps}$
普通股			
新普通股	w_{ncs}	k_{ncs}	$w_{ncs} \times k_{ncs}$
总计＝	100%	总计＝	k_{wacc}

例9.5 计算公司的加权平均资本成本

表9-2提供了阿什公司（Ash Inc.）的资本结构和估计资本成本。请注意，如果我们正确地考虑了所有的融资来源并正确估计了融资金额，那么资本结构的权重之和必然等于100%。例如，阿什公司计划总共投资3 000 000美元普通股为5 000 000美元的投资项目融资。因为阿什公司的留存收益等于该项新股权融资所需的3 000 000美元，因此该公司将用留存收益筹集全部新股权。

第1步：确定解题方法

我们按照表9-1中A部分所示步骤，并利用表9-2中的信息计算加权平均资本成本。请注意，阿什公司的资本成本随着计划融资金额的变化而变化。例如，当新资本需求不超过5 000 000美元时，该公司可以用留存收益来购买所需的普通股，以达到普通股在总资本中占60%的要求。然而，当新资本需求超过5 000 000美元时，阿什公司将不得不发行新普通股。由于出售更多普通股会产生交易成本，因此这会带来比留存收益再投资更高的融资成本。

表9-2 阿什公司的资本结构和资本成本

资本来源	筹资金额（美元）	占比	税后资本成本
债券	1 750 000	35%	7%
优先股	250 000	5%	13%
留存收益	3 000 000	60%	16%
总计	5 000 000	100%	

表9-1总结了加权平均资本成本k_{wacc}的计算公式，但我们可以将该式写为以下形式：

$$k_{wacc} = w_b \times k_b \times (1-T_c) + w_{ps} \times k_{ps} + w_{cs} \times k_{cs}$$

请注意，k_{wacc}只是债务、优先股和普通股的税后成本的加权平均值，其中各项成本的权重为该项融资来源在公司资本结构中的相对重要程度。要计算总融资规模大于5 000 000美元时的资本成本，我们只需用新普通股的成本k_{ncs}代替股权成本。

第2步：计算数值

表9-3的A部分计算了阿什公司在新资本规模不高于5 000 000美元时的加权平均资本成本，结果为12.7%。如果该公司需要筹集多于5 000 000美元的资金，那么该公司必须发行新的普通股，该股权资本的成本为18%（相比之下，内部产生的普通股或留存收益的资本成本为16%）。净结果是，该公司筹集的新资本中超过5 000 000美元部分的加权平均资本成本升至13.9%。

表 9-3 阿什公司的加权平均资本成本

A 部分：新资本规模不高于 5 000 000 美元时的资本成本

资本结构

资本来源	权重	资本成本	结果
债券	35%	7%	2.45%
优先股	5%	13%	0.65%
留存收益	60%	16%	9.60%
总计	100%	$k_{wacc}=$	12.70%

B 部分：新资本规模超过 5 000 000 美元时的资本成本

资本结构

资本来源	权重	资本成本	结果
债券	35%	7%	2.45%
优先股	5%	13%	0.65%
新普通股	60%	18%	10.80%
总计	100%	$k_{wacc}=$	13.90%

第 3 步：分析结果

公司的加权平均资本成本是对公司使用的所有资本来源综合成本的估计值。对于阿什公司而言，融资规模不高于 5 000 000 美元时的加权平均资本成本为 12.7%，而融资规模高于 5 000 000 美元时，则需要该公司发行新的普通股，并因此而产生发行成本，使整体的加权平均资本成本升至 13.9%。

概念回顾

1. 公司的资本结构和它的目标资本结构是公司加权平均资本成本的重要决定因素，请解释原因。
2. 请简要解释公司的加权平均资本成本的计算方法。我们计算的是什么的平均值？其中的权重表示什么？

计算部门的资本成本

估计部门的资本成本

由于每个业务部门的风险都是独特的，并且有别于公司整体的风险，因此有多个业务部门的公司通常会对每个部门使用不同的资本成本，以便正确衡量各部门的风险水平。这里要说的是，各业务部门都根据其独特的风险水平决定投资项目，因此，每个业务部门使用的加权平均资本成本可能都是该部门特有的。通常，业务部门根据地理区域（例如，南美洲部门）或行业（例如，大型综合石油公司的开采和生产、管道运输和冶炼部门）来进行划分。

使用**部门加权平均资本成本**（divisional WACC）有以下几个优点：
- 它提供了不同贴现率，这些贴现率反映了不同部门所评估项目的系统性风险差异。
- 它对每个部门只估计一个资本成本（而不是对每个项目估计其特有的贴现率），因此最大限度地节省了估计资本成本的时间和精力。
- 在整个部门内使用统一的贴现率，这限制了管理者的自由度和随之而来的影响成本，因为管理者不用为了降低中意项目的资本成本而到处游说。

用单一经营公司来估计业务部门的加权平均资本成本

可以用来解决公司每个业务部门的资本成本差异的一种方法是找出我们所称的"单一经营"可比公司，在可能的情况下，它只经营一个业务领域。例如，瓦莱罗能源公司（Valero Energy Corporation，VLO）是一家总部位于得克萨斯州圣安东尼奥的财富500强交通燃料制造商和经销商。该公司拥有14家炼油厂，而且是美国最大的零售业运营商之一，拥有超过5 800家零售商店。具体来说，该公司的业务集中在石油业的下游领域，业务包括将原油精炼为汽油和其他交通燃料，以及向公众销售这些产品。

要逐一估计这些不同类型业务的资本成本，我们可以使用没有充分实现一体化、只在瓦莱罗的业务领域之一运营的可比公司的加权平均资本成本。例如，要估计原油精炼业务部门的加权平均资本成本，瓦莱罗公司可能会使用在原油精炼业（SIC 2911）经营的公司的加权平均资本成本估计值。[①] 而要估计瓦莱罗公司零售部门的加权平均资本成本，我们可以使用主要在零售业（便利店）（SIC 5411）经营的公司的加权平均资本成本估计值。

部门加权平均资本成本示例 表9-4包含对原油精炼业和零售业（便利店）的部门加权平均资本成本的假设估计值。

表9-4 部门加权平均资本成本的计算

A部分：税后债务成本

公司所在部门	税前债务成本	×	（1－税率）	=	税后债务成本
原油精炼业	9.00%	×	0.79	=	0.071 1
零售业（便利店）	7.50%	×	0.79	=	0.059 3

B部分：税后普通股成本

	无风险利率	+	β	×	市场风险溢价	=	股权成本
原油精炼业	0.02	+	1.1	×	0.07	=	0.097
零售业（便利店）	0.02	+	0.8	×	0.07	=	0.076

---

① SIC是被广泛用于识别不同行业的四位数标准行业分类代码。

续表

C部分：目标债务比率

	目标债务比率
原油精炼业	10%
零售业（便利店）	50%

D部分：原油精炼业的部门加权平均资本成本

	资本结构权重	×	税后资本成本	=	结果
债务	0.10	×	0.071 1	=	0.007 1
股权	0.90	×	0.097 0	=	0.087 3
			加权平均资本成本	=	0.094 4 或 9.44%

E部分：零售业（便利店）的部门加权平均资本成本

	资本结构权重	×	税后资本成本	=	结果
债务	0.50	×	0.059 3	=	0.029 6
普通股	0.50	×	0.076 0	=	0.035 80
			加权平均资本成本	=	0.065 4 或 6.54%

A部分包含原油精炼业与零售业的税后债务融资成本估计值，其中我们假设公司的边际所得税税率为38%。请注意，它们的借款成本有微小差别，这反映出借款金额（见C部分）和贷款人认为这两个行业的风险水平存在的差异。B部分包括基于资本资产定价模型计算出的税后股权资本成本。这两个行业的股权成本的唯一差别在于β系数不同。最后，在D部分和E部分中，我们估计了这两个行业的加权平均资本成本。原油精炼业的加权平均资本成本估计值为9.44%，而零售业的加权平均资本成本估计值为6.54%。如果该公司使用这两个加权平均资本成本估计值的综合值来评估新项目，那么加权平均资本成本将介于两个值之间。这意味着，该公司可能会采纳过多的原油精炼投资项目和过少的零售业投资项目。

部门加权平均资本成本——估计过程中的问题和缺陷 尽管部门加权平均资本成本相比于单一公司加权平均资本成本通常是重要进步，但它通常使用同行业可比公司来计算加权平均资本成本，这种方式存在很多潜在缺陷：

● 在给定行业中选出的公司样本可能包含与目标公司或其中某个部门并不十分匹配的公司。例如，瓦莱罗公司的分析师可能选择风险特征更接近其冶炼部门的两三家公司，而不是使用原油精炼业（SIC 2911）中所有公司的综合数据。该公司的管理层可以从这些行业的许多公司中选择出拥有相似风险特征的合适可比公司，从而轻松解决这个问题。

● 待分析业务部门的资本结构可能与行业数据中的公司样本并不相似。部门资本杠杆可能高于也可能低于资本成本被用作部门资本成本替代值的公司。例如，埃克森美孚公司的资本中只有 4% 是通过债务融资筹集的，而瓦莱罗能源公司在 2011 年年末的资本中有 35% 是通过债务融资筹集的。①

● 选定行业中用作部门风险替代品的公司可能并不能准确反映项目风险。从定义上来看，公司从事多种不同业务，而确定一组主要从事与给定项目真正可比的业务的公司十分困难。即使在部门内部，不同项目也可能存在截然不同的风险特征。这意味着即使我们能将可比公司的风险与部门风险密切匹配，部门内不同项目之间的风险水平也可能存在显著差异。例如，某些项目可能涉及现有生产能力的扩张，而另一些项目可能涉及新产品的开发。这两种投资有可能发生在一个给定部门内，但是它们的风险特征却截然不同。

● 可能很难找到特定部门的合适可比公司。大多数上市公司都同时经营多条业务线，但是每家公司都被划分到单一的行业类别中。在瓦莱罗的案例中，我们可以发现它有两个营运部门（原油精炼部门和零售部门），并为这两个部门分别找到了行业替代品。

之前的讨论说明，尽管用来确定项目贴现率的部门加权平均资本成本相比于使用公司整体加权平均资本成本可能是个进步，但这种方法远没有达到完美。尽管如此，如果公司存在多个投资机会，而这些投资机会的风险由于行业风险特征的不同而存在本质差异，那么，使用部门加权平均资本成本比使用公司整体加权平均资本成本有明显优势。它提供了一种考虑不同贴现率的方法，还避免了给予管理者选择项目具体贴现率的完全自由所带来的影响成本。表 9-5 总结了使用单一公司加权平均资本成本和部门加权平均资本成本来评估投资机会的情况。

计算公司的加权平均资本成本需要使用多种财务决策工具。具体而言，分析师必须估计税后债务融资成本、优先股融资成本、普通股融资成本以及公司本身的加权平均资本成本。详见后文的财务决策工具特征。

表 9-5　选择正确的加权平均资本成本——贴现率和项目风险

人们有充分理由使用单一公司加权平均资本成本来评估公司的投资，即使公司所采纳项目的风险之间存在差异。但是，在使用各种贴现率评估新投资以调和风险差异的工具中，公司最常用的工具是部门加权平均资本成本。当我们既要估计项目特定资本成本，又要估计使用单个贴现率（等于公司加权平均资本成本）的成本时，部门加权平均资本成本是能尽量减少问题的折中方案。

方法	描述	优点	缺点	使用场合
加权平均资本成本	将公司作为一个实体评估加权平均资本成本；被用作所有项目的贴现率。	● 大多数企业高管都熟悉这个概念。 ● 最小化估计成本，因为只需要计算一个公司资本成本。 ● 减少影响成本的问题。	● 不根据项目风险的差异调整贴现率。 ● 在根据资本结构中的项目债务差异进行调整时灵活度不足。	● 项目对于公司整体的风险相似时。 ● 使用多个贴现率会造成影响成本的严重问题时。

---

① 该估计是基于 2011 年年末的财务报表，使用的是 2012 年 3 月 30 日的有息短期债务和有息长期债务的账面价值和公司股票的市场价值。

续表

| 部门加权平均资本成本 | 估计公司内各业务部门的加权平均资本成本；每个部门只使用一个贴现率。 | ● 使用部门风险调整不同项目的贴现率。
● 降低各部门经理之间竞争的影响成本，以降低部门的资本成本。 | ● 没有反映项目之间的部门内风险差异。
● 没有考虑部门内的项目举债能力差异。
● 选择不同部门的贴现率时可能存在影响成本。
● 很难找到只有一个部门的公司来代表部门。 | ● 每个部门内的各项目有类似风险和举债能力时。
● 贴现率的决定在部门内而不是部门间产生显著的影响成本时。 |

财务实践

皮尔斯伯里公司在草根教育项目中采用 EVA 方法

任何激励项目要想取得成功，关键决定因素都是员工是否认同。如果员工将新的绩效考核指标和奖励系统仅仅视为"另一个"报告要求，那么该项目将不会对员工行为产生什么影响，因此也不会对公司的经营业绩产生什么影响。此外，如果一家公司的员工不能理解考核指标系统，那么它很有可能不被员工信任，甚至会对公司的业绩带来负面影响。

那么，您应该如何让员工相信考核指标和奖励系统确实能带来想要的结果呢？皮尔斯伯里（Pillsbury）公司采用了一种独特方法来解决这个问题。它使用了模拟训练，通过模拟一家假想工厂的运营让员工可以学习到运用经济增加值（EVA）原理的价值。员工使用该模拟系统模拟了从工厂的收入到税后净经营利润，再到加权平均资本成本的价值创造过程。结果令人满意。皮尔斯伯里公司的一名经理指出，当员工意识到"喔，这真能影响我的工作环境"时，"您可以看到他们眼中闪闪发光"。

布里格斯和斯特拉顿（Briggs and Stratton）公司采用了一个类似培训项目向员工教授经济增加值的基础原理。它使用的商业模拟案例比皮尔斯伯里公司更为基础。布里格斯和斯特拉顿公司使用一家便利店的运营过程教给一线员工控制浪费、充分利用资产和管理利润率的重要性。创造了经济增加值这个术语的思腾思特公司（Stern Stewart and Company）也开发出了一种培训工具，即经济增加值培训导师。经济增加值培训导师利用 CDROM 技术解决了四个基本问题：

● 为什么为股东创造财富是公司和投资者的重要目标？
● 衡量财富和商业成功的最好方法是什么？
● 哪些商业战略创造了财富？哪些商业战略失败了？
● 您要怎样做才能创造财富并提高您的公司的股票价格？

这里简要介绍的教育项目以实例说明了大公司如何发现它们需要提高员工的财务理解能力，从而最大化利用其人力资源和资本。

资料来源：改编自 George Donnelly, "Grassroots EVA", CFO.com (May 1, 2000), www.cfo.com and The EVA Training Tutor™ (Stern Stewart and Company)。

> **Q&A 您会做吗?**
>
> **计算加权平均资本成本**
>
> 2009年秋,格雷制造(Grey Manufacturing)公司正在考虑对其制造业务进行大规模扩张。该公司拥有充足的土地,可以将其业务翻倍,这需要花费200 000 000美元。为了筹集所需资金,格雷制造公司的管理层决定简单照搬该公司现有的资本结构,如下所示:
>
> | 资本来源 | 筹资金额(美元) | 占比(%) | 税后资本成本(%) |
> |---|---|---|---|
> | 债务 | 80 000 000 | 40 | 5.20 |
> | 普通股 | 120 000 000 | 60 | 14.50 |
> | 总计 | 200 000 000 | 100 | |
>
> 您可以假设这些税后资本成本都已根据筹资过程中产生的交易成本进行了适当调整。
>
> 您估计的格雷制造公司的加权平均资本成本是多少?

使用公司的资本成本评估新的资本投资

如果一家公司传统上使用单个资本成本来评估所有项目,而这些项目分属于多个业务部门(或子公司),各部门的风险特征也截然不同,那么如果该公司改为使用部门资本成本结构,那么该公司将可能遭到高风险部门的抵制。以一家虚拟公司——全球能源(Global Energy)公司——为例,它的部门资本成本如图9-2所示。全球能源公司是一家从事多种碳氢化合物相关业务的综合性石油公司,这些业务包括勘探和开发、管道运输以及冶炼。三种业务各自都有独特的风险。在图9-2中,我们可以看到全球能源公司的整体资本成本为11%,它反映了该公司的部门资本成本平均值。其中:管道运输部门的资本成本最低,为8%;勘探和开发部门的资本成本最高,为18%。

跨部门公司使用公司整体资本成本会导致对高风险
项目的系统性投资过度,而对低风险项目的投资不足

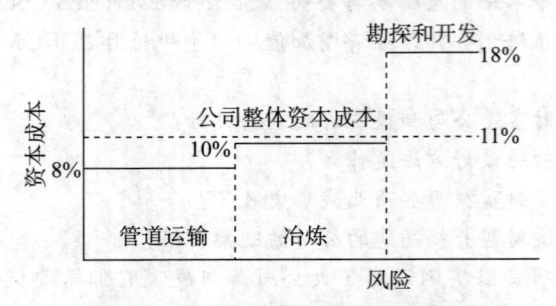

图9-2 全球能源公司的部门资本成本

目前,全球能源公司使用11%的资本成本来评估全部三个业务部门的新投资项目。这意

味着尽管资本市场显示该风险水平的项目应获得18%的收益率,但收益率仅为11%的勘探和开发项目也会被接受。因此,全球能源公司在高风险项目上进行了过多投资。同理,当使用公司整体资本成本时,该公司对其他两个风险较低的业务部门进行的投资将不足。

您做出来了吗?

计算加权平均资本成本

利用下表,可以计算出格雷制造公司的加权平均资本成本:

资金来源	占总资本的比例	税后资本成本	结果
债务	40%	5.20%	2.0800%
普通股	60%	14.50%	8.7000%
		加权平均资本成本=	10.7800%

因此,我们估计出的格雷制造公司的加权平均资本成本为10.78%。

▶ 财务决策工具

工具名称	公式	含义
税后债务成本	第1步:(税后)债务成本的计算方法如下所示: 净收入$(NP_b) = \dfrac{利息(第1年)}{(1+k_b)^1} + \dfrac{利息(第2年)}{(1+k_b)^2} + \cdots$ $+ \dfrac{利息(第n年)}{(1+k_b)^n} + \dfrac{本金}{(1+k_b)^n}$ 第2步:税后债务成本的计算方法如下所示: $k_b(1-T_c)$ 其中,T_c为公司的税率。	考虑了利息费用可在税前扣除时的公司借款成本
优先股成本	未来自由现金流的现值与初始支出之比: $k_{ps} = \dfrac{优先股股利}{优先股每股净收入(NP_{ps})}$	通过发行新优先股筹集资金的成本
普通股成本(股利增长模型)	通过留存收益并对公司进行再投资筹集的普通股的成本: $k_{cs} = \dfrac{第1年的普通股股利}{普通股当前价格(P_{cs})} + 股利增长率(g)$ 通过发行新普通股筹集的外部股权成本: $k_{ncs} = \dfrac{第1年的普通股股利}{普通股每股净收入(NP_{cs})} + 股利增长率(g)$	筹集普通股资金的成本
普通股成本(资本资产定价模型)	$k_{cs} = $无风险利率$(r_f) + $股票的$\beta$系数$\times [$市场收益率$(r_m)$ $-$无风险利率$(r_f)]$	筹集普通股资金的成本

续表

工具名称	公式	含义
加权平均资本成本（WACC）	加权平均资本成本＝税后债务成本×债务融资比例＋普通股成本×普通股融资比例	● 对公司投资的机会成本 ● 收益率高于加权平均资本成本的项目可以创造股东财富

现在考虑使用部门资本成本的情况，以及这可能给三个部门带来的影响。具体而言，由于这种改变肯定会减少流入勘探和开发部门业务的新投资，因此勘探和开发部门的经理可能将这种变化视为对他们不利的举措。相反，剩下两个部门的经理将把这种变化视为好消息，因为采用公司整体资本成本时，他们将拒绝收益率高于其市场资本成本（对管道运输部门来说是 8%，对冶炼部门来说是 10%），但低于公司整体资本成本（11%）的项目。

> **概念回顾**
> 1. 如果公司使用公司整体资本成本评估风险特征截然不同，因而资本成本也不同的两个部门的投资，可能犯什么错误？
> 2. 请描述用于估计公司部门资本成本的单一业务法背后的逻辑。

本章小结

➡ 学习目标 1. 理解公司资本成本的基础概念。

小结：一家公司的资本成本等于该公司使用的每种资本来源（包括债务、优先股和普通股）的机会成本的加权平均值。要正确反映所有资本来源的成本，应该基于当前市场情况而不是历史成本分别评估这些成本。

关键术语

加权平均资本成本（WACC）：公司使用的各种融资来源成本的平均值。公司的加权平均资本成本是以下变量的函数：(1) 不同融资来源各自的资本成本；(2) 资本结构。

资本结构：公司使用的长期融资来源结构。

机会成本：用放弃的次优机会定义的某种选择的成本。

发行成本：公司发行证券筹资时产生的成本。

财务政策：公司关于计划使用的融资来源和特定资本结构（比例）的政策。

➡ 学习目标 2. 计算单个资本来源的成本。

小结：税后债务成本通常是根据未清偿债务合约承诺支付的本金和利息的到期收益率来估计的。这意味着我们需要解出使承诺支付的利息与本金的现值等于债券的当前市场价值的利率水平。然后，我们将该债务成本乘以 1 与公司税率之差，从而调整税收影响。优先股融资成本的估计方式与之非常类似，但有两点不同。首先，由于优先股通常不会到期，因此，优先股估值的现值公式需要解出永续年金的价值。其次，由于优先股股利不能在税前扣除，因此不需要对优先股成本进行税收调整。

由于合同没有明确规定普通股股东的投资收益率，因此估计普通股成本在某种程度上比估计债务或优先股的成本更困难。与之相对，普通股股东收到的是公司的剩余利润，即支付其他索偿权之后剩下的公司利润。

估计普通股融资成本有两种广为使用的方法。第一种方法以股利增长模型为基础，用该模型求解使未来股利的现值等于公司股票的当前市场价格的贴现率。第二种方法使用资本资产定价模型。

关键术语

债务成本：为了实现债权人的必要收益率而必须获得的投资收益率。因为支付的利息增加将导致应纳税款减少，所以必须调整该收益率。该成本是基于债务持有者在资本市场上的债务机会成本。

优先股成本：为了满足优先股股东的必要收益率而必须获得的优先股投资收益率。该成本是基于优先股股东的优先股在资本市场上的机会成本。

普通股成本：为了满足普通股股东的必要收益率而必须获得的普通股投资收益率。该成本是基于普通股股东的普通股在资本市场上的机会成本。

关键公式

$$债券市场价格 = \frac{第1年支付的利息}{[1+债券持有者的必要收益率(r_b)]^1} + \frac{第2年支付的利息}{[1+债券持有者的必要收益率(r_b)]^2} + \frac{第3年支付的利息}{[1+债券持有者的必要收益率(r_b)]^3} + \frac{本金}{[1+债券持有者的必要收益率(r_b)]^3}$$

债务融资成本可以按以下方式计算：

$$单位债券净收入 = \frac{第1年支付的利息}{[1+债务资本成本(k_b)]^1} + \frac{第2年支付的利息}{[1+债务资本成本(k_b)]^2} + \frac{第3年支付的利息}{[1+债务资本成本(k_b)]^3} + \frac{本金}{[1+债务资本成本(k_b)]^3}$$

该式适用于3年期债券。更长期限的债券包括更多利息支付。结果是公司债务融资税前成本的估计值。为了调整税收影响，我们需要将该收益率乘以1与公司税率之差。

通过求解下式中的 k_{ps}，可以计算出优先股成本：

$$优先股每股净收入 = \frac{优先股股利}{优先股成本(k_{ps})}$$

普通股成本——贴现现金流（隐含股权成本）法——可以用以下公式计算：

$$普通股成本(k_{cs}) = \frac{第1年的普通股股利}{普通股市场价格} + 股利增长率$$

普通股成本——资本资产定价模型法——可以用以下公式计算：

$$普通股成本(k_{cs}) = 无风险利率 + 股票的\beta系数 \times (市场组合预期收益率 - 无风险利率)$$

➡ **学习目标 3. 计算公司的加权平均资本成本。**

小结：公司的加权平均资本成本定义如下：

加权平均资本成本＝税后债务成本（k_b）×债务融资比例（w_b）

$\qquad\qquad$＋普通股成本（k_{cs}）×普通股融资比例（w_{cs}） $\qquad\qquad$ (9-10)

其中，k_b 和 k_{cs} 分别是公司的债务成本和普通股成本。请注意，由于发行成本的影响，必须对这些资本来源的成本进行适当调整。T 是公司税的边际税率，w_b 和 w_{cs} 是债务和普通股在公司的总融资中分别占的比例（权重）。理论上，用来计算加权平均资本成本的权重应该反映每种资本来源的市场价值占公司所有资本来源的总市场价值（即公司的市场价值）的比例。在某些情况下，市场价值很难观测到，分析师们便使用账面价值来代替。

关键术语

资本结构：公司使用的长期资金来源的结构，这也被称为公司的资本化结构。它强调了每种资金来源占总资本的比例（百分比）。

➡ **学习目标 4. 估计部门的资本成本。**

小结：财务理论对用于贴现投资项目现金流的适当贴现率有非常明确的定义。适当的贴现率应该反映资本的机会成本，进而反映待评估项目的风险。

然而，允许管理者针对不同投资机会采用不同贴现率的投资估值政策可能很难实施。首先，确定每个项目的贴现率可能耗时且困难，而且可能不值得付出这么多精力。此外，当公司允许每个项目的资本成本有所不同时，过分热心的管理者可能会浪费大量公司资源四处游说以降低贴现率，从而确保他们中意的项目能获批。

为了降低这些估计成本和游说成本，多数公司要么只使用一个公司资本成本，要么对公司的每个部门使用一个资本成本。部门加权平均资本成本通常使用单一经营上市公司的信息来确定。

关键术语

部门加权平均资本成本：某个特定业务部门的资本成本。

复习题

9—1 请定义"资本成本"一词。

9—2 2009 年，埃克森美孚公司（XOM）宣布它有意以 410 亿美元的价格收购 XTO 能源（XTO Energy）公司。该收购项目将给埃克森美孚公司带来在美国内陆开发页岩气与非传统天然气资源的机会。该收购项目加入了埃克森美孚公司现有的上游业务（勘探和开发）。除了该业务领域之外，埃克森美孚公司还从事与将原油精炼为各种消费品或工业产品有关的化工业务和下游业务。您认为该公司在做出新的资本投资决策时，应该如何确定资本成本？

9—3 为什么公司要计算加权平均资本成本？

9—4 在计算资本成本的过程中，我们应该考虑哪些资本来源？

9—5 公司的税率如何影响它的资本成本？与发行新证券相关的发行成本对公司的加权平均资本成本有什么影响？

9—6 a. 请说明使用内部普通股（通过留存收益）为业务融资的公司和使用外部普通股（通过出售新普通股）为业务融资的公司的区别。

b. 为什么内部普通股存在成本？

c. 请描述两种可用来计算普通股成本的方法。

9—7 在计算不同资本来源的相对成本时，我们可能会看到什么情况？

课后习题

9—1（术语） 请将以下术语与它们的定义正确配对。

术语	定义
机会成本	公司用于资产投资的资金来源结构。
资本结构	公司资本来源的加权平均成本（根据发行成本和税款进行调整之后）。
资本成本	做出某种选择而放弃次优机会的成本。
交易成本	公司通过发行特定类型的证券筹资时产生的成本。

9—2（单一资本成本或部门资本成本） 请计算以下各种证券的成本：

a. 面值为 1 000 美元、合同利率或票面利率为 9% 的债券。新债券的发行成本为债券市场价值 1 100 美元的 5%。该债券将在 10 年后到期。公司的平均税率为 30%，边际税率为 21%。

b. 去年支付了 1.80 美元股利的新普通股。该股票的面值为 15 美元，每股利润的年增长率为 7%。该增长率预期将在可预见的未来持续下去。该公司保持 30% 的固定股利支付率。该股票的价格现在为 27.50 美元，但是预期有 5%（占市场价格的百分比）的发行成本。

c. 普通股的当前市场价格为 43 美元时的内部普通股股权。下一年预期支付的股利为 3.50 美元，此后股利将以 7% 的年增长率增长。该公司的税率为 21%。

d. 某只优先股的面值为 150 美元，支付的股利为面值的 9%。如果发行新优先股，发行成本将为股票当前价格 175 美元的 12%。

e. 某只债券剔除发行成本后的税前收益率为 12%，发行公司的边际公司税率为 21%。换言之，12% 的收益率是使债券净收入等于未来现金流（本金和利息）现值的贴现率。

9—3（股权成本） 2018 年春，布里耶公司（Brille Corporation）以 35 美元的市场价格发行了一只新普通股。该股票去年支付的股利为 1.50 美元，且股利预期将以 8% 的年增长率永续增长。发行成本将为股票市场价格的 6%。布里耶公司新普通股的股权成本是多少？

9—4（债务成本） 葛缕子籽公司（Carraway Seed Company）发行了一只面值为 1 000 美元、年利率为 7%、15 年后到期的债券。投资者愿意为这只债券支付 850 美元的价格。债券的发行成本为债券市场价值的 3%。该公司的边际税率为 21%。该公司的这只债券的税后成本是多少？

9—5（优先股成本） 得克萨斯南方电力公司（Texas Southern Power Company）优先股的售价为 51 美元，并支付每股 4.25 美元的股利。剔除发行成本后，该证券的每股净价格为 48.00 美元。该优先股的资本成本是多少？

9—6（债务成本） 泽弗公司（Zephyr Corporation）正在考虑一项新投资。该投资的债务融资比例为 33%。该公司可以按 945 美元的净价格发行面值为 1 000 美元的新债券。该债券的票面利率为 12%，还有 15 年到期。如果泽弗公司的税率为 21%，那么该债券的税后资本成本是多少？

9—7（优先股成本） 您的公司正在计划发行优先股。该优先股现在的售价为 115 美元，但是，如果您的公司发行新股票，公司将只能收到 98 美元。股票的面值为 100 美元，股利率为净利润的 14%。该优先股的资本成本是多少？

9—8（内部股权成本） 帕萨思公司（Pathos Co.）的普通股当前售价为 23.80 美元。该股票去年支付了 0.70 美元的股利。股票的发行成本将等于股票市场价格的 10%。每股股利和每股利润的预期年增长率为 15%。帕萨思公司的内部普通股成本是多少？

9—9（股权成本） 贝措尔德公司（Bestsold Corporation）的普通股售价为 58 美元。如果发行新股，发行成本估计为 8%。该公司每年将 50%的利润作为股利派发给股东，并在最近派发了每股 4.00 美元的股利。5 年前的每股利润为 5 美元。该公司的利润预期将在未来持续增长，年增长率与过去 5 年相同。该公司的边际税率为 21%。请计算：

 a. 内部普通股成本；

 b. 外部普通股成本。

9—10（股利增长率和股权成本） 去年 3 月，曼彻斯特电力（Manchester Electric）公司（一家在美国东南部经营的电力供应上市公司）正在评估该公司的股权资本成本。该公司股票最近的售价为 45.00 美元；预期下一年将支付每股 4.50 美元的现金股利。该公司的投资者预期年收益率为 18%。

 a. 如果该公司预期将提供固定年股利增长率，那么该增长率必须是多少？

 b. 如果无风险利率为 3%，市场风险溢价为 6%，那么该公司的 β 系数必须达到多少，才能保证该公司股票的预期收益率为 18%？

 c. 思考题。评估公司股权融资成本的贴现现金流法是基于以下假设：未来股利以固定增长率永续增长。如果未来股利的增长率随着时间的推移而下降，您认为股权成本将受到什么影响？无须进行计算。

9—11（单一资本成本或部门资本成本） 请计算以下融资来源的成本：

 a. 面值为 1 000 美元、市场价格为 970 美元、票面利率为 10%的债券。新债券的发行成本约为市场价格的 5%。该债券将于 10 年后到期，发行公司的边际公司税率为 21%。

 b. 售价为 100 美元、年股利为每股 8 美元的优先股。优先股的发行成本为每股 9 美元。发行公司的边际公司税率为 21%。

 c. 总计为 4 800 000 美元的留存收益。普通股价格为每股 75 美元，去年支付的股利为每股 9.80 美元。未来股利预期将不会变化。

 d. 最近支付了 2.80 美元股利的新普通股。公司的每股股利将继续以 8%的增长率永续增长。该股票的当前市场价格为 53 美元。但是，如果要发行新股，发行成本预期为每股 6 美元。

9—12（债务成本） 精诚文具公司（Sincere Stationery Corporation）需要筹集 500 000 美元来装修制造工厂。该公司决定发行一只面值为 1 000 美元、年票面利率为 14%的 10 年期债券。投资者的必要收益率为 9%。

 a. 请计算债券的市场价值。

 b. 如果发行成本为市场价格的 10.5%，那么债券的净价格是多少？

 c. 该公司要发行多少债券才能够筹集到所需资金？

 d. 如果该公司的边际税率为 21%，那么该公司债务的税后成本是多少？

9—13（债务成本）

 a. 请根据以下信息重新计算课后习题 9~12：假设债券的票面利率为 8%。票面利率变化将如何影响该公司的税后资本成本？

b. 为什么票面利率会发生变化?

9—14（资本结构权重） 文盖特金属制品公司（Wingate Metal Products, Inc.）向建造金属仓库、仓储大楼和其他建筑物的承包商出售材料。该公司税后债务融资成本为7%，股权融资成本为12%，该公司据此估计其加权平均资本成本为9.0%。该公司的资本结构权重是多少（即债务融资比例和股权融资比例是多少）?

9—15（加权平均资本成本） 克劳福德公司（Crawford Enterprises）是位于堪萨斯州阿诺德市的一家上市公司。该公司在35年的时间里从一家工具染料小店逐渐发展为农用拖拉机业使用的金属预制件设备的主要供应商。2019年年末，该公司的资产负债表如下：

单位：美元

现金	540 000		
应收账款	4 580 000		
存货	7 400 000	长期债务	12 590 000
不动产、厂房和设备净值	18 955 000	普通股	18 885 000
资产总计	31 475 000	负债和权益总计	31 475 000

目前，该公司的普通股售价等于其账面价值。该公司的债券售价也等于其面值。克劳福德公司的管理者估计市场对该公司普通股的必要收益率为15%，该公司债券的到期收益率为8%。该公司的税率为21%。

a. 克劳福德公司的加权平均资本成本是多少？

b. 如果克劳福德公司的股票价格升至每股账面价值的1.5倍，导致股权成本降至13%，那么该公司的加权平均资本成本将是多少？（假设债务成本和税率保持不变。）

c. 思考题。克劳福德公司正在考虑一个新商机，即收购一家货运公司。您认为该公司应该如何选择适当的资本成本来评估此次收购？无须进行计算。

9—16（加权平均资本成本） 卡里翁公司（Carion Corporation）的资本结构如下表所示。该公司计划在未来保持其债务结构。如果该公司的税后债务成本为5.5%，优先股成本为13.5%，普通股成本为18%，那么该公司的加权平均资本成本是多少？

单位：千美元

资本结构	
债券	1 083
优先股	268
普通股	3 681
	5 032

9—17（加权平均资本成本） ABBC公司（ABBC, Inc.）运营着一家非常成功的酸奶咖啡连锁店，店面遍及美国西南部。该公司需要筹集资金来在美国西北部扩张业务。该公司在2015年年末的资产负债表如下所示：

单位：美元

现金	2 010 000		
应收账款	4 580 000		
存货	1 540 000	长期债务	8 141 000
房地产、厂房和设备净值	32 575 000	普通股	32 564 000
资本总计	<u>40 705 000</u>	负债和权益总计	<u>40 705 000</u>

目前，该公司的普通股售价等于每股账面价值的3倍。该公司投资者的必要收益率为15％。该公司债券的到期收益率为8％，该公司的边际税率为21％。上一年年末，ABBC公司的债券交易价格为其面值。

a. ABBC公司的资本结构是什么？
b. ABBC公司的加权平均资本成本是多少？
c. 如果ABBC公司的股票价格涨至每股账面价值的3.5倍，股权成本降至13％，那么该公司的加权平均资本成本将是多少？（假设债务成本和税率保持不变。）
d. 思考题。历史上，ABBC公司拥有每家酸奶店的所有权。该公司的新任首席财务官要求您思考该公司将酸奶店出售给一家房地产投资商并签订回租协议（即租赁店面）对该公司的资本成本可能产生的影响。无须进行计算。

9－18（确定公司的资本预算） 纽科姆自动售货机公司（Newcomb Vending Company）为田纳西州西部的几家大型瓶装企业管理该地区的软饮料自动售货机。当一台机器出现故障时，该公司将派出一名维修技术工人。如果他不能在现场维修，那么他将留下一台替换机器，将故障机器带回该公司在田纳西州默夫里斯伯勒市（Murfreesboro）的修理厂进行维修。贝特西·纽科姆（Betsy Newcomb）最近在附近的一所大学完成了工商管理学士学业，正在尝试尽可能将所学的知识融入她的家族企业运营中。具体而言，贝特西最近查看了该公司的资本结构，并估计该公司的加权平均资本成本约为12％。她希望比较她对每个项目的估计收益率（即投资项目在存续期内获得的复利年收益率）和该公司的资本成本，据此帮助她父亲确定他应该在当年对哪个重要项目进行投资。具体而言，该公司正在考虑以下几个项目（按照其内部收益率从高到低排序）：

项目	投入资本（美元）	年收益率（％）
A	450 000	18
B	1 200 000	16
C	800 000	13
D	600 000	10
E	1 450 000	8

如果纽科姆自动售货机公司评估的五个项目都有类似风险，且该风险非常类似于公司整体风险，那么贝特西应该建议公司采纳哪些项目呢？您可以假设该公司能以12％的资本成本筹集到投资项目所需的所有资本。请解释您的答案。

9－19（部门资本成本） LPT公司（LPT Inc.）是一家总部设在得克萨斯州达拉斯市的综

合性石油公司。该公司有三个业务部门：石油勘探和开发部门（通常简写为E&P）、管道运输部门和精炼部门。历史上，LPT公司没有花太多时间来思考每个业务部门的资本机会成本，而是对所有新投资项目采用14%的公司整体加权平均资本成本。最近，该公司的业务变化向LPT公司的管理层充分表明原来使用的方法并不合理。举例来说，投资者对石油勘探和开发项目的必要收益率远远高于对管道运输项目的必要收益率。尽管LPT公司的管理者也同意，至少在原则上，不同业务部门应该有反映其各自风险特征的资本机会成本，但是从实际角度考虑，他们对于是否应该改为采用部门资本成本并未达成一致。

a. 皮特·詹宁斯（Pete Jennings）是勘探和开发部门的首席运营官，他担心使用部门资本成本会限制他采纳非常具有潜力的勘探项目。他称该公司应该考虑寻找能为公司投资带来最高可能收益率的投资机会。皮特·詹宁斯认为，将公司的稀缺资本用于最有潜力的项目，将使公司的股东价值实现最大限度的增长。您同意皮特的看法吗？请解释原因。

b. 管道运输部门的经理唐娜·塞尔玛（Donna Selma）长久以来一直认为，对该部门使用14%的公司整体加权平均资本成本严重制约了她增加股东价值的机会。您同意唐娜的看法吗？请解释原因。

9—20（部门资本成本与投资决策）今年5月，纽卡斯尔制造公司（Newcastle Mfg. Company）的资本投资评审委员会收到了两个大型投资方案。其中一个方案是由该公司的国内制造部门提出的，而另一个方案是由该公司的分销公司提出的。两个方案都承诺产生接近12%的投资收益率。过去，纽卡斯尔制造公司采用公司整体加权平均资本成本来评估新投资机会。

然而，管理者很早就意识到制造部门的风险显著高于分销部门。实际上，制造业可比公司的股权β系数约为1.6，而分销公司的股权β系数通常只有1.1。考虑到两个投资方案的规模，纽卡斯尔制造公司的管理层认为该公司只能采纳一个项目，所以他们希望确保公司采纳更具潜力的项目。考虑到让资本成本估计值尽可能准确的重要性，该公司的首席财务官让您估计这两个部门的资本成本。您完成任务所需的信息如下所示：

- 税前债务融资成本为8%，公司的边际税率为21%。您可以假设该债务成本已根据公司可能产生的发行成本进行了调整。
- 美国长期国债的无风险利率目前为4.8%。过去几年的平均市场风险溢价为7.3%。
- 两个部门都保持40%的目标债务比率。
- 该公司内部产生的资金很充足，因而不用发行新股来筹集股权资本。

a. 请估计制造部门和分销部门各自的部门资本成本。

b. 该公司应该采纳这两个项目中的哪一个？（假设由于劳动力和其他非财务限制因素，该公司不能同时采纳两个项目。）

9—21（部门资本成本和投资决策）马鞍河经营公司（Saddle River Operating Company, SROC）是一家总部设在达拉斯的独立石油和天然气公司。过去，该公司的管理者使用11%的公司整体加权平均资本成本来评估新投资项目。但是，该公司早就意识到，勘探和开发部门的风险显著高于管道运输部门。事实上，该公司勘探和开发部门的可比公司股权β系数约为1.4，而分销公司的股权β系数通常只有0.7。考虑到使资本成本估计值尽可能准确的重要性，该公司的首席财务官让您来估计这两个部门的资本成本。您完成任务所需的信息如下所示：

- 税前债务融资成本为7%，公司的税率为21%。然而，如果勘探和开发部门只基于自身项目借款，债务成本可能为9%。而管道运输部门的债务成本为5.5%。您可以假设这些债务成本均已根据公司可能产生的发行成本进行了调整。

- 美国长期国债的无风险利率目前为3.1%。过去几年的平均市场风险溢价为5%。
- 勘探和开发部门保持10%的债务比率,而管道运输部门的债务比率为40%。
- 该公司内部产生的资金很充足,因而不会发行新股来筹集股权资本。

a. 请估计勘探和开发部门以及分销部门各自的部门资本成本。

b. 根据之前您估计的资本成本差异,使用公司整体资本成本来评估新投资方案将产生什么影响?

迷你案例

9—1 尼伦能源公司(Nealon Energy Corporation)在美国内陆从事天然气和石油的收购、勘探、开发和生产。该公司在过去5年中迅速发展,掌握了在岩层中开采大量石油和天然气的水平钻井技术。该公司在海恩斯维尔(Haynesville)页岩(位于路易斯安那州西北部)的业务十分重要,以至该公司需要在路易斯安那州伯锡尔市附近修建一个天然气收集和加工中心。该项目的估计成本为7 000万美元。

为了给新工厂筹集资金,尼伦能源公司可以用2 000万美元利润提供扩张所需部分融资,该公司还计划发行债券来筹集剩下的5 000万美元。该项目采用这么多债务融资的决策主要是该公司首席执行官老道格拉斯·尼伦(Douglas Nealon Sr.)的主张,他认为债务融资与普通股融资(该公司过去使用的融资方式)相比更便宜。该公司的首席财务官小道格拉斯·尼伦(该公司创始人的儿子)并不反对全部使用债务融资的决策,但是在考虑该扩张项目应该使用多高的资本成本。毫无疑问,现金融资成本等于债务必须支付的新利息。但是,首席财务官也知道,如果该公司希望保持公司资本结构中负债和股权的平衡,而不是过度依赖于借款,那么通过债务为这个项目融资最终将导致在未来必须使用股权融资。

以下资产负债表反映了尼伦能源公司以前使用的资本结构。尽管各项资本来源所占的比例发生了变化,但该公司仍然试图将资本结构改回以下比例:

融资来源	目标资本结构权重
债券	40%
普通股	60%

该公司最近有一只未清偿债券。该债券的面值为1 000美元,票面利率为8%,还有16年到期,市场价格为1 035美元。尼伦能源公司普通股的当前市场价格为35美元。该公司去年支付的股利为每股2.50美元,且预期将在可预见的未来以6%的年增长率增长。

a. 在当前的市场条件下,尼伦能源公司债券的到期收益率是多少?

b. 在考虑了税收(您可以在估计中使用21%的边际税率)和每只债券30美元的发行成本之后,根据当前市场价格估计的尼伦能源公司的新债务融资成本是多少?

c. 投资者对尼伦能源公司普通股的必要收益率是多少?如果尼伦能源公司准备发行新的普通股,将产生每股2.00美元的发行成本。您估计该公司发行普通股的新股权融资成本是多少?

d. 请使用实际资本结构(即2 000万美元的留存收益和5 000万美元的债券)反映的权重计算尼伦能源公司的投资的加权平均资本成本。

e. 假设尼伦能源公司为了保持目标资本结构,将债务降至7 000万美元新资本的40%,

即2 800万美元，并使用2 000万美元的留存收益，还通过发行新股票筹集到2 200万美元，请计算尼伦能源公司的加权平均资本成本。

　　f. 如果您是该公司的首席财务官，您会选择第d问还是第e问中计算出的资本成本来评估新项目？为什么？

9—2　埃克森美孚公司（XOM）是全球六家主要石油公司之一。该公司拥有四个主要业务部门（上游、下游、化工和全球服务）以及过去收购的一些经营性子公司。2009年，埃克森美孚公司以410亿美元的价格收购了XTO能源公司。收购XTO能源公司让埃克森美孚公司强势打入美国国内非传统天然气资源开发领域，包括当时蓬勃发展的页岩天然气开发领域。

　　假设您刚被聘为分析师，为埃克森美孚公司的首席财务官工作。您的第一个任务是调查对该公司诸多业务部门进行投资所使用的合适资本成本。

　　a. 您会建议埃克森美孚公司使用一个公司整体资本成本来分析所有业务部门的资本支出吗？为什么？

　　b. 如果您要评估部门资本成本，您将如何估计埃克森美孚公司的这些资本成本？请从您将如何估计各项资本来源的权重，以及如何估计每个部门的各项资本来源成本的角度，讨论您将如何回答这个问题。

第10章
资本预算的技巧与应用

学习目标

1	讨论在竞争市场上寻找盈利项目可能遇到的困难以及寻找盈利项目的重要性。	寻找盈利项目
2	运用回收期法、净现值法、盈利能力指数法和内部收益率法判断应该接受还是拒绝新项目。	资本预算决策标准
3	解释在资本预算有限时,资本预算的决策过程将如何变化。	资本配额
4	讨论在互斥项目决策中存在的问题。	互斥项目的排序

回顾1995年,当华特·迪士尼公司花1 750万美元在加利福尼亚州阿纳海姆市(Anaheim)开设了第一个迪士尼主题公园时,迪士尼公司就改变了娱乐的面貌。从那以后,迪士尼公司相继在佛罗里达州的奥兰多、日本的东京以及法国的巴黎建造了主题公园。2005年9月,香港迪士尼乐园对外开放。这个投资规模达35亿美元的项目被寄予厚望,迪士尼公司希望借此打入中国市场。对于迪士尼公司来说,这个市场的规模如此之大,不容错过。

然而,尽管香港迪士尼乐园的开幕盛况空前,但它直到2013年才开始盈利,而在多年亏损后在2013年也只获得了区区约1 400万美元利润。一个意料之外的原因就是香港迪士尼乐园遭遇了竞争对手亚洲主题公园的山寨,后者利用香港迪士尼乐园的提前宣传来设计游乐设施,并抢在香港迪士尼乐园开业之前投入使用。

对迪士尼公司而言,保持其主题公园和度假村部门的健康运行极为重要,因为该部门约占该公司整体收入的三分之一、营业利润的20%。当然,迪士尼公司在中国有很多机会。对于当时拥有12.6亿人口、占全世界总人口20%的中国来说,香港迪士尼乐园被认为给迪士尼公司提供了在盈利潜力巨大的中国市场的立足点。尽管香港迪士尼乐园的盈利没有达到迪士尼公司的预期,但该公司没有放弃中国市场。它选择的下一个主题公园地址是上海,而距上海3小时车程(乘火车的话用时将更短)的地方居住着3.3亿人口。2016

年6月，上海迪士尼乐园对公众开放。迪士尼公司吸取了香港迪士尼乐园的教训，将上海迪士尼主题公园设计得更大，更方便中国家庭游览。为了避免重蹈在香港遭遇山寨版竞争的覆辙，迪士尼公司在主题公园的具体细节上故意含糊其词。

这一次，结果超出了预期，迪士尼公司和中国合作伙伴共同进行的这个约55亿美元的投资项目开始扩大规模，以满足该主题公园在第一年吸引超过1 100万名游客的需求。这项投资和其他投资的结果对迪士尼公司的未来产生了重大影响。在本章中，我们将提出的问题是：迪士尼公司如何做出进入中国市场并建造香港迪士尼乐园的决策？在香港迪士尼乐园亏损后，该公司如何做出建造上海迪士尼主题公园的决策？答案是，该公司使用我们将在本章中分析的决策标准来做出决策。

本章其实是介绍固定资产投资决策过程（即如何判断应该接受还是拒绝项目方案）的两章中的第一章。我们称这个过程为资本预算。在本章中，我们将考察用于评估新项目的方法。在决定是否接受一个新项目时，我们将关注自由现金流。自由现金流代表接受资本预算方案将产生的收益。我们假设已知一个项目将产生多少自由现金流，并据此决定是否应该接受这个项目。在下一章中，我们将分析什么是自由现金流，以及我们应该如何衡量自由现金流。我们也将看到风险如何影响这个过程。

寻找盈利项目

毫无疑问，为盈利项目或固定资产投资估值——这个过程被称为**资本预算**（capital budgeting）——比找到它们更容易。在竞争市场上，产生盈利项目的想法是极其困难的。竞争对新盈利项目的反应很迅速，一旦发现新盈利项目，竞争者通常会大量涌入，从而压低产品价格和利润。因此，公司必须有基于这些新想法产生资本预算项目的系统性战略。如果没有这一系列新项目和新想法，公司将无法保持长期成长甚至存续下去。相反，公司将被迫依靠寿命有限的现有项目的利润为生。那么，这些关于新产品、改进现有产品或增加现有产品盈利能力的想法是从哪里来的呢？实际上，它们来自公司内部的每一处。

通常，公司都设有研发（R&D）部门，其职责是寻找改进现有产品的方法或研发新产品。这些想法可能来自研发部门内部或高管、销售人员、任何公司员工甚至是客户。例如，福特汽车公司向提出成本削减建议的员工发放奖金，并派能从实际操作角度看待生产过程的流水线员工寻找新项目。SnapTax是一款移动应用程序，可以让您在手机上申报和完成纳税，它是由直觉（Intuit）公司的一小群员工在"非计划内"时间开发的，员工在这些时间里可以做他们感兴趣的任何事。尽管并非所有项目都被证明有利可图，但该公司内部产生的许多新想法（例如SnapTax）都被证明是好想法。

好奇（Huggies）尿不湿的生产商金佰利-克拉克（Kimberly-Clark）的例子说明了将现有产品运用于新市场的另一种方法。该公司在原有尿不湿生产线的基础上提高了尿不湿的防水性，并开始将其作为一次性泳裤"小泳者"（Little Swimmers）推销。萨拉李袜业（Sara Lee Hosiery）公司通过吸引更多客户和激发更多消费需求的方法扩展了市场。例如，该公司旗下汉斯（Hanes）品牌推出了"纯粹能量"（Sheer Energy）连裤袜，"随我身材"（Just My Size）连裤袜瞄准了身材较胖的女性，而丝光雾（Silken Mist）连裤袜则更适合非洲裔美国女性。

上述这些大型投资对决定公司的未来大有助益，但是它们常常未能如计划那样运行。就拿汉堡王（Burger King）开发的新式薯条为例。它最初看起来像是十分伟大的创意。汉堡王将未烹饪的薯条裹上一层淀粉，使其更为香脆，温度保持的时间更长。该公司在新薯条的研发上投入了超过 7 000 万美元，甚至为此放弃了约 1 500 万份"免费星期五"订单。但遗憾的是，新产品并没有被消费者接受，汉堡王只能独自消化这部分损失。考虑到我们谈论的投资规模，您可以看出为什么这种决策如此重要。

> **概念回顾**
> 1. 为什么找到一个盈利能力超高的项目如此困难？
> 2. 为什么寻找新的盈利项目十分重要？

资本预算决策标准

正如我们所说明的，当我们决定是否接受一个新项目时，我们关注的是现金流，因为现金流代表了接受资本预算方案所产生的收益。在本章中，我们假设某个项目产生的现金流是给定的，据此决定是否接受这个项目。

我们将考虑用来决定是否接受投资方案的四个常用标准。第一个标准是最简单的，因为它在计算中没有考虑货币的时间价值；其他三个标准都考虑了货币的时间价值。我们暂时忽略将风险纳入资本预算决策考虑范围的问题。该问题将在第 11 章分析。此外，我们还假设适当的贴现率、必要收益率和资本成本都是给定的。

回收期法

回收期（payback period）是收回初始投资所需的年数。实际上，它告诉我们需要多久才能收回投资。因此，回收期等于到完全收回初始投资上一年的年数，加上完全收回初始投资当年年初未收回的金额与完全收回初始投资当年的自由现金流之比。

$$回收期 = 到完全收回初始投资上一年的年数 + \frac{完全收回初始投资当年年初未收回的金额}{完全收回初始投资当年的自由现金流} \qquad (10-1)$$

运用回收期判断接受还是拒绝项目的标准是，如果计算出的回收期短于回收期要求，那么项目将被接受。回收期越短，投资者收回投资的速度也越快，因而，回收期短的项目优于回收期长的项目。由于这项标准衡量的是项目收回初始投资的快慢程度，因此需要计算自由现金流，后者衡量了获得收益而不是会计利润的真实时点。遗憾的是，这种方法也忽略了货币的时间价值，并且没有将自由现金流贴现回现在。相反，接受或拒绝项目的标准关注的是项目的回收期是否小于或等于公司能接受的最长回收期。例如，如果公司能接受的最长回收期是 3 年，而某个投资方案需要初始投资 10 000 美元，并产生以下年现金流，那么该项目的回收期是多少？公司应该接受这个项目吗？

年份	自由现金流（美元）
1	2 000
2	4 000
3	3 000
4	3 000
5	9 000

在这个例子中，公司将在 3 年后收回 10 000 美元初始投资中的 9 000 美元，剩下的 1 000 美元还有待收回。第 4 年，该投资将获得 3 000 美元的收益。假设这些收益将在当年以固定速度流入该公司，那么该公司将花费三分之一年（＝1 000 美元÷3 000 美元）收回剩下的 1 000 美元。因此，该项目的回收期为 $3\frac{1}{3}$ 年，超过了理想的回收期。根据回收期标准，该公司将拒绝该项目，而不会考虑第 5 年 9 000 美元的现金流。

尽管回收期法很常用，但它确实有一些明显的缺点，下面我们将举例来说明这些缺点。假设有 A、B 两个投资项目，它们都需要 10 000 美元的初始投资，年现金流如表 10-1 所示。两个项目的回收期都是 2 年，因此，从回收期法的角度看，两个项目都应该被采纳。但是，如果让我们进行选择，我们一定会选择项目 A 而不是项目 B，原因至少有两个。第一，即使不考虑回收期之后的现金流情况，在回收期内项目 A 的初始投资回收速度也更快（第 1 年，项目 A 收回 6 000 美元，而项目 B 仅收回 5 000 美元）。由于货币存在时间价值，因此回收期内产生的现金流不应被赋予相同权重。此外，回收期之后产生的所有现金流都被忽略了。这违反了投资者喜欢更多收益而非更少收益的原则——这是一项很难被否定的原则，尤其是当我们谈论金钱时。第二，对可接受的最长回收期的选择是十分主观的。公司很难找到充分理由来支持为什么应该接受回收期小于或等于 3 年而不是小于或等于 4 年的项目。

表 10-1 回收期示例

	项目（美元）	
	A	B
初始投资	−10 000	−10 000
年自由现金流		
第 1 年	6 000	5 000
第 2 年	4 000	5 000
第 3 年	3 000	0
第 4 年	2 000	0
第 5 年	1 000	0

尽管这些缺点限制了回收期法作为投资评估工具的价值，但回收期法仍然有几个优点。第一，回收期法采用现金流而不是会计利润进行计算，因此尽管它没有根据货币时间价值调整现金流，但回收期法仍旧关注项目收益和成本发生的真实时点。第二，回收期法

十分直观，便于快速理解，计算也很简单。第三，回收期法对有资本约束的公司——需要资金又难以筹集更多资金的公司——很有意义。这些公司需要尽早获得现金流以便继续经营并利用未来投资。第四，尽管回收期法存在重要缺点，但它常被用作粗略的筛选工具以剔除直到很久以后才实现收益的项目。这种方法重视最早获得的收益，这些收益很可能比较确定，也为公司提供了所需的流动性。尽管回收期法的优点十分明显，但它的缺点也严重限制了其作为资本预算项目鉴别标准的价值。

贴现回收期 为了解决回收期法忽略货币时间价值的问题，一些公司使用贴现回收期法。**贴现回收期**（discounted payback period）法类似于传统的回收期法，但它使用的是贴现自由现金流而非实际未贴现自由现金流来计算回收期。贴现回收期的定义为用贴现自由现金流收回项目初始投资所需的年数。实际上，它告诉我们需要多久才能用投资收益收回投资。该式可以写为：

$$贴现回收期 = 到用贴现自由现金流完全收回初始投资上一年的年数 + \frac{完全收回初始投资当年年初未收回的金额}{完全收回初始投资当年的贴现自由现金流} \quad (10-2)$$

这时，接受或拒绝项目的标准变为该项目的贴现回收期是否小于或等于企业可接受的最长贴现回收期。假设表 10-1 中项目 A 和项目 B 的必要收益率为 17%，利用该假设，两个项目的贴现现金流如表 10-2 所示。3 年后，项目 A 只有 77 美元的初始投资未收回，而第 4 年项目产生的贴现自由现金流为 1 067 美元。因此，如果这 1 067 美元在第 4 年中以固定速度流入公司，则还需要 7/100 年（= 77 美元 ÷ 1 067 美元）就可完全收回剩下的 77 美元。项目 A 的贴现回收期为 3.07 年，计算过程如下：

$$贴现回收期_A = 3.0 + \frac{77 \text{ 美元}}{1\ 067 \text{ 美元}} = 3.07 \text{ 年}$$

表 10-2 必要收益率为 17% 的贴现回收期例子　　　　　　　　　　　单位：美元

年份	未贴现自由现金流	按 17% 的贴现率贴现的自由现金流	累计贴现自由现金流
\multicolumn{4}{c}{项目 A}			
0	−10 000	−10 000	−10 000
1	6 000	5 128	−4 872
2	4 000	2 922	−1 950
3	3 000	1 873	−77
4	2 000	1 067	991
5	1 000	456	1 447
\multicolumn{4}{c}{项目 B}			
年份	未贴现自由现金流	按 17% 的贴现率贴现的自由现金流	累计贴现自由现金流
0	−10 000	−10 000	−10 000
1	5 000	4 274	−5 726

续表

2	5 000	3 653	−2 074
3	0	0	−2 074
4	0	0	−2 074
5	0	0	−2 074

如果项目 A 的贴现回收期小于公司可接受的最长贴现回收期，那么项目 A 就会被接受。但是，项目 B 不存在贴现回收期，因为它永远无法完全收回项目的初始投资，因此会被拒绝。贴现回收期法的最大问题在于如何规定公司可接受的最长贴现回收期。这是一个主观决定，它影响了项目是被接受还是被拒绝。此外，分析中也没有考虑在贴现回收期之后产生的现金流。因此，虽然贴现回收期法在计算中考虑了货币的时间价值，优于传统的回收期法，但选择可接受的最长贴现回收期过程中的主观性仍然限制了它的应用。此外，我们马上会看到，净现值法在理论上更优，在计算上也不会更复杂。这两种回收期方法的原则可以总结如下：

▶ **财务决策工具**

工具名称	公式	含义
回收期法	用自由现金流收回初始投资所需的年数： 回收期＝到完全收回初始投资上一年的年数 ＋$\dfrac{\text{完全收回初始投资当年年初未收回的金额}}{\text{完全收回初始投资当年的自由现金流}}$	● 收回初始投资所需的时间； ● 回收期越短越好； ● 如果回收期小于可接受的最长回收期，就接受项目。
贴现回收期法	用贴现自由现金流收回初始投资所需的年数： 贴现回收期＝到用贴现自由现金流完全收回初始投资上一年的年数＋完全收回初始投资当年年初未收回的金额÷完全收回初始投资当年的贴现自由现金流	● 用贴现现金流收回初始投资所需的时间； ● 贴现回收期越短越好； ● 如果贴现回收期小于可接受的最长贴现回收期，就接受项目。

净现值法

投资方案的**净现值**（net present value，NPV）等于年自由现金流现值减去初始投资。净现值可以表示为：

$$\text{NPV} = \text{未来所有年度自由现金流的现值} - \text{初始投资}$$

$$= \frac{\text{FCF}_1}{(1+k)^1} + \frac{\text{FCF}_2}{(1+k)^2} + \cdots + \frac{\text{FCF}_n}{(1+k)^n} - \text{IO} \quad (10-3)$$

其中，

FCF_t＝第 t 期的年自由现金流（可以取正值或负值）；

k＝公司的必要收益率或资本成本[①]；

IO＝初始投资；

---

① 必要收益率或资本成本是为项目筹集资金所必需的收益率，或者是为维持公司当前每股市场价格所必需的收益率。第 9 章详细定义了这些术语。

$n=$项目的预期寿命。

如果任意一笔未来自由现金流（FCF）均是现金流出而非现金流入，例如在第 2 年有另一项大额投资，导致第 2 年的自由现金流 FCF_2 为负值，那么在计算该项目的净现值时，FCF_2 将变为负值。实际上，净现值（NPV）可以被视为项目收益的现值减去项目成本的现值：

$$NPV = PV_{收益} - PV_{成本}$$

> **牢记原则**
>
> 最后三种资本预算标准在计算中都考虑了基本原则 2：货币具有时间价值。如果我们要做出理性的商业决策，我们就必须意识到货币具有时间价值。在分析接下来的三种资本预算方法时，您将注意到这条原则是这三种方法背后的驱动力。

项目的净现值从现值角度衡量了投资方案的净值。由于所有现金流都被贴现回现在，因此比较年现金流现值与初始投资的做法考虑了货币的时间价值。年现金流现值与初始投资之差决定了投资方案的净值。不论何时，只要项目的净现值大于或等于 0，我们就将接受该项目；只要项目的净现值小于 0，我们就将拒绝该项目。如果项目的净现值为 0，那么该项目的收益率等于必要收益率，我们应该采纳该项目。这一评价标准可以表示为以下形式：

$NPV \geqslant 0$：接受
$NPV < 0$：拒绝

但是，我们也应该意识到，净现值计算的价值取决于现金流预测的准确性。
以下例子将具体说明如何将净现值法作为资本预算评价标准来应用。

例 10.1 计算净现值

雪地摩托（Ski-Doo）公司正在考虑购买一台新机器，这台机器将降低和 Mach Z 雪地摩托相关的制造成本，该项目产生的自由现金流如表 10-3 所示。如果该公司的必要收益率为 12%，那么该项目的净现值为多少？雪地摩托公司是否应该接受该项目？

第 1 步：确定解题方法

投资方案的净现值（NPV）等于年自由现金流现值减去初始投资。给定公司的自由现金流信息，净现值的计算过程如下：

表 10-3 雪地摩托公司对新机器的投资及其自由现金流　　　　　　　　　单位：美元

	自由现金流
初始投资	−40 000
第 1 年的现金流入	15 000
第 2 年的现金流入	14 000
第 3 年的现金流入	13 000

续表

第 4 年的现金流入	12 000
第 5 年的现金流入	11 000

$$\text{NPV} = \text{未来所有年度自由现金流的现值} - \text{初始投资}$$

$$= \frac{\text{FCF}_1}{(1+k)^1} + \frac{\text{FCF}_2}{(1+k)^2} + \cdots + \frac{\text{FCF}_n}{(1+k)^n} - \text{IO} \qquad (10-3)$$

其中，

$\text{FCF}_t =$ 第 t 期的年自由现金流（可能为正值或负值）；

$k =$ 公司的必要收益率或资本成本；

$\text{IO} =$ 初始投资；

$n =$ 项目的预期寿命。

第 2 步：计算数值

如果公司的必要收益率为 12%，那么如表 10-4 的计算所示，自由现金流的现值为 47 675 美元。减去初始投资 40 000 美元，得出项目的净现值为 7 675 美元。

表 10-4 计算雪地摩托公司对新机器投资的净现值

	自由现金流（美元）	×	贴现率为 12% 时的现值系数	=	现值（美元）
第 1 年的现金流入	15 000	×	$\frac{1}{(1+0.12)^1}$	=	13 393
第 2 年的现金流入	14 000	×	$\frac{1}{(1+0.12)^2}$	=	11 161
第 3 年的现金流入	13 000	×	$\frac{1}{(1+0.12)^3}$	=	9 253
第 4 年的现金流入	12 000	×	$\frac{1}{(1+0.12)^4}$	=	7 626
第 5 年的现金流入	11 000	×	$\frac{1}{(1+0.12)^5}$	=	6 242
自由现金流的现值					47 675
初始投资					−40 000
净现值					7 675

第 3 步：分析结果

净现值告诉我们，如果接受项目，该项目能创造多少价值。如果项目的净现值为正，则该项目将创造价值；如果项目的净现值为负，则该项目将破坏价值。在这个案例中，由于净现值大于零，因此该项目创造了价值，应该被接受。

我们发现，净现值法是最好的资本预算决策工具，具体原因有以下几个。首先，它采用自由现金流而非会计利润来计算，因而它对项目产生收益的真实时点十分敏感。其次，净现值法还考虑了货币的时间价值,这使我们可以用合理方式比较收益和成本。最后,由于项目只有在净现值为正的情况下才被接受,因此使用该方法时接受的项目将增加公司的价值,这与股东财富最大化的目标一致。

净现值法的缺点源于其需要对接受项目后产生的自由现金流做出长期详细预测,同时还需要估计适当的贴现率。估计未来现金流和贴现率都不是简单的事。尽管有这些缺点,但净现值法仍然是我们所分析的理论上最正确的评价方法。以下是应用净现值法的另一个例子。

例 10.2　　　　　　　　　　计算净现值

一家公司正在考虑购进一套新的电脑系统,用来帮助其管理信用票据和存货,该系统需要 30 000 美元的初始投资。该项目产生的自由现金流如下所示。

单位:美元

	自由现金流
初始投资	−30 000
第 1 年的现金流入	15 000
第 2 年的现金流入	15 000
第 3 年的现金流入	15 000

该公司要求的必要收益率为 10%,请计算这套系统的净现值。该公司应该接受这个项目吗?

第 1 步:确定解题方法

要计算这套系统的净现值,首先将 15 000 美元的 3 年期年金现金流以 10% 的贴现率贴现回现在。使用财务计算器或者使用式(5-4)的关系式可以计算出 15 000 美元年金的现值:

$$PV = PMT \left[\frac{1 - \frac{1}{(1+k)^n}}{k} \right]$$

第 2 步:计算数值

使用上述数学关系式,我们得到:

$$PV = 15\ 000 \times \frac{1 - \frac{1}{(1+0.10)^3}}{0.10} = 15\ 000 \times 2.486\ 9 = 37\ 303(美元)$$

第 3 步:分析结果

将现金流贴现回现在后,就可以比较它与初始投资,因为现在二者都是用现值衡量的。从未来现金流入的现值(37 303 美元)中减去初始投资(30 000 美元),我们可以得出这套系统的净现值为 7 303 美元。由于该项目的净现值为正,因此应该接受该项目。

> **Q&A 您会做吗?**
>
> 确定项目的净现值
>
> 一个新项目的成本为 7 000 美元,预期每年将产生 1 000 美元的自由现金流,为期 10 年,必要收益率为 5%。请计算该项目的净现值。

使用电子表格计算净现值

尽管我们可以通过手工或财务计算器来计算净现值,但我们更常借助电子表格来计算净现值。就像在财务计算器上按键计算一样,电子表格也能简化净现值的计算。Excel 唯一真正的小瑕疵是和其他大多数电子表格一样,"=NPV"函数只计算了未来现金流的现值,而忽略了初始投资。这听起来很奇怪吧?但确实是这样的。这本质上是对最初的电子表格中的一个错误的继承。而这也意味着实际净现值为 Excel 计算出的净现值减去初始投资:

实际净现值=Excel 计算出的净现值—初始投资

将该结果输入电子表格中的单元格:

=NPV(贴现率,现金流入1,现金流入2,…,现金流入29)—初始投资

重新来看表 10-3 中雪地摩托公司的例子,只要我们记住要减去初始投资来得到正确数值,我们就可以使用电子表格来计算机器投资的净现值。

	A	B	C	D	E
2			电子表格与净现值——雪地摩托公司的例子		
3					
4		考察表10-3中的例子,假设贴现率为12%且税后现金流如下所示,我们可以按以下方法算出净现值:			
5					
6					
7					
8				必要收益率(k)=	12%	
9					
10				年份	现金流
11				初始投资	-40 000美元
12				1	15 000美元
13				2	14 000美元
14				3	13 000美元
15				4	12 000美元
16				5	11 000美元
17					
18			NPV=	$7 674.63	
19					
20		Excel公式:=NPV(rate,inflow1,inflow2,...,inflow29)			
21					
22		根据Excel净现值计算公式,我们必须减去初始投资,以计算出实际净现值。			
23					

单元格C18的输入值:
=NPV(D8, D12:D16)

盈利能力指数（收益-成本比）

盈利能力指数（profitability index，PI）或**收益-成本比**（benefit-cost ratio），是未来自由现金流的现值与初始投资之比。尽管净现值投资评价方法可以被用来衡量项目的绝对价值是否理想，但盈利能力指数可以被用来衡量投资方案的相对价值是否理想，即项目未来净收益的现值与初始成本之比。盈利能力指数可以表示为以下公式：

$$PI = \frac{未来所有年度自由现金流的现值}{初始投资}$$

$$= \frac{\dfrac{FCF_1}{(1+k)^1} + \dfrac{FCF_2}{(1+k)^2} + \cdots + \dfrac{FCF_n}{(1+k)^n}}{IO} \tag{10-4}$$

其中，

$FCF_t =$ 第 t 期的年自由现金流（可以取正值或负值）；

$k=$ 公司的必要收益率或资本成本；

$IO=$ 初始投资；

$n=$ 项目的预期寿命。

接受项目的决策标准为盈利能力指数大于或等于 1.0，而拒绝项目的决策标准为项目的盈利能力指数小于 1.0。

$PI \geqslant 1.0$：接受

$PI < 1.0$：拒绝

仔细观察这种标准，我们可以看出它与净现值决策标准得出了相同结果。只要项目的自由现金流现值之和大于初始投资，该项目的净现值就为正，表明它将被接受。在这种情况下，由于项目的自由现金流现值之和（盈利能力指数的分子）大于初始投资（盈利能力指数的分母），因此该项目的盈利能力指数也大于 1。所以，尽管这两种决策标准对可接受项目的排序不一定完全相同，但它们总是得出同样的决策。我们将在本章后面讨论这个排序冲突问题。

您做出来了吗？

确定项目的净现值

假设您要确定一个项目的净现值，它的初始投资为 7 000 美元，第 1~10 年的自由现金流为 1 000 美元，必要收益率为 5%。

净现值＝未来所有年度自由现金流的现值－初始投资

1. 使用数学公式

第 1 步　确定未来现金流的现值。在式（5-4）中代入本例的数值，可得：

$$PV = 1\,000 \times \frac{1 - \dfrac{1}{(1+0.05)^{10}}}{0.05}$$

$$= 1\,000 \times \frac{1 - \dfrac{1}{1.628\,894\,63}}{0.05}$$

$$= 1\,000 \times \frac{1 - 0.613\,913\,25}{0.05}$$

$$= 1\,000 \times 7.721\,734\,93 = 7\,721.73(美元)$$

第 2 步　从自由现金流的现值中减去初始投资。

$$\begin{aligned}&7\,721.73\,美元\\&\underline{-7\,000.00\,美元}\\&721.73\,美元\end{aligned}$$

2. 使用财务计算器

第 1 步　确定未来现金流的现值。

数据输入	功能键
<10	N
5	I/Y
−1 000	PMT
0	FV

功能键	答案
CPT	
PV	7 721.73

第 2 步　从自由现金流现值中减去初始投资。

$$\begin{aligned}&7\,721.73\,美元\\&\underline{-7\,000.00\,美元}\\&721.73\,美元\end{aligned}$$

或者，您也可以使用计算器上的 CF 按键（使用得州仪器 BA Ⅱ Plus 计算器）。

数据和按键输入	显示
CF；2nd；CE/C	CF₀=0（清除过去所有现金流）
−7 000；ENTER	CF₀=−7 000
↓；1 000；ENTER	C01=1 000
↓；10；ENTER	F01=10.00
NPV	I=0
5；ENTER	I=5.00
↓	NPV=0
CPT	NPV=721.73

由于净现值法和盈利能力指数法在本质上是相同的,所以它们相对于其他评价方法具有相同的优点。两种方法都采用了自由现金流,考虑了现金流的准确时点,并且符合股东财富最大化的目标。盈利能力指数法的主要缺点也和净现值法类似,即需要长期详细的自由现金流预测。

例 10.3

计算盈利能力指数

一家公司的必要收益率为10%,正在考虑投资一台预期使用期限为6年的新机器。这项投资产生的自由现金流如表10-5所示。请计算该公司的盈利能力指数。根据该盈利能力指数,您认为公司应该接受这项投资吗?

表 10-5 新机器投资的自由现金流   单位:美元

	自由现金流
初始投资	-50 000
第1年的现金流入	15 000
第2年的现金流入	8 000
第3年的现金流入	10 000
第4年的现金流入	12 000
第5年的现金流入	14 000
第6年的现金流入	16 000

第1步:确定解题方法

盈利能力指数可通过式(10-4)计算得出:

$$PI = \frac{未来所有年度自由现金流的现值}{初始投资} = \frac{\frac{FCF_1}{(1+k)^1} + \frac{FCF_2}{(1+k)^2} + \cdots + \frac{FCF_n}{(1+k)^n}}{IO}$$

其中,

FCF_t = 第 t 期的年自由现金流(可能取正值或负值);

k = 公司的必要收益率或资本成本;

IO = 初始投资;

n = 项目的预期寿命。

第2步:计算数值

将项目的未来净自由现金流贴现回现在,得到现值为53 682美元。用该值除以项目的初始投资50 000美元,得到盈利能力指数为1.073 6,如表10-6所示。

第3步:分析结果

这个结果告诉我们,该项目产生的未来收益的现值是初始投资水平的1.073 6倍。由于盈利能力指数大于1.0,因此应该接受该项目。此外,因为该项目的盈利能力指数大于1.0,所以我们也知道该项目的净现值为正数——这是因为项目未来收益的现值大于初始投资。这两个指标对于接受还是拒绝投资项目的决策给出了一致的结论。

表 10-6 计算新机器投资的盈利能力指数

	自由现金流（美元）	×	贴现率为 10% 的现值系数	=	现值（美元）
第 1 年的现金流入	15 000	×	$\dfrac{1}{(1+0.1)^1}$	=	13 636
第 2 年的现金流入	8 000	×	$\dfrac{1}{(1+0.1)^2}$	=	6 612
第 3 年的现金流入	10 000	×	$\dfrac{1}{(1+0.1)^3}$	=	7 513
第 4 年的现金流入	12 000	×	$\dfrac{1}{(1+0.1)^4}$	=	8 196
第 5 年的现金流入	14 000	×	$\dfrac{1}{(1+0.1)^5}$	=	8 693
第 6 年的现金流入	16 000	×	$\dfrac{1}{(1+0.1)^6}$	=	9 032

$$PI = \frac{\dfrac{FCF_1}{(1+k)^1} + \dfrac{FCF_2}{(1+k)^2} + \cdots + \dfrac{FCF_n}{(1+k)^n}}{IO}$$

$$= \frac{13\ 636\ 美元 + 6\ 612\ 美元 + 7\ 513\ 美元 + 8\ 196\ 美元 + 8\ 693\ 美元 + 9\ 032\ 美元}{50\ 000\ 美元}$$

$$= \frac{53\ 682\ 美元}{50\ 000\ 美元} = 1.073\ 6$$

内部收益率法

内部收益率（internal rate of return，IRR）试图回答项目能获得多高的收益率这个问题。从计算的角度来看，内部收益率是使项目的自由现金流的现值等于项目初始投资的贴现率。我们称其为"内部"收益率，是因为它只依赖于项目的现金流，而不是收益率或资金的机会成本。从数学的角度来看，内部收益率的定义可用以下公式中的 IRR 表示：

IRR = 使项目自由现金流的现值等于初始投资的收益率

$$IO = \frac{FCF_1}{(1+IRR)^1} + \frac{FCF_2}{(1+IRR)^2} + \cdots + \frac{FCF_n}{(1+IRR)^n} \qquad (10-5)$$

其中，

FCF_t = 第 t 期的年自由现金流（可以取正值或负值）；

IO = 初始投资；

n = 项目的预期寿命；

IRR = 项目的内部收益率。

实际上，内部收益率类似于第 7 章中分析的债券到期收益率的概念。换言之，一个项目的内部收益率就是该项目获得的收益率。

根据该决策标准，接受项目的条件是，项目的内部收益率大于或等于公司的必要收益率。当项目的内部收益率低于公司的必要收益率时，我们将拒绝该项目。该决策标准可以表示为：

IRR≥公司的必要收益率或资本成本：接受项目
IRR＜公司的必要收益率或资本成本：拒绝项目

如果项目的内部收益率等于公司的必要收益率，则应该接受该项目，因为公司在该项目上能获得股东要求的收益率。相反，接受内部收益率低于投资者必要收益率的项目会降低公司的股票价值。

如果项目的净现值为正，那么项目的内部收益率一定大于必要收益率 k。因此，所有贴现现金流的决策标准都是一致的，并将得出类似的接受或拒绝项目的决策。然而，正如我们将在本章后面看到的，尽管净现值法和内部收益率法将得出相同的接受或拒绝项目的决策，但当我们评估互斥项目时，它们可能根据优选性对项目做出不同排序。我们的决策将依赖于净现值法，因为我们的首要目标是选择创造最多财富的项目，而这正是净现值法回答的问题。

用财务计算器计算内部收益率　利用现在的财务计算器计算内部收益率只需要按几下按键。在第 5 章中，当我们求解货币时间价值问题中的利率 i 时，我们其实就是在求解内部收益率。举例来说，在第 5 章中，当我们求解 100 美元的年复利利率必须为多少才能在 10 年后变为 179.10 美元时，我们实际上就在计算内部收益率。因此，在用财务计算器计算内部收益率时，我们只需要输入初始投资、现金流和现金流的产生时间，然后按下功能键"I/Y"或"IRR"。在一些财务计算器上，您必须在按下功能键进行计算前按下计算键"CPT"。

	A	B	C	D	E
1					
2		电子表格与内部收益率			
3					
4		待评估的三个投资项目有以下现金流			
5					
6					
7	年份	项目A	项目B	项目C	
8	初始投资	−10 000美元	−10 000美元	−10 000美元	
9	1	3 362美元	0美元	1 000美元	
10	2	3 362美元	0美元	3 000美元	
11	3	3 362美元	0美元	6 000美元	
12	4	3 362美元	13 605美元	7 000美元	
13					
14	IRR=	13.001%	8.000%	19.040%	
15					
16	Excel公式：=IRR（数值）				
17					
18	其中：				
19	数值=存储现金流的一系列单元格				
20	注：必须至少有一笔正现金流和一笔负现金流。				
21					

在单元格B14中输入值：=IRR（B8:B12）
在单元格C14中输入值：=IRR（C8:C12）
在单元格D14中输入值：=IRR（D8:D12）

用电子表格计算内部收益率 用电子表格计算内部收益率极其简单。一旦将现金流输入电子表格,您只需在电子表格的单元格内输入 Excel 的 IRR 函数,然后让电子表格自动计算出结果。当然,至少要有一项现金流必须为正,且至少要有一项现金流必须为负。IRR 函数必须按照以下格式输入电子表格的单元格:=IRR(数值),其中,"数值"是指存储包括初始投资在内的所有现金流的一系列单元格。

用财务计算器计算不规则现金流的内部收益率

当现金流不规则时,用财务计算器计算内部收益率十分简单:我们只需输入初始投资、现金流和现金流的产生时点,然后按下"IRR"键。让我们来看如何用财务计算器求解不规则现金流的内部收益率。每种计算器的使用方式可能存在一定差异,所以您需要熟悉如何在您的计算器上输入数据。话虽如此,但它们的操作方式基本上是相同的。正如您所料,您首先需要输入所有现金流,然后求解项目的内部收益率。如果您使用得州仪器 BA Ⅱ Plus 计算器,您首先需要按下"CF"键。然后,"CF₀"表示初始投资,您需要输入负值;"C01"为第一笔自由现金流,"F01"为第 1 笔自由现金流接连重复出现的年数。因此,如果第 1 年、第 2 年、第 3 年的自由现金流都是 1 000 美元,那么 F01=3。"C02"为第 2 笔自由现金流,而"F02"为该现金流接连重复出现的次数。您将注意到,您可以使用计算器上第一行带有下箭头的按键(↓)在不同现金流之间进行切换。一旦您输入了初始投资和所有自由现金流,您就可以按下"IRR"键和计算键"CPT"来计算项目的内部收益率了。让我们来看一个简单的例子,考虑以下投资项目:

初始投资	−5 000 美元
第 1 年的自由现金流	2 000 美元
第 2 年的自由现金流	2 000 美元
第 3 年的自由现金流	3 000 美元

计算器解法(TI BA Ⅱ PLUS):

数据和按键输入	显示
CF;−5 000;ENTER	CF0=−5 000.00
↓ 2 000;ENTER	C01=2 000.00
↓ 2;ENTER	F01=2.00
↓ 3 000;ENTER	C02=3 000.00
↓ 1;ENTER	F02=1.00
IRR;CPT	IRR=17.50%

例 10.4　　　　　　　计算内部收益率

考虑以下投资项目:

初始投资	−10 010 美元
第 1 年的自由现金流	1 000 美元
第 2 年的自由现金流	3 000 美元

第 3 年的自由现金流　　　　　　　6 000 美元
第 4 年的自由现金流　　　　　　　7 000 美元

如果必要收益率为 15%，我们应该接受该项目吗？

第 1 步：确定解题方法

由于现金流是不规则的，因此您将希望使用 Excel 或财务计算器进行计算。这里我们使用财务计算器，具体来说，是得州仪器 BA II Plus 计算器。

第 2 步：计算数值

使用财务计算器计算内部收益率。

计算过程（TI BA II PLUS）：

数据和按键输入	显示
CF；-10 010；ENTER	CF0=-10 010.00
↓ 1 000；ENTER	C01=1 000.00
↓ 1；ENTER	F01=1.00
↓ 3 000；ENTER	C02=3 000.00
↓ 1；ENTER	F02=1.00
↓ 6 000；ENTER	C03=6 000.00
↓ 1；ENTER	F03=1.00
↓ 7 000；ENTER	C04=7 000.00
↓ 1；ENTER	F04=1.00
IRR；CPT	IRR=19.00%

第 3 步：分析结果

在这个例子中，项目的内部收益率为 19%，高于 15% 的必要收益率。这意味着该项目将给公司增加价值，应该被接受。而且，我们也知道，既然该项目的内部收益率大于必要收益率，那么该项目的净现值一定为正。

您会做吗？

计算项目的内部收益率

一个新项目的成本为 5 019 美元，预期每年将产生 1 000 美元的自由现金流，为期 10 年。请计算该项目的内部收益率。

您做出来了吗？

计算项目的内部收益率

您需要确定一个项目的内部收益率，该项目的初始投资为 5 019 美元，在第 1~10 年将每年产生 1 000 美元的自由现金流。

1. 使用财务计算器

将数据代入财务计算器，解出 i。

数据输入	功能键
10	N
－5 019	PV
1 000	PMT
0	FV

功能键	答案
CPT	
I/Y	15

或者，您也可以使用计算器上的 CF 按键（使用得州仪器 BA Ⅱ Plus 计算器）。

数据和按键输入	显示
CF；－5 019；ENTER	CF0＝－5 019
↓；1 000；ENTER	C01＝1 000
↓；10；ENTER	F01＝10.00
IRR；CPT	IRR＝15

2. 使用 Excel

使用 Excel，您可以用 Excel 中的"＝IRR"函数计算内部收益率。

观察净现值与内部收益率的关系：净现值曲线

理解内部收益率和净现值的关系的最简便方法，可能是通过**净现值曲线**（net present value profile）进行直接观察。净现值曲线是显示一个项目的净现值如何随贴现率的变化而变化的图形。为了画出项目的净现值曲线，您只需要确定项目的净现值，首先令贴现率为 0，然后缓慢增加贴现率，直到画出一条具有代表性的曲线。内部收益率如何体现在净现值曲线中？内部收益率是使净现值为零的贴现率。

让我们来看一个例子。一个项目需要 105 517 美元的税后初始投资，项目将运行 5 年，每年预期将产生 30 000 美元的自由现金流。计算该项目在不同贴现率下的净现值，可得到以下结果：

贴现率（%）	项目的净现值（美元）
0	44 483
5	24 367
10	8 207

续表

13	0
15	−4 952
20	−15 798
25	−24 839

将这些值在图中画出来，就可以得到净现值曲线，如图 10-1 所示。

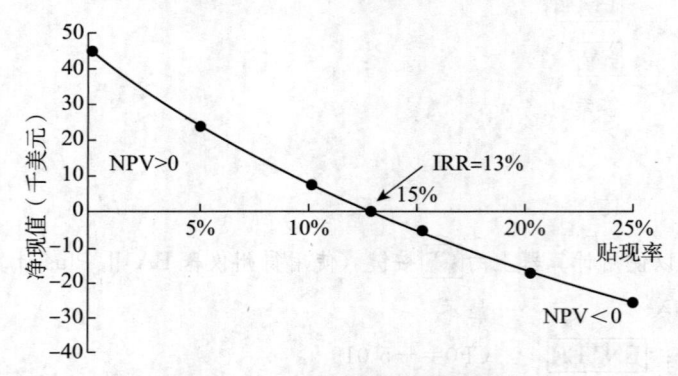

图 10-1 项目净现值曲线的例子

内部收益率位于这幅图中哪里呢？前面曾经提到，内部收益率是使项目现金流入的现值等于现金流出的现值的贴现率，因此，内部收益率是图中净现值为零的那一点——在这个例子中，项目的内部收益率为 13%。这恰好是我们计算一系列不规则现金流的内部收益率时使用的方法——我们用不同的贴现率来计算项目的净现值，而使项目的净现值为零的贴现率就是项目的内部收益率。

从净现值曲线中，我们可以很容易地看到项目的净现值如何与贴现率反向变化——随着贴现率的提高，净现值将降低。通过分析一个项目的净现值曲线，您也可以知道项目对您选择的贴现率的敏感性有多大。项目的净现值对贴现率越敏感，您在计算中使用正确贴现率就越重要。

复杂情况下的内部收益率：多个内部收益率

尽管任何项目都只有一个净现值和一个盈利能力指数，但在某些情况下，一个项目可能有多个内部收益率。出现这种情况的原因可以追溯到内部收益率的计算过程。式（10-5）说明了内部收益率是使项目未来净现金流现值之和等于项目初始投资的贴现率：

$$\text{IO} = \frac{\text{FCF}_1}{(1+\text{IRR})^1} + \frac{\text{FCF}_2}{(1+\text{IRR})^2} + \cdots + \frac{\text{FCF}_n}{(1+\text{IRR})^n} \tag{10-5}$$

然而，由于式（10-5）是一个 n 次多项式，因此它有 n 个解。现在，如果初始投资（IO）为式中唯一的负现金流，而其他所有年自由现金流（FCF）都是正数，那么该式的 n 个解中除了一个解以外，其他的解都是负数或是虚数，这没有问题。但是当现金流的方向出现多次反转时，就会出现问题。实际上，当现金流的方向出现几次反转时，该式就可能出现几个解。正常模式或"传统"模式是初始投资为负，之后的年自由现金流为正（－，＋，＋，＋，…，＋）。在这种情况下现金流的方向只反转一次，因此只会得出一个正的内部收益率。但是，有多次方向反转的"非传统"现金流模式则会得出多个内部收益率。

单位：美元

	自由现金流（美元）
初始投资	－1 600
第1年的自由现金流	＋10 000
第2年的自由现金流	－10 000

在这种现金流模式下，现金流的方向出现了两次反转：一次从－1 600美元变为10 000美元，另一次从＋10 000美元变为－10 000美元，因此，可能会出现两个正内部收益率，它们都使项目的自由现金流现值等于项目的初始投资。事实上，求解该题也确实得到了两个内部收益率：25%和400%。从图形来看，我们求解的是使项目净现值等于零的贴现率。正如图10-2所示，这种情况发生了两次。

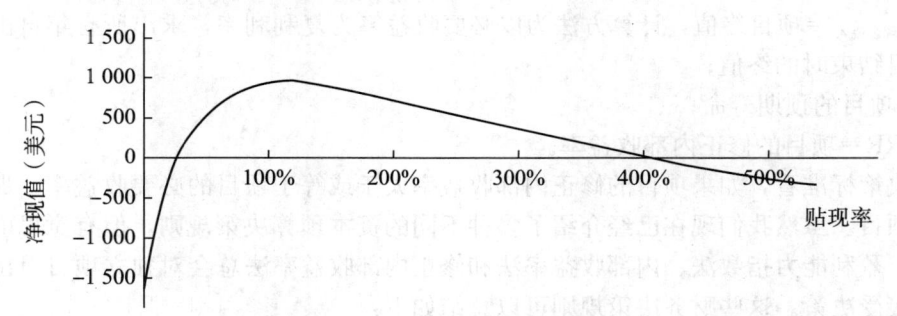

图10-2 多个内部收益率

哪个解是正确的呢？答案是两个解都无效。虽然两个解都符合内部收益率的定义，但是两个解都不能解释项目的真正内部收益率。总而言之，当现金流出现多次方向反转时，项目就可能有多个内部收益率，对内部收益率的一般解释就失去了意义。在这种情况下，我们应该转而采用净现值标准。

修正内部收益率[①]

出现多个内部收益率的问题伴随着这样一个事实，即净现值法更符合我们最大化股东财富的目标，因为它告诉我们新项目将创造多少财富，这使净现值法作为资本预算评价方法优于内部收益率法。但是，由于内部收益率易于解释，因此许多从业者更愿意使用内部收益率法。最近，一种新评价方法——**修正内部收益率**（modified internal rate of return，MIRR）法作为内部收益率法的替代方法广受欢迎，因为它避免了出现多个内部收益率的可能性，并且让决策者可以通过消除现金流方向变化避免出现多个内部收益率的问题。修正内部收益率法为决策者提供了内部收益率的直观吸引力，且不会出现多个内部收益率。

---

① 本节内容相对复杂，可以略过而不会影响连续性。

为了消除现金流方向变化，修正内部收益率法将项目存续期内的所有自由现金流出移至项目开始时，并将所有自由现金流入移至项目结束时。因此，要计算修正内部收益率，我们将采用以下步骤：

第1步 确定项目自由现金流出的现值。我们将所有自由现金流出以必要收益率贴现到现在。如果项目的初始投资是唯一的自由现金流出，那么初始投资即为自由现金流出的现值。

第2步 确定项目自由现金流入的终值。确定所有的年自由现金流入，并以项目必要收益率为复利利率求出它们在项目结束时的终值。我们称该值为项目的终值（TV）。

第3步 计算修正内部收益率。修正内部收益率是使项目的自由现金流出的现值等于项目终值的现值的贴现率。[①]

从数学角度看，修正内部收益率被定义为下式中 MIRR 的值：

$$\text{PV}_{\text{现金流出}} = \frac{\text{TV}_{\text{现金流入}}}{(1+\text{MIRR})^n} \qquad (10-6)$$

其中，

$\text{PV}_{\text{现金流出}}$＝项目自由现金流出的现值；

$\text{TV}_{\text{现金流入}}$＝项目终值，计算方法为以必要收益率为复利利率，求出所有年自由现金流入在项目结束时的终值；

n＝项目的预期寿命；

MIRR＝项目的修正内部收益率。

从决策标准看，如果项目的修正内部收益率大于或等于项目的必要收益率，那么应该接受该项目。虽然我们现在已经介绍了多种不同的资本预算决策规则，但有意思的是，净现值法、盈利能力指数法、内部收益率法和修正内部收益率法总会对独立项目得出相同的拒绝或接受决策。这些财务决策规则可以总结如下：

▶ **财务决策工具**

工具名称	公式	含义
净现值（NPV）	所有未来年自由现金流的现值减去初始投资： $= \frac{\text{FCF}_1}{(1+k)^1} + \frac{\text{FCF}_2}{(1+k)^2} + \cdots + \frac{\text{FCF}_n}{(1+k)^n} - \text{IO}$	● 如果接受项目，项目将创造的财富。 ● 如果净现值为正，那么项目将创造财富，应该接受项目。
盈利能力指数（也被称为收益-成本比）（PI）	未来自由现金流的现值与初始投资之比： $= \dfrac{\dfrac{\text{FCF}_1}{(1+k)^1} + \dfrac{\text{FCF}_2}{(1+k)^2} + \cdots + \dfrac{\text{FCF}_n}{(1+k)^n}}{\text{IO}}$	● 未来收益的现值与初始成本之比。 ● 如果盈利能力指数大于1.0，那么净现值必然为正，即项目创造了价值，应该接受项目。

---

① 您将注意到，我们区分了项目的年现金流入和年现金流出，并将以复利计算所有现金流入在项目结束时的终值，而将现金流出贴现至现在作为成本的现值。虽然修正内部收益率还有其他定义，但这是最为广泛接受的定义。

续表

工具名称	公式	含义
内部收益率 (IRR)	使项目的未来自由现金流现值等于项目的初始投资的贴现率： $$IO = \frac{FCF_1}{(1+IRR)^1} + \frac{FCF_2}{(1+IRR)^2} + \cdots + \frac{FCF_n}{(1+IRR)^n}$$ 其中，IRR=项目的内部收益率。	● 项目获得的收益率。 ● 如果项目获得高于必要收益率的收益率，那么项目的净现值必然为正，项目创造了价值，应该接受项目。
修正内部收益率 (MIRR)	使项目未来自由现金流出的现值等于现金流入终值的贴现价值的贴现率： $$PV_{现金流出} = \frac{TV_{现金流入}}{(1+MIRR)^n}$$	● 基于以必要收益率对现金流进行再投资的假设计算出的项目内部收益率。

例 10.5

计算修正内部收益率

让我们来看一个例子：一个项目预期运行 3 年，必要收益率为 10%。假设该项目的现金流如下表所示：

单位：美元

	自由现金流
初始投资	−6 000
第 1 年	2 000
第 2 年	3 000
第 3 年	4 000

请计算该项目的修正内部收益率。

第 1 步：确定解题方法

修正内部收益率的计算过程有以下三步：

步骤 1 确定项目的自由现金流出的现值。
步骤 2 确定项目的自由现金流入的终值。
步骤 3 确定使项目终值的现值等于项目现金流出的现值的贴现率。

在数学上，修正内部收益率可以被定义为下式中 MIRR 的值：

$$PV_{现金流出} = \frac{TV_{现金流入}}{(1+MIRR)^n} \qquad (10-6)$$

其中，

$PV_{现金流出}$=项目自由现金流出的现值；

$TV_{现金流入}$=项目的终值，计算方法是以必要收益率作为复利利率，求出所有年自由现金流入在项目结束时的终值；

n=项目的预期寿命；

MIRR=项目的修正内部收益率。

第 2 步：计算数值

使用以下三步：

步骤1 确定项目自由现金流出的现值。在这个例子中，唯一的现金流出是6 000美元的初始投资，它已经是现在的价值，因此，它成为项目现金流出的现值。

步骤2 确定项目自由现金流入的终值。为了求出结果，我们只需使用项目的必要收益率来计算项目3年的现金流入在项目结束时的终值。在这个例子中，终值为9 720美元。

步骤3 确定使项目终值的现值等于项目现金流出的现值的贴现率。因此，该项目的修正内部收益率为17.446%。

计算过程如图10-3所示：

$$6\ 000\ 美元 = \frac{TV_{现金流入}}{(1+MIRR)^n}$$

$$6\ 000\ 美元 = \frac{2\ 000\ 美元 \times (1+0.10)^2 + 3\ 000\ 美元 \times (1+0.10)^1 + 4\ 000\ 美元 \times (1+0.10)^0}{(1+MIRR)^3}$$

$$6\ 000\ 美元 = \frac{2\ 420\ 美元 + 3\ 300\ 美元 + 4\ 000\ 美元}{(1+MIRR)^3}$$

$$6\ 000\ 美元 = \frac{9\ 720\ 美元}{(1+MIRR)^3}$$

$$MIRR = 17.446\%$$

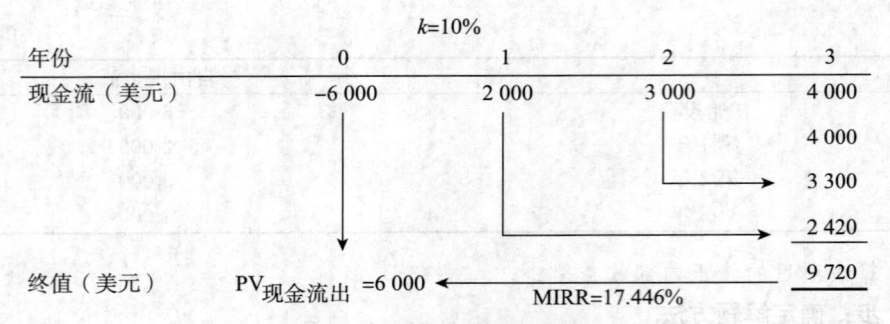

	$k=10\%$			
年份	0	1	2	3
现金流（美元）	−6 000	2 000	3 000	4 000
				4 000
				3 300
				2 420
终值（美元）	PV现金流出 =6 000		MIRR=17.446%	9 720

图10-3 计算修正内部收益率

第3步：分析结果

因此，这个项目的修正内部收益率（17.446%）小于该项目的内部收益率（20.614%）。根据决策规则，如果项目的修正内部收益率大于或等于项目的必要收益率，就应该接受该项目。如果项目的修正内部收益率小于必要收益率，就应该拒绝该项目：

MIRR≥必要收益率：接受项目

MIRR<必要收益率：拒绝项目

由于内部收益率法在现实世界中常被用作决策工具以及可能存在多个内部收益率的问题，修正内部收益率作为一种替代性决策工具越来越受欢迎。

使用电子表格来计算修正内部收益率

和使用电子表格的其他财务计算一样，计算修正内部收益率极其简单。这种计算方法与使用电子表格计算传统内部收益率的唯一差别在于，您还可以选择设定融资利率和再投资收益率。融资利率是指您进行投资所需的借款利率，而再投资收益率是您将现金流再投资时获得的收益率。通常，我们假设这两个利率的值相等。因此，我们输入 k，即适当的贴现率，作为这两个利率的数值。一旦将现金流输入电子表格，您只需在电子表格的单元格中输入 Excel 的 MIRR 函数，然后让电子表格自动为您计算出结果。当然，就像计算内部收益率一样，至少有一笔现金流必须为正，也至少有一笔现金流必须为负。在电子表格的单元格中输入的修正内部收益率函数是"＝MIRR（数值，融资利率，再投资收益率）"，其中"数值"是指储存现金流的一系列单元格，而输入的 k 表示融资利率和再投资收益率。

	A	B	C	D	E
1					
2	使用电子表格计算MIRR				
3					
4	参考之前的例子，我们也可以使用电子表格来计算修正内部收益率。然而，使用电子表格时，您还可以选择设定融资利率和再投资收益率。融资利率是您进行投资所需的借款利率，而再投资收益率是您再投资现金流获得的收益率。在我们的计算中，我们假设这两个利率相等。因此，我们输入 k，即适当的贴现率，表示这两个利率。回到之前的例子：				
5					
6					
7					
8					
9					
10					
11					
12					
13					
14		年份	现金流		
15		初始投资	−6 000美元		
16		1	2 000美元		
17		2	3 000美元		
18		3	4 000美元	在C20单元格输入：	
19				=MIRR（C15：C18,10%,10%）	
20		MIRR=	17.446%		
21					
22	Excel公式：=MIRR（数值，融资利率，再投资收益率）				
23					
24	其中：				
25		数据=	存储现金流的一系列单元格。		
26			注：必须至少有一笔正现金流和一笔负现金流。		
27					
28		融资利率=	进行投资所需的借款利率。通常假设为 k。		
29		再投资收益率=	进行再投资所获得的收益率。通常假设为 k。		
30					
31					

关于修正内部收益率的最后说明

在结束关于修正内部收益率的讨论时，这里给出了关于其使用的部分总结和注意事项：

● 计算修正内部收益率的方法有多种，每种方法都可能得到不同的修正内部收益率。我们使用的方法被认为是计算修正内部收益率时最常用的方法，这也是 Excel 使用的方法。具体而言，我们使用项目的必要收益率将项目的负现金流贴现回现在，然后在计算修正内部收益率之前，以该必要收益率作为复利利率，计算所有正现金流在项目结束时的价值。一些分析师用项目的必要收益率将负现金流贴现回现在，然后再计算修正内部收益率。任何一种方法都不一定优于另一种方法。

- 尽管对项目现金流的金额和时间进行上述任何一种修改都可以解决多个内部收益率的问题，但得到的修正内部收益率现在是贴现率的函数。这就是原因。内部收益率仅使用项目现金流来计算，因此我们计算出的收益率是项目现金流的"内部"收益率或"内在"收益率，而不取决于外部"贴现"率或"再投资"收益率。修正内部收益率的情况并非如此（不管我们如何计算它）。毕竟，如果将项目的现金流再投资于某个利润丰厚的项目，用于支付奖金或投资于政府规定的安全项目，那么该项目的价值不会上升或下降。

- 最后，净现值法是我们选择的资本预算选择方法，因为净现值是对项目投资产生的价值的估计。无论是否可以估计出唯一的内部收益率，事实都是如此。

如果修正内部收益率不是完美的项目收益率衡量指标，为什么还要使用修正内部收益率？答案可能是由于管理层偏好使用收益率指标而不是像净现值这样的绝对值指标作为决策标准。因此，如果您的公司要求计算修正内部收益率而您计算出了一个修正内部收益率，请在基于该修正内部收益率通过采纳项目的建议之前，确保净现值为正！

概念回顾
1. 请给出项目的内部收益率的直观定义。
2. 净现值曲线说明了什么信息？如何画出净现值曲线？
3. 内部收益率与修正内部收益率的区别是什么？
4. 为什么净现值法和盈利能力指数法对同一个项目总是得出相同的接受或拒绝决策？

资本配额

我们在本章中介绍的资本预算决策规则的运用表明资本预算规模由是否有可接受的投资方案决定。然而，一家公司可能为资本预算的规模设置限额，这种情况被称为**资本配额**（capital rationing）。正如我们将看到的，分析资本配额不仅能使我们更好地处理现实世界中的复杂情况，还能说明在编制资本预算时净现值法优于内部收益率法的原因。处理资本配额问题总是让人有些头疼，因为在有资本配额时，即使是净现值为正的项目也可能被拒绝。这种情况违反了公司最大化股东财富的目标。然而，在现实生活中，资本配额确实存在，而管理者也必须解决这个问题。通常，当公司设置资本配额时，它们认为自身没有能力同时执行超过特定数量的新项目或大项目并保证盈利。

使用内部收益率作为公司的决策规则，公司将接受所有内部收益率大于公司必要收益率的项目。该规则如图10-4所示，其中项目A至项目E将被选中。然而，当存在资本配额时，总投资规模将受到预算约束的限制。在图10-4中，X美元的预算约束排除了很有吸引力的项目E。这种情况显然与之前的决策规则矛盾。此外，按照内部收益率最高的原则选择项目常常由于一些项目不可分割而变得复杂。例如，只进行一半项目D的建议显然是不合逻辑的。

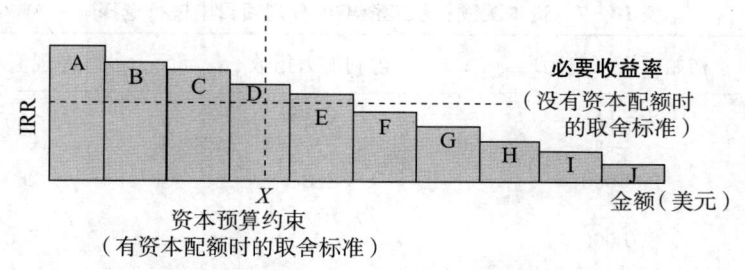

图 10-4　根据内部收益率排序的项目

资本配额的基本原理

一般来说，施加资本配额约束有三个主要原因。第一，管理者可能认为市场状况暂时不利。在 21 世纪头一个十年末期的经济衰退时期，这个原因被频繁提出。当时，股票价格低迷，使项目的融资成本升高。第二，公司可能没有合格的管理者来管理新项目。当项目具有较高专业性时，就可能会发生这种情况。第三，公司可能有一些无形考虑因素。例如，管理者可能担心负债，希望不惜一切避免支付利息。又或者，公司可能希望通过限制发行普通股来维持稳定的股利政策。

那么资本配额会对公司产生什么影响呢？简单来说，资本配额的影响是负面的。而负面影响的程度取决于资本配额的限制程度。如果资本配额的限制程度很小且是短期的，那么公司的股票价格不会受到很大影响。在这种情况下，实施资本配额可能会被理解，尽管我们必须指出，任何拒绝正净现值项目的资本配额行为都违背了公司的股东财富最大化目标。如果资本配额是公司决定大幅限制新项目数量或决定只采用内部融资来运行项目的结果，那么这项政策最终将对公司的股票价格产生严重的负面影响。例如，如果公司因为限制资本预算的武断决策而不能升级产品和制造流程，那么公司将丧失竞争优势，最终导致股价降低。

资本配额与项目选择

如果公司决定对其投资项目设定资本约束，那么适当的决策标准就是选择在该资本约束下净现值最高的一系列项目。实际上，它应该选择能最大限度地增加股东财富的项目。这个指导原则可能会阻止仅按盈利能力指数法或内部收益率法选择排名最高的项目。如果图 10-4 中所示的项目可以分割，那么最后被接受的项目将只是部分被采纳。尽管部分采纳某个项目也是有可能的，但正如我们之前所言，在某些情况下，大部分资本投资具有不可分割性，这排除了这种可能性。例如，购买半家批发商店或是购买半辆卡车是不可能的。

以一家预算约束为 100 万美元的公司为例，目前它有五个不可分割项目待选，如表 10-7 所示。如果采纳排名最高的项目，那么该公司将首先采纳项目 A 和项目 B。这时，公司将没有足够资金来运营项目 C，因此公司将采纳项目 D 和项目 E。但是，项目 A 和项目 C 的组合能带来更高的总净现值。所以，在全部现有项目中，公司应该选择项目 A 和项目 C。这说明了我们的指导原则：选择能最大化公司净现值的项目组合。

表 10-7　资本配额：从五个不可分割项目中进行选择

项目	初始投资（美元）	盈利能力指数	净现值（美元）
A	200 000	2.4	280 000
B	200 000	2.3	260 000
C	800 000	1.7	560 000
D	300 000	1.3	90 000
E	300 000	1.2	60 000

> **概念回顾**
> 1. 什么是资本配额？
> 2. 资本配额为何会与最大化股东财富的目标发生冲突？
> 3. 什么是互斥项目？为何互斥项目可能使资本预算过程变得更复杂？

互斥项目的排序

过去，在假设没有资本配额的情况下，我们通常建议公司接受所有净现值为正、盈利能力指数大于1.0或者内部收益率大于必要收益率的项目。然而，按照这种标准采纳项目并不一定总是可行。在某些情况下，按照贴现现金流标准，两个项目都被认为是可接受的，这时我们可能必须在二者之间选择一个项目，因为这两个项目是互斥的。**互斥项目**（mutually exclusive projects）是指服务于同一个目标的项目。例如，一家公司正在考虑安装一套电脑系统，该公司可能评估了三四套系统，这些系统都有正净现值。但是，采纳一套系统自动意味着拒绝其他系统。通常，在处理互斥项目时，我们根据贴现现金流标准对项目进行排序，并选择排名最高的项目。然而，有时会产生排名冲突的问题。正如我们将看到的，净现值法通常是最好的决策工具，因为它选择的项目会在最大程度上增加公司股东财富。

在处理互斥项目时，有两大类排序问题：投资规模不同的问题和项目寿命不同的问题。每个问题都可能由于不同的贴现现金流、资本预算评价标准而导致排名冲突。正如上文所指出的，当一种贴现现金流评价标准给出接受信号时，所有评价标准都将给出接受信号，但是它们不一定对所有项目都给出相同排序。在大多数情况下，这种不一致现象并不重要，但是，对于互斥项目来说，排名顺序很重要。

投资规模不同的问题

投资规模不同的问题发生在分析投资规模不同的互斥项目时。用一个例子可以很简单地说明这个问题。

例 10.6 投资规模不同的问题

假设一家公司正在考虑两个互斥项目：项目 A 和项目 B，两个项目的必要收益率均为 10%。项目 A 需要 200 美元的初始投资，并在第一年年末产生 300 美元的现金流入；而项目 B 的初始投资为 1 500 美元，在第一年年末产生 1 900 美元的现金流入。表 10-8 给出了两个项目的净现值、盈利能力指数和内部收益率：

表 10-8　投资规模不同时的排序问题

项目 A		
	$k=10\%$	
年份	0	1
现金流	−200 美元	300 美元
NPV=72.73 美元		
PI=1.36		
IRR=50%		

项目 B		
	$k=10\%$	
年份	0	1
现金流	−1 500 美元	1 900 美元
NPV=227.28 美元		
PI=1.15		
IRR=27%		

在本例中，如果使用净现值法，那么应该接受项目 B。然而，如果使用盈利能力指数法或内部收益率法，那么应该选择项目 A。现在的问题是：这两个项目中哪一个更好？

第 1 步：确定解题方法

这个问题的答案取决于公司是否存在资本配额。

第 2 步：计算数值

在不存在资本配额的情况下，项目 B 更好。因为它增加的股东财富最多，也就是净现值更大。如果存在资本约束，那么问题的重点就是，如果选择项目 A（成本为 200 美元，而不是项目 B 的 1 500 美元），那么节省的 1 300 美元能做些什么。如果公司用项目 A 加上用额外 1 300 美元融资的项目获得的利润高于项目 B 能获得的利润，那么就应该接受项目 A 和补缺项目。实际上，我们试图选择能最大化公司净现值的项目组合。因此，如果补缺项目的净现值大于 154.55（=227.28−72.73）美元，那么选择它和净现值为 72.73 美元的项目 A 提供的净现值将高于项目 B 227.28 美元的净现值。

第 3 步：分析结果

总而言之，当不存在资本配额时，只要投资规模不同问题导致互斥项目的排序存在冲突，就应该选择净现值最大的项目。而当存在资本配额时，公司应该选择净现值最大的项目组合。

项目寿命不同的问题

我们需要分析的最后一个排序问题，是比较不同寿命的互斥项目是否适当。由于未来的可盈利投资方案被排除在考虑范围之外，因而产生了不同寿命的项目之间不可比的问题。例如，假设您在希尔顿黑德岛（Hilton Head Island）最好的滨海地段上拥有一家老酒店，您正在考虑翻修酒店，使它能延长5年的使用寿命，或者拆除该酒店，在此地建造一家预期寿命为10年的新酒店。这两种方案之中的任意一种都能让您赚到钱，因为每个人都希望入住滨海酒店。但是，您显然不能同时进行这两笔投资。

比较这两个项目的净现值是否公平？答案是不公平。为什么？因为如果您接受了10年期项目，您就不只是拒绝了5年期项目，还放弃了在第6~10年用该地段进行其他盈利性投资的机会。实际上，如果您采纳寿命较短的项目，那么到该项目结束时，您可以再次翻修该酒店，或是重新建造新酒店来获取额外收益。而接受寿命更长的项目将排除这一可能性，这种情况并没有被纳入之前的分析范围。因此，产生了一个关键问题：今天的投资决策是否在分析时考虑了未来所有可盈利投资方案？如果没有，那么这些项目就不具有可比性。

例 10.7　项目寿命不同的问题

假设一家公司必须更换一台老旧的机器，该公司的必要收益率为10%。该公司目前在考虑两种替换机器：一种机器的使用寿命为3年，另一种机器的使用寿命为6年。图10-5给出了与这两个项目相关的现金流信息。

分析现金流贴现评价标准，我们发现净现值法和盈利能力指数法都显示项目B是更好的项目，而内部收益率法更倾向于选择项目A。这种排序的不一致是由于被比较项目的使用寿命不同。在这个案例中，由于两个项目不可比，因此很难做出决策。我们应该如何解决这种项目寿命不同的问题呢？

项目A：　　　　　　　　　　　$k=10\%$

年份	0	1	2	3
现金流	−1 000美元	500美元	500美元	500美元

NPV=243.43美元
PI=1.243
IRR=23.4%

项目B：　　　　　　　　　　　$k=10\%$

年份	0	1	2	3	4	5	6
现金流	−1 000美元	300美元	300美元	300美元	300美元	300美元	300美元

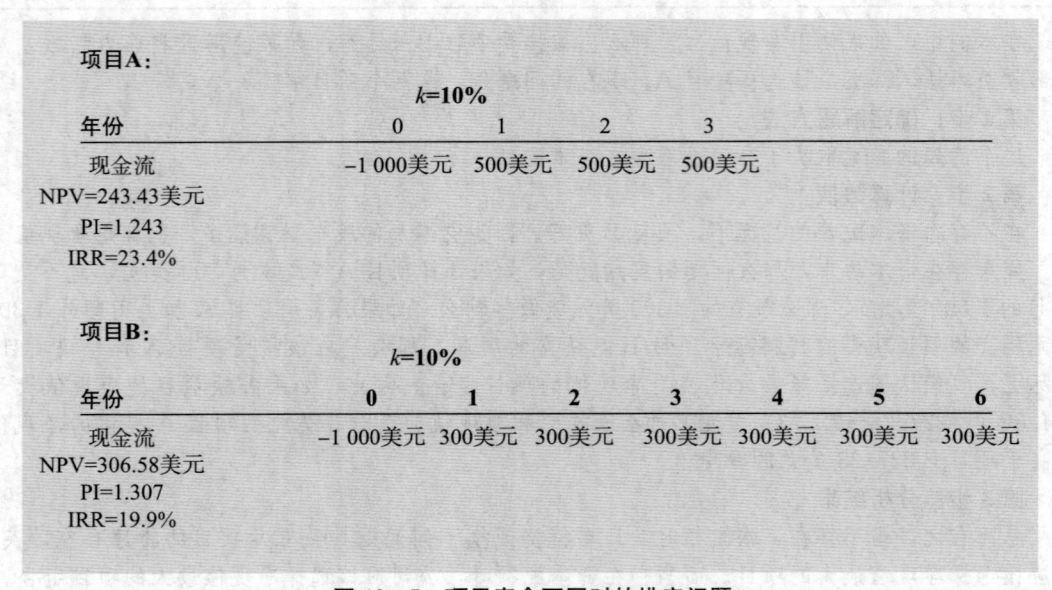

NPV=306.58美元
PI=1.307
IRR=19.9%

图 10-5　项目寿命不同时的排序问题

第1步：确定解题方法

解决这种情况的方法有多种。第一种方法是，假设寿命较短的投资产生的现金流将按必要收益率再投资，直到寿命较长的项目结束。这种方法最简单，因为您只需计算项目的净现值，但它实际上忽略了以下问题——公司投资于另一个有正净现值的替代项目的可能性。因此，合适的解决方案是预测未来的再投资机会，也就是说，对可能的未来投资机会做出一定假设。遗憾的是，第一种方法太过简单以至没有什么价值，而第二种方法又由于要求进行大量未来现金流预测而极为困难。解决这个问题的最后一种方法是，假设公司在未来的再投资机会与现在的投资机会类似。两种最常见的方法是建立重置链使不同项目的使用寿命相同，或者是计算项目的等额年金（EAA）。

在使用重置链时，本例需要创建项目 A 的双链循环。也就是说，我们假设项目 A 能在第 3 年年末被类似投资重置。因此，项目 A 将被视为两个项目 A 交替循环，如图 10-6 所示。第一个项目在第 0 年或第 1 年年初开始运营，产生 1 000 美元的初始现金流出。第二个项目在第 4 年年初或第 3 年年末开始运营，初始投资也为 1 000 美元，并在第 4~6 年每年产生 500 美元的现金流。因此，在第 3 年，公司将有第一个项目产生的 500 美元现金流入和重复项目产生的 1 000 美元现金流出，导致第 3 年的净现金流为 -500 美元。因此，该重置链的净现值为 426.32 美元，它可以和项目 B 的净现值进行比较。

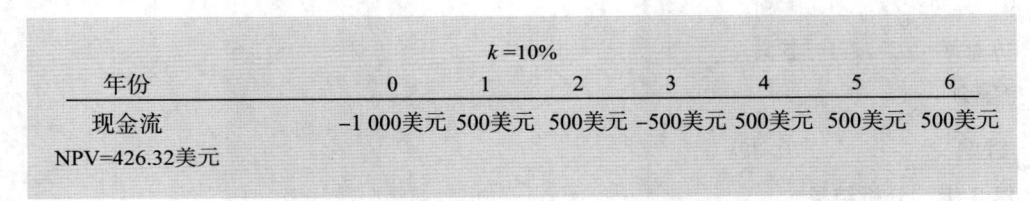

			$k=10\%$				
年份	0	1	2	3	4	5	6
现金流	-1 000美元	500美元	500美元	-500美元	500美元	500美元	500美元
NPV=426.32美元							

图 10-6　重置链示例：两个项目 A 交替循环

由于项目 A 重置价值链的净现值大于项目 B 的净现值，因此应该接受项目 A。重置链的一个问题是，让二者的寿命相等可能十分困难，这取决于每个项目的寿命。例如，如果两个项目的寿命分别为 7 年和 13 年，那么由于二者的最小公倍数为 7×13=91，为了使两个项目的寿命相等，我们需要创建 91 年的重置链。在本例中，确定项目的**等额年金**（equivalent annual annuity，EAA）更容易。项目的等额年金就是一笔现值与项目净现值相同的年金现金流。

为了计算等额现金流，我们只需计算项目的净现值，然后确定现值与其相等的年金金额（即财务计算器上的 PMT）。这个过程包括以下两步：

步骤 1　计算项目的净现值；
步骤 2　计算等额年金。

第2步：计算数值

步骤 1　计算项目的净现值。在图 10-5 中，我们求出项目 A 的净现值为 243.43 美元，而项目 B 的净现值为 306.58 美元。

步骤 2　计算等额年金。用项目的净现值作为年金的现值（PV），用项目的年数作为 N，用项目的必要收益率作为 I/Y，输入 0 作为终值（FV），并解出年金金额 PMT，我们就可以求出等额年金。这将确定和该项目产生相同净现值的年现金流水平。

项目 A 的计算过程如下：
计算器解法
数据输入　　　　功能键
3　　　　　　　　N

数据输入	功能键	答案
10	I/Y	
−243.43	PV	
0	FV	
功能键		答案
CPT		
PMT		97.89

项目 B 的计算过程如下：

计算器解法

数据输入	功能键	
6	N	
10	I/Y	
−306.58	PV	
0	FV	
功能键		答案
CPT		
PMT		70.39

第 3 步：分析结果

我们应该如何解释等额年金？对于一个有 n 年寿命的项目来说，这种方法告诉我们，和项目提供相同净现值的 n 年期年金的价值是多少。因此，对于项目 A 来说，这意味着贴现率为 10%、每年支付 97.89 美元的 3 年期年金的净现值与项目 A 的净现值相同，即 243.43 美元。我们现在可以直接比较两个项目的等额年金，以确定哪个项目更好。我们之所以能这么做，是因为我们现在算出了能产生与项目相同净现值的年金水平。由于它们都是年金，且项目可以无限重复，所以年金是可比的。

▶ **财务决策工具**

工具名称	公式	含义
等额年金（EAA）法	能产生与项目净现值相同的现值的年现金流。	● 通过确定与项目产生相同净现值的年金水平，使不同寿命的互斥项目具有可比性。 ● 不同寿命的项目的等额年金可以相互比较，因为它们代表的是年金。

概念回顾
项目排序存在哪三种典型问题？

财务管理中的道德问题

不道德行为导致的负面财务影响

正如我们在第1章中所讨论的，道德和信任是商业中的基本要素。既然知道不道德行为会造成不可避免的结果——真相是遮掩不住的——为什么聪明老练的人会忽略这个问题呢？即使最初只有公司里的人知道真相，它最终也会被泄露出来。一旦错过针对真相采取行动的机会，即使是最出色的管理者也无法控制事态发展。让我们来看看以下案例：

道康宁（Dow Corning）本来并不应该破产，也不用因为有缺陷的硅胶植入物支付高达数十亿美元的和解款，因为科学证据并不支持这种植入物会造成用户声称的损害。然而，关键问题在于，这些植入物放在吸水纸上时会留下污迹。该公司本应披露该产品可能产生的渗漏问题，调查相关风险，并对医生和病患提出警告，但该公司并没有这样做。根据这起植入物案件的国会听证会证词，即使存在一定风险，许多女性也仍会选择使用这种产品。但她们由于没有收到警告而最终选择起诉。

比纳（Beech-Nut）公司的危机在于，它在其婴儿食品中使用了一种化学混合物来代替苹果汁。而该公司的高管忽略了一位内部化学家的忠告，这位化学家试图告诉他们，公司出售的是伪劣产品。

2004年，一份研究报告显示万络（Vioxx）会导致严重心血管疾病（例如中风和心脏病）的风险增加，此后默克（Merck）停止生产这种全球最畅销的止痛药之一。生产万络并不是默克的问题，问题在于根据《新英格兰医学杂志》（New England Journal of Medicine）的社论，默克被指控隐瞒了部分数据和信息，而这些信息会影响2000年《新英格兰医学杂志》一篇较早研究论文的结论。因此，默克需要面对成千上万桩诉讼，在其中一个案子中，陪审团最终决定该公司对一位服药之后诱发心脏病的联邦调查局退休探员赔偿5 100万美元。

2015年，《60分钟》（60 Minutes）刊登了一份关于林木宝（Lumber Liquidators）公司的报告，该报告显示中国工厂的经理称他们使用了假标签，使他们为林木宝公司生产的地板看起来符合加利福尼亚法规。林木宝公司当时的反应是什么？他们说《60分钟》的测试方法不当，并且他们"保证每块木板都没问题"。然后，2015年5月，得知美国司法部对该公司提起诉讼一周之后，林木宝公司停止销售所有在中国制造的强化地板。那时，林木宝公司的股价已从三个月前的水平下跌了60%。

这些案例告诉我们两个常识。第一，当公司不采取行动时，关键时刻将稍纵即逝。第二，提出问题的人常常被忽视，有时还会被解雇。

在这些关键时刻，永远不要依赖律师。律师是法律专家，但并不擅长控制损害。公司不应该由他们来做出商业决策，而是应该让管理者做出商业决策。更重要的是，关键时刻要求管理者奉行比法律要求更严格的道德标准。

现实生活中有没有企业在关键时刻做出明智选择的案例呢？有的。2006年，在受到大肠杆菌感染的菠菜导致3起死亡案例后不久，福克西（Foxy）发现其农场的灌溉用水在微生物检验中检出阳性，之后召回了所有生菜产品。尽管最后发现这些生菜没有携带任何细菌，但福克西采取了所有可能保护公众利益的措施，也因此拥有了非常忠实的客户。

资料来源：Kevin Kingsbury, "Corporate News: Merck Settles Claims over Vioxx Ads," *The Wall Street Journal*, May 21, 2008, p. B3; "Foxy's Lettuce Recalled after E. coli Scare," *USA Today*, October 9, 2006, p. A10; and Rachel Abrams, "Lumber Liquidators Suspends Sales of Laminate Flooring from China after Concerns," *New York Times*, May 8, 2015, p. B7.

本章小结

➡ **学习目标 1.** 讨论在竞争市场上寻找盈利项目可能遇到的困难以及寻找盈利项目的重要性。

　　小结：编制资本预算时需要做出关于固定资产投资的决策。在盈利项目被采纳之前，首先必须发现或找到盈利项目。遗憾的是，产生开发新产品、改进现有产品、提高现有产品盈利性的想法是极其困难的。通常，公司内部是产生新的盈利产品想法的最佳来源。

　　关键术语

　　资本预算：关于固定资产投资的决策过程，即应该接受还是拒绝一个项目。

➡ **学习目标 2.** 运用回收期法、净现值法、盈利能力指数法和内部收益率法判断应该接受还是拒绝新项目。

　　小结：我们考察了决定是否接受资本预算方案的四种常用评价方法。第一种评价方法是回收期法，它在计算中没有考虑货币的时间价值。而净现值法、盈利能力指数法和内部收益率法都考虑了货币的时间价值。表10-9总结了这些方法。

表 10-9　资本预算方法总结

1A. 回收期＝用自由现金流收回初始投资所需的年数
如果回收期≤可接受的最长回收期，则接受项目
如果回收期＞可接受的最长回收期，则拒绝项目

优点	缺点
● 使用自由现金流。	● 忽略了货币的时间价值。
● 易于计算和理解。	● 忽略了回收期之后产生的现金流。
● 对有资本约束的公司有利。	● 对可接受最长回收期的选择较为武断。
● 可以作为粗略筛选项目的工具。	

1B. 贴现回收期＝贴现自由现金流收回初始投资所需的年数
如果贴现回收期≤可接受的最长贴现回收期，则接受项目
如果贴现回收期＞可接受的最长贴现回收期，则拒绝项目

优点	缺点
● 使用自由现金流。	● 忽略了回收期之后产生的现金流。
● 易于计算和理解。	● 对可接受最长回收期的选择较为武断。
● 考虑了货币的时间价值。	

2. 净现值＝未来自由现金流的现值减去项目初始投资
NPV＝所有未来年自由现金流的现值－初始投资
如果 NPV≥0，则接受项目
如果 NPV＜0，则拒绝项目

优点	缺点
● 使用自由现金流。	● 需要对项目现金流进行详细的长期预测。

续表

- 考虑了货币的时间价值。
- 与公司最大化股东财富的目标一致。

3. 盈利能力指数＝未来自由现金流的现值与初始投资之比
如果 PI≥1，则接受项目
如果 PI＜1，则拒绝项目

优点	缺点
● 使用自由现金流。	● 需要对项目现金流进行详细的长期预测。
● 考虑了货币的时间价值。	
● 与公司最大化股东财富的目标一致。	

4A. 内部收益率＝使项目未来自由现金流的现值与项目初始投资相等的贴现率
IRR＝使项目未来自由现金流的现值与项目初始投资相等的收益率
如果 IRR≥必要收益率，则接受项目
如果 IRR＜必要收益率，则拒绝项目

优点	缺点
● 使用自由现金流。	● 需要对项目现金流进行详细的长期预测。
● 考虑了货币的时间价值。	● 可能出现多个内部收益率。
● 通常与公司最大化股东财富的目标一致。	● 假设项目存续期内的现金流可以按内部收益率进行再投资。

4B. 修正内部收益率＝使现金流出的现值等于现金流入期终价值的现值的贴现率
如果 MIRR≥必要收益率，则接受项目
如果 MIRR＜必要收益率，则拒绝项目

优点	缺点
● 使用自由现金流。	● 需要对项目现金流进行详细长期预测。
● 考虑了货币的时间价值。	● 修正内部收益率是贴现率的函数。
● 与公司最大化股东财富的目标一致。	● 计算修正内部收益率的方法不止一种，每种方法都可能得出不同的修正内部收益率。
	● 净现值仍然是我们选择的资本预算方法，因为净现值是对投资于项目所产生的价值的估计。

关键术语

回收期：收回项目初始投资所需的年数。

贴现回收期：用贴现自由现金流收回项目初始投资所需的年数。

净现值（NPV）：投资的年自由现金流的现值减去初始投资。

盈利能力指数（PI）或收益-成本比：项目未来自由现金流的现值与初始投资之比。

内部收益率（IRR）：项目获得的收益率。从计算的角度看，内部收益率是使项目自由现金流的现值等于项目初始投资的贴现率。

净现值曲线：显示项目的净现值如何随贴现率的变化而变化的图形。

修正内部收益率：使项目未来自由现金流出的现值等于项目现金流入终值的现值的贴现率。

关键公式

$$回收期 = 到完全收回初始投资上一年的年数 + \frac{完全收回初始投资当年年初未收回的金额}{完全收回初始投资当年的自由现金流}$$

$$贴现回收期 = 到用贴现自由现金流完全收回初始投资上一年的年数 + \frac{完全收回初始投资当年年初未收回的金额}{完全收回初始投资当年的贴现自由现金流}$$

$$净现值 = \frac{FCF_1}{(1+k)^1} + \frac{FCF_2}{(1+k)^2} + \cdots + \frac{FCF_n}{(1+k)^n} - IO$$

$$盈利能力指数(PI)或收益\text{-}成本比 = \frac{\frac{FCF_1}{(1+k)^1} + \frac{FCF_2}{(1+k)^2} + \cdots + \frac{FCF_n}{(1+k)^n}}{IO}$$

$$内部收益率(IRR)：IO = \frac{FCF_1}{(1+IRR)^1} + \frac{FCF_2}{(1+IRR)^2} + \cdots + \frac{FCF_n}{(1+IRR)^n}$$

$$修正内部收益率(MIRR)：PV_{现金流出} = \frac{TV_{现金流入}}{(1+MIRR)^n}$$

➡ **学习目标 3. 解释在资本预算有限时，资本预算的决策过程将如何变化。**

小结：在编制资本预算的过程中，有几种复杂情况。首先，我们分析了资本配额以及限制资本预算规模可能产生的问题。尽管资本配额通常不会最大化股东财富，但它确实存在。最大化股东财富的目标仍然不变，但现在我们需要满足预算约束。

关键术语

资本配额：限制资本预算的规模。

➡ **学习目标 4. 讨论在互斥项目决策中存在的问题。**

小结：互斥项目的评估存在很多问题。当不同投资项目服务于相同目标时，它们即为互斥项目。通常，为了处理互斥项目，我们使用贴现现金流的评价方法对项目进行排序，并选择排序最高的项目。但由于项目投资规模不同、项目寿命不同等问题，可能产生互相冲突的项目排序。不同寿命项目的不可比问题不仅是因为项目寿命不同，而且可能是因为初始分析中没有考虑未来盈利的投资项目而拒绝了这些项目。重置链法和等额年金法可以解决这个问题。

关键术语

互斥项目：服务于相同目标的项目。因此，接受一个项目就意味着拒绝其他项目。

等额年金（EAA）：产生的现值与项目净现值相等的年金。

复习题

10—1 为什么编制资本预算是非常重要的过程？为什么资本预算错误会给公司带来高昂代价？

10—2 使用回收期法作为资本预算方法有哪些缺点？它的优点是什么？为什么人们常常使用回收期法？

10—3 在一些国家，外国投资被政府征收的情况十分普遍。如果您正考虑在这种国家进行投资，使用回收期法是否比使用其他方法更合理？请说明理由。

10—4 请简要比较净现值法、盈利能力指数法和内部收益率法。这些方法各自的优点和缺点是什么？

10—5 什么是互斥项目？为什么互斥项目的存在可能导致在使用贴现现金流资本预算评价标准时出现问题？

10—6 公司设置资本配额的原因通常有哪些？资本配额是理性行为吗？

10—7 公司的管理者应该如何比较两个投资规模不同的互斥项目？如果考虑资本限额这个因素，需要改变比较方法吗？

10—8 何时两个不同寿命的互斥项目不能相互比较？公司管理者应该如何处理这个问题？

课后习题

10—1（回收期） 以下现金流的回收期是多长？

年份	现金流（美元）
1	−11 300
2	3 400
3	4 300
4	3 600
5	4 500
6	3 500

10—2（计算内部收益率） 请确定以下项目的内部收益率：

a. 初始投资为 10 000 美元，项目将在 8 年后产生一笔 17 182 美元的自由现金流；

b. 初始投资为 10 000 美元，项目将在 10 年后产生一笔 48 077 美元的自由现金流；

c. 初始投资为 10 000 美元，项目将在 20 年后产生一笔 114 943 美元的自由现金流；

d. 初始投资为 10 000 美元，项目将在 3 年后产生一笔 13 680 美元的自由现金流。

10—3（计算内部收益率） 请确定以下项目的内部收益率：

a. 初始投资为 10 000 美元，项目将在接下来 10 年的每年年末产生 1 993 美元的自由现金流；

b. 初始投资为 10 000 美元，项目将在接下来 20 年的每年年末产生 2 054 美元的自由现金流；

c. 初始投资为 10 000 美元，项目将在接下来 12 年的每年年末产生 1 193 美元的自由现金流；

d. 初始投资为 10 000 美元，项目将在接下来 5 年的每年年末产生 2 843 美元的自由现金流。

10—4（计算内部收益率） 请确定以下项目的内部收益率（取最接近的百分比）：

a. 项目的初始投资为 10 000 美元，项目第 1 年年末的自由现金流为 2 000 美元，第 2 年年末的自由现金流为 5 000 美元，第 3 年年末的自由现金流为 8 000 美元。

b. 项目的初始投资为 10 000 美元，项目第 1 年年末的自由现金流为 8 000 美元，第 2 年年末的自由现金流为 5 000 美元，第 3 年年末的自由现金流为 2 000 美元。

c. 项目的初始投资为 10 000 美元，项目在第 1～5 年期间，每年年末的自由现金流均为 2 000 美元，第 6 年年末的自由现金流为 5 000 美元。

10—5（计算净现值、盈利能力指数和内部收益率）藤泽公司（Fijisawa Inc.）正在考虑一个大型产品线扩张项目，并估计该扩张项目将带来以下自由现金流。该项目的初始投资为 1 950 000 美元，该项目将在接下来的 6 年里每年产生 450 000 美元的自由现金流。该项目的适当必要收益率为 9%。

a. 请计算净现值。
b. 请计算盈利能力指数。
c. 请计算内部收益率。
d. 应该接受该项目吗？

10—6（计算回收期、净现值、盈利能力指数和内部收益率）您正在考虑一个初始投资为 80 000 美元的项目，该项目预期将在接下来 6 年的每年年末产生 20 000 美元自由现金流。该项目的必要收益率为 10%。

a. 该项目的回收期是多长？
b. 该项目的净现值是多少？
c. 该项目的盈利能力指数是多少？
d. 该项目的内部收益率是多少？

10—7（计算净现值、盈利能力指数和内部收益率）假设您正在考虑两个独立项目：项目 A 和项目 B。项目 A 的初始投资为 50 000 美元，而项目 B 的初始投资为 70 000 美元。两个项目的必要收益率均为 12%。每个项目预期产生的年自由现金流入如下：

单位：美元

	项目 A	项目 B
初始投资	−50 000	−70 000
第 1 年的现金流入	12 000	13 000
第 2 年的现金流入	12 000	13 000
第 3 年的现金流入	12 000	13 000
第 4 年的现金流入	12 000	13 000
第 5 年的现金流入	12 000	13 000
第 6 年的现金流入	12 000	13 000

请分别计算每个项目的净现值、盈利能力指数和内部收益率，并回答是否应该接受该项目。

10—8（计算回收期）假设您正在考虑三个独立的投资项目：项目 A、项目 B 和项目 C。请根据以下自由现金流信息，分别计算三个项目的回收期。

单位：美元

	项目 A	项目 B	项目 C
初始投资	−1 000	−10 000	−5 000
第 1 年的现金流入	600	5 000	1 000
第 2 年的现金流入	300	3 000	1 000
第 3 年的现金流入	200	3 000	2 000
第 4 年的现金流入	100	3 000	2 000
第 5 年的现金流入	500	3 000	2 000

如果您要求投资项目的回收期必须不高于3年才能接受项目，那么应该接受哪个或哪些项目？

10-9（**不同必要收益率下的净现值**）古班尼奇运动服（Gubanich Sportswear）公司正在考虑建造一家生产铝制棒球棒的新工厂。该项目需要500万美元的初始投资，并且将在接下来的8年内每年产生100万美元的自由现金流入。请根据以下信息计算该项目的净现值：

a. 必要收益率为9%；
b. 必要收益率为11%；
c. 必要收益率为13%；
d. 必要收益率为15%。

10-10（**计算内部收益率**）请根据下表给出的自由现金流，确定三个独立项目——项目A、项目B和项目C——的内部收益率。

单位：美元

	项目 A	项目 B	项目 C
初始投资	−50 000	−100 000	−450 000
现金流入：			
第 1 年	10 000	125 000	200 000
第 2 年	15 000	25 000	200 000
第 3 年	20 000	25 000	200 000
第 4 年	25 000	25 000	—
第 5 年	30 000	25 000	—

10-11（**不同必要收益率下的净现值**）调酒棒生产商大史蒂夫（Big Steve's）公司正在考虑是否购买一台新的塑料冲压机。这项投资需要100 000美元的初始投资，并将在接下来的10年中每年产生18 000美元的自由现金流入。

a. 如果必要收益率为10%，那么该项目的净现值是多少？
b. 如果必要收益率为15%，那么该项目的净现值是多少？
c. 在第a问和第b问中，是否应接受该项目？
d. 该项目的内部收益率是多少？

10-12（**不同必要收益率下的净现值**）穆比（Mooby's）公司正在考虑建造一家新的主题公园。然而，在估计了未来现金流但没有评估整个项目之前，经济形势好转，市场利率也随之升高。市场利率的升高反映在穆比公司用来评估新项目的必要收益率上。因此，修建这家新主题公园的必要收益率从9.5%跃升至11.00%。如果该项目的初始投资预期为2.5亿美元，且该项目预期将在第1～5年每年产生5 000万美元的自由现金流，在第6年和第7年每年产生7 500万美元的自由现金流，那么使用新的必要收益率计算出的项目净现值是多少？由于利率升高，该项目的净现值变化是多少？

10—13（不规则现金流下的内部收益率） 蒂芬·巴克公司（Tiffin Barker Corporation）正在考虑推出一台能识别假钞的新型验钞机。该项目的必要收益率为12%。如果该项目预期将产生以下自由现金流，那么该项目的内部收益率是多少？

初始投资	−927 917美元
第1年的自由现金流	200 000美元
第2年的自由现金流	300 000美元
第3年的自由现金流	300 000美元
第4年的自由现金流	200 000美元
第5年的自由现金流	200 000美元
第6年的自由现金流	160 000美元

10—14（计算净现值） 假设适当的必要收益率为10%，请根据以下自由现金流计算净现值。

年份	现金流（美元）
0	−60 000
1	20 000
2	20 000
3	10 000
4	10 000
5	30 000
6	30 000

是否应该接受该项目？

10—15（计算净现值） 假设适当的必要收益率为10%，请根据以下自由现金流计算净现值。

年份	现金流（美元）
0	−70 000
1	30 000
2	30 000
3	30 000
4	−30 000
5	30 000
6	30 000

是否应该接受该项目？

10－16（计算修正内部收益率） 如果适当的必要收益率为 10%（使用该必要收益率作为再投资收益率），请根据以下自由现金流计算修正内部收益率。

年份	现金流（美元）
0	－50 000
1	25 000
2	25 000
3	25 000
4	－25 000
5	25 000
6	25 000

是否应该接受这个项目？

10－17（计算盈利能力指数） 如果适当的必要收益率为 10%，请根据以下自由现金流计算项目的盈利能力指数。

年份	现金流（美元）
0	－55 000
1	10 000
2	10 000
3	10 000
4	10 000
5	10 000
6	10 000

是否应该接受这个项目？在不计算净现值的情况下，您认为该项目的净现值是正还是负？为什么？

10－18（贴现回收期） 吉奥餐厅（Gio's Restaurants）正在考虑一个预期将产生以下自由现金流的项目：

年份	项目现金流（百万美元）
0	－150
1	90
2	70
3	90
4	100

如果该项目的适当贴现率为 12%，那么该项目的贴现回收期是多少？

10－19（贴现回收期） 假设您正在考虑一个有以下自由现金流的项目。如果适当的贴现率为10%，那么该项目的贴现回收期是多长？

年份	项目现金流（美元）
0	−50 000
1	20 000
2	20 000
3	20 000
4	20 000

10－20（贴现回收期） 假设适当的贴现率为11%，那么初始投资为100 000美元并有以下自由现金流的项目的贴现回收期是多长？

第1年的自由现金流＝30 000美元
第2年的自由现金流＝35 000美元
第3年的自由现金流＝25 000美元
第4年的自由现金流＝25 000美元
第5年的自由现金流＝30 000美元
第6年的自由现金流＝20 000美元

10－21（内部收益率） 杰拉化妆品（Jella Cosmetics）公司正在考虑一个成本为800 000美元的项目。该项目预期将持续10年，并且预计未来每年将产生175 000美元的自由现金流。如果该项目适当的贴现率为12%，那么该项目的内部收益率是多少？

10－22（内部收益率） 您的投资顾问向您推荐了一项投资。如果您在接下来20年的每年年末支付200美元费用，那么这项投资将在20年后为您提供10 000美元的现金流。请求出这项投资的内部收益率。

10－23（内部收益率、回收期以及计算缺失的现金流） 模式出版（Mode Publishing）公司正在考虑建设一家新印刷厂。该项投资需要较大的初始投资，并在接下来的4年里产生一系列正自由现金流。该项目估计将产生的现金流如下表所示：

年份	项目现金流（百万美元）
0（初始投资）	?
1	800
2	400
3	300
4	500

如果您知道该项目的正常回收期为2.5年，那么该项目的内部收益率为多少？

10－24（贴现回收期） 辛哈德·威格公司（Sheinhardt Wig Company）正在考虑一项有以下现金流的项目：

年份	项目现金流（美元）
0	−100 000
1	20 000
2	60 000
3	70 000
4	50 000
5	40 000

如果适当的贴现率为10%，那么该项目的贴现回收期是多长？

10—25（不规则现金流下的内部收益率） 微波炉规划公司（Microwave Oven Programming, Inc.）正在考虑建造一家新工厂。建造这家工厂需要700万美元的初始投资，并预期将在第1年年末产生300万美元的自由现金流，在第2年年末产生400万美元的自由现金流，在第3~5年每年年末产生200万美元的自由现金流。这家新工厂的内部收益率是多少？

10—26（修正内部收益率） 敦德·米夫林纸业公司（Dunder Mifflin Paper Company）正考虑购买一台价格为400 000美元的新冲压机。这台新机器将在第1~5年的每年年末产生150 000美元的自由现金流，而在第7年年末产生200 000美元的自由现金流出。该公司的加权平均资本成本为12%（将其作为再投资收益率），这项投资的修正内部收益率是多少？

10—27（计算修正内部收益率） 阿蒂摔跤用品（Artie's Wrestling Stuff）公司正在考虑修建一家新工厂。这家工厂需要800万美元的初始投资，并将在接下来的8年每年产生200万美元的自由现金流入。请根据以下信息计算该项目的修正内部收益率。

a. 项目的必要收益率为10%；

b. 项目的必要收益率为12%；

c. 项目的必要收益率为14%。

10—28（资本配额） 俄克拉何马州的斯蒂尔沃特牛仔帽公司（Cowboy Hat Company of Stillwater）正在考虑七个资本投资方案。可用总资金最多为1 200万美元。这些项目彼此独立，且有以下成本和盈利能力指数：

项目	成本（美元）	盈利能力指数
A	4 000 000	1.18
B	3 000 000	1.08
C	5 000 000	1.33
D	6 000 000	1.31
E	4 000 000	1.19
F	6 000 000	1.20
G	4 000 000	1.18

a. 在严格的资本配额下，应该选择哪些项目？

b. 在存在资本配额的情况下，存在哪些问题？

10—29（互斥项目） 纳米技术公司（Nanotech, Inc.）目前拥有一家生产电子设备的工厂，而扩张该生产工厂需要花费极高成本。纳米技术公司正在考虑以下四个项目：

	项目的净现值（百万美元）	生产工厂的使用率（%）
A	100	100
B	90	80
C	60	60
D	50	40

纳米技术公司应该接受哪个（或哪些）项目？

10－30（投资规模不同的问题） D. 多纳农场公司（D. Dorner Farms Corporation）正在考虑在下一年购买两种化肥除草剂之一。两种除草剂中较贵的一种质量更好，并会带来更高收益。假设这两个项目是互斥的，且两个项目的必要收益率都是10%。请根据以下自由现金流解答下列问题：

单位：美元

	项目A	项目B
初始投资	−500	−5 000
第1年的现金流入	700	6 000

a. 请计算每个项目的净现值。
b. 请计算每个项目的盈利能力指数。
c. 请计算每个项目的内部收益率。
d. 如果没有资本配额约束，那么应该选择哪个项目？如果存在资本配额约束，那么应该如何做出决策？

10－31（重置价值链法） 目的地酒店（Destination Hotels）目前在希尔顿黑德岛最好的海滨地区拥有一家老酒店。该公司正在考虑是翻修这家酒店，还是拆除该酒店并在原址上盖一家新会议酒店。但是，由于这两家酒店将占用同一个位置，因此该公司只能选择一个项目，也就是说，这两个项目为互斥项目。这两个项目的初始投资相同，均为100万美元。由于第一个项目是翻修现有酒店，因此预期寿命为8年，在这8年中每年年末将提供250 000美元的自由现金流。此外，该项目可以在第8年年末以相同成本重置并带来一系列相同的未来现金流。新会议酒店项目的预期寿命为16年，每年将产生175 000美元的现金流。这两个项目的必要收益率均为10%。请使用重置价值链法计算净现值，并比较这两个项目。

10－32（等额年金法） 排骨&鸡翅公司（Rib & Wings-R-Us）正在考虑购进一台用于烹制烤肉、排骨和鸡翅的新烟熏烤炉。该公司正在考虑两种不同的炉具。第一种炉具是相对标准的烟熏烤炉，成本为50 000美元，使用寿命为8年，每年可以产生16 000美元的自由现金流。另一种炉具是曾获奖的豪华版烟熏烤炉，成本为78 000美元。由于它拥有湿度控制专利，因此可以烤制出"世界上最多汁、最美味的烤肉"。豪华版烟熏烤炉的使用寿命为11年，每年产生23 000美元的自由现金流。假设两个项目的必要收益率均为10%，请计算它们的等额年金（EAA）。

10－33（等额年金法） 拉古纳金色海滨酒店（Laguna Golden Beachfront）的所有者正在决定是拆除目前的酒店并用一座新酒店代替它，还是只对其进行翻修。如果他们决定拆除目前的酒店并建造一座新酒店，那么初始投资将为2 200万美元，新酒店将在未来6年的每年年末产生 600 万美元的自由现金流。如果他们决定对酒店进行翻修，成本将为 1 200 万美元，该酒店将在接下来 4 年的每年年末产生 450 万美元的自由现金流。如果两个项目的必要收益率均为 10％，且两个项目都可以无限重复，那么他们应该选择哪个项目？这些项目的等额年金是多少？

迷你案例

假设您是喀里多尼亚产品（Caledonia Products）公司的助理财务分析师。您担任这个新职位之后的第一项任务就是评估两个新的资本预算方案。由于这是您的第一项任务，因此您不仅需要提出建议，而且要回答一系列问题，其目的是评估您对资本预算过程的理解。这是针对喀里多尼亚产品公司所有新财务分析师的标准流程，而这也将决定您将被直接分配到资本预算分析部门还是接受补充培训。您收到的备忘录上列出了您的任务，如下所示：

收件人：新财务分析师

发件人：喀里多尼亚产品公司首席执行官 V. 莫里森（V. Morrison）先生

回复：资本预算分析

请提供一份关于两个项目方案的评估报告。这两个项目的预期寿命均为 5 年，它们的初始投资也相同，均为 110 000 美元。这两个项目都涉及为喀里多尼亚产品公司非常成功的阿瓦隆（Avalon）产品线添砖加瓦，因此，两个项目的必要收益率已经确定为 12％。两个项目的预期自由现金流如下表所示：

单位：美元

	项目 A	项目 B
初始投资	−110 000	−110 000
第 1 年的现金流入	20 000	40 000
第 2 年的现金流入	30 000	40 000
第 3 年的现金流入	40 000	40 000
第 4 年的现金流入	50 000	40 000
第 5 年的现金流入	70 000	40 000

在评估这些项目的过程中，请回答以下问题：

a. 为什么资本预算过程十分重要？

b. 为什么寻找利润很高的项目十分困难？

c. 这两个项目的回收期分别是多少？如果喀里多尼亚产品公司将最长可接受回收期设为 3 年，那么应该接受哪个项目？

d. 对回收期法的批评有哪些？

e. 请分别确定两个项目的净现值。是否应该接受这些项目？

f. 请描述净现值背后的逻辑。

g. 请分别确定两个项目的盈利能力指数。是否应该接受这些项目？

h. 您认为应用净现值法和盈利能力指数法是否会得出一致的接受或拒绝决策？为什么？

i. 如果必要收益率升高，两个项目的净现值和盈利能力指数分别将如何变化？如果必要收益率降低，两个项目的净现值和盈利能力指数分别将如何变化？

j. 请分别确定每个项目的内部收益率，是否应该接受这两个项目？

k. 必要收益率的变化将如何影响项目的内部收益率？

您还需要评估三个互不相关的项目组合。每个项目组合都包含两个互斥项目。这些项目的具体信息如下：

l. 喀里多尼亚产品公司正在考虑两个寿命为一年的投资项目。两个项目中更昂贵的项目将产生更多收入。假设这两个项目互斥，且必要收益率均为10%。两个项目的自由现金流如下：

单位：美元

	项目A	项目B
初始投资	−195 000	−1 200 000
第1年的现金流入	240 000	1 650 000

（i）请分别计算每个项目的净现值。

（ii）请分别计算每个项目的盈利能力指数。

（iii）请分别计算每个项目的内部收益率。

（iv）如果不存在资本配额约束，应该选择哪个项目？如果存在资本配额约束，应该如何做出决策？

第 11 章
资本预算中的现金流与其他问题

学习目标

1	了解衡量现金流的指导原则。	编制资本预算的指导原则
2	解释如何计算项目的收益与成本,即自由现金流。	计算项目的自由现金流
3	解释资本预算的选择或灵活性的重要性。	资本预算选择
4	理解、衡量和调整项目风险。	风险与投资决策

2001年,当丰田公司推出第一代汽油-电力混合动力汽车普锐斯(Prius)时,这个产品看上去更像是一个科学小实验,而不是为了在汽车产业展开真正的竞争。事实上,到了2004年,通用汽车(General Motors)公司副总裁鲍勃·卢茨(Bob Lutz)仍然不看好混合动力汽车的前景,认为它只是"一种有趣的好奇心"。但是这种情况在2005年之后汽油价格攀升时完全改变了;忽然之间,汽油-电力混合动力汽车似乎变成了大势所趋。从2001年不起眼的开端到2018年6月,丰田公司总共售出1 100万辆混合动力汽车,如今丰田公司的混合动力汽车年销量接近1 500万辆,控制着混合动力汽车市场的约三分之二。

丰田公司是如何获得汽油-电力混合动力汽车市场的领导地位的?这始于该公司利用普锐斯进军汽油-电力混合动力汽车市场的资本预算决策,这项投资规模巨大,超过10亿美元。如果埃克森美孚关于汽车市场的预测是正确的,即到2040年,混合动力汽车以及其他先进交通工具将占据小型交通工具的近50%(当前该比例仅约为1%),那么丰田公司的这一举动将使其在混合动力汽车市场上占据领先地位,并抢占一大部分未来市场。

很多分析人士认为,普锐斯仍然不是丰田公司的主要利润来源。事实上,当普锐斯首次面世时,丰田对它的定价使得每销售一辆普锐斯,丰田公司就会亏损约3 000美元。要使普锐斯能盈利,丰田公司必须找到合适的提高销量的方式来弥补其固定成本。而随着普锐斯销量猛增,这个问题最终顺利解决。

丰田公司最初推出普锐斯汽车,进入混合动力汽车市场的决策十分艰难。这个决策是只会导致丰田的顾客从购买丰田的一款汽车转向购买另一款汽车，还是会给该公司带来新顾客？这个决策是在未来新科技中立足的机会，还是说混合动力汽车只是一阵风？丰田公司对可无线充电的普锐斯插电式混合动力汽车的巨额投资是否明智？这项投资是否旨在为未来的竞争对手进入该市场设置障碍？如果是这样，那么它达到了目的，现在这款车占丰田所有混合动力汽车销量的三分之一以上。

丰田公司是如何做出继续推出普锐斯和可无线充电插电式汽车的决策的？它使用了我们在之前章节中介绍的基本方法。但是在应用这些方法之前，丰田公司必须进行现金流预测并调整与该项目相关的风险。这正是我们在本章中将讨论的问题。

编制资本预算的指导原则

为了评估投资方案，我们首先必须确定用哪种指导原则衡量每个方案的价值。实际上，我们是在确定哪些现金流是与项目相关的现金流，而哪些现金流不是。

使用自由现金流而非会计利润

我们使用自由现金流而非会计利润作为衡量指标。公司将实际收到自由现金流并能对其进行再投资，而会计利润是在账面上获得而非实际收到时显示出来。遗憾的是，公司的会计利润和自由现金流可能不是同时发生的。例如，资本费用（例如交通工具与厂房和设备）需要在多年中提取折旧，即从利润中扣除年折旧额。而自由现金流准确地反映了收益和成本发生的时点，即公司何时收到资金，何时可以对其进行再投资，以及何时必须支付资金。

从增量角度思考

遗憾的是，计算项目的自由现金流可能还不够。决策制定者必须思考：如果公司接受了某个项目，公司整体将收到多少新的自由现金流？如果不接受该项目，公司整体将收到多少新的自由现金流？有意思的是，我们可能会发现，并非公司预期将从投资方案中获得的所有现金流都是增量现金流。但是，当我们衡量自由现金流时，可以运用从增量角度思考的技巧。这样，我们将看到只有税后增量自由现金流是重要的。因此，确定一笔自由现金流是否为增量现金流的指导原则，是比较公司在接受和拒绝新项目时的现金流情况。正如您将在接下来的部分所看到的，这可能说起来容易做起来难。

> **牢记原则**
>
> 　　如果我们要做出明智的资本预算决策，那么我们必须准确衡量项目收益和成本的产生时间，即何时收到资金以及何时支付资金。"基本原则1：现金流是最重要的"讲的就是这个问题。请记住，现金流入可以被再投资，而现金流出则涉及支出。

注意从现有产品中分流出来的现金流

假设我们是一家公司的经理,现在正在考虑推出一款新产品,而该款产品将与我们现有的一款产品竞争,可能会降低其销售收入。在确定与该投资方案相关的自由现金流时,我们应该只考虑给公司整体带来的销售收入增量。如果新产品的销售收入是以损失其他产品的销售收入为代价,那么这部分销售收入不应该被视为收益。例如,当桂格麦片(Quaker Oats)公司推出船长卡兹脆(Cap'n Crunch's Cozmic Crunch)时,这款新产品直接与该公司的船长卡兹脆浆果麦片(Cap'n Crunch and Crunch Berries cereals)构成了竞争关系(事实上,船长卡兹脆与船长卡兹脆浆果麦片几乎相同,只是形状变成了星形和月亮形,并附有一袋可以让牛奶变成绿色的橘子碎屑)。桂格麦片公司意在瞄准原先被果味小卵石麦片(Post Fruity Pebbles)占领的细分市场,但毫无疑问,船长卡兹脆会分流桂格麦片现有产品的销售份额。

请记住,我们只对接受项目时公司的销售收入感兴趣,而不是对拒绝项目时公司的销售收入感兴趣。仅仅将销售收入来源从一款产品转移到一款新产品并不会给公司带来新收益。但是,如果销售收入是从竞争对手那里抢夺过来的,或者保住了本来会被新竞争产品夺去的销售收入,那么这些销售收入便是与项目相关的增量自由现金流。

关注附加效应或协同效应

尽管在某些情况下,新项目可能会夺走公司当前项目的销售收入,但在另一些情况下,新项目实际上可能给原有产品线带来新销售收入。

2010年4月,苹果公司推出了第一代iPad。至少可以说,iPad是极为成功的,它自面世起到2015年年初,总销量轻松登顶2.5亿台。毫无疑问,苹果靠销售iPad赚了很多钱,但推出iPad也导致了其他苹果产品销量的增加。在被iPad的简洁和优雅所吸引之后,很多电脑用户也开始转向使用其他苹果产品。因此,由于很多新客户将用户系统转为排他性苹果产品,iPad的推出不仅创造了iPad的销售收入,而且使Macs和iPhone的销量随之增加。此外,iPad的便于操作性也说服许多企业用户再次考虑使用苹果产品。2015年,随着苹果手表的推出,苹果再次朝着提升苹果品牌形象迈出一步。随着苹果手表的推出,苹果商店挤满了希望争先一睹苹果手表真容的顾客,这同时带动了其他苹果产品的销售。这被称为协同效应——如果顾客没有购买iPad或去苹果商店看苹果手表,就不会产生销售其他苹果产品带来的现金流。协同效应在商业世界中十分常见。

如果您拥有一家便利店,并且正在考虑增建一个加气泵,您会只根据出售天然气带来的现金流来评估这个项目吗?不会。您会考察新的加气泵为任何一部分业务带来的新销售收入。毫无疑问,加气泵带来的额外客流量会增加便利店的销售收入。因此,在评估是否应该安装加气泵时应该考虑这些现金流。事实上,您应该在评估一个项目时考虑影响公司整体的任何现金流变化。

考虑营运资本要求

很多时候,一个新项目需要增加对营运资本的投资。其形式可能为存储在销售网点的新存货，由于赊销增加所增加的应收账款投资，或是为运营现金出纳机而增加的现金投资，等等。营运资本要求被视为自由现金流，即使它不能离开公司。通常，整个项目寿命期内都需要达到营运资本要求。当项目终止时，通常会有一笔抵销现金流入，以收回营运资本，尽管由于货币的时间价值，这笔现金流不能完全抵销营运资本。

考虑增加的费用

正如一个新项目产生的现金流入应该从增量角度来衡量一样，费用或现金流出也应该从增量角度来衡量。例如，苹果推出苹果手表时必须对销售人员进行培训，与培训项目相关的税后现金流也必须被视为项目的现金流出。同样，如果接受新项目需要重新设计生产设施，那么与这项资本性投资相关的现金流也应该被视为项目的现金流出，它应该在整个项目寿命期内提取折旧。因此，任何影响公司整体的增量税后现金流，无论它是现金流入还是现金流出，都是与项目相关的现金流。

牢记沉没成本不是增量现金流

只有受当时决策影响的现金流才是与资本预算相关的现金流。管理者需要提出两个问题：(1)如果接受这个项目，那么会发生这笔现金流吗？(2)如果拒绝这个项目，那么会发生这笔现金流吗？如果对第一个问题的回答是肯定的，对第二个问题的回答是否定的，那么就相当于该现金流为增量现金流。例如，假设您正在考虑推出一款名为鞋中布丁（Pudding in a Shoe）的新菜品。您在生产之前需要进行市场测试。如果您正在考虑进行市场测试的决策但还没有付诸实施，那么与市场测试相关的成本便是相关现金流。相反，如果您已经进行了市场测试，那么与市场测试相关的现金流就不再与该项目的评估相关。这是一个时间问题。无论您对未来生产做出什么决策，用于市场测试的现金流都已经发生了。已经发生的现金流通常被称为"沉没成本"，因为它已经沉没在项目中了，不能收回。作为一条原则，在资本预算分析中不应考虑任何不受接受/拒绝评价标准影响的现金流。

考虑机会成本

现在，我们将关注由于特定项目消耗了稀缺资源所损失的现金流，而如果拒绝该项目，这些资源本可以产生现金流。这就是接受这些项目的机会成本。例如，一种产品会占用生产设施的宝贵库房空间。尽管现金流并不明显，但仍然存在一个实际问题：这些空间还可以用来做什么？这些空间可以用于出租，也可以用于储存另一种产品。关键的问题是，机会成本的现金流应该反映拒绝待评估项目时公司本可以收到的净现金流。我们在这里再次强调，我们分析的是接受或拒绝项目给公司整体带来的现金流。

确定间接费用是否为真正的增量现金流

我们当然希望考虑水电费或工资等间接费用的变化导致的所有增量现金流，但我们也希望确保这些间接费用是真正的增量现金流。很多时候，无论接受还是拒绝给定项目，都会发生间接费用——例如暖气费、照明费、租金。通常，这些费用不能被分摊到某个特定的项目上。因此，问题便不在于该项目是否从公司支出的间接费用中获益，而在于它们是否为与项目及资本预算相关的增量现金流。

财务实践

迪士尼乐园

一项重大的资本预算决策使迪士尼在艾波卡特的主题公园挪威馆中建立了"冰雪奇缘"主题景点。为艾莎（Elsa）和安娜（Anna）建造这座价值5亿美元的新居是为了与佛罗里达州奥兰多的环球影城（Universal）争夺旅游收入。尽管从表面上看，这个资本预算决策似乎相对简单，但实际上预测与"冰雪奇缘"景点相关的预期现金流相当复杂。

首先，迪士尼推出了一种直接与自己竞争的产品。去过迪士尼乐园的人都知道，那里有很多游乐设施可以让你玩个不停。奥兰多环球影城、海洋世界和佛罗里达乐高乐园都在附近，是否有足够旅游收入来支持所有这些主题公园？还是说新的"冰雪奇缘"景点只是蚕食了迪士尼乐园旧景点的门票收入？此外，如果环球影城采用相同的扩张策略来还击，结果会怎样？

对于迪士尼的"冰雪奇缘"项目，我们可以考虑如果没有开放新景点，迪士尼乐园的游客人数将是多少，而开放新景点后的游客人数将会是多少。此外，通过"冰雪奇缘"景点带来的客流量是否会提升"冰雪奇缘"周边的销量？

从迪士尼的角度看，目标可能有三重：增加其在旅游市场上的份额，避免在游客寻找最新游乐设施和娱乐方式时失去市场份额，以及增加"冰雪奇缘"周边的销量。但是，对于竞争异常激烈的市场上的公司而言，不断开发和推出新产品可能更适合保持市场份额而不是扩大市场份额。只需看看环球影城花费2.5亿美元扩建"哈利·波特魔法世界"（The Wizarding World of Harry Potter）以加入古灵阁的例子。毕竟，当"哈利·波特魔法世界"首次开放时，整个环球影城的客流量增长了52%，环球影城的酒店、餐饮、购物以及其他所有设施都获得了更多利润。最重要的是，就估计现金流而言，情况比最初看起来的要复杂得多。因此，我们必须深入研究，以了解公司的自由现金流如何受到当前决策的影响。

忽略利息支出与融资现金流

要评估新项目并确定其现金流，我们必须将投资决策与融资决策分开来看。利息支付和其他可能来自项目融资的融资现金流都不应该被视为增量现金流。如果接受一个项目意味着我们必须通过发行债券来筹集新资金，那么筹集资金需要支付的利息就不是与项目相关的现金流出。为什么？因为当我们用必要收益率将增量现金流贴现回现在时，我们已经隐含地考虑了为新项目融资的成本。本质上，必要收益率已经反映了支持项目所需的资金成本。公司管理者首先确定项目是否合意，然后确定项目的最佳融资方式。

概念回顾
1. 什么是增量现金流？什么是沉没成本？为什么我们必须考虑机会成本？
2. 如果福特公司推出一款新汽车，那么新汽车是否可能分流现有产品的部分现金流？我们应该如何处理这种情况？

计算项目的自由现金流

正如我们之前所解释的，在衡量现金流时，我们将关注接受项目与拒绝项目引起的公司税后现金流的差异——项目的自由现金流。我们的决策价值取决于我们对现金流估计的准确性。因此，我们首先要考察哪些现金流与项目有关。现在我们将看到，项目的自由现金流通常分为三类：(1) 初始投资，(2) 整个项目寿命期内的年自由现金流，(3) 最终的自由现金流。一旦我们考察了这三种自由现金流，我们就可以开始衡量这些自由现金流了。

哪些资金需要计入初始投资？

初始投资（initial outlay）是购买资产并使其达到可使用状态所必须产生的直接现金流出。这部分资金包括：(1) 购买资产并使其达到可使用状态的成本，包括购买价格、运输和安装费用以及对即将操作设备的员工的培训成本。(2) 增加的营运资本要求。营运资本包括流动资产增加额减去应付账款增加额。如果我们正在考虑开设一家新销售网点，那么可能产生与营运资本净投资相关的增量现金流，这体现为经营该网点所必须增加的应收账款、存货以及现金。尽管这些现金流并不包括在资产成本中，甚至不显示为利润表中的费用，但我们的分析中仍然必须考虑这些现金流。由于新投资必须计入现金流出，因此将产生费用科目的税后成本——例如本来不会发生的培训费用。

最后，如果投资决策是资产重置决策，那么必须考虑与旧资产售价相关的现金流入，以及出售该资产所产生的税务影响。应该强调的是，现金流的增量性质十分重要。在很多情况下，如果没有接受项目，公司就无法维持现状。因此，在估计拒绝项目情况下的公司现金流时，我们必须务实。

在重置决策中，初始投资等于新资产的成本减去出售旧资产获得的收入。通常，出售旧资产时，会产生收益或损失。这意味着如果出售资产获得了收益，我们必须缴纳税款；而如果出售资产产生了损失，则会减少税款。因此，应该按以下方式计算初始投资：

初始投资＝新资产的成本－旧资产的售价±出售旧资产的损益所节省或缴纳的税款

所以，我们需要说明，旧资产的销售收入是按照税后收入计算的。当考虑到税收时，可能导致三种情形：

(1) 旧资产以高于折旧价值的价格出售。此时，旧机器的售价与其折旧价值之差被视为应税收益，并将按照边际公司税率计税。例如，假设一台旧机器的初始买价为 15 000 美元，账面价值为 10 000 美元，最终以 17 000 美元的价格出售。假设该公司的边际公司税率为 21%，那么这项收益的应纳税款为（17 000 美元－10 000 美元）×0.21＝1 470 美元。

(2) 旧资产以折旧价值出售。在这种情况下，由于出售资产既没有收益又没有损失，因此该项行为没有产生应纳税款。

(3) 旧资产以低于资产折旧价值的价格出售。在这种情况下，折旧账面价值与资产残值之差是应税损失，可以用来抵消资本收益，因此可以节税。例如，如果资产的折旧账面价值为 10 000 美元，而它的售价为 7 000 美元，那么我们就会产生 3 000 美元的损失。假设公司的边际公司税率为 21%，那么节税带来的现金流入就等于（10 000 美元－7 000 美元）×0.21＝630 美元。

哪些项目需要计入项目存续期间的年自由现金流？

项目的年自由现金流来自项目的经营现金流（即公司采纳该项目所获得的现金流）、营运资本变化以及可能发生的资本支出。在我们的计算中，我们将从暂编预算表开始，并在此基础上进行分析。我们必须对利息、折旧、营运资本以及可能发生的资本支出进行调整。

在开始进行计算之前，让我们先来分析必须做出哪类调整，才能从经营现金流得出自由现金流。我们必须对以下项目做出调整：

- **折旧和税收** 折旧是一项非现金流费用。如果您购入一项固定资产（例如，建造了一座厂房），就会产生折旧。现在，您正在通过折旧对其提取费用——但折旧本身不涉及现金流。这意味着公司的净利润低估了现金流，低估的金额相当于折旧。因此，我们希望在计算现金流时，通过将折旧加回会计利润来弥补这个问题。

尽管折旧费用是一项非现金费用，但由于它是一项可以在税前扣除的费用，因此能影响现金流。折旧费用越高，公司的利润就越低，应纳税款也越低。

计算折旧费用的方法有很多种。例如，我们可以使用美国国税局（IRS）提供的修正加速成本回收法（Modified Accelerated Cost Recovery System，MACRS）。然而在这里，我们将使用奖励性折旧法，后面将简要讨论这种方法。

并且，请记住资产的折旧价值等于资产成本加上使新资产达到可使用状态所需的费用。

此外，前面曾经提到，在我们计算折旧时，我们更感兴趣的是确认折旧对税收的影响，而不是理解当前税法的具体折旧规定。

- **奖励性折旧** 新的《减税与就业法案》的一个特点是增加了奖励性折旧，允许在第一年对 100% 的资产提取费用。根据以前的折旧规定，当您购买固定资产时，比如您购买了机器人制造设备，那么您可以在该资产的可折旧年限内提取折旧或费用。[1] 根据新法律，您可以在资产投入使用的年份提取相当于 100% 资产价值的折旧。[2] 正如您可能预料的，这项税收减免不会永远持续下去。从 2023 年开始，该比例每年下降 20%，直到 2027 年完全取消。当然，美国国会可能会改变主意，决定保留这项税收减免，它也可能决定提前终止奖励性折旧。如果美国国会取消了奖励性折旧，那么折旧的计算方法将恢复为附录 11A 中所述的修正加速成本回收法（MACRS）。

奖励性折旧法允许合格资产在投入使用当年提取 100% 的折旧，尽管这种折旧方法是可选的（如果您不愿意使用这种方法，就不必使用它），但按道理讲，您将希望尽快提取新资产的折旧，以增大早期现金流的规模。在修正加速成本回收法下，折旧的税收收益被

---

[1] 只有某些类型的财产有资格使用奖励性折旧法。例如，根据新法律，有资格使用奖励性折旧法的财产被定义为回收期不超过 20 年的有形个人财产，这意味着它不适用于建筑物。

[2] 这实际上是 2015 年法律的扩展，2015 年法律允许在资产投入使用的第一年提取 50% 而不是 100% 的奖励性折旧。

分摊到资产的整个使用期限内；而在奖励性折旧法下，您将立即获得这些收益。因此，大多数公司将不再对新的合格资产使用修正加速成本回收法。税法的这种变化主要是为了刺激支出。例如，对于一家税率为21％的公司，第一年将对1 000万美元的资本性支出提取费用，导致应纳税所得额减少了1 000万美元，从而节省了210万美元的税款。实际上，这1 000万美元支出的税后成本仅为790万美元（即1 000万美元减去210万美元）。因此，美国政府正在利用节税来激励企业购买更多资本性设备。因此，重要的是要了解什么是奖励性折旧及其意义。我们如何看待与奖励性折旧相关的现金流发生时间？我们假设它将发生在第一年年末。这是因为税收收益将发生在资产投入使用的第一年年末。

在继续之前，让我们快速了解奖励性折旧带来的一些复杂问题。首先，考虑以下情况：第一年对新资产提取100％的折旧对第一年考虑的新项目造成了亏损。我们始终假定在这种情况下，公司内部还有其他收入来源可以用该亏损抵销。换言之，只要奖励性折旧导致亏损，就仍然会产生税收收益。您应该意识到，新税法还对可能受到奖励性折旧或100％提取费用影响的其他项目设置了一些限制。例如，可在税前扣除的净商业利息限制为调整后应纳税所得额的30％。由于能对一笔大额新投资提取100％的费用而产生了高额折旧费用，因此这可能使调整后应纳税所得额降低到无法在税前扣除所有净商业利息的水平。实际上，对资本性支出扣除大额费用可能会影响其他项目可在税前扣除的金额。尽管可能发生这些相互作用，但在本章中，我们将假定不存在这些作用，仅处理奖励性折旧对现金流的影响。

● **利息费用**　　如果您采纳了一个新项目，那么毫无疑问，您将通过某种方式为这个项目付款——或者是通过内部产生的现金，或者是通过出售新股票或新债券。换言之，这些资金存在成本。我们在用必要收益率贴现未来现金流时就意识到了这条原则。请记住，项目的必要收益率是接受项目所必须获得的收益率。它反映了项目的风险以及项目存在的机会成本。如果我们将未来现金流贴现回现在，并剔除利息费用，那么我们就重复计算了资金成本，也就是说，当我们在减去利息费用时，计算了一次资金成本，当我们把未来现金流贴现回现在时，我们又计算了一次资金成本。因此，我们希望确定现金流没有因融资成本（例如利息费用）而降低。这意味着我们希望确保没有计入融资现金流（利息费用）。

● **净营运资本的变化**　　正如我们之前所解释的，许多项目都需要增加营运资本投资。例如，某些新增销售收入可能属于赊销，这会导致应收账款投资增加。而且，为了生产和销售产品，公司可能必须增加对存货的投资。同时，增加的营运资本投资可能部分由增加的应付账款融资。由于所有这些可能变化都是资产和负债的变化，因此它们不会影响会计利润。因此，如果这个项目引起净营运资本的正向变化，那么这就意味着资金将被增加的营运资本占用，这将形成现金流出。因此，我们必须确保我们考虑了可能发生的营运资本变化。

● **资本支出的变化**　　从会计角度看，与购买固定资产相关的现金流不属于费用。例如，当万豪酒店（Marriott）花费5 000万美元修建一座新酒店时，尽管这是一笔巨额现金流出，但不会产生任何费用。但是，这5 000万美元的现金流出将产生年折旧费用，该公司将在酒店运营期间提取这些折旧。我们希望确保我们在计算现金流时考虑了所有此类资本性支出的变化。

哪些项目需要计入最终现金流?

最终现金流与项目的终止相关,它包括年自由现金流和项目残值,加上或减去出售项目所产生的应税收益或应税损失。在现行税法下,项目终止时的残值在大多数情况下都需要纳税。这是因为现行税法允许所有项目通过折旧使账面价值降为零。所以,如果一个项目在终止时的账面价值为零,同时又有正残值,那么该残值就将被征税。项目终止时残值的应纳税款的计算方法与出售有初始投资的旧资产的应纳税款的计算方法完全一样。也就是说,我们应比较项目残值收入与折旧后的账面价值(在这种情况下该价值为零),以确定应纳税款。

除了残值之外,还可能有与项目终止相关的现金支出。例如,在关闭一个露天槽矿时,必须以一种环保方式重新填平矿井。

现在,让我们合并考虑上述所有因素,并计算项目的自由现金流。

计算自由现金流

自由现金流的计算可以分为三个基本部分:经营产生的现金流、与营运资本要求相关的现金流,以及资本性支出现金流。让我们首先讨论如何计算经营产生的现金流,然后继续讨论如何计算营运资本要求和资本性支出产生的现金流。

步骤1 计算项目税后经营现金流的变化。计算经营现金流的一种简单方法是从公司的预测利润表中提取信息,然后将会计信息转换为现金流信息。为此,我们需要利用一个关系式:销售收入变化与成本变化之差等于息税前利润(EBIT)的变化加上折旧。

使用这种方法时,计算项目的经营现金流需要三步:第一,我们需要确定公司在采纳该项目和不采纳该项目时的息税前利润(EBIT)。第二,我们需要减去应纳税款的变化。请记住,在计算应纳税款的变化时,我们将忽略利息费用。第三,由于折旧作为非现金流项目已经在计算息税前利润时被剔除,所以需要调整该值。我们通过加回折旧来实现这个目的。如果我们使用的是奖励性折旧法,那么我们假设折旧发生在第1年。因此,经营现金流的计算方法如下所示:

> 经营现金流=息税前利润的变化-应纳税款的变化+折旧的变化

例 11.1

计算经营现金流

假设一个新项目每年产生100万美元的收入以及50万美元的固定成本和可变成本。同时,它还会在第1年产生45万美元的奖励性折旧。如果该公司的边际税率为21%,那么该公司第1年的经营现金流是多少?

第1步:确定解题方法

根据公司的息税前利润计算经营现金流的公式是:

> 息税前利润=收入-固定成本和可变成本-折旧

在确定公司的息税前利润之后,我们就可以减去应纳税款的变化。最后,由于已经在计算息税前利润时剔除折旧这一非现金流项目,所以我们需要调整上述数值。因此,我们加回奖励性折旧,以计算经营现金流。

$$经营现金流=息税前利润的变化-应纳税款的变化+折旧的变化$$

第2步:计算数值

根据这些情况,该公司第1年的税后净利润(即净收入)的计算方式如下所示:

单位:美元

收入	1 000 000
-固定成本和可变成本	500 000
-折旧	450 000
=息税前利润(EBIT)	50 000
-应纳税款(21%)	10 500
=净利润	39 500

经营现金流的计算方式如下所示:

$$经营现金流=息税前利润的变化-应纳税款的变化+折旧的变化$$
$$=50\ 000-10\ 500+450\ 000=489\ 500(美元)$$

第3步:分析结果

通过将公司的会计信息转换为现金流,我们能衡量经营活动产生的现金流的准确发生时间。在本例中,我们可以看到,新项目第1年可以为公司产生 489 500 美元的经营现金流。

步骤2 计算公司净营运资本变化产生的现金流。正如我们在本章前面所提到的,许多时候,新项目都需要对营运资本增加投资——可能是存放在新销售网点的新存货,也可能是对应收账款的新增投资。公司也可能存在一些新项目自发产生的短期融资——例如,应付账款的增加。因此,净营运资本的变化等于新增的流动资产投资减去新增的短期债务。

步骤3 计算公司的资本性支出变化产生的现金流。尽管大额现金流出通常与项目初始投资相关,但在项目运行期间也可能出现其他资本性支出要求。例如,您也许之前就知道,工厂需要在项目运行的第二年更换少量机械设备,以保证项目与预期将出现的新科技变化保持同步。实际上,我们将考察公司在接受新项目和拒绝新项目时的情况,以及相关的资本性支出变化。

步骤4 加总上述现金流:计算项目的自由现金流。因此,项目的自由现金流如下所示:

$$\begin{matrix}项目的\\自由现金流\end{matrix}=\begin{matrix}息税前\\利润的变化\end{matrix}-\begin{matrix}应纳\\税款的变化\end{matrix}+折旧的变化-\begin{matrix}净营运\\资本的变化\end{matrix}-\begin{matrix}资本性\\支出的变化\end{matrix}$$

为了估计息税前利润、应纳税款、折旧、净营运资本和资本性支出的变化,我们首先需要估计以下项目:预期销量是多少?固定成本和可变成本是多少?售价是多少?所需的资本性投资是多少?汇总这些问题的答案,我们就可以编制出预估报表,它将向我们提供估计项目自由现金流所需的数据。然而,您必须记住,我们的资本预算决策不会比我们对项目相关成本和未来需求的估计更准确。事实上,大多数糟糕的资本预算决策并不是因为它们选择了糟糕的决策规则,而是因为它们对未来需求和成本的估计不准确。让我们来看一个例子。

例 11.2 计算一个项目的自由现金流

您正在考虑扩张当前生产李氏(Lee's)美甲贴的生产线,以顺应健身热潮。您考虑推出的新产品是腹肌贴。您认为您能在接下来的 4 年内每年销售 100 000 张腹肌贴(在这个时期之后,该项目预期将停止,因为预测表明,健康体型将不再是时尚,而肥胖体型则会变成时尚)。腹肌贴的销售价格为每张 6.00 美元,每张腹肌贴的可变成本为 3.00 美元。与生产相关的年固定成本为 90 000 美元。此外,购买新生产设备需要 200 000 美元的初始投资。我们假设这项初始投资将使用奖励性折旧法提取折旧,折旧发生在第 1 年。该项目同时也需要对与存货相关的净营运资本进行 30 000 美元的一次性初始投资,这是初始支出的一部分。最后,假设该公司的边际税率为 21%。该公司的自由现金流是多少?

第 1 步:确定解题方法

通常,一个项目的自由现金流属于以下三类之一:(1)初始投资,(2)项目运行期间的年自由现金流,(3)最终现金流。让我们从计算初始投资开始。

第 2 步:计算数值

初始投资

在本例中,初始投资等于 200 000 美元的初始资本性支出加上 30 000 美元的净营运资本投资,共计 230 000 美元。

年自由现金流

表 11-1 计算了该项目的息税前利润的年变化。首先,该表计算出销售收入的变化(Δ销售收入),然后减去固定成本和可变成本的变化以及折旧的变化,得出息税前利润的变化(ΔEBIT)。资产折旧价值为 200 000 美元,它反映了资产购买价格加上使资产达到可使用状态所支付的费用。由于我们使用的是奖励性折旧法,因此整笔金额都反映在第 1 年的现金流中。然后,假设边际税率为 21%,计算应纳税款。一旦我们计算出息税前利润和应纳税款,我们就不需要再进行下一步了,因为我们编制利润表时只需要这两个值。此外,在本例中,没有与项目相关的营运资本年增加额。还需要注意,我们已经忽略了任何可能产生的利息支出和融资现金流。正如我们之前所提到的,当我们用必要收益率将自由现金流贴现回现在时,我们已经隐含地考虑了支持该项目所需的资金成本。

表 11-1 计算腹肌贴项目息税前利润的年变化 单位:美元

第 1 年(提取奖励性折旧的年份):	
Δ销售收入(6 美元/张,共 100 000 张)	600 000
减:Δ可变成本(可变成本为 3.00 美元/张)	300 000
减:Δ固定成本	90 000
等于:利息、税款、折旧及摊销前利润(假设摊销金额为 0)	210 000

续表

减：△使用奖励性折旧法时提取的折旧（200 000美元）	200 000
等于：△息税前利润	10 000
减：△应纳税款（税率为21%）	2 100
等于：△净利润	7 900
第2年和第3年（没有提取折旧的年份）：	
△销售收入（6美元/张，共100 000张）	600 000
减：△可变成本（可变成本为3.00美元/张）	300 000
减：△固定成本	90 000
等于：利息、税款、折旧及摊销前利润（假设摊销金额为0）	210 000
减：△折旧（第1年提取的奖励性折旧）	0
等于：△息税前利润	210 000
减：△应纳税款（税率为21%）	44 100
等于：△净利润	165 900

该项目经营现金流的年变化如表11-2所示。请记住：该项目的年自由现金流等于经营现金流的变化减去净营运资本的变化和资本支出的变化。

表11-2 计算腹肌贴项目经营现金流的年变化 单位：美元

第1年（提取奖励性折旧的年份）：	
△息税前利润（EBIT）	10 000
减：△应纳税款	2 100
加：△折旧	200 000
等于：△经营现金流	207 900
第2年和第3年（根据奖励性折旧法，所有折旧均在第1年提取）：	
△息税前利润（EBIT）	210 000
减：△应纳税款	44 100
加：△折旧	0
等于：△经营现金流	165 900

项目终止时的现金流

对于这个项目来说，项目终止时的现金流的计算十分简单。项目终止时唯一的非常规现金流是收回与项目相关的净营运资本。实际上，当该项目在4年后停止时，将变现30 000美元的存货投资。

请注意，在计算自由现金流时，我们需要减去净营运资本的变化，但是由于净营运资本的变化是负向的（我们减少了存货投资），因此我们是减去负值，而实际上会产生加回该值的作用。因此，当项目开始时，我们对存货进行投资，净营运资本为负现金流；但是到项目终止时，存货被变现，出现正的抵销性现金流。项目终止时的自由现金流计算过程如表 11 – 3 所示。

表 11 – 3　计算腹肌贴项目终止时的现金流　　　　　　　　　　　　　单位：美元

△息税前利润（EBIT）	210 000
减：△税收	44 100
加：△折旧	0
减：△净营运资本	−30 000*
等于：△自由现金流	195 900

* 由于净营运资本的变化是负向的（我们减少了存货投资），因此我们减去负值的效果是加回正值。

第 3 步：分析结果

在本例中，项目运行期间的净营运资本和资本支出没有发生变化。但这种情况并不适用于您将考虑的所有项目。例如，对于一个销量逐年增加的项目而言，更可能发生的情况是净营运资本也逐年增加，以支持更多的存货和更大规模的应收账款。同理，对于一些项目来说，资本支出可能会被分摊到多年。这里的关键在于，我们希望分别考察公司接受该项目和拒绝该项目的情况，并衡量现金流的变化，而不是可能发生的利息支出和融资现金流。

如果我们想画出本例的自由现金流图（见图 11 – 1），那么它将包含一笔 230 000 美元的初始投资，第 1 年的自由现金流将为 207 900 美元，第 2 年和第 3 年的自由现金流将分别为 207 900 美元和 165 900 美元，项目终止当年的自由现金流将为 195 900 美元。

年份	0	1	2	3	4
自由现金流（美元）	−230 000	207 900	165 900	165 900	195 900

图 11 – 1　腹肌贴项目的自由现金流图

综合案例：计算自由现金流

现在，让我们汇总所了解的资本预算知识，来看一个资本预算决策案例。在这个案例中，公司的边际税率为 21%，必要收益率或资本成本为 15%。我们正在考虑的项目是光线动力（Raymobile）公司推出的新型电动滑板车。我们的第一个任务是估计该项目的现金流，这也是本节的重点。这个项目预期将持续 5 年，之后，由于这个产品变得过时，这个项目也将终止。因此，我们的第一个任务是估计该项目的初始投资、年自由现金流以及项目终止时的自由现金流。根据表 11 – 4 给出的信息，我们希望确定与该项目相关的自由现金流。一旦我们确定了该项目的自由现金流，我们就可以轻松计算出该项目的净现值、盈利能力指数和内部收益率，并采用合理的决策标准。

表 11-4 光线动力公司滑板车资本预算示例

新生产设备的成本	9 700 000 美元
运输和安装成本	300 000 美元

	年份	销量（个）
	1	50 000
	2	100 000
销量	3	100 000
	4	70 000
	5	50 000

单位售价	第1~4年为150美元/个，第5年为130美元/个。
单位可变成本	80美元/个。
年固定成本	第1~5年为500 000美元。
营运资本要求	启动生产需要100 000美元的初始营运资本。然后，每年的净营运资本投资总额等于当年销售收入的10%。因此，第1年和第2年的营运资本投资将增加，第4年的营运资本投资将下降。最后，在第5年项目结束时将变现所有营运资本。
折旧法	我们使用奖励性折旧法，因此第1年的折旧为1 000万美元，其他任何年份均没有折旧。如果发生亏损，将被该公司其他领域的利润抵销。

要确定不同的年自由现金流，我们首先需要确定经营现金流的年变化。为此，我们将用息税前利润的变化减去应纳税款的变化，再加上折旧的变化。这个过程如表11-5的第二部分所示。我们首先用销量乘以售价，得到销售收入的变化。然后，从销售收入的变化中减去每个80美元的可变成本。然后，减去固定成本的变化，得到的就是利息、税款、折旧及摊销前利润。从利息、税款、折旧及摊销前利润中减去折旧和摊销的变化——在本例中，假设该值为零——我们就可以得到息税前利润的变化。然后，我们就可以根据息税前利润的变化计算应纳税款的变化，假设它为息税前利润的21%。

表 11-5 计算光线动力公司滑板车项目的自由现金流

年份	0	1	2	3	4	5
第一部分　计算息税前利润、应纳税款和折旧的变化（用于第二部分经营现金流的计算）						
销量（个）		50 000	100 000	100 000	70 000	50 000
售价（美元）		150	150	150	150	130
销售收入（美元）		7 500 000	15 000 000	15 000 000	10 500 000	6 500 000
减：可变成本（美元）		4 000 000	8 000 000	8 000 000	5 600 000	4 000 000
减：固定成本（美元）		500 000	500 000	500 000	500 000	500 000

续表

年份	0	1	2	3	4	5
等于：利息、税款、折旧及摊销前利润（美元）		3 000 000	6 500 000	6 500 000	4 400 000	2 000 000
减：折旧（假设摊销金额为0）		10 000 000	0	0	0	0
等于：息税前利润（美元）		−7 000 000	6 500 000	6 500 000	4 400 000	2 000 000
应纳税款（税率为21%）（美元）*		−1 470 000	1 365 000	1 365 000	924 000	420 000
第二部分　计算经营现金流（用于第四部分自由现金流的计算）						
经营现金流：						
息税前利润（美元）		−7 000 000	6 500 000	6 500 000	4 400 000	2 000 000
减：应纳税款（美元）		−1 470 000	1 365 000	1 365 000	924 000	420 000
加：折旧（美元）		10 000 000	0	0	0	0
等于：经营现金流（美元）		4 470 000	5 135 000	5 135 000	3 476 000	1 580 000
第三部分　计算净营运资本的变化（用于第四部分自由现金流的计算）						
净营运资本的变化：						
销售收入（美元）		7 500 000	15 000 000	15 000 000	10 500 000	6 500 000
初始营运资本要求（美元）	100 000					
净营运资本需求（美元）		750 000	1 500 000	1 500 000	1 050 000	650 000
营运资本变现（美元）						650 000
营运资本的变化（美元）	100 000	650 000	750 000		−450 000	−1 050 000
第四部分　计算自由现金流（除资本支出变化之外，还使用了第二部分和第三部分的计算结果）						
自由现金流：						
经营现金流（美元）		4 470 000	5 135 000	5 135 000	3 476 000	1 580 000
减：净营运资本的变化（美元）		100 000	650 000	750 000		−450 000	−1 050 000
减：资本支出的变化（美元）	10 000 000	0	0	0	0	0
等于：自由现金流（美元）	−10 100 000	3 820 000	4 385 000	5 135 000	3 926 000	2 630 000

* 我们假设光线动力公司在其他领域有充足利润，因此能用第1年的亏损抵销其他领域的应纳税款。

使用表11-5第一部分提供的计算过程，我们计算出表11-5第二部分的经营现金流。您应该记得，经营现金流就是息税前利润减去应纳税款。由于我们使用的是奖励性折旧法，因此折旧仅影响第1年的现金流。

要计算该项目产生的年自由现金流，我们需要从经营现金流中减去净营运资本的变化和资本支出的变化。因此，第一步变为计算净营运资本的变化，如表11-5第三部分所示。净营运资本的变化通常包括因推出新产品后销量增加而自然增加的存货和应收账款。增加的一部分应收账款可能被应付账款的增加抵销，但是通常情况下，大多数新项目还会使净营运资本出现某种增加。在本例中，存在100 000美元的初始营运资本要求。此外，每年的净营运资本总投资等于当年销售收入的10%。因此，第1年的营运资本投资为750 000美元（因为销售收入估计为7 500 000美元）。营运资本已经为100 000美元，因此，净营运资本的变化为650 000美元。净营运资本将在第1年和第2年持续增加，并将在第4年减少。最后，所有营运资本都将在第5年年末项目终止时变现。

计算出经营现金流和净营运资本的变化之后，计算项目的自由现金流将变得很容易。最后需要计算的是资本支出的变化。在本例中，它就是购买新生产设备所花费的9 700 000美元以及运输和安装成本300 000美元。因此，资本支出的变化为10 000 000美元。然后，我们只需从经营现金流中减去净营运资本的变化和资本支出的变化。这一步骤如表11-5第四部分所示。该表最后一行显示了年自由现金流。图11-2提供了这个项目的自由现金流图。

$r = 15\%$

年份	0	1	2	3	4	5
现金流（美元）	−10 100 000	3 820 000	4 385 000	5 135 000	3 926 000	2 630 000

图11-2 光线动力公司滑板车项目的自由现金流图

您会做吗？

计算经营现金流

假设一个新项目将产生每年300 000美元的收入，且项目的年现金费用（包括固定成本和可变成本）为150 000美元。该项目第1年的奖励性折旧为200 000美元。如果第1年产生亏损，该公司有其他利润可以抵销该亏损，因此亏损将带来税收收益。此外，该公司的边际税率为21%。请计算该项目第1~3年的经营现金流。

您做出来了吗？

计算经营现金流

第1年（提取奖励性折旧的年份）：
您需要确定一个项目的经营现金流。经营现金流的计算方法如下：

经营现金流＝息税前利润的变化－应纳税款的变化＋折旧的变化

第1步：计算息税前利润的变化

收入	300 000美元
−固定成本和可变成本	150 000美元
−折旧	200 000美元
＝息税前利润	−50 000美元

第 2 步：用息税前利润的增加额乘以 21% 的边际税率，计算应纳税款（或亏损产生的税收收益）

息税前利润的变化	−50 000 美元
×税率（21%）	=−10 500 美元

因此，息税前利润减少将使该公司整体减少 10 500 美元的应纳税款。

第 3 步：计算第 1 年的经营现金流

经营现金流＝息税前利润的变化−应纳税款的变化＋折旧的变化
　　　　　＝−50 000−（−10 500）＋200 000＝160 500（美元）

第 1 年的经营现金流变为 160 500 美元，并被用于计算自由现金流。

第 2 年和第 3 年（没有奖励性折旧）：

第 1 步：计算息税前利润的变化

	单位：美元
收入	300 000
−固定成本和可变成本	150 000
−折旧	0
＝息税前利润	150 000

第 2 步：用息税前利润的增加额乘以 21% 的边际税率，计算应纳税款

息税前利润的变化	150 000 美元
×税率（21%）	=31 500 美元

第 3 步：计算第 2 年和第 3 年的经营现金流

经营现金流＝息税前利润的变化−应纳税款的变化＋折旧的变化
　　　　　＝150 000−31 500＋0＝118 500（美元）

第 2 年和第 3 年的经营现金流变为 118 500 美元，该数字将被用于计算自由现金流。

您会做吗？

计算自由现金流

赫尔利秘藏零食（Hurley's Hidden Snacks）公司正在推出一款新产品，预期息税前利润变化为 500 000 美元。赫尔利秘藏零食公司的边际税率为 21%。该项目第 1 年将产生 300 000 美元的奖励性折旧。此外，该项目在第 1 年还将导致以下变化：

	单位：美元	
	不接受项目时	接受项目时
应收账款	35 000	63 000
存货	65 000	70 000
应付账款	70 000	90 000

该项目在第1年的自由现金流是多少？

概念回顾
1. 通常，项目的现金流可以分为三类。这三类现金流分别是什么？
2. 什么是自由现金流？我们如何计算自由现金流？
3. 尽管折旧不是现金流科目，但它仍然在现金流的计算中起着重要作用。折旧如何影响项目的现金流？

资本预算选择

贴现现金流决策标准（例如净现值法）是一种绝佳的项目评估方法。但是，如果所分析的项目有可能在解决某些未来不确定性后发生更改，那么会发生什么情况？例如，如果一个原本预期使用寿命为10年的项目的效益好于预期，那么该项目可能进行扩张或者在10年之后继续执行，项目寿命可能变为20年。然而，如果该项目的现金流不能满足预期，那么该项目可能不会做满10年，而是被缩减规模、废弃或出售。此外，我们还可以假设该项目可能延期一两年。这种灵活性是净现值法和其他决策制定标准很难解决的问题。事实上，如果未来更改项目的机会有正价值，那么净现值法实际上可能低估项目的价值。我们将使用选择权来分析这种价值的灵活性。

最常见的可以为资本预算项目增加价值的选择权有三种：（1）将项目延期至未来现金流更有利时的选择权。这种选择权在公司拥有专有权（例如产品专利或技术专利）时较为常见。（2）扩张项目的选择权。这可能是规模扩张，甚至是开发目前看起来并不可行的新产品。（3）在未来现金流没有达到预期时放弃项目的选择权。

推迟项目的选择权

毫无疑问，与项目相关的估计现金流会随着时间的推移而变化。事实上，由于预期现金流的变化，现在净现值为负的项目将来可能净现值为正。让我们再来看我们在本章引言中提到的汽油-电力混合动力汽车市场的例子。这次，假设您开发出一款可以用于混合动力汽车的大功率镍氢电池，能使其每加仑行驶英里数升至150英里/加仑。然而，当您分析生产这种新型电池的成本时，您意识到其生产成本仍然十分昂贵，并且根据该成本，使用这种电池的汽车市场现在仍然很小。这是否意味着大功率镍氢电池的专利权没有价值呢？答案是否定的。由于您能在未来改进这项技术，让电池更有效率、更便宜，因此这项专利权是有价值的。此外，因为石油价格可能会继续上涨，导致超级节能汽车的市场扩大，所以这也会使这种电池的专利权有价值。事实上，由于技术和市场环境可能会发生变化，使这个项目更有盈利能力，因此推迟该项目的能力会给项目带来价值。

将项目推迟至未来现金流对公司更有利时的选择权的另一个例子，是一家对某片富含石油的土地拥有石油开采权的公司。该公司正在考虑一个石油钻井项目。假设在考虑了所有成本和预期石油产出之后，这个项目有负净现值。这是否意味着该公司应该放弃石油开采权，或者这些石油开采权没有价值呢？答案当然是否定的。未来的石油价格有可能上涨到一定程度，使这个净现值为负的项目变成净现值为正的项目。正是这种推迟开发的能力给项目提供了价值。因此，将项目推迟到未来现金流对公司更有利时的选择权为这个净现值看似为负的项目提供了价值。

扩张项目的选择权

正如我们在推迟项目的选择权中所看到的，项目的现金流估计可能会随着时间的推移而变化，从而使扩张项目变得有价值。我们再次说明，这种根据需求调整生产的灵活性是有价值的。例如，一家公司可能会特意修建一座拥有多余产能的生产工厂，这样在产品需求高于预期的情况下，公司就能很方便地增加产量。或者，采纳该项目也可能为公司提供在新行业中的立足点，并生产出其他本来并不可行的产品。这个原因导致很多公司向电子商务领域拓展，期望获得能带来其他有利可图的项目的专业技术和知识。这也为企业开拓新市场的研发支出提供了部分理由。

让我们回到汽油-电力混合动力汽车的案例中，并分析扩张该项目的选择权。大多数大型汽车公司推出汽油-电力混合动力汽车的原因之一是，它们认为如果汽油价格从每加仑 2 美元升至每加仑 3 美元，那么这种混合动力汽车将可能成为汽车业的未来发展趋势，而唯一获得生产混合动力汽车的专有技术和知识的方法就是生产这种汽车。随着技术成本的下降和技术需求的上升——可能是被汽油价格上升所推动——公司将做好准备，全面扩张这类汽车的生产。观察本田公司的例子，您就可以清楚地看到这种战略。本田公司在 2000 年首次推出了思域（Insight），而丰田公司在 2001 年推出了普锐斯。

当本田公司首次推出混合动力汽车时，分析人员估计本田公司每销售一辆思域将亏损约 8 000 美元，而丰田公司每销售一辆此类汽车将亏损约 3 000 美元。但是这两家公司都希望在几年之后达到盈亏平衡。全电动汽车生产商特斯拉（Tesla）面对的是相同情况。特斯拉 2017 年的销量刚刚超过 100 000 辆汽车，是该公司有史以来销量最高的年份，但该公司仍然没有盈利。特斯拉首席执行官埃隆·马斯克（Elon Musk）最近表示，他并不指望特斯拉在 2020 年之前实现盈利。尽管如此，这些项目还是值得做的，因为它们使这些汽车生产商获得了专业技术和专业知识，使它们能生产出有利可图的汽油-电力混合动力汽车。而且，正如本章引言中所述，根据预测，到 2040 年，混合动力汽车将占道路上轻型汽车的一半，这是它们梦寐以求的巨大市场。此外，本田和丰田为了推出思域和普锐斯所掌握的技术可以应用于其他汽车或其他领域并带来利润。实际上，在未来扩大产量的选择权为该项目带来了价值。

> **您做出来了吗?**
>
> **计算自由现金流**
>
> 您需要确定赫尔利秘藏零食公司推出的一款新产品在第1年的自由现金流。
>
> 第1步:计算净营运资本的变化。
>
> $$\text{净营运资本的变化} = \text{应收账款和存货的增加额} - \text{应付账款的增加额}$$
> $$= 28\,000 + 5\,000 - 20\,000 = 13\,000\ (\text{美元})$$
>
> 第2步:计算自由现金流的变化。
>
> $$\text{项目的自由现金流} = \text{息税前利润的变化} - \text{应纳税款的变化} + \text{折旧的变化} - \text{净营运资本的变化} - \text{资本支出的变化}$$
> $$= 500\,000 - (500\,000 \times 0.21) + 300\,000 - 13\,000 - 0$$
> $$= 682\,000 (\text{美元})$$
>
> 该项目的自由现金流体现出"基本原则1:现金流是最重要的"。

放弃项目的选择权

由于项目的估计现金流随着时间的推移而发生变化,因此放弃项目的选择权也有价值。这里再次指出,正是这种根据新信息做出调整的灵活性提供了价值。例如,一个项目在前一两年的销售收入可能没有达到预期,项目也几乎没有获利。那么,公司之后可能会决定清算该项目,出售厂房和所有设备。该清算价值可能大于继续运营项目的价值。

让我们再来看汽油-电力混合动力汽车的例子。这一次,我们将分析放弃该项目的选择权。如果几年后,汽油成本大幅下降,而这项新技术的成本仍然很高,那么汽油-电力混合动力汽车可能无法盈利。这时,汽车生产商可能决定放弃这个项目并出售该技术,包括它的所有专利权。实际上,汽油-电力混合动力汽车这个初始项目可能没有价值,但是由此开发出的技术却可能有价值。因此,放弃该项目以及出售技术的价值可能大于继续运行该项目的价值。我们这里再次强调,正是在未来可能调整项目的灵活性——在这个例子中是放弃项目——产生了正价值。

资本预算选择权:本质问题

由于解决某些不确定性之后,我们可以在未来调整项目,因此我们可能发现,根据预期自由现金流计算出的净现值为负的项目仍然是好项目,应该被接受。这显示出选择权的价值。此外,我们还可能发现,推迟接受有正净现值的项目可能更有价值。选择权还解释了公司为什么会接受能让它们进入新市场但净现值为负的项目。放弃项目的选择权解释了为什么公司雇用临时员工而不是永久员工,为什么公司租用设备而不是购买设备,为什么公司以年为单位而不是以更长周期为单位与供应商签订合同。

> **概念回顾**
> 1. 请举出一个推迟项目的选择权的例子。为什么这种选择权可能有价值？
> 2. 请举出一个扩张项目的选择权的例子。为什么这种选择权可能有价值？
> 3. 请举出一个放弃项目的选择权的例子。为什么这种选择权可能有价值？

风险与投资决策

迄今为止，我们都忽略了资本预算中的风险；也就是说，我们将预期现金流贴现回现在，并忽略了该估计值的不确定性。在现实中，与开设新销售网点或推出新产品相关的未来现金流是对未来预期将发生的现金流的估计，而不一定是未来实际发生的现金流。例如，当可口可乐公司决定用一种"新可乐"代替传统可乐时，您可以猜到这项决策所基于的预期现金流肯定与实际现金流不同。因此，可口可乐公司没过多久就重新推出传统可乐。其他没有产生预期现金流的著名失败案例有比克（Bic）一次性内裤、"口渴狗"（Thirsty Dog!）品牌推出的狗用牛肉味瓶装水以及可儿家族（Coors）的落基山泉水。我们贴现回现在的现金流只是对预期未来现金流的最优估计。图11-3是基于投资方案的可能结果而不是这些结果的预期价值画出的现金流图。

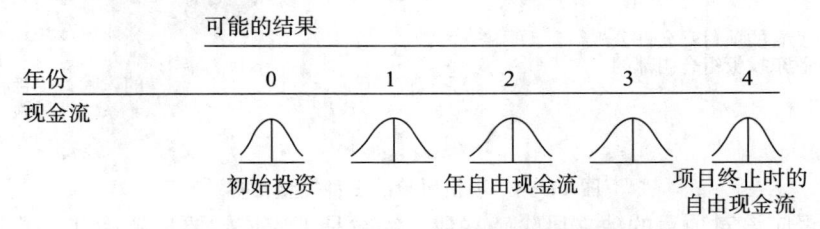

图 11-3　基于可能结果的自由现金流图

在本节中，我们假设不能提前知道新项目实际将产生多少现金流。但是，我们确实对可能结果有预期，并且能计算出这些结果的概率。换言之，尽管我们不知道接受新项目将产生的现金流是多少，但我们可以构建概率分布，并根据该概率分布得出现金流的大小。正如我们在第6章中所学到的，当某个事件的未来结果存在不确定性时，就会产生风险。

在本章其余部分，我们假设尽管我们无法确知未来现金流，但可以估计未来现金流的概率分布并据此推导出现金流。而且，因为我们已经举例说明可能结果的分散程度反映了风险，所以当我们在本章后面量化风险时，我们已经准备好使用分散程度指标，即方差。

在接下来的内容中，请记住我们只想解决如下基本问题：(1)资本预算决策中有哪些风险？(2)应该如何衡量这些风险？(3)我们应该如何将风险纳入资本预算分析？

哪些风险指标对于资本预算是重要的？

在开始讨论如何调整风险之前，确定我们需要调整何种风险十分重要。在资本预算中，可以从三个水平来考察项目风险。第一，**项目的独立风险**（project-standing-alone risk），它忽略了大部分这种风险可以被分散的事实——这是项目的标准差。第二，**项目对**

公司风险的贡献（contribution-to-firm risk），即该项目给公司整体造成的风险。这个指标考虑了该项目和公司其他项目与资产结合起来时可以分散的部分项目风险，但忽略了公司股东进行分散化的影响。第三，**系统性风险**（systematic risk），即从实现充分分散化的股东角度来看的项目风险。这个指标考虑了项目与公司其他项目及资产结合起来时可以分散的部分项目风险，此外还考虑了股东将该股票与其他股票共同纳入投资组合所分散的其余风险。用图形来表示，如图 11-4 所示。

角度	衡量风险	被分散的风险
独立项目：忽略公司内部和股东投资组合内部的分散化。	项目的独立风险	
从公司角度看的项目：忽略股东投资组合内部的分散化，但允许在公司内部分散化。	项目对公司风险的贡献	将这个项目与公司其他项目及资产合并考虑时，被分散的公司内部风险
从股东角度看的项目：允许公司内部和股东投资组合内部的分散化。	系统性风险	当证券被组合起来形成分散化投资组合时，被股东分散的风险；也被称为非系统性风险

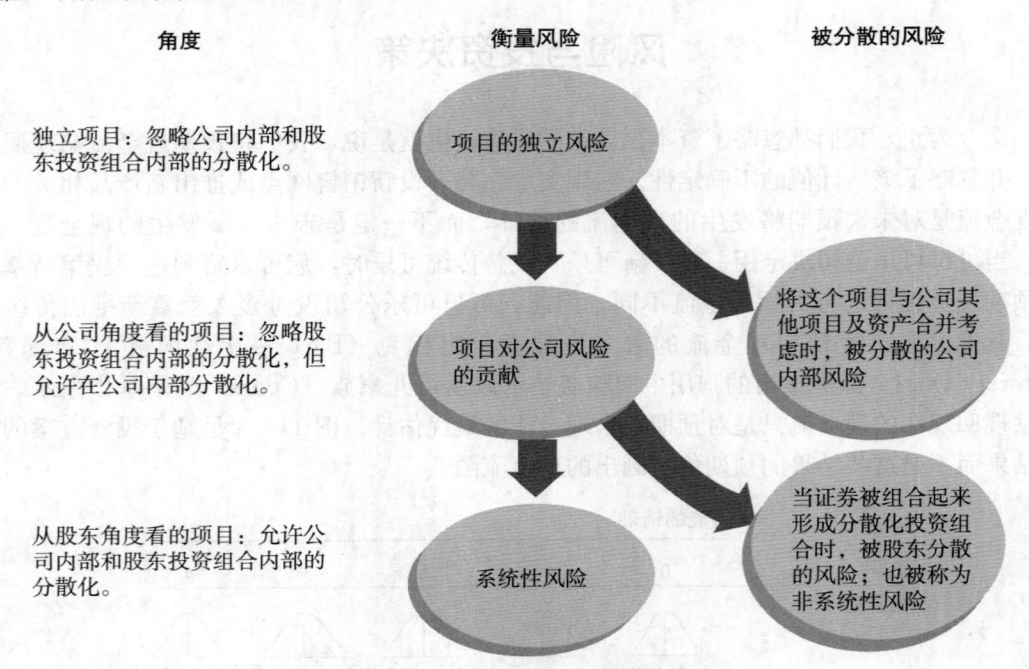

图 11-4　项目风险的三种衡量指标

我们是否应该对项目的独立风险感兴趣？答案是不应该。要理解为什么我们不应该对其感兴趣，最简单的方法或许是来看一个例子。让我们以强生（Johnson & Johnson）公司的研发项目为例。强生公司每年都会进行成百上千个新研发项目，尽管该公司知道每个项目只有大约 10% 的成功概率。如果项目成功了，那么利润将十分可观；但如果项目失败了，那么投资也将付之东流。如果该公司只有一个项目，且这个项目是研发项目，那么该公司将有 90% 的概率会失败。因此，如果我们单独考察这些研发项目并计算它们的独立风险，我们必定认为它们的风险巨大。但是，如果我们考虑每年进行几百个独立研究项目带来的分散化效应，而每个项目都有 10% 的成功概率，我们就可以看到每个研发项目都不会给强生公司带来太大风险。简而言之，因为项目的大部分风险在公司内部被分散了，因此项目的独立风险不是衡量资本预算项目风险水平的合适指标。

我们是否应该对项目对公司的风险贡献感兴趣？至少从理论上来说，只要投资者实现了充分分散化，并且不存在破产成本，答案就仍然是不应该。根据我们之前在第 6 章中的讨论，我们看到如果股东将单个证券与其他证券放在一起组成分散化投资组合，那么单个证券的大部分风险将被分散掉。简而言之，影响股东的所有风险就是项目的系统性风险。因此，项目的系统性风险是唯一理论上对资本预算重要的风险。

衡量真实情况下的资本预算风险：系统性风险是唯一重要的风险吗？

根据我们在第 6 章中讨论的资本资产定价模型（CAPM），系统性风险是唯一对资本预算重要的风险。然而，现实情况使这种情况变得有些复杂。在很多情况下，一家公司可能拥有投资未实现充分分散化的股东，包括小公司所有者。因为他们没有充分分散化投资，所以对这些股东来说，重要的风险指标是项目给公司带来的风险。

破产的可能性也影响我们对哪种风险指标重要的看法。您应该记得，在建立资本资产定价模型时，我们做出了破产成本为零的假设。因为项目给公司带来的风险反映了公司面临的风险，即可能导致公司破产的风险，所以这可能是合适的风险衡量指标：因为很明显，破产是有成本的。首先，如果公司破产了，其资产通常不能按照其真实经济价值出售。其次，实际可以分配给股东的资金也会因为必须支付的清算费用和法律费用而进一步减少。最后，因法律程序造成的清算拖延带来的机会成本将进一步降低股东可获得的资金。因此，由于破产会带来成本，降低公司的破产概率有非常实际的价值。

间接破产成本还会影响公司的其他方面，包括产量、销售收入和管理的质量与效率。例如，破产概率较高的公司可能更难招聘和留住高质量管理者，因为这类公司的工作被视为不太稳定。供应商也不太愿意让这种公司赊购。此外，客户可能会对公司丧失信心，担心公司在产品质量上偷工减料，或者不愿意在将来为产品提供保修或更换零件。因此，随着公司破产概率的增大，最后公司可能由于潜在客户和供应商的流失而真的破产。最终结果是，由于项目给公司带来的风险影响了公司的破产概率，因此它可能成为对资本预算重要的风险指标。

最后，在衡量项目的系统性风险中遇到的问题使衡量系统性风险变得极为困难。谈论项目的系统性风险远比衡量项目的系统性风险容易得多。

考虑到上述这些因素，我们应该使用哪种风险指标呢？答案是我们应该同时考虑项目的系统性风险和项目对公司风险的贡献这两个指标。我们知道系统性风险在理论上是正确的。我们也知道，由于存在破产成本和未分散化投资的股东，这一理论的假设条件被打破，这使项目对公司风险的贡献成为重要指标。但是，系统性风险概念仍然对资本预算决策有价值，因为这是股东在假设条件下需要获得补偿的风险。因此，我们将同时考虑项目对公司风险的贡献和项目的系统性风险，并且尽量避免在资本预算中对这两个指标厚此薄彼。

在资本预算中考虑风险

由于不同的投资项目确实包含不同水平的风险，因此，现在让我们来考察风险调整贴现率，它是基于投资者对于风险更高的项目要求更高收益率的认识。

风险调整贴现率

使用**风险调整贴现率**（risk-adjusted discount rate），是基于投资者对风险更高的项目要求更高收益率的概念。这是"基本原则 3：风险要求回报"和资本资产定价模型背后的基本原则，我们可以用图 11-5 来说明。

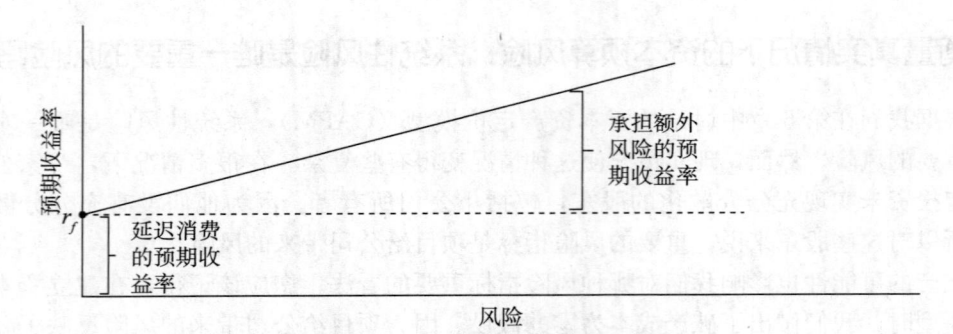

图 11-5 风险-收益关系

> **牢记原则**
> 资本预算中使用的所有风险补偿方法的根源都可以追溯到"基本原则 3：风险要求回报"。实际上，风险调整贴现率法直接应用了这个概念。

正如我们从"基本原则 3：风险要求回报"所了解到的，任何投资的预期收益率都应该包含对推迟消费的补偿，它等于无风险收益率加上对所承担风险的补偿。根据风险调整贴现率法，如果投资的风险大于典型风险，就应该上调贴现率，以弥补增加的这部分风险。在给定风险水平下，一旦公司决定了项目的适当必要收益率，就可以按风险调整贴现率将现金流贴现回现在。然后，就可以使用通常的资本预算标准，内部收益率的情况除外。对于内部收益率来说，用来与项目内部收益率比较的最低可接受收益率现在变为风险调整贴现率。用数学公式来表述，使用风险调整贴现率计算的净现值变为：

$$\text{风险调整净现值} = \frac{\text{以风险调整贴现率贴现的所有未来年自由现金流的现值}}{} - \text{初始投资}$$

$$= \frac{FCF_1}{(1+k^*)^1} + \frac{FCF_2}{(1+k^*)^2} + \cdots + \frac{FCF_n}{(1+k^*)^n} - IO \quad (11-1)$$

其中，

$FCF_t =$ 第 t 期的预期年自由现金流；

$IO =$ 初始投资；

$k^* =$ 风险调整贴现率；

$n =$ 项目的预期寿命。

如果与项目相关的风险水平不同于典型项目的风险水平，那么公司管理者必须在决策过程中考虑股东对该新项目的可能反应，风险调整贴现率背后的逻辑正来源于此。例如，如果项目的风险高于典型项目的风险，就应该采用更高的必要收益率。否则，新项目将降低公司的股票价格，也就是说，将减少股东的财富。当市场提高公司的必要收益率来反映公司采纳了风险更高的新项目时，就会发生这种情况，而项目带来的增量现金流可能不足以抵消该风险。同理，如果项目的风险低于正常风险，那么合适的做法是降低必要收益率。因此，风险调整贴现率法试图对提高公司风险水平的项目采用更严格的标准，即要求更高的收益率。这种风险调整财务决策规则可以总结如下：

▶ 财务决策工具

工具名称	公式	含义
风险调整净现值	$=\dfrac{\text{以风险调整贴现率贴现的}}{\text{所有未来年自由现金流的现值}} - \text{初始投资}$ $=\dfrac{\text{FCF}_1}{(1+k^*)^1}+\dfrac{\text{FCF}_2}{(1+k^*)^2}+\cdots+\dfrac{\text{FCF}_n}{(1+k^*)^n}-\text{IO}$	● 项目的现金流按照适当（风险调整）贴现率贴现回现在所实现的项目的净现值。 ● 如果接受该项目，该项目可以创造的财富。 ● 如果风险调整净现值为正，那么该项目将创造财富，应该被接受。

例 11.3 风险调整贴现率

一家玩具生产商正在考虑引进一条钓鱼设备生产线，该项目的预期寿命为 5 年。过去，该公司在新产品投资方面相当保守，基本上坚持只生产标准玩具。在这种背景下，引进钓鱼设备生产线被视为风险异常高的项目。管理层认为，该公司通常情况下 10% 的必要收益率并不够。该项目的可接受最小收益率应该为 15%。该项目的初始投资为 110 000 美元，预期自由现金流如下表所示。

年份	预期自由现金流（美元）
1	30 000
2	30 000
3	30 000
4	30 000
5	30 000

使用风险调整贴现率计算出的净现值是多少？应该接受这个项目吗？

第 1 步：确定解题方法

我们可以按式 (11-1) 使用风险调整贴现率计算净现值，如下所示：

$$\text{净现值} = \dfrac{\text{以风险调整贴现率贴现的}}{\text{所有未来年自由现金流的现值}} - \text{初始投资}$$

$$= \dfrac{\text{FCF}_1}{(1+k^*)^1}+\dfrac{\text{FCF}_2}{(1+k^*)^2}+\cdots+\dfrac{\text{FCF}_n}{(1+k^*)^n}-\text{IO}$$

其中，

$\text{FCF}_t =$ 第 t 期的年自由现金流；

$\text{IO} =$ 初始投资；

$k^* =$ 风险调整贴现率；

$n =$ 项目的预期寿命。

第 2 步：计算数值

用 15% 的贴现率贴现的未来自由现金流的现值为 100 560 美元，该项目的初始投资为 110 000 美元。将两个数值代入式（11-1），我们可以计算出净现值：

$$净现值 = 以风险调整贴现率贴现的所有未来年自由现金流的现值 - 初始投资$$
$$= 100\ 560 - 110\ 000 = -9\ 440（美元）$$

第 3 步：分析结果

风险调整净现值为 −9 440 美元，因此应该拒绝该项目。如果用 10% 的正常必要收益率作为贴现率，那么该项目将有正净现值 3 724 美元。

在实践中，当我们使用风险调整贴现率时，通常会根据项目的目的或风险类别对项目分组，然后预先分配相应目的和风险类别的项目的贴现率。例如，必要收益率为 12% 的公司可能会使用以下收益率类别：

项目	必要收益率（%）
重置决策	12
现有生产线的更改或扩张	15
与现有业务无关的项目	18
研究和开发业务	25

对项目分类的目的在于简化项目评估，但是这样做也会使计算带有一定主观性，降低项目评估的意义。上述分类方法的得失很明显：它尽可能减少了花费的时间和精力，但是以损失精确性为代价。

衡量项目的系统性风险

当我们最初讨论系统性风险或 β 值时，我们讨论的是如何衡量整家公司的系统性风险。您应该记得，尽管我们可以利用历史数据估计公司的 β 值，但我们对结果并没有完全的信心。正如我们将看到的，估计单个项目的适当系统性风险水平甚至更加困难。为了真正理解我们要做什么以及我们将遇到哪些困难，让我们先退一步来分析项目的系统性风险以及风险调整。

我们要做的是，利用资本资产定价模型确定特定项目的风险水平以及适当的风险-收益权衡。然后，我们将比较该项目的预期收益率与资本资产定价模型（CAPM）建议的必要收益率，以确定是否应该接受这个项目。如果该项目看起来是公司的典型项目，那么可靠的方法是利用资本资产定价模型确定适当的风险-收益权衡，然后以此来判断是否应该接受项目。但如果该项目不是典型项目，我们应该怎么做呢？对于一个新项目来说，通常不存在历史数据。事实上，对于某些资本投资——例如购买一辆卡车或修建一栋新楼房——来说，历史数据没有太大意义。我们需要做的是尽量利用有限的条件。我们要么使用替代数据（即利用可得的历史会计数据代替历史价格数据）来估计系统性风险；要么尝试在相同行业里找到可以替代资本预算项目的公司，并用该公司的系统性风险估计代替项目的系统性风险。

使用会计数据估计项目的 β 值

当我们处理与公司其他项目相同的项目时，我们只需估计公司的系统性风险水平，并将该估计值作为该项目风险的替代值。不过，当这些项目不是公司的典型项目时，这种方法就不管用了。例如，当拥有烟草公司菲利普·莫里斯（Philip Morris）和圣·米歇尔酒庄（Ste. Michelle）的奥驰亚公司（Altria）推出一款新的配甜点葡萄酒时，这款新产品的系统性风险水平很可能与奥驰亚公司整体的典型系统性风险不同。

为了更好地估计该项目的系统性风险水平，我们最好能估计葡萄酒业务的系统性风险水平，然后用它替代该项目的系统性风险。遗憾的是，我们只能获得该公司整体的历史股价，您应该记得，历史股票收益率数据通常被用来估计公司的 β 值。因此，我们不得不利用该业务部门的会计收益率数据而不是股票收益率的历史数据来估计葡萄酒业务的系统性风险。要利用会计数据来估计项目的 β 值，我们只需要对该业务部门的资产收益率（＝净利润÷总资产）进行以市场指数（标准普尔 500 指数）为自变量的时间序列回归。该式的回归系数就是项目的会计 β 值，它也将作为项目真实 β 值的估计值或是项目的系统性风险指标。或者，我们也可以建立基于会计数据的多元回归模型以解释 β 值。然后，我们可以用该模型的结果来估计没有公开上市的公司的 β 值。

使用会计数据估计 β 值这种方法的效果如何？这种方法当然不如直接计算 β 值好。事实上，使用会计数据估计的 β 值与根据股票收益率历史数据计算的 β 值的相关系数只有大约 0.6。遗憾的是，在很多情况下，除了使用会计数据估计 β 值，可能没有其他有实际意义的选择。由于调整项目的风险十分重要，因此使用会计数据估计 β 值总比什么都不做要好。

估计 β 值的单一业务法

使用会计数据估计 β 值的方法试图直接估计项目或业务的 β 值。而**单一业务法**（pure play method）则试图找到只经营与该项目或业务部门相同业务的上市公司。一旦找到这种替代公司或单一业务公司，就可以确定其系统性风险，然后用其作为项目或业务部门的系统性风险水平的替代值。我们要做的是找到拥有类似项目的上市公司，并用该公司的必要收益率来评估我们的项目。为此，我们假设该替代公司的系统性风险和资本结构都与待评估项目完全相同。

在使用单一业务法时，我们应该注意，公司的资本结构已经反映在其 β 值中。当替代公司的资本结构与项目所属公司的资本结构不同时，我们必须针对这种差异进行调整。尽管这种方法也不完美，但它的确能帮助我们了解项目可能的系统性风险水平。

通过模拟分析项目风险

另一种评估投资决策风险的方法是**模拟法**（simulation）。风险调整贴现率法为我们提供了一个风险调整净现值，而模拟法可以为我们提供投资净现值或内部收益率的概率分布。模拟法是模拟待评估项目表现的过程。首先，从影响项目结果的每个分布中随机选择观测值，然后继续这个过程，直到项目的可能结果组成有代表性的记录。

理解电脑模拟过程的最简单方法是通过一个用模拟法评估投资项目的案例来说明。假设一家化学制剂生产商正在考虑扩张加工厂，模拟过程如图 11-6 所示。首先，确定所有影响项目收益率的因素的概率分布。在本例中，假设有以下九个变量：

(1) 市场规模；
(2) 销售价格；
(3) 市场增长率；
(4) 市场份额（可以得出实际销量）；
(5) 所需投资；
(6) 投资残值；
(7) 运营成本；
(8) 固定成本；
(9) 工厂的使用寿命。

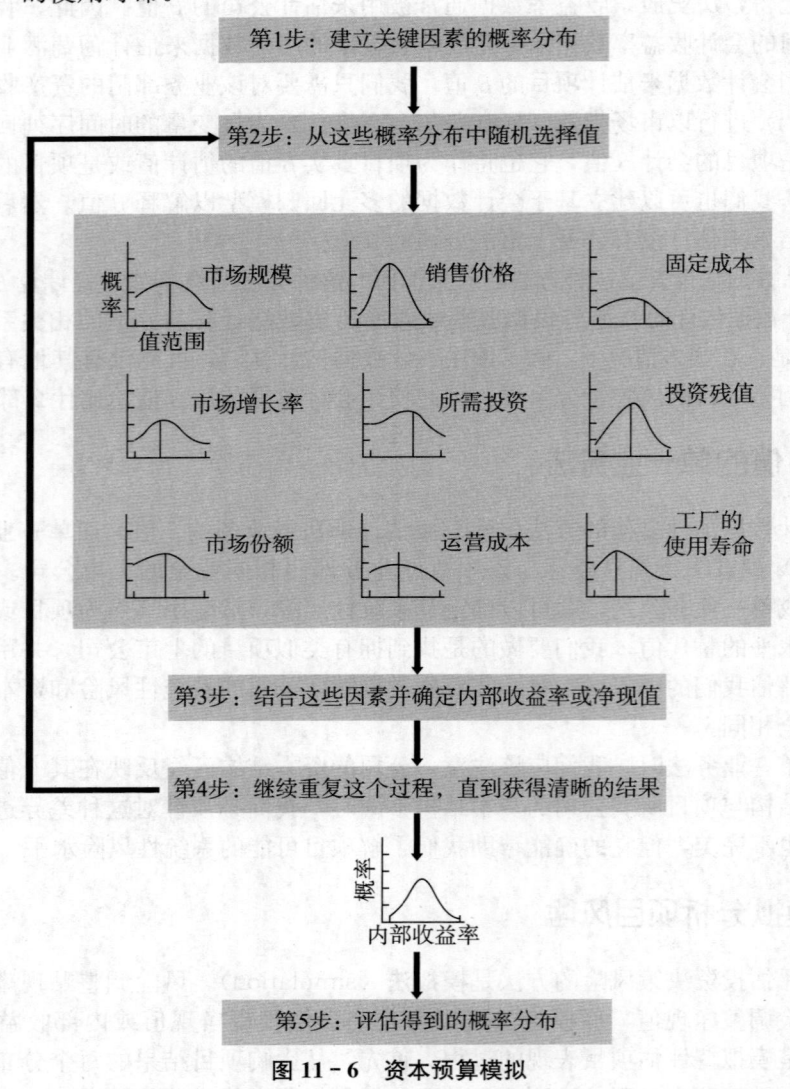

图 11-6 资本预算模拟

其次，电脑将根据每个变量在将来实际发生的概率，从概率分布中随机选择一个观测值。将这九个观测值组合起来，就可以计算出净现值或内部收益率。按照需求将这个过程重复多次，直到呈现出未来可能结果的代表性分布。因此，模拟过程的输入变量包括影响项目盈利能力的所有主要因素，而模拟的输出结果是项目净现值或内部收益率的概率分布。决策制定者根据全部可能结果做出决策。如果决策制定者认为有足够多的分布落在正常标准之上（净现值≥0 或内部收益率≥必要收益率），则接受该项目。

假设化学制剂生产商项目的模拟输出结果如图 11-7 所示。该输出结果为决策制定者提供了不同结果的概率以及可能结果的范围。有时我们也称这种方法为**情景分析法**（scenario analysis），它将可能结果的范围分为最差情形、最好情形以及最可能出现情形。然后，公司管理层就可以分析该分布，以确定项目的风险水平，并做出适当的决策。

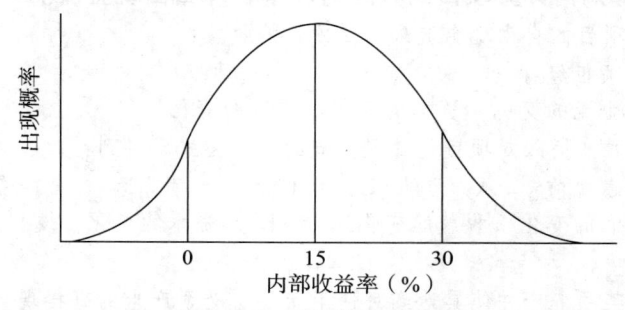

图 11-7 模拟的输出结果

您会注意到，尽管模拟法能帮助我们确定项目总风险的大小，但是它不能区分系统性风险和非系统性风险。然而，这种方法的确能提供关于给定投资项目总风险水平的重要信息。现在，我们将简单考察如何用模拟法进行敏感性分析。

通过模拟法进行敏感性分析

敏感性分析（sensitivity analysis）需要确定特定输入变量的变化如何影响特定项目的净现值或内部收益率的概率分布。其方法是只改变一个输入变量的值，而保持其他所有输入变量不变。然后，比较产生的净现值或内部收益率的概率分布与变化前的净现值或内部收益率的概率分布，以确定变化的影响。因此，敏感性分析通常被称为假设分析。

例如，正在考虑扩张工厂的化学制剂生产商可能希望确定更悲观的市场增长率预测的影响。在用更悲观的预测代替模型的原有预测之后，我们再次运行模拟过程。然后，我们比较两个结果，以确定结果对市场增长率修正估计值的敏感程度。

概念回顾

1. 对于资本预算而言，项目的独立风险是适当风险水平吗？为什么？
2. 将系统性风险作为资本预算的风险衡量指标存在什么问题？
3. 在资本预算决策中考虑风险的最常用方法是什么？这种方法与"基本原则 3：风险要求回报"有什么关系？
4. 请说明如何使用模拟法。
5. 什么是情景分析？什么是敏感性分析？什么时候我们应该进行敏感性分析？

本章小结

➡ **学习目标 1. 了解衡量现金流的指导原则。**

小结：在本章中，我们分析了如何衡量与公司投资方案相关的增量现金流，以及用来评估这些投资方案的方法。根据"基本原则1：现金流是最重要的"，我们只关注投资方案产生的增量税后现金流或税后现金流差异。我们需要注意从原有产品中分流出来的现金流，注意项目的协同效应，考虑营运资本需求，考虑增加的支出，忽略沉没成本，考虑机会成本，仔细分析间接成本，忽略利息和融资现金流。

➡ **学习目标 2. 解释如何计算项目的收益与成本，即自由现金流。**

小结：我们使用项目的自由现金流来衡量项目的收益：

$$\text{项目的自由现金流} = \text{项目经营现金流的变化} - \text{净营运资本的变化} - \text{资本支出的变化}$$

我们可以改写上式，插入对项目经营现金流的计算公式，得到：

$$\text{项目的自由现金流} = \text{息税前利润的变化} - \text{应纳税款的变化} + \text{折旧的变化} - \text{净营运资本的变化} - \text{资本支出的变化}$$

关键术语

初始投资：购买某项资产并使其达到可使用状态所必须产生的直接现金流出。

➡ **学习目标 3. 解释资本预算的选择或灵活性的重要性。**

小结：与资本预算编制过程相关的复杂情形有多种。首先，我们分析了资本配额以及由于限制资本预算规模而产生的问题。尽管资本配额通常不能最大化股东财富，但这种情况确实存在。我们最大化股东财富的目标保持不变，但是它必须服从于预算约束。

➡ **学习目标 4. 理解、衡量和调整项目风险。**

小结：选择权或灵活性可以使本应被拒绝的项目变得值得被采纳，或是让被采纳的项目变得更有价值。可以给资本预算项目增加价值的三种常见选择权是：(1) 将项目延期至未来现金流更有利时的选择权。这种选择权在公司拥有专有权（例如产品专利或技术专利）时较为常见。(2) 扩张项目的选择权。这可能是规模扩张，甚至是开发目前看起来并不可行的新产品。(3) 在未来现金流没有达到预期时放弃项目的选择权。

资本预算风险有三种：项目的独立风险、项目对公司风险的贡献和项目的系统性风险。理论上，系统性风险是合适的风险指标，但是由于存在破产成本以及投资未分散化的股东，因此，我们也有理由考虑将项目对公司风险的贡献作为适当的风险指标。这两种风险指标都是有效的，我们应该避免对这两个指标厚此薄彼。

风险调整贴现率法依赖于"基本原则3：风险要求回报"，它需要上调贴现率以补偿风险。这种方法是基于投资者对风险更高的项目要求更高收益率的理念。因此，应该用适当的贴现率或风险调整贴现率评估项目。

模拟法被用来提供关于项目可能结果的分布位置和形状的信息。决策制定者可以根据这种方法直接做出决策，也可以将其作为风险调整贴现率法的输入数据来做出决策。

关键术语

项目的独立风险：忽略了大部分此类风险可以被分散的事实的项目风险。

项目对公司风险的贡献：项目对公司整体贡献的风险。该衡量指标考虑了部分项目风险将随着该项目与公司的其他项目及资产组合起来而被分散的情况，但它忽略了公司股东投资分散化的影响。

系统性风险：从投资充分分散化的股东角度看的项目风险。该衡量指标考虑了随着该项目与公司的其他项目组合起来而被分散的那部分风险，此外也考虑了随着该项目与股东在投资组合中的其他股票组合起来而被分散的部分剩余风险。

风险调整贴现率：当投资的风险高于典型项目的风险时使用的一种风险调整方法。使用这种方法时，将上调贴现率以补偿增加的风险。

单一业务法：这种方法通过寻找只与该项目或该业务部门从事相同业务的上市公司，来估计项目或业务部门的 β 值。

模拟法：一种风险处理方法。它首先在影响项目结果的每个分布中随机选择观测值，然后继续这一过程，直到呈现出有代表性的项目可能结果记录，从而估计待评估项目的表现。

情景分析法：一种衡量项目在最差情形、最好情形以及最可能出现情形下的风险水平的模拟法。公司管理层通过分析结果的分布来确定项目的风险水平，然后做出适当的调整。

敏感性分析：一种风险处理方法，它计算某个特定输入变量变化导致的特定项目的净现值或内部收益率概率分布变化。这种方法只改变一个输入变量的值，而保持其他所有输入变量不变。

关键公式

$$\begin{aligned}\text{风险调整净现值} &= \text{以风险调整贴现率贴现的所有未来年自由现金流的现值} - \text{初始投资}\\ &= \frac{\text{FCF}_1}{(1+k^*)^1}+\frac{\text{FCF}_2}{(1+k^*)^2}+\cdots+\frac{\text{FCF}_n}{(1+k^*)^n}-\text{IO}\end{aligned}$$

复习题

11—1 为什么我们在做资本预算决策时要关注现金流而非会计利润？为什么我们只对增量现金流而不是总现金流感兴趣？

11—2 如果折旧不是现金流费用，那么它会影响项目的现金流水平吗？为什么？

11—3 如果一个项目需要对营运资本进行额外投资，那么当我们计算该项目的现金流时，应该如何处理这笔额外投资？

11—4 沉没成本如何影响投资方案的现金流计算？

11—5 在第10章中，我们分析了资本预算决策标准中的回收期法。这种资本预算决策标准通常被用作风险筛选工具。请解释这种用途背后的原理。

11—6 请用实物期权概念解释为什么大型连锁餐馆经常推出净现值为负的新概念餐馆。

11—7 请说明模拟法的使用过程。使用模拟法的价值是什么？

课后习题

11—1（相关现金流） 焦香玉米卷餐馆（Scorchy's Tacos）正在考虑在得克萨斯州休斯敦开

设三家新店，从而扩张到郊区市场。由于2017年发生了洪水，许多餐馆未能重新开张，造成餐馆短缺。这些扩张项目的资金将来自第一联合得克萨斯银行给予的信贷额度。这笔新信贷额度的一部分包括每月200美元的管理费用，预计每月将支付2 000美元的利息。新餐馆将占用现有建筑物，月租金为2 500美元。新餐馆的增量现金流是多少？

11—2（相关现金流） 船长谷物（Captain's Cereal）公司正在考虑推出一种不同于现有早餐麦片的产品——卡兹脆星。除了包含一块带糖衣的星形棉花糖以及叫作卡兹脆星以外，这款新型麦片与原来的麦片十分相似。这款新型麦片估计将带来2 500万美元的销售收入，然而，这些销售收入中的20%来自原来购买卡兹脆但现在转为购买卡兹脆星的顾客。而如果没有推出这款新产品，这部分顾客将不会更改购买选择。当我们决定是否推出卡兹脆星时，需要考虑的相关销售收入水平是多少？

11—3（沉没成本与机会成本） 惠普公司设计出一种可以打印专业品质照片的新型打印机。这种新打印机的研发花了2年，在此期间花费的税后研发费用为1 000万美元。现在，剩下的就是一笔税后金额约为2 200万美元的新生产设备投资。这条新生产线预期将在接下来的10年里每年产生500万美元的自由现金流。此外，如果惠普公司推出这款新打印机，那么新生产线将替代老式打印机的生产线，原来的设备将被卖给竞争对手，产生300万美元的税后收入。

a. 应该如何处理1 000万美元的研发费用？
b. 应该如何处理出售生产老式打印机的现有生产设备获得的300万美元收入？
c. 根据以上信息，与新打印机相关的现金流是多少？

11—4（资本利得税） J.哈里斯公司（J. Harris）正在考虑出售一台老式装配机。5年前，该公司以30 000美元的价格购进这台机器，机器的预期使用寿命为10年，预期残值为零。假设J.哈里斯公司使用简单直线折旧法（每年的折旧额为3 000美元），并能以35 000美元的价格出售这台旧机器。我们还假设J.哈里斯公司的边际税率为21%。

a. 出售旧机器的应纳税款是多少？
b. 如果以25 000美元的价格出售这台旧机器，那么与之相关的应纳税款是多少？
c. 如果以15 000美元的价格出售这台旧机器，那么与之相关的应纳税款是多少？
d. 如果以12 000美元的价格出售这台旧机器，那么与之相关的应纳税款是多少？

11—5（计算自由现金流） 竞速滑板车（Racin's Scooters）公司将推出一款新产品，预期息税前利润变化为475 000美元。竞速滑板车公司的边际税率为21%。第1年的奖励性折旧为250 000美元。此外，该项目还将在第1年导致以下变化：

单位：美元

	不采纳项目时	采纳项目时
应收账款	45 000	63 000
存货	65 000	80 000
应付账款	70 000	94 000

该项目在第1年的自由现金流是多少？

11—6（计算自由现金流） 斯巴坦商店（Spartan Stores）开设了一家新分销中心来拓展业务。这个项目不仅会增加销售收入，而且会因为提高将存货送至展厅的效率使存货投资下降。由于开设了这家新分销中心，斯巴坦商店预计息税前利润的变化为900 000美元。而存货预期将从90 000美元降至70 000美元。应收账款则由于赊销增加，预计将从80 000美元升至

110 000美元。此外，应付账款预计将从65 000美元升至80 000美元。该项目第1年还将产生300 000美元的奖励性折旧。斯巴坦商店的边际税率为21%。该项目在第1年的自由现金流是多少？

11—7（计算经营性现金流） 假设一个新项目将在接下来的3年中每年产生200万美元的收入。现金支出包括固定成本和可变成本，每年为80万美元。第1年的奖励性折旧将为150万美元，该公司在其他领域有足够利润以抵销第1年可能产生的税收亏损。此外，我们还假设该公司的边际税率为21%。请计算第1~3年的经营现金流。

11—8（计算自由现金流） 目前，太阳能技术滑板（Solartech Skateboards）公司正在考虑扩展生产线，推出气动滑板。然而，滑板爱好者对这种产品的接受程度有多高仍然存疑。尽管您认为该公司有60%的概率将在接下来的10年中每年卖出10 000只气动滑板（在这之后，由于太阳能技术滑板变得更受欢迎，该项目预计将终止），但您也意识到，该公司还有20%的概率将每年售出3 000只气动滑板，以及有20%的概率将每年售出13 000只气动滑板。气动滑板的售价为每只100美元，可变成本为每只40美元。不论该公司每年能售出多少气动滑板，与生产相关的年固定成本均为160 000美元。此外，购买新生产设备需要的初始投资为100万美元，在第1年使用奖励性折旧法对其全部提取折旧。由于不少商店都需要保持一定存货，因此无论销量水平如何，营运资本要求都是相同的。该项目需要50 000美元的一次性净营运资本初始投资，并且该营运资本投资将在该项目终止时收回。最后，我们假设该公司的边际税率为21%。

a. 与该项目相关的初始投资是多少？

b. 根据每种销售预测，该项目第1年和第2~9年的年自由现金流分别是多少？第1年和第2~9年的预期年自由现金流分别是多少？

c. 第10年的最终现金流是多少？（即第10年的自由现金流加上因项目终止而产生的额外现金流是多少？）

d. 假设必要收益率为10%，请使用预期自由现金流计算该项目的净现值。如果气动滑板的销量为10 000只，该项目的净现值是多少？

11—9（计算自由现金流） 您正在考虑生产新型椭圆机，您认为您可以在接下来的5年中每年售出5 000台椭圆机（在这之后，由于大家意识到保持苗条是不健康的，该项目预期将终止）。每台椭圆机的售价为1 000美元，可变成本为每台500美元。与生产椭圆机相关的年固定成本为100万美元。此外，与购置新生产设备相关的初始投资为500万美元。假设该初始投资将在第1年使用奖励性折旧法提取折旧。该项目还需要对存货进行100万美元的一次性净营运资本初始投资，该营运资本投资将在项目终止时收回。最后，假设该公司的边际税率为21%。

a. 与该项目相关的初始投资是多少？

b. 在第1年和第2~4年，与该项目相关的年自由现金流分别是多少？

c. 第5年的最终现金流是多少？（即第5年的自由现金流加上项目终止产生的额外现金流是多少？）

d. 假设必要收益率为10%，该项目的净现值是多少？

11—10（新项目分析） 钟氏化学公司（The Chung Chemical Corporation）正在考虑购进一台化学分析仪。尽管这台仪器将使未计折旧、利息及税项的利润每年增加35 000美元，但它的买价为100 000美元，正确安装该仪器还需要花费5 000美元。此外，为了正常运行该仪器，存货也必须增加 5 000 美元。该仪器的预期使用寿命为 10 年，此后没有残值。我们还假设在第 1 年以奖励性折旧法提取奖励性折旧，且该公司在其他领域有足够利润来抵销该项目在第 1 年的亏损，因此可以获得税收收益。假设该公司的边际税率为 21%，必要收益率为 15%。

  a. 与该项目相关的初始投资是多少？
  b. 在第 1 年和第 2～9 年，与该项目相关的年税后现金流分别是多少？
  c. 第 10 年的最终现金流是多少？（即第 10 年的年税后现金流加上项目终止产生的额外现金流是多少？）
  d. 该公司应该购买这台仪器吗？

11—11（新项目分析） 光线动力汽车（Raymobile Motors）公司正在考虑购进一台价格为 500 000 美元的新生产机器。购进这台机器将导致该公司未计折旧、利息及税项的利润每年增加 150 000 美元。为了使该机器正常运行，工人们必须上一门简单的培训课，该培训课的税后成本为 25 000 美元。正确安装这台机器的成本为 5 000 美元。同时，由于这台机器的生产效率极高，因此购进这台机器还需要增加 30 000 美元的存货。该机器的预期使用寿命为 10 年，第 1 年将使用奖励性折旧法提取全部折旧，使该机器的账面价值降为零。假设该公司的边际税率为 21%，必要收益率为 15%。

  a. 与该项目相关的初始投资是多少？
  b. 在第 1 年和第 2～9 年，与该项目相关的年税后现金流分别是多少？
  c. 第 10 年的最终现金流是多少？（即第 10 年的年税后现金流加上因项目终止而产生的额外现金流是多少？）
  d. 该公司应该购买这台机器吗？

11—12（新项目分析） 加西亚运输公司（Garcia's Truckin' Inc.）正在考虑购买一台价格为 200 000 美元的新生产机器。购进这台机器将导致该公司未计折旧、利息及税项的利润每年增加 50 000 美元。为了使该机器正常运行，工人们必须接受一门简单的培训课，该培训课的税后成本为 5 000 美元。正确安装这台机器的成本为 5 000 美元。而且，由于这台机器的生产效率极高，购进这台机器还需要增加 20 000 美元的存货。该机器的预期使用寿命为 10 年，此后该机器的残值为零。最后，要购进这台新机器，该公司必须以 8% 的利率从当地银行借入 100 000 美元，这使该公司每年有 8 000 美元的利息支出。假设该机器使用奖励性折旧法提取折旧，且加西亚运输公司的利润非常可观。如果第 1 年该项目产生亏损，则加西亚运输公司能从第 1 年的亏损中获得税收收益。该公司的边际税率为 21%，必要收益率为 10%。

  a. 与该项目相关的初始投资是多少？
  b. 在第 1 年和第 2～9 年，与该项目相关的年税后现金流分别是多少？
  c. 第 10 年的最终现金流是多少？（即第 10 年的年税后现金流加上因项目终止而产生的额外现金流是多少？）
  d. 该公司应该购买这台机器吗？

11—13（综合题） 三合风公司（Traid Winds Corporation）的边际税率为 21%，必要收益率或资本成本为 15%，该公司正在考虑一个新项目。该项目涉及推出一款新产品，预计将持续 5 年。由于这是一种时尚产品，因此之后该项目将终止。请根据以下信息，确定与该项目相关的自由现金流、项目的净现值、盈利能力指数和内部收益率。请应用适当的决策标准。

新生产设备的成本	14 800 000 美元	
运输与安装成本	200 000 美元	
年销量	年份	销量
	1	70 000
	2	120 000
	3	120 000
	4	80 000
	5	70 000
单位售价	第 1~4 年为 300 美元/个,第 5 年为 250 美元/个	
单位可变成本	140 美元/个	
年固定成本	第 1~5 年为每年 700 000 美元	
营运资本要求	该项目启动生产需要 200 000 美元的初始营运资本。然后,每年所需的净营运资本投资总额等于当年销售收入的 10%。因此,第 1 年和第 2 年的营运资本投资将增加,第 4 年的营运资本投资将减少。最后,在第 5 年项目结束时变现所有营运资本	
折旧法	使用奖励性折旧法,因此在第 1 年提取奖励性折旧,在其他年份不提取折旧。如果发生亏损,将被该公司其他领域的利润抵销	

11—14（综合题） 索姆公司（Shome Corporation）的边际税率为 21%,必要收益率或资本成本为 15%。该公司正在考虑一个新项目。该项目涉及推出一款新产品,预期将持续 5 年,之后,由于该产品变得过时,该项目也将终止。给定以下信息,请确定与该项目相关的自由现金流、项目的净现值、盈利能力指数和内部收益率。请使用适当的决策标准。

新生产设备的成本	6 900 000 美元	
运输和安装成本	100 000 美元	
年销量	年份	销量
	1	80 000
	2	100 000
	3	120 000
	4	70 000
	5	70 000
单位售价	第 1~4 年为 250 美元/个,第 5 年为 200 美元/个	
单位可变成本	130 美元/个	
年固定成本	第 1~5 年为每年 300 000 美元	

续表	
营运资本要求	该项目启动生产需要100 000美元的初始营运资本。然后，每年所需的净营运资本投资总额等于当年销售收入的10%。因此，第1~3年的营运资本投资将增加，第4年的营运资本投资将减少。最后，在第5年项目结束时变现所有营运资本
折旧法	使用奖励性折旧法，因此在第1年提取奖励性折旧，其他年份不提取折旧。如果发生亏损，将被该公司其他领域的利润抵销

11—15（实物期权）2005年，飓风"卡特里娜"给新奥尔良以及密西西比河沿岸造成了前所未有的破坏。尤其是，密西西比河沿岸繁荣的赌博业几乎在一夜之间被摧毁殆尽。GCC公司在密西西比地区的比洛克西拥有历史最悠久的赌场之一，这座赌场被风暴掀起的巨浪损毁，但没有被完全破坏。其原因是该赌场位于海岸后方地势较高的几个街区中。但是，由于其他与之竞争的赌场被完全摧毁而不得不重建，GCC认为很可能会出现很多好机会。GCC公司雇用您为该公司提供战略性建议。您从实物期权中学到的哪些知识可以帮助您为GCC公司制定战略？

11—16（实物期权和资本预算）您想出一个好点子：开办一家得墨泰融合餐厅（Tex-Mex-Thai Fusion Restaurant）。在对这个项目进行财务分析之后，您估计其初始投资为600万美元。您同时还估计这家新餐厅有50%的概率会被消费者接受，每年产生800 000美元的现金流，直到永远（永续年金），但也有50%的概率它不被消费者接受，每年只产生200 000美元的现金流，直到永远（永续年金）。

a. 如果用来贴现项目现金流的必要收益率为10%，那么这家餐厅的净现值是多少？
b. 这个分析可能忽略了哪些实物期权？
c. 请解释为什么尽管您刚刚估计的项目净现值为负，但可能仍值得投资？

11—17（实物期权和资本预算）来电电池（Go-Power Batteries）公司开发出一款可以为混合动力汽车提供电力的高功率镍氢电池。该公司可以立即将这项技术以1 000万美元的价格卖给丰田公司，也可以投资5 000万美元修建工厂，自己生产并出售这款电池。遗憾的是，考虑到混合动力汽车的当前市场规模，该工厂的现金流现值仅为4 000万美元，表明该工厂的预期净现值为−1 000万美元。该分析忽略了哪些实物期权？您能举出一个有说服力的理由，说明为什么来电电池公司应该保留这项技术而不是把它直接出售给丰田公司吗？

11—18（实物期权和资本预算）麦多戈餐厅（McDoogals Restaurants）成立了一家新的休闲快餐餐厅，它融合了小辣椒（Chipotle）、潘娜拉（Panera）和奶昔小屋（Shake Shack）的某些特色，但尚不确定公众对其反应如何。麦多戈餐厅认为，消费者有一半概率喜欢它，有一半概率不喜欢它。麦多戈餐厅正在考虑建造一家新餐厅；成功和失败情况下的现金流分别如下所示：

成功概率为50%		失败概率为50%	
年份	现金流（美元）	年份	现金流（美元）
0	−1 000 000	0	−1 000 000
1	400 000	1	100 000

续表

成功概率为50%		失败概率为50%	
年份	现金流（美元）	年份	现金流（美元）
2	400 000	2	100 000
3	400 000	3	100 000
4	400 000	4	100 000

必要收益率为10%。如果该项目被成功接受，它的净现值是多少？如果该项目未被成功接受，它的净现值是多少？现在，假设该项目有50%的成功概率，可以确定采纳该项目的预期净现值。如果该项目被公众接受，麦多戈餐厅预计将再开设20家这种餐厅。这些项目的现金流与成功结果产生的现金流相同，初始投资发生在第1年而不是第0年，之后4年中每年产生400 000美元的现金流。推迟扩建餐厅一年是因为需要花1年时间来评估公众对新餐厅的反应。如果新餐厅不被接受，那么将在第4年后被放弃。假设将再开设20家这种餐厅，该项目的净现值是多少？

11—19（风险调整净现值）霍奇公司（Hokie Corporation）正在考虑两个互斥项目。两个项目都需要10 000美元的初始投资，并将运行5年。项目A将在第1~5年每年产生5 000美元的预期现金流，而项目B将在第1~5年每年产生6 000美元的预期现金流。因为项目B是两个项目中风险更高的项目，所以霍奇公司的管理层决定在评估项目B时使用15%的必要收益率，而在评估项目A时仅使用12%的必要收益率。请确定每个项目的风险调整净现值。

11—20（风险调整贴现率和风险类别）G. 沃尔夫公司（G. Wolfe Corporation）正在考察两个5年期资本预算项目。第一个项目，即项目A是重置项目；第二个项目，即项目B是与现有业务无关的项目。G. 沃尔夫公司采用风险调整贴现率法，并根据目的对项目分组。然后，该公司使用事先指定的与该目的或风险类别对应的必要收益率或贴现率进行贴现。这些项目的预期现金流如下所示：

单位：美元

	项目A	项目B
初始投资	−250 000	−400 000
现金流入		
第1年	130 000	135 000
第2年	40 000	135 000
第3年	50 000	135 000
第4年	90 000	135 000
第5年	130 000	135 000

风险类别以及事先指定的必要收益率如下所示：

目的	必要收益率（%）
重置决策	12

续表

目的	必要收益率（%）
改动或扩张现有生产线	15
与现有业务无关的项目	18
研发业务	20

请分别确定每个项目的风险调整净现值。

迷你案例

您在喀里多尼亚产品公司担任助理财务分析师已经两个月了。尽管老板对您的工作十分满意，但他仍然不太放心让您在无人监督的情况下工作。您的下一项任务是计算一项新投资的现金流和评估几个互斥项目。考虑到您在喀里多尼亚产品公司的工作时间尚短，您不仅要提供建议，而且要回答一系列问题以让公司评判您对资本预算流程的理解。您收到的备忘录概述了您的任务，如下所示：

致：助理财务分析师

自：喀里多尼亚产品公司首席执行官 V. 莫里森先生

回复：现金流分析和资本配额

我们正在考虑推出一种新产品。目前，我们公司的边际税率为21%，必要收益率或资本成本为15%。该项目预期将持续5年，然后由于该产品过时，该项目将被终止。以下是新项目的相关信息：

新生产设备的成本		7 900 000 美元
运输和安装成本		100 000 美元
年销量	年份	销量
	1	70 000
	2	120 000
	3	140 000
	4	80 000
	5	60 000
单位售价	第1~4年为300美元/个，第5年为260美元/个	
单位可变成本	180 美元/个	
年固定成本	第1~5年为每年200 000 美元	
营运资本要求	该项目启动生产需要100 000 美元的初始营运资本。每年所需的净营运资本投资总额等于当年销售收入的10%。因此，第1~3年的营运资本投资将增加，第4年的营运资本投资将减少。最后，在第5年年末项目结束时变现所有营运资本。	

续表	
折旧法	使用奖励性折旧法，因此在第 1 年提取奖励性折旧，其他年份不提取折旧。如果发生亏损，将被该公司其他领域的利润抵销。

a. 喀里多尼亚产品公司在资本预算决策过程中应该关注现金流还是会计利润？该公司应该关注增量现金流、增量利润、总自由现金流还是总利润？

b. 折旧如何影响该公司的自由现金流？

c. 沉没成本如何影响现金流的确定？

d. 该项目的初始投资是多少？

e. 该项目运行期间的增量现金流是多少？

f. 该项目的最终现金流是多少？

g. 请画出该项目的现金流示意图。

h. 该项目的净现值是多少？

i. 该项目的内部收益率是多少？

j. 应该接受这个项目吗？为什么？

k. 在资本预算过程中，可以从三个角度衡量风险。衡量项目风险的这三个指标分别是什么？

l. 根据资本资产定价模型（CAPM），哪个项目风险衡量指标最重要？从资本资产定价模型的角度看，实际情况为风险带来了哪些复杂性？这意味着哪个项目风险衡量指标是重要的？

m. 请说明模拟法的应用过程。采用模拟法的价值是什么？

n. 什么是敏感性分析？它的目的是什么？

附录 11A　修正加速成本回收法

新《减税与就业法案》的特点之一是取消了对奖励性折旧法的限制。根据这项新法案，您可以在资产投入使用的当年对合格资产提取相当于其价值 100% 的折旧。[1] 正如本章所述，这种税收优惠不会永远持续下去。从 2023 年开始，它将每年下降 20%，直到 2027 年完全取消。从现在到那时，美国国会总有可能改变主意并决定永久实行这项税收优惠，也可能决定终止提前取消奖励性折旧法。如果美国国会取消了奖励性折旧法，那么折旧的计算方法将恢复为修正加速成本回收法（MACRS）。从 1987 年开始，修正加速成本回收法就一直被使用。在修正加速成本回收法下，折旧期是根据资产折旧范围（ADR）方法制定的，这种方法根据资产类型与行业将资产划分为不同类别，然后确定对该资产提取折旧时使用的实际年数。此外，修正加速成本回收法还限制了在购买或出售资产的年份可以提取的折旧金额。这些限制被称为平均规则。这两条主要规则或限制如下所示：

（1）半年规则。个人财产（例如机器）被视为在纳税年度的中间时点投入使用或被处置。因此，半年折旧法通常可以用于财产投入使用的纳税年度或最后一个纳税年度。于是，3 年期财产类别的资产在计算折旧时的时间跨度为 4 年，其中第 1 年和第 4 年只提取

---

[1] 这实际上是 2015 年法律的扩展，2015 年法律允许在资产投入使用的第一年提取 50% 而非 100% 的奖励性折旧。

半年的折旧。实际上，该规则假设该资产在第1年和最后1年都使用了6个月。

（2）半月规则：房地产（例如楼房）被视为在当月的中间时点投入使用或被处置。因此，可以在财产投入使用的当月和最后一个月提取半月折旧。

使用修正加速成本回收法导致每年对资产提取的折旧比例都不同。这些折旧比例如表11A-1所示。

表11A-1 资产类别百分比

回收年份	3年（%）	5年（%）	7年（%）	10年（%）	15年（%）	20年（%）
1	33.3	20.0	14.3	10.0	5.0	3.8
2	44.5	32.0	24.5	18.0	9.5	7.2
3	14.8	19.2	17.5	14.4	8.6	6.7
4	7.4	11.5	12.5	11.5	7.7	6.2
5		11.5	8.9	9.2	6.9	5.7
6		5.8	8.9	7.4	6.2	5.3
7			8.9	6.6	5.9	4.9
8			4.5	6.6	5.9	4.5
9				6.5	5.9	4.5
10				6.5	5.9	4.5
11				3.3	5.9	4.5
12					5.9	4.5
13					5.9	4.5
14					5.9	4.5
15					5.9	4.5
16					3.0	4.5
17						4.5
18						4.5
19						4.5
20						4.5
21						1.7
合计	100.0	100.0	100.0	100.0	100.0	100.0

为了说明如何使用修正加速成本回收法，我们假设一台设备的成本为12 000美元，被划归5年期资产类别。使用表11A-1中5年期类别资产的折旧比例，我们可以计算出折旧金额，如表11A-2所示。

表 11A-2　说明修正加速成本回收法

年份	折旧比例（%）	年折旧（美元）
1	20.0	2 400
2	32.0	3 840
3	19.2	2 304
4	11.5	1 380
5	11.5	1 380
6	5.8	696
总计	100.0	12 000

请注意，平均规则允许在第1年提取半年折旧，这导致在第5年之后，即第6年提取半年折旧。

这些规则的含义是什么？

折旧尽管属于费用，但不是现金流科目。然而，折旧费用降低了公司的应税所得，因此降低了公司的税收负担，增加了公司的现金流。通观我们在第11章中的计算，我们都是使用奖励性折旧法，这是加速折旧法的一种极端形式，即立即提取全部折旧。修正加速成本回收法仍然属于加速折旧，但它是在资产使用期限内分摊折旧。加速折旧的优点在于，您可以在较早年份产生较多的折旧费用（非现金科目），在较晚年份产生较少的折旧费用，而使用奖励性折旧法时，您将在第1年提取全部折旧。因此，您将在较早年份里有较少应税利润，在较晚年份里有较多应税利润。这减少了公司在最初几年里项目现值最大时的应纳税款，而增加了项目现值较小的较晚年份中的应纳税款。实质上，修正加速成本回收法使我们可以递延纳税。无论您采用的是奖励性折旧法还是修正加速成本回收法（MACRS），总折旧金额都是相同的，只是公司提取折旧费用的时间发生了变化。

大多数企业都编制有两套账簿：一套用于计算美国国税局要求缴纳的税款，使用修正加速成本回收法计算；另一套是给股东准备的，使用简单直线折旧法计算。对于资本预算来说，只有用来计算应纳税款的那套账簿是重要的。

课后习题11A

11A-1（折旧）某项资产的成本为250 000美元，属于5年期财产类别。请计算该资产的年折旧金额。请使用修正加速成本回收法进行计算。

11A-2（折旧）梅森·福尔斯制造公司（Mason Falls Mfg. Company）今年刚刚购买了一项可折旧资产，该资产的成本为500 000美元。此外，根据修正加速成本回收法，该资产属于7年期财产类别。

a. 请使用修正加速成本回收法计算该资产的年折旧金额。
b. 对购置资产当年所做的假设是什么？

第12章
确定融资结构

学习目标

1	区别商业风险与财务风险。	了解商业风险与财务风险的区别
2	使用盈亏平衡分析。	盈亏平衡分析
3	了解经营杠杆、财务杠杆和综合杠杆的关系。	经营杠杆的来源
4	讨论最优资本结构的概念。	资本结构理论
5	运用资本结构管理的基本工具。	资本结构管理的基本工具

社交媒体公司色拉布（Snap）和计算机芯片制造商博通（Broadcom，股票代码为AVGO）有什么共同点？答案是这两家公司都在2017年筹集了大量资金。然而，博通是通过发行债券借入135.5亿美元，而色拉布是通过出售普通股筹集了34亿美元。色拉布发行新股的决策或博通借款的决策都是由各自公司的管理团队和董事会做出的。为什么一家公司选择发行股票而另一家公司选择发行债券？这正是我们将在本章中要解答的问题。

当一家公司需要资金来支持其投资计划时，它通常会从内部筹资，方法是用全部或部分利润进行再投资。对公司利润再投资的这个过程相当于增加公司现有普通股股东对公司的投资，因为利润代表其他所有利益相关者都获得偿付之后留给普通股股东的收益。然而，公司时常会发现，它们需要从外部资本市场筹资，这可能是因为它们没有足够利润进行再投资，也可能是因为它们希望平衡其资本结构。从历史上看，当公司试图筹集外部资金时，它们不得不求助于公开资本市场。在资本市场上，它们在投资银行的帮助下将债券或股票出售给各种投资者。但是，如今私募股权公司也逐渐成为外部融资来源。

之前的章节让我们了解了金融资产在市场上如何被估值。根据估值理论的原则，我们介绍了衡量商业组织资本成本的不同方法。在本章我们将介绍与估值过程和资本成本相关的概念，还将讨论在规划公司融资结构时的几个关键问题。

资本成本将公司的资产结构与资本结构直接联系起来。这种关系如图12-1所示。前面曾经提到，资本成本是经时间调整的资本预算模型的基本输入变量。因此，它影响资本预算过程或资产选择过程。反过来，资本成本受到公司资本结构的影响。

资产负债表的右侧（或其财务结构）包括未纳入公司资本结构的融资来源。具体来说，正如我们在第9章中讨论资本成本时所提到的，公司的资本结构只包括其计息债务和股权（优先股和普通股）。其他融资来源，例如应付款项和应计费用，是重要的融资来源，但不包括在公司的资本结构中。因此，出于我们的目的，第12章将重点关注公司资本结构的构成。

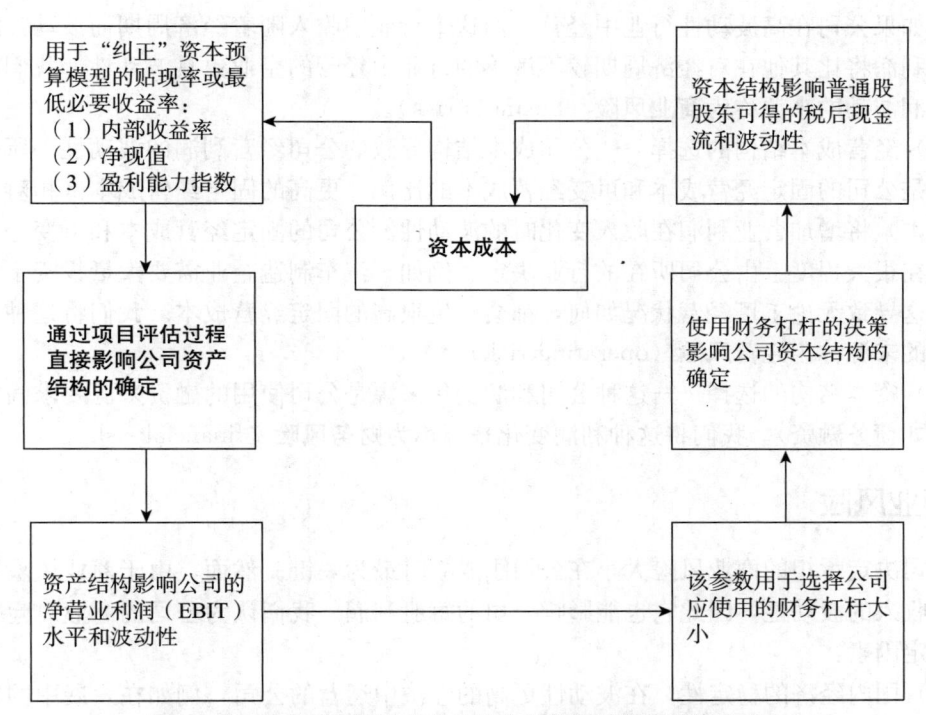

图 12-1 将公司的资产结构和资本结构联系起来的资本成本

在本章我们将分析可以帮助财务经理确定公司的适当财务结构的有用工具。首先，由于风险与公司股东利润的潜在波动性相关，因此，我们从公司股东的角度来审视风险概念。公司的首席执行官和董事会对他们向华尔街报告的利润数字十分敏感，这使得财务经理有必要全面了解公司的资本结构如何影响利润的波动性。

接下来，我们转而讨论资本结构理论和资本结构管理的基本工具，同时还将讨论实际资本结构的应用。

是什么商业性质导致销售收入的变化转化为更大的经营利润波动，进而转化为普通股股东可获得利润的更大变化？优秀的规划工具应该能使管理层将这些波动分解到公司的经营以及融资政策中。

如果您理解本章的内容和分析流程，您将能为公司的资本结构战略做出正面贡献。您将能对下面的问题给出有力答案：我们应该发行新债券还是新普通股来为下一个资本项目融资？您还能帮助避免发生严重的财务失误，这种失误造成的后果可能持续很多年。

了解商业风险与财务风险的区别

如果投资者对低于预期的公司利润感到意外,这将导致他们降低对公司未来前景的预期,从而降低公司的普通股价格。因此,公司高管和董事会密切关注其报告给华尔街的利润。因此,金融分析师需要理解导致公司每股利润波动的原因。

在本节中,我们将公司利润波动的原因分为以下三种:

(1) 行业的选择——由于公司所在行业导致的收入自然波动而引起的公司利润变化。例如,如果公司在高波动性行业中经营,而这个行业中收入随着经济周期而波动,那么该公司的利润将比其他在对经济周期较不敏感的行业中经营的企业更具波动性。我们将这种公司利润波动的来源称为**商业风险**(business risk)。

(2) 经营成本结构的选择——公司成本结构导致的公司经营利润的波动性。所谓成本结构就是公司的固定经营成本和可变经营成本的比例。更高的固定经营成本(相对于可变经营成本)将增加营业利润在收入变化时的波动性。公司的固定经营成本和可变经营成本的比例在很大程度上由公司所在的行业决定。例如,汽车制造企业需要大量投资于厂房和设备。这导致无论工厂经营状况如何,都会产生很高的固定经营成本。我们将这种公司利润变化的来源称为**经营风险**(operating risk)。

(3) 资本结构的选择——这种公司利润变化来源是公司使用的融资来源要求固定收益率(例如债务融资)。我们将这种利润变化来源称为**财务风险**(financial risk)。

商业风险

公司决定承担的商业风险大小在公司刚成立时最为关键。然而,由于商业风险可以影响公司收入的波动性,因此它也能影响公司的每股利润。我们认为公司的商业风险有四个基本决定因素:

(1) 国内经济的稳定性。在波动性更高的经济中运营的公司,例如在发展中国家运营的公司,比在发达国家运营的公司更容易发生收入的剧烈波动。例如,一家在美国经营的服装连锁店面临的收入波动性小于一家在尼日利亚或巴西经营的服装连锁店。

(2) 对国外经济的依赖性和国外经济的稳定性。在当今的全球经济中,越来越多的公司在多个国家生产和销售产品。这意味着不仅公司母国的自然波动性会导致公司收入的波动,而且生产和销售公司商品和服务的国家的波动性也会导致公司收入的波动。

(3) 对经济周期的敏感程度。一些行业比其他行业对经济周期更敏感。例如,耐用消费品(例如汽车、房屋和家用电器)的销售收入对经济周期波动的敏感性往往高于必需品(例如食品和服装)的销售收入对经济周期波动的敏感性。

(4) 公司所在行业的竞争压力。这里我们指的是来自公司所在市场上提供相同(或近似替代品)产品或服务的其他公司的压力。更大的竞争压力将迫使公司做出比其他竞争对手更迅速和更大的价格让步。

尽管商业风险显然是利润波动性的关键决定因素,但为了本章的平衡,我们将假设公司的商业风险是固定或给定的。这将使我们能把重点放在管理者更容易控制的经营风险和财务风险上。

经营风险

当公司的固定成本高于可变成本时，经营风险就将增加。固定成本不随公司的收入变化而变化，但是可变成本，正如其名，将随着收入的变化而升降。评估经营风险的一个主要工具是盈亏平衡分析。因此，我们将通过定义盈亏平衡图来开始对经营风险的讨论。

> **概念回顾**
> 1. 为什么管理者关心公司利润的波动性？
> 2. 公司利润波动性的三个决定因素是什么？
> 3. 请描述商业风险的来源。
> 4. 公司的经营风险的决定因素是什么？

盈亏平衡分析

小公司和大公司都会利用盈亏平衡分析工具，其原因有两个。首先，盈亏平衡分析基于几个简单明了的假设；其次，公司发现从盈亏平衡分析中获得的信息有益于制定决策。盈亏平衡分析可用于决定公司产出的**盈亏平衡销量**（break-even quantity）。盈亏平衡销量是什么意思？它是使营业利润（或息税前利润，EBIT）等于零的产量。[①] 换言之，盈亏平衡分析使分析师能：（1）确定为弥补所有经营成本而非财务成本所必须达到的产量；（2）计算在不同产出水平下公司可以实现的息税前利润。

盈亏平衡模型的基本要素

要使用盈亏平衡模型，我们必须将公司的生产成本划分为两个互斥类别：固定成本和可变成本。您应该记得基础经济学中讲过，从长期来看，所有成本都是可变的。因此，盈亏平衡分析是一个短期概念。

固定成本　固定成本（fixed costs）不随着公司的销量和产量变化而变化。当产量上升时，公司的总固定成本被分摊到越来越多的产量上，因此，单位固定成本将下降。图12-2描绘了总固定成本在公司相关产量和销量范围内发生的变化。它显示在这种范围内，总固定成本不受公司产量和销量的影响。在超过一定产量范围后，同一家公司的总固定成本可能上升或下降。

在制造业中，部分固定成本的例子如下：

（1）行政人员的工资；

（2）折旧；

（3）保险；

[①] 前面曾经提到，EBIT是息税前利润的缩写。如果会计师所称的其他收入和其他费用等于零，那么EBIT将等于净营业利润。在这里，两个词可以互换使用。

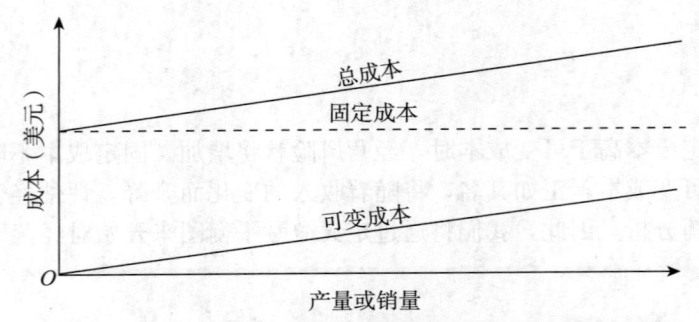

图 12-2　总成本、固定成本和可变成本在一定产出范围内的变化

（4）间歇性广告项目的总支出；
（5）财产税；
（6）租金。

可变成本　可变成本（variable costs）随着产量的变化而变化。总可变成本的计算方法是用单位可变成本乘以总产量或总销量。盈亏平衡模型假设总可变成本与销量成比例。因此，如果销量增加10%，那么可变成本也将增加10%。请注意，如果公司生产了零单位产品，那么可变成本为零，但是固定成本仍然大于零。这意味着，只要单位售价高于单位可变成本，就会收回一部分固定成本。这有助于解释为什么一些公司在销量暂时低迷的情况下仍然保持工厂运营——因为公司希望收回固定成本。

可变成本的部分例子包括：
（1）直接人力成本；
（2）直接材料成本；
（3）与生产相关的能源成本（燃料、电力、天然气）；
（4）产品离开工厂后的运输成本；
（5）包装费；
（6）销售佣金。

图 12-2 也画出了公司相关产出范围的总成本。总成本是公司的固定成本与可变成本之和。

关于成本变化的更多说明　没有人真正相信所有成本变化都像图 12-2 中的固定成本和可变成本那样规律。也没有任何法律或会计准则规定公司总成本中的某个特定部分始终被归类为固定成本或可变成本。这取决于每家公司的具体情况。在一家公司中，能源成本可能主要属于固定成本，而在另一家公司中，它可能会随着产量变化而变化。[①]

此外，有些成本在一段时间内是固定成本，然后由于达到更高产量而迅速升至更高水平，然后继续保持固定，继而随着产量进一步增加而再次上升。这种成本被称为半可变成本或半固定成本。这两个名称可以由您选择，因为这两个名称在现实中都有使用。例如，它可能是支付给生产监督员的工资。如果产量在短期内削减 15%，公司不太可能裁掉 15%的监督员。同理，支付给销售人员的佣金比例通常随着销量的增加而递增。这种成本

[①]　在温室种植中，植物在严格控制温度的环境中生长，无论温室是种满幼苗还是只在部分空间种了幼苗，供暖成本往往都是固定成本。在生产杠杆的金属冲压行业中，没有必要给工厂供暖，因为在高温环境中机器将停止运行，工人也无法忍耐。在后面这个例子中，供暖成本往往是可变成本。

表现如图12-3所示。

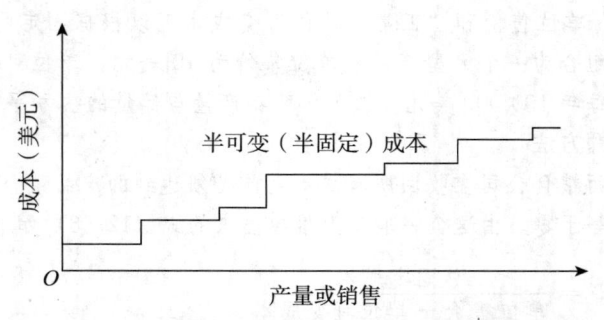

图12-3 相关产量范围内的半可变成本变化

要使用盈亏平衡模型，并处理这种复杂的成本结构，财务经理必须：(1) 找到与财务规划目的最相关的产量范围；(2) 将一部分半可变成本分类为固定成本，将另一部分半可变成本分类为可变成本，从而大致估计出在该产量范围内半可变成本的影响。在实际商业环境下，这个过程并不容易。负责处理这些数字的分析师将成本划分为固定成本和可变成本所花费的时间常常多于实际计算盈亏平衡所花费的时间。

总收入和产量 除了固定成本和可变成本之外，盈亏平衡模型的基本要素还包括销量和产量带来的总收入。**总收入**（total revenue）是指总销售金额，它等于单位售价乘以销量。**产量**（volume of output）是指公司的经营水平，可以用产量或销售金额来衡量。

寻找盈亏平衡点

从产量角度寻找盈亏平衡点可以采用很多方法。所有方法都需要刚才介绍的盈亏平衡模型的基本要素。盈亏平衡模型是对公司利润表的改写，它可以表示为以下分析公式：

$$销售收入-(总可变成本+总固定成本)=利润 \tag{12-1}$$

从产量角度，有必要引入以下变量：(1) 每单位产品的售价；(2) 单位产出的可变成本。因为在盈亏平衡分析中研究的利润是息税前利润（EBIT），所以我们使用该缩写来代替利润。从单位角度看，通过将EBIT设为零，式（12-1）中的利润表将变为盈亏平衡模型。

$$单位售价\times销量-(单位可变成本\times销量+总固定成本)=EBIT=0 \tag{12-2}$$

我们的任务现在变为寻找使式（12-2）成立，也就是使EBIT=0所必须生产和销售的产品数量。只需求解式（12-2）即可解出使EBIT=0的销量。

$$盈亏平衡销量=\frac{总固定成本}{单位售价-单位可变成本} \tag{12-3}$$

式（12-3）为金融分析师提供了一种重要工具，因为它使得金融分析师可以计算公司收回所有固定成本和可变成本所必须达到的销量。

例12.1　　　　　计算盈亏平衡销量

尽管珀西粮食公司（Perce Grain Company）生产多种不同的产品，但该公司的产品组合在很长时期内基本保持不变。这使管理层能使用"正常"单位售价和"正常"单位可变成本来进行财务规划。"正常"单位售价和"正常"单位可变成本可以根据固定的产品组合计算出来。我们可以假设该产品组合为一个大型产品。单位售价为 10 美元，单位可变成本为 6 美元。该公司的总固定成本为每年 100 000 美元。该公司明年产量与销量的盈亏平衡点是多少？

第 1 步：确定解题方法

我们希望知道珀西粮食公司在收回所有成本之前必须达到的产品组合销量。也就是说，息税前利润（利润）将等于零。由这个一般观点推导出来的式（12-3）如下所示：

$$盈亏平衡销量 = \frac{总固定成本}{单位售价 - 单位可变成本}$$

使用本题和本式中的信息，我们知道：
(1) 总固定成本 = 100 000 美元；
(2) 单位售价 = 10 美元；
(3) 单位可变成本 = 6 美元。

第 2 步：计算数值

将上述信息代入式（12-3），得到：

$$\begin{aligned}盈亏平衡销量 &= \frac{总固定成本}{单位售价 - 单位可变成本} \\ &= \frac{100\ 000\ 美元}{(10-6)\ 美元/单位} \\ &= 25\ 000\ 单位\end{aligned}$$

第 3 步：分析结果

因此，珀西粮食公司必须在明年售出 25 000 单位产品才能收回固定成本。实际上，在销售 25 000 单位产品之后，珀西粮食公司将收回该公司生产 25 000 单位产品所产生的所有成本，且 EBIT = 0。

销售收入的盈亏平衡点

对于生产多种产品的公司而言，从销售收入的角度来计算盈亏平衡点比从销量的角度来计算盈亏平衡点更方便。销售收入实际上成为与特定产品组合相关的公分母。而且，外部分析师可能无法获取内部的单位成本数据。但是，他（她）或许能获得公司的年度报告。如果分析师可以将年报上的公司总成本区分为固定成本和可变成本，他（她）就能计算出销售收入的一般盈亏平衡点。

我们将用珀西粮食公司的成本结构来说明这个过程。假设报告的财务信息如表 12-1 所示。如果我们知道成本-数量-利润分析所基于的简单数学关系，那么就能使用式（12-4）计算出珀西粮食公司以销售收入表示的盈亏平衡点。

$$盈亏平衡收入水平 = \frac{总固定成本}{1 - \dfrac{可变成本}{收入}} \qquad (12-4)$$

在珀西粮食公司的案例中，公司可变成本（180 000美元）相对于收入（300 000美元）的比例是 180 000美元÷300 000美元，即 0.60，并且假设在所有销售收入水平下这一比例均保持不变。接下来，我们可以使用式（12-4）来求解珀西粮食公司的盈亏平衡收入水平，如下所示：

$$盈亏平衡收入水平 = \frac{100\ 000}{1-\dfrac{180\ 000}{300\ 000}} = 250\ 000(美元)$$

表 12-1　珀西粮食公司的利润表　　　　　　　　　　　　　　　　　　　　　单位：美元

销售收入	300 000
减：总可变成本	180 000
减去固定成本之前的收入	120 000
减：总固定成本	100 000
EBIT	20 000

▶ **财务决策工具**

工具名称	公式	含义
盈亏平衡收入水平	$盈亏平衡收入水平 = \dfrac{总固定成本}{1-\dfrac{可变成本}{收入}}$	● 公司收回固定成本和可变成本所需的公司销售收入。 ● 要得到盈亏平衡销量，我们只需用盈亏平衡收入水平除以产品价格。

Q&A 您会做吗？

分析盈亏平衡销售收入水平

克赖顿制造（Creighton Manufacturing）公司组装制动控制器用于升级修复老爷车的制动系统。该公司去年的收入为 2 000 万美元，其中该公司的息税前利润（EBIT）为 1 000 万美元，固定成本为 200 万美元，可变成本为 800 万美元，即可变成本占该公司收入的 40%。根据该公司现有的成本结构，您估计该公司的盈亏平衡收入水平是多少？

以收入金额表示的盈亏平衡公式的一个优点是，它不需要分析师估算单位可变成本。相反，您只需知道可变成本占收入的百分比即可。但是请注意，为了使该公式准确估计盈亏平衡收入，可变成本与收入之比必须在分析中考虑的收入范围内保持不变。尽管在这种分析中这是一个常见假设，但如果您的公司能生产更多产品从而能降低可变成本，情况就可能并非如此。在公司生产新产品时经常会出现这种情况，公司可以通过增加产量获得学习收益，从而降低生产成本。

在珀西粮食公司的例子中，该公司的可变成本（180 000美元）与收入（300 000美元）之比为 180 000 美元/300 000 美元，即 0.60，假定在所有收入水平上该比率都固定不变。因此，我们可以用式（12-4）来求解珀西粮食公司的盈亏平衡收入水平，如下所示：

$$盈亏平衡收入水平 = \frac{100\ 000}{1 - \frac{180\ 000}{300\ 000}} = 250\ 000（美元）$$

如果珀西粮食公司的收入为 250 000 美元，那么它的 EBIT 将为零。

您做出来了吗？

分析盈亏平衡销售收入水平

克赖顿制造公司的固定经营成本为 200 万美元，可变成本为 800 万美元÷2 000 万美元＝40%。所以，使用式（12-4），我们可以解出该公司的盈亏平衡销售收入水平，如下所示：

$$盈亏平衡收入水平 = \frac{2\ 000\ 000}{1 - \frac{8\ 000\ 000}{20\ 000\ 000}} = 3\ 333\ 333（美元）$$

概念回顾

1. 请区分固定成本、可变成本和半可变成本。
2. 什么时候计算盈亏平衡销售收入比计算盈亏平衡销量更有用或更有必要？

经营杠杆的来源

当一家公司有固定经营成本时，就会受到**经营杠杆**（operating leverage）的影响。此外，经营杠杆还增加了公司的营业利润对销售收入变化的敏感度。

例如，当高杠杆公司的销售收入上升时，利润将大幅增长。相反，当低杠杆公司的销售收入上升时，利润增长就没有那么明显。要解释其原因，让我们来考虑珀西粮食公司的例子。该公司的当前销售收入等于 300 000 美元，如表 12-2 所示。如果珀西粮食公司的销售收入上升 20%，达到 360 000 美元，那么我们可以计算出该公司的 EBIT 将从 20 000 美元升至 44 000 美元。请注意表 12-2 中的最后一列，我们计算出了销售收入与 EBIT 的变化百分比。销售收入只增加了 20%，但 EBIT 却增加了整整 120%。出现这种差异的原因是经营杠杆的影响。如果珀西粮食公司没有经营杠杆（也就是说，所有经营成本都是可变成本），那么 EBIT 的增长率将为 20%，与销售收入的增长率相同。还请注意，如果珀西粮食公司的销售收入下降 20%，那么该公司的 EBIT 将减少 120%，如表 12-3 所示。显然，经营杠杆越高，意味着 EBIT 的波动性越大！

表 12-2 经营杠杆如何影响 EBIT：珀西粮食公司的销售收入增长情况

项目	基础销售收入水平，t（美元）	预期销售收入水平，$t+1$（美元）	变化百分比（%）
销售收入	300 000	360 000	+20
减：总可变成本	180 000	216 000	
减去固定成本前的收入	120 000	144 000	
减：总固定成本	100 000	100 000	
EBIT	20 000	44 000	+120

表 12-3 经营杠杆如何影响 EBIT：珀西粮食公司的销售收入下降情况

科目	基础销售收入水平，t（美元）	预期销售收入水平，$t+1$（美元）	变化百分比（%）
销售收入	300 000	240 000	−20
减：总可变成本	180 000	144 000	
减去固定成本前的收入	120 000	96 000	
减：总固定成本	100 000	100 000	
EBIT	20 000	−4 000	−120

您会做吗？

分析经营杠杆的影响

JGC 电子（JGC Electronics）公司在周期性很强的商业环境中运营，该公司的销售收入常常比上一年上升 20%或下降 20%，甚至更多。而且，该公司还对厂房和设备进行了大量投资。该公司与厂房及设备相关的高额固定经营成本使该公司的息税前利润（EBIT）对销售收入的变化十分敏感。事实上，如果销售收入增长 20%，该公司的管理者估计 EBIT 将上升 40%。如果 JGC 电子公司的销售收入从现在的 1 000 万美元下降 20%，您预期该公司的 EBIT 降幅是多少？

那么，这对珀西粮食公司的管理者来说意味着什么？他们可以或应该对这种高经营杠杆采取措施吗？是的，他们应该采取措施。意识到该公司的经营利润对该公司销售收入的变化非常敏感，管理层对于使用大量有固定本金和利息支出的财务杠杆应该非常谨慎。而且，在可变营业利润很高的情况下，珀西粮食公司的管理层可能希望持有一定现金和有价证券作为安全网，来帮助公司平安渡过销售收入跌破盈亏平衡水平的难关。

> **您做出来了吗？**
>
> **分析经营杠杆的影响**
>
> 在当前销售水平下，JGC 电子公司预期销售收入变化任意百分比，都会导致双倍的 EBIT 变化百分比。因此，销售收入下降 20% 预期将导致 EBIT 下降 40%。然而，您应该记得销售收入变化百分比与随之引起的 EBIT 变化百分比的这种关系。

在我们完成关于经营杠杆的讨论，进入财务杠杆这个话题前，您可以问问自己：哪类杠杆是更易于管理层控制的？您很可能会得出（正确）结论：公司的管理者对经营成本结构的控制权较少，而对公司的财务结构几乎拥有完全的控制权。例如，公司实际生产什么产品，将在很大程度上决定固定成本与可变成本之间的分配。但是，不同财务资本来源之间相互替代的灵活性要比能满足公司生产要求的劳动力投入和实物资产投入之间相互替代的灵活性大得多。因此，您可以预期到，相对于公司经营结构的选择，在公司财务结构的选择上将有更多争论。

财务杠杆

财务杠杆（financial leverage）来源于用固定（有限）收益率证券为公司的部分资产融资，以期最终增加普通股股东的收益率。在公司的财务结构中使用债务或优先股的决策意味着公司普通股股东将面临财务风险。任何给定水平的 EBIT 变化都会被公司使用的财务杠杆放大，而这种被放大的变化将体现在普通股股东可获得的利润和每股利润的波动性上。

现在让我们来关注公司的每股利润对 EBIT 变化的反应程度。（并不是说每股利润是判断所有融资决策的适当标准。实际上，后面将分析这种观点的缺点。但是，运用财务杠杆确实对每股利润产生了特定类型的影响。）

我们假设珀西粮食公司即将开始经营业务。该公司的潜在所有者估计必须购买 200 000 美元资产以进行经营。筹集 200 000 美元的可能融资方案有三种，如表 12-4 所示。在 A 计划中，假设没有财务风险，全部 200 000 美元都通过发行普通股筹集，股票价格为每股 100 美元，共发行 2 000 股。在 B 计划中，假设存在中等财务风险，25% 的资产通过发行年利率为 8% 的债券来融资。C 计划使用了最大的财务杠杆，40% 的资产通过发行年利率为 8% 的债券来融资。

表 12-5 分析了财务杠杆对每股利润的影响。如果 EBIT 从 20 000 美元增至 40 000 美元，那么，在 A 计划下，每股利润将增加 100%。在 B 计划下，相同的 EBIT 变化将导致每股利润增加 125%。而在 C 计划下，每股利润将增加 147%。在 B 计划和 C 计划中，100% 的 EBIT 增幅（从 20 000 美元增加到 40 000 美元）在每股利润中被放大至超过 100% 的增幅。当存在以下情形时，就说明公司正在使用财务杠杆，并使公司所有者面临财务风险：

$$\frac{每股利润的变化百分比}{EBIT 的变化百分比} > 1.00$$

表 12-4　珀西粮食公司可能的资本结构　　　　　　　　　　　　单位：美元

A 计划：零债务

		总债务	0
		普通股	200 000[a]
总资产	200 000	负债和所有者权益总计	200 000

B 计划：25% 的债务，利率为 8%

		总债务	50 000
		普通股	150 000[b]
总资产	200 000	负债和所有者权益总计	200 000

C 计划：40% 的债务，利率为 8%

		总债务	80 000
		普通股	120 000[c]
总资产	200 000	负债和所有者权益总计	200 000

a. 普通股流通股数为 2 000 股。
b. 普通股流通股数为 1 500 股。
c. 普通股流通股数为 1 200 股。

您会做吗？

分析财务杠杆的影响

JGC 电子公司现在没有在其资本结构中使用财务杠杆。如果该公司的息税前利润（EBIT）上升 20%，您预期 JGC 电子公司每股利润的变化百分比是多少？

您做出来了吗？

分析财务杠杆的影响

因为 JGC 电子公司没有使用财务杠杆，因此 EBIT 的变化不会放大每股利润的变化百分比。因此，EBIT 增加 20% 将导致该公司的每股利润同等增加 20%。

表 12-5 对珀西粮食公司在不同 EBIT 水平下的财务杠杆的分析　　　　　　单位：美元

(1)	(2)	(3) = (1) - (2)	(4) = (3) × 税率	(5) = (3) - (4)	(6)
EBIT	利息	税前利润	应纳税款	普通股股东净利润	每股利润

A 计划：债务为 0；2 000 股普通股，金额为 200 000 美元

0	0	0	0	0	0
20 000	0	20 000	4 200	15 800	7.90
40 000	0	40 000	8 400	31 600	15.80
60 000	0	60 000	12 600	47 400	23.70
80 000	0	80 000	16 800	63 200	31.60

100% {20 000, 40 000}　→　100% {7.90, 15.80}

B 计划：债务为 25%；1 500 股普通股，金额为 150 000 美元

0	4 000	-4 000	-840[a]	-3 160	-1.58
20 000	4 000	16 000	3 360	12 640	6.32
40 000	4 000	36 000	7 560	28 440	14.22
60 000	4 000	56 000	11 760	44 240	22.21
80 000	4 000	76 000	15 960	60 040	30.02

100% {20 000, 40 000}　→　125% {6.32, 14.22}

C 计划：债务为 40%；1 200 股普通股，金额为 120 000 美元

0	6 400	-6 400	-1 344[a]	-5 056	-2.53
20 000	6 400	13 600	2 856	10 744	5.37
40 000	6 400	33 600	7 056	26 544	13.27
60 000	6 400	53 600	11 256	42 344	21.17
80 000	6 400	73 600	15 456	58 144	29.07

100% {20 000, 40 000}　→　147% {5.37, 13.27}

a. 负的应纳税款表示税法的向后结转规定产生的税收抵免。从 2018 年开始，公司税的最高税率变为 21%。

正如我们用珀西粮食公司的案例所说明的，公司使用的财务杠杆越高，每股利润的变化百分比与 EBIT 的变化百分比之比就越高。我们在此重申，这意味着使用财务杠杆放大了 EBIT 的变化对每股利润的影响。例如，如果之前提到的比率为 2，那么 EBIT 发生 20% 的变化（无论是正向变化还是负向变化）将导致每股利润发生 40% 的变化。对于在资本结构中拥有更高财务杠杆的企业来说，该比率可能为 3，因此 EBIT 发生 20% 的变化将导致每股利润发生 60% 的变化。

结合经营杠杆与财务杠杆

经营杠杆使销售收入的变化导致 EBIT 产生更大变化。此外，如果公司选择使用财务杠杆，那么由于存在财务杠杆，EBIT 的变化将转化为更大的每股利润（EPS）变化和普通股股东可获得的净利润（NI）变化。因此，不出所料，我们会发现经营杠杆和财务杠杆的综合作用将导致更大的每股利润变化。图 12-4 用图形表示了整个过程。

因为与每股利润相关的风险受到使用**综合杠杆或总杠杆**（combined, or total, leverage）的影响，因此量化该影响十分有用。为了便于说明，我们再次使用珀西粮食公司的案例。我们讨论盈亏平衡分析时确定的珀西粮食公司的成本结构仍然成立。此外，假设 B 计划，即采用 25% 的债务比率，被选为该公司的资产融资方案。现在，请注意表 12-6，

让我们来看看结合经营杠杆和财务杠杆的影响。

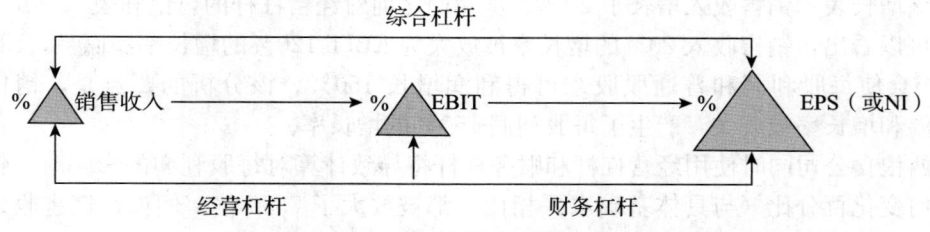

图 12-4 杠杆和利润变化

表 12-6 珀西粮食公司的综合杠杆对利润的影响（B 计划）

科目	基础销售收入水平，t	预期销售收入水平，$t+1$	变化百分比
销售收入	300 000 美元	360 000 美元	20%
减：总可变成本	180 000 美元	216 000 美元	
减去固定成本前的收入	120 000 美元	144 000 美元	
减：总固定成本	100 000 美元	100 000 美元	
EBIT	20 000 美元	44 000 美元	120%
减：利息费用	4 000 美元	4 000 美元	
税前利润（EBT）	16 000 美元	40 000 美元	
减：应纳税款	3 200 美元	8 000 美元	
净利润	12 800 美元	32 000 美元	
减：优先股股利	0 美元	0 美元	
普通股股东可得利润（EAC）	12 800 美元	32 000 美元	150%
普通股股数	1 500 股	1 500 股	
每股利润（EPS）	8.53 美元	21.33 美元	150%

Q&A 您会做吗？

分析经营杠杆和财务杠杆的综合影响

彼得森木材公司（Peterson Timber Company）在太平洋西北地区*的红杉林区经营锯木厂。该公司目前的收入、息税前利润和每股利润分别为 1 000 万美元、400 万美元、1.00 美元。彼得森木材公司的首席财务官最近预测了明年该公司的收入和利润，估计总收入将增至 1 200 万美元，息税前利润将升至 520 万美元，每股利润将为 1.6 美元。请分析经营杠杆、财务杠杆和综合杠杆对彼得森木材公司的影响。

---

* 指美国西北部地区和加拿大的西南部地区。——译者注

在表12-6中，我们分析了珀西粮食公司的产出从30 000单位增加到36 000单位的情况。该增长表示销售收入增长了20%。从我们之前对经营杠杆的讨论和表12-6的数据中我们可以看出，销售收入20%的增长率被放大为EBIT 120%的增长率。而且，EBIT增长120%会使每股利润和普通股股东可得利润增长150%。该分析的要点是，销售收入20%的温和增长率被放大，产生了每股利润150%的增长率。

珀西粮食公司同时使用经营杠杆和财务杠杆将导致计算对每股利润的影响时，销售收入的任何变化百分比（与具体基础水平相比）都被放大了7.50倍。例如，销售收入变化10%时，将导致每股利润变化75%。

公司承担的总风险可以通过综合运用不同程度的经营杠杆和财务杠杆来管理。了解不同的杠杆衡量指标将帮助您确定公司应该接受的适当总风险水平。例如，如果高商业风险是由具体商业活动的内在特性决定的，那么低财务风险将降低由公司销售收入变化引起的额外利润波动。相反，如果公司的本质决定其固定经营成本较低，那么公司可能选择较高的财务杠杆，以期增加每股利润和普通股的收益率。

您做出来了吗？

分析经营杠杆和财务杠杆的综合影响

彼得森木材公司的首席财务官估计，该公司的收入将增长20%，EBIT将增长30%，每股利润将增长60%。因此，彼得森木材公司的经营杠杆使EBIT增加的倍数为1.5乘以销售收入增长率20%，而每股利润的增长率为60%，为EBIT增长率的2倍。我们再次看到，经营杠杆和财务杠杆之间存在乘数关系。也就是说，每股利润的增长率为EBIT增长率的2倍，而EBIT的增长率为销售收入增长率的1.5倍。净结果是，每股利润的增长率等于销售收入增长率的3（=1.5×2）倍。因此，销售收入增长20%，将导致每股利润增长3×20%=60%。

财务实践

财务杠杆的失控

2007年爆发的金融危机和随之而来的经济衰退使美国的汽车制造商遭受重创。通用汽车公司曾经是世界上最大的汽车制造商，然而它发现自己已无力承担巨额债务。所以，面对无法偿债的前景，该公司向债权人提出了重组债务的方案。该方案计划按以下方式偿还该公司的每美元债务：0.08美元的现金，0.16美元的无担保债券，加上该公司90%的股权份额。通用汽车债券持有者持有的该公司债务约为280亿美元，而通用汽车公司的重组计划相当于22亿美元现金、43亿美元无担保债券加上对重组公司的股票份额。尽管这些条款听起来可能对公司的债券持有者很过分，但它对现在的股东更过分，因为他们持有该公司的股权份额从100%变为仅仅10%！当然，如果通用汽车公司宣布破产，普通股股东的投资将化为乌有。

资料来源：Reuters UK, http://uk.reuters.com/article/businessNews/idUK-TRE52T6ZZ20090331, accessed April 2, 2009.

> **概念回顾**
> 1. 我们如何识别出公司的经营杠杆?
> 2. 经营杠杆如何影响销售收入变化导致的公司 EBIT 波动性?
> 3. 是什么产生了公司资本结构中的财务杠杆?
> 4. 财务杠杆如何影响公司利润波动性对 EBIT 变化的反应?
> 5. 如果每股利润的变化百分比与 EBIT 的变化百分比之比为 2,那么您预期 EBIT 下降 15% 将导致的每股利润变化百分比是多少?
> 6. 经营杠杆和财务杠杆如何相互作用,从而影响公司每股利润的波动性?

资本结构理论

现在,是时候考虑如何决定公司的合理融资结构了。公司为资产融资使用的全部融资来源可参见公司的资产负债表右侧。我们将公司的所有融资来源称为公司的**财务结构** (financial structure)。例如,在表 12-7 中,我们看到一家公司的资产负债表。该公司的总资产为 300 美元,使用了不同融资来源为其融资,包括 80 美元的流动负债(必须在不长于 1 年的时间内偿还的债务)、70 美元的长期债务、50 美元的优先股和 100 美元的普通股。

请注意,该公司的部分流动负债是随着公司的日常经营自然产生的。我们将其称为应付账款和应计费用。例如,当公司订购了更多存货时,供应商将自动给公司授信,这在资产负债表中就表现为应付账款。此外,该公司还持续产生利息费用和其他费用,但只会定期支付这些费用(例如,每半年支付一次)。这些应计费用代表随着公司的日常经营自然产生的公司负债。既然应付账款和应计费用随着产生它们的活动而自然出现,那么这些负债就不是我们在本章中直接关心的内容。具体而言,我们感兴趣的是公司的财务结构中需要公司酌情管理的部分。我们将这部分内容称为公司的**资本结构**(capital structure)。在表 12-7 中,财务结构包括资产负债表右侧的所有内容,即 300 美元的负债和所有者权益,而资本结构剔除了应付账款和应计费用,总计为 275 美元。

表 12-7 区别公司的财务结构和资本结构 单位:美元

流动资产	100	应付账款	10	
固定资产	200	应计费用	15	
总资产	300	短期债务	50	
		长期债务的流动部分	5	
		流动负债	80	财务结构
		长期债务	70	资本结构
		优先股	50	
		普通股	100	
		负债和所有者权益总计	300	

公司的财务结构和资本结构的关系可以表示为以下公式:

$$\text{财务结构} = \text{不计息负债} + \text{资本结构} \tag{12-5}$$

```
        ↓                    ↓
   ┌─────────┐      ┌─────────┐
   │ 应付账款 │      │ 短期债务 │
   │ 应计费用 │      │ 长期债务 │
   └─────────┘      │ 优先股   │
                    │ 普通股   │
                    └─────────┘
```

请注意，我们将应付账款和应计费用称为不计息负债。原因是没有明确的利息费用与这些负债相关。明确的利息费用类似于您支付的银行贷款利息。当公司通过赊销购买存货时，信用条款规定，买方必须在特定时间期限（例如 30 天）内付清价款。因此，供应商向公司提供了没有规定利率的 30 天期信用贷款。供应商知道自己在提供信贷，并且一定会在商品的价格条款中考虑利息成本。但一个重要的问题是，这种利息是隐性的，没有明确说明，所以应付账款和应计费用不会给公司带来利息费用。

谨慎的资本结构设计需要我们解决两个问题：

（1）**债务的期限结构**（debt maturity composition）——公司应该采用何种短期债务和长期债务组合？

（2）**债务-股权结构**（debt-equity composition）——公司应该采用的债务-股权比例是多少？

对公司资本结构中的债务期限结构（短期债务相对于长期债务）而言，首要影响因素是公司拥有的资产的性质。有些公司偏重于投资预期将在很多年内产生现金流的固定资产，这些公司通常喜欢借入长期债务。而另一些公司偏重于投资产生相对短期现金流的资产，这些公司更倾向于使用短期债务。

本章的重点是债务-股权结构，或我们通常所称的资本结构管理。公司的资本结构应该将公司使用的永久资金来源组合起来，使其能最大化公司的普通股价格，或者换言之，最小化公司的综合资本成本。我们将这种合理的融资来源组合称为**最优资本结构**（optimal capital structure）。

表 12-7 从资产负债表的角度来分析式（12-5）。它形象地表现出资本结构这个首要问题。固定成本的融资来源（长期债务与优先股）必须按照最适合投资市场的比例与普通股结合起来。如果能找到这个最优资本结构，那么保持其他因素不变，就可以最大化公司普通股的股价。

显然，承担过多财务风险可能让公司陷入破产。但是，使用过少的财务杠杆也会导致公司股票估值过低。财务经理必须知道如何最优地运用财务杠杆——在保持其他所有条件不变的情况下，这将提高股票价值。

本章其余部分涉及三个主要领域：第一，我们将简要讨论资本结构理论。第二，我们将分析资本结构管理的基本工具。第三，我们将总结现实中的实际资本结构管理。

资本结构理论速览

在本节中，我们将从理论基础的角度考察为何公司的资本结构对公司的普通股股东很重要。为此，我们首先将讨论一个资本结构不重要的世界，也就是说，在这个世界中，公司资本结构中债务与股权的特定比例对公司的价值或资本成本没有影响（参考第 9 章）。我们进行该分析的原因，是明确为什么资本结构很重要，并帮助我们做出关于资本结构的审慎决策。在以下问题中，可以找到关于资本结构重要性的争论核心。

公司可以通过改变使用的融资来源结构对整体资金成本产生正面影响或负面影响吗？

这个争论在金融学文献中有许多经典论述，它对学者的吸引力大于对金融从业者的吸引力。为了强调实际应用于企业财务管理的资本结构理论要素，我们希望找到一种直观或非数学的方法来更好地理解这种关于资本成本或资本结构的争论基础。

资本结构的重要性

公司努力降低所使用的金融资本的成本符合经济学直觉。资本成本和其他成本（例如制造成本）有一个共同特点，即它们可能会减少普通股股东能获得的现金股利。

MM 定理

两位获得诺贝尔奖的金融经济学家，弗兰科·莫迪利安尼（Franco Modigliani）和莫顿·米勒（Merton Miller）（后文将这两位经济学家合并简称为 MM）在对现实商业世界做出一系列严格限制性假设的情况下，分析了资本结构决策的重要性。具体而言，MM 假设一家公司的投资决策（即公司将实施的一系列投资）和股利政策（公司以股利形式支付给股东的公司利润）是固定的，所以它们不受公司资本结构决策的影响。然后他们证明，公司的资本结构不影响公司的资本成本或公司普通股的价值。该定理有时候被称为资本结构独立性定理，因为公司的价值独立于它的融资方式（即资本结构）。MM 定理中包含的部分主要假设如下：

（1）公司所得不需要纳税。
（2）公司的资本结构只包括股票和债券。
（3）投资者对公司的净营业利润（我们之前所说的 EBIT）有相同的预测。
（4）股票和债券在完美市场或有效市场上交易。

在这个市场环境中，对"公司能通过改变使用的融资来源结构对整体资金成本产生正面影响或负面影响吗？"这个问题的答案是"不能"。

总的来说，MM 定理认为，在之前描述的完美经济世界中，公司流通证券的总市场价值不受资产负债表右侧结构的影响。这意味着流通普通股与未清偿债务的市场价值之和总是一样的，无论公司实际上使用更多债务还是更少债务。MM 定理有时被称作独立性假说，因为公司的价值独立于资本结构设计。

这个关于融资选择的定理的核心如图 12-5 所示。这里，公司的资产组合（资产负债表的左侧）保持不变。不同点只是资产融资方式。在融资结构 A 下，公司用普通股为 30% 的资产融资，用债券为剩余 70% 的资产融资。在融资结构 B 下，公司将这一比例颠倒过来，用普通股为 70% 的资产融资，用债券为剩余 30% 的资产融资。根据我们之前的讨论，我们知道，融资结构 A 是杠杆更高的融资计划。

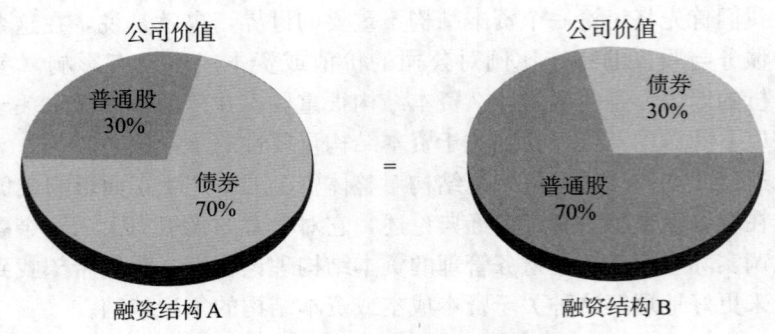

图 12-5 公司价值与资本结构设计

然而，请注意，图 12-5 中"饼"的大小是完全相同的。"饼"代表公司的价值——公司流通证券的总市场价值。因此，融资结构 A 下的公司总价值等于融资结构 B 下的公司总价值。公司价值独立于公司选择的实际融资结构。

图 12-6 进一步体现出这一含义。在该图中，我们看到，公司的整体资本成本 k_{wacc} 不受增加财务杠杆的影响。如果公司在资本结构中使用更多债务，且债务成本为 k_d，那么普通股成本 k_{cs} 将以与利润相同的增速上升。这使公司的综合资本成本保持不变。而且，因为整体资本成本不随着杠杆的使用而改变，因此公司的普通股股价也不会发生变化。

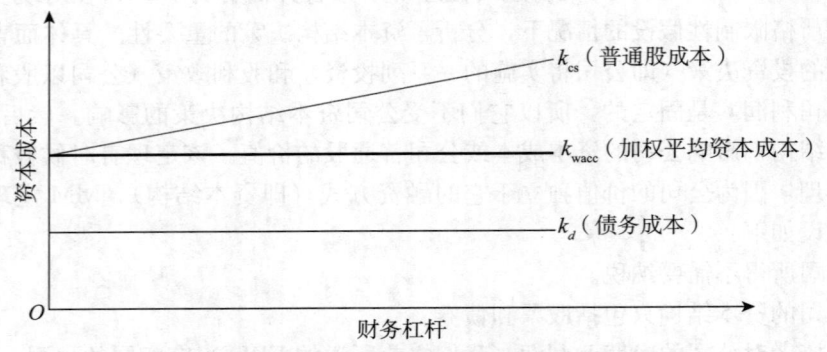

图 12-6 资本成本和财务杠杆：无税收——独立性假设

这种融资选择观点告诉我们，债务融资并不像它最初看起来的那么便宜，因为在使用的各种财务杠杆下，综合资金成本或公司的加权平均资本成本都保持不变。这向财务管理者充分表明，任何一种资本结构都与其他资本结构没有优劣之分。

但是，我们也应该记得，这种理论对使其成立的经济世界做出了严格假设。我们接下来将考察放松极端假设之后的市场环境和法律环境。

放松假设后的 MM 定理

我们现在将更宽松地描述公司的资本成本与资本结构的关系，它对企业经营者和学者都有广泛吸引力。这种宽松的观点建立在放松 MM 独立性定理的两个严格假设的基础上。

(1) 利息费用可以在税前扣除。当一家公司产生债务时，它支付的利息是可以在税前扣除的，这降低了公司的债务成本，降低的金额等于公司必须缴纳的税款。这是使用债务融资而非股权融资的一个优点，因为支付给股东的股利是不能在税前扣除的。从 2018 年开始，可在税前扣除的利息费用不得超过息税前利润的30%。然而，在给定年份不能在税前扣除的利息可以向后结转，并且在未来年份税前扣除时没有限制。

（2）债务融资增加了违约风险。由于必须根据债务合同偿付借款利息和本金，因此如果公司不能按合同规定偿付利息和本金，那么公司就面临着被迫破产的风险。这是债务融资的一个缺点，因为使用的债务越多，公司出现财务困境的可能性就越高。进而，财务困境会迫使公司产生更多成本，甚至导致破产，这将完全破坏公司普通股的价值。

结合利息可在税前扣除的优点和增加财务困境风险的缺点，为我们设计审慎的资本结构提供了概念基础。

财务杠杆的优点——利息的节税效应 表12-8举例说明了美国公司税体系中的这个重要因素。我们假设斯基普露营车制造公司（Skip's Camper Manufacturing Company）的预期息税前利润（EBIT）为200万美元，公司税税率为21%。我们将分析两个融资方案。第一个方案是无杠杆资本结构。另一个方案假设斯基普露营车制造公司有800万美元的未清偿债券，年利率为6%。

表12-8 斯基普露营车制造公司流向所有投资者的现金流——考虑税收的情况　　单位：美元

	无杠杆资本结构	有杠杆资本结构
预期净营业利润	2 000 000	2 000 000
利息费用	0	480 000
EBT	2 000 000	1 520 000
应纳税款（21%）	420 000	319 200
普通股股东可得利润	1 580 000	1 200 800
支付给债权人的利息	0	480 000
预期将向所有证券持有者支付的金额	1 580 000	1 680 800

请注意，如果公司的利润不需要纳税，那么每年200万美元的息税前利润就可以以现金股利的形式发放给股东，或是以利息的形式支付给债券持有者，或者二者皆有。这意味着斯基普露营车制造公司可以支付给债权人和股东的总现金流不受其融资结构影响。

当公司的利润需要纳税，且债券利息可在税前扣除时，所有金融资本贡献者获得的现金流之和就会受公司融资结构的影响。表12-8说明了这一点。

如果斯基普露营车制造公司选择了有杠杆的资本结构，那么支付给股东和债权人的总金额将为100 800＝（1 680 800－1 580 000）美元，它大于完全股权融资方式下的支出。这100 800美元是从哪里来的呢？答案是来自减少的应纳税款（即，480 000美元×0.21＝100 800美元）。该差额流向了斯基普露营车制造公司的证券持有者，它被称为债务的**税盾**（tax shield）。通常，它可以用式（12-6）计算出来，其中 r_b 为支付的利率或债务节省的税率，D 为债务的本金，T_c 为公司的边际税率：

$$税盾 = r_b \times D \times T_c \quad (12-6)$$

这个关于资本结构重要性的宽松定理假设，税盾在市场上必然有价值。因此，这种税收收益将增加公司未清偿证券相对于完全股权融资组合的总市场价值。请注意，在这个案例中，财务杠杆确实影响了公司的价值。因为资本成本是估值这枚硬币的另一面，所以财务杠杆也会影响公司的综合资本成本。公司可以通过使用越来越多的财务杠杆无限增加公司的价值或持续降低资本成本吗？常识告诉我们不可以！大多数财务经理和学者也会告诉我们相同的答案。破产成本为这个答案提供了一种可能的解释。

公司破产的可能性 随着使用的债务增加，公司无法履行债务合同的可能性也将增加。如果公司确实进入了破产程序，那么公司将产生最高的成本。在这种情况下，公司的资产将被清算，并常常以较低价格出售。如果这些资产的售价低于应有的市场价值，那么股票投资者和债券持有者都会遭受损失。破产程序还会给公司带来其他问题。公司不得不雇用更多律师和会计师，并向他们支付报酬。管理者必须花大量时间来准备需要在法律诉讼中使用的冗长报告。而且，所有这些都会使公司的管理层无法专心高效运营企业，这将导致错失机会和损失价值。

正如我们所讨论过的，即使是较温和的财务困境也有成本。随着公司的财务状况恶化，债权人可能会采取措施来限制公司的正常商业活动。供应商可能不会向公司赊销原材料。有利可图的投资机会可能被放弃，公司甚至可能中断支付股利。在某个时点上，预期违约成本将超过债务融资的税盾优势。公司将转向其他融资来源，主要是普通股（留存收益）。

碟形资本成本曲线 图 12-7 显示了关于融资结构与公司资本成本的关系的这种温和观点。结果是一条碟形（或 U 形）加权平均资本成本曲线，k_{wacc}。公司的平均股权成本 k_{cs} 随着公司使用更多债务融资而上升。在一段时间内，公司可以以较低的税后债务成本 k_b 借入资金。尽管股权成本上升，但上升速度不足以抵销使用较便宜的债务融资所降低的成本。因此，在财务杠杆坐标轴的点 O 到点 A 之间，平均资本成本下降而股票价格上升。

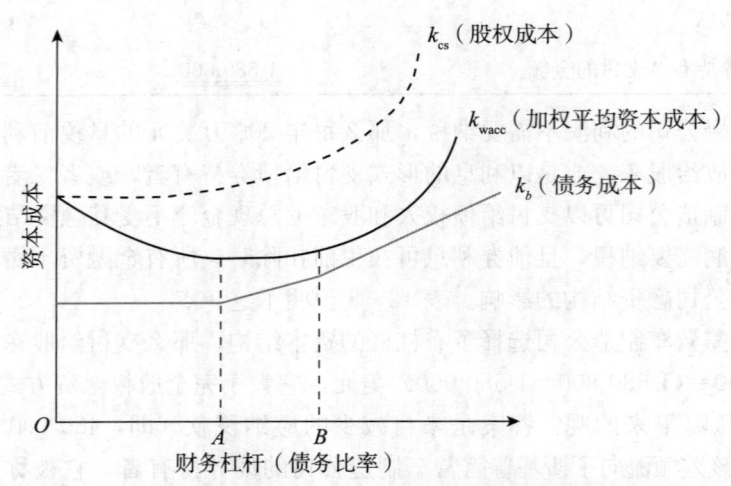

图 12-7 资本成本和财务杠杆：考虑税收与财务困境的温和观点

然而，财务困境的威胁最终导致债务成本上升。在图 12-7 中，这种债务成本的上升使税后平均债务成本曲线 k_b 从点 A 开始上升。在点 A 和点 B 之间，债务和股权的融资组合产生了（相对）平坦的平均资本成本曲线。公司的**最优财务杠杆范围**（optimal range of financial leverage）位于点 A 和点 B 之间。这两点之间的所有资本结构都是最优的，因为它们都提供了最低的综合资本成本。正如我们在本章前面所讲的，找到这个最优融资结构范围是资本结构管理的目标。

点 B 标出了公司的举债能力。**举债能力**（debt capacity）是公司在保持当前信用评级时资本结构中能包含的最大债务金额。超过点 B 之后，只有在利率非常高的情况下才能吸引更多固定支出资本。同时，过度使用财务杠杆将导致公司的股权成本以比以前更快的速度上升。于是，综合资本成本将非常迅速地上升，而公司的股价将下跌。

公司价值与代理成本

在第 1 章中，我们提到了代理问题的概念。您应该记得，代理问题会带来代理成本，它容易产生于商业组织中，因为公司的所有者并不经营业务，而是由管理者来经营业务。因此，公司的管理者可以被合理地视为公司股东的代理人。为了确保代理人（即管理者）的行为符合股东的最佳利益，必须满足以下条件：（1）他们有适当激励去这样做；（2）他们的决策受到监督。激励常常采取管理层薪酬计划和津贴的形式。但津贴可能体现为冗余的支持人员、乡村俱乐部会员资格、豪华公司飞机或其他福利。监督这些情况要求股东承担一定成本，例如：（1）与管理者建立牢固关系；（2）审计财务报表；（3）构建组织架构，以独特方式来限制管理层的决策；（4）审核管理层津贴的成本和收益。以上仅举数例说明，并没有穷尽所有可能性。主要的观点是，监督成本最终将由公司的所有者——普通股股东——承担。

资本结构管理也会产生代理成本。代理问题源于利益冲突，而资本结构管理会产生股东与债券持有者之间的天然利益冲突。例如，如果按照股东的最佳利益行事，导致管理者投资于风险极高的项目，那么公司的现有债券投资者可以合理地怀疑这种投资政策。这是因为改变公司资产的风险结构将改变公司的商业风险。这会降低公司现在的债券评级。债券评级降低反过来又会降低公司债券的当前市场价值。显然，债券持有者不会对这个结果感到满意。

为了降低这种利益冲突，债权人（债券投资者）和股东可能会同意在债券合约中加入多个保护性条款。第 7 章已经详细讨论了这些债券条款，但是它们基本上会被视为对公司管理层决策的限制。典型的债券条款限制发放普通股现金股利，限制购买或出售资产，或限制进一步债务融资。要确保管理者遵守这些保护性条款，就意味着会产生监督成本。和所有监督成本一样，它们都由普通股股东承担。此外，和许多成本一样，这也需要权衡重要的得失。

图 12-8 显示了使用保护性债券条款涉及的部分得失权衡。请注意（在图 12-8 的左图中），只有在非常高的利率下，公司才可能出售不带保护性条款的债券。没有保护性条款，就没有与之相关的监督成本。同样，也不会损失经营效率，例如可以迅速在并购市场上收购一家特定公司。相反，限制性条款降低了债券合约的显性成本，但这会产生明显的监督成本和经营效率损失（这也会转变为更高的成本）。当首次发行债券时，公司必须权衡这种得失。

无保护性债券条款	有许多保护性债券条款
高利率	低利率
低监督成本	高监督成本
不损失经营效率	损失许多经营效率

图 12-8 债务的代理成本：权衡

接下来，我们必须考虑在低杠杆水平和高杠杆水平下存在监督成本的情况。当公司在低债务股权比下经营时，债权人没有必要坚持冗长的债券条款。财务风险没有大到需要这类行为来保障的程度。同理，当财务杠杆较低时，公司将从较低的显性利率中受益。然而，当公司的债务股权比较高时，债权人要求更多的监督是合理的。代理成本的增加将提高债务融资的隐性成本（真实总成本）。于是，认为监督成本将随着公司财务杠杆的提高而上升的观点也显得合理。正如公司破产（出现财务困境）的可能性将增加公司的整体资本成本（k_{wacc}）一样，代理成本也会影响公司的整体资本成本。另外，这意味着公司的总价值（公司证券的总市场价值）将由于代理成本而降低。总而言之，代理成本和与财务困境相关的成本都支持公司最优资本结构这个概念。

代理成本、自由现金流与资本结构

1986 年，迈克尔·C. 詹森（Michael C. Jensen）教授进一步拓展了资本结构管理领域中代理成本的概念。詹森的贡献与他所称的"自由现金流"概念有关，他对自由现金流的定义如下：

> 自由现金流是为所有正净现值（以相关资本成本贴现）项目融资所需资金之外的现金流。[①]

詹森随后指出，大量自由现金流可能导致管理者出现行为不端或做出不符合公司普通股股东最佳利益的决策。换言之，管理者有动机持有并"挥霍"自由现金流，而不是"交出"它们，比如以提高现金股利的形式。

但并非所有自由现金流都会损失。这就是詹森所称的债务使用的"控制假说"。他假设，通过利用财务杠杆（借入债务），公司的股东对管理团队的控制力将增加。例如，如果公司发行新的债务，并用得到的收入回购流通的普通股，那么管理者就有义务支付现金以偿还债务——这同时也会减少可供他们挥霍的自由现金流。

我们也可以称这种使用财务杠杆的动机为"威胁假说"，管理者在财务破产威胁下工作，因此，根据"资本结构的自由现金流理论"，他们会更高效地工作。这被认为会降低自由现金流的代理成本，进而在市场上体现为更高的普通股收益率。

请注意，资本结构的自由现金流理论并没有给出"多少财务杠杆才足够"这个问题的理论答案。它也没有告诉我们多高的财务杠杆是过高。它只是一种思考方式，用来思考为什么股东和董事会可能使用更多债务来控制管理层的行为和决策。我们仍然必须使用资本结构管理的基本决策工具。本章后面将介绍这些工具。

[①] "Agency Costs of Free Cash Flow, Corporate Finance, and Takeovers" by Michael C. Jensen, from *American Economic Review* 76（May, 1986）.

> **牢记原则**
>
> 对债务产生的代理成本、自由现金流和控制假说的讨论让我们回到"基本原则 5：利益冲突导致代理问题"。詹森提出的控制假说认为，当管理者必须"挤出"自由现金流以支付合同规定的债券利息时，管理者将更努力地维护股东利益。但是我们也知道，管理者和债券投资者可能存在利益冲突，从而导致与使用债务融资相关的代理问题。因此，当债务增加的代理成本恰好抵销债务带来的收益时，使用更多债务就不再产生减少自由现金流代理成本的理论收益。您可以看到，财务经理准确找到真正的最优资本结构是多么困难。

管理上的应用

对资本结构理论的分析给我们什么启示？启示是，确定公司的融资结构对公司的财务经理来说十分重要，因为公司的股东受资本结构决策的影响。至少，在破产成本和代理成本造成损失之前，税盾效应将导致有杠杆公司的股价高于没有债务融资的公司。因为公司过度使用财务杠杆会同时伴随着破产风险和代理成本，因此财务经理必须在使用固定支出资本时保持谨慎。寻找最优的财务杠杆范围是我们的下一个任务。

现在，您已经了解了如何运用资本结构理论。它使您能更好地为您的公司寻找最优资本结构。有许多工具可以在这个过程中帮助您，同时帮助您做出审慎的融资决策。这些工具都是决策导向的。它们帮助我们回答这样一个问题："下一次我们需要 2 000 万美元时，我们应该发行普通股还是出售长期债券？"

> **概念回顾**
> 1. 资本结构管理的目标是什么？
> 2. 围绕资本结构理论的基本争论是什么？
> 3. 请说明资本结构管理与独立性假说的关系。
> 4. 请说明关于公司的融资结构与平均资本成本的关系的温和观点。
> 5. 代理成本及自由现金流与资本结构管理的关系是什么？

资本结构管理的基本工具

我们将考察在资本结构决策评估中经常使用的两种基本工具。第一种工具是 EBIT-EPS 图，它提供了一种方法，能同时用公司的每股利润（EPS）水平和每股利润波动性来形象描述不同资本结构的影响。第二种工具是使用财务杠杆比率来分析可比公司的资本结构。在这里，我们使用比率来标准化资本结构信息，正如我们在第 4 章中所讨论的财务比率一样，这样我们就可以比较类似公司的资本结构。

EBIT-EPS 分析

在我们开始分析不同资本结构中每股利润（EPS）和息税前利润的关系之前，我们需要提醒自己,为什么分析这个问题很重要。具体而言,在我们讨论资本结构理论时,您可能会问:"为什么公司所有者要关心资本结构对每股利润的影响?"这个问题的一个可能答案是,公司的首席执行官和董事会都对他们报告给华尔街的利润数字十分敏感。我们之前指出,这种敏感性的原因与投资者感受有关,投资者认为公司报告的每股利润显示了公司未来前景的重要信息。例如,当一家公司宣布其利润将低于分析师的预期时,这通常会使投资者修正对该公司未来利润表现的预期。进而,这种预期下调将导致公司的股价下跌。因此,公司管理层十分清楚利润对投资者的重要性,并会在考虑公司的资本结构设计时考虑这一信息。

例 12.2

EBIT-EPS 分析

假设之前在表 12-4 中给出的 B 计划是珀西粮食公司目前的资本结构。此外,该公司的资产结构使很长一段时间内的预期 EBIT 都为每年 20 000 美元。珀西粮食公司可以进行一笔成本为 50 000 美元的投资。购买这项资产预期将使该公司的预期 EBIT 水平永久升至 30 000 美元。该公司可以通过以下两种方法之一筹集所需现金:

(1) 以每股 100 美元的价格出售 500 股普通股;
(2) 出售新债券,该债券将给公司带来 50 000 美元的收入,债券利率为 8.5%。

表 12-9 总结了这些资本结构和对应的每股利润。

表 12-9 分析珀西粮食公司的融资方案

A 部分:资本结构

现有资本结构		新增普通股融资后的资本结构		新增债务融资后的资本结构	
长期债务(8%)	50 000 美元	长期债务(8%)	50 000 美元	长期债务(8%)	50 000 美元
				长期债务(8.5%)	50 000 美元
普通股	150 000 美元	普通股	200 000 美元	普通股	150 000 美元
负债和权益总计	200 000 美元	负债和权益总计	250 000 美元	负债和权益总计	250 000 美元
流通普通股股数	1 500		2 000		1 500

B 部分:预期每股利润(美元)

	现有资本结构	新增普通股融资后的资本结构	新增债务融资后的资本结构
EBIT	20 000	30 000	30 000
减:利息费用	4 000	4 000	8 250
税前利润(EBT)	16 000	26 000	21 750
减:应纳税款	3 360	5 460	4 568
净利润	12 640	20 540	17 183
减:优先股股利	0	0	0
普通股股东可得利润	12 640	20 540	17 183
每股利润	8.43	10.27	11.46

当预期 EBIT 为 30 000 美元时，普通股方案和债券方案的每股利润分别为 10.27 美元和 11.46 美元。两者都显著高于 8.43 美元，即新项目被拒绝、尚未筹集到新资本时的每股利润水平。根据选择每股利润最高的融资方案的标准，债务方案更好。但是如果公司面临的基础商业风险导致公司的 EBIT 在很大范围内波动，我们能否确保债务方案总是产生更高的每股利润？

第 1 步：确定解题方法

解决这个问题的最好方法，是对备选方案进行每股利润与息税前利润的图形分析（即 EBIT-EPS 图）。横轴表示 EBIT，纵轴表示每股利润。横轴（EBIT）上的交点表示每种方案的税前等价融资成本。每个方案的直线表示在不同 EBIT 水平下的每股利润。

第 2 步：计算数值

分析图 12-9 中的 EBIT-EPS 图，我们会发现上述问题的答案是否定的。也就是说，债券方案并非总是有更高的每股利润。画出 EBIT-EPS 分析图，可以使决策制定者形象地看到不同融资方案在某个 EBIT 范围下对每股利润的影响。

请注意，当 EBIT 为 4 000 美元时，普通股融资方案下的每股利润为零。而当 EBIT 为 8 250 美元时，债券方案下的每股利润为零。请注意，债券方案的 8 250 美元包含当前利息费用 4 000 美元和新的利息费用 4 250 美元。

债券融资方案的曲线比普通股融资方案的曲线更陡峭。这告诉我们，债券方案的每股利润比普通股融资方案的每股利润对 EBIT 的变化更敏感。这是因为使用了财务杠杆。另一个观察结果是两条线相交，在交点上，两个融资方案的每股利润恰好相同。在交点上方，杠杆较高的融资方案的每股利润高于杠杆较低的融资方案的每股利润。图 12-9 中圈出的交点出现在

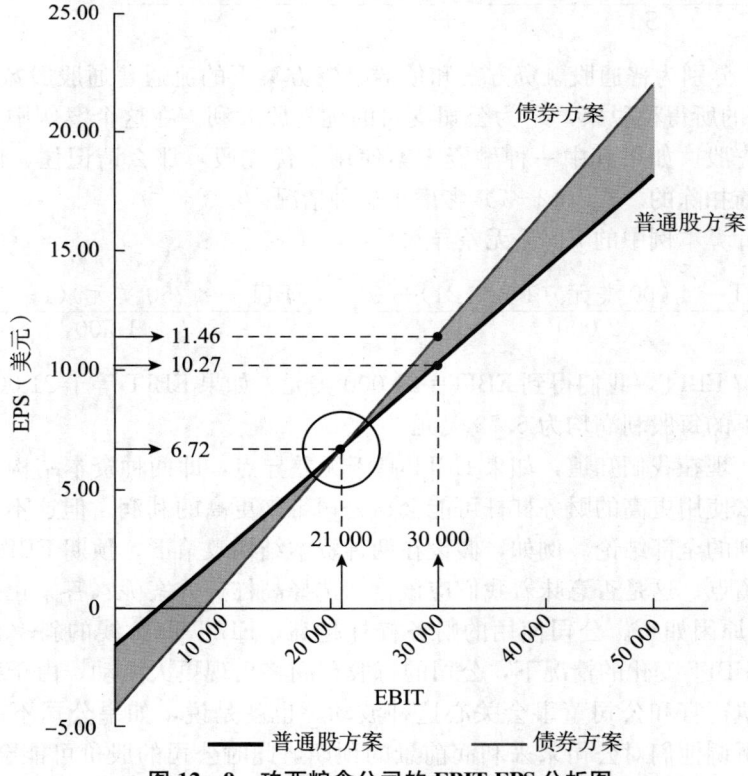

图 12-9 珀西粮食公司的 EBIT-EPS 分析图

EBIT 为 21 000 美元时。在两种资本结构的这个交点上，每股利润为 6.72 美元。在所有高于 21 000 美元的 EBIT 上，债券融资方案的每股利润更高，而在所有低于 21 000 美元的 EBIT 上，普通股融资方案的每股利润更高。

第 3 步：分析结果

EBIT-EPS 分析可以让分析师了解给定 EBIT 下的每股利润水平。但是，由于公司的 EBIT 永远无法提前确知，因此无法确知能产生最高每股利润的资本结构。尽管如此，知道将使债务融资方案产生较高每股利润的最低 EBIT 水平仍可以让分析师多少了解公司选择债务融资方案时面临的每股利润下降风险。

计算无差异点　图 12-9 中的交点被称为 **EBIT-EPS 无差异点**（EBIT-EPS indifference point）。它显示出无论财务经理选择哪种融资方案，每股利润都相同的 EBIT 水平。该无差异点有时也被称为盈亏平衡点，它在财务规划中有重要意义。当 EBIT 超过 EBIT 无差异水平时，融资方案使用的财务杠杆越高，产生的每股利润就越高。而在 EBIT 低于 EBIT 无差异水平时，融资方案使用的财务杠杆越少，产生的每股利润就越高。因此，了解 EBIT 的无差异水平十分重要。

我们可以从图 12-9 中发现这一点。但是，有时直接计算 EBIT-EPS 无差异点更有效率。计算方法是使用下列公式：

$$\underset{\text{EPS：普通股方案}}{\frac{(\text{EBIT}-I_s)(1-T_c)-P}{S_s}} = \underset{\text{EPS：债券方案}}{\frac{(\text{EBIT}-I_b)(1-T_c)-P}{S_b}} \qquad (12-7)$$

其中，S_s 和 S_b 分别为普通股融资方案和债券融资方案下的流通普通股股数，I 为利息费用，T_c 为公司的所得税税率，P 为公司支付的优先股股利。在这个案例中，P 为零，因为没有流通优先股。如果其中一种融资方案使用了优先股，那么请记住，优先股股利 P 是不可以在税前扣除的。式（12-7）考虑了这种情况。

我们可以计算本例中的 EBIT 无差异水平：

$$\frac{(\text{EBIT}-4\,000\,\text{美元})(1-0.21)-0}{2\,000} = \frac{(\text{EBIT}-8\,250\,\text{美元})(1-0.21)-0}{1\,500}$$

对上式求解 EBIT，我们得到 EBIT=21 000 美元。如果 EBIT 等于 21 000 美元，那么两个融资方案下的每股利润均为 6.72 美元。

注意事项　现在我们知道，如果 EBIT 高于无差异点，即两种资本结构提供相同每股利润的点，那么使用更高的财务杠杆可能会给公司带来更高的利润。但这不是我们需要从这个分析中得到的全部结论。例如，假设在两种资本结构政策下，预期 EBIT 有 99% 的可能高于盈亏平衡点。这是否意味着我们应该自动选择高杠杆方案呢？答案正如您可能想到的，是"否"，原因如下。公司使用的财务杠杆越高，EBIT-EPS 线的斜率也越陡峭，这意味着在给定 EBIT 变化的情况下，公司的每股利润将出现更大波动。由于我们之前提到的原因，首席执行官和公司董事会关心这种波动。也就是说，如果公司不能满足利润预期，投资者将下调他们对公司未来利润前景的预期，此时公司的股价可能会下跌。所以，更高的财务杠杆使 EBIT 的意外波动更有可能严重打击每股利润，这就是他们担忧这个问题的真正原因。

那么，我们应该如何解读和使用 EBIT-EPS 图来分析资本结构设计问题呢？和许多财务分析工具一样，答案是运用管理层的判断。EBIT-EPS 图只是用来了解使用更多或更少财务杠杆的后果的工具。而使用更多还是更少财务杠杆的决定，必须在权衡影响公司资本结构决策的所有因素之后才能做出。例如，在下一节，我们将考察如何使用可比财务比率，它显示了公司的资本结构与相同行业中其他公司的相似程度。

可比杠杆比率

在第 4 章中，我们探讨了财务比率分析的整体有用性。第 4 章还定义了一种财务比率——杠杆比率。我们在此强调，计算杠杆比率是资本结构管理的基础工具之一。

当公司面临融资决策时，必须计算两种杠杆比率。我们称其为**资产负债表杠杆比率**（balance-sheet leverage ratios）和**偿债能力比率**（coverage ratios）。公司的资产负债表提供了计算资产负债表杠杆比率的数据。我们使用不同形式的资产负债表指标来比较公司使用的债权人资金和股东资金。

偿债能力比率的数据通常来自公司的利润表。有时，分析师可能必须参考资产负债表信息来得到需要的某些估计值。无论数据来源是什么，偿债能力比率都提供了对公司偿还债务能力的估计。如果偿债能力比率高于标准值，则表示有未使用的举债能力。

在现实中，我们知道，EBIT 的预期结果将在较大范围内变化。因此，我们应该多次计算偿债能力比率，每次都选定不同的 EBIT 水平。如果计算出所有可能的 EBIT 水平下的偿债能力比率，我们就可以构建出每个偿债能力比率的概率分布。相比于只根据预期 EBIT 水平计算偿债能力比率，这种方式为财务经理提供了更多信息。

行业标准

只有在能与某种标准比较时，比较杠杆比率才有用。通常，公司金融分析师、投资银行家、商业银行贷款主管和债券评级机构都依赖行业分类来计算"标准"比率。尽管行业分类实际上可能包含基础商业风险差异很大的公司，但美国公司仍习惯采用这种做法。至少，财务主管必须关注行业标准，因为几乎其他所有人都关注行业标准。

不同行业类别的资本结构比率往往有很大差别。例如，对大型零售公司普通股杠杆比率的随机抽样结果就不同于对大型钢铁制造商普通股杠杆比率的随机抽样结果。大型钢铁制造商使用的财务杠杆小于大型零售企业使用的财务杠杆。总体来看，在相同行业经营的公司的资本结构比率倾向于集中在某个中心值附近，我们称之为标准资本结构。不同行业的商业风险也差异巨大。因此，不同行业的资本结构标准也有所不同。

这并不是说相同行业中的所有公司都会保持与标准"接近"的杠杆比率。例如，盈利能力很高的公司可能有较高的偿债能力比率和较高的资产负债表杠杆比率。而盈利能力居中的公司可能认为这种结构风险过高。这里，行业标准杠杆比率的用处很明显。如果公司选择大幅偏离关键比率的公认数值，那么必须有充足的理由。

净债务和资产负债表杠杆比率

当专业财务分析师评估公司使用的财务杠杆时，他们通常会完善对产生财务杠杆的公司负债类型和金额的定义。具体而言，它们通常会做出两个改进。第一个改进涉及哪些负债"算作"财务杠杆来源。具体来说，他们会考察公司使用的计息债务，包括短期债务、长期票据和长期债券。您可能还记得，这是我们在第 9 章中计算公司的资本成本时所做的。

第二，分析师在评估与公司使用的债务融资对应的财务风险时，还要考察公司是否持有过多现金。具体而言，他们使用被称为**净债务**（net debt）的概念，净债务等于公司的计息债务总额减去持有的多余现金。原因是，如果公司有能力使用多余现金偿还部分（或全部）债务，那么它实际上就不会面临未清偿债务带来的财务风险。对于分析师而言，棘手的问题是确定公司多余现金和有价证券的金额。通过考察类似公司持有的现金与资产之比，可以解决这个问题，这是分析师经常要做的事。但是，一些财务分析师假设公司的所有现金和有价证券都是多余的，从而简化了这个问题，因此他们计算净债务的方法是从公司的计息债务总额中减去公司的所有现金和有价证券。

实际资本结构管理一瞥

我们现在将分析财务管理人员的某些观点和实践，它们强调了资本结构管理的重要性。一项对 392 名公司高管进行的调查揭示出一系列因素的重要性，在决定是否在公司的资本结构中使用债务时，这些因素很重要或极为重要。[1]

调查中揭示出的十个因素为需要解决资本结构设计和管理问题的财务经理提供了一些实用指导。让我们来简要考察每个因素，了解为什么它们如此重要。

财务灵活性 当一家公司需要筹集更多资金时，如果它有选择余地，那么它在谈判中的地位就更有利。例如，过去几乎没有使用债务的公司会发现，它比过去大量借债的公司更容易借入资金或出售新股票。

信用评级 在评级系统中评级下降一档会导致公司借款成本上升，所以管理者会尽一切可能避免发生这种问题。[2] 而且，有时公司的其他某些债务协议中会加入保护性条款，要求公司保持特定信用评级。例如，安然公司的破产是由该公司的信用评级降低一档引发的，这使安然公司的信用评级成为投机级。该公司还有数十亿美元的未清偿债务，而这些债务都包含要求它的信用评级保持为 BBB 级或更高评级的条款。

内部资金不足 人们早就知道，公司在筹集新资金时往往会按照优先顺序进行，这被称为"啄序理论"。公司为业务融资的顺序通常是从内部产生的利润开始的，然后是债务融资，最后是发行新股票。

利率水平 当其他条件保持不变时，公司更愿意在利率低于预期时借入资金。例如，当利率达到历史上的极低水平时，首席财务官可能更愿意签订长期债务协议。然而，几乎没有证据表明，首席财务官或任何人能预测出何时利率较低，何时利率将上升或较高，何

---

[1] John Graham and Campbell Harvey, "How do CFOs make capital budgeting and capital structure decisions?", *Journal of Applied Corporate Finance*, Volume 15, Number 1, Spring 2002, 8–23.

[2] 我们在第 7 章中讨论过债券评级。

时利率将下降。但是，只要对利率未来变化有强烈预期，就足以证明这个因素的重要性。

利息的节税效应　和支付给股东的股利不同，利息费用是可以在税前扣除的费用。这种节税特点可以被视为对公司借款的补贴，使债务相比于其他融资来源显得更便宜。

交易成本和费用　当一家公司在债务和股票之间进行选择时，它面临的是两种截然不同的证券发行成本。例如，债券持有者根据债务合约（债券契约）的规定收取利息和本金。这种证券相对直接明了，它的价值取决于公司的信用程度。但是，当公司发行股票时，没有规定说明股票买方将获得多少收入。这意味着吸引投资者成为股东比吸引他们给公司贷款的成本高得多。因此，发行股票的成本明显较高，这使它成为一种不太有吸引力的融资来源。

股价低估/高估　之前我们提到，首席财务官通常会试图选择发行债务的时点，以利用异常低的利率。相同情况也发生在股票发行中。例如，如果首席财务官认为公司的股价被低估了，那么他（她）将希望借入资金而不是发行新股票并冒股价进一步下跌的风险。我们再次强调，没有证据表明公司高管对本公司股价的预测准确度高于他们对未来利率的预测准确度，但他们要认为这是一个重要因素，就必然得认为自己擅长预测本公司股价。

可比公司的债务水平　从事类似业务的公司往往有类似的资本结构。贷款人和评级机构在决定信用条款和信用评级时，经常比较公司的债务比率和可比公司的债务比率，从这个角度看，这个因素倍加重要。

破产成本/财务困境成本　公司在过去使用的债务越多，公司在某个时点面临财务困境或破产的可能性就越高。这种风险形成了公司信用评级的基础。

客户/供应商的担心　债务融资导致的财务困境的重要来源之一是公司的客户（担心财务困境可能中断其供给来源）和供应商（担心财务困境会中断其商品和服务的重要需求来源）的压力。如果供应商向企业提供了商业信贷，后者的情况将更为复杂。如果企业破产，商业信贷将有无法收回的风险。

在通过讨论了解了这十个因素之后，您可能已经开始认为资本结构管理更像是一门艺术而非科学。换言之，没有一个您可以用来解出最优资本结构的神奇公式。但是，您应该认识到是哪些基本考虑因素促使首席财务官做出判断，由此最终决定并建立公司的资本结构。此外，财务经理的部分意见也说明目标债务比率得到了广泛使用。

财务实践

全球资本结构

公司对债务融资的使用受到很多因素的影响，其中之一显然是公司的母国。要说明这一点，请考虑下表中不同国家的杠杆比率（总债务除以公司的市场价值[a]）中位数。

国家	杠杆比率（%）
韩国	70
巴基斯坦	49

续表

国家	杠杆比率（%）
巴西	47
泰国	46
印度	40
日本	33
中国	33
法国	28
比利时	26
墨西哥	26
智利	21
德国	17
英国	16
美国	16
希腊	10

我们观察到韩国的杠杆比率最高，接近70%，而希腊的杠杆比率最低，只有10%。美国的杠杆比率中位数只有16%，看起来十分低。然而，这是基于公司的市场价值而非账面价值计算的结果。

在不同国家，哪类因素可能会鼓励公司使用债务？研究者发现，一个因素是，如果公司经营所在国的法律体系能更好地保护金融资产，那么公司倾向于使用较少的总债务，而它们也倾向于使用长期债务。此外，正如您可能预料到的，公司经营所在国的税收政策也影响公司使用的债务水平。

a. 公司的市场价值为公司的普通股市场价值加上公司优先股和总债务的账面价值。

资料来源：Joseph P. H. Fan, Sheridan Titman, and Garry J. Twite, "An International Comparison of Capital Structure and Debt Maturity Choices"（October 2008）. AFA 2005 Philadelphia Meetings available at SSRN：http://ssrn.com/abstract=423483.

概念回顾
1. 请解释 EBIT-EPS 无差异点的含义。
2. 如何在资本结构管理中运用杠杆比率和行业标准？
3. 请指出影响公司债务发行决策的因素。
4. 为什么资本结构设计既是艺术又是科学？

本章小结

➡ **学习目标 1. 区别商业风险与财务风险。**

小结：公司的商业风险来源于公司的竞争环境。该风险使公司的销售收入随着整体经济和公司所在特定行业的变化而波动。公司可以选择进一步放大这种波动，例如，选择购买而不是租用厂房和设备。在前面这种情况下，即使公司什么都不生产，也会产生厂房和设备的固定成本，这增加了公司的风险。此外，公司还可以选择在财务结构中使用能产生固定偿债义务（例如偿还债务利息和本金的义务）的资本来源。商业风险、经营风险和财务风险的共同影响决定了公司未来利润的风险程度。

关键术语

商业风险：公司选择的特定业务直接给公司未来利润带来的风险。

经营风险：公司经营业务时的固定成本与可变成本相对比例带来的风险。例如，当其他因素保持不变时，公司的固定经营成本越高，公司利润在销售收入变化时的波动越大。

财务风险：由公司资本结构中的固定财务成本（而不是宣布和发放的股利等可变财务成本）导致的风险。财务杠杆的净影响（对应于公司使用的债务融资，这些债务融资需要偿付预先确定的利息和本金）是让公司利润的波动性更高。

➡ **学习目标 2. 使用盈亏平衡分析。**

小结：在任何企业的经营中，盈亏平衡销量或盈亏平衡销售收入都是重要数据。盈亏平衡水平之所以重要，是因为它告诉了公司管理者，偿还公司的短期债务所需的最少销售收入（或销量）。

关键术语

盈亏平衡销量：公司在获得利润之前必须达到的销量。

固定成本：不随公司销售水平变化而变化的成本。一个例子是支付给公司管理团队的工资。

可变成本：随公司销售水平变化而上下波动的成本。

总收入：特定时期内的总销售收入。

产量：在特定时期内生产和出售的商品数量。

关键公式

销售收入 − (总可变成本 + 总固定成本) = 利润

单位售价 × 销量 − (单位可变成本 × 销量 + 总固定成本) = EBIT = 0

$$盈亏平衡销量 = \frac{总固定成本}{单位售价 - 单位可变成本}$$

$$盈亏平衡收入水平 = \frac{总固定成本}{1 - \frac{可变成本}{销售收入}}$$

➡ **学习目标 3. 了解经营杠杆、财务杠杆和综合杠杆的关系。**

小结：公司在某个时期内的利润波动对投资者来说是重要信息，因此公司的管理层了解导致波动的原因也十分重要。事实证明，利润在一个时期内的波动主要受公司管理层做出的决策的影响。这些决策涉及公司经营的业务类型、公司做出的经营决策（这将决定公司的固定经营成本和可变经营成本）和公司做出的关于借入资金的融资决策。公司关于业务类型、经营模式（固定经营成本与可变经营成本的比例）和财务风险（固定财务成本与可变财务成本的比例）的决策共同影响公司的利润将如何随着经济形势的变化而变化。例如，如果经济进入快速增长时期，那么销售适合经济扩张期需求的产品（豪华汽车、游艇和耐用消费品）的公司将出现销售收入的超常大幅上涨。如果这些公司经历经济下行期，那么与销售食品和服装等必需商品和服务的公司相比，它们的销售收入也将出现更大降幅。净结果是，销售耐用消费品或奢侈品的公司利润将出现大幅下降。

关键术语

经营杠杆：来自不随公司销售水平变化的固定经营成本。

财务杠杆：来自公司使用的要求固定收益率的融资来源。这种融资形式的基本例子是固定利率债务，其中公司必须在规定日期支付事前确定的利息和本金。

综合杠杆或总杠杆：经营杠杆和财务杠杆共同作用的结果。

➡ 学习目标 4. 讨论最优资本结构的概念。

小结：一家公司的资本结构是该公司在过去使用的融资来源组合。每种来源的成本决定了公司的整体资本成本，在第 9 章中，我们将其定义为加权平均资本成本。最优资本结构是导致可能的最低加权平均资本成本的特定融资来源组合。

许多资本结构理论都试图解释公司的资本成本如何随着融资来源组合的变化而变化。早期理论使用了限制非常严格的投资者行为假设，认为公司的资本结构不会随着公司使用的特定融资来源组合的变化而变化。然而，该结果忽略了公司税法中的税收偏差。根据公司税法，公司支付的债务利息费用是可以在税前扣除的，而支付给优先股股东或普通股股东的股利是不能在税前扣除的。这意味着在其他条件保持不变的情况下，使用更多债务对公司有利。此时，一家公司对资本结构的最好处理似乎就是尽可能多借债。但是，杠杆过高也有成本。借入过多债务意味着在非常差的经济环境下，公司将发现自己无法偿还债务的利息和本金，导致对债务违约。违约的净结果是，公司的普通股股东将损失他们对公司的所有投资，因为在公司破产时，公司的债权人将接管整家公司。因此，大多数有实务经验的管理者都认为，在债务的"优点"（利息可在税前扣除）和"缺点"（违约风险增加）之间存在权衡，并在此基础上认为确实存在最优资本结构，即成本和收益相等时的资本结构。

关键术语

财务结构：资产负债表右侧所有融资来源的组合。

资本结构：公司使用的计息短期债务、计息长期债务和股权资金的组合。

债务的期限结构：公司使用的短期债务与长期债务的组合。

债务-股权结构：公司在资本结构中使用的债务与股权的组合。

最优资本结构：在给定筹资金额的情况下，使公司的综合资本成本最小（或普通股股价最高）的资本结构。

税盾：由于利息费用可在税前扣除而减少的应纳税款。

最优财务杠杆范围：在公司的资本结构中，使公司的整体资本成本最低的债务范围。

举债能力：在保持当前信用评级不变的情况下，公司在资本结构中可以包含的最大债务金额。

关键公式

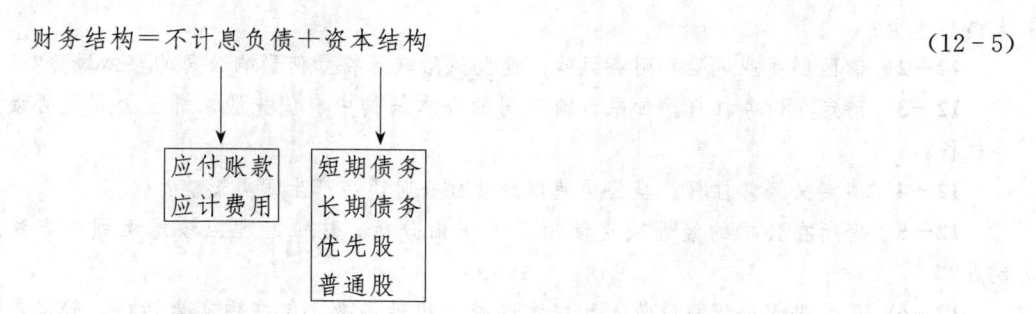

$$财务结构 = 不计息负债 + 资本结构 \qquad (12-5)$$

不计息负债：应付账款、应计费用

资本结构：短期债务、长期债务、优先股、普通股

$$税盾 = r_b \times D \times T_c$$

➡ **学习目标 5. 运用资本结构管理的基本工具。**

小结：尽管关于最优资本结构的存在与否有许多理论，但分析可能的最优资本结构仍然很困难。因此，管理者的通常做法是在分析资本结构时首先观察其他公司，分析它们做了什么。换言之，他们首先模仿其他类似公司，然后再分析偏离可比公司的做法时的后果。管理者也会分析不同的资本结构选择对公司利润波动性的影响。这里的想法是使用更多债务将导致公司利润的波动性增大，而投资者通常不喜欢不确定性。

关键术语

EBIT-EPS 无差异点：使两种不同融资方案下的每股利润（EPS）相等的息税前利润（EBIT）水平。

资产负债表杠杆比率：公司使用的财务杠杆或债务资本与公司的总资本或股权之比。由于计算该比率所需的信息都可以从资产负债表中找到，因此我们称该比率为资产负债表杠杆比率。

偿债能力比率：公司的利润与公司借款的利息及本金之比。

净债务：公司的总计息债务（短期债务和长期债务）减去持有的多余现金，其中后者等于公司持有的现金中超过支持公司持续经营所需资金的部分。

关键公式

每股利润（普通股融资方案）＝每股利润（债券融资方案）

$$\frac{(EBIT - I_s)(1 - T_c) - P}{S_s} = \frac{(EBIT - I_b)(1 - T_c) - P}{S_b}$$

其中，

EBIT＝息税前利润；

I＝利息费用；

T_c＝税率；

S＝普通股股数。

下标 s 和 b 分别表示普通股融资方案和债券融资方案。

复习题

12-1 2012 年，AT&T 公司通过在公开债券市场上发行债券借入了 30 亿美元。尽管这听起来好像是很多钱，但 AT&T 公司在 2011 年年末的公司债务达到将近 650 亿美元。该公司在2011年拥有超过2 700亿美元的总资产。AT&T公司新发行的债券将使该公司的资产负债率提高多少？

12—2　请区别商业风险和财务风险。这些风险来源将如何影响公司的整体风险？

12—3　请定义财务杠杆。如果目前公司的资本结构中有优先股，那么公司是否使用了财务杠杆？

12—4　请定义经营杠杆。当公司使用经营杠杆时，会产生哪类影响？

12—5　您所在公司的经理决定使用盈亏平衡分析。这位经理应该意识到该方法有什么缺点？

12—6　盈亏平衡分析假设收入和成本函数为线性函数。但在现实生活中，较高产量或销售收入水平下的收入和成本函数并不总是线性函数，为什么？

12—7　请定义以下概念：

a. 财务结构；

b. 资本结构；

c. 最优资本结构；

d. 举债能力。

12—8　使用EBIT-EPS分析作为工具来比较借款和发行新股的优劣的主要缺点是什么？

12—9　资本结构管理的目标是什么？

12—10　为什么当公司的销售收入在一个时期内剧烈变化时，公司会选择在资本结构中保守地使用债务？

12—11　独立性假说在被用于资本结构理论时指的是什么？

12—12　许多首席财务官都认为公司的综合资本成本是碟形或U形的。这意味着什么？

12—13　请说明EBIT-EPS无差异点在被用于融资决策时的含义。

12—14　请说明财务经理如何在设计公司的融资结构时使用行业标准。

课后习题

12—1　（商业风险和财务风险）下列新的利润波动来源中，哪些是商业风险的影响？哪些是财务风险的影响？请讨论您的决策理由。

a. 鲍森制造公司（Bowson Mfg, Inc.）最近盖了一栋新的办公大楼，该项目所需资金的100%均使用借款融资。

b. 过去，克拉克森资源（Clarkson Resources）公司雇用了一家外部公司来准备所有打印文件。然而，去年该公司购买了自己的印刷社（用现金付款）。

c. 梅利韦瑟供热公司（Merriwether Heating and AC Company）位于芝加哥。该公司的唯一业务是安装和维护办公室供热和制冷系统。然而，最近该公司的所有者（一位滑雪爱好者）决定购买一门高尔夫课程。

12—2　（盈亏平衡分析）您编制了雨果·博斯公司（Hugo Boss Corporation）的利润表，如下所示。它显示了该公司最近一年的经营状况，截止日期为昨天。

单位：美元

销售收入	50 439 375
可变成本	−25 137 000
减去固定成本前的收入	25 302 375
固定成本	−10 143 000
EBIT	15 159 375
利息费用	−1 488 375
税前利润	13 671 000
应纳税款（21%）	−2 870 910
净利润	10 800 090

您的上司刚刚交给您一份备忘录，要求您书面答复以下问题：

a. 该公司盈亏平衡点上的销售收入是多少？

b. 如果销售收入增加30%，该公司的税前利润（和净利润）增加率是多少？

12—3（盈亏平衡点和售价） 特种钢铁公司（Specialty Steel, Inc.）将在明年制造和销售400 000单位产品。总固定成本为350 000美元，可变成本为销售收入的60%。

a. 该公司希望息税前利润达到250 000美元。要达到该结果，该公司产品的单位售价必须为多少？

b. 请编制试算利润表来证明您对第a问的答案。

12—4（盈亏平衡点和经营杠杆） 摇滚明星公司（Rockstar, Inc.）为独立商户生产全系列男式休闲鞋和女式休闲鞋。每双产成品的平均售价为85美元。每双鞋的可变成本为44美元。该公司每年的固定成本为150 000美元。

a. 该公司盈亏平衡点上的休闲鞋销量是多少？

b. 该公司达到盈亏平衡点所必须实现的销售收入是多少？

c. 当产量分别为7 000双、9 000双和15 000双时，该公司的营业盈利或亏损（即净经营利润）分别是多少？

12—5（经营杠杆） C. M. 夸尔斯分销公司（C. M. Quarles Distributing Company）制造用于高性能发动机的各种冷气进气系统。不同系统的平均售价为300美元，相关的可变成本为每套系统120美元。该公司的固定成本平均为每年220 000美元。

a. 该公司以产量表示的盈亏平衡点是多少？

b. 该公司达到盈亏平衡点必须实现的销售收入是多少？

c. 当该公司的产量和销量为5 000套时，该公司的经营杠杆（即EBIT的变化百分比与相应的销售收入变化百分比之比）是多少？（计算结果保留三位小数。）

d. 如果该公司的销量比第c问的水平增长了20%，该公司的息税前利润预期将增长多少？

12—6（资本结构理论） 请将下列定义与对应的术语连接起来。

术语	定义
独立性理论——有公司税	资本成本不受公司选择债务融资还是股权融资的影响。
独立性理论——无公司税	资本成本在公司最初使用债务代替股权融资时下降，但最后随着债务达到极高水平而上升。
碟形资本成本曲线	资本成本随着公司对债务融资依赖的增加而持续下降。

12—7（资本结构理论） 以下哪种说法最恰当地描述了代理成本如何影响一家公司的资本结构选择？请解释原因。

a. 当公司的所有者借入资金时，他们有承担过多风险（也就是说，投资于风险很高的项目）的动机，因为他们管理的是其他人的钱。

b. 当公司的投资机会非常有限，几乎不使用债务融资且有稳健的利润来提供自由现金流时，公司的管理层可能会将公司的利润浪费在有问题的投资上。

12—8（EBIT-EPS分析） 比尔·泰尔（Bill Theil）和凯特·泰尔（Kate Theil）不仅是夫妻，还是创办了三家成功企业的企业家。他们最近的一项计划是开设一系列国际零售商店，分销规格齐全的家用园艺工具并提供相应服务。这些商店将建在南美洲交通发达的城市，例如巴拿马、波哥大、圣保罗和布宜诺斯艾利斯。这两位企业家提出了两种融资方案。A方案是全普通股结构，通过发行160 000股普通股筹集500万美元。B方案涉及使用长期债务融资，通过出售实际利率为14%的债券筹集300万美元。在B方案下，将通过出售64 000股普通股筹集剩下的200万美元。在两种方案下，都需要筹集500万美元以启动新公司的业务。在B方案下筹集的债务资金被认为没有固定到期日，因为这部分财务杠杆被视为公司资本结构中的永久性部分。这两位前途无量的企业家决定在分析中使用21%的边际税率，他们雇用您提供关于以下方面的建议：

a. 计算这两种融资方案的EBIT无差异水平。

b. 为这两种方案编制利润表，证明在第a问中的EBIT水平下，不论选择哪种融资方案，每股利润都相同。

12—9（EBIT-EPS分析） 一群退休大学教授决定组建一家小型制造公司，生产各种规格的传统办公家具。投资者提出了两种融资方案。A方案是全普通股方案。根据该协议，100万股普通股将以每股20美元的价格出售。B方案涉及使用财务杠杆。该公司将以私募方式发行20年期债务，债务的利率为10%，该公司借入的本金将为600万美元。边际公司税税率为21%。

a. 请计算与这两种融资方案相关的EBIT无差异水平。

b. 请编制试算利润表，证明在第a问的EBIT水平下，无论选择哪种融资方案，每股利润都是相同的。

c. 请画出这种情况下的EBIT-EPS分析图。

d. 如果某项详细财务分析预测长期EBIT将始终接近每年240万美元，那么哪种融资方案能提供更高的每股利润？

e. 如果您要介绍您对第a问至第d问的分析结果，您将如何向雇主总结您的结论？

12—10（评估杠杆的应用） 三家公司的财务信息如下表所示：

衡量指标	A公司	B公司	C公司	行业标准
债务比率	20%	25%	40%	20%
利息保障倍数	8倍	10倍	7倍	9倍
市盈率	9倍	11倍	6倍	10倍

a. 哪家公司看起来使用了超额杠杆？
b. 哪家公司使用的财务杠杆看起来最合适？
c. 相比于A公司，B公司的市盈率更高，您对此能给出什么解释？

迷你案例

1. 得克萨斯州休斯敦的野马资源开发公司是一家独立的石油和天然气公司，主要在得克萨斯州的伊格尔福特及奥斯汀收购、勘探、开发以及生产石油、天然气和液化天然气资产。2016年，该公司通过以每股15.00美元的价格发行2 750万股普通股，成为一家上市公司。

尽管野马资源开发公司传统上将业务范围限制在得克萨斯州的两个油田（位于得克萨斯州的伊格尔福特和奥斯汀），但现在它在路易斯安那州中北部从事一系列水平钻井投资。该公司业务规模的快速增长导致该公司的投资以及对投资的需求急剧增加，如以下资产负债表所示。

单位：千美元

	2016年	2017年
流动资产		
现金	3 115	226
应收账款	26 428	84 103
预付费用	1 633	3 290
其他流动资产	0	2 336
流动资产总计	31 176	89 955
非流动资产		
土地、厂房和设备净值	1 407 899	2 684 486
其他非流动资产	3 206	3 659
非流动资产总计	1 411 105	2 688 145
资产总计	1 442 281	2 778 100
流动负债		
应付账款	21 014	53 005
应计负债	23 461	199 952
其他流动负债	14 087	58 074
流动负债总计	58 562	311 031

续表

	2016 年	2017 年
非流动负债		
长期债务	242 750	770 596
其他非流动负债	133 061	105 698
非流动负债总计	375 811	876 294
负债总计	434 373	1 187 325
优先股	0	445 483
股东权益		
普通股面值	917	1 012
额外实收资本	1 017 388	1 118 507
累计利润	−10 397	25 773
股东权益总计	1 007 908	1 145 292
负债和权益总计	1 442 281	2 778 100

野马资源开发公司的管理团队越来越关注该公司能否维持其不断增长（且盈利）的钻井业务的资本需求。因此，它决定与该公司的合作银行联系，试图将该公司的借款额度提高 2 亿美元。首席财务官希望该公司目前的盈利水平和增长前景能给该银行留下足够深刻的印象，以便为该公司提供更多信贷。如果野马资源开发公司无法成功获得额外融资，它将考虑两种可能的意外情况。第一，它可能不得不出售正在为该公司的利润增长做出贡献的部分生产厂房。第二，管理团队已考虑与一家更大型的能源公司联系，提出合并或出售公司的建议。它的想法是，这家较大的公司有能力通过内部渠道或使用现有信贷额度为野马资源开发公司的业务融资。

单位：千美元

	2015 年	2016 年	2017 年
收入	86 335	127 342	427 187
现金营业费用	−62 348	−53 979	−121 538
折旧费用	−56 244	−81 757	−168 250
其他利润（费用）	6 764	−36 423	−94 409
净经营利润	−25 493	−44 817	42 990
（净）利息费用	−6 943	−7 834	−31 934
税前利润	−32 436	−52 651	11 056
所得税（收益）	−604	5 575	38 824
净利润（亏损）	−33 040	−47 076	49 880

　　a. 请利用现有数据计算野马资源开发公司所有年份的业务利息保障倍数和债务比率。从这两个比率中，您了解到该公司的资本结构的哪些信息？

b. 如果您使用净债务作为计算债务比率的基础，这对您对野马资源开发公司使用借入资金为业务融资的评估是否有重大影响？为什么？

c. 一些贷款人使用公司的净营业利润与折旧费用之和除以利息费用来计算利息保障倍数。然而，该指标将如何改变您对该公司偿债能力的评估？

d. 如果您是负责野马资源开发公司账户的贷款主管，您是否将对贷款展期？如果不会，您会建议该公司如何做？

2. 假设您最近被一家较新的高杠杆滑雪装备制造公司聘为财务分析师，该公司位于科罗拉多州洛基山的脚下。您所在的公司只生产一种产品——一种最先进的滑雪板。该公司已经运营至今，但没有太多关于其商业风险和财务风险的量化信息。

滑雪季刚刚结束。该公司的总裁开始将更多注意力转到管理企业的财务方面上来。他和首席财务官玛丽亚·桑切斯（Maria Sanchez）安排下周开会讨论该公司面临的商业风险和财务风险等事务。

因此，玛丽亚·桑切斯请您写一份分析报告，帮助她与总裁进行讨论。作为您工作的第一步，您根据该公司的成本结构汇总了以下信息：

产出水平	80 000 单位
经营资产	4 000 000 美元
经营资产周转率	8 倍
经营资产收益率	32%
经营杠杆水平	6 倍
利息费用	600 000 美元
边际税率	21%

下一步，您需要确定该公司的盈亏平衡产量。您的强项之一是您经常准备辅助性工作文件，它们显示了您如何得出结论。您知道玛丽亚希望通过这些工作文件来帮助她评价您的工作。因此，您将得到编制公司分析性利润表所需的信息。您确信，玛丽亚也希望看到这张报表。此外，您还知道您需要回答以下问题。您也知道玛丽亚希望您整理出以下问题的答案以便汇报给总裁，这将作为她与总裁讨论的基础：

a. 该公司的盈亏平衡销售收入是多少？

b. 如果销售收入增长了30%（正如总裁的预期），那么EBT（税前利润）和净利润的增长率将是多少？

c. 请编制另一张利润表，验证您对第b问的计算结果。

3. 美国野营公司（Camping USA Inc.）在新墨西哥州阿尔布开克营业刚刚两年，它是一家高端露营帐篷的新生产商。您现在开始作为首席财务官助理在这家公司实习。该公司的所有者兼首席执行官汤姆·查尔斯（Tom Charles）认为现在应该了解更多该公司必须解决的商业风险和财务风险。因此，首席财务官让您编制一份分析报告，作为他一周后与汤姆·查尔斯开会时的参考。

为了进行必要的计算，您已经汇总了关于该公司成本结构的以下数据：

产出水平	120 000 单位
经营资产	6 000 000 美元
经营资产周转率	12 倍
经营资产收益率	48%
利息费用	720 000 美元
边际税率	21%

首席财务官告诉您首先要确认该公司的盈亏平衡销量。他要求您准备辅助性文件，说明您如何得到您的结论，并帮助他评估您的工作。因此，为了向首席财务官提交该公司的试算利润表，您需要编制该报表所需的信息。为了符合与首席执行官在会议上进行讨论所要求的格式，您还需要给出以下问题的答案：

a. 该公司的盈亏平衡销售收入是多少？
b. 如果销售收入增长了40%，那么EBT（税前利润）和净利润的增长率将是多少？
c. 请编制另一张利润表，验证您对第b问的计算结果。

第13章

股利政策与内部融资

学习目标

1	描述支付股利和留存（再投资）公司利润之间的权衡。	公司如何向股东分配公司利润？
2	解释股利政策如何影响公司股价。	股利政策对股东重要吗？
3	讨论股利政策的约束、常用的股利政策和股利支付程序。	实践中的股利决策
4	说明为什么公司有时支付非现金股利。	送股与股票分拆
5	区分现金股利和股票回购。	股票回购

科技巨头苹果公司（AAPL）在2012年3月宣布了一项计划，决定在回购1 400亿美元股票之外，还将在第4季度支付每股2.65美元的现金股利。支付股利和回购股票共需2 000亿美元！有意思的是，这并不是苹果公司第一次支付股利。该公司支付过8年股利，但在1995年年末，由于商业前景恶化，该公司董事会决定停止发放股利。[①]

为什么投资者应该关注公司的现金分配呢？答案很简单，因为这些现金分配代表了股东的投资收益。因此，这些现金分配是公司为其所有者创造价值的切实证明。但并非所有公司都会支付现金股利或回购股票。例如，苹果公司在成立之初成长迅速，需要用全部内部产生的利润来支持其成长，那时，它并不发放任何现金股利。与之类似，快速成长的科技巨头脸书公司（Facebook Inc.，FB）在截至2016年12月31日的12个月中获得了102.17亿美元利润，其现金加上有价证券超过89亿美元，但不支付现金股利。那么，如果脸书没有向股东发放现金股利，为何它的股价在2018年2月1日达到193.09美元？答案是，投资者预期该公司将在未来某个时刻发放现金股利，正如苹果公司所做的那样。因此，预期股利和股票回购是股票估值中使用的基础现金流（基本原则1）。

[①] Casey Newton, "Apple to offer quarterly dividend, buy back shares," *SFGate*, March 20, 2012 (http://www.sfgate.com/cgibin/article.cgi?f=/c/a/2012/03/19/BU201NN0EH.DTL&type=business).

那么，是谁支付股利？他们支付了多少股利？我们很难描述所有公司的特征，但可以观察标准普尔500指数，以了解一些最成功的大型公司的表现。例如，2017年，这500家公司中有83%支付了现金股利，这些股利约占公司利润的三分之一。如果用支付的股利除以公司的股价来计算股利收益率，那么股利收益率不到2%。显然，大多数大公司均以现金股利的形式向股东支付巨额款项。但是，由于股利收益率很低，所以投资者预期未来的股利将会增长，并基于这种理由投资该公司的股票。

由于公司的目标应该是最大化股东对该公司的投资的价值，因此，只能通过管理层决策对公司股价的影响评估这些决策的成败。我们观察到，公司的投资决策（第10章、第11章）和融资决策（第12章）可以增加公司的价值。当我们考察公司关于股利和内部融资（公司的融资中有多少来源于内部产生的现金流）的政策时，我们将回到同一个基础问题上：管理者能通过公司的股利政策影响公司的股票价格吗？在解决了这个重要问题之后，我们将考察这个问题的现实一面：当管理者做出是否向公司股东支付股利的决策时，他们通常采取什么做法？我们最后将讨论股票回购决策。公司越来越多地将回购自身股票作为支付现金股利的替代方式。

公司如何向股东分配公司利润？

在开始讨论与股利政策相关的具体问题之前，我们必须理解几个重要概念和相互关系。

一家公司的股利政策包括两个基本要素。第一个要素是**股利支付率**（dividend payout ratio），它表示公司支付的股利金额与公司利润之比。例如，如果每股股利为2美元，每股利润为4美元，则股利支付率为50%（=2美元÷4美元）。第二个要素是一个时期内的股利稳定性。正如您将在本章后面学到的，对投资者而言，股利稳定性几乎与收到的股利金额同样重要。

在制定股利政策时，财务经理需要做出权衡取舍。假设管理层已经决定投资金额，也选择了为其融资的债务-股权结构，支付更多股利的决策意味着同时决定保留更少的公司利润；这进而会导致公司更加依赖外部股权融资。相反，给定公司的投资决策和融资决策，支付较少的股利对应着保留较高的利润，使公司从外部筹集资金的必要性下降。这些权衡是我们讨论的基础，如图13-1所示。

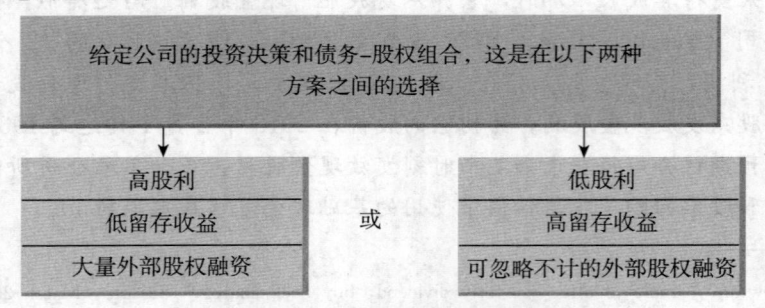

图13-1 股利和留存收益的权衡

> **概念回顾**
> 1. 为财务主管提供有用的股利支付率定义。
> 2. 公司的实际股利政策如何影响对外部产生的金融资本的需求?

股利政策对股东重要吗?

支付股利的有力理由或动机是什么?换言之,给定公司的资本预算决策和融资决策,公司的股利政策对股票价格有什么影响?高股利会降低股票价格、提高股票价格还是没有实际影响?

第一眼看上去,我们可能合理地认为,公司的股利政策很重要。我们在第8章中曾经指出,股票价值等于公司预期未来股利的现值。如此多公司支付股利还有其他原因吗?为什么有些股利公告——例如本章引言部分中的苹果公司公告——成了头条新闻?我们为什么不能得出股利政策很重要的结论?

三个基本观点

有些人认为股利金额与股票价值无关,在这种决策上花时间纯属浪费。另一些人认为,高股利会导致高股价。还有些人认为,股利实际上会损害支付股利的股票的价值,因为如果公司需要筹集更多股权资金,它将使公司更依赖新股发行。如果公司留存收益,就不会产生任何成本,而如果公司必须出售新股票,就会产生发行成本。

在我们深入分析关于股利政策问题的各种理论或观点之前,我们需要小心设定我们施加在这个问题上的条件。具体而言,我们需要从最基本的假设开始,即假设不论公司是否支付股利,公司都计划接受所有净现值为正的投资机会。这一点十分关键,因为如果我们允许股利支付决策干预公司接受好投资项目的决策,那么股利显然对公司股东十分重要。那么,假设公司将做出正确的投资决策,为什么公司的股利政策仍然可能很重要?

观点 1:公司的股利政策无关 许多关于股利问题的争论都是基于学者和专业人士由来已久的意见分歧。有经验的从业人员倾向于认为股价变化是股利公告导致的结果,因此,他们认为股利很重要。而教授们常常认为,股利和股价之间看似明显的关系只是假象。

股利不重要的观点依赖于两个前提条件。第一,我们必须假设公司已经做出投资决策和融资决策,这些决策不会因为支付的股利金额而改变。第二,我们假设存在**完美资本市场**(perfect capital markets)。这意味着:(1)投资者可以买卖股票而不产生交易成本,例如经纪佣金;(2)公司可以以零成本发行股票;(3)没有公司税或个人税;(4)投资者可以无成本或以极低成本获得关于公司的完整信息;(5)管理者和股东之间没有利益冲突;(6)不存在财务困境成本和破产成本。

第一个假设——公司已经做出了投资决策和融资决策——只是让我们避免在这个问题上产生混淆。我们希望了解在排除其他决策的影响后股利政策的独立影响。第二个假设,即完美市场假设，也使我们能研究股利决策的独立作用，这非常类似于物理学家在真空中研究运动，以避免摩擦力的影响。

给定这些假设，我们可以明确地说，股利政策与股票价格没有关系。一种股利政策与另一种股利政策的效果相同。总体来看，投资者只关心从投资决策中获得的总收益。不论这些收益来自资本收益还是股利收入，对他们来说都没有差别。他们还意识到，股利政策其实是融资策略的选择。也就是说，为了给增长融资，公司可能选择发行股票，允许用内部产生的资金（利润）支付股利；也可能利用内部产生的资金为公司的增长融资，支付较少的股利，但不需要发行股票。在第一种情况下，股东收到股利；而在第二种情况下，股东的股票价值将上升。因此，收益性质是唯一的差别，而总收益相同。

观点2：高股利将增加股票价值　认为公司的股利政策不重要的观点隐含着一个假设，即投资者对于增加的收入是来自资本收益（股票价格上升）还是来自股利是无差异的。但是，股利比资本收益更容易预测。管理者可以控制股利，但他们不能规定股价。投资者对于从资本收益中获得的收入比从股利中获得的收入更不确定。资本收益比股利收入高出的风险表明，在贴现资本收益时的必要收益率高于贴现股利时的必要收益率。换言之，我们对预期股利的估值将高于对预期资本收益的估值。例如，我们可能对全部收益都来自股利的股票要求14%的收益率，但对不支付股利的高成长型股票要求20%的收益率。这种观点认为股利比资本收益更确定，被称为**一鸟在手股利理论**（bird-in-the-hand dividend theory）。

认为股利比资本收益风险小，因此二者的估值应该有差异的观点并非没有受到批评。如果我们坚持我们的基本决策，不让公司的股利政策影响公司的投资决策和资本结构决策，那么公司的经营现金流的预期金额和波动性都不受公司股利政策的影响。因为股利政策不影响公司整体现金流的波动性，因此它也不会影响公司的风险程度。

提高公司的股利不会降低股票的基本风险；相反，如果支付股利需要管理者发行新股票，那么这只会将风险和所有权从现有股东转移给新股东。我们必须认识到，收到股利的当前投资者会用不确定的资本收益交易安全资产（现金股利）。然而，如果降低风险是唯一目标，那么首先投资者本可以将钱存入银行，而不是购买股票。

观点3：低股利将增加股票价值　关于股利如何影响股票价格的第三种观点认为，股利实际上会损害投资者的利益。这种观点在很大程度上是基于股利和资本收益在税务处理上的不同。

多年来，美国法律对于应对资本收益征收较低税率还是与股利收入类似的税率曾有过变化。根据于2018年生效的最新税法修正案，普通股利和短期资本收益（通过出售持有不到一年的资产实现的收益）应按持有者的所得税税率纳税。但是，合格股利（满足特定要求的普通股利，例如投资者对其股票的持有期达到特定长度的美国公司支付的普通股利）和长期资本收益不作为普通收入纳税。具体而言，税率为10%~12%的纳税人的资本利得税率为0，税率为22%~35%的纳税人的资本利得税率为15%。收入最高的人群（税率为37%）的资本利得税率为20%。

事实上，相对于股利收入，资本收益还有另一个好处。股利收入是在收到股利时纳税，而价格上升的收益（资本收益）将延迟到股票实际出售时才纳税。因此，当我们考虑税收影响时，相对于需要在近期纳税的现金股利而言，许多投资者都偏好保留公司的利润——以期在未来获得资本收益。同样，如果利润保留在公司内部，那么投资者希望股票价格上升，但是直到出售股票才需要对这部分增值收益纳税。

总而言之，当考虑税收时，我们希望最大化我们的税后收益，而不是税前收益。投资者只要有可能，就会试图延迟纳税。相对于需要在当期纳税的股票（高股利-低资本收益），允许延迟纳税的股票（低股利-高资本收益）将可能以溢价出售。这说明支付低股利或不支付股利的政策将导致较高的股票价格。也就是说，高股利对投资者不利，而低股利和高留存收益有利于投资者，这是低股利政策支持者的逻辑。这假设公司的管理层有一系列正净现值项目，使公司可以留存收益用于生产。

理解股利政策理论

我们现在已经考察了关于股利政策的三种观点。那么哪种观点是正确的呢？在完美市场假设下，很难驳斥股利无关的观点。但是，在现实世界中，接受这种观点却并不总是很容易。高股利观点根据我们如何在股利和留存收益之间分配公司现金流来衡量风险，但仔细研究该观点之后，它就显得没那么有吸引力了。第三种观点基本上是一种反对高股利的税收观点，它很有说服力。即使在今天，尽管资本收益不再享有优惠税率，但资本收益的"延迟纳税优点"仍然存在。然而，如果低股利如此有利，而高股利如此有害，为什么公司仍然持续支付股利呢？很难相信管理者会放弃这样一个使股东获益的简单机会。我们遗漏了什么因素？

我们不应忽视寻找"股利谜题"中的遗漏因素的必要性。当我们需要更好地了解某个问题或现象时，我们要么加深思考，要么收集关于这个问题的更多证据。学者和从业人员已经采取了这两种方法。尽管仍然没有一个被所有人接受的权威答案，但人们提出了多种可行的解释。其中一些较流行的解释包括：(1) 剩余股利理论；(2) 客户效应；(3) 信息效应；(4) 代理成本；(5) 预期理论。

剩余股利理论　在完美市场上，当公司发行新证券时，公司不会产生成本。然而，在现实生活中，这个过程的成本非常高，新证券的发行成本可能达到发行金额的20%。因此，如果管理者选择用发行股票而不是留存收益来筹集新投资所需的资金，就需要发行更大金额的证券。例如，如果一项投资需要3 000万美元，那么公司就必须发行超过3 000万美元的证券来弥补发行成本。很简单，这意味着通过出售普通股筹集的新股权资本将比通过留存收益筹集的资本更昂贵。

实际上，发行成本消除了我们在使用内部资本和发行新普通股之间的无差异性。考虑到这些成本，只有在投资没有完全用尽公司的利润时才应支付股利。也就是，只有剩余利润才应该作为股利支付。这种政策被称为**剩余股利理论**（residual dividend theory）。

考虑到存在发行成本，公司的股利政策应该如下所示：

(1) 如果项目的净现值为正，也就是说，当预期收益率超过资本成本时，接受投资。

(2) 首先使用内部产生的资金来筹集新投资所需的股权资金。只有在充分利用这部分资金之后，公司才应发行新普通股。

(3) 如果在进行所有可接受投资之后，内部产生的资金仍然有剩余，那么就向投资者支付股利。然而，如果需要用所有内部资金来支持可接受投资项目，就不支付股利。

因此，股利政策受以下因素的影响：（1）公司的投资机会；（2）内部产生的可用资本。只有在所有可接受投资项目都得到融资之后才应支付股利。根据这个理念，股利政策在性质上是完全被动的，它不能影响普通股的市场价格。

现在，让我们来考虑一些公司的现实情况。

客户效应　如果投资者不喜欢管理者选择的股利政策，会发生什么呢？在完美市场上，我们买卖股票时不会产生成本，因此不存在问题。当投资者收到的股利不能满足他们当前的需要时，投资者只需买入或卖出证券即可满足个人收入偏好。换言之，如果投资者认为某年收到的股利不够，他只需卖掉一部分股票，从而创造出股利。此外，如果股利大于投资者需要的金额，他只需用股利产生的额外现金买入股票。

然而，一旦我们剔除了完美市场假设，就会发现买卖股票不是没有成本的。它的经纪费在1%和10%之间。购买股票并收到现金股利的投资者负担的成本更高，因为他们在对现金进行再投资之前必须先纳税。当买入或卖出股票时，投资者首先必须对其重新估值。这对投资者来说可能十分耗费时间和金钱。最后，一些机构投资者，例如大学捐赠基金的投资者，可能不被允许出售股票。

考虑到这些因素，投资者可能不太愿意购买要求其创造更符合其目标的股利现金流的股票。或者，如果投资者确实偏好股利和资本收益之中的一种，我们可以预期他们会投资于股利政策与其偏好一致的公司。本质上，他们将通过购买满足其股利和资本收益偏好的股票来挑选出它们。例如，需要当期收入的个人和机构将被支付高股利的公司吸引。而另一些消费者，例如富人，则更愿意通过持有不支付股利或支付较少股利但有高额资本收益的证券来避税。换言之，将存在**客户效应**（clientele effect）：公司根据规定的股利政策挑选出特定的客户群。

由于可能存在不同类型的投资者客户，因此我们可能认为公司的股利政策很重要。然而，除非对特定政策的总需求大于市场能满足的需求，否则一种政策和其他政策没有区别。客户效应只是提醒公司在制定股利政策时避免随意变化。而且，考虑到公司的投资决策已经确定，股利水平仍然是不重要的。只有在股利政策要求客户转移到另一家公司时，股利政策才是重要的。

信息效应　完美市场上的投资者有充足理由认为公司价值是严格由其投资决策和融资决策决定的，且股利政策对公司价值没有影响。但是，我们从经验中仍能了解到，较大的意外股利变化可能对股票价格产生显著影响。例如，1990年11月，西方石油（Occidental Petroleum）公司将股利从2美元降到1美元。该公司股票价格的反应是从32美元跌到17美元。当我们能举出许多这种例子时，我们怎么能说股利政策几乎不影响股票价值呢？

尽管有这些证据，但一些专家仍然认为我们考察的不是真实的原因和结果。投资者有可能将股利政策变化当作关于公司财务状况的信号，尤其是公司盈利能力的信号。因此，超过预期的股利增长可能向投资者预示着管理者预期未来利润将显著增加。相反，股利下降，甚至是低于预期的股利增长，可能预示着管理者预期未来利润将不如人意。

同理，一些人认为，管理者常常拥有公司的内幕信息，而投资者无法获得这类信息。信息获取能力的差异被称为**信息不对称**（information asymmetry）。他们相信，信息不对称可能导致股票价格升高或降低。

因此，股利作为信息沟通工具可能很重要，因为管理者可能没有其他可信渠道来告知投资者未来利润情况,至少没有成本较低又令人信服的渠道。

代理成本 股东和公司的管理层之间经常存在冲突。因此,当投资者与公司管理层分离时,他们持有的公司股票价格可能低于封闭持股型公司的股票价格。这种潜在的股价差异是所有者承担的冲突成本,它通常被称为**代理成本**(agency costs)。

当意识到这个可能存在的问题时,行为独立于公司董事会或与公司董事会不一致的管理者会频繁采取行动以降低代理成本。这种行动本身也是有成本的,包括雇用独立会计师进行审计,对公司的董事会进行监督,在贷款协议中加入限制管理层权力的条款,为管理者提供激励性薪酬计划,使他们与公司所有者的利益绑在一起。

公司的股利政策可能被所有者视为最小化代理成本的工具。假设支付股利要求管理者发行股票来为新投资项目融资,那么只有在新投资者相信这笔投资会带来盈利时,才会投资于该公司的股票。因此,支付股利将间接导致加强对管理层投资行为的监督。在这种情况下,股利可能为公司价值做出了有意义的贡献。

预期理论 在我们对股利政策的讨论中,尤其是与信息效应有关的讨论中,一个共同线索就是"预期"一词。当我们在公司内部做出任何财务决策时,都不应该忽视这个词的重要性。不管在哪个决策领域,市场价格对公司行为的反应都不完全取决于这种行为本身,它也受到投资者对管理层做出的最终决策的预期的影响。这个概念或观点被称为**预期理论**(expectations theory)。

例如,随着管理层宣布公司下一笔股利金额的日期临近,投资者将对股利金额产生预期。这些预期是基于与公司相关的一些因素做出的,例如过往的股利决策、当期利润和预期利润、投资策略和融资决策,等等。投资者也会考虑宏观经济环境、当前的行业优势和劣势、可能的政府政策变化等因素。

当实际股利决策被公布之后,投资者将比较实际决策和预期决策。如果股利金额符合预期,即使它表示股利高于以往,股票的市场价格也仍会保持不变。然而,如果股利高于或低于预期,那么投资者将重新评估他们对公司的看法。简而言之,公司关于股利政策的实际政策不太可能十分重要,除非它与投资者的预期相差甚远。但是,如果实际股利和预期股利存在差异,我们将更可能看到股票价格的变化。

我们将得到什么结论?

不论如何,一家公司都必须制定股利政策,以下是我们了解的关于公司股利政策重要性的几条信息:

(1)随着公司投资机会的增加,公司的股利支付率应该降低。换言之,当投资的预期收益率超过资本成本(正净现值)时,投资金额与公司发放给投资者的股利之间存在反向关系。由于存在发行成本,因此内部产生的股权融资优于出售股票(从当前普通股股东的财富角度考虑)。

(2)公司的股利政策看起来十分重要,然而,表象可能是有欺骗性的。真正的问题是公司的预期盈利能力,而且投资者会将股利政策作为关于公司未来利润的信息来源。相对于管理层声称利润将增加或减少而言,股利可能更有分量。(行动比语言更有说服力。)

(3)如果股利能影响股票价格,那么这可能是基于投资者希望减少或延迟纳税的愿望，以及股利能最小化代理成本的事实。

（4）如果预期理论具有一定价值，而我们也确实相信它有价值，那么公司在制定股利决策时，应该避免让投资者感到意外。

（5）公司的股利政策实际上应该被视为长期残值。管理者应该预测多年的融资需求，而不是仅仅预测一年的投资需求。如果在公司采纳所有可接受投资项目之后内部资金仍有剩余，那么应该支付股利。相反，如果在长期内，需要将内部产生的全部资本再投资于公司，就不应该支付股利。

财务经理必须在纷杂的现实世界中制定公司的股利政策。这意味着我们的理论不能提供完美解释重要关系的公式。然而，它为我们提供了对世界更完整的观察视角，这能帮助我们做出更好的决策。

> **概念回顾**
> 1. 总结股利政策可能与公司的股票价格无关的观点。
> 2. 一鸟在手股利理论是什么意思？
> 3. 为什么现金股利被认为比资本收益的确定性更高？
> 4. 对个人征收的税款如何影响公司的股利政策和股票价格？
> 5. 请区分剩余股利理论和客户效应。

实践中的股利决策

在现实中，有许多会影响公司的股利支付决策的实际因素。其中部分较明显的因素包括以下几点：

法律限制

某些法律可能限制公司可以支付的股利金额。这些法律限制分为两类。第一类是强制性限制，它可能会阻止公司支付股利。尽管具体限制随地区的不同而有变化，但通常来说，如果出现以下情况，公司就不能支付股利：（1）公司的负债超过资产；（2）公司支付的股利金额超过公司的累计利润（留存收益）；（3）用投资于公司的资本支付股利。

第二类法律限制是每家公司特有的限制，它来自公司债务协议和优先股协议的限制。为了最小化风险，投资者常常会向管理者施加限制性条款，作为他们投资于这家公司的条件。这些限制可能包括在偿还债务之前不能发放股利的条款。而且，公司还可能被要求保持一定金额的运营资本。优先股股东可能规定拖欠优先股股利时，不能支付普通股股利。

流动性限制

与流行的观点相反，公司在资产负债表上有大量留存收益的事实并不代表这些现金可以被用来支付股利。公司的流动性资产，包括现金，基本上独立于留存收益账户。通常，留存收益要么在短期内被再投资于公司中，要么被用来偿还到期债务。因此，一家公司可能利润极高，但仍然缺少现金。因为股利是用现金而不是留存收益支付的，因此，公司必须拥有可以被用来支付股利的现金。所以,公司的流动性状况对公司支付股利的能力有直接影响。

利润的可预测性

公司的股利支付率在某种程度上取决于公司未来某个时期内的利润的可预测性。如果利润剧烈波动,公司的管理者就会知道他们不能完全依靠内部产生的资金来满足公司未来的需求。因此,当实现利润时,公司可能保留更多利润以保证当公司需要时有充足资金。相反,利润稳定的公司通常倾向于将较大比例的利润作为股利支付给股东。这种公司不太担忧获得利润以满足公司未来资本需求的能力。

保持对所有权的控制

对于许多大公司来说,通过普通股所有权来控制公司并不是一个重要问题。但是,对许多中小型公司来说,保持对投票权的控制是十分重要的。如果现有的普通股股东不能参与新股发行,发行新股票就将失去吸引力,因为现有股东的控制权会被稀释。所有者可能更愿意让管理者用债务或留存收益为新投资项目融资,而不是发行新的普通股。于是,公司的成长受到公司能举借的债务金额和公司产生利润的能力的限制。

其他股利政策

不论公司的长期股利政策如何,大多数公司都会选择几种按年支付股利模式之一。

(1) **固定股利支付率**(constant dividend payout ratio)。在这种政策下,用于支付股利的利润百分比是固定的。尽管股利支付率是稳定的,但随着利润的变化,股利金额也会自然地逐年波动。

(2) **稳定的每股股利**(stable dollar dividend per share)。该政策在一个时期内保持相对稳定的股利金额。通常只有在管理层相信能在未来保持更高的股利水平时,才会提高股利金额。反之,只有在有明确证据证明无法持续支持当前的股利水平时,才会降低股利金额。

(3) **定期小额股利加上年终额外股利**(small, regular dividend plus a year-end extra)。实行这种政策的公司定期支付较少股利,并在好年景支付年终额外股利。额外股利通常在可以估计出公司当期利润之后的财政年度末发放。其目标是避免暗示将永远支付股利。然而,如果投资者预期公司总是会支付额外股利,这个目标就可能无法达到。

股利支付程序

确定公司的股利政策之后,还必须安排几个程序上的细节。例如,公司应该多久支付一次股利?如果股东在当年出售了股票,谁有权获得股利?要回答这些问题,我们需要了解股利支付程序。

通常,公司每季度都会支付股利。例如,2018年2月6日,艾默生电气公司(Emerson Electric Corporation,EMR)宣布它将在2018年第一季度向股东支付每股0.49美元的季度股利。因此,年股利将为1.96=(4×0.49)美元/股。

最后批准股利的是公司的董事会。例如，艾默生电气公司2018年的**股利公告日**（declaration date）是2018年2月6日，股权登记日是2018年2月16日，股东收到股利的**股利支付日**（payment date）是2018年3月9日。**股权登记日**（date of record），即2018年2月16日，表示结束股票转让登记的日期。经证明在这一天拥有股票的投资者将收到股利。如果股票的转让记录发生在2018年2月16日之后，那么新的股票所有者将无权获得股利。但是，如果股票在股权登记日的前一天，即2月15日出售，就可能产生问题。因为这笔交易来不及在股权登记日当天反映在股东名单里。为了解决这个问题，股票经纪公司在股权登记日的前一个工作日*，也就是除权日，统一截止股东对股利的所有权。对艾默生电气公司而言，**除权日**（ex-dividend date）是2018年2月15日。股利公告和股利支付程序如下图所示：

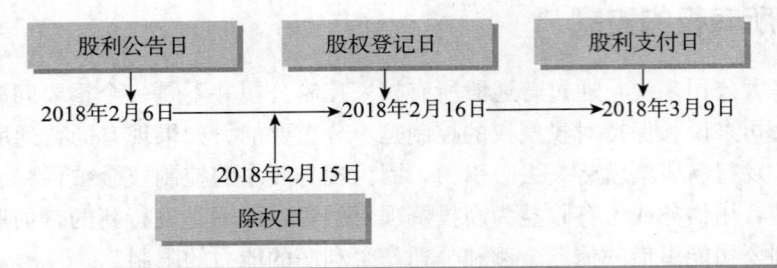

```
 ┌─────────┐       ┌─────────┐        ┌─────────┐
 │ 股利公告日 │       │ 股权登记日 │        │ 股利支付日 │
 └────┬────┘       └────┬────┘        └────┬────┘
      ▼                 ▼                  ▼
  2018年2月6日 ──────► 2018年2月16日 ──────► 2018年3月9日

            2018年2月15日
            ┌─────────┐
            │  除权日  │
            └─────────┘
```

概念回顾

1. 请指出影响公司股利支付政策的一些现实因素。
2. 请指出并解释三种不同的股利政策（提示：其中一种是固定股利支付率政策）。
3. 一般多久向投资者支付一次现金股利？
4. 请区别：(a) 股利公告日，(b) 股权登记日，(c) 除权日。

送股与股票分拆

送股是指公司向股东分配更多股票以代替现金股利。股票分拆是指用更多（在"逆向"分拆的情况下是更少）股票交换公司的流通股。在这两种情况下，流通普通股的股数都会改变，但是公司的投资和未来盈利前景不会发生改变。本质上，所有权蛋糕只是被切成了更多块（在逆向分拆的情况下是更少块）。

送股和股票分拆的唯一区别在于它们的会计处理方式不同。它们都是按比例向现有股东分配额外股票。但是，从会计角度来看，**股票分拆**（stock split）被定义为超过25%的股票股利。因此，按照惯例，**送股**（stock dividend）被定义为向现有流通股股东分配最高为原有股数25%的股票。

尽管送股和股票分拆比现金股利出现的频率小得多，但仍有许多公司选择在发放现金股利的同时送股，或者用送股代替现金股利。用一个价格比较的小例子可以让我们清晰了解股票分拆和送股在经过较长时间后的影响程度。1926年，一张电影票的价格为25美分，

---

* 英文原书为前两个工作日，疑原书与目前美国实践做法不符。——译者注

而在乡村地区电影票价格要便宜得多。同时，纽约证券交易所的平均股票价格为每股35美元。今天，如果我们想看一部新电影，我们需要支付10美元或是更高的价格。但是，股票的平均价格仍然约为35美元。相对稳定的股票价格是股票一次又一次被分拆的结果。我们只能断定投资者明显喜欢股票分拆和送股。但是如果投资者不能从中获得经济利益，为什么他们会喜欢这种方式呢？

送股和股票分拆的支持者经常坚持认为股东会从中获得重要好处，因为股票价格不会与股数增加完全同比例下降。对于1拆2的股票分拆来说，股价降幅可能不会达到50%，所以股东持有的股票总价值会增加。有两个理由可以解释这种不均衡。第一个理由是，许多财务管理人员认为市场上存在最优股票价格范围。在这个范围内，普通股股东的总市场价值被认为是最大化的。当股票价格超过这个范围时，能购买股票的投资者将变少，因此限制了对股票的需求。所以，股票价格存在下行压力。例如，苹果公司每当股票价格超过100美元时，就会分拆股票。它在1987年、2000年和2005年分别进行了1拆2的股票分拆。然而，在2014年6月，苹果公司进行了1拆7的股票分拆，这使该公司的股价从645.57美元跌至92.22美元。

第二个理由与股票分拆公告的信息内容相关。送股和股票分拆通常与有利润增长的公司相关。因此，宣布送股或进行股票分拆的公告被视为利好消息。然而，实证并没有证明这些结论。大多数研究表明，投资者能发现这种股利分配背后的真实含义。如果送股和股票分拆没有伴随着利润增加趋势和现金股利的增长，那么送股和股票分拆带来的股价上升就不显著。因此，我们应该对送股和股票分拆有助于增加投资者净值的论断保持怀疑。

> **概念回顾**
> 1. 股票分拆和送股的区别是什么？
> 2. 股票分拆和送股背后蕴含的管理逻辑是什么？

股票回购

当公司回购自己的股票时，就发生了**股票回购**（stock repurchase，stock buyback），这导致流通股股数减少。在过去的三十多年间，许多公司都积极回购自己的股票。在引言中，我们指出，苹果公司曾计划在2013年3月回购高达100亿美元的本公司股票。2015年，苹果公司宣布计划再回购500亿美元本公司股票。请注意公告中使用的"计划"这个词。这个词很重要，因为它给苹果公司留出了余地，让它在面临从2007年金融危机开始的经济下滑中的不确定性时，可以选择是否按照计划进行回购。2013年，沃尔玛（WMT）宣布计划回购150亿美元股票。然后，2015年4月，沃尔玛进行了有史以来最大一笔股票回购，总价值高达1 410亿美元。随后在2017年，又宣布计划回购另外200亿美元股票。

苹果和沃尔玛的股票回购并非独一无二。过去10年，除了2008—2009年的经济衰退期间，标准普尔500指数公司的股票回购总金额超过了现金股利。例如，2017年，这些大公司的股票回购总额超过了5 000亿美元，而总股利支付金额不到4 500亿美元。

如果您观察每家上市公司的资产负债表，您将发现几乎所有公司的库存股——公司回购自己股票所支付的金额——通常都数倍于股东的最初投资金额。这种情况对很多大型公司来说十分常见。股票回购有许多原因，其优点包括：

(1) 是一种提供内部投资机会的方式；
(2) 是一种改变公司资本结构的方法；
(3) 对每股利润有有利影响；
(4) 剔除了拥有少数所有权的股东群体；
(5) 将合并带来的每股利润稀释降到最低；
(6) 降低了公司服务小股东的成本。

同样，从股东的角度考虑，股票回购相对于现金股利而言有潜在的税收优势。

作为股利决策的股票回购

显然，支付普通股股利是公司向所有者分配利润的传统方式。但是，它不是唯一的方式。另一种方式是回购公司的股票。这个概念可以用一个例子来解释。

例 13.1

股利支付与股票回购

泰凌公司（Telink, Inc.）计划向普通股股东支付 400 万美元（每股 4 美元）的股利。泰凌公司的盈利情况和市场价格信息如下表所示：

净利润	7 500 000 美元
股数	1 000 000 股
每股利润	7.50 美元
市盈率	8 倍
支付股利后预期每股股价	60 美元

在最近的一次会议上，几位身兼大股东的董事质疑了该公司支付股利的必要性。他们坚持认为，他们不需要股利收入，并建议该公司对利润进行再投资，为未来的投资项目提供资金。为了回应这个建议，泰凌公司的管理层辩称，该公司的投资机会盈利性并不高，不值得为此而留存利润。具体而言，资本市场的必要收益率高于对该公司进行再投资能获得的收益率。

作为支付股利或利润再投资的替代方案，该公司的首席财务官建议该公司回购公司股票。这种方式让不希望获得股利收入的董事可以不出售他们的股票，从而避免了当前收入。

为了说明股票回购的影响，该公司的首席财务官建议该公司以每股 64 美元的价格回购公司股票，该价格是当前市场价格加上每股 4 美元的拟发股利。然后，他说股票回购的影响将和支付股利相同。他的说法正确吗？

第1步：确定解题方法

如果支付 4 美元的股利，每个股东最后将拥有价值为 60 美元的股票加上股利，价值为 64 美元。接下来的问题是："如果实施股票回购计划，每股股票的价值会是 64 美元吗？"

第 2 步：计算数值

首先请注意，以 400 万美元计算，该公司可以以每股 64 美元的价格回购 62 500 股股票（＝4 000 000 美元÷64 美元）。现在，我们可以通过计算该公司的每股利润来估计回购之后该公司的股票价格：

$$每股利润 = \frac{净利润}{回购股票后的流通股股数}$$

$$= \frac{7\,500\,000}{1\,000\,000 - 62\,500}$$

$$= 8(美元/股)$$

接下来，我们使用 8 倍的市盈率来估计每股价格，即：

$$每股价格 = 每股利润 \times 市盈率$$

$$= 8.00 \times 8$$

$$= 64.00(美元)$$

第 3 步：分析结果

在首席财务官的例子中，不论是支付股利还是回购股票，泰凌公司的股东同样都得到了 64 美元。但是请注意，股东要想真正实现无差异，那么 4 美元的股利与 4 美元的公司股票增值在税务处理上必须相同。但情况不一定是如此，因为股东出售股票实现的增值按照资本利得纳税，而股利按照普通所得纳税，前者的税率很可能低于后者的税率。而且，如果股东在回购中不出售股票，就不会有应税事项，因此股价收益将延迟到股票被实际出售时。

投资者的选择

如果在股票回购和股利支付之间选择，投资者应该偏好哪种方式？如果没有税收，买卖股票时没有佣金，股利中也不包含信息内容，那么投资者应该认为这两种选择无差异。例如，如果投资者需要现金流，而他拥有的股票不支付股利，那么他只需出售一部分股票来产生股利。请注意，出售股票不一定会减损投资者的投资价值，因为公司股票的价值应该有所增长，只是公司的利润没有以股利形式被支付给股东，而是被用于再投资。

投资者应该注意，回购股票当然也有缺点。第一，公司可能不得不对回购的股票支付过高价格，这会损害其他股东的利益。如果公司回购了较多股票，那么股票价格可能被推至过高，以至在回购操作后下降。第二，回购可能导致市场认为公司的风险程度上升，这将降低公司的市盈率和股票价值。

财务实践

公司越来越多地使用股票回购而不是向股东分配现金

公司分配利润的方式已经发生了根本性转变：从支付股利变为回购公司股票。这种变化至少有一部分是由于美国税法的变化，对支付给股东的股利多征 15% 的税款（在布什政府之前，股利的税率与累进所得税的税率一样高——在某些情况下，仅联邦一级的税率就超过 35%）。

支持股票回购增长的证据是,标准普尔指数500强企业仅在2005年就回购了3 490亿美元的股票。事实上,公司用于回购的资金比用于支付股利的资金多73%。平均而言,股票回购占公司利润的61%,而股利仅占32%。显然,公司对股票回购有强烈偏好。[a]

显而易见,公司发现股票回购是首选的现金分配方式,但这对投资者来说是否总是最好的现金分配方式?换个角度问,投资者是否有理由偏好股利而不是回购股票?答案是肯定的。例如,需要从投资中获得现金以维持生活的投资者可能更喜欢股利,而不是被迫出售股票并支付佣金。此外,收到定期寄来的支票而不用每天担心股票价值的波动也是一种安慰。

现在,一些公司认识到股东的利益有所不同,并试图将股票回购与现金股利相结合。例如,家得宝(Home Depot)公司曾以股票回购和支付股利相结合的方式支付了约65%的利润。在截至2006年1月29日的年度中,该公司的净利润总额为58.38亿美元,支付了8.57亿美元的股利,并回购了26.26亿美元的公司股票。这代表该公司利润的总分配比例为59.7%,其中45%是通过回购股票进行分配,14.7%是通过股利进行分配。[b]

但是,股票回购并非全是优点。有些股票回购只是代替作为公司薪酬计划的一部分给予公司员工的股份。例如,数字无线通信公司高通(Qualcomm)在截至2015年年中的5年内回购了2.38亿股,耗资136亿美元,然而在此期间流通股数量实际上增加了4 100万股。这对高通的股东来说是好事吗?现在还没有定论,因为我们不知道新股发行是否会对该公司未来的业绩和股票价值产生积极影响。[c]

a. Matt Krantz, "More Companies Go for Stock Buybacks," *USA Today* (March 23, 2006).
b. http://finance.yahoo.com/q/cf?s=HD&annual.
c. Gretchen Morgenson, "Stock Buybacks That Hurt Shareholders," *The New York Times* (June 5, 2015).

资料来源:Leslie Schism, "Many Companies Use Excess Cash to Repurchase Their Shares," September 2, 1993, *The Wall Street Journal*, Eastern edition.

股票回购是融资决策还是投资决策?

当公司拥有多余现金时,回购股票可以被视为股利决策。然而,股票回购也可以被视为融资决策。通过发行债务然后回购股票,公司可以立即使债务-股权结构中的债务比例增大。基本上,管理者不是选择如何向股东分配现金,而是使用股票回购作为一种改变公司资本结构的方式。

除了股利决策和融资决策以外,许多管理者都将股票回购视为投资决策。当市场上的股票价格低迷时,他们可能认为公司自身的股票价值被严重低估了,因此是较好的投资机会。尽管这可能是明智的行为,但这个决策不能、也不应该被视为投资决策。公司购买自己股票的决策不能像其他投资那样提供预期收益。没有公司能通过只投资于自己的股票来生存,更不要提发展壮大了。

实际考虑:股票回购程序

如果管理层倾向于回购公司的一部分流通股,那么它应该公开这些信息。所有投资者都应该有机会获知完整信息。他们应该被告知回购的目的,以及用来购买股票的方法。

股票回购有三种可行的方法。第一,公司可以在公开市场上购买股票。这里,公司通过股票经纪商以现行市场价格购买股票。这种方法可能会给股票价格带来上升压力。而且，公司必须支付给股票经纪商一笔服务费。

第二，向公司股东发起要约回购。**要约回购**（tender offer）是公司以事前确定的价格购买特定数量的股票的正式要约。要约价格通常被设为高于当前市场价格的水平，以吸引卖家。当需要购买大量股票时，要约回购的方式是最好的，因为投资者清楚地知道公司的目的，并且每个股东都有机会以要约价格出售股票。

第三，向一个或多个大股东回购股票。这种股票回购是建立在协商的基础上的。需要注意的是，公司应该确保达成公允、平等的价格。否则，其他股东可能因此而受到损害。

概念回顾
1. 请说明公司回购自己的普通股的三个原因。
2. 对股东来说，要使股票回购成为支付现金股利的完美替代方案，哪些财务关系必须成立？
3. 在股票回购中，要约回购意味着什么？

本章小结

➡ 学习目标 1. 描述支付股利和留存（再投资）公司利润之间的权衡。

小结：当公司决定支付现金股利时，这是使用现金，否则现金将被存入银行账户，或是被投资于短期货币市场。例如，在引言中，我们注意到，苹果公司宣布计划将在2015年支付超过2 000亿美元用于分配股利和股票回购。这意味着苹果公司不能将这些现金再投资于新项目。

关键术语

股利支付率：每股股利与每股利润之比。

➡ 学习目标 2. 解释股利政策如何影响公司股价。

小结：公司的股利决策对公司的财务结构有直接影响。如果支付的股利增加，那么可用于支持投资项目的内部资金就会减少。因此，如果需要更多股权资本，公司就必须发行新的普通股。在完美市场上，是否支付股利的选择并不重要。但是，当我们意识到在现实生活中发行股票有成本时，我们会偏好使用内部股权为投资项目融资。这里，股利决策只是残余因素，股利支付金额应该等于公司为所有投资项目融资之后剩余的内部资本。

其他可能导致公司股利政策影响公司股票价格的市场不完美性包括：（1）资本收益的递延纳税优点；（2）代理成本；（3）客户效应；（4）特定政策传达的信息内容。其他可能影响公司股利支付决策的现实考虑因素包括：
- 法律限制；
- 公司的流动性状况；
- 资本市场对于公司的可及性；
- 公司的利润稳定性；
- 投资者保持对公司的控制权的愿望。

关键术语

完美资本市场：在这种市场上，信息流动没有成本，且市场价格充分反映了所有可得信息。

一鸟在手股利理论：认为股利比资本收益更确定，因而也更有价值的观点。

剩余股利理论：该理论认为，公司支付的股利应该等于为所有正净现值投资项目融资之后剩余的现金。

客户效应：这种观点认为，个人和机构将根据其对当前现金流与未来现金流的特定需求，投资于股利支付与其需求匹配的公司。例如，需要当期收入的投资者将投资于有高股利支付率的公司。

信息不对称：这种理论认为，投资者不如公司的管理层了解公司的运营状况。

代理成本：当管理者与证券持有者之间存在利益冲突时，公司证券持有者损失的价值。

预期理论：认为投资者会评估管理层行为对股票价格的影响，并据此对管理层的决策做出反应的理论。例如，宣布提高股利不仅表示投资者将在本季度收到更多现金，而且会向投资者发出公司未来业绩将提高的信号。

➡ **学习目标 3. 讨论股利政策的约束、常用的股利政策和股利支付程序。**

小结：公司通常按季度支付股利。最后批准支付股利的是董事会。在这个过程中的重要日期如下：

- 股利公告日：董事会正式宣布支付股利的日期。
- 股权登记日：结束股票转让登记，以确认股票所有者的日期。
- 除权日：股权登记日的前一个工作日，此后股票将不再附有收取股利的权利。
- 股利支付日：公司向每个股东邮寄股利支票的日期。

实际上，管理者通常采用以下三种股利政策之一：

- 固定股利支付率，即股利与利润之比保持不变；
- 稳定的每股股利，即在一个时期内保持相对稳定的股利金额；
- 定期小额股利加上年终额外股利，即公司定期支付少量股利，并在好年景支付年终额外股利。

在这三种股利政策中，稳定的每股股利政策是迄今为止最普遍的。2003 年的《就业与增长税收减免协调法案》将股利收入的最高税率降低到 15%，并将已实现长期资本收益的最高税率同样定为 15%。这有助于平衡股利收入与合格资本收益的投资结构。但是，资本收益仍可递延至收益实现时纳税，但股利收入应在投资者收到股利的当年纳税。

关键术语

固定股利支付率：股利支付与利润之比保持不变的股利政策。随着利润的变化，股利金额逐年波动。

稳定的每股股利：保持相对稳定的每股股利金额的股利政策。

定期小额股利加上年终额外股利：定期支付少量股利，并在好年景支付年终额外股利，以避免暗示永久支付股利的公司股利政策。

股利公告日：董事会正式宣布支付股利的日期。

股利支付日：公司向每个登记在册的投资者邮寄股利支票的日期。

股权登记日：结束股票转让登记，以确认收到下一笔股利的投资者的日期。

除权日：股票经纪公司统一截止股利所有权的日期，该日期为股权登记日的前一个工作日。

➡ **学习目标 4.** 说明为什么公司有时支付非现金股利。

小结：送股和股票分拆都被公司用于代替或补充现金股利。现在，没有实证证明送股及股票分拆与股票市场价格之间的关系。但是送股或股票分拆可以被用来使股票价格保持在最优交易范围内。而且，如果投资者认为送股包含关于公司经营方面的利好信息，股票价格将会上升。

关键术语

股票分拆：超过当前流通股股数的 25% 的股票股利。

送股：按照现有股东的持股比例分配股票，最高为当前流通股股数的 25%。

➡ **学习目标 5.** 区分现金股利和股票回购。

小结：作为支付股利的替代方案，公司可以回购股票。在完美市场上，投资者认为收取股利和股票回购没有差异。投资者在需要收入时，只需通过出售股票来产生股利。但是，如果存在市场不完美性，投资者就可能偏好这两种公司利润分配方式中的一种。

股票回购可以被视为一种融资决策。通过发行债务然后回购股票，公司可以立即改变其债务-股权结构，从而提高债务比例。

而且，许多管理者也将股票回购视为一种投资决策——他们在认为股票价值被低估时决定买入股票。

关键术语

股票回购：发行公司购买流通普通股的行为。

要约回购：公司以事先确定的价格购买特定数量股票的正式要约。要约价格被规定为高于当前市场价格的水平，以吸引卖方。

复习题

13—1 股利支付率的含义是什么？

13—2 请解释保留内部留存收益和支付现金股利之间的权衡。

13—3 什么是剩余股利理论？

13—4 哪些法律限制可能限制公司支付的股利金额？

13—5 在本章的引言中，我们了解到苹果公司（AAPL）在 20 世纪 90 年代停止支付股利后，最近恢复支付现金股利。是什么原因影响该公司做出重新支付股利的决策？

13—6 公司的流动性状况如何影响股利支付？

13—7 管理者保持对所有权控制力的愿望如何限制公司成长？

13—8 请说明什么是股利公告日、股权登记日和除权日。

13—9 股票分拆或送股相对于现金股利有哪些优点？

13—10 为什么公司会回购自己的股票？

课后习题

13—1（**股利支付率**）2017 年 5 月，苹果公司（AAPL）宣布股利将增至每年 132.2 亿美元，超过了埃克森美孚（XOM）的 127.7 亿美元股利。苹果公司 2017 年的净利润为 483.5 亿美元，埃克森美孚2017年的净利润为197亿美元。如何比较这两家公司的股利支付率？

13—2（股利政策和发行新普通股） 克兰菲尔德企业集团（Cranfield Enterprises）刚刚完成了年度规划和预算流程，需要筹集2 000万美元为来年的资本支出提供资金。该公司去年的利润为1 800万美元，其中一半金额将作为股利支付。如果该公司的首席财务官希望使用不超过40%的债务融资来为新投资项目提供资金，那么该公司必须发行多少普通股来筹集所需的2 000万美元？

13—3（股利政策和股票价格） 请解释完美资本市场的概念。您使用的语言应该通俗易懂，就像向您没上过金融课的祖父解释这个概念一样。

13—4（股利政策和股票价格） 股利政策是否会影响股票价格这件事提出了一个问题，即支付给股东的股利是否比股东预期将从公司留存收益中收到的未来股利确定性更大。这被称为一鸟在手股利理论。您同意该理论吗？请解释原因。

13—5（剩余股利政策） 农场公司（FarmCo Inc.）采取支付现金股利的政策，支付的现金股利等于为该公司计划资本支出的40%提供资金之后剩余的利润。该公司希望保持债务占40%、股权占60%的资本结构，并且不准备在下一年发行更多股票。农场公司的首席财务官估计该公司将在今年获得1 200万美元的利润。

a. 如果该公司保持其目标融资结构，并且不在下一年发行股票，那么给定其利润估计，该公司下一年的资本支出最多是多少？

b. 如果农场公司下一年的资本预算为1 000万美元，那么该公司将支付多少股利？该公司的股利支付率是多少？

13—6（股利支付的法律限制） 请描述法律对股利支付的限制可能使公司面临哪些类型的限制。

13—7（制定股利政策的现实考虑因素） 肯辛顿企业集团（Kensington Enterprises）的董事会决定，在今年第一季度支付总计500万美元的现金股利。这是该公司历史上首次支付现金股利。您公司的首席财务官请您分析该公司在实施该计划中可能面临的限制或约束。请编写一份简要的报告，概述肯辛顿企业集团可能面临哪些类型的限制。

13—8（其他股利政策） 史密斯菲尔德肉类包装公司（Smithfield Meat Packing Company）的首席执行官编制了该公司的最终利润估计，如下表所示。该公司的流通普通股股数为4 000 000股。作为首席财务官的助手，您需要根据以下可能的政策决定各年的每股股利。

年份	税后利润（美元）
1	12 000 000
2	15 000 000
3	19 000 000
4	23 000 000
5	25 000 000

a. 稳定的股利，目标为5年期内利润的30%。

b. 每股0.60美元的定期支付小额股利，加上公司利润超过1 800万美元时的年终额外股利。年终额外股利等于利润超过2 000万美元部分的50%。

c. 40%的固定股利支付率。

13—9（固定股利支付率政策） 帕特森货运公司（Patterson Trucking Company）需要将车队规模扩张 40%，以满足该公司刚接到的两个大合同的需求，这些合同要求该公司将军事设备从散布于美国各地的制造工厂运输到不同的军事基地。扩张成本估计为 1 000 万美元。帕特森货运公司保持 30% 的债务比率，每年支付 50% 的利润作为普通股股利。

a. 如果帕特森货运公司在 2015 年的利润为 400 万美元，那么该公司需要出售多少普通股才能够保持目标资本结构？

b. 如果帕特森货运公司不想出售新股票，但是又想保持 50% 的固定股利支付率，那么该公司能承担多高的新资本支出？

13—10（固定股利支付政策） 帕克印刷（Parker Prints）公司正在和两个最大的客户谈判，以大幅增加该公司的销售收入。这要求帕克印刷公司扩张生产工厂，成本为 3 000 万美元。帕克印刷公司预期将在下一年向股东支付 800 万美元股利。帕克印刷公司在资本结构中保持 40% 的债务比例。

a. 如果帕克印刷公司在下一年将获得 1 200 万美元的利润，那么该公司为了保持目标资本结构需要出售多少普通股？

b. 如果帕克印刷公司不希望出售新股票，那么该公司能承担多高的新资本支出？

13—11（术语） 请定义以下每个日期，并根据现金股利的收付，按照合适的顺序对其进行排列：股权登记日、除权日、股利公告日、股利支付日。

13—12（送股） 2016 年春，HTPL 分销公司（HTPL Distributing Company）的首席财务官决定向股东送股。具体而言，该首席财务官提议，该公司向每个普通股股东分配 0.05 股股票，例如，持有 1 000 股股票的股东将收到额外的 50 股普通股。

a. 如果该公司在送股之前的年净利润总额为 1 000 万美元，共有 2 000 万股流通普通股，那么该公司的每股利润是多少？

b. 在送股之后，该公司的每股利润是多少？

c. 如果您在送股之前拥有 1 000 股股票，那么该公司从您的 1 000 股投资中获得了多少利润？在送股之后，该公司从您增持的股票中获得了多少利润？您预期送股将对您对该公司的总投资有什么影响？

13—13（股票分拆） WW 国际（WW International，WWI）公司最近宣布对普通股进行 1 拆 3 的股票分拆。在股票分拆之前，该公司的股票价格上涨到每股 450 美元，该公司的首席财务官认为，这样高的股票价格妨碍了该公司股票的交易。在股票分拆之前，该公司的流通普通股股数为 1 000 万股，净利润为 4 000 万美元。

a. 在股票分拆之前，WW 国际公司的每股利润是多少？

b. 在股票分拆之后，WW 国际公司将有多少股流通普通股？

c. 在股票分拆之后，该公司的每股利润是多少？

d. 如果您在股票分拆之前拥有 100 股股票，那么您所持股票的总利润是多少？您在股票分拆之后所持股票的总利润是多少？

e. 如果您在股票分拆之前拥有 100 股股票，那么相比于 1 拆 3 的股票分拆之前，您现在的财务状况变好了吗？请解释原因。

13—14（股票分拆） 罗布森公司（Robson Corporation）资产负债表的债务与权益如下表所示。普通股的当前市场价格为每股 20 美元。假设：（a）该公司发放了 15% 的股票股利；（b）该公司宣布将进行 1 拆 2 的股票分拆。请重新编制该公司的财务报表。

单位：美元

债务	1 800 000
普通股权益	
票面价值（2 美元，100 000 股）	200 000
实收资本	400 000
留存收益	900 000
	3 300 000

13—15（股票回购） 邓恩公司（Dunn Corporation）计划支付 500 000 美元的股利。该公司有 250 000 股流通普通股，每股利润为 5 美元。在除权日之后，股票价格为 50 美元。如果该公司决定不支付股利，而是回购股票，那么：

a. 回购价格应该是多少？

b. 该公司应该回购多少股票？

c. 如果回购价格低于或高于您在第 a 问中建议的价格，会发生什么情况？

d. 如果您拥有 100 股股票，您希望该公司支付股利还是回购股票？

13—16（股票回购和每股利润） 倍护公司（CareMore, Inc.）为老年人提供家用医疗辅助器械。该公司的净利润为 500 万美元，计划使用这笔钱来回购该公司的普通股。该公司普通股的当前售价为每股 50 美元。倍护公司拥有 2 000 万股流通股。

a. 该公司用 500 万美元可以回购多高比例的该公司股票？

b. 如果回购股票对该公司的净利润没有影响，那么在回购股票之后，每股利润将是多少？

迷你案例

假设您在给一个粉丝众多的财经博客写专栏，博客名为"财务问题：向专家提问"。您的工作是回答读者们关于财务的问题。本周，您准备回答读者提出的两个关于股利的问题。

问题 1： 我拥有史丹利公司（Standlee Corporation）30 000 股普通股中的 8%，这些股票最近的交易价格为每股 98 美元。该公司宣布计划进行 1 拆 2 的股票分拆。

a. 股票分拆之后，我的财务状况与目前相比将会怎样？（提示：假设股票价格按比例降低。）

b. 该公司负责财务的执行副总裁认为股票价格不会按照股票分拆规模等比例下降，而只会下降 45%，因为她认为该公司在分拆之前的股票价格高于最优价格范围。如果她的判断是正确的，那么我在这次股票分拆中获得的净收益将是多少？

问题 2： 我是 B. 菲利普斯公司（B. Phillips Corporation）的董事会成员，该公司宣布计划支付 550 000 美元股利。现在，该公司的流通普通股股数为 275 000 股，每股利润为 6 美元。看起来，除权日之后该股票的售价将为每股 45 美元。如果管理层决定不支付股利，而是回购股票，那么：

a. 要使回购方案与股利方案等价，回购价格应该是多少？（提示：忽略税收效应。）

b. 该公司应该回购多少股票？

c. 您希望考虑小股东的行动。如果某人拥有 100 股股票，您认为他更希望该公司支付股利还是回购股票？

第 14 章
短期财务计划

学习目标

1 使用销售收入百分比法预测公司的财务需求。　　财务预测

2 描述销售收入百分比预测法的局限性。　　销售收入百分比预测法的局限性

3 编制现金预算并用其评估公司融资需求的金额和时间。　　编制与使用现金预算

2018 年春，美国许多地区的柴油价格稍低于每加仑 3 美元。自从两年前同期柴油价格跌至每加仑 2.00 美元以来，柴油价格逐渐上升。对于联合包裹服务（United Parcel Service, UPS）等公司而言，燃油价格是其关注的重要因素，因为燃油成本是其营业费用的主要部分。显然，预测联合包裹服务公司的未来利润时，未来燃油成本的估计值是非常重要的变量。然而，预测未来市场价格即使有可能，也极为困难。

如果预测未来如此困难，并且计划是建立在预期之上的，那么为什么公司还要制订财务计划呢？显然，它们会制订财务计划，但是为什么呢？奇怪的是，答案不在于公司预测的准确性，因为未来最不确定时，财务计划最有价值。财务计划的价值来自制订财务计划的过程本身。也就是说，通过思考未来可能发生的情况，公司将制订不同的应变方案，以提高应对不利事件的能力，并利用可能出现的机会。

第 14 章有两个主要目标：

第一，本章将帮助您认识预测在公司财务计划过程中所起的作用。基本上，对未来销售收入和相关费用的预测为公司预测未来融资需求提供了必要信息。

第二，本章概述了财务计划的基本要素，包括现金预算、试算（计划）利润表和试算资产负债表。

试算财务报表是非常有用的工具，用于分析公司的预测和计划活动对财务业绩以及融资需求的影响。此外，试算财务报表也可以被用作比较实际经营业绩的基准或标准。以这种方式使用时，试算财务报表是监督和控制公司在计划期间内的经营进展的工具。例如，

在20世纪70年代发生第一次能源危机后，原油价格从每桶2美元涨到每桶20美元以上。许多人认为原油价格会涨到50美元以上。然而，在1986年，原油价格跌到每桶仅10美元，这使之前每桶50美元的价格预测看起来像个愚蠢的梦。然而，在2008年，每桶原油的价格涨至140美元，并在2014年12月跌至60美元以下，在2018年4月又涨至稍高于60美元。接下来会发生什么呢？原油价格将继续下跌，还是如同之前的危机中那样再次上涨？

财务预测

财务预测是试图估计公司未来融资需求的过程。预测公司未来融资需求的基本步骤如下：

第1步 预测公司在计划期内的销售收入和销售费用。
第2步 估计支持预期销售收入所需的流动资产和固定资产投资水平。
第3步 确定公司在计划期内为资产融资所需的资金。

销售预测

公司编制财务计划过程中的关键要素是销售预测。这种预测通常是用多个来源的信息得出的。对下一年的销售预测至少反映出以下信息：(1) 预期将在新一年中延续的过往销售趋势；(2) 预期事件可能对该趋势产生的实质影响。[①] 第二种来源的一个例子是重要营销活动的启动或公司定价政策的变化。

预测财务变量

传统财务预测将销售预测视为给定因素，并预测其对公司各种费用、资产和负债的影响。最常用的预测方法是销售收入百分比法。

财务预测的销售收入百分比法

销售收入百分比法（percent of sales method）是指用预测销售收入的一定百分比来估计未来一个时期内的费用、资产或负债。使用的百分比可能来自最近一期的财务报表科目占当期销售收入的比例，也可能来自过去几年的平均值计算结果、分析师的判断或者以上几种来源的结合。

表14-1是一个使用销售收入百分比法为德鲁公司（Drew Inc.）进行财务预测的完整例子。在本例中，该公司的资产负债表中随销售收入变化的每个科目都被转化为占2018年销售收入的百分比，2018年的销售收入为1 000万美元。然后，用该百分比乘以2019年计划期的预测销售收入1 200万美元，得出对新资产负债表中每个科目的预测。这种方法在估计公司的未来融资需求时成本相对较低，而且易于使用。

请注意，在表14-1的例子中，假设流动资产和固定资产均随着销售收入的变化而变

[①] 关于预测方法的完整讨论超出了本书的范围。对此感兴趣的读者可以通过网络搜索到关于商业预测的大量书籍。

表 14-1 使用销售收入百分比法预测德鲁公司 2019 年的融资需求

	A	B	C	D	E	F	G	H	I	J	K
1	德鲁公司										
2	2018 年利润表						德鲁公司				
3							2019 年试算利润表				
4						占2018年销售收入的百分比		销售收入增长率		20%	40%
5	销售收入		10 000 000 美元				销售收入		10 000 000 美元	12 000 000 美元	14 000 000 美元
6	净利润		5 00 000 美元	500 000 美元/10 000 000 美元 =	5.0%		净利润		500 000 美元	600 000 美元	700 000 美元
7											
8	德鲁公司						德鲁公司				
9	2018年资产负债表					占2018年销售收入的百分比	2019 年试算资产负债表	计算			
10											
11											
12	流动资产		2 000 000 美元	[200万美元/1 000万美元]=	20.0%		流动资产		2 000 000	2 400 000	2 800 000 美元
13	固定资产净额		4 000 000 美元	[400万美元/1 000万美元]=	40.0%		固定资产净额		4 000 000	4 800 000	5 600 000 美元
14	合计		6 000 000 美元				合计		6 000 000	7 200 000	8 400 000 美元
15											
16	应付账款		1 000 000 美元	[100万美元/1 000万美元]=	10.0%		应付账款	0.10×1 200万美元=	1 000 000	1 200 000	1 400 000 美元
17	应计费用		1 000 000 美元	[100万美元/1 000万美元]=	10.0%		应计费用	0.10×1 200万美元=	1 000 000	1 200 000	1 400 000 美元
18	应付票据		500 000 美元		NA[a]		应付票据	无变动	500 000	500 000	500 000 美元
19	流动负债		2 500 000 美元				流动负债		2 500 000	2 900 000	3 300 000 美元
20	长期债务		2 000 000 美元		NA[a]		长期债务	无变动	2 000 000	2 000 000	2 000 000 美元
21	总负债		4 500 000 美元				总负债		4 500 000	4 900 000	5 300 000 美元
22	普通股（面值）		100 000 美元		NA[a]		普通股（面值）	无变动	100 000	100 000	100 000 美元
23	实收资本		200 000 美元		NA[a]		实收资本	无变动	200 000	200 000	200 000 美元
24	留存收益		1 200 000 美元				留存收益	计算[b]	1 450 000	1 550 000	1 850 000 美元
25	普通股权益		1 500 000 美元				普通股权益		1 750 000	1 850 000	2 150 000 美元
26	合计		6 000 000 美元				提供的融资总额		6 250 000	6 750 000	7 450 000 美元
27							自主性融资需求	（平衡项）[c]	−250 000	500 000 美元	1 250 000 美元
28							总融资需求=总资产		6 000 000	7 200 000	8 400 000 美元
29											

a. 不适用。这些账户余额不随销售收入的变化而变化。
b. 在增长率为20%的情况下，2019年的预测留存收益为1 500 000美元，计算方法如下：2018年的留存收益1 200 000美元加上2019年的预测净利润600 000美元，减去普通股股利支付300 000美元。假设股利支付率为净利润的50%，它等于该公司的预测总融资需求或7 200 000美元总资产与提供的自主性融资需求（DFN）为"平衡项"，自主性融资需求为500 000美元。
c. 在增长率为20%的情况下，2019年的自主性融资需求（DFN）为"平衡项"，自主性融资需求为500 000美元。
6 700 000美元总融资之差。在这种情况下，自主性融资需求为500 000美元。

化。这意味着该公司没有足够生产能力来吸收预期增加的销售收入。因此，如果销售收入在未来增加 1 美元，固定资产就将增加 0.40 美元，即预计销售收入将增加 40%。如果公司当前拥有的固定资产足以支持预测销售收入，那么在预测期中，这些资产就不会转化为销售收入的一定比例，而是预期将保持不变。

还请注意，应付账款和应计费用是仅有的可随销售收入变化的负债科目。可以合理地预期，这两类负债均可能随着公司销售收入的变化而上下波动——因此，可以采用销售收入百分比法来预测它们。因为这两类流动负债的变化通常与销售收入直接相关，因此它们通常被称为**自发性融资**（spontaneous financing）来源。自发性融资包括随着公司日常经营同步产生的商业信贷和其他应付账款。第 15 章将讨论营运资本管理，其中会详细讨论这些融资形式。通常，不认为应付票据、长期债务、普通股和实收资本与公司销售收入水平成正比变化。这些融资来源被称为**自主性融资**（discretionary financing，DFN），它要求在每次筹资时，需要由公司管理层做出明确决策。一个例子是银行票据，它需要进行协商，并签订协议，规定融资条款和条件。最后请注意，留存收益水平确实随着估计销售收入的变化而变化。预测留存收益的变化等于估计税后利润（预计净利润）（即销售收入的 5%，600 000 美元）减去普通股股利 300 000 美元。

在表 14-1 德鲁公司的例子中，我们估计该公司的销售收入将从 1 000 万美元增至 1 200 万美元，这将使该公司对总资产的需求增至 720 万美元。这些资产将通过以下方式融资：现有的 490 万美元负债和自发性负债、180 万美元的所有者权益（包括下一年销售收入带来的 30 万美元留存收益增加额）和 50 万美元的自主性融资（可以通过发行应付票据、债券、股票或者上述融资来源的组合来筹集）。

总而言之，我们可以通过以下四步，使用销售收入百分比财务预测法来估计公司的自主性融资需求：

第 1 步　将每个直接随公司销售收入变化的资产科目和负债科目转换为占当年销售收入的百分比。

$$\frac{流动资产}{销售收入} = \frac{200 \text{ 万美元}}{1\,000 \text{ 万美元}} = 0.2 = 20\%$$

第 2 步　预测资产负债表中每个资产科目和负债科目的水平，方法是用对应科目占销售收入的百分比乘以预计销售收入，或者当该科目不随销售收入变化时，保持资产负债表中该科目的余额不变。

$$预计流动资产 = 预计销售收入 \times \frac{流动资产}{销售收入} = 1\,200 \times 0.2 = 240(\text{万美元})$$

第 3 步　预测可用于为公司经营融资的留存收益增加额。该金额等于当期预计净利润减去计划发放的普通股股利。

$$预计留存收益增加额 = 预计销售收入 \times \frac{净利润}{销售收入} \times \left(1 - \frac{现金股利}{净利润}\right)$$
$$= 1\,200 \times 0.05 \times (1 - 0.5) = 30(\text{万美元})$$

第 4 步　预测公司自主性融资，它等于预计总资产减去预计总负债和预计所有者权益。

自主性融资需求＝预计总资产－预计总负债－预计所有者权益
＝720－490－180＝50（万美元）

分析盈利能力与股利政策对自主性融资需求的影响

在预测自主性融资需求的过程中，我们可以简单快捷地评估预计融资需求对关键变量变化的敏感性。例如，使用之前例子中的信息，我们可以评估净利润率（NPM）为1%、5%和10%，且股利支付率为30%、50%和70%时对自主性融资需求的影响，如下所示：

不同净利润率和股利支付率下的自主性融资需求

净利润率	股利支付率＝股利÷净利润		
	30%	50%	70%
1%	716 000 美元	740 000 美元	764 000 美元
5%	380 000 美元	500 000 美元	620 000 美元
10%	－40 000 美元	200 000 美元	440 000 美元

如果这些净利润率是对该公司可能实现的净利润率范围的合理估计，并且假设该公司考虑的股利支付率变化范围为30%～70%，那么我们就可以估计出该公司的融资需求变化范围为－40 000美元（即盈余为40 000美元）至764 000美元。净利润率越低，意味着融资需求越高。而且，在其他条件不变的情况下，股利支付率升高会导致自主性融资增加。其直接原因是高股利支付率的公司将保留较少利润。

分析销售收入增长对公司自主性融资需求的影响

在图14-1中，我们分析了德鲁公司的自主性融资需求。下一年，德鲁公司的销售收入预期将从1 000万美元增至1 200万美元。之前我们曾经提到，销售收入预期增长20%将导致该公司的融资需求增加500 000美元。我们将增加的这部分融资需求称为公司的自主性融资需求，因为所有这些资金都必须通过银行借款或发行新股等来源筹集，这需要管理层运用自主判断来选择融资来源。在本节中，我们希望分析一家公司的自主性融资需求如何随着不同的预计销售收入增长率而变化。

表14-2扩展了表14-1中的财务预测。具体而言，我们使用了与表14-1相同的假设和预测方法，但是将其应用于不同的销售收入增长率——分别为0、20%和40%。在这些不同的销售收入增长率下，自主性融资需求范围为－250 000美元至1 250 000美元。当自主性融资需求为负值时，意味着该公司拥有的资金多于为用来产生预计销售收入的资产融资所需的资金。当自主性融资需求为正值时，意味着该公司必须筹得相当于自主性融资需求的资金，不论是通过借款还是发行股票。我们可以用以下关系式计算自主性融资需求：

$$\frac{\text{自主性}}{\text{融资需求}} = \frac{\text{预计总资产}}{\text{的变化}} - \frac{\text{预计自发性}}{\text{负债的变化}} - \frac{\text{预计留存}}{\text{收益的变化}} \quad (14-1)$$

请注意，在定义自主性融资需求时，我们仅考虑了自发性负债的变化，之前我们曾经提到，这些负债或多或少是随着经营过程自动产生的（例子包括应计费用和应付账款）。在表14-1中，只有自发性负债是可以随着销售收入变化而变化的负债，所以我们可以通过比

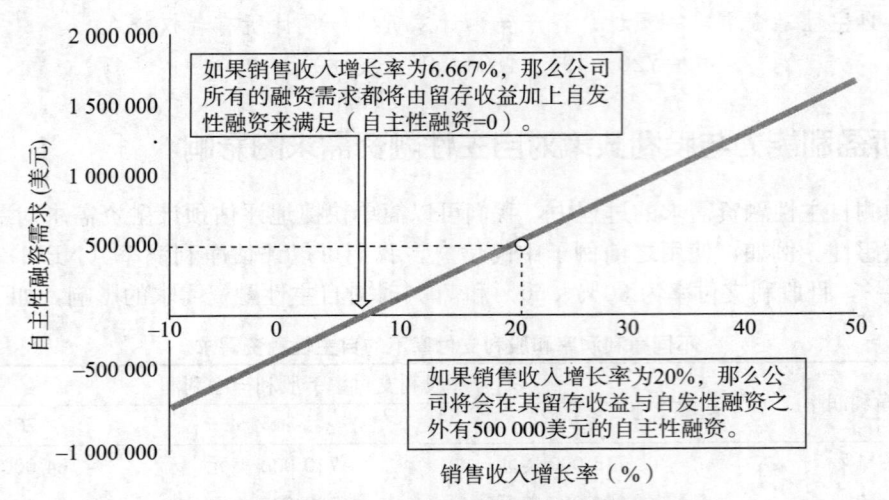

```
                2 000 000
                              ┌─────────────────────────────┐
                1 500 000     │ 如果销售收入增长率为6.667%，那么公司 │
                              │ 所有的融资需求都将由留存收益加上自发 │
   自            1 000 000    │ 性融资来满足（自主性融资=0）。      │
   主                         └──────────────┬──────────────┘
   性              500 000                   ▼                    ○
   融                                                        ╱
   资           0 ─────┬──────┬──────┬──────┬──────┬──────┬──
   需         -10      0     10     20     30     40     50
   求           -500 000              ┌─────────────────────────────┐
   （                                  │ 如果销售收入增长率为20%，那么公 │
   美          -1 000 000              │ 司将会在其留存收益与自发性融资之 │
   元                                  │ 外有500 000美元的自主性融资。    │
   ）                                  └─────────────────────────────┘
                                          销售收入增长率（%）
```

图14-1　销售收入增长率与公司的自主性融资需求

较当前销售收入水平上的总负债与预计销售收入水平上的总负债来计算自发性负债的变化。

您会做吗？

销售收入百分比预测

牧歌管道设备公司（Madrigal Plumbing Supplies Inc.）的首席财务官正在制订明年的财务计划，他估计该公司的销售收入将达到1 000万美元。在该公司成立后的4年中，存货约占收入的15%。那么，您估计该公司明年对存货的需求是多少（使用销售收入百分比法）？如果牧歌管道设备公司存在规模经济，那么您预计其存货需求是高于、等于还是低于使用销售收入百分比法预测的存货需求？

您做出来了吗？

销售收入百分比预测

牧歌管道设备公司预计其存货将是收入的15%，因此该公司明年的预计存货需求如下：

$$0.15 \times 10\ 000\ 000 = 1\ 500\ 000(美元)$$

如果牧歌管道设备公司存在规模经济，那么它的存货需求将少于用销售收入百分比法预测的1 500 000美元。当存在规模经济时，该公司的存货需求并不与销售收入成比例增长（也不与销售收入成比例下降）。

式（14-1）可以被用来估计表14-2中的自主性融资需求。例如，当销售收入的预期增长率为10%时（即g等于10%），自主性融资需求的计算过程如下：

表 14-2 自主性融资需求（DFN）与销售收入增长率

	A	B	C	D	E	F	G	H	I
1	德鲁公司								
2	2018年利润表								
3					占2018年销售收入的百分比		德鲁公司 2019年试算利润表		
4							2019年销售收入增长率	计算	
5	销售收入		10 000 000美元				销售收入	20%	12 000 000美元
6	净利润		500 000美元	500 000美元/10 000 000美元 =	5.0%		净利润	1 000万美元×1.20= 1 200万美元×0.05=	600 000美元
7									
8									
9									
10	德鲁公司						德鲁公司		
11	2018年资产负债表						2019年试算资产负债表		
12					占2018年销售收入的百分比			计算	
13									
14	流动资产		2 000 000美元	[200万美元/1 000万美元]=	20.0%		流动资产	0.20×1 200万美元 =	2 400 000美元
15	固定资产净额		4 000 000美元	[400万美元/1 000万美元]=	40.0%		固定资产净额	0.40×1 200万美元 =	4 800 000美元
16	合计		6 000 000美元				合计		7 200 000美元
17									
18	应付账款		1 000 000美元	[100万美元/1 000万美元]=	10.0%		应付账款	0.10×1 200万美元 =	1 200 000美元
19	应计费用		1 000 000美元	[100万美元/1 000万美元]=	10.0%		应计费用	0.10×1 200万美元 =	1 200 000美元
20	应付票据		500 000美元		NA[a]		应付票据	无变动	500 000美元
21	流动负债		2 500 000美元				流动负债		2 900 000美元
22	长期债务		2 000 000美元		NA[a]		长期债务	无变动	2 000 000美元
23	总负债		4 500 000美元				总负债		4 900 000美元
24	普通股（面值）		100 000美元		NA[a]		普通股（面值）	无变动	100 000美元
25	实收资本		200 000美元		NA[a]		实收资本	无变动	200 000美元
26	留存收益		1 200 000美元				留存收益	计算	1 500 000美元
27	普通股权益		1 500 000美元				普通股权益		1 800 000美元
28	合计		6 000 000美元				提供的融资总额		6 700 000美元
29							自主性融资需求（平衡项）[c]		500 000美元
30							总融资需求=总资产[b]		7 200 000美元
31									
32									
33									
34	a. 不适用。这些账户余额不随销售收入的变化而变化。								
35	b. 2019年的预期留存收益为1 500 000美元，它等于2018年的留存收益1 200 000美元加上净利润600 000美元，即预计净利								
36	润的50%。								
37	c. 2019年的自主性融资需求（DFN）为"平衡项"，它等于该公司的预计总资产需求或7 200 000美元与提供的6 700 000美元总融资之差。在这种情况								
38	下，自主性融资需求为500 000美元。								

$$自主性融资需求(g=10\%)=(6\,600\,000-6\,000\,000)-(4\,700\,000-4\,500\,000)$$
$$-(1\,475\,000-1\,200\,000)=125\,000(美元)$$

有时分析师们更愿意计算公司的**外部融资需求**（external financing needs，EFN），它是指超过用留存收益提供的内部融资来源加上自发性融资（如商业信贷）的部分。因此，

$$外部融资需求=预计总资产的变化-留存收益的变化 \qquad (14-2)$$

当预测销售收入增长率为10%时，外部融资需求等于325 000美元。外部融资需求与自发性融资需求之差等于200 000美元，即公司销售收入从1 000万美元增至1 100万美元时预期增加的自发性融资。我们更愿意用自主性融资需求这个概念，因为它让分析师的注意力集中于公司为了满足融资需求必须主动寻找的资金。

图14-1是销售收入增长率与自主性融资需求的关系图。图中的直线显示了不同的公司销售收入增长率下的自主性融资需求水平。例如，如果销售收入增长率为20%，那么该公司预计自主性融资需求为500 000美元，这部分资金必须通过借款或发行新股从公司外部筹集。请注意，当销售收入增长率为6.667%时，该公司的自主性融资需求恰好为零。对于外部融资来源有限，或者选择通过内部融资加上自发性融资实现增长的公司来说，估计出它们能"负担"的销售收入增长率十分重要，在本例中该增长率为6.667%。

▶ **财务决策工具**

工具名称	公式	含义
用销售收入百分比法预测存货	预计存货＝预计销售收入×$\dfrac{存货}{销售收入}$	● 假设存货与销售收入之比保持不变，估计特定预期销售收入下的存货。 ● 只要资产或负债预期将与销售收入同比例变化，我们就可以在这个公式中用资产或负债替代存货。
自主性融资需求	自主性融资需求＝预计总资产的变化－预计自发性负债的变化－预计留存收益的变化	● 公司管理层必须通过积极谈判从新来源获得的新融资估计金额。 ● 自发性融资和留存收益由于公司持续运营而被动增加。

> **概念回顾**
> 1. 如果我们不能准确预测未来，那么为什么公司还要进行财务预测？
> 2. 为什么销售收入预测对于制订公司的财务计划如此重要？
> 3. 什么是财务预测的销售收入百分比法？
> 4. 请举出一些自发性融资来源和自主性融资需求的例子。
> 5. 自主性融资需求与外部融资需求的区别是什么？

销售收入百分比预测法的局限性

只有在能用销售收入的固定百分比准确预测资产需求和融资来源时，财务预测的销售收入百分比法才能提供对公司融资需求的合理估计。例如，使用销售收入百分比法预测

2019 年存货的公式如下:

$$2019 \text{ 年的预计存货} = \frac{2018 \text{ 年的存货}}{2018 \text{ 年的销售收入}} \times 2019 \text{ 年的预计销售收入}$$

图 14-2A 显示了这个预测关系。请注意,销售收入百分比预测模型不过是通过原点的一条直线(即截距为 0)。然而在现实中相当常见的情况是,这种关系并不能描述资产科目与销售收入之间的关系。两个例子就是存在规模经济时的资产以及必须以离散数量购买的资产("整批资产")。

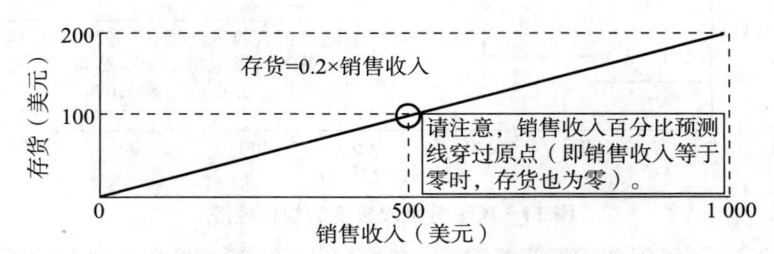

图 14-2A 用销售收入百分比法进行预测

规模经济有时是通过投资于特定类型资产实现的。例如,新的计算机系统可能在很大的销售收入范围内都能支持公司运营。这意味着,这些资产并不与销售收入成正比增加。图 14-2B 反映了公司通过存货投资实现规模经济的情形。请注意,存货占销售收入的百分比从 120% 下降到 30%,即从销售收入为 100 美元时的 120 美元变为销售收入为 1 000 美元时的 300 美元。这反映出,无论该公司的销售收入水平如何,都必须持有固定部分的存货(在本例中为 100 美元)再加上可变部分的存货(销售收入的 20%)。在本例中,存货的预测公式如下:

$$\text{存货}_t = a + b \times \text{销售收入}_t$$

其中,a [存货公式的**截距**(intercept)①] 等于 100,b [存货公式的**斜率系数**(slope coefficient)] 为 0.20。

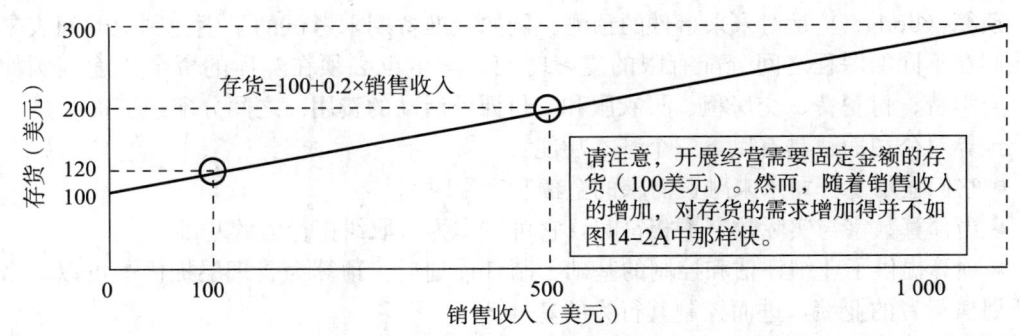

图 14-2B 规模经济

图 14-2C 是分批次购买资产的一个例子,也就是说,必须按较大且不可分割的数量单位购入资产。例如,如果该公司花 500 美元购买厂房和设备,每年最多可产生 100 美元

---

① 截距值不为零证明存在规模经济。然而,规模经济也可能导致销售收入与特定类型资产之间的非线性关系。在后文,当我们讨论现金管理时,我们将发现:一个常见的现金管理模型预测最优现金余额和现金交易水平之间存在非线性关系。

的销售收入。如果该公司再花 500 美元（即总计 1 000 美元）购买厂房和设备，那么每年就可以产生 200 美元到 300 美元的销售收入，依此类推。请注意，在购买一大批资产之后，就会产生多余产能，直到销售收入增长到充分利用产能时的水平。其结果就是图 14-2C 中描绘的阶梯函数。因此，如果该公司预计销售收入不会超过现有厂房和设备的产能水平，那么就没有增加厂房和设备产能的预计需求。

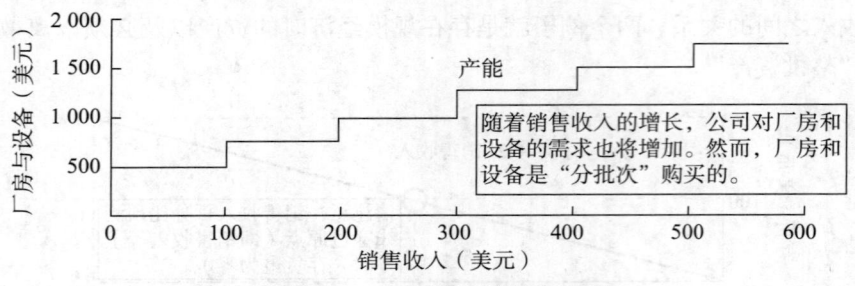

图 14-2C　分批次投资的规模经济

> **概念回顾**
> 1. 进行销售收入百分比预测时使用的基本关系（等式）是什么？
> 2. 在什么情况下，公司会违反销售收入百分比预测法的基本关系？

编制与使用现金预算

与试算利润表和试算资产负债表类似，现金预算也是财务计划中的重要工具。现金预算包括计划期内每年的详细计划现金流入和计划现金流出。

预算的功能

预算（budget）是对未来事件的预测。例如，准备期末考试的学生会制定时间表来帮助他们在不同的课程之间分配有限的复习时间。学生也必须在互斥的资金用途（例如买书、交学费、付餐费、交房租、买衣服和支付课外活动的费用）之间分配经济资源。

预算对公司而言具有以下三个基本功能：
- 它们显示了公司未来融资需求的金额和产生时间。
- 当预算数字与实际数字不相符时，它可以作为采取纠正行为的基础。
- 预算提供了业绩评估和控制的基础。制订计划后，预算为管理层提供了可以用来评估计划执行者的业绩，进而控制其行为的基准。

> **财务管理中的道德**
>
> **是否应该行贿？**
>
> "正确预测"的压力可能十分巨大，这些压力会导致管理者向公务员行贿和提供回扣（尤其是在欠发达国家），因为这被认为是商业交易中的惯例。这引起了一个复杂的道德问

题。如果在国外行贿不被认为是不道德行为，那么您在这种国家中经商时，应该将行贿视为不道德行为吗？

这种情况提供了道德问题的一个例子，并导致了相应的立法。1977 年《反海外腐败法》（在 1988 年修订为《综合贸易与竞争法》）确定了对行贿外国官员、政党或候选人以获得或保住业务的刑事处罚。道德问题经常产生于当前法律边界之外的领域，并且经常导致新法律的通过。

请考虑以下问题：如果您参与了一笔在国外进行的重要商业交易的谈判，而该交易成功与否取决于您是否向当地政府官员行贿以帮助您完成交易，那么您会批准行贿吗？假设这种行贿行为并不会被抓到或受到惩罚，例如，您的公司同意您以略高于竞争价格的价格向该政府官员的亲属购买设备。您能看出这笔交易中的陷阱吗？

现金预算

现金预算（cash budget）是指关于未来现金流的详细计划，它由四部分构成：现金收入、现金支出、当期净现金变化以及新融资需求。

例 14.1

编制现金预算

为了说明现金预算的编制过程与应用，让我们来看塞尔克家具公司（Salco Furniture Company Inc.）的例子，它是一家地区性家具分销商。塞尔克家具公司正在制定未来 6 个月（2019 年 1—6 月）的月度现金预算。该公司的销售收入季节性很强，在每年 3—5 月达到销售高峰。塞尔克家具公司约 30% 的销售收入在销售后 1 个月到账，50% 的销售收入在销售后 2 个月到账，剩下的销售收入在销售后 3 个月到账。

塞尔克家具公司试图使采购行为与预测的未来销售情况同步。采购金额通常为销售收入的 75%，并且发生在预计售出商品时间之前两个月。采购款通常在购入商品的下一个月支付。例如，6 月的销售收入估计为 100 000 美元，因此，4 月的采购金额为 0.75×100 000 美元＝75 000 美元。相应地，在 5 月支付的采购金额为 75 000 美元。表 14-3 记录了薪金、工资、租金和其他现金费用，该表显示了塞尔克家具公司截至 2019 年 6 月的 6 个月期间的现金预算。其他记录在现金预算中的支出为在 2 月购买 14 000 美元的设备和在 5 月偿还 12 000 美元的贷款。6 月，塞尔克家具公司需要支付 150 000 美元的长期债务在 2019 年 1—6 月期间应付的 7 500 美元利息。在 5 月偿还的 12 000 美元的短期债务在 2019 年 1—5 月产生的利息为 600 美元，在 5 月支付。

塞尔克家具公司当前的现金余额为 20 000 美元，并且希望维持 10 000 美元的最小现金余额。为了维持该最小现金余额所需的额外借款估计值如表 14-3 最后一部分所示。借款发生在需要资金的当月月初。借款的年利率为 12%，即月利率为 1%，利息应于借款的下一个月支付。因此，1 月借款的利息将于 2 月支付，利息金额等于 1 月借款余额的 1%。

第 1 步：确定解题方法

您需要编制现金预算，该预算包含该公司在接下来的 6 个月中每个月的现金流入和现金流出。这需要估计每月的收入和费用，但是这并不是预算过程的结束。分析师接下来必须估计实际收到这些收入（收到现金销售收入和应收账款）的时间，以及实际支付费用的时间。一旦做出这些估计，我们就可以编制现金预算，并估计该公司在预测期内每月现金流的变化。

表 14-3　塞尔克家具公司截至 2019 年 6 月 30 日的 6 个月现金预算　　　　　单位：美元

	A	B	C	D	E	F	G	H	I	J	K	L
1		10月	11月	12月	1月	2月	3月	4月	5月	6月	7月	8月
2	工作表											
3	销售收入（预测）	55 000	62 000	50 000	60 000	75 000	88 000	100 000	110 000	100 000	80 000	75 000
4	购货款（两个月销售收入的75%）			56 250	66 000	75 000	82 500	75 000	60 000	56 250		
5												
6	现金收入											
7	收款时间:											
8	销售后第1个月（30%）				15 000	18 000	22 500	26 400	30 000	33 000		
9	销售后第2个月（50%）				31 000	25 000	30 000	37 500	44 000	50 000		
10	销售后第3个月（20%）				11 000	12 400	10 000	12 000	15 000	17 600		
11	总现金收入				57 000	55 400	62 500	75 900	89 000	100 600		
12												
13	现金支出											
14	付款时间（第4行显示的购货后一个月）				56 250	66 000	75 000	82 500	75 000	60 000		
15	工资和薪金				3 000	10 000	70 000	8 000	6 000	4 000		
16	租金				4 000	4 000	4 000	4 000	4 000	4 000		
17	其他费用				1 000	500	1 200	1 500	1 500	1 200		
18	现有债务的利息费用[a]								600	7 500		
19	应纳税款						4 460			5 200		
20	设备购买					14 000						
21	贷款偿还[b]								12 000			
22	总现金支出				64 250	94 500	91 660	96 000	99 100	81 900		
23												
24	当期净现金变化				−7 250	−39 100	−29 160	−20 100	−10 100	18 700		
25	加：期初现金余额				20 000	12 750	10 000	10 000	10 000	10 000		
26	减：短期借款利息					−364	−659	−866	−976			
27	等于：短期借款前的期末现金余额				12 750	−26 350	−19 524	−10 759	−966	27 724		
28												
29	新融资需求[c]				0	36 350	29 524	20 759	10 966	−17 724[d]		
30	期末现金余额				12 750	10 000	10 000	10 000	10 000	10 000		
31	累计借款				0	36 350	65 874	86 633	97 599	79 875		
32												
33												
34												
35	a. 应在5月支付12 000美元贷款的利息600美元，应在6月支付150 000美元长期债务的利息7 500美元。
36	b. 还应在5月偿还12 000美元贷款的本金。
37	c. 使该公司的期末现金余额升至理想的10 000美元所需的融资金额。
38	d. 负融资需求表示该公司有多余现金，可以被用于偿还之前月份的一部分短期贷款。

第 2 步：计算数值

表 14-3 包含月度现金预算以及所有必要的支持性估计。

第 3 步：分析结果

塞尔克家具公司现金预算中的财务需求一栏表明，该公司的累计短期借款将在 5 月增至 97 599 美元。然而，该借款需求将在 6 月开始下降，并且该公司能将借款降至 79 875 美元。请注意，现金预算不仅表示该公司在预测期内的融资需求金额，而且表明了融资需求时间。

财务管理中的道德

诚实面对未来的不确定性

假设您是本·托尔伯特（Ben Tolbert）——博纳吉特公司（Bonajet Enterprises）的首席财务官。博纳吉特公司的首席执行官计划明天同一群外部分析师见面，讨论该公司在今年最后一个季度的财务预测。本的分析表明，下个季度的业绩很可能令人很失望。您将如何解决本的困境？

当本阅读他必须交给该公司首席执行官的报告草稿时，他变得越来越担心。尽管该预测低于最初的预期，但这并不是本最担心的。问题是，他的预测的一些基本假设可能不会变成现实。如果是这样，那么该公司今年最后一个季度的业绩就会明显低于年度预测。这种结果可能会在投资界引起剧烈反应，从而导致该公司股价发生未知程度的下调。

博纳吉特公司的首席执行官是一个高效干练的人，不喜欢看到首席财务官对其预测含糊其词。因此，本面临着很大压力，他需要决定是对这些潜在负面前景视而不见，还是将它们报告给首席执行官。让情况更为复杂的是，如果发生最坏的情况，那么可能导致博纳吉特公司进行重组并大量裁员。因此，本面临一个两难困境：在明天早上的会议中，他应该如何向首席执行官说出实情？

概念回顾
1. 什么是现金预算？
2. 如何在财务规划中使用现金预算？

本章小结

➡ 学习目标 1. 使用销售收入百分比法预测公司的财务需求。

小结：销售收入百分比法常被用于预测公司的资产、负债和费用。然后，这些预测将被用于制订财务计划和估计公司未来的融资需求。财务预测的过程分为以下三步：

第 1 步　预测公司在计划期内的销售收入和费用。
第 2 步　估计为了实现预测销售收入所需的流动资产投资和固定资产投资。
第 3 步　确定公司在计划期内的资产购置融资需求。

关键术语

销售收入百分比法：一种财务预测方法，它用预测销售收入的一定百分比来估计某个未来时期内的费用、资产或负债。例如，分析师可以用去年的销货成本与销售收入之比乘以当年的预测销售收入来估计当年的销货成本。

自发性融资：在公司的日常经营中自发产生的商业信贷和其他应付账款。

自主性融资：要求在每次筹资时都必须得到公司管理层明确决策的融资来源。银行票据是该类融资的一个典型例子。

外部融资需求：公司的融资需求中超过其内部融资来源（即留存收益）加上自发性融资（如商业信贷）的部分。

关键公式

$$\begin{matrix}\text{自主性}\\\text{融资需求}\end{matrix} = \begin{matrix}\text{预计总资产}\\\text{的变化}\end{matrix} - \begin{matrix}\text{预计自发性}\\\text{负债的变化}\end{matrix} - \begin{matrix}\text{预计留存}\\\text{收益的变化}\end{matrix}$$

外部融资需求＝预计总资产的变化－留存收益的变化

➡ 学习目标 2. 描述销售收入百分比预测法的局限性。

小结：销售收入百分比预测法的基本公式或模型可以画成一条穿过截距的直线。很简单，如果我们要预测公司的存货余额，那么销售收入百分比法将预测销售收入为零时的存货余额为零。尽管这对于一些公司来说可能大致正确，然而通常情况是，即使销售收入跌至很低水平，公司也计划保留一定存货。例如，不论预测销售收入有多高，公司都可能希望最低保留100 000单位存货（这承认了预测非常不完美，如果您没有可卖的东西，就无法卖出任何东西）。因此，在大多数情况下，销售收入百分比法可能是"大致"准确的，但当预测科目和销售收入不具有线性关系时，或者公司不管销售收入水平如何都计划保持该科目的最低水平时，它实质上是不准确的。

关键术语

截距：截距是线性公式中的常数项。它是收入等于零时预测科目（如营业费用）的值。

斜率系数：斜率系数是线性公式中销售收入变化时预测科目的变化率。

➡ **学习目标 3. 编制现金预算并用其评估公司融资需求的金额和时间。**

小结：与试算利润表和试算资产负债表一样，现金预算也是财务计划中的重要工具。具体而言，现金预算包括整个财务计划期内的月度、季度和年度现金流入和现金流出估计。因此，现金预算为公司的首席财务官和其他财务分析师提供了机会，使他们能预测经营决策对公司运营的影响。

关键术语

预算：对某个未来时期内公司的预期收入和费用的分项预测。

现金预算：对未来现金流的详细计划。现金预算由四部分构成：现金收入、现金支出、当期净现金变化以及新融资需求。

复习题

14—1 联合包裹服务公司（UPS）在美国和全世界提供包裹配送服务。请讨论物流业的季节性变化对预测该公司融资需求的影响。

14—2 请讨论用销售收入百分比法进行财务预测的缺点。

14—3 以下事件可能对公司的现金状况产生什么影响？

a. 销售收入快速增长；

b. 延迟支付应付款项；

c. 更宽松的赊销政策（对于公司的客户而言）；

d. 持有更多存货。

14—4 现金预算通常被视为规划未来融资需求的方法之一。为什么对于有多余现金的公司而言，现金预算也非常重要？

课后习题

14—1（财务预测——自主性融资需求） J. T. 雅尔蒙公司（J. T. Jarmon, Inc.）刚开始运营一年，首席财务官预期该公司的营业费用、流动资产、资产和流动负债占当前销售收入的比例将保持不变。

去年，雅尔蒙公司实现了18 400 000美元的销售收入和552 000美元的净利润。该公司预计下一年的销售收入将达21 160 000美元，同时净利润将增至634 800美元。已知该公司当前的高增长率，该公司将保留全部利润以支付新投资的成本。

该公司2018年的资产负债表如下：

雅尔蒙公司		
资产负债表		
	2018 年 12 月 31 日（美元）	占销售收入的百分比（%）
流动资产	2 760 000	15
固定资产净额	7 360 000	40
总资产	10 120 000	
负债和所有者权益		
应付账款	2 208 000	12
长期债务	2 000 000	NA[a]
总负债	5 000 000	
普通股	2 000 000	NA
实收资本	2 712 000	NA
留存收益	1 200 000	
普通股	5 000 000	
负债和所有者权益总计	10 120 000	

a. 不适用。该数字不与销售收入成比例变化，假设在预测下一年的融资需求时该数字保持不变。

请使用该表提供的信息估计雅尔蒙公司 2019 年的融资需求或总资产以及自主性融资需求（DFN）。

14—2（试算应收账款） 吉米（Jimmie）的微型啤酒厂位于路易斯安那州勒斯顿（Ruston）市中心，是由一家福特经销商的旧店面翻新而成。吉米将啤酒卖给造访啤酒厂的零售客户，也通过 M. L. 基思食品分销商（M. L. Keith Food Distributors）分销其精酿啤酒。吉米的批发分销商赊购啤酒，这部分约占该啤酒厂总销售收入的 50%。该公司的销售收入大致在赊销和现金销售之间平均分配，其中有 25% 的赊销在销售后一个月收款，其余部分在销售后两个月收款。以下是该啤酒厂的历史销售收入和预计销售收入。

月份	销售收入（美元）	月份	销售收入（美元）
1 月	60 000	3 月	70 000
2 月	65 000	4 月（预计）	60 000

a. 在上述情况下，4 月末的应收账款余额应为多少？
b. 吉米公司在 4 月通过销售和收款实现了多少现金收入？

14—3（财务预测——自主性融资需求） 萨姆邦纳扎公司（Sambonoza Enterprises）预计下一年的销售收入将为 400 万美元，且预计税后利润率将为 5%。该公司正在预测融资需求，并做出了以下假设（预测）：

a. 流动资产等于销售收入的 20%，且固定资产将保持在 100 万美元的当前水平。
b. 当前的普通股权益为 80 万美元，该公司将一半税后利润作为股利支付给股东。
c. 该公司持有的短期应付账款和商业信贷通常等于销售收入的 10%，并且该公司没有未清偿的长期债务。

萨姆邦纳扎公司下一年的融资需求（即总资产）和自主性融资需求是多少？

14—4（财务预测——销售收入百分比法） 坎伯兰制造公司（Cumberland Mfg. Inc.）下一

年的销售收入预期将为 2 200 万美元。当前的销售收入为 1 800 万美元，流动资产为 500 万美元，固定资产为 500 万美元。该公司的税后净利润率为 5%。坎伯兰制造公司估计其流动资产将与销售收入成比例增加，但是其固定资产仅将增加 150 000 美元。目前，坎伯兰制造公司的应付账款为 200 万美元（与销售收入成比例变化），长期债务为 100 万美元（10 年后到期），普通股权益（包括 400 万美元的留存收益）总计为 650 万美元。坎伯兰制造公司计划下一年将支付 750 000 美元的普通股股利。

  a. 坎伯兰制造公司下一年的总融资需求（即总资产）是多少？
  b. 已知该公司的业绩预测和股利支付计划，其自主性融资需求是多少？
  c. 根据您的预测，并假设固定资产将增加 150 000 美元，该公司在不利用自主性融资的前提下可以支持的最大销售收入增加额是多少？

14-5（编制试算资产负债表） 请使用以下行业平均比例，为凯伦美妆产品公司（Karen's Beauty Products Inc.）编制试算资产负债表。

总资产周转率	2.0 倍
平均收款期（假设一年为 365 天）	30 天
固定资产周转率	5 倍
存货周转率（基于销货成本）	4 倍
流动比率	2.5 倍
销售收入（所有销售收入均为赊销收入）	1 200 万美元
销货成本	销售收入的 80%
债务比率	40%

	流动负债
现金	长期债务
应收账款	普通股
固定资产净额 _____ 美元	留存收益 _____ 美元

14-6（销售收入百分比预测） 以下哪个账户最可能与公司的销售收入成比例变化？请简要讨论每个科目。

	是	否		是	否
现金	___	___	应付票据	___	___
有价证券	___	___	厂房与设备	___	___
应付账款	___	___	存货	___	___

14-7（财务预测——自主性融资需求） 博伊德货运公司（Boyd Trucking Company, BTC）的资产负债表显示，该公司截至 2018 年 12 月 31 日年度的销售收入为 2 500 万美元。该公司遵循的政策是以现金股利的形式将所有净利润支付给普通股股东。因此，该公司不会从利润中产生可用于扩张业务的资金。（假设折旧费用等于报废资产的重置成本。）

单位：百万美元

流动资产	10	应付账款	5
固定资产净额	15	应付票据	0
资产总计	25	应付债券	10
		普通股	10
		负债和所有者权益总计	25

a. 如果博伊德货运公司预计下一年的销售收入为 4 000 万美元，请编制该公司截至 2019 年 12 月 31 日年度的试算资产负债表。假设流动资产按销售收入的某个百分比变化，固定资产净额保持不变，应付账款按销售收入的某个百分比变化。请使用应付票据作为平衡科目。

b. 博伊德货运公司下一年需要的"新"融资是多少？

c. 销售收入百分比预测法有哪些缺点？请简要讨论。

14-8（财务预测——自主性融资需求） 犰狳狗饼干公司（Armadillo Dog Biscuit Inc.）最近的资产负债表如下所示。该公司即将开始一项广告宣传活动，预计明年年底的销售收入将从当前的 500 万美元提高到 700 万美元。该公司目前以全部产能进行经营，并且必须增加对流动资产和固定资产的投资以支持预计新销售收入水平。实际上，该公司估计这两类资产都将与预计销售收入成比例增加。

犰狳狗饼干公司

	现在的水平（百万美元）	占销售收入的百分比（%）	预期水平（百万美元）
流动资产	2.0		
固定资产净额	3.0		
资产总计	5.0		
应付账款	0.5		
应计费用	0.5		
应付票据	0		
流动负债	1.0		
长期债务	2.0		
普通股	0.5		
留存收益	1.5		
普通股权益	2.0		
负债和所有者权益总计	5.0		

该公司的净利润为当年销售收入的 6%，但预期将升至下一年销售收入的 7%。为了支持下一年的预计资产需求增长，该公司暂停了向股东支付现金股利的计划。在过去的几年中，该公司每年支付每股 1.5 美元的股利。犰狳狗饼干公司的应付账款和应付费用预期将与销售收入成比例变化。此外，应付票据将被用于提供明年运营所需资金中不能从其他来源获得的资金。

a. 请填写该表中的空白部分，并预测该公司的自主性融资需求。请将应付账款作为未来自主性融资需求的平衡科目。

b. 请比较犰狳狗饼干公司销售收入增长前后的流动比率（=流动资产/流动负债）和资产负债率（=总负债/总资产）。销售收入增加对犰狳狗饼干公司的这两个财务指标有什么影响？

c. 如果犰狳狗饼干公司的销售收入在第一年增至 600 万美元,并在短短两年后增至 700 万美元,这将使上述结果发生什么变化?请讨论即可,不必进行计算。

14—9 (**财务预测——自主性融资需求**) 钓鱼执照公司 (Fishing Charter, Inc.) 估计每增加 1 美元销售收入,就需要对资产进行 0.3 美元投资。然而,每增加 1 美元销售收入就会产生 0.05 美元利润,其中 0.01 美元可再投资于该公司。如果下一年的销售收入将在今年的 500 万美元基础上增加 50 万美元,并且自发性负债占销售收入的比例为 15%,那么该公司的自主性融资需求是多少?(提示:在这种情况下,您不知道该公司现有的资产规模是多大,也不知道这些资产是如何融资的,因此,您必须估计融资需求的变化,并估计这种变化下相应的自发性负债、留存收益和其他自主性融资的预期变化。)

14—10 (**预测净利润**) 每年 11 月,巴克电子 (Barker Electronics) 公司的首席财务官都要开始进行财务预测,以确定下一年该公司的预计新融资需求。巴克电子公司是一家位于伊利诺伊州莫林市的小型电子制造公司,该市因为出了约翰·迪尔公司 (John Deere Company) 而闻名。巴克电子公司的首席财务官从最近一年的利润表开始进行财务预测,预计下一年该公司的销售收入增加额,然后估计净利润,最后估计出预期可留存并再投资于该公司的新增利润。该公司 2018 年的利润表如下:

利润表　　　　　　　　　　　　　　　　　　　　　　单位:千美元
截至 2018 年 12 月 31 日之年度

销售收入	1 500
销货成本	−1 050
总利润	450
营业费用	−225
折旧费用	−50
净营业利润	175
利息费用	−10
税前利润	165
应纳税款	−58
净利润	107
股利	20
留存收益增加额	87

随着经济的复苏,电子制造业在过去 18 个月中快速增长,首席财务官估计下一年销售收入将增长 20%。此外,他还估计利润表中每项费用和销售收入之间的关系如下表所示:

销货成本/销售收入 (%)	70
营业费用/销售收入 (%)	15
折旧费用 (千美元)	50
利息费用 (千美元)	10
税率 (%)	35

请注意,假设下一年的折旧费用和利息费用都保持与2018年相同。

a. 请估计巴克电子公司2019年的净利润。假设该公司保持2018年的股利水平,请估计该公司的留存收益增加额。

b. 请重新计算巴克电子公司的净利润。假设下一年的销售收入增长率为40%,请计算留存收益增加额。然而,这要求新增100 000美元的厂房和设备,使年折旧金额增至58 000美元,利息费用增至15 000美元。

14—11（错误使用销售收入百分比法） 葛缕子籽公司在过去10年中快速成长,现在该公司希望预测未来5年该公司的存货需求。该公司过去10年的历史销售收入和存货,以及未来5年的预计销售收入如下表所示。

年份	销售收入（美元）	存货（美元）
2009	5 250 000	1 590 924
2010	6 200 000	1 724 221
2011	6 940 000	1 899 573
2012	5 650 000	1 530 054
2013	6 255 000	1 772 059
2014	7 100 000	1 919 042
2015	7 350 000	2 012 025
2016	8 010 000	2 006 023
2017	8 775 000	2 292 119
2018	10 390 000	2 537 486
2019	11 500 000	
2020	12 000 000	
2021	12 500 000	
2022	13 000 000	
2023	13 500 000	

a. 假设存货占销售收入的百分比等于该公司过去10年存货占销售收入百分比的平均值,请使用销售收入百分比法预测葛缕子籽公司未来5年的存货水平。

b. 图14-3用散点标出了存货与销售收入的历史关系,其中的直线代表用销售收入百分比法所做的预测。请通过比较预测线与存货及销售收入的散点对预测线进行分析,观察用销售收入百分比法所做的预测是否存在问题,并进行讨论。

14—12（预测存货） 芬德莱仪器公司（Findlay Instruments Inc.）生产用于整形手术的一系列医学仪器,并在过去的5年中经历了快速增长。为了更准确地预测该公司的融资需求,芬德莱仪器公司正在尝试建立一个基于销售收入百分比预测法的财务规划模型。然而,该公司的首席财务分析师担心该模型对存货的预测将产生较大误差。她认识到该公司的存货投资已经开始出现显著的规模经济,并记录了这一事实,数据和计算结果如表14-4所示。

图 14-3

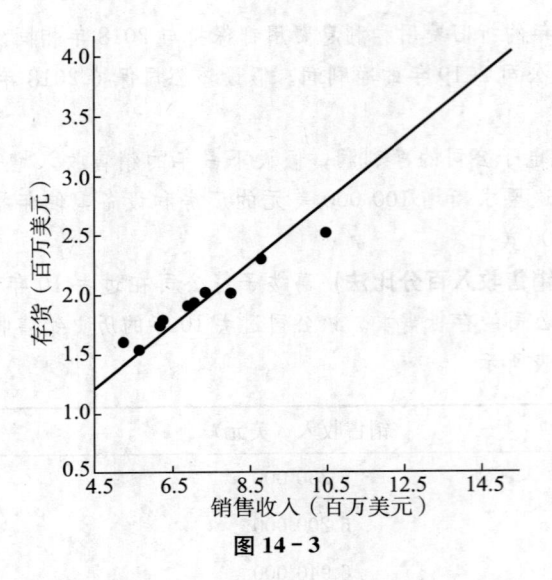

表 14-4

年份	销售收入（千美元）	存货（千美元）	占销售收入的百分比（%）
2014	15 000	1 150	7.67
2015	18 000	1 180	6.56
2016	17 500	1 175	6.71
2017	20 000	1 200	6.00
2018	25 000	1 250	5.00
			平均值 6.39

a. 请画出过去5年芬德莱仪器公司的销售收入和存货的散点图。这两个变量之间存在什么关系？

b. 2019年，该公司的销售收入预计将达到3 000万美元，请估计此时该公司的存货水平。请使用该公司过去5年存货占销售收入百分比的平均值、最近一年存货占销售收入的百分比，以及您从第a问中估计出的销售收入和存货的真实关系来预测这三个存货水平。

14-13（现金预算） 夏普公司（Sharpe Corporation）预测2019年前8个月的销售收入如下表所示。

单位：美元

1月	190 000	5月	300 000
2月	120 000	6月	270 000
3月	135 000	7月	225 000
4月	240 000	8月	150 000

在夏普公司的销售收入中，有10%是现金收入，60%的货款在销售后的下一个月支付，剩余30%在销售后的第二个月支付。2018年11月和12月的销售收入分别为220 000美元和175 000美元。

夏普公司在销售前两个月购买原材料。购买金额等于夏普公司产品最终售价的60%。夏普公司在收到原材料1个月后向供应商支付货款。例如，4月销售的产品在2月购买原材料，在3月支付原材料货款。

此外，夏普公司每月支付10 000美元租金和20 000美元其他费用。从3月开始，每个季度预缴22 500美元税款。

该公司2018年12月31日的现金余额为22 000美元。这是该公司希望维持的最低现金余额。如果有足够现金，下个月将偿还为维持该最低现金余额而借入的款项。该公司按月支付短期贷款的利息（利率为12%）。为满足当月现金需求的借款发生在月初。因此，如果该公司预期4月将有60 500美元的额外现金需求，那么需要在4月初借入这笔资金并在4月产生605（$=0.12\times\frac{1}{12}\times 60\,500$）美元的应计利息，在5月初支付这笔款项。

a. 请为夏普公司编制2019年前7个月的现金预算。

b. 夏普公司在7月有200 000美元的到期应付票据，该公司必须偿还这笔款项或通过重新协商进行展期。该公司到时会有足够现金来偿还这些票据吗？

14—14（编制现金预算） 刘易斯印刷公司（Lewis Printing Inc.）预计2019年前8个月的销售收入如下表所示：

单位：美元

1月	100 000	4月	300 000	7月	200 000
2月	120 000	5月	275 000	8月	180 000
3月	150 000	6月	200 000		

刘易斯印刷公司在销售当月收到20%的货款，在销售后1个月收到50%的货款，在销售后2个月收到剩余30%的货款。2018年11月和12月，刘易斯印刷公司的销售收入分别为220 000美元和175 000美元。

刘易斯印刷公司在销售前2个月采购原材料。原材料采购金额等于其最终销售收入的65%。该公司在收到原材料1个月后向供货商支付货款。因此，4月销售的产品在2月购买原材料，在3月支付原材料货款。

此外，夏普公司每月支付10 000美元租金和20 000美元其他费用。从3月开始，每个季度预缴22 500美元税款。该公司2018年12月31日的现金余额为28 000美元。为了满足该公司的银行信贷额度协议，该公司必须始终保持25 000美元的最低现金余额。刘易斯印刷公司已经与银行安排借入短期贷款，年利率为12%（月利率为1%），按月支付利息。为了满足估计月现金需求，该公司在每月末借款，并在下个月月末支付利息。因此，如果该公司需要在4月借入50 000美元，就要在5月支付500（$=0.01\times 50\,000$）美元利息。最后，刘易斯印刷公司还遵循以下还款政策，即只要任何月份的现金余额超过25 000美元的最低现金余额要求，就必须在当月偿还未清偿短期债务。

a. 刘易斯印刷公司需要知道接下来6个月的现金需求，以使该公司可以与银行重新协商短期信贷协议的条款。为了解决该问题，该公司需要编制6个月期现金预算。同时，请重新编制该公司的月销售收入变化±20%时的现金预算。

b. 6月末，刘易斯印刷公司有一笔金额为20 000美元的票据到期。该公司到时会有足够现金来偿还贷款吗？

第15章
营运资本管理

学习目标

1	描述营运资本管理中的风险-收益权衡。	管理流动资产与流动负债
2	描述净营运资本的决定因素。	确定合适的营运资本水平
3	计算公司的现金转换周期。	使用现金转换周期
4	估计短期信贷成本。	使用近似信贷成本公式估计短期信贷成本
5	指出短期信贷的主要来源。	评估短期信贷来源

作为一家上市公司，戴尔电脑公司在早期经历了一个时期的销售收入下滑，引起了严重的现金短缺。而且，该公司意识到它必须加速增长，从业绩下滑的二流制造商转变为欣欣向荣的一流生产商，而这需要更多现金。戴尔电脑公司采用的新业务模式旨在更好地管理该公司的营运资本。具体而言，该商业模式致力于将存货降低50%，将设计至投产的时间缩短50%，将组装成本降低30%，并将陈旧存货降低75%。

上述新业务模式的净结果是存货水平下降，因为戴尔电脑公司根据实际销售情况安排存货，而不是根据未来销售预期持有存货。此外，随着存货消失，该公司的盈利能力将有更大幅度的提高，因为戴尔电脑公司不仅避免了持有存货的成本，而且避免了陈旧存货带来的损失。此外，戴尔电脑公司还可以节约购买零部件的成本，因为零部件的价格每个月降低3%。

由于该公司用于支持快速增长的销售收入所需的资本并不与销售收入等比例增长，因此该公司的融资需求有所降低。所有这些都得益于更优的营运资本管理。

第15章谈到了两个相关问题：它介绍了公司管理营运资本投资时的原则，并分析了短期融资来源和公司的短期融资成本估计。

这里将指出营运资本的其他定义，因为您会遇到以不同方式使用这个术语的情况。首先，我们将公司的总流动资产投资定义为**总营运资本**（gross working capital）。**净营运资**

本（net working capital）则是公司的流动资产与流动负债之差。

$$净营运资本＝流动资产－流动负债 \qquad (15-1)$$

在本章中，提到营运资本这个术语时，我们指的是净营运资本。然而，在公司估值中，财务分析师将进一步细化对术语净营运资本的使用，以定义所谓的**经营净营运资本**（operating net working capital）。尽管我们在本章的讨论中不会使用这个定义，但我们至少应该了解如何计算它：

$$经营净营运资本＝（流动资产－现金－有价证券）－（流动负债－短期债务）$$

这里的想法是分离出公司的经营性流动资产，例如应收账款和存货，然后从该总体中减去公司的非计息短期债务，例如应付账款和应计费用。在我们本章的讨论中，这个区别并不重要，但在为公司估值时，它非常重要。

短期融资来源包括所有期限不长于一年的融资方式，即流动负债。分析公司使用的短期融资时有两个主要问题：(1) 公司应该使用多少短期融资？(2) 公司具体应该选择哪种短期融资来源？我们使用营运资本管理中的对冲原则来解决第一个问题。然后，我们通过考虑以下三个基本因素来解决第二个问题：(1) 实际信贷成本；(2) 满足金额和融资时期需求的信贷的可得性；(3) 使用特定信贷来源对其他融资来源的成本和可得性的影响。

管理流动资产与流动负债

公司的流动资产包括现金和有价证券、应收账款、存货和公司管理者预期将在一年之内转换为现金的其他资产。因此，选择持有较多流动资产的公司通常比持有较少流动资产的公司有更高的流动性。同理，流动负债是需要在一年之内偿还的负债。应付账款和应付票据都是流动负债。

风险-收益权衡

实际上，当公司希望通过持有更多流动资产来降低流动性不足的风险时，它们会增加对现金和有价证券的投资。然而，持有更多现金和有价证券也可能产生不利后果。因为与公司的其他投资相比，现金和有价证券投资获得的收益率相对较低，因此当公司增加对此类资产的投资时，其整体收益率将降低。因此，流动性增加必须以投资收益率降低作为交换。管理这种风险-收益权衡是营运资本管理中的重要问题。

公司使用流动负债和长期债务时也涉及风险-收益权衡。在其他条件保持不变的情况下，公司在资产融资中越依赖短期借款或流动负债，公司面临的流动性不足风险就越大。然而，使用流动负债为公司提供了切实好处，因为与长期融资相比，流动负债的成本更低；并且当公司的资产需求波动时，流动负债为公司提供了灵活的融资工具。然而，如果由于某些原因，公司难以借到短期资金，或者公司需要比预期期限更长的资金，公司就可能陷入真正的危机。因此，公司可以使用长期债务来降低流动性不足的风险，但这会降低其投资收益率。我们再次看到，风险-收益权衡涉及增加流动性不足风险与提高盈利能力之间的矛盾。

流动负债相对于长期债务的优点：收益率

灵活性　流动负债为公司提供了一种灵活的融资来源。流动负债可以用于匹配公司需要短期融资的时点。例如，如果一家公司每年需要一笔 3 个月期资金来为存货的季节性扩张融资，那么与长期贷款相比，借入 3 个月期贷款可以节省一笔可观的成本（即使短期融资的利率更高）。在这种情况下借入长期贷款，就需要借入一整年而不是需要资金的时期，从而增加了公司必须支付的利息金额。这引出了使用短期融资通常会带来的第二个好处。

利息成本　通常，对于给定借款人，短期债务的利率低于长期债务的利率。我们在第 2 章中介绍过这个关系，我们称之为利率的期限结构。某家公司的利率期限结构可能如下所示：

贷款期限	利率（%）
3 个月	4.00
6 个月	4.60
1 年	5.30
3 年	5.90
5 年	6.75
10 年	7.50
30 年	8.25

请注意，该期限结构反映出给定借款人在特定时间适用的利率。例如，它不能反映出另外一个借款人，甚至是同一个借款人在不同时间适用的利率。

流动负债相对于长期负债的缺点：风险

与长期债务相比，使用流动负债或短期债务将公司暴露在更高的流动性不足风险之下，这有两个原因。首先，短期债务由于其本身的性质，必须更频繁地偿还或续借，因此增加了当公司无法获得所需资金时财务状况恶化的可能性。

短期债务的第二个缺点是各年利息费用的不确定性。例如，如果一家公司每年借入一笔 6 个月期借款，为流动资产的季节性扩张融资，那么该公司每年可能面临不同的利率。该利率反映了贷款时的利率水平以及贷款人对该公司风险程度的看法。如果使用固定利率的长期债务，那么利息费用就将在整个贷款协议期限内保持稳定。

概念回顾
1. 公司增加对流动资产的投资（同时不增加公司的流动负债）为什么会同时降低公司的风险和预期投资收益率？
2. 为什么使用流动负债会增加公司的盈利能力，也会增加公司债务违约的风险？

确定合适的营运资本水平

管理公司的净营运资本（公司流动性）涉及许多相互关联的决策，这些决策与流动资产投资和流动负债使用有关。幸运的是，有一条指导原则可以作为公司营运资本政策的基准，即对冲原则或自偿性债务原则。这条原则为公司保持足以按时偿付到期债务的流动性水平提供了指导。

在第 12 章中，我们讨论了公司选择债务融资还是股权融资的融资决策。然而，公司的融资决策还有另一个重要的评价角度。这与公司的债务期限结构（即短期债务与长期债务的组合）有关。公司应该如何决定用短期（流动）债务还是长期债务进行融资？这是本章要解决的基本问题之一，也是对于公司实现财务成功至关重要的一个问题。

对冲原则

很简单，**对冲原则**（hedging principle）或**自偿性债务原则**（principle of self-liquidating debt）就是将一项资产的现金流产生特点与购买这项资产所使用的融资来源期限匹配。例如，根据对冲原则，季节性扩张的存货应该用短期贷款或流动负债融资。对冲原则背后的原理很简单。公司通常只在有限时期内需要资金，当这个时期过去之后，将通过出售多余存货产生偿还贷款所需的现金。从长期（长于一年的）融资来源获得所需资金意味着，公司出售用其购买的存货之后仍然持有这笔钱。在这种情况下，公司将持有"多余"流动性，公司或者以现金持有这部分流动性，或者投资于低收益率有价证券，直到存货再次出现季节性增加并再次需要资金。上述这种情况的结果将是公司的利润降低。

请考虑一个例子，假设某家公司购买了一套新的传送带系统，它将使所需的员工减少两人，从而减少了工资支出，使公司节约了现金。每年节约的现金为 24 000 美元。购买和安装传送带的成本为 250 000 美元，该系统可使用 20 年。如果该公司选择发行 1 年期票据来为购买该资产融资，那么该资产每年节约的 24 000 美元将不足以偿还贷款。根据对冲原则，该公司应该选择一种更精确匹配资产预期寿命和现金流产生特点的融资方式来为该资产融资。在本例中，借入 15～20 年期贷款更合适。

永久性资产和临时性资产

当我们从永久性资产投资和临时性资产投资的角度考虑，而不是从传统的固定资产和流动资产的角度考虑时，最容易理解对冲原则的含义（匹配现金流入和现金流出的期限）。**永久性投资**（permanent investment）是公司预期将持有一年以上的投资。请注意，我们指的是公司计划持有一项投资的期限，而不是该资产的使用年限。例如，永久性投资可以用于保持公司的最低流动资产水平，也可以是固定资产投资。相反，**临时性投资**（temporary investment）的对象包括将在当年变现且不会被重置的流动资产。因此，公司的流动资产中有一部分是永久性的，而剩余部分是临时性的。例如，存货的季节性扩张就是一种临时性投资。当不再有存货需求时，将不会增加存货。相反，为满足销售增长的长期趋势而增加的存货投资就是永久性投资。

临时性融资来源、永久性融资来源与自发性融资来源

因为总资产必然始终等于临时性融资来源、永久性融资来源和自发性融资来源之和，因此，对冲原则为财务经理提供了确定在何时采用何种融资来源的基础。

临时性融资来源、永久性融资来源和自发性融资来源包括什么呢？临时性融资来源包括流动负债。短期应付票据是最常见的临时性融资来源。应付票据的例子包括无担保银行贷款、商业票据以及由应收账款和存货担保的贷款。永久性融资来源包括中期贷款、长期债务、优先股和普通股。

自发性融资来源包括商业信贷以及其他随着公司日常经营自发产生的应付账款。例如，当公司为生产存货采购原材料时，通常会自发获得供应商提供的**商业信贷**（trade credit），或者当公司向供应商订货或者订购更多待销产品存货时，会根据需求获得供应商提供的商业信贷。商业信贷在公司的资产负债表中表现为应付账款，应付账款余额与公司购买的存货数量成正比变化。反过来，公司购买的存货数量又与预计销售收入相关。因此，公司的一部分融资需求是以商业信贷的形式自发满足的。

除了商业信贷，应付工资和薪水、应计利息和应纳税款也提供了宝贵的自发性融资来源。这些费用随着时间的推移而增加，直到最终被支付。例如，如果一家公司每周的工资支出为10 000美元，但按月向员工支付工资，那么该公司的员工实际上在发薪日后的第一周周末为该公司提供了10 000美元的融资，在第二周周末为该公司提供了20 000美元的融资，依此类推，直到员工最终拿到工资。因为这些支出通常与公司的经营活动直接相关，因此，它们也被称为自发性融资来源。

对冲原则：图示

现在，我们可以非常简明扼要地说明对冲原则。不能由自发性融资来源满足的公司资产需求应根据以下原则选择融资方式：永久性投资应该由永久性融资来源提供融资，而临时性投资应该由临时性融资来源提供融资。

对冲原则可以由表15-1和图15-1来描述。总资产被划分为临时性资产投资和永久性资产投资两类。公司的永久性资产投资由永久性融资来源（中长期债务、优先股和普通股）或者自发性融资来源（商业信贷和其他应付账款）提供融资。为了方便说明，我们认为自发性融资的金额是固定的。当然，在实践中，自发性融资将随着公司购买资产和在薪水、工资、薪金、税款和其他延期支付科目上的支出而波动。公司的临时性资产投资由临时（短期）债务提供融资。

表15-1 营运资本管理中对冲原则的应用

公司资产投资的类别	定义和例子	公司融资来源的类别	定义和例子
	不能由自发性融资来源满足的公司资产需求应根据以下"匹配原则"选择融资方式：永久性资产投资应该由永久性融资来源提供融资，临时性资产投资应该由临时性融资来源提供融资。		
临时性投资	定义：将在当年变现且不会被重置的流动资产。 例子：存货和应收账款的季节性扩张。	自发性融资	定义：随着购买资产而或多或少自动产生的融资。 例子：随着购入存货而产生的商业信贷，以及随着购买服务而产生的其他类型的应付账款（如应付工资）。

续表

永久性投资	定义：公司预计持有期将超过一年的流动资产投资和长期资产投资。 例子：公司在当年保持的最低水平存货和应收账款，以及厂房和设备投资。	临时性融资	定义：不是由自发性融资产生的流动性负债。 例子：必须在一年之内偿还的应付票据和循环信贷。
		永久性融资	定义：当年不会到期的长期债务、应收账款和股权融资。 例子：定期贷款、票据、债券以及优先股和普通股。

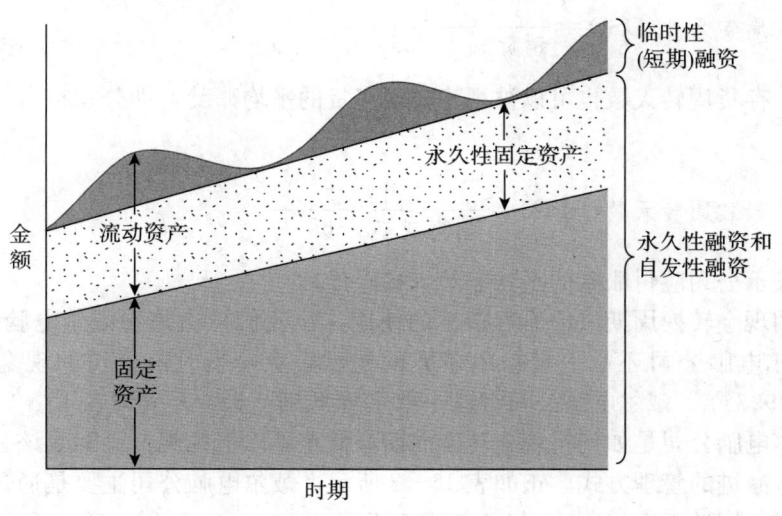

图 15-1 对冲原则图示

概念回顾
1. 什么是对冲原则或自偿性债务原则？
2. 永久性流动资产投资和临时性流动资产投资的例子有哪些？
3. 商业信贷是一项永久性融资来源、临时性融资来源还是自发性融资来源？请说明原因。

使用现金转换周期

由于不同公司管理净营运资本的能力差别很大，因此，需要一种衡量管理有效性的整体指标。一种日益受欢迎的公司营运资本管理有效性评估方法需要最小化营运资本投资。

最小化营运资本可以通过加速收回销售货款、加快存货周转以及降低现金支出速度来实现。我们可以将所有这些因素结合到一个衡量指标中：现金转换周期。

现金转换周期（cash conversion cycle, CCC），简单来说，就是应收账款周转天数加上存货周转天数，再减去应付账款周转天数：

$$\text{现金转换周期(CCC)} = \text{应收账款周转天数(DSO)} + \text{存货周转天数(DSI)} - \text{应付账款周转天数(DPO)} \tag{15-2}$$

我们可以按以下公式计算应收账款周转天数：

$$\text{应收账款周转天数(DSO)} = \frac{\text{应收账款}}{\text{销售收入}/365\text{天}} \tag{15-3}$$

第4章曾经提到，应收账款周转天数也可以被视为公司应收账款的平均账龄或者平均收款期。

存货周转天数的定义如下：

$$\text{存货周转天数(DSI)} = \frac{\text{存货}}{\text{销货成本}/365\text{天}} \tag{15-4}$$

请注意，存货周转天数也可以被视为公司存货的平均账龄，即公司持有一美元存货的平均天数。

$$\text{应付账款周转天数(DPO)} = \frac{\text{应付账款}}{\text{销货成本}/365\text{天}} \tag{15-5}$$

该比例表示公司应付账款的平均账龄（按天计）。

为了说明现金转换周期（CCC）指标的使用，让我们再次来看戴尔电脑公司的例子。1989年，戴尔电脑公司还是一家初出茅庐的初创企业，当时该公司的现金转换周期是121.88天。1998年，戴尔电脑公司将这一数字降低到－5.6天（见表15-2）。但是您也许会问，戴尔电脑公司是如何将现金转换周期降低至零以下的呢？答案是该公司对营运资本采用了非常激进的管理方式。正如表15-2所示，戴尔电脑公司主要是通过非常有效的存货管理（存货周转天数从1995年的37.36天降至2005年的4.65天）和更有利的商业信贷偿还行为（应付账款周转天数从1995年的40.58天增至2005年的79.41天）实现了现金转换周期的显著降低。具体而言，戴尔电脑公司作为一家个人电脑直销商，直到收到订单才会生产电脑。该公司利用商业信贷采购零部件。这种商业模式使存货投资降到极低。

表15-2 戴尔电脑公司1995—2012年现金转换周期的决定性因素　　　　单位：天

现金转换周期（CCC）＝应收账款周转天数（DSO）＋存货周转天数（DSI）－应付账款周转天数（DPO）

	1995年	2000年	2005年	2012年
应收账款周转天数（DSO）	50.04	33.14	35.59	63.09
存货周转天数（DSI）	37.36	5.79	4.65	11.58
应付账款周转天数（DPO）	40.58	62.07	79.41	97.06
现金转换周期（CCC）	46.81	－23.14	－39.17	－22.39

您会做吗？

计算现金转换周期

哈里森电子公司（Harrison Electronics Inc.）正在计算现金转换周期，各项要素的估计值如下：

  应收账款周转天数（DSO）＝38 天

  存货周转天数（DSI）＝41 天

  应付账款周转天数（DPO）＝30 天

该公司的现金转换周期是多少天？

有意思的是，戴尔电脑公司的现金转换周期在 2012 年上升，上一年该公司还是上市公司，而后被创始人迈克尔·戴尔（Michael Dell）牵头的投资者群体进行了私有化。现金转换周期的恶化反映出困难的财务环境，即该公司面临着瞬息万变的个人电脑竞争格局。

▶ 财务决策工具

工具名称	公式	含义
现金转换周期（CCC）	应收账款周转天数（DSO）＋存货周转天数（DSI）－应付账款周转天数（DPO）	● 公司现金周转一遍的天数。 ● 该周期越短，公司营运资本占用的资金就越少。
应收账款周转天数（DSO）	$\dfrac{\text{应收账款}}{\text{销售收入}/365\text{ 天}}$	● 收取赊销款项的平均天数。 ● 该天数越短，公司的应收账款占用的资金越少。
存货周转天数（DSI）	$\dfrac{\text{存货}}{\text{销货成本}/365\text{ 天}}$	● 某件产品售出之前作为存货存储的天数。 ● 该天数越短，公司的存货投资就越少。
应付账款周转天数（DPO）	$\dfrac{\text{应付账款}}{\text{销货成本}/365\text{ 天}}$	● 公司偿还商业信贷所用的天数。 ● 该天数越长，公司支持流动资产投资所需的现金就越少。

您做出来了吗？

计算现金转换周期

现金转换周期的计算方法如下：

$$\text{现金转换周期(CCC)} = \dfrac{\text{应收账款周转}}{\text{天数(DSO)}} + \dfrac{\text{存货周转}}{\text{天数(DSI)}} - \dfrac{\text{应付账款周转}}{\text{天数(DPO)}}$$

代入以下数据：

  应收账款周转天数（DSO）＝38 天

存货周转天数(DSI)＝41 天

应付账款周转天数(DPO)＝30 天

该公司的现金转换周期为：

现金转换周期(CCC)＝38＋41－30＝49(天)

我们计算出现金转换周期为 49 天。哈里森电子公司可以通过降低应收账款周转天数（例如对提前付款的买方提供现金折扣或缩短赊销还款期）和存货周转天数（例如减少公司持有的存货），或争取更有利的信贷条款以增加应付账款周转天数。

概念回顾
1. 公司可以采取哪三种举措来最小化净营运资本？
2. 请定义应收账款周转天数、存货周转天数和应付账款周转天数。

使用近似信贷成本公式估计短期信贷成本

在第 5 章中，我们介绍货币的时间价值时首先介绍了计算信贷成本背后的原则。然而，我们将在本章中重复之前的大部分讨论，因为这对于理解如何估计短期信贷成本非常重要。

估计短期信贷成本的过程非常简单，它依赖于以下基本利息公式：

$$\text{利息} = \text{本金} \times \text{利率} \times \text{时间} \tag{15-6}$$

其中，利息是借款人向贷款人支付的金额，以换取在一年中的部分时期（在公式中用"时间"表示）使用贷款本金的权利。例如，一笔金额为 1 000 美元、利率为 8% 的 6 个月期贷款要求支付 40 美元的利息。

$$\text{利息} = 1\,000 \times 0.08 \times \frac{1}{2} = 40(\text{美元})$$

我们使用这个基本关系式来计算短期融资成本，或者已知利息、本金和融资期限时的年化百分比利率（annual percentage rate，APR）。因此，根据上述基本利息公式可以解出年化百分比利率[①]：

$$\text{APR} = \frac{\text{利息}}{\text{本金} \times \text{时间}} \tag{15-7}$$

或

$$\text{APR} = \frac{\text{利息}}{\text{本金}} \times \frac{1}{\text{时间}}$$

---

① 为了简化计算，我们在本章中假设 1 个月有 30 天，1 年有 360 天。

该式被称为年化百分比利率计算公式,下面的例子对其进行了说明。

例 15.1　估计短期信贷成本

SKC 公司计划借入一笔本金为 1 000 美元的 90 天期贷款。当贷款到期时,该公司将偿还 1 000 美元的本金加上 30 美元的利息。这笔贷款的实际年利率可以用年化百分比利率公式估计出来,如下所示:

第 1 步:确定解题方法

短期信贷成本可以用年化百分比利率(APR)公式估计出来,它等于利息与本金之比乘以年化债务期限的倒数。

$$APR = \frac{利息}{本金} \times \frac{1}{时间}$$

请注意,在上述年化百分比利率公式中,利息是本金、利率和时间的乘积。在本例中,对利息进行了调整,以匹配短于一年的借款期限。以下公式对年化利率进行了调整,以匹配利息与债务期限。

$$利息 = 本金 \times 利率 \times 时间$$

第 2 步:计算数值

代入 SKC 公司的短期信贷特征,我们得到以下结果:

$$APR = \frac{30\ 美元}{1\ 000\ 美元} \times \frac{1}{90/360}$$
$$= 0.03 \times \frac{360}{90} = 0.12 = 12\%$$

第 3 步:分析结果

因为 SKC 公司的债券持有者要求对本金为 1 000 美元的 90 天期贷款支付 30 美元的利息,因此该短期信贷的实际借款成本等于将债券持有者的季度必要收益率 3%(= 30 美元/1 000 美元)换算为年化必要收益率。因此,该贷款的实际年化资金成本为 12%。

这个简单的年化百分比利率计算公式没有考虑复利。为了考虑复利的影响,我们可以使用以下公式:

$$APY = \left(1 + \frac{i}{m}\right)^m - 1 \qquad (15-8)$$

其中,APY 为年化百分比收益率,i 为名义年利率(在之前的例子中是 12%),m 为一年之中计算复利的期数[在之前的例子中,$m = 1/时间 = 1/(90/360) = 4$]。因此,本例中的贷款的年化百分比收益率在考虑复利的情况下为:

$$APY = \left(1 + \frac{0.12}{4}\right)^4 - 1 = 0.126 = 12.6\%$$

复利实际上提高了短期信贷成本。因为年化百分比利率与年化百分比收益率之间的差别通常很小,所以我们使用更简单的年化百分比利率来计算短期信贷成本。

您会做吗？

短期信贷成本的近似计算

亨普斯特德电子公司（Hempstead Electric Inc.）直接向汉密尔顿电线电缆公司（Hamilton Wire and Cable Company）大批购入电线原材料。汉密尔顿电线电缆公司提供的信贷条件是：如果在30天内支付货款，则可以享受3%的现金折扣。否则，买方需要在90天后支付全款。如果亨普斯特德电子公司的付款期超过30天，放弃了现金折扣，那么该公司的近似信贷成本是多少？

▶ 财务决策工具

工具名称	公式	含义
年化百分比利率（APR）	$\dfrac{\text{利息}}{\text{本金} \times \text{时间}}$ 利息＝利息金额； 本金＝贷款面值； 时间＝贷款期限占一年的比例（例如，6个月期贷款的该值为0.5）	● 不考虑复利影响时对短期信贷年化成本的近似估计
年化百分比收益率（APY）	$\left(1+\dfrac{\text{名义利率}(i)}{\text{每年计算复利的期数}(m)}\right)^{m}-1$	● 年化复利利率 ● 短期（短于一年的）信贷成本

概念回顾

1. 近似信贷成本公式背后的基本利息公式是什么？
2. 什么是年化百分比收益率？它与年化百分比利率有什么不同？

评估短期信贷来源

短期信贷来源可以分为两个基本类别：无担保短期信贷和有担保短期信贷。**无担保贷款**（unsecured loans）是指所有仅以贷款人对借款人按时偿还贷款能力的信任为担保的贷款。无担保短期信贷主要包括应付工资、应纳税款、商业信贷、无担保银行贷款和商业票据。**有担保贷款**（secured loans）是当借款人无法按期偿还本金或利息时以某种资产作为担保品的贷款。商业银行、财务公司和以应收账款作为担保发放贷款的公司（保理商）是有担保贷款的主要提供者。担保品主要包括应收账款和存货。

您做出来了吗?

短期信贷成本的近似计算

如果亨普斯特德电子公司选择放弃现金折扣,那么信贷成本将反映出 3% 的现金折扣损失,这相当于该公司可以使用一笔 60 天期(信贷期限 90 天与现金折扣期限 30 天之差)贷款,贷款本金等于购买价格扣除现金折扣(即电线价格的 97%)。利用式(15-7),可以计算出年化百分比利率:

$$APR = \frac{利息}{本金 \times 时间} = \frac{0.03}{0.97 \times \frac{60}{360}} = 0.1856 = 18.56\%$$

无担保短期信贷来源:应付工资和应纳税款

因为大多数公司是定期(每周、每双周或每月)向员工支付工资,因此公司有应付工资科目,这本质上是从员工那里获得的贷款。例如,如果阿普尔顿制造公司(Appleton Manufacturing Company)每周的工资费用为 450 000 美元,且该公司每月向员工支付工资,那么在一个月(四周)后,该公司应付给员工 180 万美元的工资,作为员工在这个月中提供的服务的报酬。因此,员工等待整整一个月才拿到工资,相当于将自己的劳动所得作为融资提供给公司。

财务实践

通过减少应收账款管理营运资本

拉法基公司(LaFarge Corporation)位于弗吉尼亚州雷斯顿市,从事建筑材料行业。去年,拉法基公司显著改善了应收账款管理。这项改进体现为应收账款周转天数(DSO)的减少,即

$$DSO = \frac{应收账款}{销售收入/365 \text{天}}$$

观察该公式后,您也许会想起在第 4 章中,我们将 DSO 称为平均收款期。公司的成功在很大程度上是由于将激励性薪酬与净资产收益率(return on net assets, RONA)挂钩,如下所示:

$$RONA = \frac{息税前利润}{净资产}$$

请注意,应收账款管理改善不仅导致平均收款期缩短,也导致公司净资产减少,从而增加了公司的净资产收益率。当然,前提是平均收款期的缩短没有对公司的收入乃至利润产生负面影响。

他们是如何做的？

皮特·萨克瑞潘特（Pete Sacripanti）是拉法基公司副总裁和卡尔加里地区的建筑材料业务总监，他将该公司的收款效率改善归功于以下12个重要措施[a]：

(1) 关注客户和收款，这涉及所有管理层级，而不仅是财务部门的责任。

(2) 建立优先客户群，这些客户为公司提供了竞争优势。

(3) 在销售人员之间明确分配各自负责的客户账户，以防止员工推卸拖欠账款的责任。

(4) 制定清晰的行为准则，明确拉法基公司对客户的承诺和责任。

(5) 阐明标准销售条款和条件，清楚说明哪些条款是可以协商的，哪些条款是不可以协商的。

(6) 销售人员和部门应建立月收款目标，收款目标是基于前一个月的销售收入加上逾期账款。

(7) 对销售人员进行关于客户盈利能力的培训，尤其要关注：① 逾期账款和坏账风险提高之间的联系；② 为了弥补坏账成本所需的业务量；③ 公司借款成本的提高。

(8) 定期（每周）召开信贷会议和收款会议，参会者包括销售团队、信贷经理和总经理。

(9) 鼓励持续采用"压力式"执行管理方法，销售人员应每周汇报最新的收款情况，包括关键账户信息。

(10) 通过提前致电催收账款，确定预期可收回金额和可收回性，并安排专人收款。

(11) 培养收款技巧，包括：释放部分暂扣款；抵销应付服务费或设备价款；使用施工留置权、担保、信用证和付款保证书；运用谈判技巧要求更多担保品以代替核销坏账；更好地了解公司的产品、行业及其客户。

(12) 与客户建立更牢固的关系以积累独一无二的价值，例如里程忠诚度计划、工程解决方案、质量保证和新产品开发。

在上述措施中值得注意的关键问题是，每个措施都是为了提高公司的应收账款回收成功率。平均收款期指标衡量了这些做法的有效性，但实际上是这12个措施真正实现了改善。

衡量有效性

拉法基公司开展了一个旨在降低其营运资本投资的3年期项目。该项目的成功在公司位于加拿大西部卡尔加里地区的建筑材料业务中体现得最明显。该部门将营运资本降低了38%，降至大约3 600万美元，同时将销售收入提高了10%，增至4.25亿美元。该项目对于净资产收益率的影响很显著，因为该公司在提高利润（净资产收益率的分子）的同时，减少了净资产（净资产收益率的分母）。

a. 参见 "Dollars in the Details: The 1999 Working Capital Survey" by S. L. Mintz, CFO.com, July 1, 1999。

同理，公司通常根据每季的估计应纳税额按季度缴纳所得税。这意味着，公司可以使用根据其季度利润计算出的应纳税款，直到该季度结束。此外，公司还可以延期缴纳销售税和员工的代扣代缴（所得）税。公司延期纳税的时间越长，应纳税款为公司提供的融资金额越多。

请注意，这些融资来源随着公司的销售收入水平自发增加或减少。也就是说，当公司销售收入增加时，公司的人力支出、积累的销售税和所得税也随之增加。因此，这些应计费用科目为公司提供了自动或自发性融资来源。

您会做吗？

短期信贷成本（考虑复利的影响）

请使用年化百分比收益率（APY）重新估计亨普斯特德公司的短期信贷成本，并考虑复利的影响。

无担保短期信贷来源：商业信贷

商业信贷为公司提供了最灵活的短期融资来源之一。我们之前曾经提到，商业信贷是主要的自发性融资来源或按需融资来源。也就是说，商业信贷随着公司的采购自发产生。要获得商业信贷，公司只需向供应商下订单。供应商会考察公司的信用状况，如果公司的信用状况良好，那么供应商就会发出货品。随后，进行采购的公司将根据供应商的商业信贷条款支付货款。

信贷条款和现金折扣 通常，商业信贷条款都对提前支付货款的买方提供现金折扣。例如，供应商可能提供"2/10，净30"的信贷条款，意思是如果买方在10天之内付清货款，就可以享受2%的折扣；如果在30天到期时才付款，就要支付全款。因此，如果不在10天之内付款，那么就有2%的罚金，或者说，是将付款时间从10天延期到30天（延期了20天）的罚金。不利用现金折扣的实际年成本可能非常高。以金额为1美元的发票为例，利用前述信贷条款和年化百分比利率公式，我们可以估计出放弃现金折扣的实际成本：

$$APR = \frac{0.02\ 美元}{0.98\ 美元} \times \frac{1}{20/360} = 0.367\ 3 = 36.73\%$$

请注意，2%的现金折扣是将付款期延长20天的利息成本，同时也请注意，贷款本金为0.98美元。该笔金额构成了贷款期第10天的全部本金，在第10天之后，就没有现金折扣了。放弃2%的现金折扣而延后付款20天的成本非常高昂：利率相当于36.73%。此外，一旦错过现金折扣期，就没有理由在最终到期日（第30天）之前付款。表15-3列出了一些其他信贷条款的实际年成本。请注意，商业信贷的成本与现金折扣成正比变化，与折扣期结束时间和最终到期日之间的时长成反比变化。

表15-3 部分商业信贷条款的利率

信贷条款	实际利率（%）
2/10，净60	14.69
2/10，净90	9.18
3/20，净60	27.84
6/10，净90	28.72

商业信贷展期 有些使用商业信贷的公司采用了商业信贷展期这种做法。它是指在规

定的信贷期限之后延期付款。例如，一家公司可能根据"3/10，净60"的信贷条款购买了原材料，然而，当面临资金短缺时，该公司可能延期到第80天才支付货款。继续违反信贷条款最终可能导致信用损失。然而，在短期内偶尔使用信贷展期为公司提供了短期贷款的紧急来源。

商业信贷的优点 作为一种短期融资来源，商业信贷有许多优点：第一，作为公司日常经营的一部分，公司可以很方便地获得商业信贷。第二，在信贷展期时通常不需要签订正式协议。此外，展期信贷金额随着公司的需求而增减，这就是为什么商业信贷被归类为自发性融资来源或按需融资来源。

您做出来了吗？

短期信贷成本（考虑复利的影响）

使用式（15-8），我们可以估计出亨普斯特德的短期信贷成本如下：

$$APY = \left(1+\frac{i}{m}\right)^m - 1 = \left(1+\frac{0.18}{6}\right)^6 - 1 = 0.1941 = 19.41\%$$

其中，i是名义年利率。也就是说，现金折扣为3%，这多给了亨普斯特德60天或一年的1/6。因此，一年的名义利率为6×0.03，即18%。考虑到复利的影响，推迟到90天期信贷期限结束时再向汉密尔顿公司支付电线价款的短期信贷成本为19.41%。

无担保短期信贷来源：银行信贷

商业银行以两种基本形式提供无担保短期信贷：信贷额度和交易贷款（应付票据）。这两种贷款的期限通常都不超过1年，利率取决于借款人的信用程度和整体经济的利率水平。

信贷额度 信贷额度（line of credit）通常是借款人和银行就任一时点银行给予借款人的最高信贷金额达成的非正式协议或谅解。根据这类协议，银行没有提供信贷的法律承诺。在**循环信贷协议**（revolving credit agreement，这类融资的另一种形式）中，银行有提供信贷的法律责任。信贷额度协议的期限通常为1年，它与借款人的财务年度相对应。因此，如果借款人的财务年度结算日为7月31日，那么其信贷额度将基于相同的年度周期。

信贷额度通常不采用固定利率，而是规定利率在银行最优惠利率的基础上上浮0.05%或者其他幅度。[①] 而且，在一般规定之外，信贷额度协议通常不具体规定资金的具体用途，例如，不会规定资金必须用作营运资本。

信贷额度通常要求借款人在贷款期内在银行保持最低存款余额，这被称为**补偿余额**（compensating balance）。这项最低存款余额要求（可以表示为信贷额度或贷款金额的某

---

① 最优惠利率是银行对信誉最好的借款人收取的利率。

个百分比）增加了借款人的实际贷款成本，除非其在银行保持的存款余额等于或大于该要求。

短期银行信贷的实际成本可以使用年化百分比利率公式进行估计。请考虑以下例子。

例 15.2　计算短期银行信贷的实际年成本

M&M 饮料公司的信贷额度为 300 000 美元，补偿余额要求为贷款金额的 20%。贷款的年利率为 10%。该公司向银行借入了 200 000 美元贷款，条件是需要在贷款银行存入 6 个月期存款。贷款成本包括利息费用以及闲置现金的机会成本，这部分闲置现金就是补偿余额，它等于贷款金额的 20%。为了弥补补偿余额要求的成本，假设公司必须借入额外资金，并将其存入该公司的支票账户内。

第 1 步：确定解题方法

实际借款金额（B）多于所需的 200 000 美元。实际上，所需的 200 000 美元是总借款的 80%，因为还有 20% 是补偿余额。因此，

$$0.80B = 200\,000 \text{ 美元}, B = 250\,000 \text{ 美元}$$

因此，该公司需要对 250 000 美元的贷款支付利息，其中只有 200 000 美元是该公司可以使用的。[①]

利息 = 本金 × 利率 × 时间
　　 = 250 000 美元 × 0.10 × (180/360) = 12 500 美元

请注意，我们使用 250 000 美元作为计算利息的本金。这样做的原因是，该公司必须借入相当于贷款金额 20% 的补偿余额，即 50 000 美元，存入该公司的支票账户。

因此，信贷的实际年成本可以使用 APR 公式来计算：

$$\text{APR} = \frac{\text{利息}}{\text{本金}} \times \frac{1}{\text{时间}}$$

第 2 步：计算数值

用 M&M 饮料公司的银行贷款数据代入上述年化百分比利率公式，我们可以得到以下结果：

$$\text{APR} = \frac{12\,500 \text{ 美元}}{200\,000 \text{ 美元}} \times \frac{1}{180/360} = 0.125 = 12.5\%$$

请注意，计算年化百分比利率时，我们使用 200 000 美元作为本金。这一金额表示公司可以从贷款中实际拿到的部分，或者说实际可用的部分。因此，我们使用该金额来计算实际年成本。

[①] 假设总贷款金额为 200 000 美元，其中只有 80% 即 160 000 美元是该公司可以使用的资金，由此可以得到相同结果，即：

$$\text{APR} = \frac{10\,000 \text{ 美元}}{160\,000 \text{ 美元}} \times \frac{1}{180/360} = 12.5\%$$

现在，根据 200 000 美元的贷款金额计算利息 $\left(10\,000 \text{ 美元} = 200\,000 \text{ 美元} \times 0.10 \times \frac{1}{2}\right)$。

第 3 步：分析结果

在 M&M 饮料公司的例子中，这笔贷款要求在 6 个月贷款期结束时偿还 250 000 美元的本金（包括 20% 的补偿余额）并支付 10% 的利息（12 500 美元）。这笔贷款的实际年成本计算方法为利息（12 500 美元）除以实际本金（200 000 美元）。通过该比率得出的银行信贷实际年成本为 12.5%。

通常，银行贷款将以折价方式提供。也就是说，在资金转给借款人之前将从贷款金额中扣除贷款利息。扩展 M&M 饮料公司的例子，考虑扣除利息的情况，将需要把前例中的实际贷款收入（200 000 美元）减去整整 6 个月的利息金额（12 500 美元）。现在，该贷款的实际利率为：

$$\text{APR} = \frac{12\ 500\ \text{美元}}{200\ 000\ \text{美元} - 12\ 500\ \text{美元}} \times \frac{1}{180/360} = 0.133\ 3 = 13.33\%$$

扣除利息的影响是贷款成本从 12.5% 提高到 13.33%。产生该结果，是因为该公司仍然根据之前的本金（250 000 美元）支付利息，然而，这次该公司得到的可用资金减少了 12 500 美元，只剩下 187 500（=200 000－12 500）美元。[1]

────────────────

交易贷款 公司还能获得另一种无担保短期银行信贷，即**交易贷款**（transaction loan）。这种贷款规定了贷款资金的具体用途。大多数公司向银行借入的都是这类贷款，通常是通过签署本票获得。

无担保交易贷款在成本、距到期期限和补偿余额要求上与信贷额度非常相似。商业银行发放这两种贷款时，通常都要求借款人在当年的一个时期（30～45 天）中还清短期贷款。很简单，这意味着借款人在规定时间内必须无任何银行债务。这个要求的目的是确保借款人不会用短期银行信贷来满足一部分永久性资金需求。

财务实践

发薪日贷款成本 发薪日贷款是消费金融中最具争议性的主题之一。发薪日贷款人定期收取上百点利率，每年有数百万个美国家庭获得这些贷款。以下是关于发薪日贷款的一些有趣事实[2]：

● 在美国，有 1 200 万个家庭使用发薪日贷款，每年借入约 500 亿美元。

────────────────

[1] 如果 M&M 饮料公司需要使用全部 200 000 美元，那么该公司借入的贷款必须多于 250 000 美元，以满足补偿余额要求并留出扣除的利息。实际上，该公司必须借入的金额 B 为：

$$B - 0.2B - \left(0.10 \times \frac{1}{2}\right)B = 200\ 000\ \text{美元}$$

$$0.75B = 200\ 000\ \text{美元}$$

$$B = \frac{200\ 000\ \text{美元}}{0.75} = 266\ 667\ \text{美元}$$

信贷成本仍为 13.33%，计算方法如下：

$$\text{APR} = \frac{13\ 333\ \text{美元}}{266\ 667\ \text{美元} - 53\ 333\ \text{美元} - 13\ 333\ \text{美元}} \times \frac{1}{180/360}$$

$$= 0.133\ 3 = 13.33\%$$

[2] Hayley Peterson, "6 Outrageous Facts That Show How Payday Lenders Screw Consumers", Business Insider, (October 25, 2013), http://www.businessinsider.com/outrageous-facts-about-payday-loans-2013-10. Accessed August 17, 2016.

- 典型借款人每年借入 5 个月期发薪日贷款,最终为每笔 300 美元的贷款支付 800 美元。
- 每年借入六笔或更多发薪日贷款的借款人所借贷款金额占加州所有发薪日贷款金额的一半以上。
- 发薪日贷款人往往集中向贫困率更高的地区发放贷款。

负责确保银行、贷款人和其他财务公司公平对待消费者的联邦机构[①]将这些贷款称为"债务陷阱",并制定了旨在限制某些更恶劣的贷款行为的法规[②]。发薪日贷款人辩称发薪日贷款的风险使其必然有高利率,并且它为无法从商业银行和其他金融机构获得贷款的消费者提供了贷款选择。[③]

典型的发薪日贷款少于 500 美元,期限为两周,由借款人的远期支票或付款授权书担保。年化百分比利率通常被用于分析发薪日贷款的成本。我们可以用每个贷款期的利率(例如 20%)乘以一年中的贷款期数(例如 26 期贷款,每期为两周)来估算年化百分比利率。因此,年化百分比利率为 520%。

$$APR = \frac{2 \text{ 周支付的总利息}}{\text{贷款(本金)金额}} \times \frac{52 \text{ 周}}{2 \text{ 周贷款期}} = \frac{100}{500} \times 26 = 520\%$$

讨论发薪日贷款的贷款成本时,通常会提到年化百分比利率,但是,计算出的年化百分比利率低估了发薪日贷款的潜在成本,因为它没有考虑复利的影响。从技术上讲,发薪日贷款利息没有计算复利,因为贷方在发放贷款时就获得了利息。

无担保短期信贷来源:商业票据

只有规模最大、信誉最高的公司才能发行**商业票据**(commercial paper)。商业票据是在短期债券市场上出售的短期支付承诺。

尽管一些商业票据的期限长达 270 天,但这种信贷来源的期限通常不长于 6 个月。商业票据的利率通常稍低于商业银行的最优惠贷款利率(低 0.5%~1%)。而且,利息常常被提前扣除,尽管有时市场上也存在计息商业票据。

新发行的商业票据要么是直接向市场发售的(由发行公司直接向投资公众出售),要么是由交易商发售的。交易商发售需要借助商业票据交易商,由其代表发行公司出售商业票据。许多大型财务公司,例如通用汽车金融服务公司(General Motors Acceptance Corporation),就是直接向市场发售商业票据。直接发售与交易商发售的比例大约 4:1,直接发售占主要部分。工业公司主要采用交易商发售的方式,这要么是因为它们本身不常使用商业票据市场,要么是由于公司的规模较小,如果不借助交易商的帮助将难以发售商业票据。

作为短期信贷来源的商业票据 商业票据对于使用者而言有以下几个优点:

(1)利率 商业票据的利率通常低于银行贷款和可比短期融资来源的利率。

---

① 消费者金融保护局(CFPB)是根据 2010 年 7 月签署的《多德-弗兰克华尔街改革和消费者保护法案》成立的。消费者金融保护局将大多数联邦消费者金融保护机构合而为一。
② http://money.cnn.com/2015/03/26/investing/payday-lenders-cfpb-proposal-stocks-fall/.
③ 发薪日贷款人行业组织被称为美国社区金融服务协会(CFSA)。该协会成立于 1999 年,是发放小额短期贷款或发薪日贷款的美国全国性组织。

(2) 补偿余额要求 商业票据没有最低余额要求。然而，发行公司常常发现，当新发行的商业票据无法被售出或到期商业票据无法被偿还时，最好保持足以支持短期融资需求的信贷额度协议。

(3) 信贷金额 商业票据为有大量信贷需求的公司提供了满足其所有短期融资需求的单一融资来源。由于监管机构限制了银行提供的贷款金额，因此想从商业银行获得所需资金可能需要从多家银行借款。[①]

(4) 声誉 由于市场广泛认为，只有信誉最好的借款人才能通过商业票据市场融资，因此使用商业票据表明公司的信用状况良好。

然而，使用商业票据进行短期融资有一项非常重要的风险。商业票据市场是一个高度客观的市场，即使对信誉最好的借款人也不在还款上通融。而使用银行贷款时，借款人可以与银行人员共同解决贷款到期时可能出现的临时困难。商业票据的使用者不能获得这种通融。

估计使用商业票据的成本 使用实际贷款成本公式（APR）可以估计出商业票据的成本。需要记住的关键点是，商业票据的利息通常是提前扣除的，如果公司通过交易商发售商业票据，还要交一笔费用。即使不通过交易商发售商业票据，发行公司也会产生与准备及执行发行相关的成本，估计信贷成本时必须考虑这些成本。

例 15.3　计算实际信贷成本

EPG 制造公司（EPG Manufacturing Company）定期使用商业票据满足其短期融资需求。该公司计划发行期限为 270 天、金额为 1 亿美元的商业票据，预期将按照 12% 的年利率提前支付利息（900 万美元）。此外，EPG 公司预期还将产生大约 100 000 美元的交易商发售费用和其他商业票据发行费用。EPG 公司的实际信贷成本是多少？

第 1 步：确定解题方法

通过使用年化百分比利率公式，可以计算出 EPG 公司的实际信贷成本。列出每个变量，并将它们代入年化百分比公式，得出以下公式：

$$\text{APR} = \frac{\text{利息}}{\text{本金}} \times \frac{1}{\text{时间}}$$

我们可以使用以下公式计算利息：

$$\text{利息} = (\text{本金} \times \text{利率} \times \text{时间}) + \text{融资费用}$$

在本例中，利息表示利息本身加上其他所有融资费用。本金等于通过融资得到的总现金减去利息费用。最后，融资期为 270 天。

第 2 步：计算数值

将 EPG 公司商业票据融资策略的数值代入式（15-8）中，我们得到以下结果：

$$\text{APR} = \frac{9\,000\,000\text{ 美元} + 100\,000\text{ 美元}}{100\,000\,000\text{ 美元} - 100\,000\text{ 美元} - 9\,000\,000\text{ 美元}} \times \frac{1}{270/360}$$

[①] 美联储系统的成员银行向单个借款人发放的贷款金额不得超过其总资本、盈余和未分配利润的 10%。因此，当某个企业借款人的融资需求非常大时，它可能不得不与由多家参与行组成的银团进行交易，以筹集所需资金。

$=0.133\ 5=13.35\%$

其中,利息成本的计算方法为 100 000 000 美元×0.12×(270/360)＝9 000 000 美元,再加上 100 000 美元的交易商发售费用。因此,EPG 公司的实际信贷成本为 13.35%。

第 3 步:分析结果

结果表明,在 12% 的贴现率水平上,扣除 10 万美元的交易商发售费用后,出售该商业票据只能得到 8 990 万美元的现金。这意味着 910 万美元是 8 990 万美元融资的利息费用。在本例中,利息是总现金收入的 13.35%,因此也代表了实际信贷成本。

有担保短期信贷来源:应收账款抵押贷款

有担保的短期信贷来源需要公司将特定资产作为贷款的担保品。一旦贷款违约,贷款人除了作为公司的普通债权人有索偿权,对于抵押资产还有优先索偿权。因此,有担保的贷款协议为贷款人提供了更多安全保护。

通常,公司的应收账款属于公司流动性最高的资产。因此,应收账款被许多贷款人认为是担保贷款的最优质担保品。基于应收账款的融资安排可以采取两个基本步骤:抵押和保理。

应收账款抵押融资　根据**应收账款抵押融资**(pledging accounts receivable)安排,借款人只需将应收账款作为担保品,就可以从商业银行或者财务公司那里获得贷款。贷款金额为被抵押的应收账款面值的某个百分比。如果公司向贷款人提供应收账款的一般留置权,那么借款人的所有应收账款都将作为该贷款的担保品。这种抵押方式简单且成本较低。然而,因为贷款人无法控制被抵押应收账款的质量,因此会将最高贷款额度限制为应收账款总面值的较低百分比水平,通常最高约为应收账款总面值的 75%。

还有另外一种抵押方法,这种方法需要借款人向贷款人提供具体发票作为贷款的担保品。这种方法的成本更高,因为贷款人必须评估每笔被抵押应收账款的信用程度。然而,根据这些额外信息,贷款人将愿意提高贷款占发票面值的百分比。在这种情况下,贷款金额可能高达被抵押应收账款面值的 85% 或 90%。

信贷条款　应收账款抵押贷款利率通常比银行的最优惠贷款利率高 2%～5%。财务公司收取的贷款利率甚至更高。此外,贷款人通常收取被抵押应收账款面值的一定百分比作为手续费,其金额可能为面值的 1%～2%。

例 15.4　计算短期信贷的年化百分比利率

A. B. 古德公司(A. B. Good Company)根据净 60 天的信贷条款向建筑承包商出售电力设备。该公司的平均月销售收入为 100 000 美元,因此,给定该公司的 2 个月期信贷条款,其平均应收账款余额为 200 000 美元。该公司将所有应收账款抵押给一家当地商业银行,获得的贷款金额最高为应收账款面值的 70%,利率为最优惠贷款利率加上 3%,银行对所有被抵押应收账款收取 1% 的手续费。A. B. 古德公司的做法是尽可能多地借入贷款,当前的最优惠贷款利率为 10%。使用该融资方式一整年的年化百分比利率是多少?

第 1 步：确定解题方法

在本例中，我们使用相同的年化百分比利率公式。然而，关键是确定公式中的变量使用的正确数值。

$$年化百分比利率 = \frac{利息}{本金} \times \frac{1}{时间} \tag{15-9}$$

请注意，我们可以用利息费用加上年手续费计算出利息。本金为实际提供的贷款金额。最后，我们的时期长度应为一整年：

$$APR = \frac{利息费用 + 手续费}{贷款金额} \times \frac{1}{时间}$$

第 2 步：计算数值

一旦我们将正确的上述变量代入公式中，我们就可以得到以下结果：

$$APR = \frac{18\,200\,美元 + 12\,000\,美元}{140\,000\,美元} \times \frac{1}{360/360} = 0.215\,7 = 21.57\%$$

其中，贷款总成本包括年利息费用（$0.13 \times 0.7 \times 200\,000$ 美元 $= 18\,200$ 美元）和年手续费（$0.01 \times 100\,000$ 美元 $\times 12$ 个月 $= 12\,000$ 美元）。提供的贷款金额为 $0.70 \times 200\,000$ 美元 $= 140\,000$ 美元。请注意，手续费是根据所有被抵押应收账款收取的。因此，A.B. 古德公司每月抵押 100 000 美元的应收账款，即每年抵押 1 200 000 美元的应收账款，对这些应收账款必须支付 1%的费用，每年支付的费用总额为 12 000 美元。

第 3 步：分析结果

A.B. 古德公司的贷款人收取约 14%的费用（13%的利率和 1%的年手续费），计费基础是作为贷款担保品的应收账款的 70%。在本例中，实际年化百分比利率实际上高于 14%的费用，这是因为实际发放的贷款少于应收账款金额。因为贷款金额实际上仅为应收账款的 70%，因此，实际年化百分比利率提高了，以反映未得到贷款的 30%应收账款。

还有一点：贷款人除了提供贷款，也可以向借款人提供特定信贷服务。例如，贷款人可以提供记账和收款服务。计算信贷成本时也应考虑这些服务的价值。在之前的例子中，A.B. 古德公司通过抵押所有应收账款并让贷款人提供这些服务，每年可以节省 10 000 美元的信贷部门成本。在这种情况下，短期信贷成本仅为：

$$APR = \frac{18\,200\,美元 + 12\,000\,美元 - 10\,000\,美元}{140\,000\,美元} \times \frac{1}{360/360} = 0.144\,3 = 14.43\%$$

抵押的优点与缺点 用抵押作为短期信贷来源的最大优点就是它为借款人提供了灵活性。通过这种方式，借款人可以连续获得融资。通过赊销产生的新账款为新生产融资提供了担保品。而且，贷款人还可能提供信贷服务，消除或至少降低了对公司内部类似服务的需求。这种融资方法的最大缺点是成本，与其他短期信贷来源相比，其成本相对较高，这是由于它收取的贷款利率较高，并对被抵押应收账款收取手续费。

应收账款保理 应收账款保理（factoring accounts receivable）是将公司的应收账款直接出售给被称为保理商的金融机构。**保理商**（factor）是购买其他公司应收账款的公司。保理机构可能是只经营应收账款保理业务的商业财务公司（被称为旧式保理商），也可能是商业银行。保理商进而承担了收款风险，并对提供的应收账款服务收取费用。该费用表示为其保理的所有应收账款面值的一定百分比（通常为1%~3%）。

保理公司通常在收回应收账款或满足信贷条款后，才会根据被保理应收账款发放贷款。如果公司希望立即获得放款，它可以将被保理应收账款作为担保向保理商借款。公司可以获得的最高贷款额度等于被保理应收账款面值减去保理费（1%~3%）、保管费（6%~10%）和贷款利息。例如，如果对价值为100 000美元的应收账款进行保理，信贷条款规定的期限为60天，保理费为2%，保管费为6%，贷款月利率为1%，那么该公司可以收到的最高贷款金额的计算方法如下：

单位：美元

被保理的应收账款面值	100 000
减：保理费（0.02×100 000美元）	-2 000
保管费（0.06×100 000美元）	-6 000
利息（0.01×92 000美元×2个月）	-1 840
最高贷款额度	90 160

请注意，贷款利息被提前扣除了，计算所基于的本金是实际可发放的最高贷款金额（92 000美元＝100 000美元－2 000美元－6 000美元）。因此，实际信贷成本的计算方法如下：

$$APR = \frac{1\,840 \text{ 美元} + 2\,000 \text{ 美元}}{90\,160 \text{ 美元}} \times \frac{1}{60/360}$$
$$= 0.255\,5 = 25.55\%$$

有担保短期信贷来源：存货贷款

存货贷款（inventory loans）是由存货担保的贷款，它是第二种有担保的短期信贷来源。可以获得的贷款金额既取决于存货的适销性，又取决于存货的耐储存性。某些存货——例如原材料（粮食、石油、木材和化学品）——是优质的担保品，因为它们很容易在市场上变卖。还有一些存货——例如半成品存货——是非常差的担保品，因为它们很难出售。

存货可以通过多种方式作为有担保短期融资来源，包括浮动留置权或毯式存货留置权协议、动产抵押协议、监管仓单抵押协议和终端仓单抵押协议等。

在**浮动留置权协议**（floating lien agreement）中，借款人给予贷款人所有存货的留置权。这是最简单也是最安全的存货抵押形式。借款公司保留对存货的全部控制权，并且在认为合适时，可以继续出售和重置这些存货。显然，对于贷款人而言，对担保品缺少控制权大大稀释了这类担保品的价值。

在**动产抵押协议**（chattel mortgage agreement）中，担保协议明确列出了存货（以序列号或其他形式），借款人保留对存货的所有权，但是没有贷款人的同意不能出售这些存货。

在**监管仓单抵押协议**（field-warehouse agreement）中，作为担保品的存货与公司的其他存货分开，被存放于第三方监管仓储公司控制的场地。

终端仓单抵押协议（terminal-warehouse agreement）与监管仓单抵押协议只有一个方面的区别。在终端仓单抵押协议中，作为担保品的存货被运至公共仓库，离开了借款人的经营场所。在这种情况下，贷款人得到了更多安全保障，因为此时存货完全离开了借款人的控制。当然，这种融资安排的成本也较高，因为借款人必须向仓储公司支付费用。此外，存货也必须被运送到公共仓库，并最后从那里运出。

概念回顾
1. 无担保短期信贷来源和有担保短期信贷来源都有哪些？
2. 信贷额度与循环信贷协议之间有什么区别？
3. 公司通过抵押应收账款可以获得哪几种信贷协议？
4. 由公司存货担保的贷款有哪些例子？

本章小结

➡ 学习目标 1. 描述营运资本管理中的风险-收益权衡。

小结：营运资本管理需要管理公司的流动性，从而需要管理：（1）公司的流动资产投资，（2）公司的流动负债使用。其中每个问题都涉及风险-收益权衡。流动资产投资降低了公司的流动性风险，代价是降低了公司的整体资产投资收益率。相对而言，使用长期融资提高了公司的流动性，但同时降低了公司的资产收益率。

关键术语

总营运资本：传统上定义为公司对流动资产的投资。

净营运资本：公司的流动资产和流动负债之差。

经营净营运资本：流动资产减去现金和流动负债，再减去短期债务（例如，应付票据）之差。

关键公式

$$净营运资本 = 流动资产 - 流动负债$$

➡ 学习目标 2. 描述净营运资本的决定因素。

小结：公司的净营运资本由公司的流动资产需求和购买流动资产使用的融资来源决定。在决定使用何种融资来源时，必须注意，公司以应付账款的形式自动从供应商那里获得了部分融资。然而，公司通常需要更多融资，其形式可能为短期（短于一年）融资或长期融资。使用短期融资来源一般比使用长期融资来源更便宜，但是也增加了公司面临的必须在短期内偿还贷款的风险。对冲原则，或者说自偿性债务原则，为财务经理提供了解决这种融资问题的一个工具。基本上，这种方法要求公司匹配负债的期限与资产需求的期限。例如，如果公司有增加存货和应收账款的季节性需求和临时需求（例如，圣诞节时的零售商），那么采用短期融资就更合适。然而，如果公司有增加流动资产的更长期需求，那么就应该使用长期融资。

关键术语

对冲原则（自偿性债务原则）：一种营运资本管理政策，规定公司投资的现金流产生特征应该与公司融资来源的现金流要求匹配。简单地说，短期资产应该用短期融资来源融资，而长期资产应该用长期融资来源融资。

永久性投资：公司预期将持有一年以上的投资。公司对固定资产和流动资产进行永久性投资。

临时性投资：公司对将在不超过一年的时期内变现且不会被重置的流动资产的投资。例子包括存货和应收账款的季节性扩张。

商业信贷：公司购买原材料的同时由供应商提供的信贷。商业信贷在资产负债表上体现为应付账款。

➡ **学习目标 3. 计算公司的现金转换周期。**

小结：现金转换周期是衡量公司净营运资本管理有效性的关键指标。具体而言，现金转换周期等于公司应收账款周转天数加上存货周转天数，减去应付账款周转天数。现金转换周期长度的重要性在于，这也是存货和应收账款占用公司资金的天数。在其他条件不变的情况下，该周期越长，公司就必须对流动资产进行越多的投资。

关键公式

$$\frac{\text{现金转换周期}}{(\text{CCC})} = \frac{\text{应收账款周转}}{\text{天数(DSO)}} + \frac{\text{存货周转}}{\text{天数(DSI)}} - \frac{\text{应付账款周转}}{\text{天数(DPO)}}$$

$$\text{应收账款周转天数(DSO)} = \frac{\text{应收账款}}{\text{销售收入}/365 \text{天}}$$

$$\text{存货周转天数(DSI)} = \frac{\text{存货}}{\text{销货成本}/365 \text{天}}$$

$$\text{应付账款周转天数(DPO)} = \frac{\text{应付账款}}{\text{销货成本}/365 \text{天}}$$

➡ **学习目标 4. 估计短期信贷成本。**

小结：在选择短期融资来源时，关键考虑因素是实际信贷成本。既然短期信贷的定义是融资期限短于一年的贷款，那么分析师就必须调整在融资期限（短于一年）内支付的利息，以计算年利率。这种调整可以假设使用单利（即不考虑复利）来计算年化百分比利率，或者在调整中考虑复利，在后一种情况下，我们计算的结果为年化百分比收益率。

关键公式

$$\text{利息} = \text{本金} \times \text{利率} \times \text{时间}$$

$$\text{年化百分比利率(APR)} = \frac{\text{利息}}{\text{本金} \times \text{时间}}$$

$$\text{年化百分比收益率(APY)} = \left(1 + \frac{i}{m}\right)^m - 1$$

➡ **学习目标 5. 指出短期信贷的主要来源。**

小结：不同的短期信贷来源可以分为两类：无担保短期信贷来源和有担保短期信贷来源。无担保信贷不提供具体资产作为贷款协议的担保品。主要的无担保信贷包括商业信贷、信贷额度、从商业银行获得的无担保交易贷款和商业票据。有担保信贷通常由商业银行、财务公司和保理商向企业提供。最常用的担保品包括应收账款和存货。由应收账款担保的贷款包括抵押协议和保理协议。在抵押协议中，公司将应收账款作为贷款担保品；在保理协议中，公司将应收账款卖给保理商。在抵押协议中,贷款人在借款人违约时保留索偿权;而在保理协议中,贷款人通常没有索偿权。由存货担保的贷款可以通过若干种担保安排发放。其中最常用的是浮动留置权协议、动产抵押协议、监管仓单抵押协议以及终端仓单抵押协议。采用的协议形式取决于作为担保品的存货种类和贷款人希望对担保品拥有的控制程度。

关键术语

无担保贷款:无担保贷款是指仅凭贷款人对借款人在债务到期时还款能力的信任作为保证的所有信贷来源。

有担保贷款:有担保贷款是要求以资产作为抵押的信贷来源。当借款人到期未偿还本金或未支付利息时,贷款人可以扣押这些资产并出售它们来结算债务。

信贷额度:通常是借款人和银行之间达成的关于银行在任一时点向借款人提供的最高信贷金额的非正式协议或谅解。根据这类协议,银行没有提供规定金额贷款的法律承诺。

循环信贷协议:循环信贷协议是借款人和银行关于银行有法律义务向借款人提供的信贷金额达成的谅解。

补偿余额:公司在活期存款账户中保持的某个金额。该金额可能是公司与其商业银行签订的正式协议或非正式协议的要求。通常,补偿余额的要求由银行提出,它规定了:(1)未使用的贷款承诺;(2)未清偿贷款所占的比例;(3)换取银行提供的特定服务,例如支票清算或信用信息。补偿余额提高了借入资金的实际利率。

交易贷款:规定贷款资金应用于特定目的的贷款——例如,用于为购买设备融资的银行贷款。

商业票据:大型企业为筹资而出售的短期无担保本票。与大多数其他货币市场金融工具不同,商业票据没有发达的二级市场。

应收账款抵押融资:公司用应收账款作为担保品,从商业银行或财务公司处获得的贷款。

应收账款保理:公司将应收账款以无索偿权的形式直接卖给另一方(保理商)。保理商继而承担收款风险。

保理商:购买其他公司的应收账款的公司,它承担了收款风险,并因管理这些应收账款收取费用。

存货贷款:由存货担保的贷款。例子包括浮动留置权协议、动产抵押协议、监管仓单抵押协议和终端仓单抵押协议。

浮动留置权协议:通常与贷款相关的一种协议,其中借款人给予贷款人其所有存货的留置权。

动产抵押协议:贷款人可以通过持有贷款协议中列出的具体存货提高其担保权益的贷款协议。借款人保留对存货的所有权,但未经贷款人同意不得出售这些存货。

监管仓单抵押协议:作为担保品的存货与公司的其他存货分开存放,并被置于第三方仓储公司控制下的担保协议。

终端仓单抵押协议:作为担保品的存货离开借款人的经营场所,被运至公共仓库的担保协议。这是最安全的(尽管是成本最高的)存货担保融资方式。

复习题

15—1 戴尔电脑公司长期以来因其创新的营运资本管理方法而备受认可。请介绍戴尔电脑公司如何在净营运资本管理方面取得领先,从而为该公司解放了资源。

15—2 请定义并比较营运资本和净营运资本的概念。

15—3　请讨论公司资产投资决策涉及的风险-收益关系，公司的营运资本管理也涉及该关系。

15—4　使用短期债务的优点和缺点通常有哪些？请进行讨论。

15—5　请解释以下说法的含义："使用流动负债而不是长期债务将使公司面临更高的流动性风险。"

15—6　请定义对冲原则。如何在营运资本管理中应用该原则？

15—7　请定义以下术语：

a. 永久性资产投资；

b. 临时性资产投资；

c. 永久性融资来源；

d. 临时性融资来源；

e. 自发性融资来源。

15—8　如何用公式"利息＝本金×利率×时间"来估计短期信贷成本？

15—9　如何在计算短期信贷的实际成本时考虑复利的影响？

15—10　除了应计工资和应纳税款，还有哪三种主要的无担保短期信贷来源？列表讨论其各自的特征。

15—11　以下商业信贷条款的含义是什么：2/10，净30；4/20，净60；3/15，净45？

15—12　请定义以下术语：

a. 信贷额度；

b. 商业票据；

c. 补偿余额；

d. 最优惠利率。

课后习题

15—1（风险-收益权衡） 拉姆齐酒铺（Ramsey Liquors）在达拉斯-沃思堡大都会区拥有并经营一家啤酒和葡萄酒连锁店。该地区人口的迅速增长导致该公司需要更多资金。历史上，该公司将利润再投资并使用短期银行票据借款。过去5年该公司的资产负债表如下。

单位：美元

	2014年	2015年	2016年	2017年	2018年
流动资产	250	325	400	475	550
固定资产	750	800	800	825	875
资产总计	1 000	1 125	1 200	1 300	1 425
流动负债	125	225	325	425	525
长期债务	250	250	250	250	250
所有者权益	625	650	625	625	650
负债和所有者权益总计	1 000	1 125	1 200	1 300	1 425

a. 请计算上述5年间，该公司的流动比率（流动资产除以流动负债）和债务比率（流动负

债与长期债务之和除以总资产)。请使用流动比率和债务比率描述该公司的风险。

b. 改动上述财务报表,使流动负债保持在 50 美元不变,同时增加长期债务,增加金额恰好可以满足该公司的融资需求。请使用您编制的 5 年期(2014—2018 年)修订财务报表,计算该公司的流动比率(流动资产除以流动负债)和资产负债率(流动负债与长期债务之和除以总资产)。请使用流动比率和资产负债率描述该公司的风险。

c. 哪种融资计划风险更高?为什么?

15—2(对冲原则) 对于公司营运资本(即流动资产和流动负债)管理中产生的风险,一种主流风险管理理论要求遵循自偿性债务原则。在以下每种情景中如何应用该原则?请解释您对每种情景的答案。

a. 长叶家园公司(Longleaf Homes, Inc.)在西雅图、华盛顿地区拥有一系列高级住宅小区。该公司正在讨论应该借入短期资金还是长期资金来筹集所需的 1 000 万美元。这部分资金将被用于扩张该公司的照护设施,预计寿命为 20 年。

b. 阿罗化学公司(Arrow Chemicals, Inc.)需要 500 万美元用于购买存货,以支持其日益增长的销量。阿罗化学公司预计未来对额外存货的需求不会减少。

c. 布洛克尔建筑材料公司(Blocker Building Materials, Inc.)正在审核该公司明年的计划,该计划预计从今年 11 月到明年 1 月期间,该公司将需要 500 万美元为存货和应收账款的季节性扩张融资。

15—3(现金转换周期) 深红制造公司(Crimson Mfg. Company)的销售收入、应收账款、存货和应付账款的历史数据如下:

单位:美元

	2014 年	2015 年	2016 年	2017 年	2018 年
销售收入——净额	4 310	5 213	7 944	11 639	18 491
应收账款——总计	617	807	1 089	1 355	2 229
应付账款	425	671	699	1 560	2 465
存货——总计	330	440	644	377	350

a. 请计算深红制造公司 5 年间每年的应收账款周转天数和存货周转天数。深红制造公司采取了哪些措施来更好地管理应收账款投资和存货投资?

b. 请计算深红制造公司 5 年间每年的现金转换周期。请评价该公司的整体营运资本管理水平。

15—4(估计银行贷款成本) 支付大师公司(Paymaster Enterprises)借入了短期银行贷款来为其季节性营运资本需求融资。该贷款的年利率为 8%,提前支付利息(贴现贷款)。此外,支付大师公司在贷款期限内的银行活期存款必须始终满足最低要求,该要求为贷款余额的 10%。如果支付大师公司计划借款 100 万美元,期限为 6 个月,那么该银行贷款的成本是多少?

15—5(短期融资成本) R. 莫林建筑公司(R. Morin Construction Company)需要借入 10 万美元以购买价格为 15 万美元的新液压起重机,用于该公司的商业施工业务。该起重机将在 1 年后收回成本。该公司正在考虑以下为购买起重机融资的方案:

方案 A: 该公司的银行同意以 14% 的利率贷给该公司 10 万美元。利息将被提前扣除,且银行要求保留 15% 的补偿余额。然而，该补偿余额的要求不会对 R. 莫林建筑公司产生太多约束，因为该公司通常在该银行保留 25 000 美元的最低活期存款余额（支票账户）。

方案 B：设备经销商已经同意为购买该设备提供 1 年期贷款。贷款金额为 10 万美元，需要支付的本金和利息总计为 116 300 美元。

a. R. 莫林建筑公司应该选择哪种融资方案？

b. 如果银行补偿余额要求必然产生相当于贷款 15% 的闲置活期存款，那么这将对银行贷款方案的成本产生什么影响？

15－6（有担保短期信贷成本） 马洛销售和分销公司（Marlow Sales and Distribution Co.）在截至 2015 年 9 月 30 日的 3 个月内需要 150 万美元。该公司已经研究了两种可能的信贷来源。

a. 马洛销售和分销公司以应收账款为抵押向银行贷款 150 万美元。银行已同意以 9% 的利率向马洛销售和分销公司提供贷款，贷款金额为抵押应收账款价值的 75%，并基于所有抵押应收账款收取 1% 的费用。马洛销售和分销公司全年的应收账款平均为 175 万美元。

b. 一家保险公司同意以 8% 的年利率贷给该公司 150 万美元，但要求以马洛销售和分销公司的色拉油存货作为担保。采用监管仓单抵押协议，马洛销售和分销公司每月需要支付 2 000 美元的费用。

马洛销售和分销公司应该选择哪种信贷来源？请解释原因。

15－7（短期融资成本） 您计划向银行借入 20 000 美元用于为您刚开张的礼品店购买存货。这笔银行贷款的年利率为 10%，期限为 6 个月。

a. 请计算该贷款的实际年利率。

b. 此外，该银行还要求您在银行账户中保持 15% 的补偿余额。因为您刚刚开始经营企业，您在该银行并没有能用来满足补偿余额要求的活期存款账户。这意味着您将不得不从个人支票账户中拿出贷款金额的 15%（您本打算用这笔钱为您的企业融资）存进该银行。现在该贷款的成本是多少？

c. 除了第 b 问中的补偿余额要求，您还被告知利息需要被提前扣除。现在该贷款的实际年利率是多少？

15－8（估计商业票据的成本） 2018 年 2 月 3 日，伯灵顿西部公司（Burlington Western Company）计划发行金额为 2 500 万美元的商业票据。该公司之前从未发行过商业票据，但是负责发行商业票据的公司保证融资没有任何困难。该商业票据的期限为 270 天，要求的年利率为 11%。此外，该公司还必须支付总计 150 000 美元的营销和发售费用。伯灵顿西部公司商业票据的实际成本是多少？

15－9（商业信贷成本） 请计算以下商业信贷条款下的实际成本，假设在到期日付款。

a. 2/10，净 30；

b. 3/15，净 30；

c. 3/15，净 45；

d. 2/15，净 60。

15－10（年化百分比收益率） 请利用复利公式或实际年利率公式计算课后习题 15－3 中的商业信贷条款的成本。

15－11（短期银行贷款成本） 2018 年 7 月 1 日，西南锻造公司（Southwest Forging Corporation）与达拉斯第一国民银行（First National Bank of Dallas）签订了信贷额度协议。该协议

条款要求最高贷款金额为100 000美元，利率为最优惠利率加上1%。此外，该公司当年还必须在活期存款账户中保留20%的补偿余额。当前的最优惠利率为4.5%。

a. 如果西南锻造公司通常在达拉斯第一国民银行的支票账户中保留20 000美元至30 000美元的余额，那么根据信贷额度协议，使用最高贷款金额一整年的实际贷款成本是多少？

b. 如果该公司根据贷款协议借入补偿余额和可能的最高贷款金额，请重新计算实际贷款成本。假设在一整年中全部贷款金额均未被清偿。

15—12（商业票据的成本）三态公司（Tri-State Enterprises）自成立35年以来首次计划发行商业票据。该公司计划发行金额为500 000美元的180天期商业票据。该商业票据的利率为10.5%，提前扣除利息，发行成本为12 000美元（提前支付）。

a. 三态公司的实际信贷成本是多少？

b. 该公司在分析是否应该发行商业票据时还应考虑其他哪些因素？

15—13（应收账款的成本）米凯林仓储运输公司（Michelin Warehousing and Transportation Company，WTC）需要300 000美元来为销售收入增加带来的预期应收账款增加融资。米凯林仓储运输公司的信贷条款为净60天，其平均月赊销金额为200 000美元。通常，该公司的客户会在信贷期限内付款。因此，该公司的平均应收账款余额为400 000美元。米凯林仓储运输公司的审计官查克·伊多尔（Chuck Idol）联系了该公司的银行，申请使用该公司的应收账款作为抵押，贷款300 000美元。该银行同意以高于最优惠利率2%的利率水平提供贷款，并按照所有被抵押应收账款金额收取1%的手续费（每月200 000美元）。而且，该银行还同意提供最高为被抵押应收账款面值的75%的贷款。

a. 当该公司借款300 000美元时，请估计向米凯林仓储运输公司发放的应收账款抵押贷款的成本。当前的最优惠利率为5%。

b. 伊多尔还向该银行申请了300 000美元的信贷额度。该银行同意以高于最优惠利率3%的利率提供必要的信贷额度，并要求15%的补偿余额。米凯林仓储运输公司当前保留20 000美元的平均活期存款。请估计米凯林仓储运输公司的信贷额度成本。

c. 米凯林仓储运输公司应该选择哪种信贷来源？为什么？

15—14（保理成本）MDM公司（MDM, Inc.）正在考虑对其应收账款进行保理。该公司每月的赊销金额为400 000美元，平均应收账款余额为800 000美元，信贷期限为60天。

保理商同意提供信贷，其金额为被保理应收账款面值的90%，减去月利率为1.5%的贷款的利息。贷款金额与全部被保理应收账款面值之差为10%，包括1%的保理费和9%的保管费。此外，如果MDM公司决定对其应收账款进行保理，那么该公司将出售所有应收账款，从而可以每月节省1 500美元的信贷部门成本。

a. 通过保理协议，MDM公司可获得的最高贷款金额的借款成本是多少？

b. 在决定是否签署保理协议时，MDM公司还需要考虑其他哪些成本？

15—15（保理成本）一家保理商同意按照以下条款向JVC公司发放贷款，为其营运资本提供资金：JVC公司的月均应收账款为100 000美元，平均回收期为90天。（请注意，JVC公司的信贷条款要求在90天内付款，由于平均回收期为90天，因此平均应收账款为300 000美元。）对于贷款金额，保理商将收取12%的利率（提前支付1%的月利率），并且对所有被保理应收账款收取2%的手续费和20%的保管费。如果JVC公司采用该贷款，那么该公司每月将节省2 000美元的信贷部门费用。JVC公司采用保理安排的实际年利率是多少？假设该公司将使用最高贷款金额。

15—16（短期银行贷款成本）吉米·黑尔（Jimmy Hale）是得克萨斯州布朗菲尔德的谷仓升降机所有者和经营者。他在那里已经居住了 62 年。今年春天的降水是近十年以来最适宜的，吉米·黑尔先生预计粮食将获得丰收。这促使他开始重新思考当前的融资来源。吉米·黑尔先生现在认为，在截至收获季结束的 3 个月中，他还需要 240 000 美元。与他的银行经理会面后，吉米·黑尔先生想知道额外融资的实际成本是多少。银行向他报出的利率为最优惠利率（当前为 7%）加上 1%，同时要求该公司将当前的银行账户余额从 4 000 美元提高到贷款金额的 20%。

a. 如果在 3 个月期贷款到期时偿付全部利息和本金，那么吉米·黑尔先生的往来银行提供的贷款的年利率是多少？

b. 如果利息被提前扣除，该银行将把利率降为最优惠利率，那么吉米·黑尔先生是否应该接受这个提议？

15—17（术语）请从是否有担保（包括某类担保方式）的角度定义以下每种短期信贷来源：

- 信贷额度；
- 应收账款抵押融资；
- 商业信贷；
- 应收账款保理；
- 存货贷款；
- 商业票据。

第16章
国际商业金融

学习目标

1	讨论商业的国际化趋势。	产品市场与金融市场的全球化
2	解释如何解读汇率报价以及为什么汇率报价很重要。	外汇市场与货币汇率
3	讨论利率平价的概念。	利率平价理论
4	解释购买力平价理论和一价定律。	购买力平价理论与一价定律
5	讨论外国直接投资的资本预算分析中独有的风险。	外国直接投资的资本预算

通常，公司扩张产品市场比开发新产品更容易，这也是大多数大公司在全球寻找新市场的原因。这当然也是麦当劳（股票代码为MCD）最近几年采取的战略方向。如今，麦当劳在122个国家经营着超过37 000家餐厅。世界上最忙碌的麦当劳餐厅并不在美国，而是在距离美国几千英里外的俄罗斯莫斯科普希金广场。该餐厅每天接待40 000名顾客，甚至超过它在1990年1月31日开业当天的人数。除了布里干酪块和卷心菜派等俄罗斯传统食物之外，这家餐厅的菜单与美国的麦当劳餐厅基本相同。

这是一笔昂贵的投资吗？当然是。实际上，麦当劳修建了食品工厂用来供应汉堡、薯条以及在当地出售的其他食品，其成本超过6 000万美元。除了这些成本之外，还有其他许多因素使在美国之外开店既有区别又有挑战性。首先，为了保证世界上任何地方的麦当劳餐厅提供的食品质量一致，麦当劳花了6年时间建起一条可以提供满足麦当劳需求的必要原材料的供应链。除此以外，麦当劳还面临与俄罗斯经济及其货币相关的风险，这些风险是美国麦当劳所没有的。

这些风险在2014年全盘具现化，当时，石油价格急剧下跌，而石油出口收入约占俄罗斯出口收入的70%。俄罗斯军事介入乌克兰，资本流出俄罗斯，导致俄罗斯政府将利率提高至17%，以鼓励资金留在俄罗斯。结果，在2014年6月中旬至2014年12月中旬的6个月内，俄罗斯卢布的价值下跌了50%以上，12月一天的跌幅就超过11%。由于麦当劳在俄罗斯以卢布价格出售汉堡,因此以卢布兑换美元时,麦当劳的俄罗斯零售店价值不及前一年。尽管如此,但事实证明,莫斯科的麦当劳餐厅自开业以来取得了巨大成功。实际上,到 2018 年,俄罗斯的麦当劳餐厅已超过 640 家,其中 50 家都在 2017 年开业。这一切都表明,并非所有新投资机会都需要新产品,将现有产品推向新的国际市场可以带来同等甚至更多的利润。

本章重点关注国际企业处理多种货币时面临的复杂情况。我们将讨论降低外汇风险的有效策略。本章还将讨论国际环境中的营运资本管理和资本结构决策。

产品市场与金融市场的全球化

至少可以这样说,大多数产品市场都跨越了国界。事实上,有些行业和国家高度依赖国际经济。例如,电子消费品和汽车产业被广泛视为全球产业。俄亥俄州在美国所有州的制造业出口中排名第六,超过一半的俄亥俄州工人受雇于在一定程度上依赖出口的公司。

全球的国际证券投资与直接投资水平也有所上升。对美国的直接投资和证券投资增速都快于美国的海外投资。**外国直接投资**(direct foreign investment,DFI)是指**跨国公司**(multinational corporation,MNC)——在多个国家同时持有股份和(或)经营业务的公司——有控制权的投资,例如跨国公司修建一家离岸制造工厂。证券投资是指购买期限超过一年的金融资产,例如购买外国股票或债券。

美国公司进行外国直接投资的一个主要原因是可以从这些投资中获得高额收益率。而且,美国的外国直接投资(DFI)金额十分庞大且不断增长。美国跨国公司的总资产、销售收入和利润的很大部分来自外国投资和外国业务。外国直接投资对美国公司来说没有限制。许多欧洲公司和日本公司也有国外经营机构。在过去的十年中,这些公司的销售收入一直在增长,并在国外建立了生产设施,尤其是在美国。

各国之间的资本流动(证券投资)也一直在增长。许多公司、投资公司和个人都在外国资本市场上进行投资。它们的动机有两重:获得高于国内资本市场的收益率;通过国际分散化降低组合投资的风险。金融市场近期的全球化趋势反映出全球贸易与投资活动的增长。**欧洲美元**(Eurodollars)市场现在比任何国内金融市场都大,越来越多的美国公司转而在欧洲美元市场上筹集资金。甚至在海外没有经营机构的公司和公共团体也开始依赖欧洲美元市场筹资。

除此之外,大多数国家的金融市场也由于电子通信的进步和贸易全球化程度的增加而日益与国际市场一体化。即使是在母国购买所有原材料并销售所有产成品的纯国内公司也无法避免来自国外的竞争,同时它也不能完全忽略国际金融市场的运行情况。

> **概念回顾**
> 为什么美国公司要在海外投资?

外汇市场与货币汇率

外汇市场[foreign exchange (FX) market]是迄今为止世界上最大的金融市场,日交易量超过 5 万亿美元。这个市场上的交易由包括美元、英镑、日元和欧元在内的几种主要货币主导。外汇市场是一个场外市场,参与者(买方和卖方)是世界上的主要商业银行和投资银行。表 16-1 列举了外汇市场上的主要交易货币。

外汇市场上的部分主要参与者包括:

- 商品和服务的进口商和出口商。例如,当一个美国进口商向日本制造商购买商品并用日元进行支付时,该进口商需要在外汇市场上将美元兑换为日元。同理,如果一个出口商收到一笔来自外国公司的外币付款,它也需要在外汇市场上将其兑换为本币。
- 购买外国股票和债券的投资者和投资组合经理。购买在外国证券交易所中挂牌的外国公司股票的投资者需要外币来完成交易。
- 为一种或多种外币做市的货币交易商。货币交易商买入和卖出不同货币,以期从这些交易中赚取利润。

表 16-1 外汇市场:主要交易货币

货币	平均日交易额占比(%)
美元	87.6
欧元	31.3
日元	21.6
英镑	12.8
澳大利亚元	6.9
加拿大元	5.1
瑞士法郎	4.8
人民币	4.0
瑞典克朗	2.2
其他	23.7
总计	200.0

注:总计为 200%,因为交易量中的每笔交易均包括一次买入和一次卖出,这是重复计算的结果。
资料来源:Triennial Central Bank Survey (December 2016), Bank for International Settlements.

汇 率

汇率(exchange rate)是指一种货币用另一种货币表示的价格。例如,如果美元对英镑的汇率为 2 比 1,那么这意味着需要用 2 美元才能购买 1 英镑。

汇率变化对企业意味着什么?

2014 年和 2015 年,世界各国的汇率发生了巨大变化。例如,2014 年 5 月下旬至 2015 年 3 月中旬,欧元的美元价值下跌了近 25%,而 2014 年 8 月中旬至 2015 年 6 月中旬,日元的美元价值下跌了约23%。但是这并不是最大的跌幅。2014年7月4日至2015年1月30日，俄罗斯卢布的价值下跌了50%以上！为什么这些汇率变化如此之大？原因有很多，包括：

- 美国经济相对于其他经济的实力相对增强。
- 预期欧洲央行将推出自己的量化宽松政策，旨在降低欧洲利率，就像美联储让美国利率上升一样。
- 希腊主权债务可能违约的不确定性。
- 俄罗斯卢布的大幅贬值是石油价格暴跌以及俄罗斯军事介入乌克兰而遭受制裁的结果。

不管汇率变化的原因是什么，这些变化都对企业和经济产生了重大影响。美元走强（即2014年和2015年美元相对于其他货币升值）对企业和经济到底意味着什么？

美元走强意味着美国商品对外国人而言变得更加昂贵。这是因为，当一美元能购买更多欧元或日元时，购买一美元也需要更多欧元或日元。因此，由于美元走强，在美国生产商品并将其出口到世界各地的公司将更困难，因为除非降低价格，否则以欧元或日元表示的商品价格就会上涨。因此，它们要么令在国外出售的商品的外币价格保持不变，要么提高商品的外币价格，但前者实际上减少了每笔销售获得的美元收入，而后者可能使国外销量下降。在俄罗斯，卢布价值看上去一度迅速下跌，在2014年12月16日下跌了10%以上，宜家暂停了厨房电器和家具的销售，而通用、捷豹和奥迪则暂停了汽车的销售。它们为什么这样做？俄罗斯人试图在卢布进一步下跌、价格上涨之前买入这些商品，因此这些商品出现了抢购潮。当然，每家公司都必须做出自己的决定，但是做出这种决定时要考虑的一个因素是产品需求的弹性。例如，苹果的产品往往缺乏价格弹性。您可能在经济学课上学到过，这意味着价格变化根本不会对需求产生太大影响。许多人似乎都对苹果的产品着迷，实际上他们并不看重价格——他们只是想要苹果的产品。因此，对于苹果公司来说，价格不是什么大问题。相比之下，位于美国的波音公司在出售巨型喷气式飞机时面临欧洲空中客车公司的竞争。相对于苹果公司而言，美元走强对于波音公司是一个更大的问题，因为波音公司需要让潜在买家相信，波音飞机比空客飞机好得多，他们应该愿意为它们支付更高的价格，否则波音公司就需要降低外币价格，以弥补美元升值带来的影响。所有这些因素都会影响许多公司的利润。事实上，通用汽车公司宣布，美元升值使其2015年第一季度的收入减少了18亿美元。宝洁公司的销售收入也受到美元升值的重创，美元升值使该公司2015年的销售收入下降了6%~7%。美元升值甚至使麦当劳受创，由于美元走强，麦当劳2015年第一季度的每股利润下降了约9美分。

2015年以来，美元的强势一直保持相对稳定，但是其他货币的强弱对比发生了很大变化。例如，委内瑞拉由于经济崩溃，其货币价值从6.3玻利瓦尔（该国法定货币）/美元骤跌至约70 000玻利瓦尔/美元。可以想象，这是一次真正的经济危机。为了解决这个问题，委内瑞拉政府推出了世界上第一个主权加密货币——petro——只有时间才能证明petro是否真的有效，但就目前而言，它的作用看起来并不乐观。因此，委内瑞拉基本上沦为以物易物经济，停车场服务员会接受用法式长棍面包付款，理发时，理发师会接受用丝兰、香蕉或鸡蛋付款，付一盒香烟就能打到出租车。商品进口实际上已停止，因为没有人愿意接受用委内瑞拉玻利瓦尔付款。

阅读汇率报价　表 16-2 显示了 2018 年 5 月 8 日的汇率，从《华尔街日报》网站、reuters.com、xe.com 和《金融时报》网站上可以获得该信息。表 16-2 的第一列给出了购买一单位外币所需的美元数量。由于汇率是用美元表示的，因此这被称为**直接报价**（direct quote）。根据表 16-2 中的数字，我们可以看到购买 1 英镑需要 1.354 6 美元，购买 1 瑞士法郎需要 0.998 1 美元，购买 1 欧元需要 1.186 4 美元。相反，**间接报价**（indirect quote）表示购买 1 美元所需要的外币数量。第二列显示了间接汇率。

我们可以用一个简单例子进一步解释直接报价和间接报价的使用。假设您希望根据表 16-2 第一列所示的直接报价计算英镑的间接报价。英镑的直接报价为 1.354 6 美元。相关的间接报价可以通过计算直接报价的倒数得到，如下所示：

$$\text{间接报价} = \frac{1}{\text{直接报价}} \tag{16-1}$$

因此，

$$\frac{1}{1.354\ 6} = 0.738\ 2(\text{英镑}/\text{美元})$$

请注意，计算得出的间接报价与表 16-2 第二列所示数值一致。

表 16-2　汇率（2018 年 5 月 8 日）

国家和地区/货币	等价美元	交易每单位美元所需的外币
美洲		
巴西——雷亚尔	0.280 6	3.563 2
加拿大——加元	0.772 1	1.295 2
墨西哥——比索	0.051 1	19.572 9
委内瑞拉——玻利瓦尔	0.000 014 3	69 912.505 1
亚太地区		
澳大利亚——澳元	0.745 3	1.341 7
中国——人民币（元）	0.157 0	6.370 7
中国香港——港元	0.127 4	7.849 8
印度——卢比	0.014 89	67.174 40
日本——日元	0.009 16	109.12
新西兰——新元	0.697	1.434 7
巴基斯坦——卢比	0.008 65	115.60
韩国——韩元	0.000 927 1	1 078.61
欧洲		
欧元区——欧元	1.186 4	0.842 9
俄罗斯——卢布	0.015 82	63.214
瑞典——瑞典克朗	0.113 4	8.818 3
瑞士——瑞士法郎	0.998 1	1.001 9
土耳其——里拉	0.230 8	4.332 7
英国——英镑	1.354 6	0.738 2

续表

国家和地区/货币	美元汇率	
	等价美元	交易每单位美元所需的外币
中东/非洲		
埃及——镑	0.056 5	17.710 0
以色列——谢克尔	0.276 4	3.618 4
沙特阿拉伯——里亚尔	0.266 6	3.750 4
南非——兰特	0.079 6	12.568 6

注:"等价美元"一栏不总是等于"交易每单位美元所需的外币"一栏的倒数,因为存在少许四舍五入误差。

资料来源:Reuters, Bloomberg.com, and *The Wall Street Journal Online*, May 8, 2018.

例 16.1

使用直接报价计算汇率

一家美国公司必须按当前汇率 1.129 3 美元/欧元向一家德国公司支付 1 000 欧元,这笔交易需要多少美元?

第 1 步:确定解题方法

这笔交易所需的美元金额可以用以下公式计算:

美元金额=美元/外币汇率×1 000 欧元

请注意,计算出直接报价之后,您必须将该报价乘以交易所需的外币金额,以得到所需的美元金额。

第 2 步:计算数值

将数值代入公式,我们可以计算出所需的美元金额,如下所示:

美元金额=1.129 3 美元/欧元×1 000 欧元=1 129.30 美元

第 3 步:分析结果

美国公司要支付给德国公司 1 000 欧元,将需要 1 129.30 美元来完成交易。

汇率与套利

两个不同国家的外汇报价必须彼此保持一致。如果伦敦与纽约即期外汇市场的汇率报价不一致,那么进取型交易商就可以在货币较便宜的市场上买进货币并在另一个市场上卖出货币,从而赚取利润。这种买入卖出策略不需要净投资,不用承担风险,但是可以带来纯利润。这种策略的执行者被称为**套利者**(arbitrageur)。在多个市场进行买入卖出并赚取无风险利润的过程被称为套利。即期外汇市场是有效的,因为套利机会无法持续任何时间长度。也就是说,两个不同市场上的汇率会由于套利过程而很快趋于一致。**套利**(arbitrage)消除了一种货币在不同市场之间的汇率差异,正如之前纽约和伦敦的汇率报价例子。

假设您在伦敦可以用 1.320 0 美元购买 1 英镑,而根据表 16-2 的报价,您在纽约可以用 1.354 6 美元购买 1 英镑。如果您同时在伦敦以 1.32 美元的价格买入 1 英镑,并在纽约以 1.354 6 美元的价格卖出 1 英镑，您将：(1) 持有金额为零的净投资头寸，因为您买入了 1 英镑并卖出了 1 英镑；(2) 无论英镑之后的走势如何，您每买入卖出 1 英镑都锁定了 0.034 6 美元的纯利润；(3) 为消除伦敦和纽约的汇率报价差异提供了动力。随着市场上的其他人了解您的交易，他们将试图进行相同的交易。在伦敦市场上，买入英镑需求的上升将导致英镑报价升高，而在纽约市场上，英镑供给的上升将导致英镑报价降低。市场的作用结果将产生处于 1.32 美元与 1.354 6 美元之间的新即期汇率，并且该汇率在纽约和伦敦相同。

卖出汇率与买入汇率

即期外汇市场上存在两种汇率：卖出汇率和买入汇率。**卖出汇率**（asked rate）是银行卖出外汇、客户买入外汇时，银行或外汇交易商要求客户支付本币以兑换外币的汇率。卖出汇率通常也被称为卖出价。**买入汇率**（bid rate）是银行向客户买入外币所支付的本币价格。买入汇率又被称为买入价。正如您所预料到的，卖出价高于买入价。请注意，表 16-2 中只包含卖出汇率，不包括买入汇率。

银行卖出一单位外币的价格高于买入一单位外币的价格。因此，直接卖出报价（$/FC）高于直接买入报价。卖出报价与买入报价之差被称为**买卖价差**（bid-asked spread）。当市场上的交易量很大且交易连续时，主要货币的买卖价差就较小，可能低于 1%（0.01）。而对于不经常交易的货币而言，买卖价差就高得多。买卖价差之所以存在，是因为银行持有高风险外币和提供货币兑换服务需要获得补偿。

Q&A 您会做吗？

使用即期汇率计算外币支付金额

一家美国企业必须于 2018 年 5 月 8 日向斯德哥尔摩的一家公司支付相当于 10 000 美元的瑞典克朗。根据表 16-2 中的信息，斯德哥尔摩的公司将收到多少瑞典克朗？

交叉汇率

交叉汇率（cross rate）是两种外币之间的汇率，其中任何一种货币都不是本国货币。表 16-3 给出了一些主要货币的交叉汇率。下例说明了如何用两个交叉汇率推导出第三个交叉汇率。

表 16-3 2018 年 5 月 8 日（星期四）主要货币的交叉汇率

	美元	欧元	英镑	瑞士法郎	比索	日元	加拿大元
加拿大	1.295 2	1.536 5	1.754 4	1.292 7	0.066 2	0.011 9	⋯
日本	109.124	129.459 3	147.819 4	108.917 1	5.575 3	⋯	84.255 9
墨西哥	19.572 9	23.220 3	26.513 5	19.535 8	⋯	0.179 4	15.112 5

续表

	美元	欧元	英镑	瑞士法郎	比索	日元	加拿大元
瑞士	1.001 9	1.188 6	1.357 2	…	0.051 2	0.009 2	0.773 6
英国	0.738 2	0.875 8	…	0.736 8	0.037 7	0.006 8	0.570 0
欧盟	0.842 9	…	1.141 8	0.841 3	0.043 1	0.007 7	0.650 8
美国	…	1.186 4	1.354 6	0.998 1	0.051 1	0.009 2	0.772 1

资料来源：Reuters and *The Wall Street Journal Online*，May 8，2018，wsj.com.

例 16.2 计算加元/瑞士法郎汇率

使用交叉汇率 1.401 3 加元/欧元和 0.954 9 欧元/瑞士法郎计算加元/瑞士法郎和瑞士法郎/加元汇率。

第 1 步：确定解题方法

表 16-3 中的第二列和第四列提供了加元/欧元和欧元/瑞士法郎汇率，它们可以被用来确定加元/瑞士法郎和瑞士法郎/加元汇率，如下所示：

$$\frac{加元}{欧元} \times \frac{欧元}{瑞士法郎} = \frac{加元}{瑞士法郎}$$

因为瑞士法郎/加元汇率是上述加元/瑞士法郎汇率的倒数，因此可以按照直接报价的倒数来计算它。

第 2 步：计算数值

将数值代入公式，我们可以计算出欧元/英镑汇率：

$$\frac{加元}{欧元} \times \frac{欧元}{瑞士法郎} = 1.401\ 3 \times 0.954\ 9 = \frac{1.338\ 1\ 加元}{瑞士法郎}$$

因此，瑞士法郎/加元汇率为：

$$\frac{1}{1.338\ 1} = \frac{0.747\ 3\ 瑞士法郎}{加元}$$

第 3 步：分析结果

加元/瑞士法郎汇率为 1.338 1 加元/瑞士法郎，瑞士法郎/加元汇率为 0.747 3 瑞士法郎/加元。

外汇交易类型

迄今为止，我们讨论的汇率和交易都是指立即交割的交易，这类汇率被称为**即期汇率**（spot exchange rate）。外汇市场上的另一类汇率被称为**远期汇率**（forward exchange rate），也就是在今天约定但在未来某个日期才按约定汇率交割货币的汇率。

一种货币实际兑换为另一种货币的未来日期被称为**交割日**（delivery date），反映汇率和交割日条款的协议被称为期货合约或**远期外汇合约**（forward exchange contract）。① 例如，一份在3月1日签订的远期合约规定了汇率，并且要求在3月31日交割。请注意，远期汇率并不一定与未来的即期汇率相等——事实上，没有人准确地知道未来汇率将会是多少。这些合约可以被用于管理一家公司的汇率风险（明天的汇率与今天的汇率不同的风险），并且期限通常在30天到1年之间。在中间任意日期都可以达成合约，但通常需要支付小额溢价。

和即期汇率一样，远期汇率也有直接报价与间接报价两种形式。直接报价是美元/外币汇率，间接报价是外币/美元汇率，这与即期汇率报价类似。表16-4的第一列给出了英镑、日元、澳元和瑞士法郎的30天期、90天期和180天期远期汇率报价。和即期汇率一样，远期合约的间接报价也是直接报价的倒数。表16-4的第二列给出了间接报价。

表16-4　美元远期汇率

国家/货币	等价美元	交易每单位美元所需的外币
澳大利亚——澳元	0.745 3	1.341 7
1个月期远期汇率	0.747 9	1.337 1
3个月期远期汇率	0.753 8	1.326 6
6个月期远期汇率	0.758 7	1.318 0
日本——日元	0.009 16	109.12
1个月期远期汇率	0.009 176	108.98
3个月期远期汇率	0.009 216	108.51
6个月期远期汇率	0.009 321	107.28
瑞士——瑞士法郎	0.998 1	1.001 9
1个月期远期汇率	1.000 0	1.000 0
3个月期远期汇率	1.000 4	0.996 0
6个月期远期汇率	1.009 6	0.990 5
英国——英镑	1.354 6	0.738 2
1个月期远期汇率	1.355 5	0.737 7
3个月期远期汇率	1.359 7	0.735 5
6个月期远期汇率	1.368 1	0.730 9

注："等价美元"一栏不总是等于"交易每单位美元所需的外币"一栏的倒数，原因是存在少许四舍五入误差。
资料来源：Reuters, Bloomberg.com, and *The Wall Street Journal Online*, June 8, 2018 以及作者出于教学目的的估计。

在表16-4中，英镑的1个月期远期报价为1.355 5美元/英镑。这意味着合约规定银行有义务按照该价格交割1英镑，而合同买方有义务在30天后按该价格买入1英镑。因此，无论30天后的实际即期汇率是多少，客户都必须支付该价格。如果英镑的即期价格低于1.355 5美元，那么客户将支付高于即期价格的价格。如果英镑的即期价格高于

---

① 这些合约非常相似，一个主要区别在于期货合约在交易所进行交易，而远期合约在场外市场进行交易。

1.355 5 美元，那么客户将支付低于即期价格的价格。

远期汇率通常按现有即期汇率的溢价或折价来报价。例如，英镑的 30 天期远期汇率报价可能有 0.000 2 美元的溢价（＝1.355 5 美元的远期汇率－1.354 6 美元的即期汇率）。如果英镑的远期汇率低于即期汇率，也就是说，英镑相对于美元以折价出售，美元相对于英镑以溢价出售。该溢价或折价也被称为**远期-即期价差**（forward-spot differential）。

您做出来了吗？

使用即期汇率计算外币支付金额

在前文中，一家美国公司必须向一家位于瑞典斯德哥尔摩的公司支付等值于 10 000 美元的瑞典克朗，您需要计算出这笔瑞典克朗的金额。

8.818 3 瑞典克朗/美元×10 000 美元＝88 183 瑞典克朗

只要货币在国际上转手，就会出现外汇市场交易。有趣的是，美元是交易最频繁的货币，它占总交易量的 43.8% 以上；欧元紧随其后，占总交易量的 15.65%。

这一关系可以写为：

$$F-S=溢价（如果 F>S）或折价（如果 S>F）$$

其中，

F＝远期汇率，直接报价；

S＝即期汇率，直接报价。

溢价或折价也可以表示为年化百分比，计算方法如下：

$$\frac{F-S}{S} \times \frac{12}{n} \times 100\% = 年化百分比$$

溢价（$F>S$）或折价（$S>F$） (16-2)

其中，n＝远期合约的月数。

例 16.3　计算年化折价百分比

假设 3 个月期远期汇率为 1.534 4，即期汇率为 1.535 0，请计算 90 天（3 个月）期英镑的年化折价百分比。

第 1 步：确定解题方法

首先，我们必须确定 F（3 个月期远期汇率）、S（即期汇率）和 n（远期合约的月数）：

$F=1.534\ 4$，$S=1.535\ 0$，$n=3$ 个月

接下来，因为 S 大于 F，所以我们使用式（16-2）计算年化折价百分比：

$$\frac{F-S}{S} \times \frac{12}{n} \times 100\% = 年化百分比 \qquad (16-2)$$

第2步：计算数值

将数值代入公式，我们可以得到：

$$年化百分比 = \frac{1.534\ 4 - 1.535\ 0}{1.535\ 0} \times \frac{12 \text{个月}}{3 \text{个月}} \times 100\% = -0.156\ 4\%$$

第3步：分析结果

90天期英镑远期汇率的年化折价百分比为-0.156 4%。

汇率风险

所有类型的国际商务中都会用到汇率风险的概念。不同企业衡量这些风险的方法以及面临的风险类型也不同。之前我们考察了汇率变化如何影响企业，分析了在2014年和2015年欧元、日元和俄罗斯卢布对美元价值下跌时汇率变化对国际交易的部分影响。现在，让我们来看汇率风险如何影响国际贸易合同、国际证券投资和外国直接投资。

国际贸易合同中的汇率风险 以下例子说明了国际贸易合同中的汇率风险。

例1 美国的一家汽车分销商同意向底特律的某家汽车制造商购买一辆汽车，该分销商同意在30天后交货时支付25 000美元。30天后汽车交货，该分销商支付了25 000美元。请注意，从签订协议到汽车交货，买方都确知应付金额。也就是说，合同的价值是确定的。

例2 一家美国汽车分销商与一家英国供货商签订了一份总价为16 287英镑的合同，向这家公司购买一辆汽车。货款将在从今天起30天后交货时支付。遗憾的是，在接下来的30天里，英镑和美元的汇率可能会发生变化。实际上，该美国公司并不确定未来的美元现金流出将是多少。也就是说，合同的美元价值是不确定的。

这两个例子有助于更好地说明国际贸易合同中的汇率风险。在国内贸易合同（例1）中，今天可以确定地知道未来将支付的美元金额；而在国际贸易合同（例2）中，如果合同以外币标价，就无法知道合同中的确切美元金额。汇率水平的波动将导致公司未来现金流的波动。

您会做吗？

计算年化溢价百分比

请使用表16-4中的信息计算90天（3个月）期日元的年化溢价百分比。

您做出来了吗？

计算年化溢价百分比

计算90天期日元的年化溢价百分比。

第 1 步　确定 F、S 和 n。

$F=0.009\ 216$ 美元/日元，$S=0.009\ 160$ 美元/日元，$n=3$ 个月

第 2 步　因为 F 大于 S，所以我们可以按以下公式计算年化溢价百分比：

$$\frac{0.009\ 216 - 0.009\ 160}{0.009\ 160} \times \frac{12 \text{ 个月}}{3 \text{ 个月}} \times 100\% = 2.445\ 4\%$$

因此，90 天期日元的年化溢价百分比为 $2.445\ 4\%$。

如果国际贸易合同以外币计价，就存在汇率风险。如果国际贸易合同以本币计价，就不存在直接汇率风险。也就是说，在例 2 中，如果合同以美元计价，那么美国进口商就不会面临直接汇率风险。当合同以美元计价时，英国出口商将承担所有汇率风险，因为出口商未来将收到的英镑金额是不确定的。也就是说，英国出口商将收到美元，而这些美元必须以（今天）未知的英镑/美元汇率兑换为英镑。在这类国际贸易合同中，合同双方中总有一方要承担汇率风险。

某些类型的国际贸易合同既不以进口商的本币计价，也不以出口商的本币计价，而是以第三方货币计价。在例 2 中，假如合同以港元计价，那么进口商和出口商都要承担汇率风险。

汇率风险并不仅仅局限于双边贸易合同，它还存在于外国证券投资和外国直接投资中。

国际证券投资中的汇率风险　接下来让我们来看证券投资中的汇率风险案例。假设某个美国投资者购买了一只日本证券，该证券的确切收益率是未知的。因此，该证券是一笔有风险的投资。在 3 个月持有期内，该投资的日元收益率可能在 -2% 和 8% 之间。此外，在 3 个月持有期内，美元/日元汇率可能下降 4%，也可能上升 6%。因此，美国投资者的美元收益率将在 -6% 和 $+14\%$ 之间。综上可知，汇率波动可能会增加投资风险。

> **牢记原则**
>
> 在国际交易中，和国内交易一样，价值的关键是现金流出和现金流入的发生时间和金额。然而，不同国家之间的经济交易还有一种风险，因为现金流通常是按照交易发生国的货币计价的，因此，现金流的价值取决于现金交割时的汇率。然而，现金流出和现金流入仍然非常重要。这就是基本原则 1：现金流是最重要的。

外国直接投资中的汇率风险　外国直接投资（DFI）中的汇率风险更加复杂。在外国直接投资中，母公司的资产投资以外币计价。也就是说，子公司的资产负债表和利润表均以外币计价。如果母公司位于美国，那么它将收到子公司汇入（或兑换）的美元利润。因此，汇率风险的概念既适用于国外资产的美元价值波动，也适用于以本币计价的利润波动。此外，汇率风险不仅影响即期利润，而且可能影响未来的利润。

尽管汇率风险可能是国际商业活动中的一个非常复杂的问题，但我们仍然要记住风险-收益权衡原则：交易商和公司发现了许多理由，证明了国际交易的收益大于风险。

> **概念回顾**
> 1. 什么是即期交易？什么是直接报价？什么是间接报价？
> 2. 谁是套利者？套利者如何赚钱？
> 3. 什么是远期汇率？
> 4. 请描述外国直接投资中的汇率风险。

利率平价理论

不同国家的利率水平可能存在很大差别。例如，2018 年中期，美国的 1 年期利率水平约为 2.35%，而土耳其的 1 年期利率水平为 13.5%，但同时土耳其的年通货膨胀率为 10.2%。稍后我们将简要介绍利率平价和购买力平价的概念，它为理解不同国家商品价格和利率之间的关系提供了基础。

利率平价理论 [interest rate parity (IRP) theory] 可以被用于将两国利差和两国货币的即期汇率与汇率之比联系起来。具体而言，利率平价条件可以表示为以下公式：

利差＝远期汇率与即期汇率之比

$$\frac{1+\text{国内利率}}{1+\text{国外利率}}=\frac{\text{远期汇率}}{\text{即期汇率}} \tag{16-3}$$

该式可以整理为以下形式：

$$1+\text{国内利率}=\frac{\text{远期汇率}}{\text{即期汇率}}\times(1+\text{国外利率}) \tag{16-3a}$$

为了说明如何应用该式，让我们考虑以下情况。假设美国的 6 个月期无风险利率为 2%，此时美元和日元（$/¥）的即期汇率为 0.010 798，远期汇率（6 个月期汇率）为 0.010 803。根据利率平价理论，您预计日本的 6 个月期无风险利率应该是多少？将已知数值代入式（16-3a）中，我们可以计算出以下结果：

$$1+\text{美国的 6 个月期无风险利率}=\frac{\text{远期汇率}}{\text{即期汇率}}\times\left(1+\text{日本的 6 个月期无风险利率}\right)$$

$$1+0.02=\frac{0.010\ 803}{0.010\ 798}\times(1+\text{日本的 6 个月期无风险利率})$$

$$1+0.02=1.000\ 463\times(1+\text{日本的 6 个月期无风险利率})$$

因此，日本的 6 个月期无风险利率为 0.019 528，即 1.952 8%。

这意味着，不管您是将美元兑换为日元并按日本的无风险利率进行投资，再将日元兑换回美元，还是直接用美元按美国的无风险利率进行投资，您得到的总收益率都是相同的。例如，如果您开始时持有 100 美元并以 0.010 798 美元/日元的即期汇率兑换为日元，那么您将得到 9 260.97 日元；如果您将这些日元按 1.952 8% 的利率投资，那么 6 个月后您将得到 9 441.82 日元。以远期汇率将其兑换回美元，您将收到 102.00 美元，这与您按美国的 6 个月期无风险利率 2% 投资美元的收益相等。

> **概念回顾**
> 请简单说明利率平价理论的含义。

购买力平价理论与一价定律

根据购买力平价理论［theory of purchasing-power parity（PPP）］，汇率将进行调整，使相同商品在世界上任何地方的购买价格都相同。例如，如果苹果公司的 iPad 在美国的售价为 399 美元，在法国的售价为 353.10 欧元，那么根据购买力平价理论，即期汇率应该为 1.13 美元/欧元（＝399 美元/353.10 欧元）。因此，如果您想买一台新 iPad，您既可以在美国以 399 美元的价格购买，也可以将 399 美元兑换为 353.10 欧元，然后在法国购买 iPad——两种方法的成本相同。其正式表述如下：

欧元即期汇率（美元/欧元）×iPad 在法国的价格＝iPad 在美国的价格

更一般地讲，外国的即期汇率（在本例中为欧元的即期汇率）应该等于相同商品的本国价格（P_h）与外国价格（P_f）之比，即：

$$即期汇率 = \frac{P_h}{P_f}$$

因此，正如我们刚才所示，美元/欧元即期汇率应该如下所示：

$$即期汇率 = \frac{P_h}{P_f} = \frac{399\ 美元}{353.10\ 欧元} = 1.13\ 美元/欧元$$

因此，购买力平价理论意味着，如果一根全新的卡拉威（Callaway）高尔夫球杆在法国的售价为 353.10 欧元，那么当美元/欧元汇率为 1.13 时，其在美国的售价应该为 353.10 欧元×1.13 美元/欧元＝399 美元。

购买力平价理论的基础是一条基本经济学原理，我们称其为**一价定律**（law of one piece）。在国际贸易背景下，该定律是指根据两国货币汇率进行调整之后，相同商品在不同国家的售价应该相同。其思想是，商品的价值不取决于购买或出售商品的地点。因此，从长期来看，汇率将朝着每种货币的购买力趋同的方向调整。因此，汇率应该反映出不同国家的通货膨胀率差异，通货膨胀率高的国家将发生货币贬值。

乍一看，生活中有很多与购买力平价理论明显不符的情况，这可能让我们难以接受该理论。为了说明不同国家的购买力差异，《经济学人》（*Economist*）发布了巨无霸指数（Big Mac Index），对不同国家的巨无霸汉堡价格进行了比较。2018 年，美国的一个巨无霸汉堡售价为 5.28 美元，按照当时的汇率，同样的巨无霸汉堡在乌克兰的售价为 1.64 美元，在挪威的售价为 3.86 美元，在瑞士的售价为 6.76 美元。为什么这些价格不相同？首先，不同国家间的税收差异可能是原因之一；其次，不同国家的劳动力成本和麦当劳餐厅的租金成本也可能不同。

那么，这是否意味着购买力平价理论不成立呢？很明显，该理论对于经济学家所谓的不可交易商品（例如餐馆的菜品和理发服务）而言是不成立的。众所周知，对于这类商品，即便在美国国内，购买力平价理论也不成立——的确，一个巨无霸汉堡在得梅因（Des Moines）和洛杉矶的售价是不同的。然而，对于可以以很便宜的价格在不同国家间运输的商品，例如昂贵的金银珠宝，我们可以预期购买力平价理论将相对接近于成立。

显而易见，1美元在瑞士和挪威并不能买到很多东西，但在泰国和马来西亚等亚洲国家，1美元的购买力相对较强。为什么这很重要？正如近期发生的金融危机所示，当世界遇到经济问题时，强劲的汇率（即本币能比外币购买更多商品的汇率）将使该国难以在国外出售商品，并使外国商品看起来相对便宜。然而，疲弱的汇率（即本币能比外币购买更少商品的汇率）将使该国更容易在国外出售商品（因为其商品在国外相对便宜）。然而，疲弱的汇率也将使进口商品的价格升高，因此消费者更愿意购买价格相对便宜的本国商品。

国际费雪效应

根据国际费雪效应，名义利率反映了预期通货膨胀率、实际利率，以及实际利率与预期通货膨胀率的乘积，如下所示：

$$名义利率 = 预期通货膨胀率 + 实际利率 + 预期通货膨胀率 \times 实际利率 \quad (16-4)$$

尽管对国际费雪效应存在复杂的实证支持，但人们普遍认为，主要工业国的长期实际利率约为3%。因此，如果英国的预期通货膨胀率为2%，日本的预期通货膨胀率为4%，那么英国的名义利率应为0.02+0.03+0.0006，即5.06%，而日本的名义利率应为0.04+0.03+0.0012，即7.12%。

实际上，国际费雪效应认为，全世界的实际利率水平应该相同，而名义利率的区别仅仅来自预期通货膨胀率的区别。如果我们观察世界各国的利率水平，将发现我们不一定将自己的钱存在名义利率最高的国家的银行账户里。这种做法可能只会导致我们将钱存入预期通货膨胀率最高的国家的银行里。

> **概念回顾**
> 1. 一价定律讲的是什么？
> 2. 什么是国际费雪效应？

外国直接投资的资本预算

如今，我们无法回避全球市场，美国公司在国外开展生产和销售业务的情况也很常见。实际上，2014年，谷歌宣布将投资200亿~300亿美元专门购买外国公司和在美国之外持有的技术权利。当一个国家的公司在另一个国家进行实物投资（可能是建工厂）时，也会发生外国直接投资。这种外国直接投资的例子包括百胜集团在迪拜开设的商店，以及戴尔电脑公司在中国、印度和墨西哥建设的离岸制造工厂。

和美国公司一样，许多欧洲公司和日本公司也在国外经营。在过去的十年间，这些公司的国外销量一直在增加并在国外设立了生产工厂,尤其是在美国。美国公司进行外国直接投资的主要原因是它们预期这些投资未来将获得更高的收益率。正如您从"基本原则 3:风险要求回报"中所了解到的,尽管许多外国投资可能获得更高的预期收益率,但许多外国投资也伴随着更高的风险。

跨国公司对外国投资的估值方法与评估国内资本预算决策的方法十分相似,但是需要考虑更多因素。当公司在国外投资时,它们通常在东道国设立子公司。然后资金以股利、特许权使用费和管理费的形式转回或汇回母国的母公司,其中股利和特许权使用费在东道国和母国都需要纳税。此外,许多国家还限制汇回母国的现金流。因此,某个项目产生的现金流通常并不等于可以汇回母国的现金流。为了对这些投资项目估值,公司需要贴现预期将汇回母公司的现金流。正如我们从"基本原则 1:现金流是最重要的"中所了解到的,我们只关心子公司预计将返还给母公司的现金流。在大多数情况下,现金流产生的时点至关重要。如果您的项目在 2021 年产生的现金流直到 2024 年才能汇回母公司,那么该现金流必须从 2024 年,即母公司实际收到该现金流的时间进行贴现。一旦估计出这些现金流,就必须以合适的贴现率或必要收益率贴现回现在,其中贴现率和现金流必须用相同的货币衡量。因此,如果贴现率以美元利率表示,那么现金流也必须以美元计价。

利润汇回与国外利润纳税

利润汇回(repatriation of profit)是指将国外利润汇回公司母国的过程。例如,麦当劳在法国赚到钱后,会将这些欧元兑换成美元,然后再汇回美国。然后,这些兑换后的利润可以在美国进行再投资、用于派发股利或回购股票。

2017 年《减税与就业法案》使汇回外国利润更有吸引力。根据新法律,国际利润不再受所谓的"属地制"约束,这意味着将来美国跨国公司汇回国外利润时将不再需要另外缴纳美国税款。根据旧税制,如果一家公司在某个税率为 10% 的国家获得利润,那么该公司汇回利润时,将缴纳 10% 的外国税率与美国税率之差,这很可能是 35%。无须多言,这对跨国公司来说可以节省大量税款。

至于已经在国外获得的利润,新税法将迫使公司将过去的外国利润逐渐汇回国内,但这些利润缴纳的税率将远远低于过去,税率在 8% 和 15.5% 之间。考虑到这既低于 35% 的公司利润旧税率,也低于 21% 的新税率,因此对于跨国公司来说也很划算。

外国投资的风险

国内资本预算的风险有两个来源:(1)与提供给该市场的产品或服务的具体特点和该市场的不确定性相关的商业风险;(2)金融风险,即项目融资方式导致的投资风险。外国直接投资机会既包括这两种风险,也包括政治风险和汇率风险。因为在前面的章节中,我们已经花相当大的篇幅讨论了商业风险和金融风险,因此,这里我们只考虑国际投资独有的风险。

政治风险 如果外国子公司在政治不稳定的国家开展经营,就可能产生政治风险。一国的政治环境变化通常会带来与企业相关的政策变化,尤其是与外国企业相关的政策变化。政策剧变可能是全国性的,甚至是直接征收(政府扣押)特定企业。例如,2007 年,委内瑞拉对该国最大的电信公司、若干电子公司,以及由埃克森美孚、雪佛龙和康菲(ConocoPhillips)拥有的四个利润丰厚的石油项目实行了国有化。这些都是在国外开展经营的政治风险。政治风险的部分例子如下:

(1) 征收工厂和设备且无补偿。

(2) 征收的补偿很低,低于实际市场价值。

(3) 子公司在国外获得的利润无法兑换为母公司所在国货币——资金冻结问题。

(4) 税率的重大变化。

(5) 外国政府对特定产品的售价、人员工资和报酬、人才聘用、对母公司的转移支付以及当地借款的控制。

(6) 关于当地投资者对企业的所有权的要求。

所有这些控制和政府行为都给流向母公司的投资现金流带来了风险。因此,公司必须在做出外国投资决策前考虑这些风险。例如,跨国公司可能决定不在有上述第一类风险和第二类风险的国家投资,而可以承受其他风险——只要外国投资的收益足够高从而能弥补这些风险。应该指出的是,虽然跨国公司自身不能防御所有外国政治风险,但可以从私人保险公司或从美国政府的海外私人投资公司购买针对某些类型的政治风险的保险。

汇率风险　汇率风险是指公司的业务和投资价值会受到汇率变化的负面影响的风险。例如,如果在德国进行投资之前必须将美元兑换为欧元,那么当利润被兑换回美元时,美元相对于欧元价值的不利变化就会影响投资的总损益。

概念回顾

1. 请定义通常所称的政治风险,并举出部分例子。
2. 什么是汇率风险?为什么跨国公司会关注汇率风险?

本章小结

➡ **学习目标 1. 讨论商业的国际化趋势。**

小结: 全球经济的增长、跨国公司数量的增加以及外汇交易本身的增加都强调了学习国际金融的重要性。此外,不同国家之间的资本流动(证券投资)也有所增加,以通过国际分散化获得更高的收益率并降低投资组合风险。

关键术语

外国直接投资(DFI): 一个国家的公司在另一个国家进行实物投资,例如修建工厂。

跨国公司(MNC): 在多个国家同时持有股份和(或)经营业务的公司。

欧洲美元: 美国以外的外国银行(通常是欧洲银行)和金融机构持有的美元,通常来自向外国公司购买商品或服务时支付的美元。

➡ **学习目标 2. 解释如何解读汇率报价以及为什么汇率报价很重要。**

小结: 外汇(FX)市场是一种货币与另一种货币进行交易的市场。这是迄今为止全球最大的金融市场,日交易量超过 5 万亿美元。外汇交易以几种主要货币为主,包括美元、英镑、日元和欧元。外汇市场是场外市场,而不是买卖双方聚在一起的单一交易场所,例如纽约证券交易所。这意味着市场参与者（买方和卖方）位于全球主要的商业银行和投资银行中。

关键术语

外汇（FX）市场：不同国家的货币进行交易的市场。

汇率：一种货币用另一种货币表示的价格。

直接报价：用购买一单位外币所需的本币数量表示的汇率。

间接报价：用购买一单位本币所需的外币数量表示的汇率。

套利者：在多个市场上进行买入卖出以期获得无风险利润的个人。

套利：消除一种货币在不同市场间的汇率差异的交易活动。

卖出汇率：当银行卖出货币、客户买入货币时，银行或外汇交易商要求客户支付的汇率。卖出汇率通常也被称为卖出价。

买入汇率：银行向客户买入外币所支付的汇率。买入汇率又被称作买入价。

买卖价差：卖出报价与买入报价之差。

交叉汇率：两种外币之间的汇率，这两种货币都不是本币。

即期汇率：要求立即交割的交易的汇率。

远期汇率：要求在未来交割的交易的汇率。

交割日：在外汇交易中，一种货币兑换成另一种货币的实际支付日期。

远期外汇合约：交易双方同意在未来某个日期将一种货币兑换为另一种货币的协议。

远期-即期差价：货币的远期汇率与即期汇率之间的溢价或折价。

关键公式

$$间接报价 = \frac{1}{直接报价}$$

$$F - S = \begin{cases} 溢价(F > S) \\ 折价(F < S) \end{cases}$$

$$\frac{F-S}{S} \times \frac{12}{n} \times 100\% = 年化百分比$$

其中，$n =$ 远期合约的月数。

➡ **学习目标 3. 讨论利率平价的概念。**

小结：远期汇率市场对未来交割的外币给出汇率报价，从而提供了有价值的服务。当远期汇率低于即期汇率时，我们说外币相对于即期汇率以折价出售；当远期汇率高于即期汇率时，我们说外币相对于即期汇率以溢价出售。根据利率平价理论，这些溢价和折价取决于不同国家的利率水平之差。

关键术语

利率平价（IRP）理论：该理论认为，在不考虑小额交易成本的影响时，远期溢价或远期折价与相同期限证券在不同国家的利差大小相等，方向相反。

关键公式

$$\frac{1+国内利率}{1+国外利率} = \frac{远期汇率}{即期汇率}$$

$$1+国内利率 = \frac{远期汇率}{即期汇率} \times (1+国外利率)$$

➡ 学习目标 4. 解释购买力平价理论和一价定律。

小结：根据购买力平价（PPP）理论，从长期来看，汇率水平将进行调整，使每种货币的购买力相同。因此，汇率变化趋向于反映通货膨胀率的国际差异。因此，通货膨胀率较高的国家的货币趋向于贬值。购买力平价理论的基础是一价定律。该定律实际上是一个命题，认为在没有运输成本或贸易壁垒的竞争市场上，如果所有商品都用同一种货币标价，那么相同商品在不同国家的售价应该相同。

关键术语

购买力平价理论：该理论认为，汇率水平将进行调整，使相同商品在世界上任何地方的售价均相同。

一价定律：该经济定律认为，商品或服务不能在相同市场上以不同价格出售。被应用于国际市场时，该定律认为，在根据两种货币的汇率进行调整之后，相同商品在不同国家应该以相同价格出售。

关键公式

名义利率＝预期通货膨胀率＋实际利率＋预期通货膨胀率×实际利率

➡ 学习目标 5. 讨论外国直接投资的资本预算分析中独有的风险。

小结：外国直接投资决策中遇到的复杂问题包括国内投资通常面临的风险来源（商业风险和金融风险）加上与政治因素和汇率波动相关的额外风险。政治风险是由国内外的不同政治环境、制度和流程产生的。在这种情况下，估计未来现金流和选择适当的贴现率比在国内投资环境中更复杂。

关键术语

利润汇回：将在国外获得的利润汇回公司母国的过程。

复习题

16—1 与国内财务管理相比，国际财务管理会遇到哪些其他影响因素？请简要讨论每个因素。

16—2 有哪些不同类型的企业在国际环境中经营？为什么这些公司可用的技巧和战略与国内公司不同？

16—3 什么是套利利润？

16—4 产生简单的套利利润涉及哪些市场和机制？

16—5 购买力平价理论、利率平价理论和费雪效应如何解释当前的即期利率、未来的即期汇率和远期汇率之间的关系？

16—6 以下术语的含义是什么？（a）汇率风险；（b）政治风险。

16—7 在纽约外汇市场上，印度货币卢比的远期汇率没有报价。如果您面临卢比汇率风险，您可以如何对冲您的头寸？

16—8 外国直接投资涉及哪些风险？这些风险与国内投资遇到的风险有什么不同？

16—9 评估外国直接投资比评估国内投资更复杂吗？

课后习题

下表给出了课后习题 16—1～16—6 需要的数据：

货币	合同	美元/外币
加拿大元	即期	0.843 7
	30 天	0.841 7
	90 天	0.839 5
日元	即期	0.004 684
	30 天	0.004 717
	90 天	0.004 781
瑞士法郎	即期	0.513 9
	30 天	0.516 9
	90 天	0.531 5

16—1（即期汇率）一家美国公司需要向一家瑞士公司支付 10 000 瑞士法郎。这笔钱相当于多少美元？

16—2（即期汇率）一家美国公司需要分别向国外公司支付如下金额：(a) 10 000 加拿大元；(b) 200 万日元；(c) 50 000 瑞士法郎。这些国家收到的美元分别是多少？

16—3（即期汇率）一家美国公司向其在日本、瑞士和加拿大的供货商分别支付 10 000 美元、15 000 美元和 20 000 美元。这些供货商收到的本币金额分别是多少？

16—4（间接报价）请计算加拿大元合同、日元合同和瑞士法郎合同的即期汇率和远期汇率的间接报价。

16—5（汇率套利）假设您拥有 10 000 美元，东京的美元即期汇率为 216.674 3。上表给出了纽约的日元汇率。是否可能获得套利利润？如果有可能，请利用您的资金制订一个套利计划。套利收益（损失）为多少美元？

16—6（交叉汇率）请利用上表的数据，计算加拿大元/日元和日元/瑞士法郎即期汇率。

16—7（即期汇率）如果 1 欧元能购买 1.32 美元，那么您用 3 美元能购买多少欧元？

16—8（即期汇率）假设美元与日元的汇率为 1 美元＝79.1 日元，而美元和英镑的汇率为 1 美元＝0.64 英镑，那么日元对英镑的交叉汇率是多少？（换言之，您需要多少日元来兑换 1 英镑？）

16—9（即期汇率）假设 1 年前米勒公司（Miller Company）在英国有价值 150 万瑞士法郎的存货。那时美元与瑞士法郎的汇率为 1 瑞士法郎＝1.15 美元。现在，该汇率变为 1 瑞士法郎＝1.06 美元。该公司在瑞士的存货价值仍然为 150 万瑞士法郎。随着汇率水平的变化，以美元计价的存货价值增加（或减少）了多少？

16—10（交叉汇率）今天早上，您注意到金融报纸上有以下信息：

  1 英镑＝103.25 日元（JPY）

  1 美元＝81.23 日元

  1 美元＝0.77 欧元

给定以上信息，这份报纸登出的报价应该为 1 英镑兑换多少欧元？

16—11（利率平价理论）假设欧洲的 90 天期投资的年化收益率为 5%，季度收益率（90 天期收益率）为 1.25%；在美国，类似风险水平的 90 天期投资的年化收益率为 7%，季度收益率为 1.75%。在现在的 90 天期远期市场上，1 欧元可以兑换 1.32 美元。如果利率平价理论成立，那么即期汇率（美元/欧元）是多少？

16—12（购买力平价理论） 假设麦当劳公司的巨无霸汉堡在中国的售价为 2.44 元，而在美国的售价为 4.20 美元。假设购买力平价理论成立，兑换 1 美元需要多少人民币？

迷你案例

假设您是一家当地报纸的商业记者，您的任务是为读者整理出一系列关于国际金融和国际外汇市场的文章。最近，多家当地媒体报道了 JGAR 在外汇市场上的亏损，JGAR 是 Daedlufe-targ（一家大型德国制造公司）在当地的子公司。

您的编辑希望您回答关于国际金融的若干具体问题，并发来了以下备忘录，请您就此撰写一封回复邮件。

收件人：商业记者
发件人：佩里·怀特（Perry White），《星球日报》编辑
回复：即将刊登的国际金融系列报道

我希望确认，在即将刊登的国际金融系列报道中涵盖以下若干具体问题。在您开始这项工作之前，我希望确认我们的基本理解一致，因为准确性一直是《星球日报》的基石。我希望在我们继续工作之前得到以下问题的答复：

a. 与国内财务管理相比，国际财务管理会遇到哪些新的问题和影响因素？
b. 套利利润的含义是什么？
c. 公司可以采取什么措施降低汇率风险？
d. 远期合约、期货合约和期权有哪些区别？

请在回答其余问题时使用以下数据：

纽约的外币卖出报价

货币	合同	美元/外币
加拿大元	即期	0.845 0
	30 天	0.841 5
	90 天	0.839 0
日元	即期	0.004 700
	30 天	0.004 750
	90 天	0.004 820
瑞士法郎	即期	0.515 0
	30 天	0.518 2
	90 天	0.532 8

e. 一家美国公司需要向国外公司支付：(a) 15 000 加拿大元；(b) 150 万日元；(c) 55 000 瑞士法郎。该公司应向这些国家的公司分别支付多少美元？

f. 一家美国公司分别向其在日本、瑞士和加拿大的供应商支付 20 000 美元、5 000 美元和 15 000 美元。以当地货币计价，这些供应商将收到的金额是多少？

g. 请计算加拿大元即期汇率合约和远期汇率合约的间接报价。

h. 假设您拥有 10 000 美元。东京的美元即期汇率为 216.675 2。上页表给出了纽约的日元汇率。您是否可能获得套利利润？请使用您的资金制订一个套利计划。以美元计价的收益（或损失）是多少？

i. 请利用上表的数据计算加拿大元/日元即期汇率。

第17章
现金、应收账款与存货管理

学习目标

1. 了解公司现金余额管理的内在问题。　　管理公司对现金与有价证券的投资
2. 评估与管理公司信贷政策相关的成本和收益。　　管理公司的应收账款投资
3. 了解公司存货投资管理的财务成本和收益。　　管理公司的存货投资

2014年年底，迪士尼持有的总资产中，约4%为现金和短期有价证券，金额约为841.86亿美元。2014年，迪士尼的销售收入为488.13亿美元。以一年为365天计算，这意味着迪士尼每天"创造"133 734 247美元的销售收入。如果迪士尼只动用1天的销售收入，将其投资于3个月期美国国库券（年收益率为1%），那么该公司的税前利润就将上升1 337 342美元。这是一个可观的数目，它表明为什么公司愿意建立高效的资金管理部门。股东喜欢更多的利润，这反过来将增加其持有的普通股的市值。

现在，如果迪士尼的经理认为该公司可以多承担一点风险，那么可以动用现金投资于类似期限的银行存单（CD），为投资者带来1.2%的收益率。这两种投资的收益率仅相差20个基点（=1.20%-1.00%），看起来并不多，但是对于超过1.34亿美元的投资，它将产生可观的收入。因此，通过将多余现金投资于银行存单而不是国库券，迪士尼的税前利润就将增加267 469美元，即1 604 811美元-1 337 342美元。这足够该公司聘请一两个和您一样的商学院新毕业生了。

管理现金和处理有价证券组合是财务主管的重要任务。本章将介绍先进的现金管理制度和"安置"公司多余现金的审慎投资渠道，使它们在获得正收益率的同时具有较高的流动性。我们还将分析与公司营运资本的其他资产组成部分——应收账款和存货——相关的稳健管理方法。

第15章介绍并概述了营运资金管理的概念。在本章中，我们将探讨对营运资本公式中资产部分的管理。因此，我们将重点放在管理者可以进行的其他投资上，这些投资可以

增加与以下最重要的流动资产有关的股东财富：(1) 现金和有价证券，(2) 应收账款，(3) 存货。这些流动资产按流动性降序列出。

管理层可以用来改善流动资产投资管理的工具包括：(1) 可用于有利影响现金收支模式的方法；(2) 可以让公司高效使用多余现金的其他投资；(3) 可用于确定适当的应收账款投资金额的关键决策公式；(4) 可用于评估最合适的存货水平的方法，例如与订单数量和订货点问题相关的方法。

这些问题对财务经理很重要，原因有几个。例如，明智的现金资产和类现金资产管理可以使公司持有及时偿还债务所需的最少现金。因此，公司能利用这个机会获得流动资产的收益并提高其盈利能力。

考虑到这一点，在学习流动资产管理时，我们首先将分析现金和有价证券管理的不同方面。之后，我们将分析与应收账款和存货管理相关的重要问题。

管理公司对现金与有价证券的投资

在开始之前，我们需要做一些基础工作，以便我们对术语达成一致理解。**现金**（cash）是公司放在小额现金抽屉和收银机中的纸币和硬币，或者存放在不同商业银行的支票账户（活期存款账户）中的货币。**有价证券**（marketable securities）也被称为类现金资产，它是对低风险证券的投资，公司可以迅速将其转换为现金。通常，公司持有的有价证券期限很短（不到一年）。现金和有价证券共同构成了公司流动性最强的资产。

公司为何要持有现金？

要全面了解公司为何持有现金以及如何持有现金，就需要准确了解现金如何流入和流经公司。图 17-1 描述了典型制造业中的现金产生和处置过程。箭头指示了现金流动方向，即现金余额是增加还是减少。

现金流过程 公司现金持有量的不规则增长可能来自多个外部来源。公司可以通过在金融市场上出售债券、优先股和普通股等证券获得现金，也可以通过与商业银行之类的贷款人签订贷款合同获得现金。这些不规则现金流入并非每天都会发生。原因是外部融资合同或外部融资安排通常涉及公司管理层确定的重大资金需求，而这些需求并非每天都会发生。例如，公司可能正在推出某个新产品，或者可能需要扩建工厂以提供更高的生产能力。

在大多数公司中，负责现金管理的财务主管还控制影响公司有价证券投资的交易。当临时有多余现金可用时，公司将购买有价证券。相反，当现金短缺时，公司可以变现一部分有价证券。

不规则现金流入来自外部，而其他主要现金则来自公司的日常运营，并且出现得更规律。从长期看，最大的收入来自应收账款，其次是来自直接现金销售产成品。许多制造业公司也通过变卖废品或陈旧存货定期产生现金。有时，公司也可能出售固定资产，从而产生一些现金流入。

除了将多余现金投资于类现金资产以外，现金余额还会因以下三个重要原因而减少。

图 17-1　现金产生和处置过程

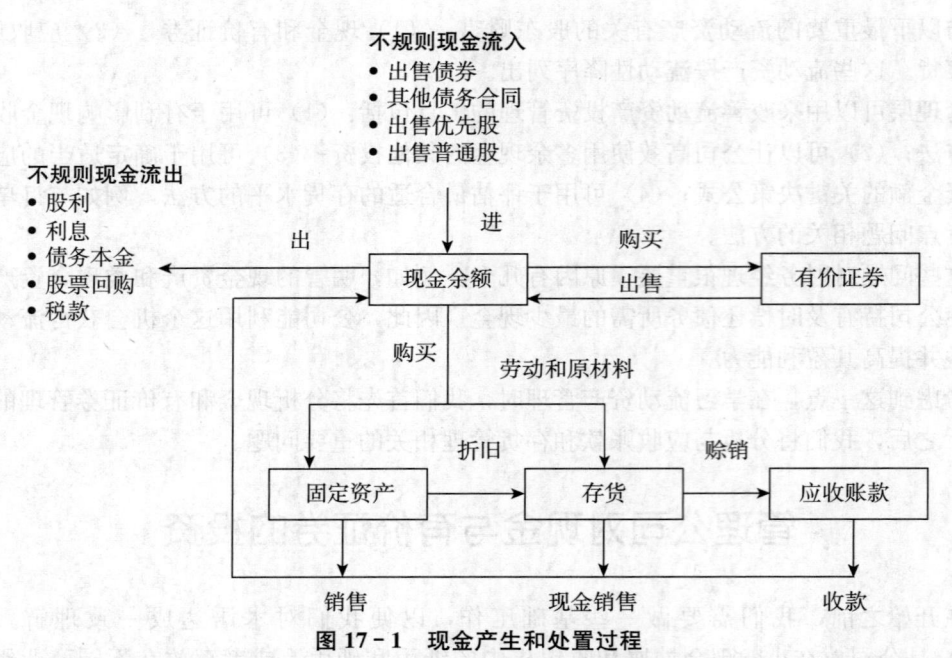

第一，公司可能不定期提款用来：(1) 支付优先股和普通股的现金股利；(2) 支付债务合同规定的利息；(3) 偿还向债权人借入的本金；(4) 在金融市场上购买公司自身的股份，用于支付高管薪酬或作为支付现金股利的替代方案；(5) 缴纳税款。在这里，"不定期"仍然是指并非每天产生或频繁产生。第二，公司的资本支出计划规定了按不同时间间隔购买固定资产。第三，公司需要定期购买存货，以确保稳定地生产出产成品。请注意，将固定资产投资与存货连接起来的箭头被标为折旧。这表示从产成品中扣除了一部分固定资产成本。随后，通过出售产成品存货来收回该成本。这是因为管理者将确定产品的售价，以收回包括折旧在内的所有生产成本。

持有现金的动机　影响公司现金余额的因素可以根据著名经济学家约翰·梅纳德·凯恩斯（John Maynard Keynes）提出的三个动机进行分类：(1) 交易动机，(2) 预防动机，(3) 投机动机。[①]

交易动机　为进行交易而持有的现金使公司能满足其在日常经营过程中产生的现金需求。在图 17-1 中，现金将被用于满足不规则现金流出以及固定资产和存货购置计划。满足交易要求所需的现金金额受多种因素影响，包括公司所在的行业。众所周知，由于对公用事业服务的需求很稳定，因此公用事业公司可以非常准确地预测现金收入。但是，计算机软件公司很难预测其现金流。在这个行业中，新产品被迅速推向市场，因此很难准确预测现金流和现金余额。

预防动机　预防性现金余额可以作为缓冲。该现金持有动机是为了维持现金余额用来满足可能但未知的需求。

公司的现金流可预测性对这种预防动机有重大影响。航空业是一个典型例子。航空客

[①] John Maynard Keynes, *The General Theory of Employment, Interest, and Money* (New York: Harcourt Brace Jovanovich, 1936).

运公司受到现金流高度不确定性的困扰。天气、不断上涨的燃油成本以及员工的不断罢工使航空公司的现金预测变得困难。这个问题造成的结果是，由于所有可能发生的事情，航空客运公司需要的最低现金余额往往很大。

在商业实践中，预防动机在很大程度上是通过持有流动资产组合而不仅是现金来满足的。请注意图17-1中公司的现金余额和有价证券之间的双向资金流动。在大型公司中，资金每天可能流入或流出有价证券组合。

投机动机 公司还可能出于投机目的持有现金，以利用潜在盈利机会。建造私人住宅的建筑公司有时会因为预期木材价格将大幅下降而积攒现金。如果建筑材料的价格确实有所下降，那么积累了现金的公司将通过大量采购建筑材料获利。这将降低其销货成本并提高其净利润率。通常，投机动机是公司流动性偏好最不重要的组成部分。交易动机和预防动机是公司持有现金的主要原因。

现金管理目标与决策

风险-收益权衡 在制订公司的现金管理计划时，必须注意尽量降低公司的破产风险。在现金管理中，**破产**（insolvency）一词是指公司无法按时偿还到期债务的情况。在这种情况下，公司严格来讲丧失了清偿能力，因为它缺少及时偿还当前债务所必需的流动性。公司避免这种问题的方法是持有大量现金以支付到期账单。

财务经理必须在持有过多现金和过少现金之间取得可接受的平衡。这是风险-收益权衡的重点。大量现金投资可以最大限度地减小破产概率，但是会损害公司的盈利能力。少量现金投资可以释放多余现金，投资于有价证券和更长期的资产；这可以提高获利能力和公司普通股的价值，但也会增大公司耗尽现金的可能性。

目标 对于公司的现金管理制度，可以将风险-收益权衡精简为两个主要目标。
(1) 必须有足够现金以满足经营过程中产生的支付需求。
(2) 闲置现金余额投资必须降到最低。

评估并实现这些目标需要做出一些典型的现金管理决策。

决策 有两个条件或理想条件可以使公司在现金余额接近或等于零的情况下长期经营：(1) 在计划期内完全准确地预测净现金流；(2) 现金收支的完美同步。

现金流预测是任何有效现金管理计划的第一步。考虑到公司将根据需要投资部分现金，因此与现金规模相关的某些类型的决策将主导现金管理过程。这些决策需要回答以下问题：
(1) 怎样做才能加快现金收款速度，减缓或更好地控制现金流出？
(2) 公司的有价证券组合应该由什么组成？

收支程序

通过以下方法，可以提高公司的现金管理计划效率：(1) 加速收取现金，(2) 改进现金支付方法。简而言之，公司可以通过加快收款速度和放慢付款速度来改善其现金管理制度。

管理现金流入：加快收款速度 图17-2以一家不使用任何先进方法提高收款速度的

公司为例,说明了它的现金收款制度。请注意,有三个关键事件延迟了该公司实际获得客户资金的时间。这些延迟被称为**在途期**(float)。

- 首先,客户向公司邮寄付款支票。收到支票所需的时间被称为邮寄在途期。
- 其次,公司在内部处理支票以记录付款所属的账户,然后将支票寄给公司的银行,以开始将资金从客户转移到公司的过程。公司处理支票所需的时间被称为处理在途期。
- 最后,公司将支票存入银行。银行在公司账户上贷记客户付款所需的时间被称为入账在途期。

第1步	第2步	第3步	第4步
客户邮寄付款支票	公司收到支票	公司存入支票	在公司银行账户中贷记款项

邮寄在途期:客户支票邮寄后到达公司所需的时间

处理在途期:公司处理支票并存入支票所需的时间

入账在途期:银行在公司存入支票后据此在公司账户上贷记款项所需的时间

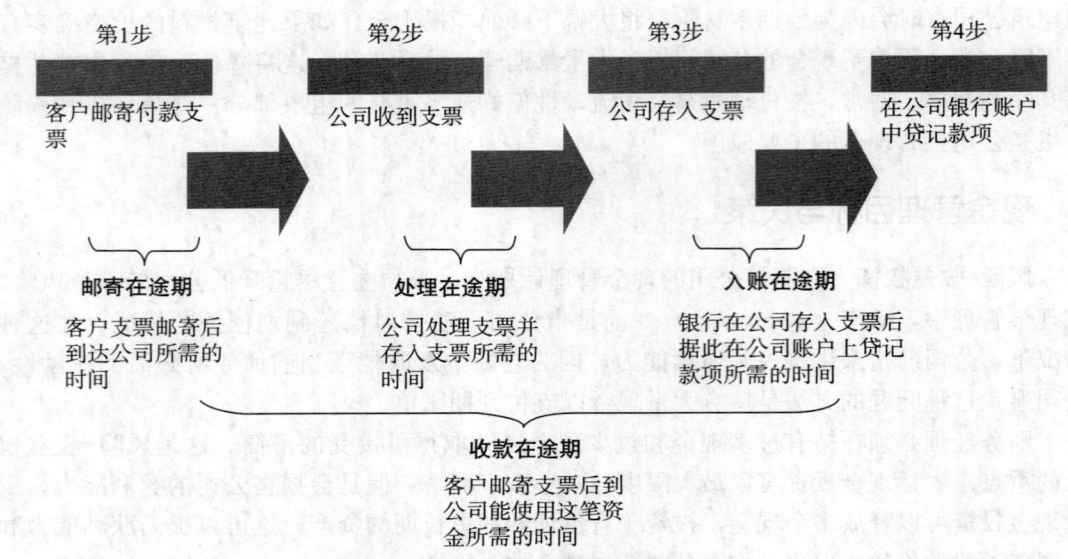

收款在途期:客户邮寄支票后到公司能使用这笔资金所需的时间

图 17-2 普通现金收款制度

收款制度中曾经有支票清算在途期。但是,美国《21世纪支票清算法案》(Check 21)中电子支票清算的出现消除了这部分在途期。根据该法案,银行将以电子方式处理支票信息,在大多数情况下,这将导致在支票被出示给银行并存入账户之日,支票开出方账户中的资金减少。

显然,公司为减少收款时间所能做的任何努力都会增加价值。减少收款在途期的一种重要方法是管理公司内部的付款处理效率。因此,重要的是,公司必须制定用于处理付款的程序,并尽快将付款转给银行。

例 17.1

估算缩短在途期的价值

假设我们要估计星巴克减少1天在途期的价值。根据报道,星巴克2014年的销售收入为164.48亿美元。假设对货币市场证券的审慎投资将获得4%的年收益率。问题是,星巴克减少1天在途期的估计价值是多少?

第1步:确定解题方法

a. 年收入/一年之中的天数=减少1天在途期所创造的收入。

b. 减少1天在途期所创造的收入×假设收益率=缩短在途期的年(税前)价值。

第 2 步：计算数值

对于 2014 年的星巴克：

a. 164.48 亿美元/365 天＝45 062 466 美元/天。
b. 45 062 466 美元/天×0.04 ＝1 802 499 美元。

第 3 步：分析结果

因此，星巴克 1 天释放的现金余额为 45 062 466 美元。然后我们发现，缩短在途期的年（税前）价值为 1 802 499 美元。这样高的利润使公司及其资金经理值得仔细评估商业银行提供的现金管理服务——即使银行收取的费用可能非常高昂。在本章后面，我们将学习如何做出这种决定。

管理现金流出——放慢付款速度 管理现金流出的目的是通过放慢付款速度增加公司的在途期。这与我们管理现金收款的目标恰恰相反。

有价证券组合的构成

之前，我们介绍了与现金管理有关的两个基本决策问题。第一个问题与管理公司的现金收支程序有关。第二个问题涉及管理公司的有价证券组合，这是公司流动性的重要来源。

一般选择标准 某些标准可以为财务经理提供选择适当的有价证券组合的有用参考。这些考虑因素包括评估不同金融资产之间的如下因素：（1）金融风险，（2）利率风险，（3）流动性，（4）应税性，（5）收益率。以下各节从投资者的角度简要描述了这些标准。

（1）金融风险。这里的金融风险是指证券发行人未来向证券所有者付款的财务能力可能发生变化，从而导致的证券预期收益率的不确定性。如果金融工具的违约概率很高（或很低），那么就称财务风险很高（或很低）。

（2）利率风险。利率风险当然是指利率变化导致的金融工具预期收益率的不确定性。公司资金主管尤为关心的是长期工具而不是短期工具的价格波动。我们可以用一个例子阐明这一点。

假设财务主管正在权衡将暂时可用的公司现金投资于新发行的美国国债的好处，该国债将于发行日起 3 年或 20 年后到期。3 年期债券或 20 年期债券的购买价格为其面值，即每张债券 1 000 美元。两种债券的到期价值都等于面值 1 000 美元，票面利率（规定利率）为 7%，每年计算一次复利。

如果从购买之日起一年后，现行利率升至 9%，那么当前这些未清偿美国国债的市场价格将下跌，使其到期收益率与投资者购买新发行国债能获得的收益率保持一致。因此，3 年期国债和 20 年期国债的市场价格都将下降。但是，与 3 年期国债相比，20 年期国债的价格下跌金额更大。

我们可以通过计算 P，得到最初的 20 年期国债从发行日起一年后的市场价格，现在该债券还有 19 年到期：

$$P = \sum_{t=1}^{19} \frac{70}{(1+0.09)^t} + \frac{1\,000}{(1+0.09)^{19}} = 821.00(\text{美元})$$

其中，t 为获得特定收益（利息或本金）的年份；70 美元为每年支付的利息；1 000 美元为该债券合约的到期价值。利率上升迫使该债券的市场价格跌至 821.00 美元。

还有 2 年到期的国债价格将如何变化？以类似方式，我们可以计算出国债价格 P：

$$P = \sum_{t=1}^{2} \frac{70}{(1+0.09)^t} + \frac{1\,000}{(1+0.09)^2} = 964.82（美元）$$

短期国债的市场价格将跌至 964.82 美元。表 17-1 显示，在给定的总体利率水平升幅下，短期国债市场价值的降幅要小得多。

如果我们扩展这个例子，我们就将看到，1 年期证券的市场价格受到的影响少于 2 年期证券，91 天期证券的市场价格受到的影响小于 182 天期证券，依此类推。股票的期限为无限长，因此其价格变化最大。为了对冲利率风险引起的价格波动，公司的有价证券组合通常将由期限很短的投资组成。

（3）流动性。在管理有价证券组合的当前背景下，流动性是指将证券转换为现金的能力。如果发生不可预见的事件，要求立即获得大量现金，则可能必须出售一大部分资产。财务经理将希望快速获得现金，并且不希望为了将证券转换为现金而大幅折价出售证券。因此，在为公司的投资组合选择证券时，财务经理必须考虑：① 出售证券所需的时间；② 可以按现行市场价格或接近现行市场价格的价格出售证券的可能性。

（4）应税性。对公司的证券投资收入的税务处理不像前面提到的标准那样影响最终的有价证券组合。这是因为大多数适合加入证券组合的工具的利息收入都应缴纳联邦税。尽管如此，一些公司的资金主管仍会认真评估利息收入和资本收益的应纳税额。

只有一类证券的利息收入可以免缴联邦所得税。这类证券通常被称为市政债券。由于州政府证券和地方政府证券的利息收入具有免税特征，因此市政债券在市场上的到期收益率低于支付应税利息的证券。但是，市政债券的税后收益率可能高于非免税证券的税后收益率。这主要取决于购买证券的公司的纳税情况。

表 17-1 利率上升对市场价格的影响　　　　　　　　　　　　　　　　　　　　　　单位：美元

项目	3 年期工具	20 年期工具
初始价格	1 000.00	1 000.00
1 年后的价格	964.82	821.00
价格下降幅度	35.18	170.00

下面我们来看表 17-2。假设一家公司正在分析投资选择，以决定是投资于收益率为 6%、价格为 1 000 美元的 1 年期免税债券，还是投资于收益率为 8%、价格为 1 000 美元的 1 年期应税债券。该公司的联邦所得税税率为 21%。金融媒体和发行说明书都称该债券的收益率为税前收益率。投资者享有的实际税后收益率取决于其税级。请注意，公司收到的应税债券的实际税后收益率仅为 6.32%，而免税债券的实际税后收益率为 6%。表 17-2 的下半部分显示，全额纳税债券的收益率必须为 7.595% 才能与免税债券可比。

表17-2 计算税后收益率

	免税债券（票面利率为6%）	应税债券（票面利率为8%）
利息收入	60.00 美元	80.00 美元
所得税（0.21）	0.00 美元	16.80 美元
税后利息收入	60.00 美元	52.80 美元
税后收益率	$\dfrac{60.00\text{ 美元}}{1\,000.00\text{ 美元}}=6\%$	$\dfrac{63.20\text{ 美元}}{1\,000.00\text{ 美元}}=6.32\%$

应税债券的等价税前收益率差异：

$$r=\frac{r^*}{1-T}=\frac{0.06}{1-0.21}=7.595\%$$

其中，
$r=$ 等价税前收益率
$r^*=$ 免税证券的税后收益率
$T=$ 公司的边际所得税税率

证明：利息收入（1 000 美元×0.075 95）	75.95 美元
所得税（0.21）	15.95 美元
税后利息收入	60.00 美元

(5) 收益率。我们提到的最终选择标准是一个重要标准，即适合纳入类现金投资组合的不同金融资产的收益率。迄今为止，或许我们已经可以明显地看到，金融风险、利率风险、流动性和应税性等因素都会影响金融工具的收益率。收益率标准需要评估所有这些因素内在的风险和收益。例如，假设存在某种风险，如缺乏流动性，那么可以预期流动性较差的工具将有更高的收益率。

有价证券的替代品 货币市场证券通常期限较短，并且非常容易出售。因此，如果公司需要现金，可以迅速变现它们。表17-3总结了使用最广泛的货币市场证券的五个重要特征：(1) 证券面值；(2) 证券期限；(3) 使用基础（例如，是否以折价出售证券或是否支付息票利息）；(4) 证券流动性，主要与证券是否存在二级市场有关；(5) 投资收益的应税性。该表的要点是，即使公司投资多余现金的时期很短，公司也有多种投资选择。每种投资都有自己的风险和收益预期，公司的资金主管可以根据其偏好决定投资组合。

表17-3 部分货币市场工具的特征

工具	面值	期限	基础	流动性	应税性
美国国库券——美国政府的直接债务	1 000 美元，并以1 000 美元为单位递增	91天，182天和4周	折价	二级市场上的流动性很高	免缴州所得税和地方所得税
联邦机构证券——公司和政府机构举借的债务，用来影响联邦政府的贷款计划	范围很广，从1 000 美元到100 万美元不等	5天（农业信贷综合贴现票据）到10年以上	折价或息票利息；通常为息票利息	"五星级"政府机构证券的流动性良好	通常免缴地方所得税；房利美证券不免税

续表

工具	面值	期限	基础	流动性	应税性
银行承兑汇票——未来由商业银行支付的承兑汇票	无固定规模；通常为 25 000 美元至 100 万美元	主要为 30 天到 180 天	折价	大型"货币市场"银行的承兑汇票流动性良好	应纳各级政府所得税
可转让大额存单——可交易的定期银行存款收据	25 000 美元至 1 000 万美元	1 个月到 18 个月	应计利息	尚可至良好	应纳各级政府所得税
商业票据——短期无担保本票	5 000 美元至 500 万美元；有时可以在初始发行规模之上以 1 000 美元和 5 000 美元为单位递增	3 天到 270 天	折价	不佳；在通常情况下没有活跃的二级市场	应纳各级政府所得税
回购协议——借款人（证券卖方）和贷款人（证券买方）签订的法律合同。借款人将以合同价格加上息差进行回购	通常面值为 500 000 美元及以上	根据合约期限而定	不适用	由协议规定，也就是说，借款人将进行回购	应纳各级政府所得税
货币市场共同基金——由短期高评级债务工具组成的分散化投资组合的持有者	有的货币市场共同基金要求初始投资最少为 1 000 美元	可以在任何时间卖出股份	净资产价值	良好，由基金本身提供流动性	应纳各级政府所得税

▶ **财务决策工具**

工具名称	公式	含义
应税债务的等价税前收益率（r）	$\dfrac{\text{免税债券的税后收益率}(r^*)}{1-\text{边际税率}(T)}$	应税证券必须获得的收益率（r），等价于不纳税证券的无税收益率（r^*）

概念回顾

1. 请描述公司的典型现金流周期。
2. 持有现金的三个动机是什么？
3. 请描述公司的现金管理计划与公司的破产风险之间的关系。
4. 财务经理在现金管理方面必须做出哪些基本决定？
5. 请定义现金管理流程（即邮寄、处理和入账过程）中的在途期及其来源。
6. 请定义金融风险和利率风险。

管理公司的应收账款投资

现在，我们从公司流动性最高的流动资产（现金和有价证券）转向流动性较差的资产——应收账款和存货。所有公司本质上都要出售商品或服务。尽管出售部分商品和服务时收到的是现金，但很大一部分销售属于赊销。只要进行赊销，就会增加公司的应收账款。因此，公司应收账款管理方式的重要性取决于公司采用赊销方式的程度。

应收账款通常占公司资产的25%以上。实际上，当我们讨论应收账款管理时，我们是在讨论公司四分之一资产的管理。此外，由于销售产生的现金流要到收款后才能进行投资，因此，应收账款的控制更为重要，因为它既影响公司的盈利能力，也影响公司的流动性。

应收账款投资的规模取决于几个因素。首先，公司赊销收入占总销售收入的百分比会影响公司持有应收账款的水平。尽管该因素在决定公司的应收账款投资时当然起着重要作用，但通常不受财务经理的控制。业务性质往往决定了赊销和现金销售之比。大型杂货店往往只进行现金销售，而大多数建筑木材供应公司主要进行赊销。

销售收入水平也是确定应收账款投资规模的一个因素。很简单，销售收入越多，应收账款就越多。但是，对于财务经理而言，这不是决策变量。

应收账款投资水平的最终决定因素是公司的信贷政策和收款政策——具体而言，是销售条款、客户质量和收款工作。这些政策受财务经理的控制。销售条款规定了客户必须付款的时期和条款，例如延迟付款的罚金或提前付款的折扣。信贷客户的类型也影响应收账款的投资水平。例如，接受信用风险较差的客户以及这些客户随后的延迟付款可能导致应收账款增加。收款工作的力度和时间可能影响逾期应收账款的拖欠时长，进而影响应收账款水平。关于收款政策和信贷政策的决策可能引起销售收入水平和赊销收入与总销售收入之比的变化，从而进一步影响应收账款的投资水平。决定应收账款的投资水平的因素如图17-3所示。

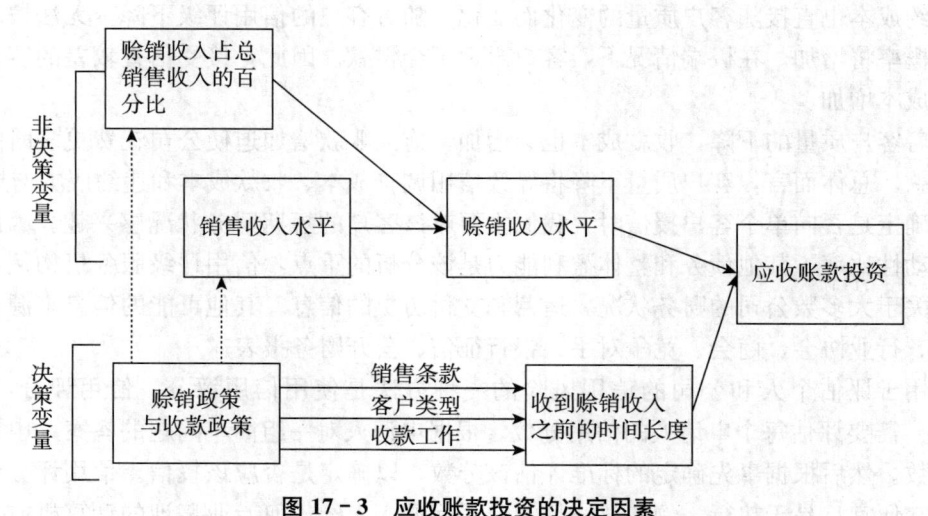

图17-3 应收账款投资的决定因素

决策变量：销售条款

使用第15章中的年化百分比利率（APR），我们从偿还信贷的公司的角度分析了短期信贷的近似成本。同理，我们可以利用年化百分比利率来求出公司向客户提供的信贷的实际收益率。

销售条款（terms of sale）确定了提前付款可能获得的折扣、折扣期和总赊销期。它们通常以 "a/b，净 c 天" 的形式表示，表示如果客户在 b 天内付款，则可以享受 $a\%$ 的折扣；否则，就必须在 c 天内付款。因此，例如，赊销条款 "2/10，净 30 天" 表示，如果在 10 天内付款，则可以享受 2% 的折扣；否则必须在 30 天内付款。未能享受折扣对客户而言是一项成本。例如，如果赊销条款为 "2/10，净 30 天"，那么放弃 2% 的折扣，多等待 20 天再付款的年机会成本为 36.73%。它的计算公式如下：

$$\text{放弃折扣的年机会成本} = \frac{a}{1-a} \times \frac{360}{c-b} \tag{17-1}$$

代入本例中的值，我们得到

$$\frac{0.02}{1-0.02} \times \frac{360}{30-10} = 36.73\%$$

通常，折扣范围为 0.5%～10%，而折扣期通常为 10 天，总赊销期为 30 天至 90 天。尽管不同行业的赊销条款差异很大，但在任何特定行业内，赊销条款往往保持相对一致。而且，赊销条款往往保持相对稳定，且看起来并未被频繁用作决策变量。

决策变量：客户类型

第二个决策变量是有资格获得商业信贷的客户类型。向信誉欠佳的客户提供信贷总是会带来一些成本。首先，公司必须能确定哪些客户的风险较高。但是，当花更多时间调查信誉欠佳的客户时，信用调查的成本也会增加。

违约成本也直接随客户质量的变化而变化。随着客户的信用评级下降，无法按时支付账款的概率将增加。在极端情况下，客户永远不会付款。因此，接受信誉较差的客户会导致违约成本增加。

随着客户质量的下降，收款成本也会增加。拖欠账款增加迫使公司花费更多时间和金钱来收款。总体而言，客户质量下降将导致信用调查成本、收款成本和违约成本增加。

在确定是否向单个客户授信时，我们主要对该客户的短期财务状况感兴趣。因此，客户的流动性比率、其他债务和整体盈利能力是该分析的重点。信用评级服务机构例如邓白氏提供关于大多数公司的财务状况、运营和支付历史的信息。其他可能的信息来源包括征信机构、行业协会、商会、竞争对手、银行征信、公开财务报表。

常用于评估个人和公司的信用风险的一种方法是使用信用评分。**信用评分**（credit scoring）需要评估每个申请人的信用分数。根据申请人对一组简单问题的答案，申请人将获得分数。然后根据事先确定的标准评估该分数，以确定是否应该授信。信用评分的主要优点是它便宜且易于执行。例如，一旦制定了标准，未经任何专业培训的计算机或文书人员就可以轻松地评估申请人的信用风险。

用于构建信用评分指数的方法有很多种，从简单地加总与每个问题的答案相关的违约率到使用多重判别分析（MDA）的复杂评估，不一而足。多重判别分析是一种统计方法，常被用于计算评估申请人时使用的每个问题的合适权重。

金融学教授爱德华·奥特曼（Edward Altman）使用多重判别分析来找出可能破产的

企业。在奥特曼具有里程碑意义的研究中,他使用财务比率构建了以下指数:

$$Z = 3.3 \times \frac{EBIT}{总资产} + 1.0 \times \frac{销售收入}{总资产} + 0.06 \times \frac{股票市场价值}{债务账面价值} + 1.4 \times \frac{留存收益}{总资产}$$
$$+ 1.2 \times \frac{营运资本}{总资产} \tag{17-2}$$

因此,为了使用奥特曼 Z 评分模型预测公司破产的可能性,我们将公司的值代入式(17-2)右侧的每个预测变量。奥特曼发现,在一年之内破产的公司的 Z 值往往低于2.7,而没有在 1 年内破产的公司的 Z 值则大于 2.7。

例 17.2
使用信用评分模型

第 1 步:确定解题方法

要了解如何使用信用评分模型,让我们考虑贾米森电子公司(Jamison Electric Corporation)的贷款申请。D 列为 B 列中的信用评分模型系数与 C 列中的贾米森电子公司财务指标之积。

乘积=系数×公司价值

乘积之和=信用评分

第 2 步:计算数值

0.33+0.85+0.24+0.28+0.30=2.00

A	B	C	D
变量	系数	公司价值	乘积
EBIT/总资产	3.30	0.10	0.33
销售收入/总资产	1.00	0.85	0.85
股票市场价值/债务账面价值	0.06	4.00	0.24
留存收益/总资产	1.40	0.20	0.28
营运资本/总资产	1.20	0.25	0.30
		Z=	2.00

第 3 步:分析结果

加总所有乘积项得出的信用评分为 2.00。因为该信用评分低于 2.7,所以我们预计贾米森电子公司在下一年的某个时候很可能会破产。[1]

决策变量:收款工作

保持对应收账款收款控制权的关键在于,违约概率随账龄的增加而增加。因此,清除逾期应收账款是关键。一种常用的评估方法是比率分析。财务经理可以通过分析平均收款

---

[1] 我们应该警告用户,Z 评分模型不是完美的预测指标(尽管它非常好)。例如,在 1 年内实际破产的 100 家公司中,奥特曼发现该模型正确地对 94 家公司进行了分类。同样,在没有破产的 100 家公司中,该模型正确地对 97 家公司进行了分类。

期、应收账款与资产之比、赊销收入与应收账款之比（被称为应收账款周转率）以及坏账金额与销售收入之比的变化确定应收账款是否受到控制。另外，财务经理还可以进行应收账款账龄分析，细化为逾期应收账款金额和逾期应收账款比例。将当期应收账款账龄与过去的数据进行比较，可以进一步增强对应收账款的控制力。

一旦识别出拖欠的应收账款，公司的应收账款团队就会努力收款。例如，如果公司未按时收到付款，就会发送逾期账款催收函，被称为催款函。如果应收账款逾期3周，公司将再发送一封更严正的催款函。如果应收账款逾期6周，公司将致电。最后，如果应收账款已逾期12周，公司可能会将其移交给收款公司。同样，在收款费用及商誉损失与未收账款之间存在着直接的得失权衡。这种权衡始终是决策的一部分。

▶ **财务决策工具**

工具名称	公式	含义
奥特曼的 Z 评分法	$Z = 3.3 \times \dfrac{\text{EBIT}}{\text{总资产}} + 1.0 \times \dfrac{\text{销售收入}}{\text{总资产}}$ $+ 0.06 \times \dfrac{\text{股票市场价值}}{\text{债务账面价值}} + 1.4 \times \dfrac{\text{留存收益}}{\text{总资产}}$ $+ 1.2 \times \dfrac{\text{营运资本}}{\text{总资产}}$	事实证明，该财务模型在预测公司在近期宣告破产的可能性时很有用

> **概念回顾**
> 1. 公司可用来管理应收账款水平的关键决策变量是什么？
> 2. 为什么管理公司的应收账款水平很重要？
> 3. 什么是信用评分？如何用信用评分管理应收账款？

管理公司的存货投资

存货管理（inventory management）是指对在公司正常运营过程中生产出来等待销售的资产的控制。一般的存货类型包括原材料存货、在产品存货和产成品存货。存货管理对公司的重要性取决于其存货投资的程度。对于普通公司而言，大约4.88%的资产为存货形式。但是，不同行业的存货比例差异很大。因此，存货管理的重要性因行业而异。例如，存货管理在汽车经销商和加油站行业中重要得多，在该行业中，存货占总资产的49.72%，而在酒店业中，平均存货投资仅为总资产的1.56%。

存货类型

持有存货的目的是与公司的运营脱钩，也就是说，使每个业务部门彼此独立，从而使一个地区的延误或停工不会影响最终产品的生产和销售。由于生产停工会导致成本增加，且交货延迟会导致客户流失，因此存货的管理和控制是财务经理的重要职责。

关于存货水平的决策涉及风险和收益之间的基本权衡。风险在于，如果存货水平太低，不同业务部门将无法独立运行，并可能导致生产和向客户交货的延迟。但是较低的存货水平也可以节省公司的资金并增加收益。此外，随着存货规模的增大，仓储和装卸成本以及存货投资的必要资本收益率也会增加。简而言之，随着公司持有的存货增加，存货不足的风险将降低，但是存货费用会增加。

原材料存货 原材料存货（raw-materials inventory）包括从其他公司购买的，用于公司生产业务的基本材料。这些商品可能包括钢铁、木材、石油或公司不会自行生产的制成品，例如线材、滚珠轴承或轮胎。不管原材料存货的具体形式如何，所有制造公司显然都要维持原材料存货。原材料存货的目的是使生产部门与购买部门脱钩（即使这两个部门彼此独立），从而使延迟原材料运输不会导致生产延误。如果出现生产延误，那么公司可以通过变现存货来满足对原材料的需求。

在产品存货 在产品存货（work-in-process inventory）是指需要进行加工才能变成产成品的半成品。生产过程越复杂、越漫长，在产品存货投资就越大。在产品存货的目的是使生产过程中的各种工序脱钩，使一个工序的机器故障和停工不会影响其他工序。例如，假设有十个不同的生产工序，每个工序都要用到前一个工序中生产的工件。如果执行第一个生产工序的机器发生故障，那么没有在产品存货的公司将不得不停止所有十个生产工序。但是，如果公司有在产品存货，则可以通过从存货中提取第二个工序需要的材料来继续剩余的所有九个工序。

产成品存货 产成品存货（finished-goods inventory）包括已经完成生产但尚未出售的商品。产成品存货的目的是使生产部门和销售部门脱钩，从而不一定需要在销售商品之前生产商品，而是可以直接出售存货。例如，在汽车业中，当另一个经销商可以立即执行订单时，买家不会从让其等待数周或数月的经销商那里买车。

现金储备 尽管我们已经详细讨论了现金管理，但是值得在存货管理中再次提到现金。这是因为公司持有的现金储备不过是一种特殊的存货。在使公司的各种业务脱钩方面，持有现金储备是为了使支付账款独立于收取账款。如果手头有现金，那么公司无须先收取账款就能付款。

存货管理方法

正如我们所说明的，有效存货管理的重要性直接关系到存货投资规模。对这些资产的有效管理对于实现股东财富最大化的目标至关重要。为了控制存货投资，管理者必须解决两个问题：订单量问题和订货点问题。

订单量问题

订单量问题（order quantity problem）是指根据存货的预期用途、持有成本和订货成本确定存货项目的最优订单规模。

经济订单量（EOQ）模型试图确定最小化总存货成本的订单规模。它假设

$$总存货成本 = 总持有成本 + 总订货成本 \tag{17-3}$$

假设存货可以降至零，然后立即进行补货（当我们讨论订货点问题时将取消该假设），则平均存货变为 $Q/2$，其中 Q 为存货订单量。图 17-4 以图形方式显示了这一点。

如果平均存货量为 $Q/2$，单位持有成本为 C，则持有成本变为

$$总持有成本 = \frac{订单量}{2} \times 单位持有成本$$

$$= \frac{Q}{2} \times C \tag{17-4}$$

其中，

　　Q＝存货订单量；

　　C＝单位持有成本。

存货持有成本包括存货投资的必要收益率、仓储成本、仓库运营人员工资以及与持有存货过少相关的成本。因此，持有成本既包括实际现金流，也包括与存货占用资金相关的机会成本。

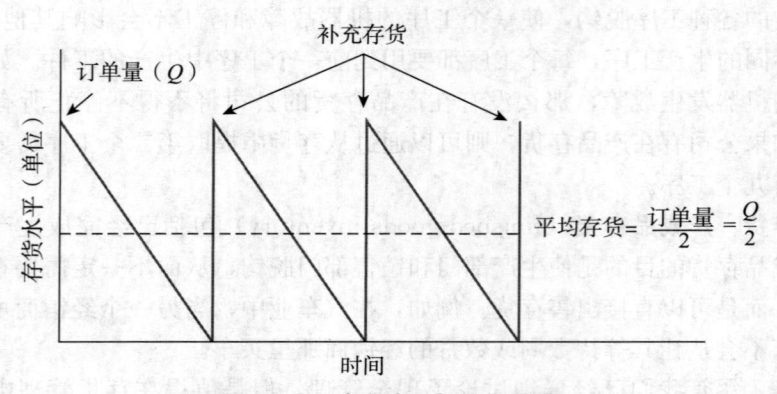

图 17-4　存货水平与补货周期

发生的订单成本等于每笔订单的订货成本乘以订单数量。如果我们假设计划期内的总需求为 S，且我们以 Q 批量订货，则 S/Q 表示计划期间的订单数量。如果单位订单的订货成本为 O，则

$$总订货成本 = 订单数量 \times 单位订单的订货成本 \tag{17-5}$$

$$= \frac{S}{Q} \times O \tag{17-5a}$$

其中，

　　S＝计划期内的总需求量；

　　O＝单位订单的订货成本。

因此，式（17-5）中的总成本变为

$$总成本 = \frac{Q}{2} \times C + \frac{S}{Q} \times O \tag{17-6}$$

图 17-5 以图形方式说明了该式。

我们想得到令总成本最低的订单规模 Q^*。通过解式（17-6），我们得出 Q 的最优值——经济订单量为

$$Q^* = \sqrt{\frac{2SO}{C}} \qquad (17-7)$$

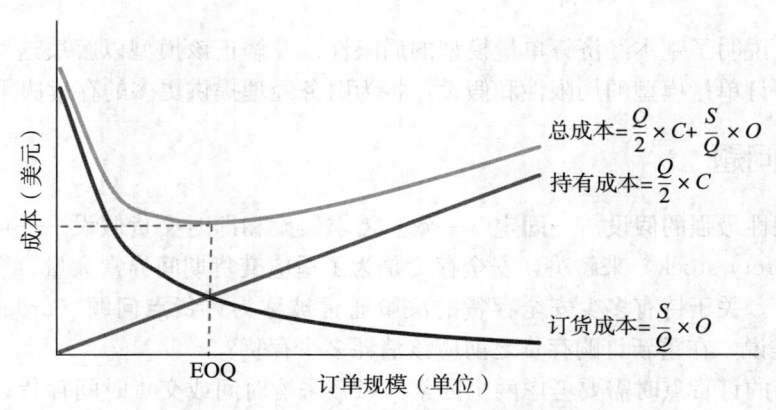

图 17-5 总成本和经济订单量的决定

您会做吗?

计算经济订单量

假设一家公司预计下一年其产品的总需求（S）为 5 000 件。此外，每下一笔订单，该公司将产生 200 美元的订货成本（O），单位持有成本（C）为 2 美元。该公司的经济订单量（Q^*）是多少？

经济订单量模型的假设 尽管经济订单量模型往往会得到很准确的结果，但它的几个假设仍存在缺点。但是，当现实情况严重不符合其假设时，通常可以修改经济订单量模型以适应这种情况。该模型的假设如下：

（1）固定（一致）需求。尽管经济订单量模型假设需求固定，但是需求可能每天都在变化。如果需求是随机的，也就是说，不能事先预知，则必须通过加入安全存货来修正该模型。

（2）固定单价。通过修正原始的经济订单量模型，然后重新定义总成本并求解最优订单量，可以很容易地处理因大量采购折扣导致的可变价格。

（3）固定持有成本。单位持有成本可能随着存货规模的增加而发生很大变化，可能是由于规模经济或储存效率提高而降低，也可能是因为存储空间耗尽和必须租用新仓库而增加。这种情况可以通过修正原始模型来解决，类似于针对可变单价进行的修正。

（4）固定订货成本。尽管该假设通常是有效的，但可以通过修正原始经济订单量模型来解决违反该假设的问题，类似于针对可变单价进行的修正。

（5）即时交货。如果不是即时交货（通常是这种情况），就必须通过加入安全存货来修正原始经济订单量模型，也就是说，持有存货以适应交货期间异常大量、意外地使用存货的情况。

(6) 独立订单。如果多笔订单减少了文书工作和运输成本，从而节省了成本，则必须进一步修正原始经济订单量模型。尽管这种修正有些复杂，但有特殊的经济订单量模型来处理它。

这些假设说明了基本经济订单量模型的局限性以及修正该模型以解决这些局限性的方式。了解经济订单量模型的局限性和假设，将为财务经理提供更多的存货决策依据。

订货点问题

两个局限性最强的假设——固定（一致）需求假设和即时交货假设——可以通过加入**安全存货**（safety stock）来解决，安全存货是为了适应交货期间异常大量、意外使用存货而持有的存货。关于持有多少安全存货的决策通常被称为**订货点问题**（order point problem）。也就是说，在重新订购存货之前应该消耗多少存货？

确定适当的订货点时需要考虑两个因素：（1）采购时间或交货时间存货；（2）理想的安全存货。图17-6显示了确定订货点的过程。我们观察到，订货点问题可以分解为两个部分，**交货时间存货**（delivery-time stock）——订货日期与收到订购存货日期之间所需的存货——和安全存货。因此，当存货下降到等于交货时间存货加上安全存货的水平时，就将到达订货点。

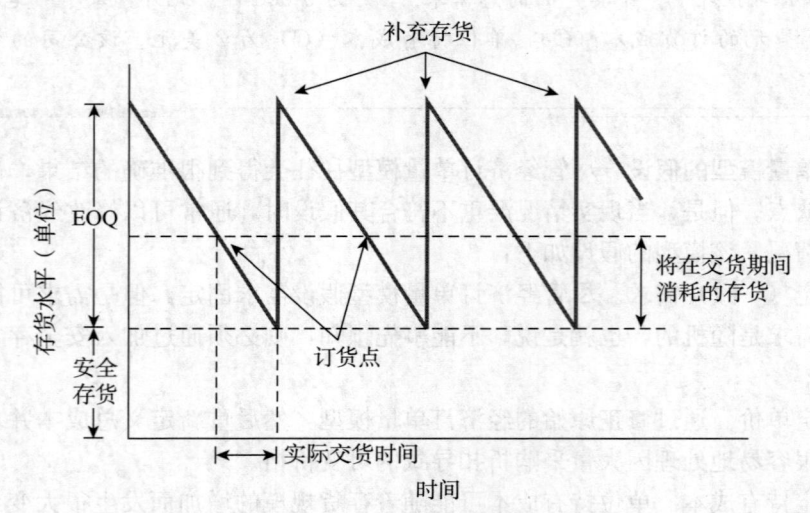

$$\text{存货订货点（当存货水平跌至该水平时订购新存货）} = \text{交货时间存货} + \text{安全存货} \qquad (17-8)$$

图17-6 确定订货点

由于始终持有安全存货，因此平均存货水平增加。然而在加入安全存货之前，平均存货水平等于EOQ/2，现在它将是

$$\text{平均存货} = \frac{\text{EOQ}}{2} + \text{安全存货} \qquad (17-9)$$

通常，多个因素同时决定应持有多少交货时间存货和安全存货。首先，补货系统的效率影响需要多少交货时间存货。因为交货时间存货是订购存货和收到存货之间的预期存货

使用量，所以有效补充存货将减少对交货时间存货的需求。

交货时间和产品需求的不确定性影响所需的安全存货水平。存货流入和存货流出的模式越确定，所需的安全存货就越少。实际上，如果这些流入和流出是高度可预测的，那么几乎不太可能发生缺货。但是，如果它们不可预测，则有必要持有额外的安全存货以防止意外缺货。

理想的安全边际也会影响持有的安全存货水平。如果缺货的代价很高昂，那么公司持有的安全存货将多于缺货代价较低时的安全存货。如果存货用完，并且之后无法及时向客户供货，导致客户强烈不满且将来可能产生销售收入损失，则必须增加安全存货。最终决定因素是持有额外存货的成本，包括装卸和存储成本以及与额外存货投资相关的机会成本。很简单，成本越高，安全存货就越少。

在过去十年左右的时间里，许多公司采用了另一种旨在减少公司存货投资的方法。它被称为**即时存货控制系统**（just-in-time inventory control system）。该系统的目的是以可能的最低平均存货水平运营。在经济订单量模型中，基本原则是减少订货成本和安全存货。公司实现上述原则的方法是尽量做到持续收到交付的零件。结果是实际持有2~4个小时的存货。实际上，卡车、铁路和飞机成为公司的仓库。该系统从全新角度强调了公司与供应商之间的双重关系。

您做出来了吗？

计算经济订单量

式（17-7）定义了经济订单量关系：

$$Q^* = \sqrt{\frac{2SO}{C}}$$

其中，

Q^* = 经济订单量，或EOQ，它最小化了订购和持有存货的成本；
S = 下一年公司需要的存货总数量；
O = 订货成本；
C = 单位存货持有成本。

代入经济订单量公式，我们估计出

$$Q^* = \sqrt{\frac{2 \times 5\,000 \times 200}{2}} = \sqrt{1\,000\,000} = 1\,000（单位）$$

因此，我们每次下单订购1 000单位存货时，订购和持有存货的成本最低。

通货膨胀和经济订单量 通货膨胀以两种主要方式影响经济订单量模型。首先，尽管可以修正经济订单量模型，假定价格持续上涨，但通常每年仅发生一两次重大价格上涨，并且会提前宣布。如果是这种情况，那么经济订单量模型可能会失去可预测性，并可能被**预期购买**（anticipatory buying）代替，也就是说，根据价格上涨预期购买商品，从而保证以较低价格买入商品。当然，与大多数决策一样，这也需要权衡取舍。缺点是存货持有成本增加。优点当然是可以按较低价格购买商品。通货膨胀影响经济订单量模型的第二种方式是通过增加的持有成本。随着通货膨胀推高利率，存货持有成本增加。在我们的经济订单量模型中，这意味着 C 将增加，导致最优经济订单量 Q^* 下降。

$$\downarrow Q^* = \sqrt{\frac{2SO}{C\uparrow}}$$

▶ 财务决策工具

工具名称	公式	含义
总存货成本	总持有成本＋总订货成本	保持存货的成本包括存货占用现金投资的成本（持有成本）和补货成本（订单成本）
总持有成本	平均存货数量×单位持有成本 $= \dfrac{订单量}{2} \times 单位持有成本$	投资于公司平均存货余额的成本
总订货成本	年订单数量×单位订单的订货成本 $= \dfrac{销售收入(S)}{订单数量(Q)} \times O$	基于订单数量和单位订单订货成本的年总订货成本
经济订单量（EOQ 或 Q^*）	$\sqrt{\dfrac{2 \times 销售收入(S) \times 订货成本(O)}{持有成本(C)}}$	使总存货成本最小化的单次订单数量

概念回顾
1. 请描述公司拥有的存货类型。
2. 经济订单量公式的基本目标是什么？
3. 经济订单量公式的基础假设是什么？

本章小结

➡ 学习目标 1. 了解公司现金余额管理的内在问题。

  小结：公司既有定期现金流，也有不定期现金流。一旦获得现金，公司就有三种动机持有现金而非投资现金：满足对流动性的交易需求、预防需求和投机需求。在一定程度上，公司可以通过持有随时可出售的证券而非现金来满足这种需求。因此，现金管理的一项重大挑战是在以下两方面之间进行权衡：公司用库存现金偿还在经营过程中产生的负债的需求；通过尽量减少无收益的闲置现金来最大化财富的目标。

  关键术语

  现金：纸币、硬币以及活期存款账户。

  有价证券：公司可以快速转换为现金的证券投资（金融资产）。也被称为类现金或类现金资产。

  破产：无法按时支付利息或无法偿还到期债务。

在途期：从开具支票到实际收款人可以提取资金的时间长度。

➡ **学习目标 2. 评估与管理公司信贷政策相关的成本和收益。**

小结：当我们考虑到应收账款约占典型公司总资产的 25% 时，应收账款管理的重要性变得更加明显。公司对应收账款的投资规模取决于三个因素：赊销收入占总销售收入的百分比、销售收入水平以及公司的信贷政策和收款政策。但是，财务经理通常只能控制销售条款、客户类型和收款工作。

关键术语

销售条款：标明提前付款可能获得的折扣、折扣期和总信贷期的信贷条款。

信用评分：相对于预先确定的标准对信贷申请人评定的分数。

关键公式

$$\text{放弃折扣的年机会成本} = \frac{a}{1-a} \times \frac{360}{c-b}$$

其中，a 为现金折扣百分比，b 为获得现金折扣所需满足的付款期限（天数），c 为必须支付全额价款的付款期限（天数）。

$$Z = 3.3 \times \frac{\text{EBIT}}{\text{总资产}} + 1.0 \times \frac{\text{销售收入}}{\text{总资产}} + 0.06 \times \frac{\text{股票市场价值}}{\text{债务账面价值}} + 1.4 \times \frac{\text{留存收益}}{\text{总资产}} + 1.2 \times \frac{\text{营运资本}}{\text{总资产}}$$

➡ **学习目标 3. 了解公司存货投资管理的财务成本和收益。**

小结：尽管典型公司的存货投资水平小于应收账款投资水平，但是存货管理和控制仍然是财务经理的重要职能，因为存货在公司运营中起着重要作用。持有存货的目的是使每个业务环节独立于其他业务环节。与存货管理有关的主要问题是：(1) 应该订购多少存货？(2) 应该何时下订单？经济订单量模型被用于回答第一个问题。订货点模型取决于交货时间存货和安全存货的理想水平，可用于回答第二个问题。相对较新的即时存货控制系统日益被广泛使用，它试图通过减少公司需要持有的存货水平来节省更多成本。公司不仅依靠自己的存货，而且依靠供应商"及时"供应以满足公司的生产要求。

关键术语

存货管理：控制在生产过程中使用的资产或将在公司正常运营过程中出售的产成品。

原材料存货：从其他公司购买的用于公司生产业务的基本材料。

在产品存货：需要进一步加工才能成为产成品的半成品。

产成品存货：已完成生产但尚未出售的商品。

订单量问题：根据存货的预期用途、持有成本和订货成本确定存货项目的最优订单规模。

安全存货：为适应交货期间异常大量、意外的使用而持有的存货。

订货点问题：确定在重新订货之前存货应消耗到多低的水平。

交货时间存货：从下单日期至收到订购存货日期之间所需的存货。

即时存货控制系统：这是一种生产和管理系统，通过调整不同生产业务之间的时间和实际距离，将存货减少到最低限度。在该系统下，公司将现有存货保持在最低水平，依靠供应商"及时"提供零件以进行组装。

预期购买：因为预期价格将上涨而购买商品，以锁定较低的价格。

关键公式

总存货成本＝总持有成本＋总订货成本

$$总持有成本 = \frac{订单量}{2} \times 单位持有成本 = \frac{Q}{2} \times C$$

$$总订货成本 = 订单数量 \times 单位订单的订货成本 = \frac{S}{Q} \times O$$

$$总成本 = \frac{Q}{2} \times C + \frac{S}{Q} \times O$$

$$Q^* = \sqrt{\frac{2SO}{C}}$$

$$存货订购点（当存货跌至该水平时订购新存货）= 交货时间存货 + 安全存货$$

$$平均存货 = \frac{EOQ}{2} + 安全存货$$

$$\downarrow Q^* = \sqrt{\frac{2SO}{C\uparrow}}$$

复习题

17—1 2011 年 12 月 31 日，迪士尼持有 37.66 亿美元现金、738.77 亿美元总资产。尽管这看起来可能很多，但与拥有 300 亿美元现金和短期投资以及 1 390 亿美元总资产的苹果公司相比，这些数字相形见绌。您认为苹果公司为什么持有这么多现金（与迪士尼相比）？

17—2 "现金流过程"一词是什么意思？

17—3 请指出持有现金和类现金资产的主要动机。请解释每种动机的目的。

17—4 公司现金管理系统的两个主要目标是什么？

17—5 在现金管理的背景下，总在途期的关键要素是什么？请简要定义每个要素。

17—6 请区分财务风险和利率风险的概念，因为这些术语在现金管理的讨论中很常用。

17—7 哪些因素决定了公司对应收账款的投资规模？其中哪些因素受财务经理控制？

17—8 如果信贷经理在过去的一年中没有发生坏账损失，这是否表明信贷管理措施得当？为什么？

17—9 与采用更宽松的商业信贷政策相关的风险-收益权衡是什么？

17—10 持有存货的目的是什么？请列出几种存货并描述其目的。

17—11 经济订单量模型的假设是什么？

课后习题

17—1（现金管理） 作为波多贝罗水肺潜水公司（Portobello Scuba Diving Inc.）的首席财

务官，您被要求研究是否有加速向客户收款的方法。该公司每年收到的支票汇款总额为 2 400 万美元。该公司在同一时期记录并处理了 10 000 张支票。巴西国家银行通知您，该银行可以提供催收支票和相关文件服务，每张支票的服务费为 0.25 美元。经过分析后，您预计通过采用该方法释放的现金可以投资于类现金资产组合，该资产组合将产生 8% 的年税前收益率。该公司在财务计算中通常以 365 天为一年。

a. 如果公司采用建议方法后境况既不会变好也不会变差，那么支票收款时间必须缩短多少？

b. 如果公司可以将释放的现金以仅 4% 的预期年收益率进行投资，那么您对第 a 问的答案将受到什么影响？

c. 您对第 a 问和第 b 问的答案有所不同，对此的合乎逻辑的解释是什么？

17—2（现金收款加速方法） 佩吉·皮尔斯设计公司（Peggy Pierce Designs Inc.）是一家垂直一体化的全国性女装生产商和零售商。目前，该公司没有协调一致的现金管理系统。但是，该公司的几位高管正在斟酌宾夕法尼亚州第一银行提出的旨在加快现金收款速度的建议。

该公司当前使用集中式记账程序，该程序要求将所有支票邮寄到费城总部进行处理并最终存入银行账户。根据这种安排，所有客户的汇款支票平均需要 5 个工作日才能到达总部。到达费城后，还需要 2 天时间来处理支票，以便最终存入第一宾夕法尼亚银行。

该公司的日平均汇款金额为 100 万美元。平均支票金额为 2 000 美元。佩吉·皮尔斯设计公司目前的有价证券组合年收益率为 6%。

根据该建议，第一宾夕法尼亚银行表示，该行可以将邮寄在途期缩短到 3 天，从而减少占用的资金，并且将省去处理在途期。然后，每个工作日将通过自动存款转账支票从当地银行向第一宾夕法尼亚银行转账两次。每张存款转账支票的费用为 15 美元。一年中全部 270 个工作日都将进行这些转账。通过现金收款系统处理每张支票的费用为 0.18 美元。

a. 如果佩吉·皮尔斯设计公司采用第一宾夕法尼亚银行建议的方法，将省出多少现金？

b. 维持当前银行业务处理方式的机会成本是多少？

c. 使用建议方法的预计年成本是多少？

d. 佩吉·皮尔斯设计公司是否应该采用新方法？请计算与采用该方法相关的年净损益。

17—3（有价证券组合） 亚历克斯·丹尼尔鞋业制造公司（Alex Daniel Shoe Manufacturing Company）当前每周向员工支付薪水。每周的工资总额为 500 000 美元。这意味着该公司的平均应付工资为（500 000 美元＋0 美元）/2＝250 000 美元。

亚历克斯·小丹尼尔（Alex Daniel Jr.）担任该公司的高级财务分析师，他的直接上司是他的父亲，而他的父亲拥有该公司的全部普通股。小丹尼尔希望改为工资月结制度。员工将在每四周结束时获得报酬。小丹尼尔完全清楚，代表公司工人的工会将不允许月结制度生效，除非公司为工人提供某种类型的附加福利补偿。公司已经制订了计划，将为每位员工上人寿保险。这样，该公司每年需要支付 35 000 美元的保险费。小丹尼尔预计该公司的有价证券组合的年收益率为 7%。

a. 根据预测信息，亚历克斯·丹尼尔鞋业制造公司是否应改为工资月结制度？

b. 有价证券组合的年收益率是否能使该公司在采用该建议后恰好达到收支平衡？

17—4（应付账款政策和现金管理） 布拉德福德建筑材料公司（Bradford Construction Supply Company）在销售地区的新建设工程业务出现了长期下滑。为了改善现金状况，该公司正在考虑改变应付账款政策。经过仔细研究，该公司确定唯一可用的方案是延缓付款。下一年的采购金额预计将达到 3 750 万美元。销售收入将为 6 500 万美元，比今年下降约 20%。目前，布拉德福德建筑材料公司约 25% 的应付账款为 10 天内付款可享受 3% 的折扣，30 天后付款则需要付全款，且将在 30 天后支付账款。如果布拉德福德建筑材料公司采用在 45 天或 60 天之后付款的政策，那么，如果年投资机会成本为 12%，该公司可以获得多少收益？如果此举导致布拉德福德建筑材料公司的供应商对该公司的售价提高 0.5%，以补偿延长至 60 天的付款期限，将产生什么结果？在计算中，请使用 1 年为 365 天的假设，并忽略与预期收益率相关的复利影响。

17—5（利率风险） 两年前，您公司的资金主管为公司购买了面值为 1 000 美元的 20 年期债券。该债券的票面利率为 8%，每年向债券持有者支付一次利息。目前，这种特定风险类别的债券为投资者提供 9% 的收益率。现金短缺迫使您指示资金主管出售该债券。

 a. 您的债券将以什么价格出售？假设每年计算一次复利。
 b. 与初始购买价格相比，您的损益金额是多少？
 c. 如果资金主管最初购买的是 4 年期债券而非 20 年期债券，那么您的损益金额是多少？（假设债券除了距到期期限以外的所有特征都相同。）
 d. 我们如何称呼资金主管承担的这种风险？

17—6（税后收益率的比较） 阿吉兰德烟花公司（Aggieland Fireworks Inc.）的企业资金主管正在考虑购买一只票面利率为 9% 的 BBB 级债券。BBB 级债券需要纳税，该公司的边际税率为 46%。该债券的票面价值为 1 000 美元。

该公司资金主管手下的一位金融分析师提醒他，票面利率为 5.5% 的市政债券即将进入市场。该市政债券的面值也为 1 000 美元。

 a. 您推荐该公司购买两种证券中的哪一种？为什么？
 b. 全额纳税债券的税前收益率必须为多高，才能使其与市政债券可比？

17—7（应收账款收款政策） 牛仔装瓶公司（The Cowboy Bottling Company）下一年将产生 1 200 万美元的赊销收入。该公司将在这个时期内均匀地收到赊销款项。该公司的员工每年工作 270 天。目前，该公司的处理系统占用了 4 天的支票汇款。财务顾问最近的一份报告指出，该程序将使牛仔装瓶公司减少整整 2 天的处理在途期。如果牛仔装瓶公司用省出的资金进行投资，并获得 6% 的收益率，那么每年将节省多少资金？

17—8（比率分析） 假设一年为 360 天，给定以下每种情况的信息，请计算公司的平均存货投资。

 a. 公司的销售收入为 600 000 美元，毛利率为 10%，存货周转率为 6。
 b. 公司的销货成本为 480 000 美元，平均存货账龄为 40 天。
 c. 公司的销货成本为 115 万美元，存货周转率为 5。
 d. 公司的销售收入为 2 500 万美元，毛利率为 14%，平均存货账龄为 45 天。

17—9（商业信贷折扣） 请根据以下条款确定放弃商业信贷折扣的实际年成本：

 a. 1/10，净 20 天；
 b. 2/10，净 30 天；
 c. 3/10，净 30 天；
 d. 3/10，净 60 天；
 e. 3/10，净 90 天；
 f. 5/10，净 60 天。

17—10（奥特曼模型） 以下比率由六个贷款申请人提供。根据这些信息和奥特曼提出的信用评分模型［见式（17—2）］，下一年哪些贷款极有可能违约？

	EBIT÷总资产	销售收入÷总资产	股票市场价值÷债务账面价值	留存收益÷总资产	营运资本÷总资产
申请人 1	0.2	0.2	1.2	0.3	0.5
申请人 2	0.2	0.8	1.0	0.4	0.8
申请人 3	0.2	0.7	0.6	0.3	0.4
申请人 4	0.1	0.4	1.2	0.4	0.4
申请人 5	0.3	0.7	0.5	0.4	0.7
申请人 6	0.2	0.5	0.5	0.4	0.4

17—11（计算经济订单量） 市中心的一家书店正在尝试确定一本平装流行小说的最优订单量。该书店认为这本书的销量将是精装本的 4 倍。因此，该书店将在下一年以每本 1.50 美元的价格售出大约 3 000 本。该书店以 1 美元的批发价购买这本书。这本书的持有成本估计为每年每本 0.10 美元，订购更多书的成本为 10 美元。

a. 请确定经济订单量。

b. 每年订购 1 次、4 次、5 次、10 次和 15 次书的总成本是多少？

c. 经济订单量模型做出了哪些有问题的假设？

17—12（综合计算经济订单量） 克努森产品公司（Knutson Products Inc.）参与飞机零件的生产，并且有以下存货成本、运输成本和仓储成本：

（1）必须以 100 件为单位批量下单。

（2）年使用量为 250 000 件。（在计算中假设每年有 50 周。）

（3）持有成本为购买价格的 10%。

（4）采购价格为每件 10 美元。

（5）订货成本为每单 100 美元。

（6）所需安全存货为 5 000 件。（不包括交货时间存货。）

（7）交货时间为 1 周。

基于上述信息：

a. 确定最优经济订单量水平。

b. 每年将下多少订单？

c. 订货点是什么？（也就是说，应该在存货达到什么水平时下新订单？）

d. 平均存货水平是多少？

e. 如果年销量翻倍（其他所有单位成本和安全存货保持不变），经济订单量会发生什么变化？经济订单量对销售收入的弹性是多少？（也就是说，经济订单量的变化百分比除以销售收入的变化百分比是多少？）

f. 如果持有成本翻倍，那么经济订单量水平将发生什么变化？（假设初始销量为 250 000 件。）经济订单量对持有成本的弹性是多少？

g. 如果订货成本翻倍，那么经济订单量的水平将如何变化？（假设初始销量和持有成本不变。）经济订单量对订货成本的弹性是多少？

h. 如果售价翻倍，经济订单量会发生什么变化？经济订单量对售价的弹性是多少？

迷你案例

新浪潮冲浪装备公司（New Wave Surfing Stuff Inc.）是一家冲浪板和相关装备制造商，其产品销往位于大西洋和太平洋沿岸多个城镇以及夏威夷多地的独家授权冲浪用品商店。该公司的总部位于加利福尼亚州南部沿海小镇卡尔斯巴德。该公司的管理人员都是名副其实的资深冲浪爱好者，他们对财务管理的各种关键领域有所松懈。但是，由于加利福尼亚州的经济不景气对其业务产生了不利影响，该公司的管理人员决定专心致力于改善新浪潮冲浪装备公司的现金流。首席财务官威利·波尼克（Willy Bonik）被要求白天不能再冲浪，直到他制订出加速新浪潮冲浪装备公司现金流的计划。

威利为了确保能尽快重新冲浪，决定专注于他认为能够改善新浪潮冲浪装备公司现金收款的最简单的方法之一，即采用包括密码箱法和集中银行法在内的现金收款加速法。威利非常清楚，新浪潮冲浪装备公司当前的现金收款法为改进留下了很大空间。目前，该公司的应收账款收款法要求将客户汇款邮寄到总部办公室进行处理，然后将其存入美国银行的当地分行。这种安排需要花费大量时间。支票平均需要5天才能到达卡尔斯巴德总部。然后，根据冲浪条件，公司内部处理汇款需要2~4天，从公司收到汇款之日到将汇款存入银行之日平均需要3天。

威利可以肯定，这种时间拖延代价高昂。毕竟，新浪潮冲浪装备公司的平均日收款金额为150 000美元。平均汇款规模为750美元。如果威利能更快地将这些资金投资于有价证券账户，其年收益率将达到5％。此外，如果威利可以安排其他人处理汇款，那么威利每年可以节省55 000美元文员成本。

新浪潮冲浪装备公司的银行借势向威利提出结合使用密码箱法和集中银行法的建议。美国银行将是新浪潮冲浪装备公司的集中银行。密码箱将位于檀香山、纽波特比奇和代托纳比奇。对于新浪潮冲浪装备公司而言，通过密码箱法处理每张支票的成本为0.30美元。但是，这种安排将使邮寄在途期平均减少2.5天。如此收取的资金将每天转账两次、每年270天从每个当地密码箱银行转账到美国银行。每次转账将花费0.35美元。将密码箱法和集中银行法结合起来，将省去该公司处理现金收款所花的时间，从而使这笔资金可被用于短期投资。

a. 如果新浪潮冲浪装备公司采用美国银行建议的方法，平均可用现金将是多少？
b. 保持当前的现金收款和存款方法的年机会成本是多少？
c. 美国银行提出的整套方法的预计年成本是多少？
d. 新方法预期将产生的净损益是多少？新浪潮冲浪装备公司应该采用新方法吗？

术语表

A

会计账面价值（accounting book value）[另可参见账面价值（book value）]：(1) 公司资产负债表中显示的资产价值。该价值表示资产的历史成本，而非当前市场价值或重置成本。(2) 公司资产的折旧价值（初始成本减去累计折旧）减去未清偿负债。

应付账款（商业信贷）[accounts payable（trade credit）]：公司赊购存货时供应商提供的信贷。

应收账款（accounts receivable）：从公司赊购商品或服务的顾客所欠的款项。

应收账款周转率（accounts receivable turnover ratio）：公司的赊销收入除以应收账款。该比率表示应收账款在一年内的周转频率。

权责发生制（accrual basis accounting）：一种会计核算方法，根据该方法，不管是否以现金形式收到收入，都在获得收入时记录收入。同样，即使没有实际支付现金，也在发生支出时记录支出。

应计费用（accrued expenses）：已经发生但尚未支付现金的费用。

累计折旧（accumulated depreciation）：在可折旧资产整个寿命期内所有折旧的累计金额。

酸性测试（速动）比率 [acid-test (quick) ratio]：公司的现金和应收账款之和除以公司的流动负债。该比率是比流动比率更严格的流动性指标，因为它从流动资产中剔除了存货和其他流动资产（即流动性最差的资产）。

代理成本（agency costs）：当管理者与证券持有者之间存在利益冲突时，公司证券持有者损失的价值。

代理问题（agency problem）：由于公司的管理权和所有权分离而导致的问题和冲突。

分期偿还贷款（amortized loan）：分期等额偿还的贷款。

天使投资人（angel investor）：为初创企业提供资本的富有私人投资者。

年化百分比利率（annual percentage rate，APR）：该利率表明不计算复利时，一年内支付或获得的利息金额。

年金（annuity）：在特定年数内发生的一系列等额现金流。

期初年金（annuity due）：现金流发生在每期期初的年金。

年金终值系数（annuity future value factor）：计算年金终值时使用的乘数，等于 $\dfrac{(1+r)^n - 1}{r}$。

年金现值系数（annuity present value factor）：计算年金现值时使用的乘数，等于 $\dfrac{1-(1+r)^{-n}}{r}$。

预期购买（anticipatory buying）：因为预期价格将上涨而购买商品，以锁定较低的价格。

套利（arbitrage）：消除一种货币在不同市场间的汇率差异的交易活动。

套利者（arbitrageur）：在多个市场上进行买入卖出以期获得无风险利润的个人。

卖出汇率（asked rate）：当银行卖出货币、客户买入货币时，银行或外汇交易商要求客户支付的汇率。卖出汇率通常也被称为卖出价。

资产配置（asset allocation）：鉴别并选择适合某个特定投资组合的资产类别，并确定该投资组合内每种资产所占的比例。

B

资产负债表（balance sheet）：显示公司在特定时点的资产、负债和所有者权益的财务报表。该报表反映了公司在某个特定日期的基本财务状况。

资产负债表杠杆比率（balance-sheet leverage ratios）：公司使用的财务杠杆或债务资本与公司的总资本或股权之比。由于计算该比率所需的信息都可以从资产负债表中找到，因此我们称该比率为资产负债表杠杆比率。

基点（basis point）：一个基点等于1%的1/100，即0.01%。

行为金融学（behavioral finance）：考察投资者在做出投资决策时是否表现出理性行为的研究领域。

贝塔（β, beta）：投资收益率与市场收益率之间的关系。它是投资的不可分散风险的衡量指标。

买卖价差（bid-asked spread）：卖出报价与买入报价之差。

买入汇率（bid rate）：银行向客户买入外币所支付的汇率。买入汇率又被称作买入价。

一鸟在手股利理论（bird-in-the-hand dividend theory）：认为股利比资本收益更确定，因而也更有价值的观点。

债券（bond）：一种借款人发行的长期（10年期或更久）票据，承诺每年向债券持有者支付预先确定的固定金额利息，并在到期时偿还债券面值。

账面价值（book value）[另可参见会计账面价值(accounting book value)]：公司资产负债表中显示的资产价值。该价值表示该资产的历史成本，而非当前市场价值或重置成本。

盈亏平衡销量（break-even quantity）：公司在获得利润之前必须达到的销量。

预算（budget）：对某个未来时期内公司的预期收入和费用的分项预测。

商业风险（business risk）：公司选择的特定业务直接给公司未来利润带来的风险。

C

赎回保护期（call protection period）：事先规定的发行人不能赎回债券的时期。

赎回条款（call provision）：允许发行公司在规定期限内以规定价格向投资者回购其优先股的条款。

可赎回债券[callable bond (redeemable bond)]：发行人可以选择在债券到期前赎回的债券。赎回通常发生在利率降至低于公司支付的债券利率时。

资本资产定价模型（capital asset pricing model, CAPM）：该模型表示，一项投资的预期收益率是以下三个要素的函数，即（1）无风险收益率，（2）投资的系统性风险，（3）包含所有风险证券的市场组合的预期风险溢价。

资本预算（capital budgeting）：关于固定资产投资的决策过程。

资本市场（capital markets）：促进长期金融工具交易的所有机构和程序。

资本配额（capital rationing）：限制资本预算的规模。

资本结构（capital structure）：公司使用的长期融资来源结构。对于大多数公司而言，这些长期融资来源包括债务、优先股和普通股。资本结构通常用每种融资来源占总资本的百分比表示。

资本结构决策（capital structure decisions）：关于融资选择和长期资金来源组合的决策过程。

现金（cash）：（1）库存现金、活期存款和能快速变现的短期有价证券。（2）纸币、硬币以及活期存款账户。

收付实现制（cash basis accounting）：一种会计核算方法，根据该方法，只有在实际收到现金时才记录收入。同样，只有在实际支付现金时才记录支出。

现金预算（cash budget）：对未来现金流的详细计划。现金预算由四部分构成：现金收入、现金支出、当期净现金变化以及新融资需求。

特征线（characteristic line）：能"最好地拟合"公司股票收益率与市场收益率之比的直线。特征线的斜率通常被称为β，它表示公司股票收益率对市场收益率变化做出反应而产生的平均变化。

动产抵押协议（chattel mortgage agreement）：贷款人可以通过持有贷款协议中列出的具体存货提高其担保权益的贷款协议。借款人保留对存货的所有权，但未经贷款人同意不得出售这些存货。

客户效应（clientele effect）：这种观点认为，个人和机构将根据其对当前现金流与未来现金流的特定需求，投资于股利支付与其需求匹配的公司。例如，需要当期收入的投资者将投资于有高股利支付率的公司。

综合杠杆或总杠杆（combined, or total, leverage）：经营杠杆和财务杠杆共同作用的结果。

商业票据（commercial paper）：大型企业为筹资而出售的短期无担保本票。与大多数其他货币市场金融工具不同，商业票据没有发达的二级市场。

一般形式资产负债表（common-sized balance sheet）：公司的资产、债务和所有者权益均表示为占总资产的百分比的资产负债表。

一般形式利润表（common-sized income statement）：在这种利润表中，公司的费用和利润都以占销售收入的百分比来表示。

普通股（common stock）：代表公司所有权的股份。

普通股股东（common stockholders）：拥有公司普通股的投资者。普通股股东是公司的剩余价值所有者。

公司特有风险（company-unique risk）：见非系统性风险。

补偿余额（compensating balance）：公司在活期存款账户中保持的某个金额。该金额可能是公司与其商业银行签订的正式协议或非正式协议的要求。

复利年金（compound annuity）：在特定年数内，每年年末存入等额现金，并让其按照复利增长。

复利（compound interest）：将第一期获得的投资利息计入本金，并依此类推。在第二期中，计息基础为初始本金与第一期获得的利息之和。

固定股利支付率（constant dividend payout ratio）：股利支付与利润之比保持不变的股利政策。随着利润的变化，股利金额逐年波动。

项目对公司风险的贡献（contribution-to-firm risk）：项目对公司整体贡献的风险。该衡量指标考虑了部分项目风险将随着该项目与公司的其他项目及资产组合起来而被分散的情况，但它忽略了公司股东投资分散化的影响。

可转换债券（convertible bond）：可以按照事先规定的价格转换为公司股票的债券。

可转换优先股（convertible preferred stock）：根据投资者的选择，可转换为事先确定数量的普通股的优先股。

股份公司（corporation）：法律上与其所有者独立且分离的法律实体。

普通股成本（cost of common equity）：为了满足普通股股东的必要收益率而必须获得的普通股投资收益率。该成本是基于普通股股东的普通股在资本市场上的机会成本。

债务成本（cost of debt）：为了实现债权人的必要收益率而必须获得的投资收益率。因为支付的利息增加将导致应纳税款减少，所以必须调整该收益率。该成本是基于债务持有者在资本市场上的债务机会成本。

销货成本（cost of goods sold）：在企业的日常经营过程中生产或者获取待售商品或服务的成本。

优先股成本（cost of preferred equity）：为了满足优先股股东的必要收益率而必须获得的优先股投资收益率。该成本是基于优先股股东的优先股在资本市场上的机会成本。

票面利率（coupon interest rate）：债券根据合同应支付的利息占面值的百分比。

偿债能力比率（coverage ratios）：公司的利润与公司借款的利息及本金之比。

信用评分（credit scoring）：相对于预先确定的标准对信贷申请人评定的分数。

交叉汇率（cross rate）：两种外币之间的汇率，这两种货币都不是本币。

可累积性（cumulative feature）：可积累性要求在支付普通股股利之前，先支付所有过往未支付的优先股股利。

累计投票制（cumulative voting）：在累计投票制下，每股股票赋予股东的票数等于将要选举出的董事会成员人数。股东可以将其拥有的全部选票投给某个候选人，也可以将其选票分散投给不同的候选人。

流动资产（总营运资本）[current assets (gross working capital)]：流动资产是可以在一年之内（含一年）转换为现金的资产。例子包括现金、有价证券、应收账款、存货和其他流动资产。

流动比率（current ratio）：公司的流动资产除以流动负债。该比率通过比较流动资产和流动负债来表示公司的流动性。

当期收益率（current yield）：债券支付的年利息与债券市场价格之比。

D

股权登记日（date of record）：结束股票转让登记，以确认收到下一笔股利的投资者的日期。

存货周转天数（days in inventory）：存货除以日销货成本。该比率衡量了公司存货在售出之前的平均持有天数，也显示了存货质量。

应收账款周转天数（平均回收期）[days in receivables (average collection period)]：公司的应收账款除以公司的平均日赊销收入（＝年赊销收入÷365）。该比率表示公司收回赊销账款的速度。

信用债券（debenture）：一种仅由借款人的偿付承诺作为担保，而没有抵押贷款或对特定财产的留置权作为担保的公司债务。

债务（debt）：由供应商提供的信贷或者银行贷款等资金来源组成的负债。

举债能力（debt capacity）：在保持当前信用评级不变的情况下，公司在资本结构中可以包含的最大债务金额。

债务-股权结构（debt-equity composition）：公司在资本结构中使用的债务与股权的组合。

债务的期限结构（debt maturity composition）：公司使用的短期债务与长期债务的组合。

资产负债率（debt ratio）：公司的总负债除以总资产。该比率衡量了公司使用债务融资的程度。

股利公告日（declaration date）：董事会正式宣布支付股利的日期。

违约风险溢价（default-risk premium）：投资者为补偿违约风险而额外要求的收益率。其计算方法是相同期限和适销性的公司债券收益率与美国国债收益率之差。

交割日（delivery date）：在外汇交易中，一种货币兑换成另一种货币的实际支付日期。

交货时间存货（delivery-time stock）：从下单日期至收到订购存货日期之间所需的存货。

折旧费用（depreciation expense）：用来在资产寿命期内分摊可折旧资产（例如厂房和设备）成本的非现金费用。

直接成本（direct costs）：见可变成本。

外国直接投资（direct foreign investment，DFI）：一个国家的公司在另一个国家进行实物投资，例如修建工厂。

直接报价（direct quote）：用购买一单位外币所需的本币数量表示的汇率。

直销（direct sale）：公司绕开投资银行，直接向公众投资者出售证券。

折价债券（discount bond）：以折价或低于面值的价格出售的债券。

贴现回收期（discounted payback period）：用贴现自由现金流收回项目初始投资所需的年数。

自主性融资（discretionary financing）：要求在每次筹资时都必须得到公司管理层明确决策的融资来源。银行票据是该类融资的一个典型例子。

可分散风险（diversifiable risk）：见非系统性风险。

股利支付率（dividend-payout ratio）：股利占利润的百分比。

每股股利（dividends per share）：公司向每股流通股支付的股利金额。

部门加权平均资本成本（divisional WACC）：某个特定业务部门的资本成本。

荷兰式拍卖（Dutch auction）：投资者最初根据其希望认购的股票数量和愿意支付的价格提出报价的证券（普通股）发行方法。股票售价将被定为恰好使发行公司能卖出所有股票的最低价格。

E

税前利润（应税所得）[earnings before taxes (taxable income)]：营业利润减去利息费用。

每股利润（earnings per share）：每股净利润。

EBIT-EPS 无差异点（EBIT-EPS indifference point）：使两种不同融资方案下的每股利润（EPS）相等的息税前利润（EBIT）水平。

实际年利率（effective annual rate，EAR）：当现金流不是按年计算复利时，产生的收益率与名义利率或票面利率相同的年复利利率。实际上，实际年利率提供了真实收益率。

有效市场（efficient market）：任何时点上的证券价格都能充分反映证券的所有公开可得信息和实际公开市场价值的市场。

权益（equity）：截至资产负债表日的优先股股东和普通股股东对公司的投资和公司的累计留存利润。

等额年金（equivalent annual annuity，EAA）：产生的现值与项目净现值相等的年金。

欧洲债券（Eurobond）：债券发行国与债券标

价货币发行国不同的债券。例如，一家美国公司在欧洲或亚洲发行债券，但是用美元向债券持有者支付利息和偿还本金，那么这种债券就被称为欧洲债券。

欧洲美元（Eurodollars）：美国以外的外国银行（通常是欧洲银行）和金融机构持有的美元，通常来自向外国公司购买商品或服务时支付的美元。

汇率（exchange rate）：一种货币用另一种货币表示的价格。

除权日（ex-dividend date）：股票经纪公司统一截止股利所有权的日期，该日期为股权登记日的前一个工作日。

预期理论（expectations theory）：认为投资者会评估管理层行为对股票价格的影响，并据此对管理层的决策做出反应的理论。例如，宣布提高股利不仅表示投资者将在本季度收到更多现金，而且会向投资者发出公司未来业绩将提高的信号。

预期收益率（expected rate of return）：(1) 使债券未来现金流（利息和到期价值）的现值等于债券当前市场价值的贴现率。它是投资者持有债券至到期将获得的收益率。(2) 投资者支付证券的当前市场价格所预期获得的收益率。

外部融资需求（external financing needs）：公司的融资需求中超过其内部融资来源（即留存收益）加上自发性融资（如商业信贷）的部分。

F

保理商（factor）：购买其他公司的应收账款的公司，它承担了收款风险，并因管理这些应收账款收取费用。

应收账款保理（factoring accounts receivable）：公司将应收账款以无索偿权的形式直接卖给另一方（保理商）。保理商继而承担收款风险。

监管仓单抵押协议（field-warehouse agreement）：作为担保品的存货与公司的其他存货分开存放，并被置于第三方仓储公司控制下的担保协议。

财务杠杆（financial leverage）：来自公司使用的要求固定收益率的融资来源。这种融资形式的基本例子是固定利率债务，其中公司必须在规定日期支付事前确定的利息和本金。

金融市场（financial markets）：促进各种金融资产的交易的机构和程序。

财务政策（financial policy）：公司关于计划使用的融资来源和特定资本结构（比例）的政策。

财务比率（financial ratios）：帮助人们确认公司的部分财务优势和财务劣势的会计数据。

财务风险（financial risk）：由公司资本结构中的固定财务成本（而不是宣布和发放的股利等可变财务成本）导致的风险。

财务结构（financial structure）：资产负债表右侧所有融资来源的组合。

融资现金流（financing cash flows）：来自公司投资者或者分配给公司投资者的现金，其形式通常为利息、股利、发行债务、偿还债务、发行和回购股票。

产成品存货（finished-goods inventory）：已完成生产但尚未出售的商品。

固定资产周转率（fixed asset turnover）：公司的销售收入除以净固定资产。该比率表明了公司使用固定资产的效率。

固定资产（fixed assets）：设备、厂房和土地等资产。

固定成本（fixed cost）：不管公司活动如何变化均保持不变的成本。

固定成本或间接成本（fixed or indirect costs）：不随公司销售水平变化而变化的成本。一个例子是支付给公司管理团队的工资。

固定利率债券（fixed-rate bond）：每年向投资者支付固定金额利息的债券。

在途期（float）：从开具支票到实际收款人可以提取资金的时间长度。

浮动留置权协议（floating lien agreement）：通常与贷款相关的一种协议，其中借款人给予贷款人其所有存货的留置权。

发行成本（flotation costs）：公司为了筹集资金而发行特定类型证券时产生的交易成本。

外汇（FX）市场 [foreign exchange (FX) market]：不同国家的货币进行交易的市场。

远期外汇合约（forward exchange contract）：交易双方同意在未来某个日期将一种货币兑换为另一种货币的协议。

远期汇率（forward exchange rate）：要求在未来交割的交易的汇率。

远期-即期差价（forward-spot differential）：货币的远期汇率与即期汇率之间的溢价或折价。

自由现金流（free cash flows）：公司对营运资本和固定资产进行投资后可用于经营的现金。这笔现金可被分配给公司的债权人和所有者。

终值系数（future value factor）：计算终值时使用的乘数，它等于 $(1+r)^n$。

期货市场（futures markets）：可以在未来某个日期买入或卖出某种标的物的市场。

G

普通合伙企业（general partnership）：在普通合伙企业中，所有合伙人对合伙企业产生的债务承担完全责任。

毛利润（gross fixed assets）：销售收入减去销货成本。

毛利润率（gross profit）：毛利润除以销售收入，该比率表示公司的毛利润占销售收入的百分比。

固定资产总计（总固定资产）（gross profit margin）：公司固定资产的初始成本。

总营运资本（gross working capital）：传统上定义为公司对流动资产的投资。

H

对冲原则（自偿性债务原则）[hedging principle（principle of self liquidating debt）]：一种营运资本管理政策，规定公司投资的现金流产生特征应该与公司融资来源的现金流要求匹配。简单地说，短期资产应该用短期融资来源融资，而长期资产应该用长期融资来源融资。

高收益债券（high-yield bond）：见垃圾债券。

持有期收益率（历史收益率或已实现收益率）[holding-period return（historical or realized rate of return）]：投资实现的收益率，它等于收益金额除以投资本金。

I

利润表（损益表）[income statement（profit and loss statement）]：衡量公司在特定时期内（通常为1年）的经营成果的基础会计报表。利润表中的最后一行——净利润——显示了公司所有者（股东）可以获得的该时期内的损益。

增量现金流（incremental cash flow）：公司接受投资项目所产生的现金流和拒绝投资项目所产生的现金流之差。

债券契约（indenture）：发行债券的公司和代表债券持有者的债券受托人之间签订的法律协议，规定了贷款协议的具体条款。

间接成本（indirect costs）：见固定成本。

间接报价（indirect quote）：用购买一单位本币所需的外币数量表示的汇率。

通货膨胀溢价（inflation premium）：用于弥补预期通货膨胀的溢价，它等于债券或者投资工具存续期内预期将发生的价格变化。

信息不对称（information asymmetry）：这种理论认为，投资者不如公司的管理层了解公司的运营状况。

初始投资（initial outlay）：购买某项资产并使其达到可使用状态所必须产生的直接现金流出。

首次公开募股（initial public offering or IPO）：公司首次向公众出售其股票。

破产（insolvency）：无法按时支付利息或无法偿还到期债务。

截距（intercept）：截距是线性公式中的常数项。它是收入等于零时预测科目（如营业费用）的值。

利率平价（IRP）理论[interest rate parity（IRP）theory]：该理论认为，在不考虑小额交易成本的影响时，远期溢价或远期折价与相同期限证券在不同国家的利差大小相等，方向相反。

利率风险（interest rate risk）：利率变化导致的债券价值波动性。

内部增长（internal growth）：通过将公司利润再投资而不是作为股利分配给股东而实现的公司增长率。该增长率是留存收益和留存收益率的函数。

内部收益率（internal rate of return, IRR）：项目获得的收益率。从计算的角度看，内部收益率是使项目自由现金流的现值等于项目初始投资的贴现率。

内在价值或经济价值（公允价值）[intrinsic, or economic, value（fair value）]：资产预期未来现金流的现值。该价值是在给定未来现金流的金额、发生时间和风险的情况下，投资者认为的资产公允价值。

存货（inventories）：公司持有待售的原材料、半成品和产成品。

存货贷款（inventory loans）：由存货担保的贷款。例子包括浮动留置权协议、动产抵押协议、监管仓单抵押协议和终端仓单抵押协议。

存货管理（inventory management）：控制在生产过程中使用的资产或将在公司正常运营过程中出售的产成品。

存货周转率（inventory turnover）：公司的销货成本除以存货。该比率衡量了公司存货在当年被出售和重置的次数，即存货的相对流动性。

投资银行（investment banker）：承销和分销新证券，并为公司客户提供关于新筹资的咨询服务的金融专家。

J

垃圾债券（高收益债券）[junk bond (high yield bond)]：评级为BB级或以下的债券。

即时存货控制系统（just-in-time inventory control system）：这是一种生产和管理系统，通过调整不同生产业务之间的时间和实际距离，将存货减少到最低限度。在该系统下，公司将现有存货保持在最低水平，依靠供应商"及时"提供零件以进行组装。

L

一价定律（law of one price）：该经济定律认为，商品或服务不能在相同市场中以不同价格出售。被应用于国际市场时，该定律认为，在根据两种货币的汇率进行调整之后，相同商品在不同国家应该以相同价格出售。

有限责任（limited liability）：规定投资者对超过其投资金额的部分不负偿债责任的保护条款。

有限责任公司（limited liability company，LLC）：介于合伙企业和股份公司之间的商业组织形式，这种公司的所有者承担有限责任，但像合伙企业一样经营和纳税。

有限合伙企业（limited partnership）：在有限合伙企业中，一个或多个合伙人负有有限责任，其责任以其在合伙企业中的出资额为限。

信贷额度（line of credit）：通常是借款人和银行之间达成的关于银行在任一时点向借款人提供的最高信贷金额的非正式协议或谅解。根据这类协议，银行没有提供规定金额贷款的法律承诺。

清算价值（liquidation value）：资产被出售时可实现的价值。

流动性（liquidity）：（1）资产快速变现而不产生重大价值损失的能力。（2）公司按时支付账款的能力。流动性与公司的非现金资产变现的难易程度和速度，以及公司的非现金资产投资与短期负债之比相关。

流动性偏好理论（liquidity preference theory）：该理论认为，利率期限结构曲线的形状由投资者对额外风险要求的额外利率决定。

流动性风险溢价（liquidity-risk premium）：投资者因证券无法以合理可预测的价格快速变现而要求的额外收益率。

长期债务（long-term debt）：向银行或其他资金来源借入的期限长于12个月的贷款。

M

多数投票制（majority voting）：在多数投票制下，每股股票赋予股东一票，且每个董事会席位是单独投票选出的。因此，拥有多数股份的股东有权选出整个董事会。

市场风险（market risk）：见系统性风险。

市场分割理论（market segmentation theory）：该理论认为，利率期限结构曲线的形状表示特定期限证券的利率仅由市场上对该期限证券的供求决定。该利率独立于不同期限的证券的供求。

市场价值（market value）：在市场上观察到的价值。

有价证券（marketable securities）：公司可以快速转换为现金的证券投资（金融资产）。也被称为类现金或类现金资产。

期限（maturity）：债券发行人向债券持有者偿还债券面值并终止债券所需的时间。

到期风险溢价（maturity-risk premium）：投资者因利率变化导致证券的价格波动风险升高而对长期证券要求的额外收益率。

修正内部收益率[modified internal rate of return（MIRR）]：使项目未来自由现金流出的现值等于项目现金流入期终价值的现值的贴现率。

货币市场（money market）：促进信用评级非常高的借款人发行的短期金融工具进行交易的所有机构和程序。

抵押贷款（mortgage）：为购买不动产而借入的贷款。若借款人无法偿还贷款，贷款人拥有对不动产的优先索偿权。

抵押债券（mortgage bond）：以房地产留置权作为担保的债券。

跨国公司（multinational corporation，MNC）：在多个国家同时持有股份和（或）经营业务的公司。

互斥项目（mutually exclusive projects）：服务于相同目标的项目。因此，接受一个项目就意味着拒绝其他项目。

N

净债务（net debt）：公司的总计息债务（短期债务和长期债务）减去持有的多余现金，其中后者等于公司持有的现金中超过支持公司持续经营所需资金的部分。

固定资产净值（net fixed assets）：固定资产总计减去在资产寿命期内提取的累计折旧。

净利润（或普通股股东可得利润）［net income (net profit)］：公司的普通股股东和优先股股东可以获得的利润。

净现值（net present value，NPV）：投资的年自由现金流的现值减去初始投资。

净现值曲线（net present value profile）：显示项目的净现值如何随贴现率的变化而变化的图形。

净利润率（net profit margin）：净利润除以销售收入，该比率衡量了公司的净利润占销售收入的百分比。

净营运资本（net working capital）：公司的流动资产与流动负债之差。使用营运资本的概念时，通常是指净营运资本。

名义利率或票面利率（nominal or stated interest）：贷款人或信用卡公司规定您应该支付的利率。

名义（或报价）利率［nominal (or quoted) rate of interest］：没有经过购买力损失调整的债券利率。

不可分散风险（nondiversifiable risk）：见系统性风险。

O

营业费用（operating expenses）：销售费用和营销费用、一般费用和管理费用以及折旧费用。

营业利润（息税前利润）［operating income (earnings before interest and taxes)］：销售收入减去销货成本再减去营业费用。

经营杠杆（operating leverage）：来自不随公司销售水平变化的固定经营成本。

经营净营运资本（operating net working capital）：流动资产减去现金和流动负债，再减去短期债务（例如，应付票据）之差。

营业利润率（operating profit margin）：营业利润（息税前利润）除以销售收入。该比率是公司营业效率的总体衡量指标。

营业资产收益率（operating return on assets，OROA）：该比率等于公司的营业利润除以总资产，表明公司的资产获得的收益率。

经营风险（operating risk）：公司经营业务时的固定成本与可变成本相对比例带来的风险。例如，当其他因素保持不变时，公司的固定经营成本越高，公司利润在销售收入变化时的波动越大。

运营管理（operations management）：从管理层创造收入、控制成本费用的角度衡量了管理层的日常运营效率；换言之，即公司对直接影响利润表的活动的管理效率。

机会成本（opportunity cost）：用放弃的次优机会定义的某种选择的成本。

资金的机会成本（opportunity cost of funds）：在给定风险水平下投资者可以获得的次优收益率。

最优资本结构（optimal capital structure）：在给定筹资金额的情况下，使公司的综合资本成本最小（或普通股股价最高）的资本结构。

最优财务杠杆范围（optimal range of financial leverage）：在公司的资本结构中，使公司的整体资本成本最低的债务范围。

订货问题（order point problem）：确定在重新订货之前存货应消耗到多低的水平。

订单量问题（order quantity problem）：根据存货的预期用途、持有成本和订货成本确定存货项目的最优订单规模。

普通年金（ordinary annuity）：现金流发生在每期期末的年金。

有组织的证券交易所（organized security exchanges）：促进证券交易的正式组织。

其他流动资产（other current assets）：将在未来时期获得收益的其他短期资产，例如预付费用。

场外市场（over-the-counter markets）：除有组织的证券交易所之外的所有证券市场。货币市场是场外市场，大多数公司债券也是在场外市场进行交易的。

P

实收资本（paid-in capital）：公司将股票出售给投资者时收到的超过股票面值的那部分金额。

面值（par value）：对于债券而言，面值是债券到期时公司必须偿还的金额；对于股票而言，面值是向投资者发行新股时，公司对每股股票人为赋予的价值。出售股票时收到的超过股票面值的那部分金额是实收资本。

合伙企业（partnership）：两个或两个以上的个人联合起来作为共同所有者，以营利为目的开展经营的组织。

回收期（payback period）：收回项目初始投资所需的年数。

股利支付日（payment date）：公司向每个登记在册的投资者邮寄股利支票的日期。

销售收入百分比法（percent of sales method）：一种财务预测方法，它用预测销售收入的一定百分比来估计某个未来时期内的费用、资产或负债。

完美资本市场（perfect capital markets）：在这种市场中，信息流动没有成本，且市场价格充分反映了所有可得信息。

永久性投资（permanent investment）：公司预期将持有一年以上的投资。公司对计划在可预见的未来保留的固定资产和流动资产进行永久性投资。

永续年金（perpetuity）：无限期的年金。

应收账款抵押融资（pledging accounts receivable）：公司用应收账款作为担保品，从商业银行或财务公司处获得的贷款。

投资组合的β值（portfolio beta）：投资组合中持有的个股β的平均值。它是各只证券β的加权平均值，权重等于投资组合中每只证券所占的比例。

优先认购权（preemptive right）：赋予普通股股东保持当前占公司所有权比例的权利。

优先股（preferred stock）：一种兼具普通股和债券特征的混合证券。优先股类似于普通股之处在于它没有固定的到期日，未支付股利不会导致公司破产，股利在税前不可扣除。优先股类似于债券之处在于股利表示为面值的一定百分比，并以合同规定的金额为限。

优先股股东（preferred stockholders）：对公司的收入和资产拥有的索偿权在债权人之后，但在普通股股东之前的股东。

溢价债券（premium bond）：以高于面值的价格出售的债券。

现值（present value）：未来支付金额在今天的价值。

现值系数（present value factor）：计算现值时使用的乘数，它等于 $\dfrac{1}{(1+r)^n}$。

市净率（price/book ratio）：公司的每股市场价格除以公司资产负债表中的每股账面价值。它表示股东的1美元投资的市场价格。

市盈率（price/earnings ratio）：公司每1美元利润的市场价格。该比率通常被用于表示市场对公司普通股所定的价值。

一级市场（primary market）：首次向潜在投资者发售证券的市场。

私募（private placement）：一种证券发行方式，在这种发行方式下，证券只发售给一小部分潜在投资者。

优先认购（privileged subscription）：某只新证券被销售给特定投资者群体的过程。

盈利能力指数（PI）或收益-成本比［profitability index (PI) or benefit-cost ratio］：项目未来自由现金流的现值与初始投资之比。

利润率（profit margins）：反映公司的利润与销售收入之比的财务比率。利润率的例子包括毛利润率（毛利润与销售收入之比）、营业利润率（营业利润与销售收入之比）和净利润率（净利润与销售收入之比）。

留存收益率［profit-retention rate (or retention ratio)］：公司留存下来并在公司内部进行再投资的利润所占的百分比。

项目的独立风险（project-standing-alone risk）：忽略了大部分此类风险可以被分散的事实的项目风险。

保护条款［protective (covenants) provisions］：优先股的保护条款保护了投资者的利益。保护条款一般在未支付股利时赋予优先股股东投票权；或者在对优先股支付的股利未达到目标或公司处于财务困境时，限制支付普通股股利。

代理投票制（proxy）：赋予代理方临时代理

权，允许其代表股权登记人在公司年度股东大会上投票的一种投票制。

代理投票权之争（proxy fight）：发生在竞争群体之间的代理投票权竞争，目的是控制在股东大会上做出的决策。

公募（public offering）：一种证券发行方式，在这种发行方式下，所有投资者都有机会购买发售的一部分证券。

购买力平价理论〔theory of purchasing-power parity (PPP)〕：该理论认为，汇率水平将进行调整，使相同商品在世界上任何地方的售价均相同。

单一业务法（pure play method）：这种方法通过寻找只与该项目或该业务部门从事相同业务的上市公司，来估计项目或业务部门的β值。

R

原材料存货（raw-materials inventory）：从其他公司购买的用于公司生产业务的基本材料。

实际利率（real rate of interest）：名义（报价）利率减去投资期内的购买力损失。

实际无风险利率（real risk-free interest rate）：在零通货膨胀经济环境下，无风险固定收益证券的必要收益率。

利润汇回（repatriation of profits）：将在国外获得的利润汇回公司母国的过程。

必要收益率（required rate of return）：吸引投资者购买或持有某只证券所必需的最低收益率。

剩余股利理论（residual dividend theory）：该理论认为，公司支付的股利应该等于为所有正净现值投资项目融资之后剩余的现金。

留存收益（retained earnings）：截至资产负债表日公司的累计留存利润。

股权收益率（return on equity）：公司的净利润除以普通股股权（股东权益）。该比率是公司的普通股股东投资获得的会计收益率。

循环信贷协议（revolving credit agreement）：循环信贷协议是借款人和银行关于银行有法律义务向借款人提供的信贷金额达成的谅解。

配股权（right）：向普通股股东发行的凭证，赋予其在2~10周的期限内以规定价格认购规定数量新股的选择权。

风险（risk）：未来现金流的潜在波动性。

风险调整贴现率（risk-adjusted discount rate）：为补偿增加的风险而上调的贴现率。资本资产定价模型是进行这种风险调整的常用工具。

无风险收益率（risk-free rate of return）：无风险投资的收益率。通常用美国国库券利率作为无风险收益率。

风险溢价（risk premium）：投资者由于承担风险而获得的额外预期收益率。

S

安全存货（safety stock）：为适应交货期间异常大量、意外的使用而持有的存货。

情景分析法（scenario analysis）：一种衡量项目在最差情形、最好情形以及最可能出现情形下的风险水平的模拟法。公司管理层通过分析结果的分布来确定项目的风险水平，然后做出适当的调整。

S公司（S-corporation）：由于符合具体资格要求而比照合伙企业纳税的股份公司。

增发新股（seasoned equity offering, SEO）：已经公开交易过股票的公司出售新股票。

二级市场（secondary market）：交易当前流通证券的市场。

有担保贷款（secured loans）：有担保贷款是要以资产作为抵押的信贷来源。当借款人到期未偿还本金或未支付利息时，贷款人可以扣押这些资产并出售它们来结算债务。

证券市场线（security market line）：反映在给定系统性风险水平上投资者对某只证券的最低可接受收益率的收益率线。

半可变成本（semi-variable costs）：由固定成本和可变成本混合组成的成本。

敏感性分析（sensitivity analysis）：一种风险处理方法，它计算某个特定输入变量变化导致的特定项目的净现值或内部收益率概率分布变化。这种方法只改变一个输入变量的值，而保持其他所有输入变量不变。

短期债务（流动负债）〔short-term debt (current liabilities)〕：需要在12个月内偿还的债务。

短期票据（短期债务）〔short-term notes (debt)〕：向贷款人（主要是金融机构，例如银行）借入的必须在12个月之内偿还的贷款。

单利（simple interest）：贷款本金（P）与年

利率（R）和时间变量（T，它等于用天数表示的贷款期限与 365 天之比）的乘积。

模拟法（simulation）：一种风险处理方法。它首先在影响项目结果的每个分布中随机选择观测值，然后继续这一过程，直到呈现出有代表性的项目可能结果记录，从而估计待评估项目的表现。

赎回基金条款（sinking-fund provision）：一种保护条款，它要求公司定期留存一定资金用于赎回优先股。这部分资金随后被用于在公开市场上购买优先股或者使用赎回条款，采用哪种方式取决于哪种方式的成本更低。

斜率系数（slope coefficient）：斜率系数是线性公式中销售收入变化时预测科目的变化率。

定期小额股利加上年终额外股利（small, regular dividend plus a year-end extra）：定期支付少量股利，并在好年景支付年终额外股利，以避免暗示永久支付股利的公司股利政策。

个人独资企业（sole proprietorship）：由单个自然人拥有的企业。

自发性融资（spontaneous financing）：在公司的日常经营中自发产生的商业信贷和其他应付账款。

即期汇率（spot exchange rate）：要求立即交割一种货币以兑换另一种货币的交易的汇率。

即期市场（spot market）：即时支付价款并交割的商品交易市场。与之相对的概念是期货市场，在期货市场中，今天规定了交易条款，并在某个未来日期进行交割。

稳定的每股股利（stable dollar dividend per share）：保持相对稳定的每股股利金额的股利政策。

标准差（standard deviation）：表示概率分布离散度的统计指标，计算方法是取每种结果与其预期值之差的平方，以每个预期值的出现概率为权重加总所有可能的结果，然后取该和的平方根。

现金流量表（statement of cash flows）：显示资产负债表和利润表的变化如何影响现金和现金等价物的财务报表，该报表细化为经营活动、投资活动和融资活动以进行分析。

送股（stock dividend）：按照现有股东的持股比例分配股票，最高为当前流通股股数的 25%。

股票回购〔stock repurchase (stock buyback)〕：发行公司购买流通普通股的行为。

股票分拆（stock split）：超过当前流通股股数的 25% 的股票股利。

次级债券（subordinated debenture）：一种信用债券，当公司破产清算时，其偿还顺序次于其他信用债券。

银团（syndicate）：在购买和销售新发行证券中以合同形式合作的一群投资银行。

系统性风险（市场风险或不可分散风险）（systematic risk）：与投资收益相关且不能通过分散化投资消除的风险。系统性风险来源于影响所有股票的风险因素，也被称为市场风险或不可分散风险。

T

税盾（tax shield）：由于利息费用可在税前扣除而减少的应纳税款。例如，当公司所得税的税率为 21% 时，100 美元的利息费用可以降低 21 美元的公司所得税。

临时性投资（temporary investments）：公司对将在不超过一年的时期内变现且不会被重置的流动资产的投资。例子包括存货和应收账款的季节性扩张。

要约回购（tender offer）：公司以事先确定的价格购买特定数量的自身股票或其他公司股票的正式要约。要约价格被规定为高于当前市场价格的水平，以吸引卖方。

利率期限结构或收益率曲线（term structure of interest rates or yield curve）：违约风险保持不变时，利率与距到期时间之间的关系。

终端仓单抵押协议（terminal-warehouse agreement）：作为担保品的存货离开借款人的经营场所，被运至公共仓库的担保协议。这是最安全的（尽管是成本最高的）存货担保融资方式。

销售条款（terms of sale）：标明提前付款可能获得的折扣、折扣期和总信贷期的信贷条款。

利息保障倍数（times interest earned）：公司的息税前利润（EBIT）除以利息费用。该比率衡量了公司使用年营业利润支付利息的能力。

总资产周转率（total asset turnover）：公司的销售收入除以总资产。该比率是基于公司的销售收入和总资产的关系的整体指标。

普通股股权总计（股东权益总计）〔total common equity (total stockholders' equity)〕：资产负债表中的普通股股权（股东权益），它是面值、实

587

收资本、留存收益之和减去库存股。

总收入（total revenue）：总销售收入金额。

商业信贷（trade credit）：公司购买原材料的同时由供应商提供的信贷。商业信贷在资产负债表上体现为应付账款。

交易贷款（transaction loan）：规定贷款资金应用于特定目的的贷款——例如，用于为购买设备融资的银行贷款。

库存股（treasury stock）：公司发行之后又回购的股票。

U

无偏预期理论（unbiased expectations theory）：该理论认为，利率期限结构曲线的形状由投资者对未来利率的预期决定。

承销（underwriting）：购买新发行的证券，然后将其再出售。投资银行承担了以令人满意（可以获利）的价格出售新发行证券的风险。

承销费用（underwriter's spread）：筹资公司获得的价格与证券公开发行价格之差。

无担保贷款（unsecured loans）：无担保贷款是指仅凭贷款人对借款人在债务到期时还款能力的信任作为保证的所有信贷来源。

非系统性风险（unsystematic risk）：与投资收益相关且可以通过分散化投资消除的风险。非系统性风险来源于具体公司特有的风险因素，也被称为公司特有风险或可分散风险。

V

可变成本或直接成本（variable or direct costs）：随着公司活动的变化而成比例变化的成本。

风险投资家（venture capitalist）：为初创企业提供资金的投资公司（或个人投资者）。

产量（volume of output）：在特定时期内生产和出售的商品数量。

W

加权平均资本成本（WACC）（weighted average cost of capital）：公司使用的各种融资来源成本的平均值。

营运资本（working capital）：该概念的传统定义是公司对流动资产的投资。与之相关的术语是净营运资本，它等于营运资本减去流动负债。

营运资本管理（working capital management）：对公司流动资产和短期融资的管理。

在产品存货（work-in-process inventory）：需要进一步加工才能成为产成品的半成品。

Y

到期收益率（yield to maturity）：债券持有者持有债券至到期将获得的收益率（到期收益率等于预期收益率）。

Z

零息债券（zero coupon bond）：零息债券是以1 000美元面值的大幅折价发行的，不支付利息。因此，债券投资者对零息债券的投资将以升值形式获得全部收益。

Authorized translation from the English language edition, entitled Foundations of Finance: The Logic and Practice of Financial Management, 10e, 9780134897264 by Arthur J. Keown, John D. Martin, J. William Petty, published by Pearson Education, Inc., Copyright © 2020, 2017, 2014 by Pearson Education, Inc. or its affiliates.

All rights reserved. No part of this book may be reproduced or transmitted in any form or by any means, electronic or mechanical, including photocopying, recording or by any information storage retrieval system, without permission from Pearson Education, Inc.

CHINESE SIMPLIFIED language edition published by CHINA RENMIN UNIVERSITY PRESS CO., LTD., Copyright © 2022.

本书中文简体字版由培生教育出版公司授权中国人民大学出版社在中华人民共和国境内（不包括中国香港、澳门特别行政区和中国台湾地区）独家出版发行。未经出版者书面许可，不得以任何形式复制或抄袭本书的任何部分。

本书封面贴有 Pearson Education（培生教育出版集团）激光防伪标签。无标签者不得销售。

图书在版编目（CIP）数据

公司金融：第十版／（美）阿瑟·J. 基翁，（美）约翰·D. 马丁,（美）J. 威廉·佩蒂著；路蒙佳译.—北京：中国人民大学出版社，2022.10
（金融学译丛）
书名原文：Foundations of Finance：The Logic and Practice of Financial Management（Tenth Edition）
ISBN 978-7-300-30434-2

Ⅰ.①公… Ⅱ.①阿… ②约… ③J… ④路… Ⅲ.①公司-金融学 Ⅳ.①F276.6

中国版本图书馆 CIP 数据核字（2022）第 049127 号

金融学译丛
公司金融（第十版）
阿瑟·J. 基翁
约翰·D. 马丁 著
J. 威廉·佩蒂
路蒙佳 译
Gongsi Jinrong

出版发行	中国人民大学出版社		
社　　址	北京中关村大街 31 号	邮政编码	100080
电　　话	010-62511242（总编室）	010-62511770（质管部）	
	010-82501766（邮购部）	010-62514148（门市部）	
	010-62515195（发行公司）	010-62515275（盗版举报）	
网　　址	http://www.crup.com.cn		
经　　销	新华书店		
印　　刷	涿州市星河印刷有限公司		
规　　格	185 mm×260 mm　16 开本	版　次	2022 年 10 月第 1 版
印　　张	37.75 插页 1	印　次	2022 年 10 月第 1 次印刷
字　　数	886 000	定　价	108.00 元

版权所有　侵权必究　印装差错　负责调换

Pearson

尊敬的老师：

您好！

为了确保您及时有效地申请培生整体教学资源，请您务必完整填写如下表格，加盖学院的公章后传真给我们，我们将会在 2-3 个工作日内为您处理。

请填写所需教辅的开课信息

采用教材				□中文版 □英文版 □双语版
作　者			出版社	
版　次			ISBN	
课程时间	始于　年　月　日		学生人数	
	止于　年　月　日		学生年级	□专　科　　□本科 1/2 年级 □研究生　　□本科 3/4 年级

请填写您的个人信息：

学　校			
院系/专业			
姓　名		职　称	□助教 □讲师 □副教授 □教授
通信地址/邮编			
手　机		电　话	
传　真			
official email(必填) (eg:XXX@ruc.edu.cn)		email (eg:XXX@163.com)	

是否愿意接受我们定期的新书讯息通知：　　□是　　□否

系 / 院主任：＿＿＿＿＿＿＿＿（签字）

（系 / 院办公室章）

＿＿年＿＿月＿＿日

资源介绍：

--教材、常规教辅（PPT、教师手册、题库等）资源：请访问 www.pearsonhighered.com/educator；　（免费）

--MyLabs/Mastering 系列在线平台：适合老师和学生共同使用；访问需要 Access Code；　（付费）

100013　北京市东城区东北三环东路 36 号环球贸易中心 D 座 1208 室 100013

Please send this form to: copub.hed@pearson.com
Website: www.pearson.com

中国人民大学出版社经济类引进版教材推荐

金融学译丛

21世纪初,中国人民大学出版社推出了"金融学译丛"系列丛书,引进金融体系相对完善的国家最权威、最具代表性的金融学著作,将实践证明最有效的金融理论和实用操作方法介绍给中国的广大读者,帮助中国金融界相关人士更好、更快地了解西方金融学的最新动态,寻求建立并完善中国金融体系的新思路,促进具有中国特色的现代金融体系的建立和完善。想要了解更多图书具体信息,可扫描下方二维码。

金融学译丛书目

经济科学译丛

20世纪90年代中期,中国人民大学出版社推出了"经济科学译丛"系列丛书,引领了国内经济学汉译的第二次浪潮。"经济科学译丛"出版了上百种经济学教材,克鲁格曼《国际经济学》、曼昆《宏观经济学》、平狄克《微观经济学》、博迪《金融学》、米什金《货币金融学》等顶尖经济学教材的出版深受国内经济学专家和读者好评,已经成为中国经济学专业学生的必读教材。想要了解更多图书具体信息,可扫描下方二维码。

经济科学译丛书目

双语教学用书

为适应培养国际化复合型人才的需求,中国人民大学出版社联合众多国际知名出版公司,打造了"高等学校经济类双语教学用书"系列丛书,该系列丛书聘请国内著名经济学家、学者及一线授课教师进行审核,努力做到把国外真正高水平的适合国内实际教学需求的优秀原版图书引进来,供国内读者参考、研究和学习。想要了解更多图书信息,可扫描下方二维码。

高等学校经济类双语教学用书书目